U0106824

故宮

博物院藏文物珍品全集

故宮博物院藏文物珍品全集

藏傳佛教唐卡

主編：王家鵬

商務印書館

藏傳佛教唐卡

Tangka-Buddhist Painting of Tibet

故宮博物院藏文物珍品全集

The Complete Collection of Treasures of the Palace Museum

主　編…………………王家鵬
副主編…………………王子林
編　委…………………王躍工　李中路　馬雲華　何　芳　孔　晨
攝　影…………………劉志崗

出版人…………………陳萬雄
編輯顧問…………………吳　空
責任編輯…………………田　村　徐昕宇
設　計…………………張婉儀
出　版…………………商務印書館（香港）有限公司
香港筲箕灣耀興道 3 號東滙廣場 8 樓
http://www.commercialpress.com.hk
發　行…………………香港聯合書刊物流有限公司
香港新界荃灣德士古道 220-248 號荃灣工業中心 16 樓
製　版…………………中華商務彩色印刷有限公司
香港新界大埔汀麗路 36 號中華商務印刷大廈
印　刷…………………中華商務彩色印刷有限公司
香港新界大埔汀麗路 36 號中華商務印刷大廈
版　次…………………2022 年 4 月第 3 次印刷

ISBN 978 962 07 5361 9

All inquiries should be directed to:
The Commercial Press (Hong Kong) Ltd.
8/F., Eastern Central Plaza, 3 Yiu Hing Road, Shau Kei Wan, Hong Kong.

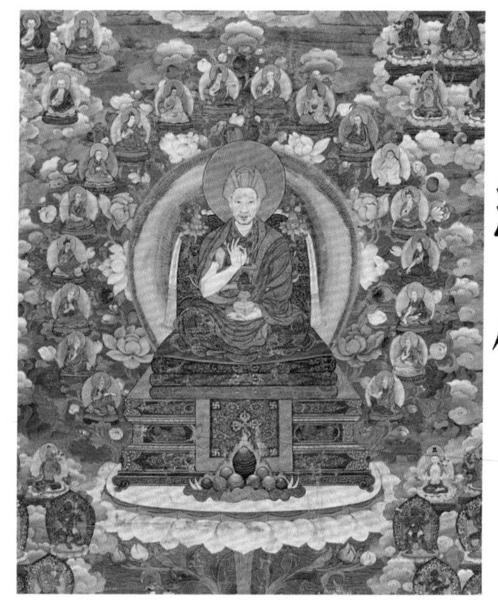

總序

楊新

故宮博物院是在明、清兩代皇宮的基礎上建立起來的國家博物館，位於北京市中心，佔地72萬平方米，收藏文物近百萬件。

公元1406年，明代永樂皇帝朱棣下詔將北平升為北京，翌年即在元代舊宮的基址上，開始大規模營造新的宮殿。公元1420年宮殿落成，稱紫禁城，正式遷都北京。公元1644年，清王朝取代明帝國統治，仍建都北京，居住在紫禁城內。按古老的禮制，紫禁城內分前朝、後寢兩大部分。前朝包括太和、中和、保和三大殿，輔以文華、武英兩殿。後寢包括乾清、交泰、坤寧三宮及東、西六宮等，總稱內廷。明、清兩代，從永樂皇帝朱棣至末代皇帝溥儀，共有24位皇帝及其后妃都居住在這裏。1911年孫中山領導的“辛亥革命”，推翻了清王朝統治，結束了兩千餘年的封建帝制。1914年，北洋政府將瀋陽故宮和承德避暑山莊的部分文物移來，在紫禁城內前朝部分成立古物陳列所。1924年，溥儀被逐出內廷，紫禁城後半部分於1925年建成故宮博物院。

歷代以來，皇帝們都自稱為“天子”。“普天之下，莫非王土；率土之濱，莫非王臣”（《詩經·小雅·北山》），他們把全國的土地和人民視作自己的財產。因此在宮廷內，不但匯集了從全國各地進貢來的各種歷史文化藝術精品和奇珍異寶，而且也集中了全國最優秀的藝術家和匠師，創造新的文化藝術品。中間雖屢經改朝換代，宮廷中的收藏損失無法估計，但是，由於中國的國土遼闊，歷史悠久，人民富於創造，文物散而復聚。清代繼承明代宮廷遺產，到乾隆時期，宮廷中收藏之富，超過了以往任何時代。到清代末年，英法聯軍、八國聯軍兩度侵入北京，橫燒劫掠，文物損失散佚殆不少。溥儀居內廷時，以賞賜、送禮等名義將文物盜出宮外，手下人亦效其尤，至1923年中正殿大火，清宮文物再次遭到嚴重損失。儘管如此，清宮的收藏仍然可觀。在故宮博物院籌備建立時，由“辦理清室善後委員會”對其所藏進行了清點，事竣後整理刊印出《故宮物品點查報告》共六編28

冊，計有文物117萬餘件（套）。1947年底，古物陳列所併入故宮博物院，其文物同時亦歸故宮博物院收藏管理。

二次大戰期間，為了保護故宮文物不至遭到日本侵略者的掠奪和戰火的毀滅，故宮博物院從大量的藏品中檢選出器物、書畫、圖書、檔案共計13427箱又64包，分五批運至上海和南京，後又輾轉流散到川、黔各地。抗日戰爭勝利以後，文物復又運回南京。隨着國內政治形勢的變化，在南京的文物又有2972箱於1948年底至1949年被運往台灣，50年代南京文物大部分運返北京，尚有2211箱至今仍存放在故宮博物院於南京建造的庫房中。

中華人民共和國成立以後，故宮博物院的體制有所變化，根據當時上級的有關指令，原宮廷中收藏圖書中的一部分，被調撥到北京圖書館，而檔案文獻，則另成立了“中國第一歷史檔案館”負責收藏保管。

50至60年代，故宮博物院對北京本院的文物重新進行了清理核對，按新的觀念，把過去劃分“器物”和書畫類的才被編入文物的範疇，凡屬於清宮舊藏的，均給予“故”字編號，計有711338件，其中從過去未被登記的“物品”堆中發現1200餘件。作為國家最大博物館，故宮博物院肩負有蒐藏保護流散在社會上珍貴文物的責任。1949年以後，通過收購、調撥、交換和接受捐贈等渠道以豐富館藏。凡屬新入藏的，均給予“新”字編號，截至1994年底，計有222920件。

這近百萬件文物，蘊藏着中華民族文化藝術極其豐富的史料。其遠自原始社會、商、周、秦、漢，經魏、晉、南北朝、隋、唐，歷五代兩宋、元、明，而至於清代和近世。歷朝歷代，均有佳品，從未有間斷。其文物品類，一應俱有，有青銅、玉器、陶瓷、碑刻造像、法書名畫、印璽、漆器、琺瑯、絲織刺繡、竹木牙骨雕刻、金銀器皿、文房珍玩、鐘錶、珠翠首飾、家具以及其他歷史文物等等。每一品種，又自成歷史系列。可以說這是一座巨大的東方文化藝術寶庫，不但集中反映了中華民族數千年文化藝術的歷史發展，凝聚着中國人民巨大的精神力量，同時它也是人類文明進步不可缺少的組成元素。

開發這座寶庫，弘揚民族文化傳統，為社會提供了解和研究這一傳統的可信史料，是故宮博物院的重要任務之一。過去我院曾經通過編輯出版各種圖書、畫冊、刊物，為提供這方面資料作了不少工作，在社會上產生了廣泛的影響，對於推動各科學術的深入研究起到了良好的作用。但是，一種全面而系統地介紹故宮文物以一窺全豹的出版物，由於種種原因，尚未來得及進行。今天，隨着社會的物質生活的提高，和中外文化交流的頻繁往來，無論是中國還是西方，人們越來越多地注意到故宮。學者專家們，無論是專門研究中國的文化歷史，還是從事於東、西方文化的對比研究，也都希望從故宮的藏品中發掘資料，以探索人類文明發展的奧秘。因此，我們決定與香港商務印書館共同努力，合作出版一套全面系統地反映故宮文物收藏的大型圖冊。

要想無一遺漏將近百萬件文物全都出版，我想在近數十年內是不可能的。因此我們在考慮到社會需要的同時，不能不採取精選的辦法，百裏挑一，將那些最具典型和代表性的文物集中起來，約有一萬二千餘件，分成六十卷出版，故名《故宮博物院藏文物珍品全集》。這需要八至十年時間才能完成，可以說是一項跨世紀的工程。六十卷的體例，我們採取按文物分類的方法進行編排，但是不囿於這一方法。例如其中一些與宮廷歷史、典章制度及日常生活有直接關係的文物，則採用特定主題的編輯方法。這部分是最具有宮廷特色的文物，以往常被人們所忽視，而在學術研究深入發展的今天，卻越來越顯示出其重要歷史價值。另外，對某一類數量較多的文物，例如繪畫和陶瓷，則採用每一卷或幾卷具有相對獨立和完整的編排方法，以便於讀者的需要和選購。

如此浩大的工程，其任務是艱巨的。為此我們動員了全院的文物研究者一道工作。由院內老一輩專家和聘請院外若干著名學者為顧問作指導，使這套大型圖冊的科學性、資料性和觀賞性相結合得盡可能地完善完美。但是，由於我們的力量有限，主要任務由中、青年人承擔，其中的錯誤和不足在所難免，因此當我們剛剛開始進行這一工作時，誠懇地希望得到各方面的批評指正和建設性意見，使以後的各卷，能達到更理想之目的。

感謝香港商務印書館的忠誠合作！感謝所有支持和鼓勵我們進行這一事業的人們！

1995年8月30日於燈下

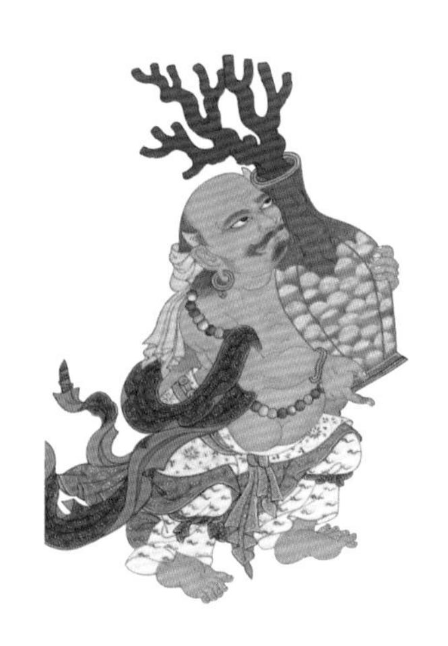

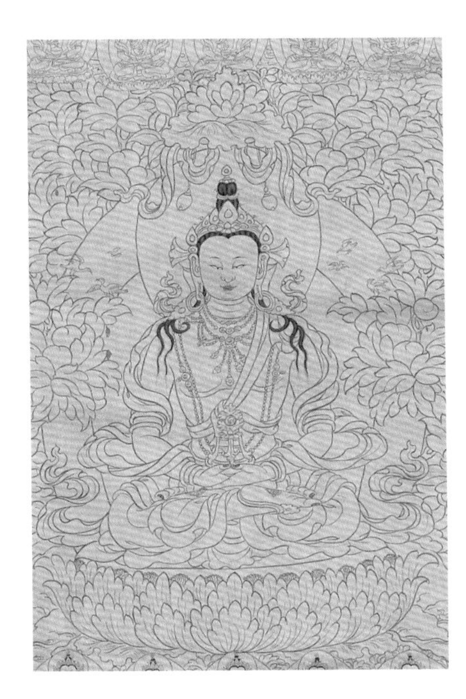

目錄

文物目錄

繪畫唐卡

（一）祖師

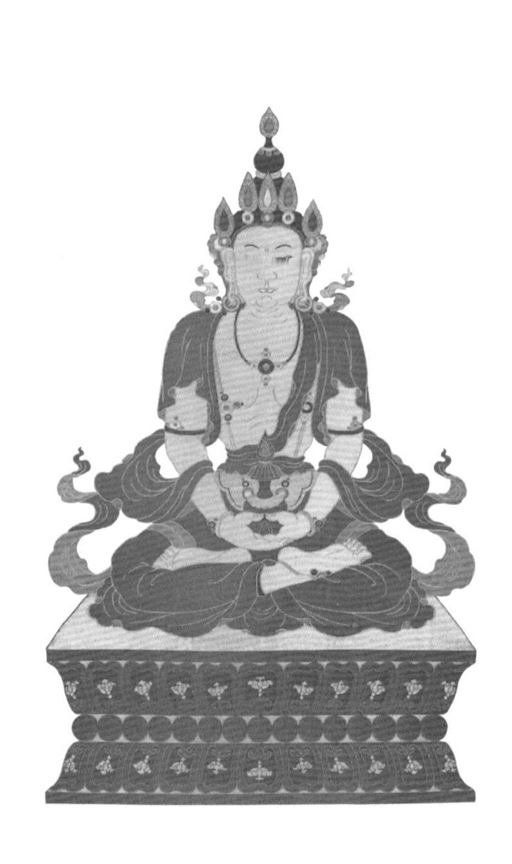

織繡唐卡

寶相樓壁畫唐卡

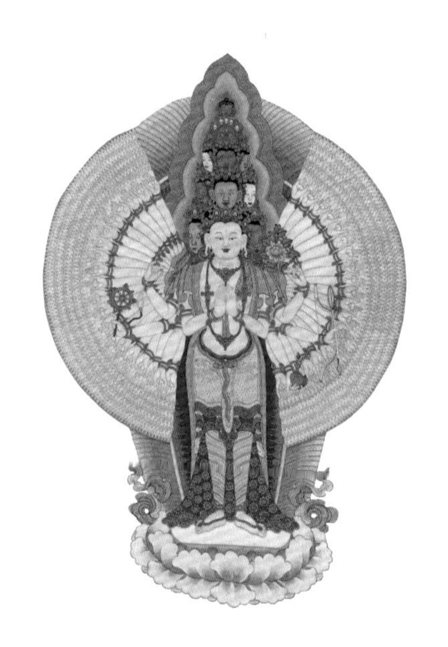

故宮唐卡藝術概述

導言

王家鵬

唐卡是藏語的譯音，原意是指各種質地的卷軸畫，它色澤亮麗，流光溢彩，具有鮮明的藏族藝術特色，是西藏繪畫藝術中的重要組成部分。唐卡藝術歷史悠久，據西藏傳說，早在佛教傳入西藏的7世紀吐蕃王朝時期就已出現。現存最早的唐卡是11世紀西藏佛教後弘期初期的畫作，但15世紀前的存世品數量很少，存世數量最多的是17、18世紀的作品。

西藏地域遼闊，各地的藝術風格差異很大，不同教派、不同師承，使唐卡的風格異彩紛呈。唐卡的發展與中原內地以及周邊地區的中亞、印度、克什米爾、尼泊爾的佛教藝術有密切聯繫，尤以中原漢地繪畫的影響最為深遠。15世紀前後，是西藏藝術發展的鼎盛時期，創作了大量的雕塑、繪畫佳作，並形成了特點鮮明的民族藝術風格。眾多成就卓著的繪畫大師代表着各自的藝術流派，如勉拉頓珠創立的勉日畫派，欽則創立的欽日畫派，南喀扎西創立的噶瑪噶智畫派等。這些流派共同特點是深受漢地繪畫的影響，漢藏藝術交融是15世紀以降西藏繪畫藝術的主流風格。[1] 這些藝術流派一直綿延不絕，推動西藏繪畫藝術的發展，進入18世紀，西藏繪畫藝術再次出現繁榮期。北京故宮博物院珍藏着上千幅唐卡，全部是清代皇家的藏品，匯聚了18世紀西藏與內地畫師創作的一批珍貴作品。這批唐卡藝術精華，集中代表了西藏唐卡藝術在內地傳播發展的面貌。

院藏唐卡的來源與特點

故宮博物院庋藏的唐卡，一是貢品，即歷輩達賴、班禪為首的西藏、甘肅、青海、蒙古等地宗教領袖，以及章嘉、阿旺班珠爾、阿嘉等駐京的胡土克圖[2]、王公大臣進獻給皇帝的禮品，多數出自西藏畫師之手，清宮稱為“番畫”、“藏畫”。二是清宮廷繪製的，即由皇宮內中正殿唸經處畫佛喇嘛、宮廷畫師繪製，以及北京民間工匠的作品，清宮稱為“京畫”，緙絲刺繡的唐卡則出自江南蘇州工匠的巧手。《宮中雜件》記載：“乾隆十三年四月，桃州禪定寺重藩覺國師陽卓陽羅卜藏進藏畫掛像佛三軸一堂，乾隆十四年九月二十八日此一堂雨花閣供。”“乾隆十五年八月初二日，和親王進京畫無量壽佛九軸一堂。”京畫與番畫，在藝術形式上並無明顯的區別。

院藏唐卡按其質地，主要分繪畫唐卡與織繡唐卡兩大類：

1. 繪畫唐卡，是唐卡的主體，它以棉布絲綢作底布，上施白粉底，然後在粉底上起稿敷彩描金畫成。多採用礦物質顏料，色彩明麗，經久不褪色。畫成後用綢緞鑲邊裝裱，安裝天桿地軸，與國畫的豎軸形式近似，可見唐卡藝術形式與國畫有緊密的淵源關係。清代宮廷唐卡裝裱，皇家氣派鮮明，採用各種名貴的錦緞，按宮廷的固定形式裝裱，軸頭用銀鑲寶石、象牙、紫檀等材質，製作考究。西藏進貢的唐卡也大多由宮廷重新裝裱，豪華精美。

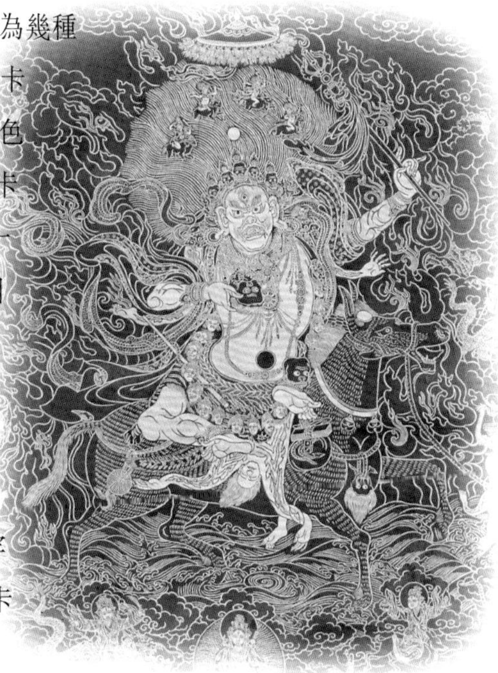

繪畫唐卡通常又以畫面底色與使用的金銀材料不同分為幾種類別：（1）彩唐，用多種彩色顏料繪製，是繪畫唐卡中主要的藝術形式；（2）金唐，以金色作底，用紅色硃砂綫、黑色墨綫勾勒形象（圖54、圖98），是唐卡中貴重品種；（3）朱紅唐、黑唐。在朱紅、黑色單一的底色上，用金色、紅色、白色等白描綫條造型（圖142、圖143），畫面色彩對比鮮明，藝術韻味獨特。

2. 織繡唐卡，採用中國傳統的刺繡、緙絲、織錦工藝製成圖畫，是唐卡中的貴重作品。織繡類唐卡中，還有用各色的綢緞按畫稿剪貼，用針綫連綴牢固，局部刺繡而成作品，稱為“堆繡、堆綾”唐卡（圖237）。

故宮唐卡內容豐富，包含了藏傳佛教的各類圖象，神靈眾多，等級分明。如《諸佛菩薩聖像》（圖1），分九行排列，每行九尊，共八十一尊，形象地描繪了藏傳佛教諸神等級的傳統分類，本卷內容即按其分類排列：祖師、密教本尊、佛、菩薩、佛母、護法、壇城。

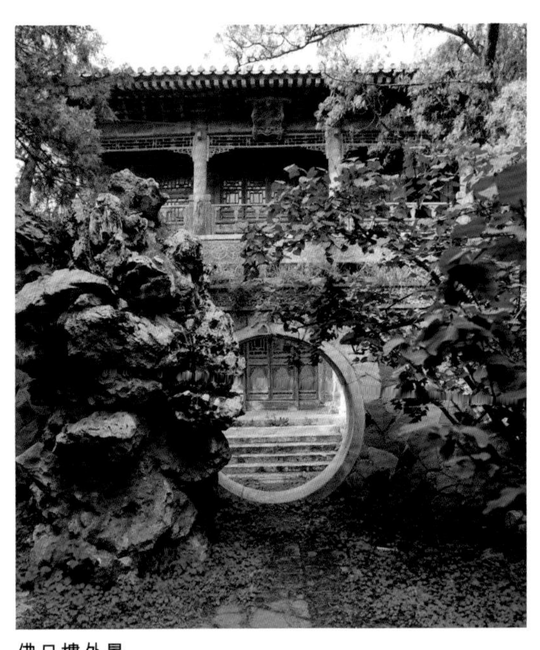

佛日樓外景

宮廷裏根據唐卡的使用方式分為畫像與掛像兩類，畫像平時不掛，收供在佛堂的箱櫃中，掛像長期掛在佛堂壁上。掛像唐卡多按牆壁尺寸定製，只縫錦緞窄邊，不留天地，不裝畫軸，畫幅覆蓋整個壁面，近似於壁畫，如寶相樓、梵華樓唐卡，可稱為“壁畫唐卡”。《養心殿造辦處活計清檔》（簡稱《活計檔》）中記載有：“太監胡世傑交五輩達賴喇嘛掛像一軸，畫像達賴喇嘛一軸。”“太監胡世傑交黃素片金邊，紅黃片金牙子畫像釋迦佛一軸，羅漢四軸，隨紫檀木描金軸頭，傳旨照大邊添黃素片金包首，照吉雲樓收供佛像一樣寫四樣字白綾籤，得時歸入吉雲樓佛像箱內。”

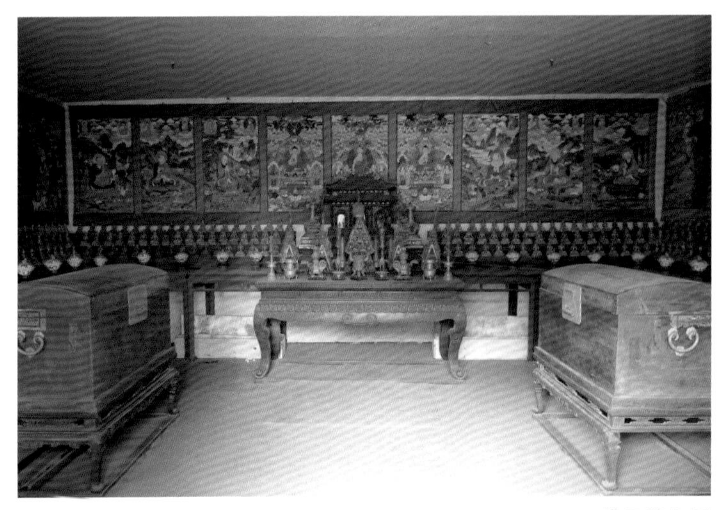

佛日樓內景

故宮唐卡大部分是收藏在箱櫃中的畫像，所以至今大多品相完好，色澤如新。佛堂供案前有兩個箱子，是專供存放唐卡的。而長期掛在佛堂中的唐卡，即掛像至今仍保持着原初的狀態，對了解清代宮廷藏傳佛堂內佛像的組合配置，是重要的實物資料。

唐卡是宗教繪畫藝術，是供頂禮膜拜的聖物，因此畫師極少將自己的名字、繪製的時間寫在作品上。所以唐卡的文字題記極為可貴，是研究唐卡的關鍵資料。而故宮唐卡基本上每幅背後都縫有一方白綾，上書漢、滿、蒙、藏四種文字的題記，説明唐卡進宮的時間、來源、名稱、鑑定人、掛供方位。如“乾隆四十二年七月初九日，欽命阿旺班珠爾胡土克圖認看供奉利益畫像尊勝佛母，番稱納穆嘉爾嘛，清稱覺隆郭烏墨施額特赫額墨拂齊希，蒙古稱烏斯尼喀畢雜雅。右一”（圖136）。“認看”即鑑定，“供奉利益”即加持供養。鑑定加持唐卡的是乾隆時期常駐北京的大喇嘛章嘉胡土克圖、阿旺班珠爾胡土克圖、阿嘉胡土克圖等，他們大都是精通五明的佛教大師。清宮唐卡經這些大師鑑定加持，非但在當時就具有宗教與圖象學兩方面的權威性，也為我們今天的研究提供了可靠的依據與綫索。大量帶題記的唐卡不僅是研究故宮唐卡的基礎，也對17、18世紀的西藏繪畫史研究有着重要意義。

題記所標年代是唐卡進入宮廷的時間，也是作品繪畫時間的下限，再結合作品的風格特點、裝裱形式、文獻等諸多因素綜合分析，可見故宮唐卡的時代特點，基本是乾隆時期進入宮廷的18世紀當代作品，少數是18世紀以前的。從現存唐卡題記考察，較早的一幅是《智行佛母》（圖138），題記是："乾隆十四年五月十七日，小太監胡士傑傳旨交來藏畫智行佛母一軸。"

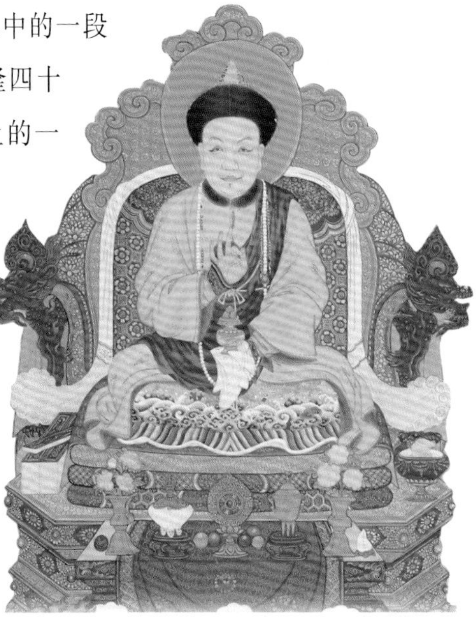

晚期的記錄是乾隆五十幾年，乾隆之後的作品極少。最集中的一段時間在乾隆四十五年（1780）前後，這與六世班禪於乾隆四十五年進京朝覲有密切關係。班禪朝覲是清代民族關係史上的一件大事，是繼五世達賴之後，西藏佛教領袖第二次入朝，正當康乾盛世的頂峯時期。扶持西藏宗教，"興黃安蒙"是清王朝治理蒙藏的政策基石。六世班禪當時是西藏地位最高的佛教領袖，他的到來對蒙藏地區的穩定起到了重要作用。乾隆對班禪來朝極為重視，作了一系列精心的準備，修繕京內外的皇家寺廟，製作賞賜班禪的禮品，其中就有繪製唐卡。乾隆特命宮廷畫院畫師繪製班禪像（圖30），以表對班禪的敬意與紀念，題記曰："乾隆四十五年七月二十一日，聖僧班禪額爾德尼自後藏來覲，上命畫院供奉繪像留弆，永崇信奉，以證真如。"六世班禪在乾隆三十九年、四十二年、四十五年向乾隆帝進獻了多幅唐卡，其兄仲巴胡土克圖在班禪圓寂後於乾隆四十六年還進獻了多幅唐卡。

貢品唐卡及其特點

西藏進貢的唐卡有單幅畫和成堂的組畫，尤以組畫最為精彩，組畫的系統性與完整性，對研究唐卡藝術風格與圖象學有着重要的意義。如《印度大成就者》（圖2、圖3、圖4），以大持金剛、龍樹、薩拉哈為中心，描繪了著名的印度八十四大成就者的形象。他們被奉為印度佛

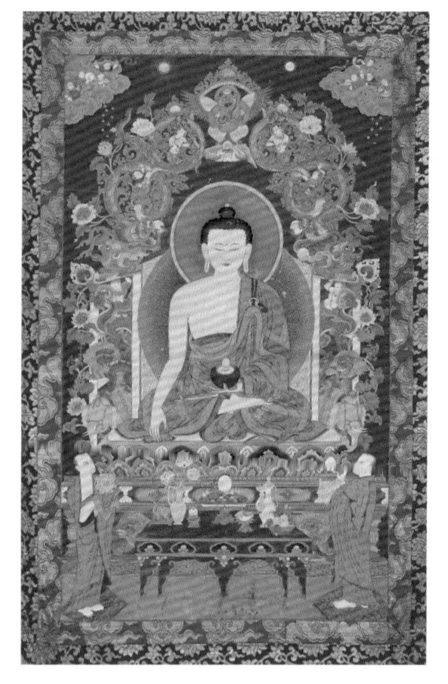

教祖師。大持金剛、龍樹、薩拉哈一脈傳承的集密教法和經典，對後世藏傳佛教格魯派影響很大，並最終成為該派修行無上瑜伽品的教法和經典。《達賴喇嘛源流》（圖7—圖19）、《班禪喇嘛源流》（圖20—圖29）繪出了達賴、班禪兩大格魯派轉世活佛的傳承世系；《釋迦牟尼佛源流》（圖56—圖87）一堂，詳盡描述佛本生及佛傳故事，總計為一百零八品。這些故事原本出自於記錄佛陀本生傳記的諸多經典，經後世佛教學者萃集整理，通常被稱為“佛陀百功業”。故事之間並無緊密關聯，眾多故事如同繁花茂葉構成參天大樹，藏地佛教徒因而將此稱為“如意寶樹”。畫家以類於連環畫的敍事方式展現故事的各個情節；繪畫技法上借鑑傳統壁畫的一些手段，如敷色暈染以追求肌膚質感及立體效果的表現與塑造，錯落有致的構圖及活潑生動的細節刻畫，更反映了唐卡繪畫者的匠心。

再如《密集金剛》組畫六幅、《觀音菩薩》組畫九幅、《文殊菩薩》組畫七幅、《手持金剛菩薩》九幅、《四大天王》、《十八羅漢》、《善巴拉菩薩王》組畫十三幅，無不生動地表現了藏傳佛教神系的龐大和藝術形象的奇幻莫測。畫師們將佛經教義中虛幻的神佛形象與現實巧妙結合，把虔誠的信仰情感凝聚在自己創造的豐富多彩的神像中，顯示了藏族畫佛大師超凡的想像力與卓越的造型技能。

在藏傳佛教中，菩薩及其變化身不可勝數，最常見菩薩形象是八大菩薩，即文殊菩薩、觀世音菩薩、金剛手菩薩、普賢菩薩、地藏菩薩、彌勒菩薩、除諸障菩薩、虛空藏菩薩。而又以文殊菩薩和觀世音菩薩最受崇信。文殊與觀世音菩薩是智慧與慈悲的化身，藏傳佛教認為達賴喇嘛是觀音菩薩的化身，清朝皇帝是文殊菩薩的化身（圖32、圖33）。乾隆四十五年班禪進獻的一堂完整的《觀世音菩薩》組畫（圖125—圖133），以大膽的誇張手法，生動描繪了頗為罕見的九種密宗觀世音形象。

成系列的多幅唐卡，具有一致的繪畫風格，對17至18世紀西藏與內地不同畫派的藝術風格、藝術成就的探討十分有意義。

故宮的唐卡多有題記，為了解作品的來源、繪畫時間，提供了綫索和依據。在《達賴喇嘛源流》組畫每幅唐卡後，均有白綾題記：“乾隆二十六年三月初六日，欽命章嘉胡土克圖認看番畫像達賴喇嘛源流一軸。……”這套完整的達賴喇嘛傳承世系唐卡，以七世達賴喇嘛為中心，兩邊排列觀音菩薩、松贊干布以及益希沃、仲敦巴、貢嘎寧布等噶當派、薩迦派祖師、一至六世達賴喇嘛畫像。根據題記寫明的掛供位置可列出圖表：

羅桑嘉措右六	索南嘉措右五	根敦主巴右四	貢嘎寧布右三	松贊干布右二	靜息觀音右一	格桑嘉措中	益希沃左一	仲敦巴左二	桑結貢巴左三	根敦嘉措左四	雲丹嘉措左五	倉央嘉措左六

在這套組畫中，從人物形象的設計上可以肯定這是七世達賴在位期間所繪，七世達賴前的各位祖師都是觀音的化現；從教派傳承看，益希沃、仲敦巴、桑結貢巴都是噶當派祖師，貢嘎寧布是薩迦祖師，也與噶當教法密切聯繫，表明格魯派是直接傳承了噶當派的衣缽。在17世紀前，西藏的畫師都是在各地為寺院、施主分散創作，到五世達賴喇嘛主政時期，他把各地的藝術家召集到拉薩集體完成布達拉宮、大小昭寺等眾多寺院繪畫雕塑佛像工作，現在布達拉宮收藏的很多唐卡都是這一時期民間著名畫師繪製。[3] 七世達賴喇嘛也採用這種方法把匠師集中起來建立作坊，製作了大量唐卡。《七世達賴喇嘛傳》記載，“（1751年）以金汁繪畫無量壽佛十萬尊的卷軸畫共一百一十八幅，……布畫像五百，並一一開光。”“（1752年）新繪反映佛陀本生、十地、宗喀巴八十法行、喇嘛本生的全套卷軸畫和其他上師、本尊、佛菩薩、護法等卷軸畫共六百幅。”[4] 於此可見七世達賴主政期間是繼五世達賴後西藏唐卡創作的又一個高潮。

這套唐卡的來歷，從題記和《章嘉國師若必多吉傳》有關記載看，是1757年（乾隆二十二年）七世達賴圓寂，章嘉國師奉欽命赴藏辦理七世達賴圓寂的善後及尋訪轉世靈童事務期間，西藏方面所贈。1761年（乾隆二十六年）章嘉返京後將這一套唐卡進獻宮廷。[5] 這套唐卡構圖很有特點，畫主位於畫幅的一側，留出較大的空間，每一人物旁邊都畫出與之有關的寺院建築，背景以十八世紀流行的淡綠色為主調，繪畫平緩的山丘，流淌的溪流，點綴稀疏的樹木、花草、空闊的藍天。人物服飾以亮麗的橘紅、明黃為主色。綫條精細流暢，人物形象鮮明，各具鬚眉，這是七世達賴時期拉薩地區畫家的重要作品，是一套流傳廣泛的作品。從中可見前藏拉薩地區18世紀繪畫特點。

《班禪喇嘛源流》現存十幅，為西藏原裝裱，素片金邊，上覆佛簾，沒有白綾籤題記。其中一幅保留一張黃紙籤，上用漢字記錄：“乾隆三十五年八月初一日，收班臣額爾德尼進供奉

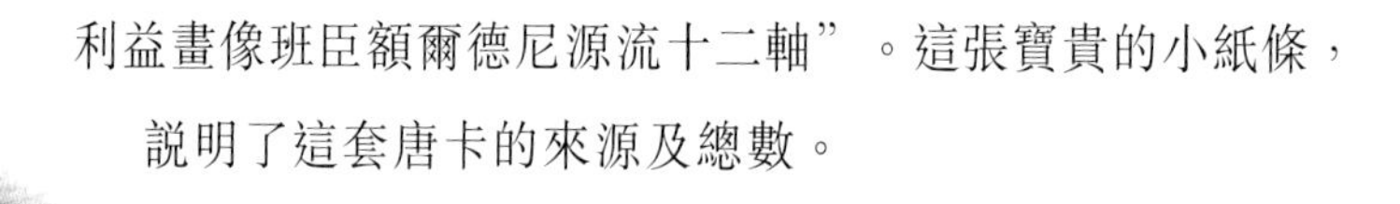

利益畫像班臣額爾德尼源流十二軸”。這張寶貴的小紙條，說明了這套唐卡的來源及總數。

這套源流的藝術風格與達賴的明顯不同，構圖緊湊飽滿，天空留的面積很小，人物的表情生動，姿態靈活。如《班禪喇嘛源流》（圖25）中的薩迦班智達（1182—1251），本名：薩班·貢噶堅贊，是藏傳佛教薩迦教派第四輩祖師，學識淵博的大學者，被尊稱為薩迦班智達。1247年薩班應邀前往涼州作為西藏地方代表與蒙古太宗皇帝窩闊台之子闊端會談，從此衛藏地區加入祖國版圖。畫面中是薩班的年輕形象，英俊瀟灑、神情安詳，作辯經的姿態。座前跪兩位印度外道師，仰視薩班，一副沮喪無奈的表情，生動地表現了他調伏外道師的故事。意大利圖齊教授在《西藏畫卷》中發表了十二幅木刻版畫《班禪喇嘛源流》，其中四幅為印度化身，八幅為西藏化身，出自那塘版木刻，與故宮這套畫像（缺兩幅）完全一樣。圖齊還發表了一幅同本的薩班彩色唐卡，也與故宮的畫像基本一致，只是薩班身後的背景略有變化，圖齊對此畫給以很高的評價，認為“可以劃歸為西藏最奢華的範本之列，因與18世紀漢地藝術的接觸而煥然一新”[6]。這也是一套流傳廣泛的組畫，美國魯賓基金會收藏有同一底本的薩班與四世班禪兩幅唐卡。[7] 布達拉宮藏的民國時期杭州織錦畫薩班像也是同一底本。[8] 國外一些學者推測組畫的原作者是活躍於17世紀中葉的大畫師藏巴·確英嘉措，他創立了17至18世紀流行於衛藏地區的新勉日畫派。其藝術風格常被認為對藝術標準語言的形成產生過作用，這種藝術標準語言自18世紀起就在西藏中部地區十分盛行，對後扎什倫布派（日喀則派）的發展產生過直接影響。[9]

乾隆四十六年（1781），仲巴胡土克圖進獻一套護法神像（圖147—圖154），現存七幅，其中的贊國、慶嘎喇、喇嘛垂忠（圖151、圖153、圖154），來源於西藏民間的苯教神靈，都是很少見的護法神。畫面構圖飽滿，人物造型奇詭，主尊位於畫幅中上部，圍繞主尊是侍從神眾，密密麻麻地佔滿所有空間。畫師以飛動的綫條，明亮的色彩，勾畫出動態強烈的羣魔像，手舞足蹈，跳躍奔騰，令人眼花繚亂，目不暇接。如紅勇保護法（圖152）一身紅色，右手揮舞閃光劍，左手持敵人的心臟，有如兇神惡煞一般，整個身體被橘紅色火燄環繞。下部是眾多手持兵刃厮殺格鬥、混戰一團的紅色從神，整個畫幅如旋轉飛舞的紅色火燄。這一套護法像，充分顯示了藏族畫師在表現動態的忿怒神靈上的卓越技法。班禪與仲巴進獻的多幅作品，可能是後藏日喀則地區為班禪服務的優秀畫師的作品。

《釋迦牟尼佛》（圖97），身後朱綫勾描花卉山石為襯景，畫面上方正中畫蓮花生大師為首之三祖師像，周匝整齊排佈小佛三百一十尊，據幅後祈願文內容可知所繪者為三十五佛內容，也稱三十五懺悔佛。用色對比強烈，綫條工緻洗練，顯示出畫師高超的綫描功力，表現了金唐的鮮明特色。幅後有本尊種子字及藏文祈願文，大意稱："願得吉祥！祈願與此三十五如來畫像有關之一切眾生及作者洛桑羣佩等人永離痛苦、障礙和罪過！吉祥！善哉！"此幅唐卡保留了畫師留下的信息，彌足珍貴。

羅漢是西藏唐卡的重要題材，與固定程式的佛、菩薩像相比，羅漢像較少約束，畫師更容易發揮其藝術才能，西藏唐卡中的羅漢形象來源漢地。現在所有的十六羅漢的典據是依唐玄奘譯《大阿羅漢難提密多羅所說法住記》，自《法住記》譯出後，十六羅漢受到佛教徒的普遍讚頌。《宣和畫譜》卷二記載盧楞伽、王維都畫過十六羅漢圖。到五代同類畫作更多了，而以貫休最有名。五代以後直至明清，各代都有畫家繪畫羅漢。最早傳入西藏的是《葉爾巴尊者》，是高僧魯梅於11世紀初期從內地迎請的二十三幅絲綢羅漢圖，收藏於拉薩東北的葉爾巴寺。西藏很多畫師都據此圖作畫，楚布寺藏的二十三幅尊者像就是根據《葉爾巴尊者》繪製的十六羅漢。[10] 西藏畫的羅漢早期也是十六尊，後期又加上達摩多羅和布袋和尚成為十八羅漢。本卷收入多幅羅漢像，有單幅羅漢，又有兩人一組、四人一組多種組合，其中兩套十八羅漢極為精彩。

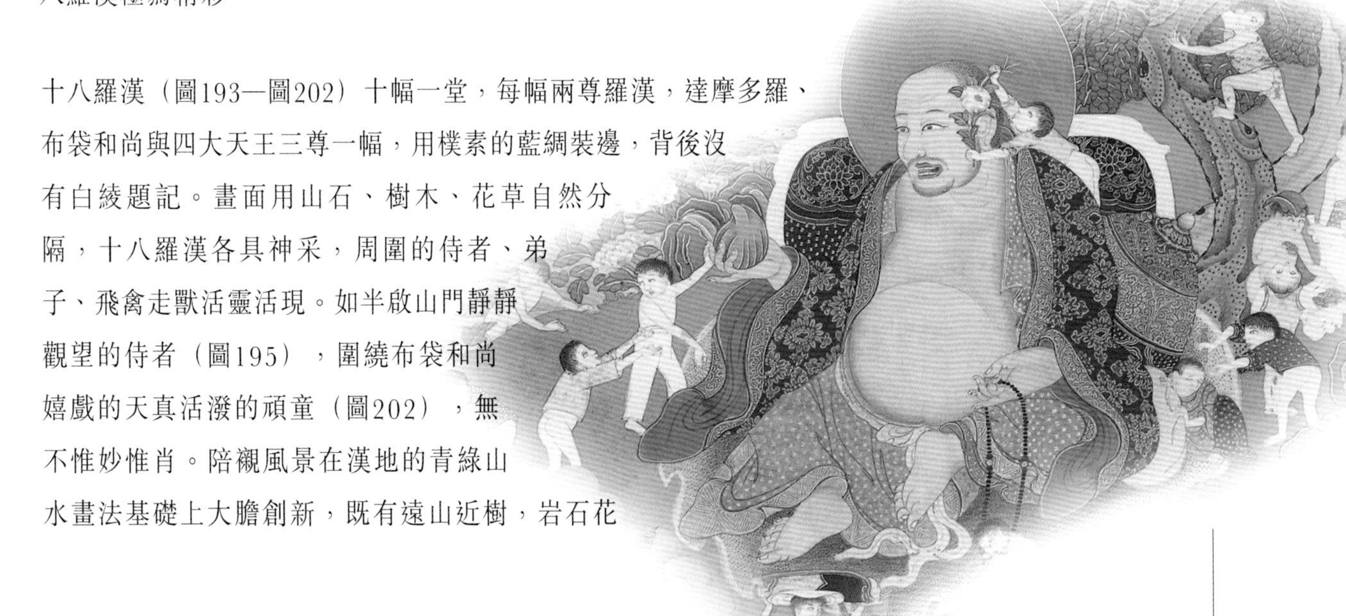

十八羅漢（圖193—圖202）十幅一堂，每幅兩尊羅漢，達摩多羅、布袋和尚與四大天王三尊一幅，用樸素的藍綢裝邊，背後沒有白綾題記。畫面用山石、樹木、花草自然分隔，十八羅漢各具神采，周圍的侍者、弟子、飛禽走獸活靈活現。如半啟山門靜靜觀望的侍者（圖195），圍繞布袋和尚嬉戲的天真活潑的頑童（圖202），無不惟妙惟肖。陪襯風景在漢地的青綠山水畫法基礎上大膽創新，既有遠山近樹，岩石花草，亭台樓閣，還有唐卡中少見的熱帶動植物，如豐碩的芭蕉，葱鬱的棕櫚樹、竹林，漂亮的孔雀，和諧自然而又誇張寫意。藍黑色天空呈現神秘夜空的效果，山岩多處用黑色、藍色明暗反襯，樹木用淺綠、深綠層層渲染。服飾色彩多變，內衣外衣描繪不同的花紋、顏色，用筆精細。羅漢頭光和雲彩多用粉色，設色巧妙。這堂羅漢唐卡無疑是16至17世紀一位大師的手筆。

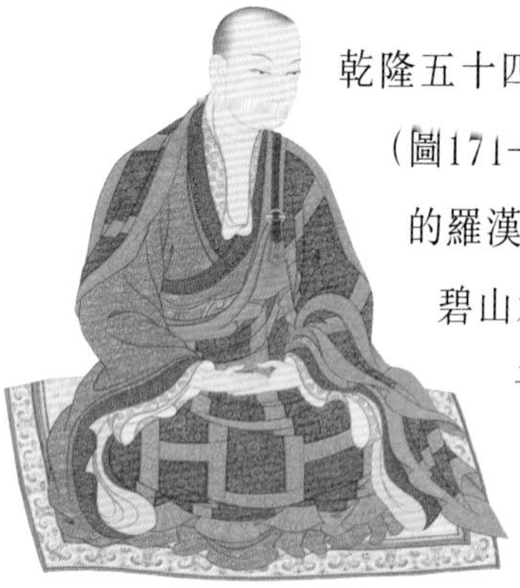

乾隆五十四年，嘎爾丹錫哷圖薩瑪迪巴克什[11]認看的一套羅漢與四大天王（圖171—圖192），構圖、形象都與前述羅漢像不同，完全是漢地繪畫傳統的羅漢形象。羅漢着寬袍大袖的漢僧服飾，生動傳神。借鑑明代國畫中金碧山水技法描繪岩石樹木風景，色彩明快，景色和諧。風景中點綴的猴子、仙鶴、花鳥魚蟲也畫得活潑可愛。只是在樹叢與天空中插入的本尊與上師像是典型的藏傳佛教藝術形象。美國布魯克林博物館收藏的一幅有永樂年題記羅漢唐卡與《迦諾迦伐蹉尊者》（圖176）是同一底本，但在天空中未畫藏傳神像。魯賓基金會收藏的一幅《羅漢圖》與《迦諾迦跋黎墮闍尊者》（圖178）構圖基本一致，畫風蒼勁，技法老到，色彩更厚重，時代定為15世紀晚期到16世紀早期[12]，可能是故宮這套羅漢的早期樣本。這些作品，反映了明代以來漢地藝術對唐卡發展的深刻影響，主要表現在畫面背景的描繪上，吸收國畫山水、花鳥的畫法，與西藏的神佛形象巧妙結合，形成漢藏藝術交融的新畫風。

宮廷唐卡及其特點

清代的紫禁城內建有中正殿等幾十座藏傳佛教殿堂，皇宮之外，在北京、承德、瀋陽等地還建有皇家寺廟，基本都是藏傳佛教寺院，如北京雍和宮、承德的外八廟等。眾多的皇家寺廟需製作大量的佛像佛畫莊嚴殿堂。康熙三十六年（1697）設立中正殿唸經處，是清宮專門管理宮內藏傳佛教活動的機構，負責喇嘛唸經，製作佛像。中正殿畫佛處是其屬下負責繪畫唐卡佛像的機構。畫佛處中有畫佛喇嘛多名，按照皇帝旨意繪畫佛像。這些喇嘛畫師的詳細情況難以查考，只是在作品上偶然可見他們的名字，如圖87題記："中正殿畫佛副達喇嘛扎克巴多爾濟恭進供奉利益畫像釋迦牟尼佛"。此唐卡繪於黑色背景之上，為黑唐形式，主要以金彩描畫，並巧施紅藍白綠等純色為點綴，使畫面絢麗多彩，用筆精工老到，勾描細緻入微，是宮廷作品中的上佳之作。在《旨意題頭底檔》中偶然也可見到畫師姓名："着首領尹國泰交畫佛喇嘛阿旺嘉穆錯繪畫慧曜樓安供佛像三十軸"，"太監厄魯里交御容佛像一張，中正殿畫佛喇嘛西拉畫”。由名字可以看出，“扎克巴多爾濟”、“阿旺嘉穆錯”、“西拉”是藏、蒙民族的喇嘛畫師，副達喇嘛扎克巴多爾濟地位較高，可能是當時畫佛處的主持人。畫佛喇嘛遵照皇帝的指示，按要求的尺寸、規格、內容繪製唐卡，如《活計檔》記載：“乾隆十九年，首領張玉傳旨中正殿喇嘛現畫盤山掛像天王四張，着造辦處照舊掛像一張備辦材料，俟初十日畫得時成做交佛堂帶往盤山。欽此。”

宮廷唐卡的繪畫者，主要是中正殿畫佛喇嘛，但有些作品則是由宮廷畫師，甚至西洋畫師，共同參與分工合作完成的。《活計檔》記錄：“太監胡世傑傳旨：布達拉廟（即承德普陀宗乘廟）等圖一份八張，着謝遂畫佛殿、樓閣，其餘樹石達喇嘛畫。”“太監胡世傑傳旨：哲布尊丹巴胡土克圖着艾啟蒙畫臉二幅，其衣紋着姚文翰起稿，完時着喇嘛畫，得時裱掛二軸。”謝遂、姚文翰、艾啟蒙都是乾隆時期著名的宮廷畫師，艾啟蒙（1708—1780）是來自波西米亞的西洋畫家，無疑會把西洋繪畫藝術帶入畫作中，如《乾隆佛裝像》（圖32、圖33）人物面部刻畫很有立體感，明顯吸收了西洋畫法。宮廷唐卡的多種藝術風格，只是表現在少量的肖像畫上。繪製佛菩薩像是嚴格依照西藏佛像量度而作，但中正殿有的作品構圖簡單，綫條粗放，藝術水平不高，從中可見乾隆五十年前後作品的概況。

乾隆時期指導宮廷佛堂興建、佛像繪塑的是三世章嘉國師，他是清代著名佛學大師，精於繪畫佛像。統計故宮唐卡題記內容，大半唐卡是“欽命章嘉胡土克圖認看供奉利益”，他本人也直接從事繪畫，向宮廷進獻了大量作品。如《威德吉祥天母》（圖142）題記：“乾隆四十三年九月二十日，奉旨交章嘉胡土克圖按照經文恭敬畫像供奉威德吉祥天母、哩嘛第獸像護法、獅像護法、四時吉祥佛母、增福吉祥天母、五大長壽天母、十二永護法宗天母等全分妙德吉祥能成萬事大利益諸像佛一軸。”從題記看應是章嘉的手筆。採用了左右對稱的平衡構圖，生動刻畫了吉祥天母與眾多從神羣像，騾子畫得很有特點，畫出了明暗高光與毛色的質感。以兩幅《威德吉祥天母》（圖142、圖143）為底本，雕刻成底版，然後拓印在畫布上，再用金綫、硃砂綫勾勒而成，是黑唐、紅唐藝術形式。同樣形式的一堂七佛（圖89—圖95），在墨底上用金綫勾畫出佛的形象，畫面層次分明，立體感強，有獨特的版畫藝術效果。白綾題記：“欽命照班禪額爾德尼所貢番像佛七軸，考定次序及七佛父母眷屬並以佛偈譯成四體各書其上者，泐

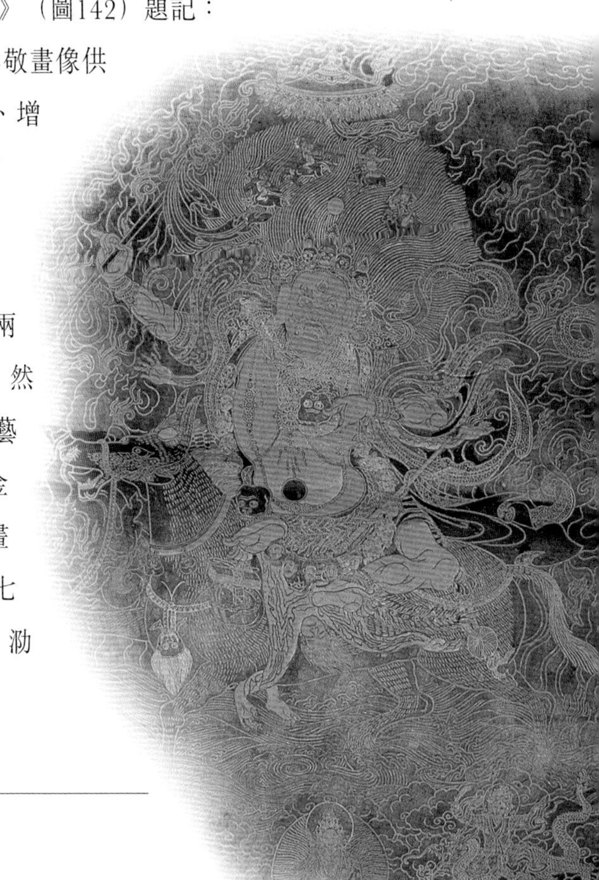

石摹搨，用廣流傳，永成勝果。”班禪所貢的番像佛原本即彩繪《迦葉佛》（圖88）題記曰：“班禪額爾德尼貢此番像佛七軸，欽命章嘉胡土克圖考定次序及七佛父母眷屬，御製七佛塔碑記別紀其詳，並以佛偈譯成四體各書其上。”此軸本為六世班禪喇嘛於1777年進獻朝廷的一套七佛唐卡之一幅。乾隆帝命三世章嘉國師考訂畫像內容，將七佛偈譯為漢滿蒙藏四體文字補題畫幅之上，使成完璧。為廣泛供養、流通，乾隆欽命依此套畫像為藍本將七佛圖鐫刻立石，建塔供奉，並親撰《七佛塔碑記》記其事。碑塔建於北海大慈真如寶殿以北，碑塔為八面體，七面為綫刻七佛像，一面為碑記《御製七佛塔記》，上建碑亭，現存完好。這堂七佛像即以七佛塔碑為底版拓印，在墨底上用金汁白描法畫成，同時畫了多套收藏宮中，還將七佛像、吉祥天母唐卡作為朝廷禮品賞賜給達賴喇嘛，布達拉宮有收藏。透視七佛、吉祥天母唐卡繪製過程，可以看出章嘉國師的重要作用。章嘉以他在漢藏兩地的影響力，佛學、佛教藝術多方面的精深造詣，擔當了文化交流的重要使者，促進了藏傳佛教藝術在內地的發展。

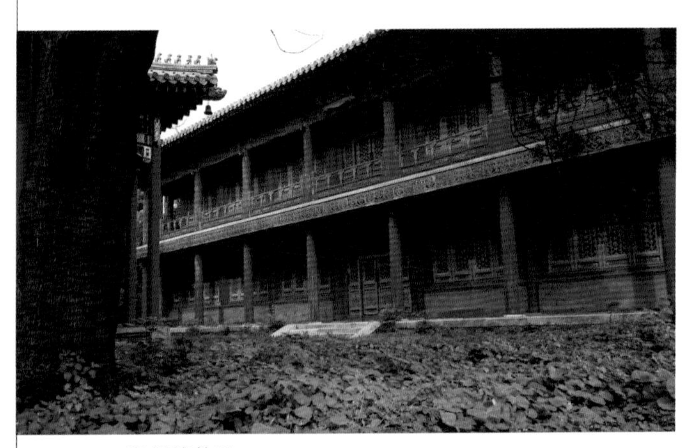
寶相樓外景

中正殿畫佛喇嘛繪製各佛殿供奉的神像，是按牆壁尺寸定做的，即前述的“掛像佛”。北京、承德等地的清代皇家寺廟殿堂內繪飾的壁畫很少，在應畫壁畫處懸掛這種壁畫式唐卡，是宮廷唐卡的獨特形式。如寶相樓的全堂畫像二十四幅（圖240—圖263），是典型的壁畫式唐卡，它是遵循藏傳佛教密宗四部修行的經典與儀軌要求，繪製的完整的密宗四部神像。寶相樓是故宮中一處重要藏傳佛教殿堂，位於慈寧花園中，乾隆三十年（1765）建，供奉六部顯密神像，清代稱為“六品佛樓”，是清代宮廷內諸多藏傳佛殿的典型模式。此類佛樓紫禁城內建有三座，即建福宮花園中的慧曜樓、寧壽宮區的梵華樓、慈寧宮花園中的寶相樓。寶相樓樓上

梵華樓上明間內景
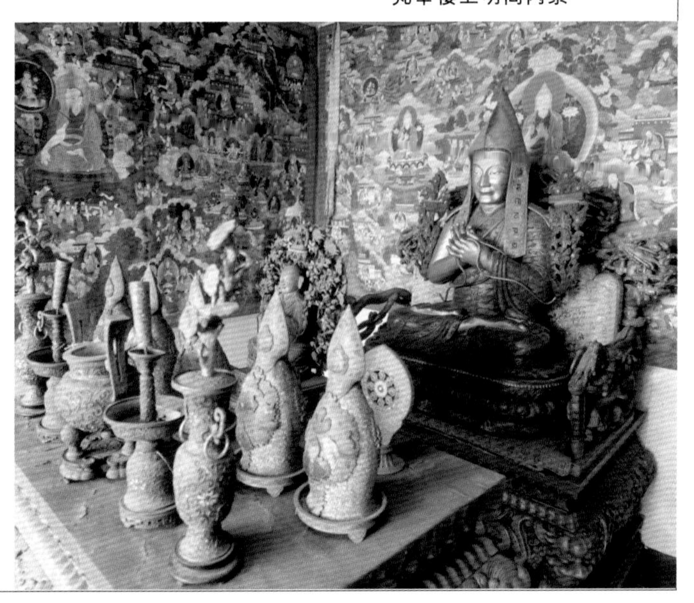

六室供奉六品佛主尊銅像，以及五十四位主尊唐卡像，樓下六室供奉六部護法神像，每室北東西三壁掛通壁大唐卡三幅，每幅繪三神，一室九神，共計五十四位護法神。六品佛樓主尊與護法神總計一百零八尊。（見附表）嚴格遵循了西藏佛教的傳統與佛典教義，按照諸神在西藏佛教萬神殿中的神格、地位，主次分明條列有序的排列組合，完整嚴密，是18世紀藏傳佛教在內地的重要的文化遺存，具有深厚的宗教文化內涵。藏傳佛教有一套獨特的繪畫與造型語言，以象徵的手法，表現諸神的神格神性，集中體現在其圖象學中。寶相樓唐卡，紀年準確，形象鮮明，對於藏傳佛教圖象學研究、藝術史研究有重要的參考價值。

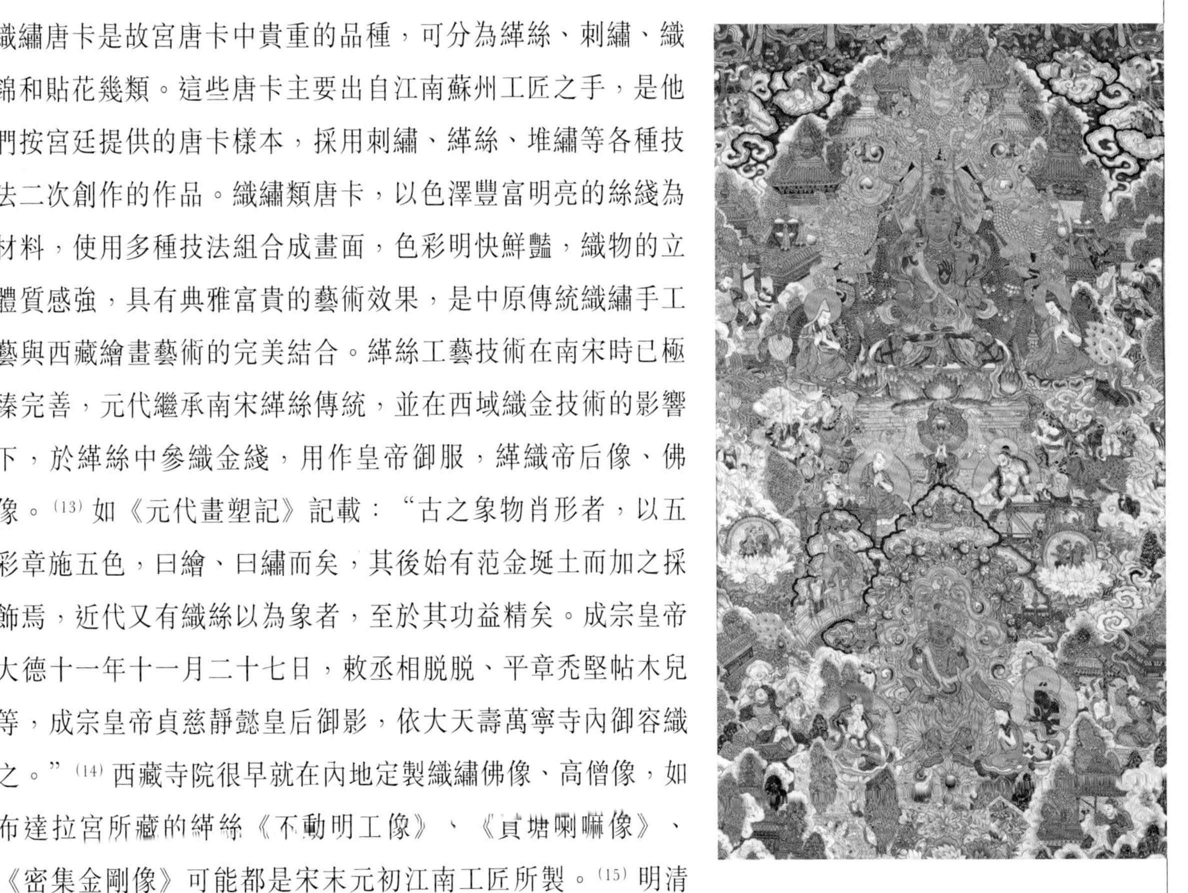

織繡唐卡是故宮唐卡中貴重的品種，可分為緙絲、刺繡、織錦和貼花幾類。這些唐卡主要出自江南蘇州工匠之手，是他們按宮廷提供的唐卡樣本，採用刺繡、緙絲、堆繡等各種技法二次創作的作品。織繡類唐卡，以色澤豐富明亮的絲綫為材料，使用多種技法組合成畫面，色彩明快鮮豔，織物的立體質感強，具有典雅富貴的藝術效果，是中原傳統織繡手工藝與西藏繪畫藝術的完美結合。緙絲工藝技術在南宋時已極臻完善，元代繼承南宋緙絲傳統，並在西域織金技術的影響下，於緙絲中參織金綫，用作皇帝御服，緙織帝后像、佛像。[13] 如《元代畫塑記》記載：“古之象物肖形者，以五彩章施五色，曰繪、曰繡而矣，其後始有范金埏土而加之採飾焉，近代又有織絲以為象者，至於其功益精矣。成宗皇帝大德十一年十一月二十七日，敕丞相脱脱、平章禿堅帖木兒等，成宗皇帝貞慈靜懿皇后御影，依大天壽萬寧寺內御容織之。”[14] 西藏寺院很早就在內地定製織繡佛像、高僧像，如布達拉宮所藏的緙絲《不動明王像》、《貢塘喇嘛像》、《密集金剛像》可能都是宋末元初江南工匠所製。[15] 明清以來西藏與內地的聯繫更為緊密，江南工匠可能一直保持着為藏區織繡唐卡的傳統項目，如明代的繡像《大慈法王像》、《大威德金剛像》等，都屬此類。[16] 乾隆時期是傳統的織繡工藝發展的一個高峯，宮廷在江南定製了數量很大的織繡唐卡，一方面是為了滿足宮內需要，另一方面是將一部分作禮品賞賜達賴、班禪等蒙藏上層人物。如前述賞班禪緙絲佛像。負責這一任務的是專為宮廷辦造採買絲織物的江南三織造（江寧、蘇州、杭州），據《活計檔》記載，辦造採買緙繡佛像的是蘇州織造。

緙絲唐卡以其組織華麗、風格獨特、緙織技術精密而著稱，如圖232、圖233、圖234是一組華貴的三大主尊緙絲唐卡，在本色地上緙織佛像，緯綫設色退暈，採用平緙、構緙、長短戧等技法，局部着筆暈染。形象鮮明、色彩華麗、層次分明、工藝精美，是清代江南緙絲工藝的稀世珍品。

刺繡唐卡是以繡針引不同色彩絲綫，在絲綢上刺綴運針，繡成各種圖案。如《繡像十一面觀世音菩薩》（圖229），繡綫設色退暈與間暈相結合，採用平繡、平金、套針、釘綫、纏針等繡法，針法精細，色彩搭配和諧，人物生動逼真，是刺繡唐卡中難得一見的佳作。《繡像彌勒佛聖界圖》（圖226）根據《彌勒上生經》和《彌勒下生經》，描繪彌勒在兜率天宮為諸天說法，釋迦佛入滅後下生成佛的兩種形象，場面宏大，人物眾多，在本色緞上滿繡，繡綫設色豐富，大量運用不同粗細的拈金綫，施以平金、平繡、網繡、纏針、平散套針、施毛針、釘綫等針法。並運用繡綫上加入編結手法，形成織物組織效果，令人耳目一新。表現了清乾隆時期刺繡工藝的高超水平。畫心外緣鑲紅色“壽”字織金緞，增添了喜慶的氣氛。

織錦唐卡是以緞紋為地，用各種色彩絲綫為緯，間錯提花織造完成。生產工藝要求高，織造難度大。《織錦三十五佛》和《織錦金綫無量壽佛》（圖238、圖239），均使用本色底上加金彩織的技法，人物及景物的不同特徵多以金綫分隔，再配色絲加以裝襯，設色豐富，層次分明。氣派莊嚴，精緻典雅。清宮廷織繡唐卡作為一種圖案複雜、工藝難度大、要求高的特殊織繡品，集中體現了我國清代織繡工藝的卓越成就。

清代宮廷唐卡的製作，如果從康熙三十六年（1697）中正殿唸經處成立算起，到乾隆末年（1795），前後延續了近百年，創作了難以計數的大量作品。這些作品不僅在內地流傳，又傳入西藏、蒙古廣大地區。眾多無名的各民族畫家貢獻了他們的藝術才華，造就了清代宮廷唐卡繪畫藝術繁華錦繡的面貌。大量的西藏唐卡精華入藏清宮，內地宮廷唐卡回流西藏，漢藏兩地繪畫藝術密切交流，對清代佛教藝術的發展產生了深遠的影響。

（本書中藏文承熊文彬、集美桑珠先生翻譯，謹此致謝。）

註釋：

(1) 《西藏繪畫史》,〔德〕大衛·傑克遜著，向紅笳、謝繼勝、熊文彬譯，西藏人民出版社、明天出版社 2001 年版。

(2) 胡土克圖（又譯：呼圖克圖），清朝封授藏傳佛教中大喇嘛、活佛的封號，是藏語“朱必占”的蒙語音譯，意為“化身”，地位崇高。

(3) 《西藏唐卡》，西藏自治區文物管理委員會編，文物出版社 1985 年版。

(4) 《七世達賴喇嘛傳》，章嘉若貝多傑著，蒲文成譯，西藏人民出版社 1989 年版。

(5) 《章嘉國師若必多吉傳》，土觀·洛桑卻吉尼瑪著，陳慶英、馬連龍譯，民族出版社1988年版。

(6) 《西藏畫卷》，圖齊著，羅馬 1949（Tucci Giuseppe, Tibetan Painted Scrolls, 3 vols, Rome, 1949）。

(7) 《變幻的世界——智慧與慈悲的西藏藝術》，萊因與瑟曼著，紐約1999（Marylin M. Rhie and Robert A.F. Thurman, eds, WORLDS OF TRANSFORMATION: TIBETAN ART OF WISDOM AND COMPASSION, New York, 1999）。

(8) 同註（3）。

(9) 同註（1）。

(10) 《法苑談叢》，周叔迦著，中國佛教協會 1985 年版。

《西夏藏傳繪畫——黑水城出土西夏唐卡研究》，謝繼勝著，河北教育出版社2002年版。

(11) 嘎爾丹錫哷圖薩瑪迪巴克什，即乾隆時期駐京的西藏高僧，曾奉乾隆帝之命兩度出任西藏攝政的一世策墨林活佛阿旺楚臣。參見陳慶英著《雍和宮的佛倉簡說》。

(12) 同註（7）。

(13) 參見《中國工藝美術全集·工藝美術編印染織繡（下）》，黃能馥著《印染織繡工藝美術的光輝傳統（下）》。

(14) 《元代畫塑記》，（元）佚名著，人民美術出版社 1964 年版。

(15) 同註（3）。

(16) 同註（3）。

附表：故宮六品佛樓主尊與護法

第一妙吉祥大寶樓	般若經品	上	釋迦牟尼佛	文殊菩薩	金剛菩薩	觀世音菩薩	地藏王菩薩	除諸障菩薩	虛空藏菩薩	彌勒菩薩	普賢菩薩
		下	白勇保護法	持國天王	增長天王	廣目天王	財寶天王	梵王	帝釋	難陀龍王	優波難陀龍王
第二妙吉祥大寶樓	無上陽體根本品	上	密集不動金剛佛	密集文殊金剛佛	宏光文殊金剛佛	秘密文殊室利佛	威羅瓦金剛佛	六面威羅瓦金剛佛	紅威羅瓦金剛佛	黑敵金剛佛	大輪手持金剛佛
		下	六臂勇保護法	護國護法	尊親護法	宜帝護法	大黑雄威護法	柔善法帝護法	增盛法帝護法	權德法帝護法	雄威法帝護法
第三妙吉祥大寶樓	無上陰體根本品	上	上樂王佛	白上樂王佛	持喝巴拉喜金剛	持兵器喜金剛	大幻金剛佛	佛陀喝巴拉佛	時輪王佛	瑜伽虛空佛	佛海觀世音佛
		下	宮室勇保護法	四面勇保護法	四臂勇保護法	婆羅門勇保護法	專必尼佛母護法	簪楂禮佛母護法	喇克義西	僧嘎禮	低微沙嘛沙納拔低
第四妙吉祥大寶樓	瑜伽根本品	上	普慧毗盧佛	金剛界佛	度生佛	成就佛	能勝三界佛	最上功德佛	密德文殊室利佛	法界妙音自在佛	九頂佛
		下	吉祥天母護法	柔善天母護法	增盛天母護法	權德天母護法	雄威天母護法	值春天母護法	值夏天母護法	值秋天母護法	值冬天母護法
第五妙吉祥大寶樓	德行根本品	上	宏光顯耀菩提佛	伏魔手持金剛佛	善行手持金剛佛	黑摧碎金剛佛	白馬頭金剛佛	佛眼佛母	嘛嘛基佛母	白衣佛母	青救度佛母
		下	紅勇保護法	持棒勇保護法	騎虎勇保護法	騎獅大黑雄威護法	妙舞財寶天王	白財寶天王	白布祿護法	黃布祿護法	黑布祿護法
第六妙吉祥大寶樓	功行根本品	上	無量壽佛	十一面觀世音	四臂觀世音	尊勝佛母	白傘蓋佛母	白救度佛母	綠救度佛母	積光佛母	隨求佛母
		下	騎獅黃財寶天王	馬王布祿護法	馬王善滿護法	馬王妙寶護法	宮毗羅護法	馬王真識護法	馬王靜住護法	馬王五樂護法	馬畢資軍荼利護法

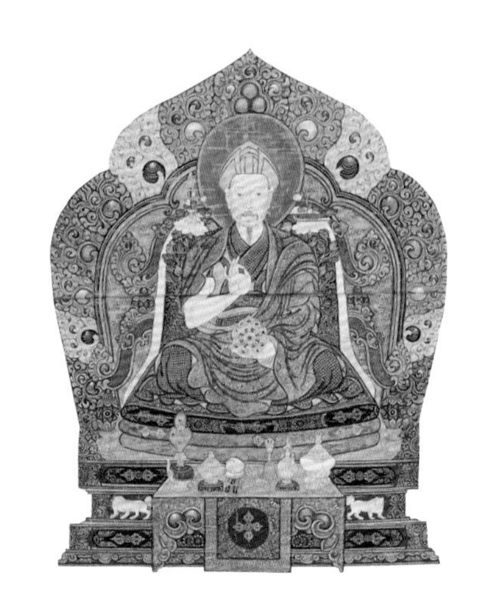

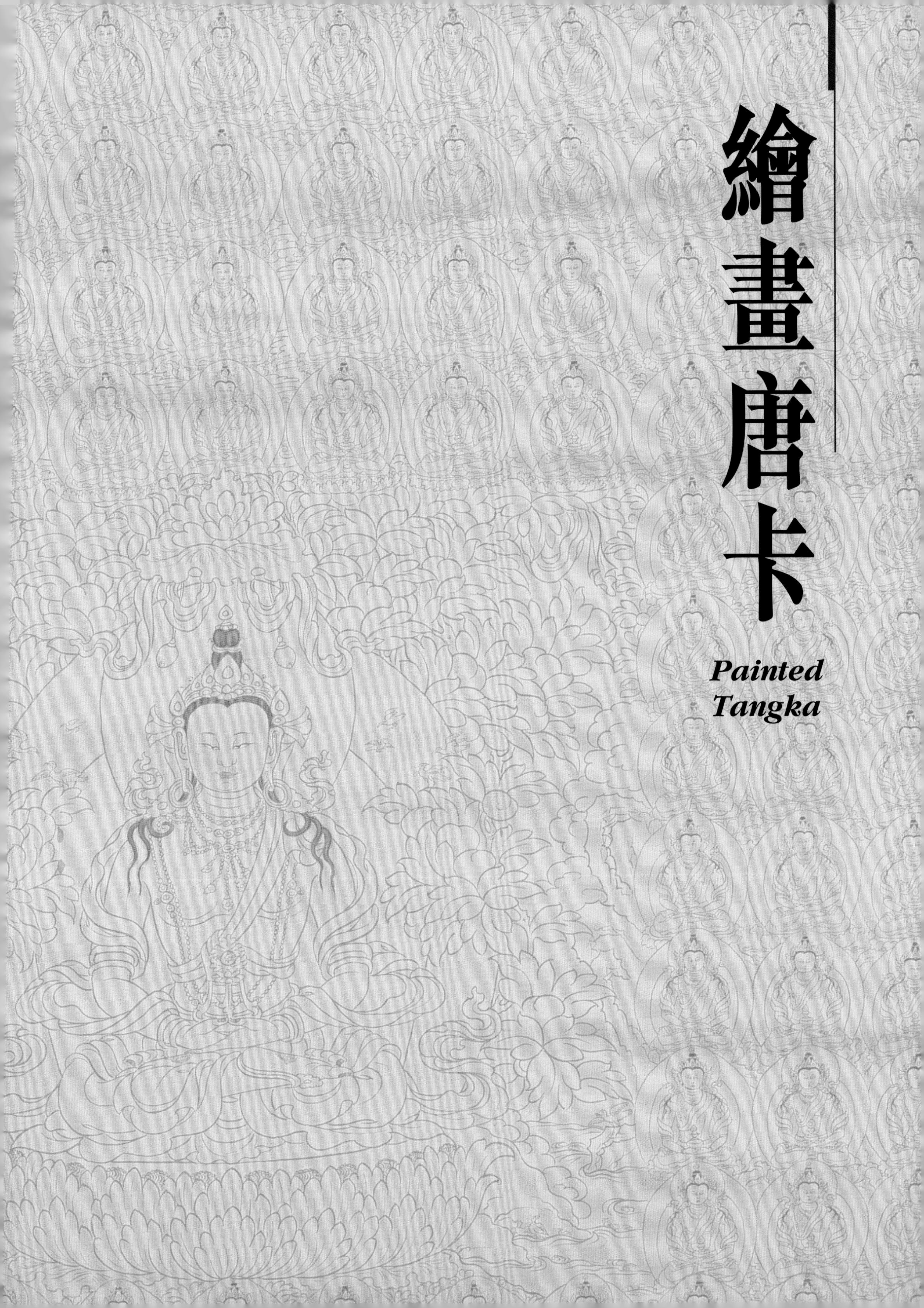

繪畫唐卡

Painted Tangka

1

諸佛菩薩聖像

18世紀　北京
布本設色　縱100厘米　橫71厘米
清宮舊藏

Sacred Images of Buddhas and Bodhisattvas
18th Century　Beijing
Distemper on Cloth　H.100cm　L.71cm
Qing Court collection

聖像九排，每排九尊，共八十一尊諸佛菩薩聖像，表現了藏傳佛教格魯派神系的基本構架及諸佛菩薩的等級排列。每尊像下皆有藏文榜題，第一排為西藏佛教祖師，第二排為無上瑜伽部本尊佛，第三排為般若部佛，第四排為無量壽佛，第五排為諸佛，第六排為菩薩，第七排為佛母，第八排為出世護法神，第九排為世間護法神。（八十一尊諸佛菩薩藏文譯名見附錄。）

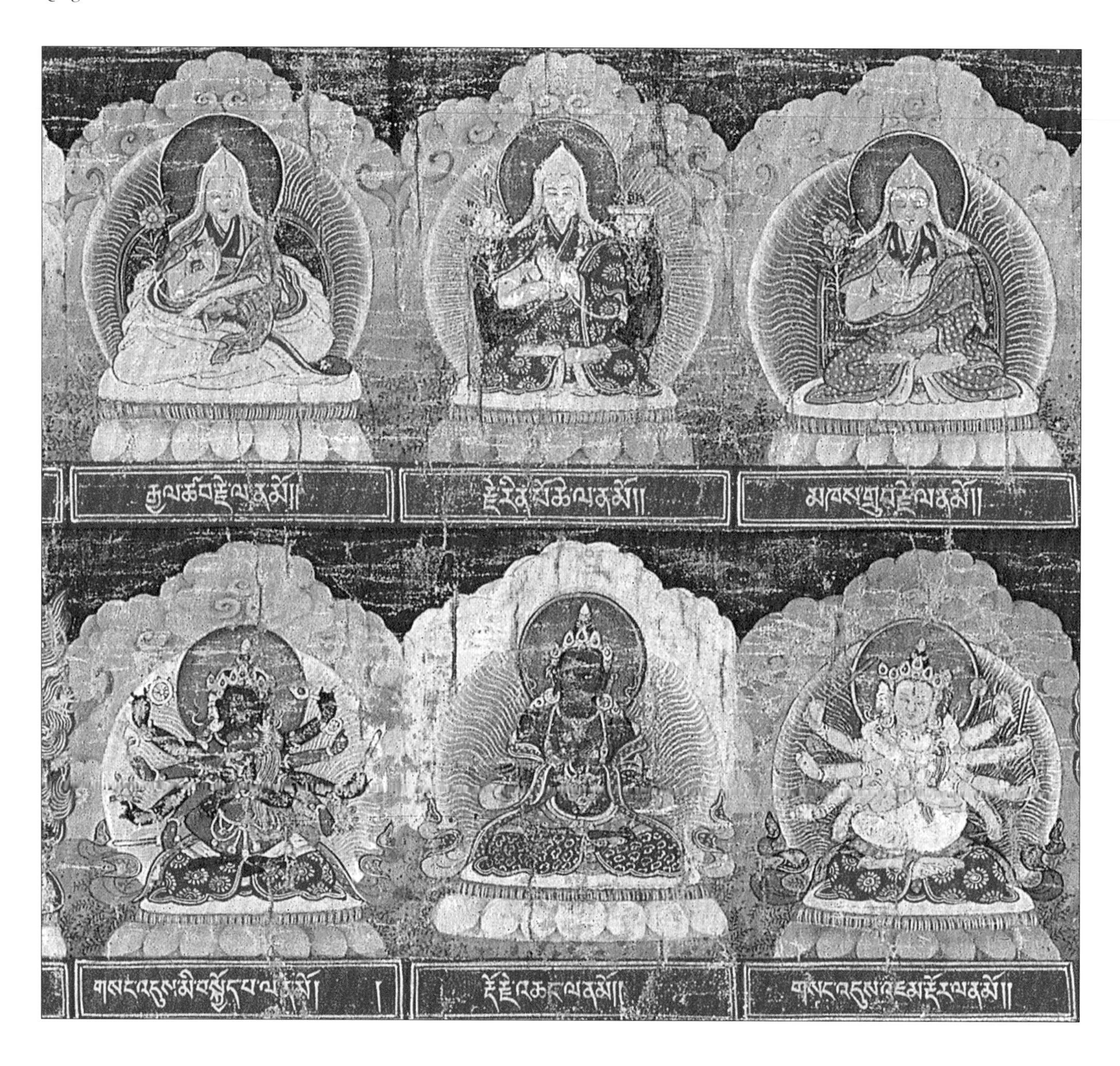

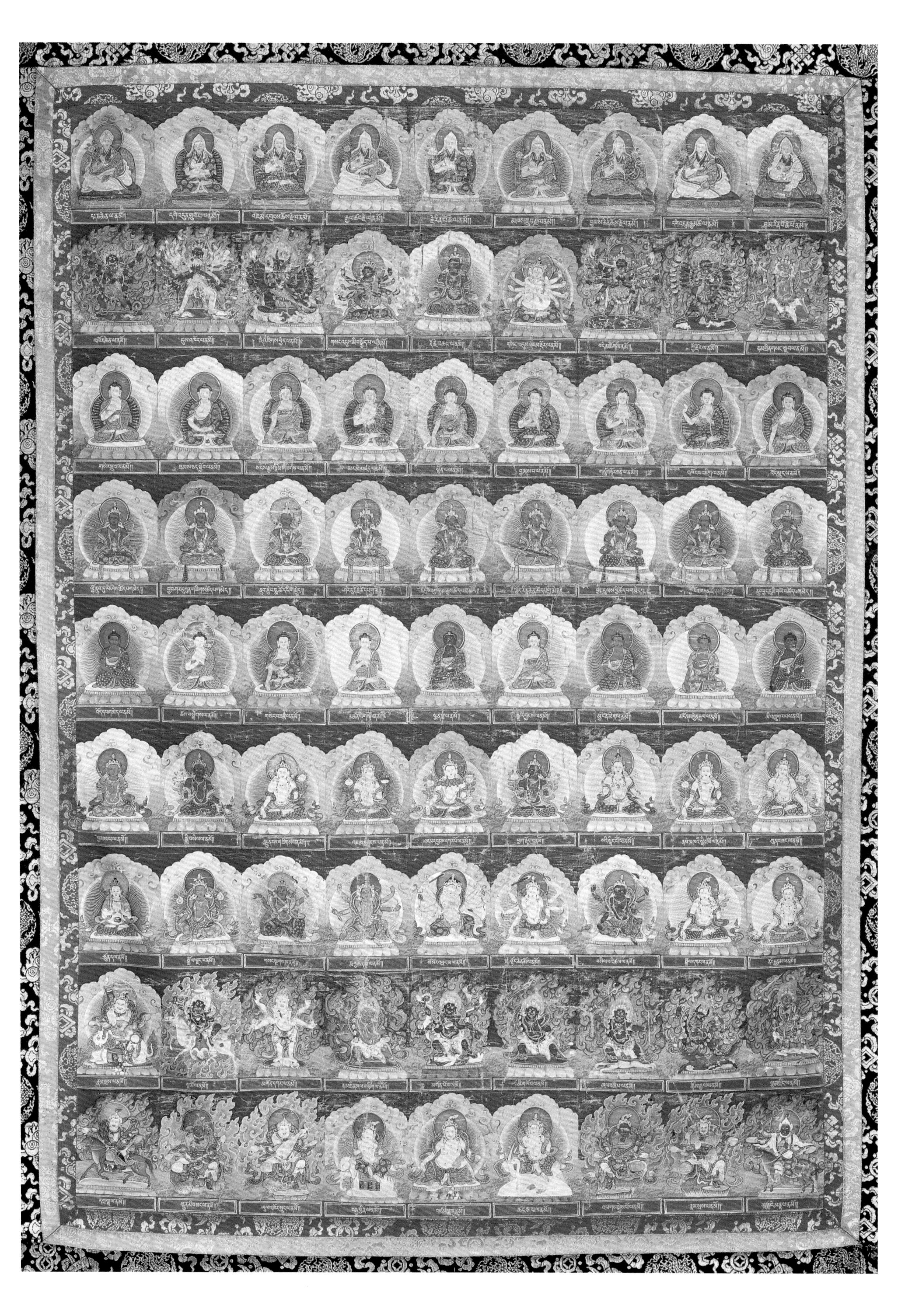

2

大持金剛
17世紀　西藏
布本設色　縱60厘米　橫42厘米
清宮舊藏

Great Vajradhara
17th Century　Tibet
Distemper on Cloth　H.60cm　L.42cm
Qing Court collection

大持金剛被尊為顯密八宗之祖。據説他是佛説密法的主要受聽者和集結者，由此密法才得以傳播於人間。

大持金剛頭戴菩薩冠，雙手持鈴杵，結金剛吽迦羅印，坐在祥雲托起的蓮花台上。在他周圍環繞有印度八十四大成就者中的二十九位尊者。（二十九位尊者名見附錄。）

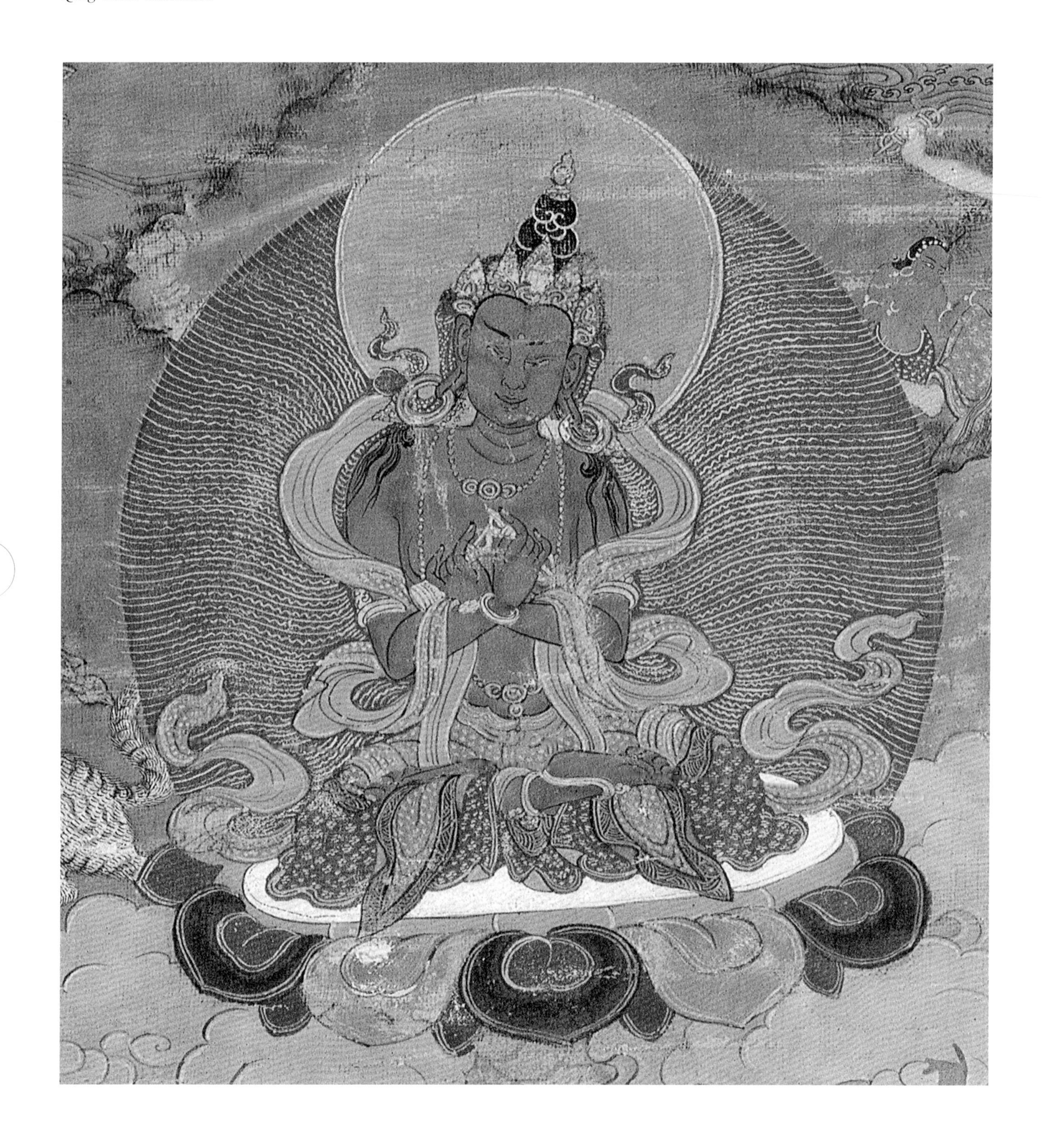

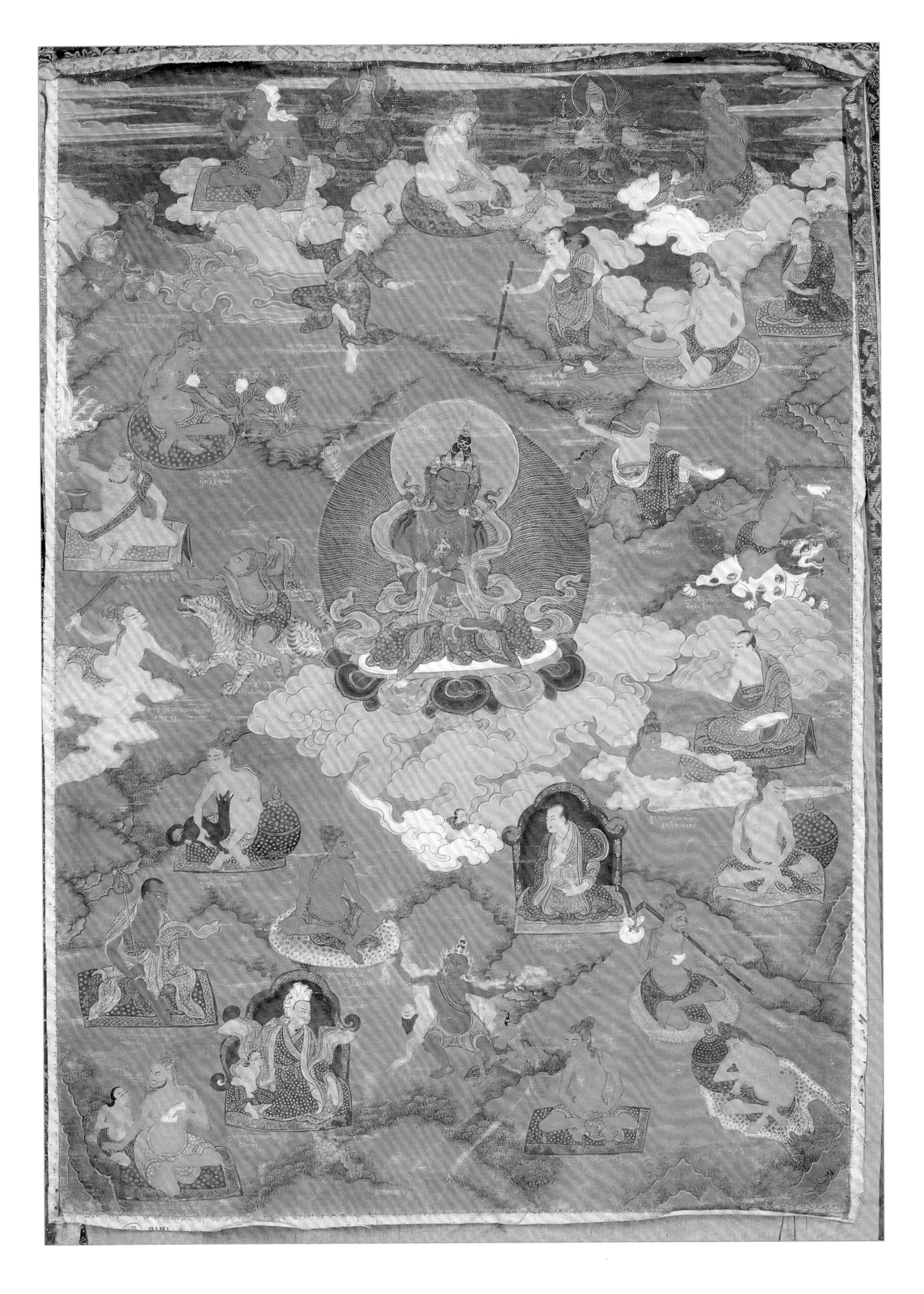

3

印度大成就者龍樹
17世紀　西藏
布本設色　縱60厘米　橫42厘米
清宮舊藏

Great Adept of India Nagarjuna
17th Century　Tibet
Distemper on Cloth　H.60cm　L.42cm
Qing Court collection

龍樹（1世紀，一說3世紀），南印度安達羅人，是早期印度八十四大成就者之一，大乘佛教中觀學派的創始人之一。對藏傳佛教，特別是黃教產生很大影響。

龍樹身披福寶袈裟，手結說法印，坐在紅藍相間的蓮花台上，身背後有藍色背光，頭頂顯現八條彩龍，相貌平靜安詳。在他四周環繞印度八十四大成就者中的二十七位尊者。（二十七位尊者名見附錄。）

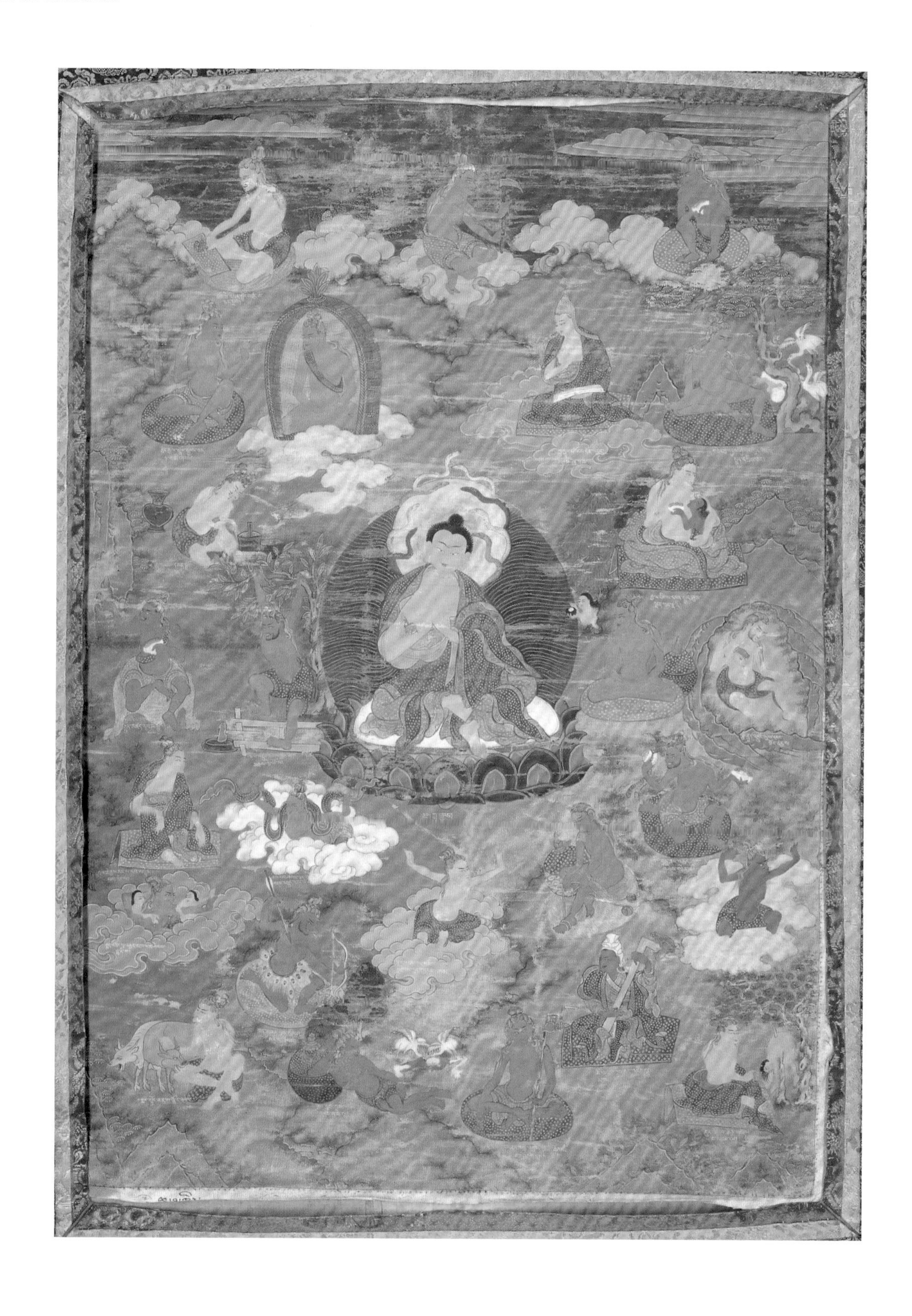

4

印度大成就者薩拉哈
17世紀　西藏
布本設色　縱60厘米　橫42厘米
清宮舊藏

Great Adept of India Saraha
17th Century　Tibet
Distemper on Cloth　H.60cm　L.42cm
Qing Court collection

薩拉哈（約1世紀）為早期印度八十四大成就者之一，曾跟隨婆藪迦波王學習集密法，後被西藏密教推奉為集密教法的主要傳承人，是龍樹的上師。以他傳承的集密經典和教法最終成為格魯派修行無上瑜伽品的重要經典和法門。

薩拉哈裸上身，手持長箭，舒式坐於瑞獸背上。在他四周環繞二十七位印度大成就者。（二十七位尊者名見附錄。）

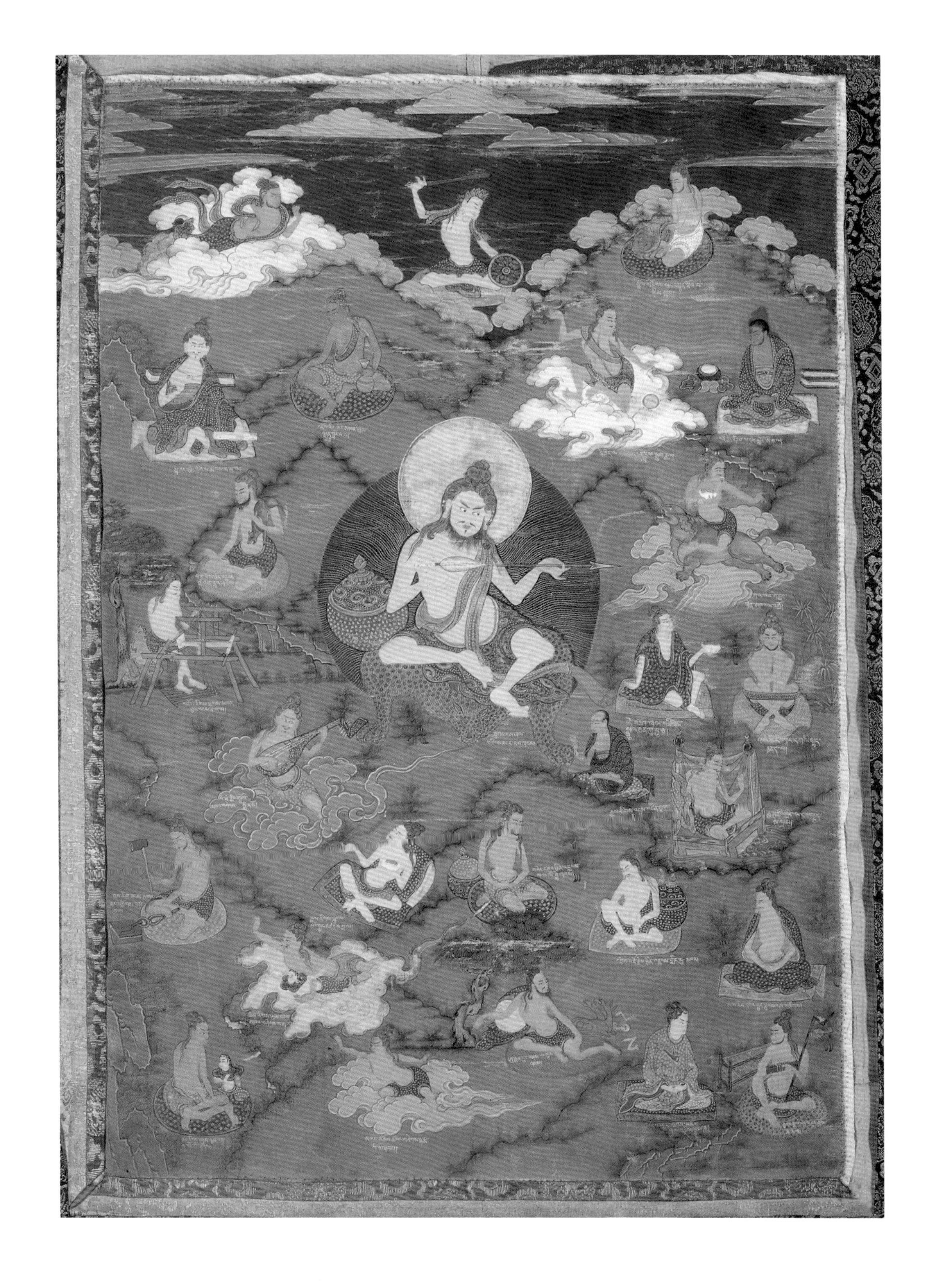

5

印度大成就者無著
17世紀　西藏
布本設色　縱57厘米　橫38厘米
清宮舊藏

Great Adept of India Asanga
17th Century　Tibet
Distemper on Cloth　H.57cm　L.38cm
Qing Court collection

無著（約4至5世紀），北印度富婁沙富羅國人，大乘佛教瑜伽行派創始人之一。跟從彌勒菩薩聽受大乘空觀，研習《瑜伽師地論》，且通達《華嚴經》等大乘經義，著有多種論著。

無著頭戴僧帽，身披袈裟，袒露上身，作辯經狀。上方顯現無量壽、白度母、綠度母和二位黃教祖師，蓮座下方為三位印度高僧。

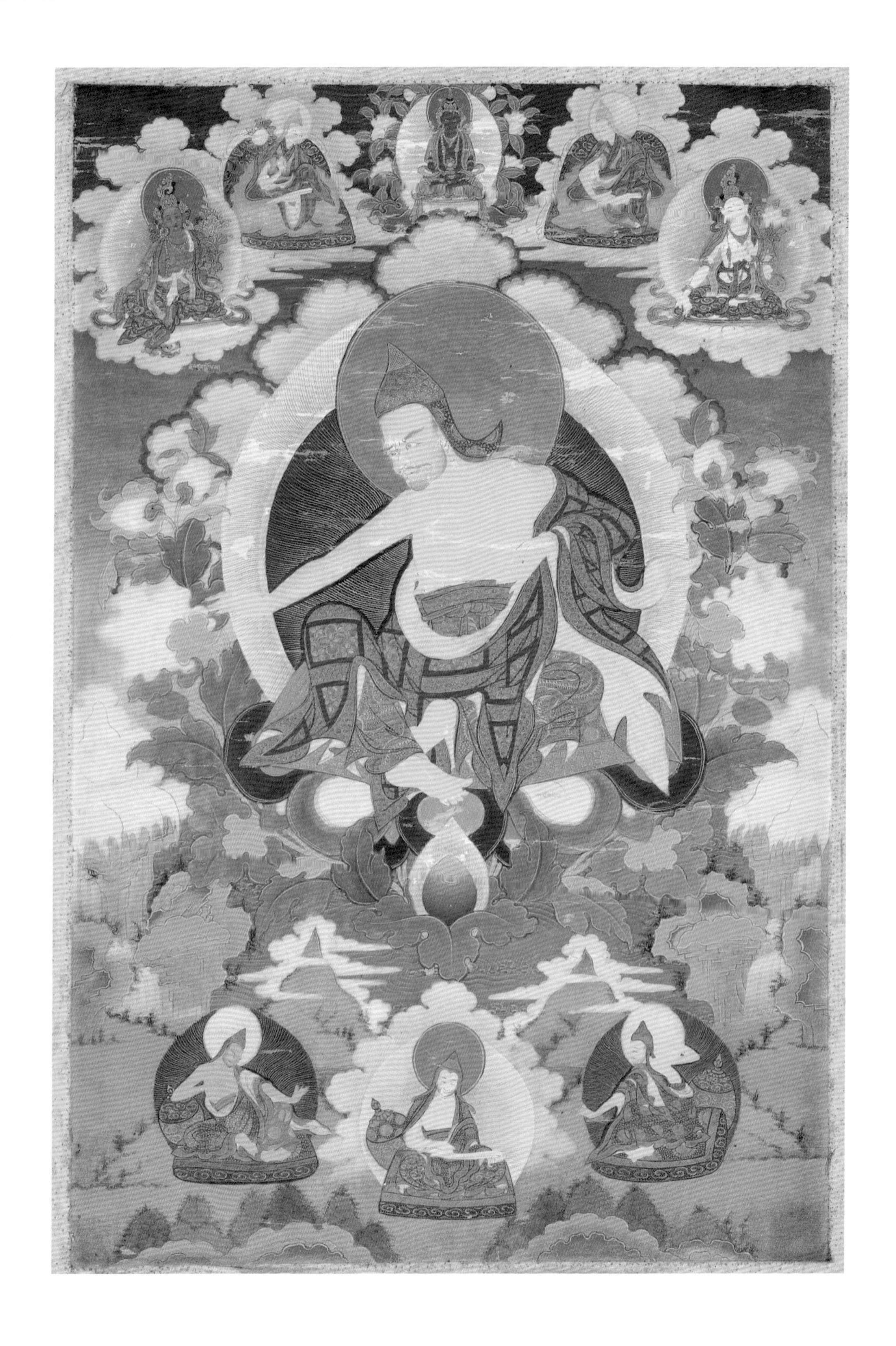

6

印度大成就者龍樹

17世紀　西藏
布本設色　縱57厘米　橫38厘米
清宮舊藏

Great Adept of India Nagarjuna
17th Century　Tibet
Distemper on Cloth　H.57cm　L.38cm
Qing Court collection

龍樹，大乘佛教中觀學派的創始人之一。跟從薩拉哈學習集密教法，對《集密》解釋詳盡，西藏密教把他尊為密教的創始人。灌頂教授是龍樹派的特有教法，曼荼羅二十儀軌和五次第法成為集密龍樹派的特有法門。

龍樹左手托佛經，右手結說法印，坐於蒲團上。上方為無量壽佛、宗喀巴、白度母和兩位印度祖師。下方是三位印度高僧。

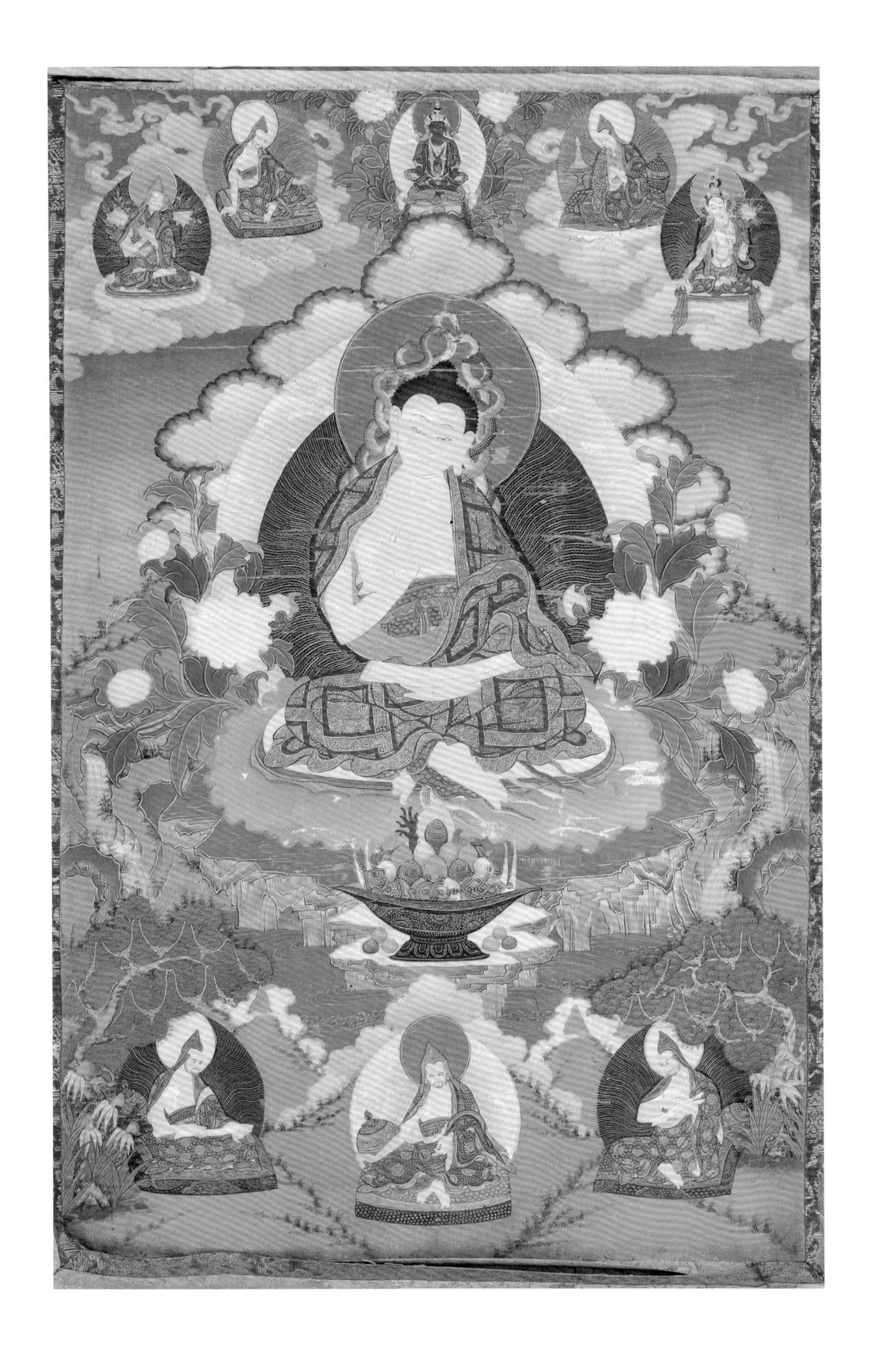

達賴喇嘛源流

成堂
18世紀　西藏
布本設色　　縱72厘米　橫46厘米
清宮舊藏

The Religious Origin of the Dalai Lamas
18th Century　Tibet
Distemper on Cloth　H.72cm　L.46cm
Qing Court collection

《達賴喇嘛源流》組畫共十三幅，每幅背面均有白綾，墨書漢、滿、蒙、藏四文題記："乾隆二十六年三月初六日　欽命章嘉胡土克圖認看番畫像達賴喇嘛源流一軸，番稱達賴喇嘛那穆塔爾，清稱達賴喇嘛伊達塞勤，蒙古稱達賴喇嘛尹查氏克。" 並書供奉位置如中、左一、右一等。另有黃條："中此樣一分十三軸"。今十三幅齊全。（詳見圖 7-19）

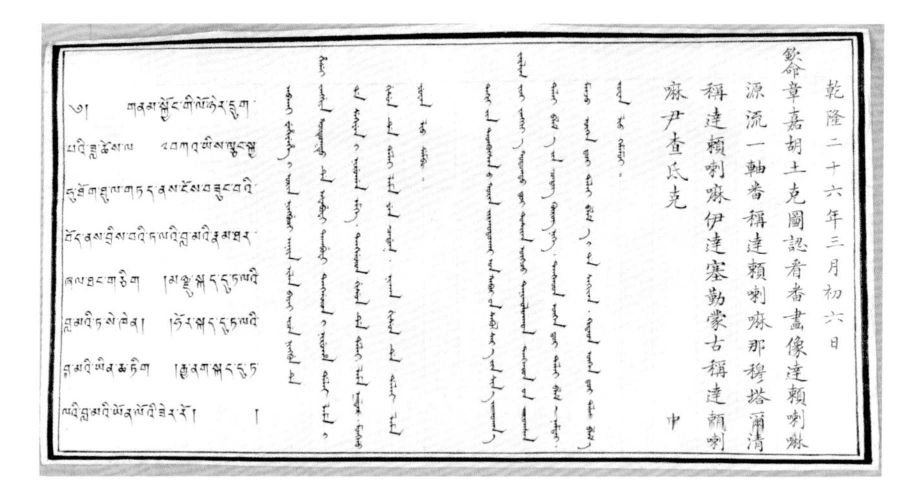

7

達賴喇嘛源流——格桑嘉措

The Religious Origin of the Dalai Lamas—Kalsang Gyatso

七世達賴喇嘛格桑嘉措（1708—1757），今四川理塘人。1719年康熙帝冊封為七世達賴喇嘛，次年在布達拉宮坐牀受"弘法覺眾第六世達賴喇嘛印"。1751年清政府下令由七世達賴喇嘛掌管西藏地方政權，成為政教合一的西藏地方領袖。

格桑嘉措神態莊重，結跏趺坐，右手拈蓮花，左手持佛經。上方正中為格魯派"師徒三尊"宗喀巴和他的兩大弟子賈曹傑、克主傑，左方為大威德金剛，右為白度母；左側是五世班禪和釋迦牟尼，右側是文殊菩薩和妙音菩薩；下部左起為閻魔尊、吉祥天母、黃財寶護法。排列"中"。

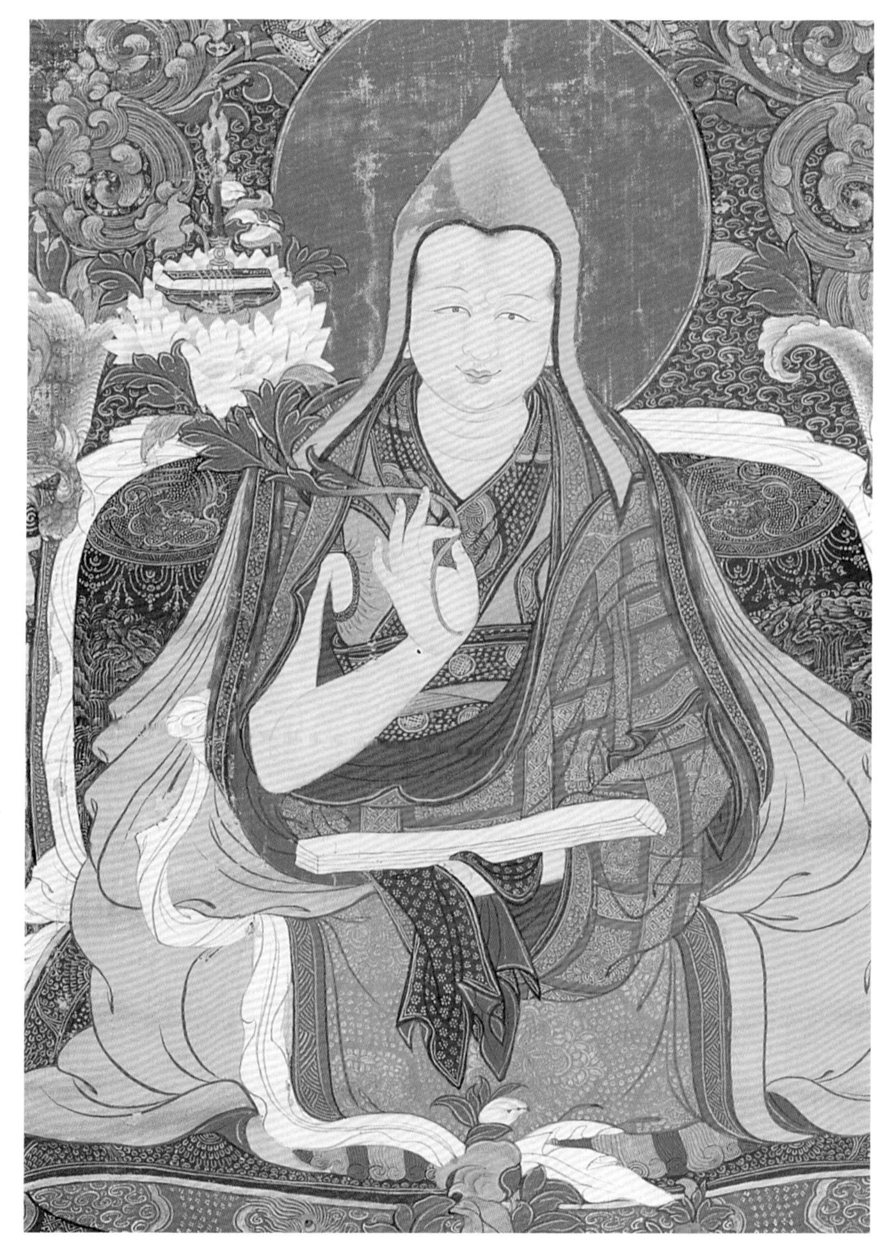

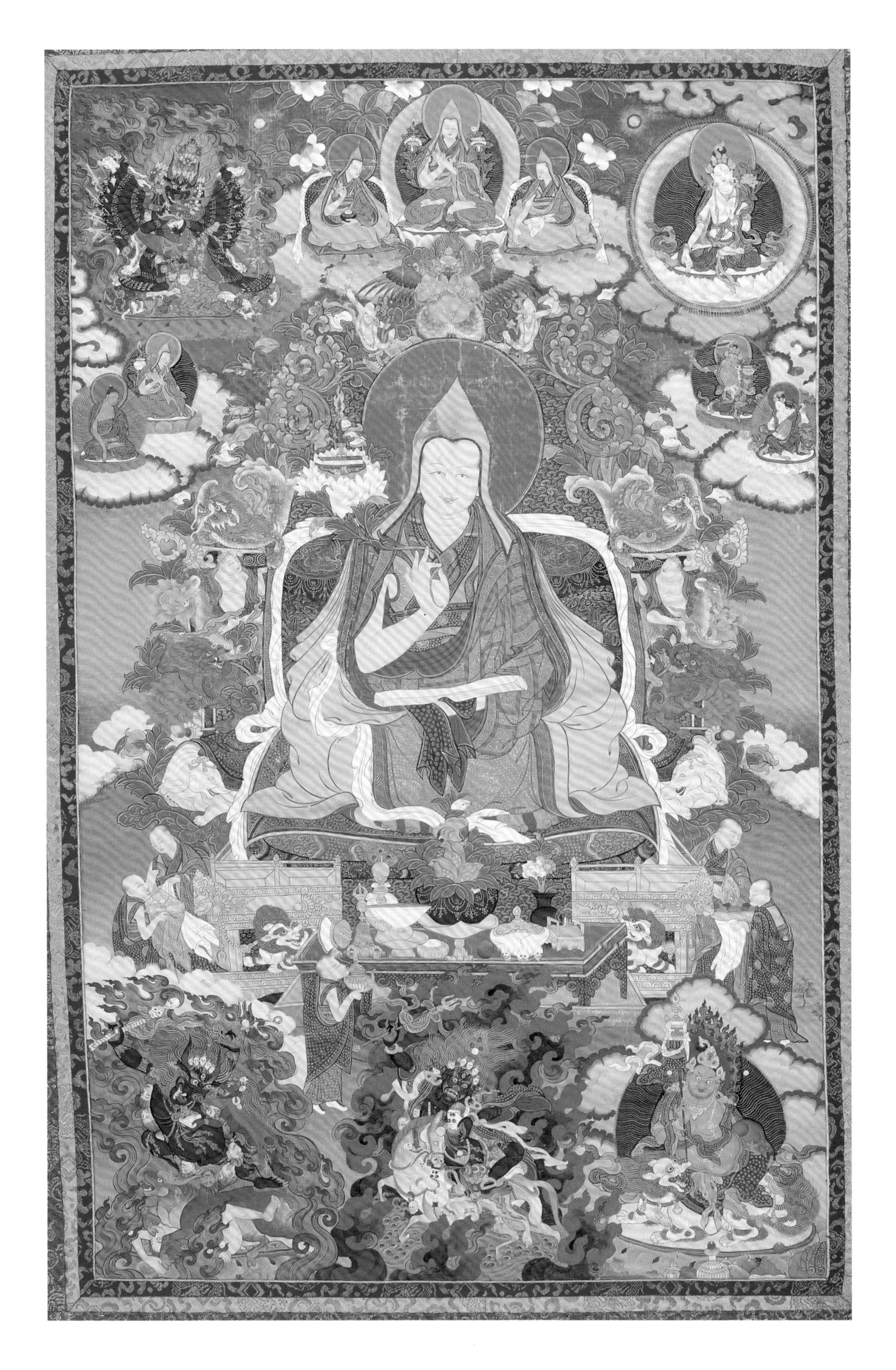

8

達賴喇嘛源流——靜息觀音

The Religious Origin of the Dalai Lamas—
Cittavishramana Avalokiteshvara

靜息觀音是觀音化身，有靜息諸罪之功德。

靜息觀音面呈女相，頭戴菩薩冠，左手持一支盛開的白蓮花，右臂支撐在蓮台上，飄帶翻捲纏繞雙臂，結遊戲坐，在深藍色背光的襯托下，給人寂靜安詳之美感。上方顯現藥師佛和釋迦佛。蓮花座前有一位供養菩薩手托供品，左下方是六臂勇保護法。排列“右一”。

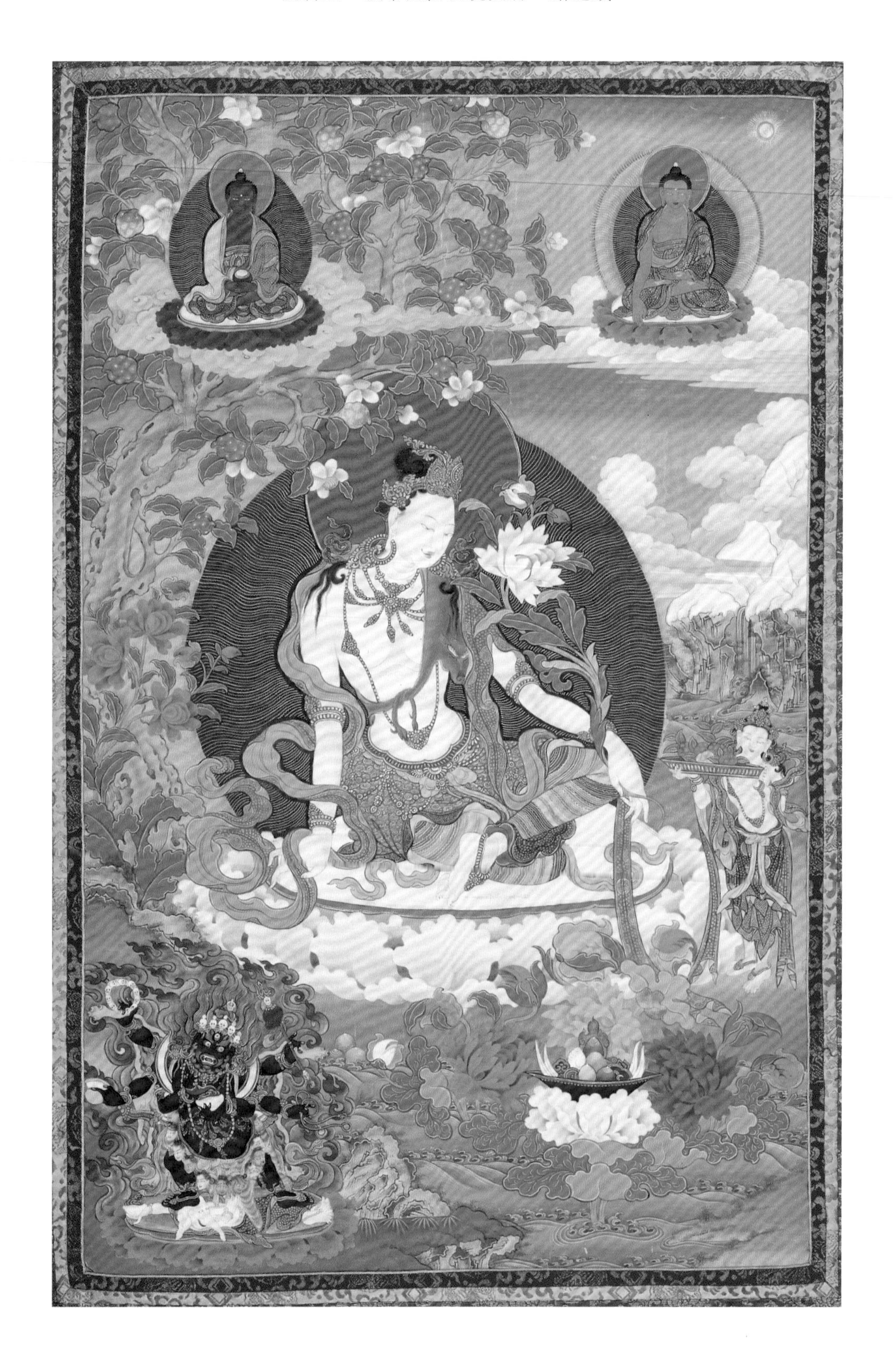

9

達賴喇嘛源流——益希沃

The Religious Origin of the Dalai Lamas—Yeshe'Od

益希沃（11世紀），俗名松艾，原為香雄（今阿里古格地區）王的長子，他放棄王位出家，改名為益希沃（智慧光），相傳他為延請印度高僧阿底峽入藏傳法籌集資金，被外族所俘，最終以身殉法。

益希沃頭戴寶冠，身着俗裝，右腳踏蓮花，右舒式坐於寶座上，左上角為其上師阿底峽，右上角是其修行本尊空行母，右下角是六臂白勇保護法。排列"左一"。

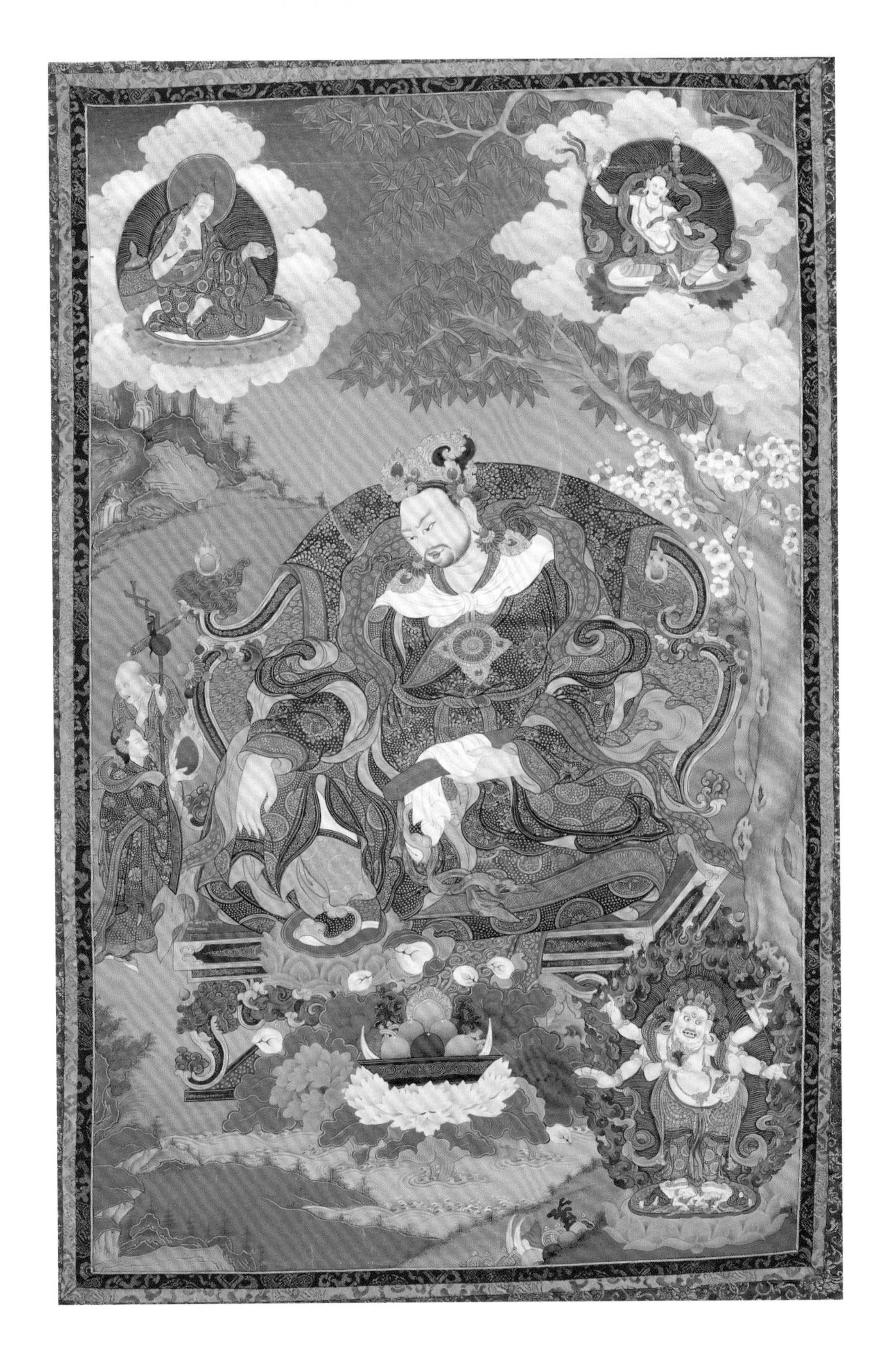

10

達賴喇嘛源流——松贊干布

The Religious Origin of the Dalai Lamas—Songtsan Gambo

松贊干布（617—650年）為吐蕃第三十三代藏王，即贊普位後，兼並諸部，最終統一吐蕃，定都拉薩。他發展生產，創制文字，制定法律，並與唐朝聯姻。佛教傳入吐蕃後，他被尊奉為觀世音菩薩化身之法王。

松贊干布左手握法輪，右手持蓮花，左舒式坐於金剛座上。座下藏文題記說，松贊干布是觀世音菩薩化身的法王。上方為佛教上師及其修行本尊十一面觀音。背景為大昭寺。在金剛座兩側是尼泊爾尺尊公主、唐文成公主及大相祿東贊、藏文創制者吞彌桑布扎。排列“右二”。

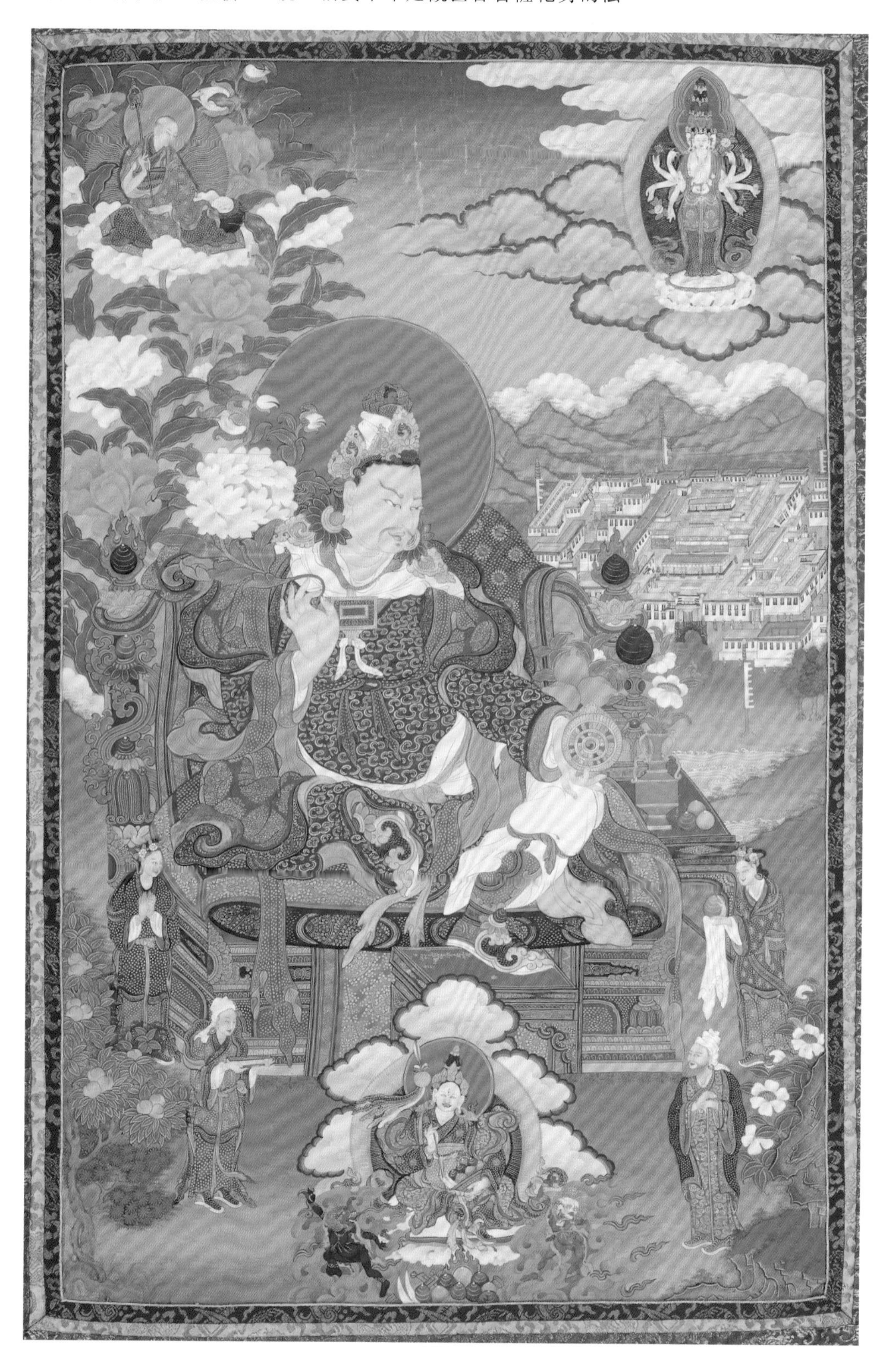

達賴喇嘛源流——仲敦巴

The Religious Origin of the Dalai Lamas—Dromtonpa

仲敦・甲哇瓊乃（1005—1064），藏北念青唐拉沃扎吉莫人，藏傳佛教噶當派的創立者。他受衛藏學者們委託，將阿底峽請到衛藏傳法，此後一直跟隨阿底峽。阿底峽圓寂後，他率眾到熱振地區傳法，建熱振寺，形成噶當派。

仲敦巴為居士說法相，長髮披肩，着俗人服飾，背景為熱振寺。上方示現上師阿底峽及其修行本尊不動金剛，下方是勇保護法。排列“左二”。

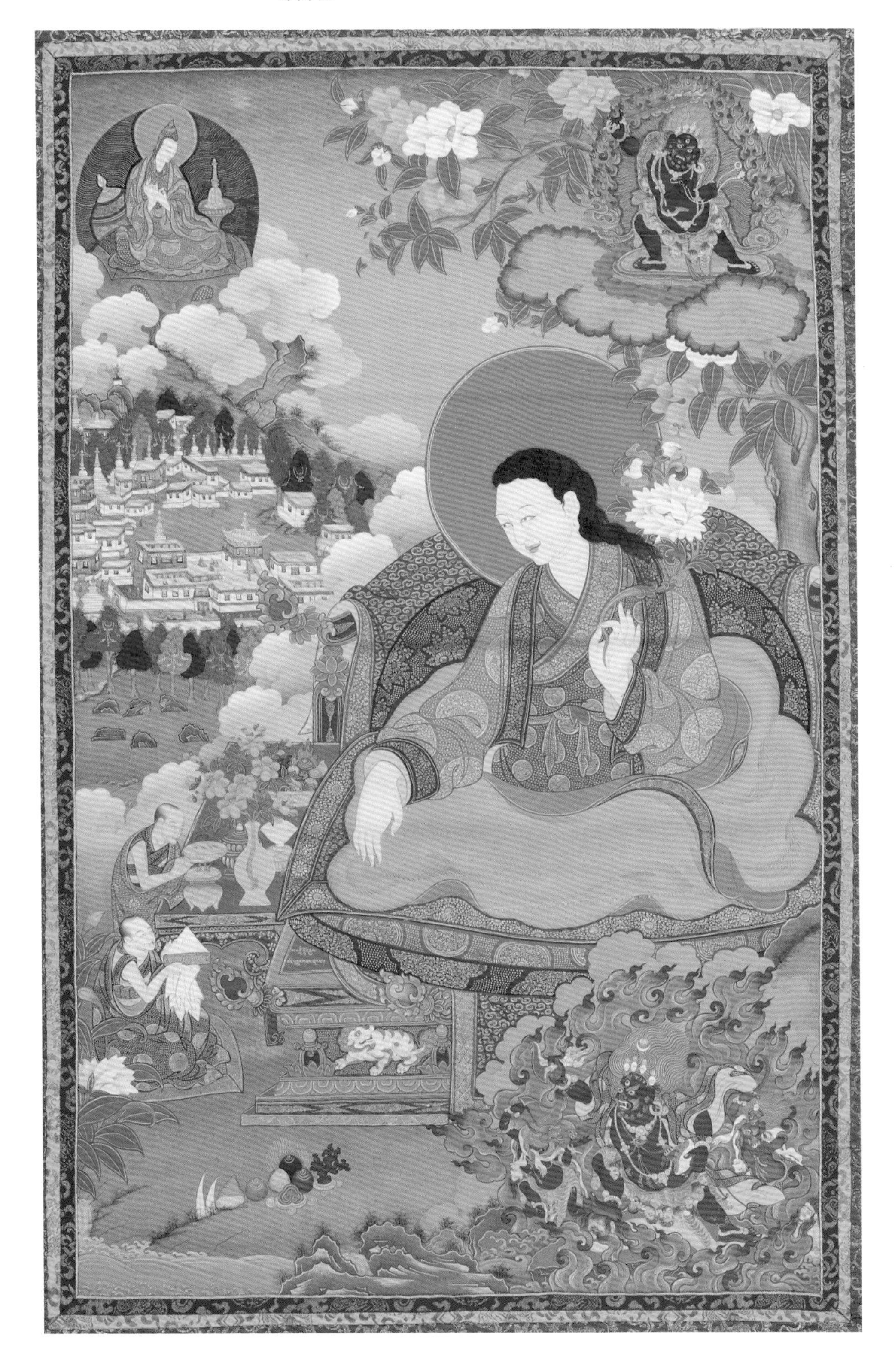

12

達賴喇嘛源流——貢嘎寧布

The Religious Origin of the Dalai Lamas—Kunga Nyingpo

貢嘎寧布（1092—1158）是藏傳佛教薩迦派創始人貢卻結保之子，他吸收各種顯密教法之長，逐步形成一套完整的“道果教授法”，因此，被尊列為薩迦第一祖。

貢嘎寧布左手施與願印，右手拈蓮花，結跏趺坐。背景為薩迦寺。上方為印度八十四大成就者之毗羅巴及其修行本尊喜金剛，下方為護法神大黑天。排列“右三”。

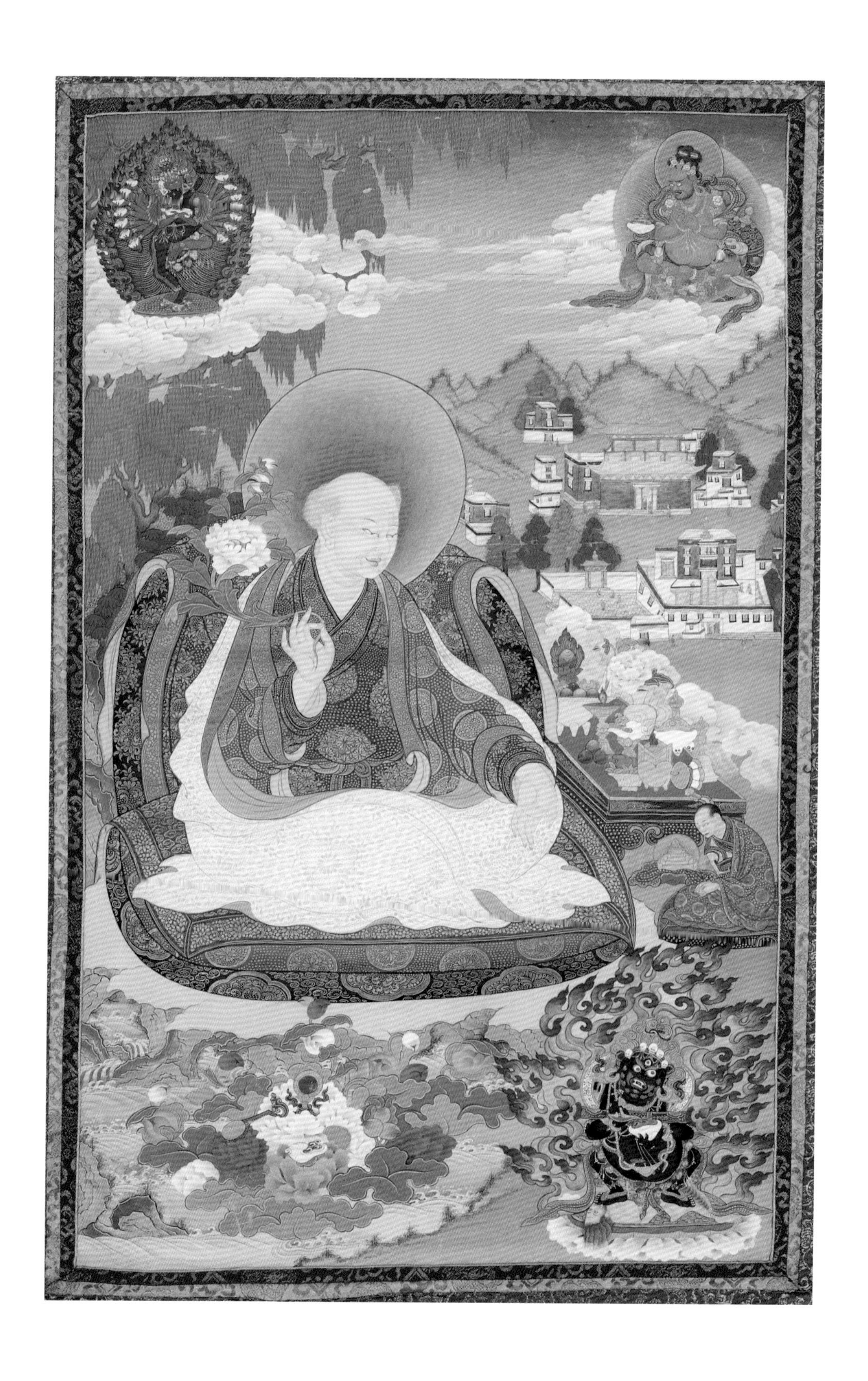

13

達賴喇嘛源流——桑結貢巴

The Religious Origin of the Dalai Lamas—Sanggyes Gompa

桑結貢巴（1160—1229），是噶當派甲域哇欽波傳承系統中的著名僧人，以苦修大手印著稱。

桑結貢巴頭戴黃色僧帽，目視左下方，手作法界定印，結跏趺坐。背景山清水秀。上方是噶當派祖師阿底峽及藥師佛，下方為大黑天神。排列“左三”。

此唐卡繪製工整細緻，綫條均勻，尤其是袈裟和牡丹描繪得舒捲自如，精細生動。

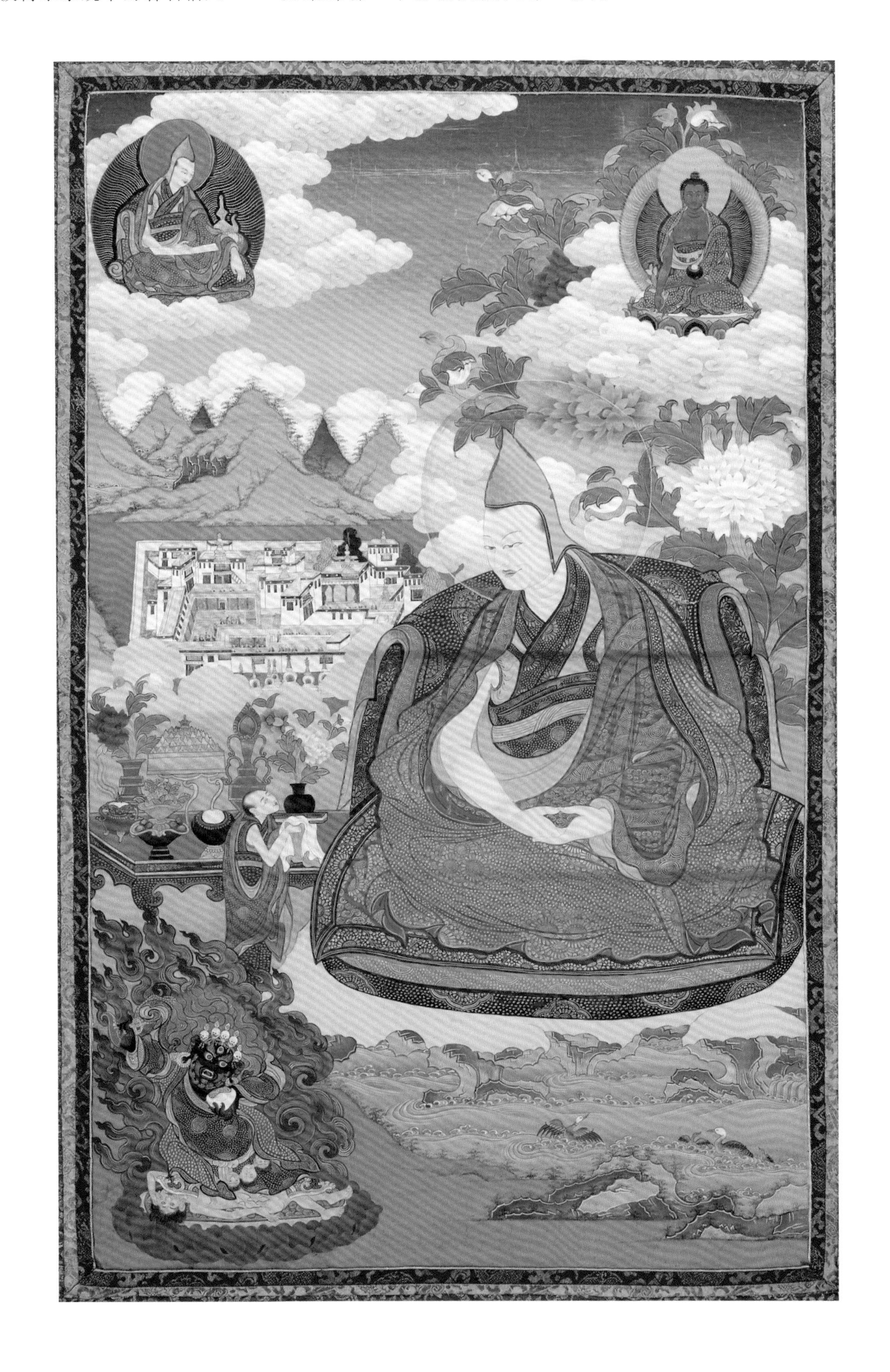

14

達賴喇嘛源流——根敦主巴

The Religious Origin of the Dalai Lamas—Gedun Grubpa

一世達賴喇嘛根敦主巴（1391—1474）為格魯派創始人宗喀巴大師的大弟子之一。1447年在日喀則建扎什倫布寺，主持寺政，後被追認為一世達賴喇嘛。

根敦主巴頭戴黃色僧帽，左手托缽，右手結說法印，結跏趺坐。背景為格魯派在後藏地區的宗教中心扎什倫布寺。寶座側下方是其弟子。上方為上師宗喀巴及其修行本尊綠度母，下方有大持金剛。排列“右四”。

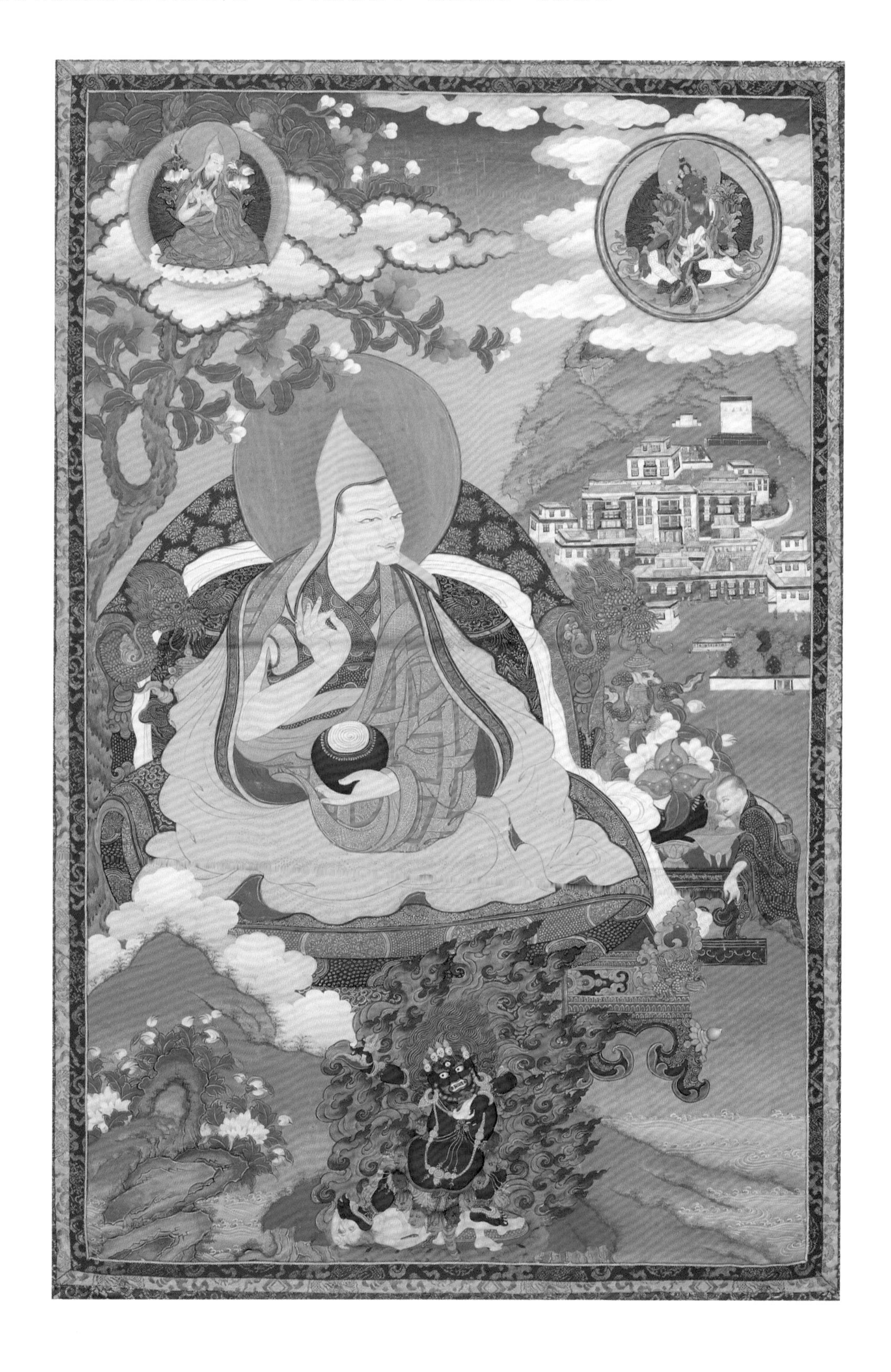

15

達賴喇嘛源流——根敦嘉措

The Religious Origin of the Dalai Lamas—Gedun Gyatso

二世達賴根敦嘉措（1475—1542），後藏達那人，十一歲入扎什倫布寺出家受沙彌戒。1509年在加查宗拉摩南措湖畔建韋科傑寺，被認為是黃教聖地。後應請到哲蚌寺任住持。

根敦嘉措頭戴黃僧帽，身披袈裟，左手托佛經，右手作說法印，結跏趺坐。在金剛座下，有弟子在聽法，背景為韋科傑寺。上方是上師嘉樣列巴曲傑和其修行本尊上樂王佛，在修持時，空中再現宗喀巴。下方兩側有吉祥天母和紅勇保護法。排列"左四"。

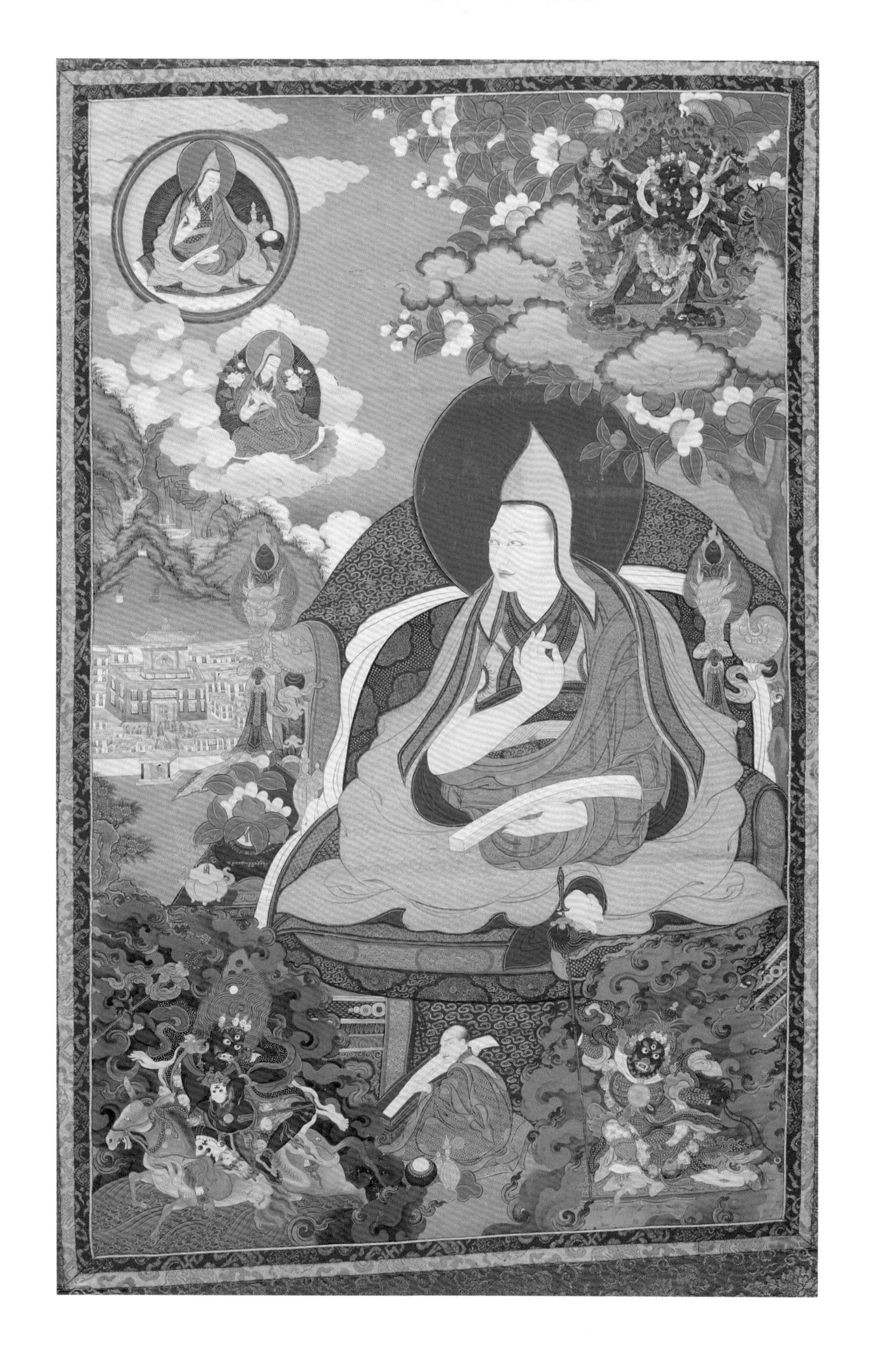

16

達賴喇嘛源流——索南嘉措

The Religious Origin of the Dalai Lamas—Sonam Gyatso

三世達賴索南嘉措（1543—1588），於1546年作為二世達賴的轉世靈童，迎至哲蚌寺供養。蒙古俺達汗請他到蒙古地區傳法，並贈他"聖識一切瓦齊爾達賴喇嘛"的稱號（意思為最高成就的超凡入聖的海上師），從此索南嘉措這一轉世系統開始有了"達賴喇嘛"的名號。

索南嘉措雙手分別持鈴、杵，結跏趺坐於龍首寶座上。背景可能是他主持修建的塔爾寺和理塘寺。上方顯現上師格勒巴桑像和其修行本尊秘密金剛，下方左起為戰神、紅閻魔尊、俺達汗。排列"右五"。

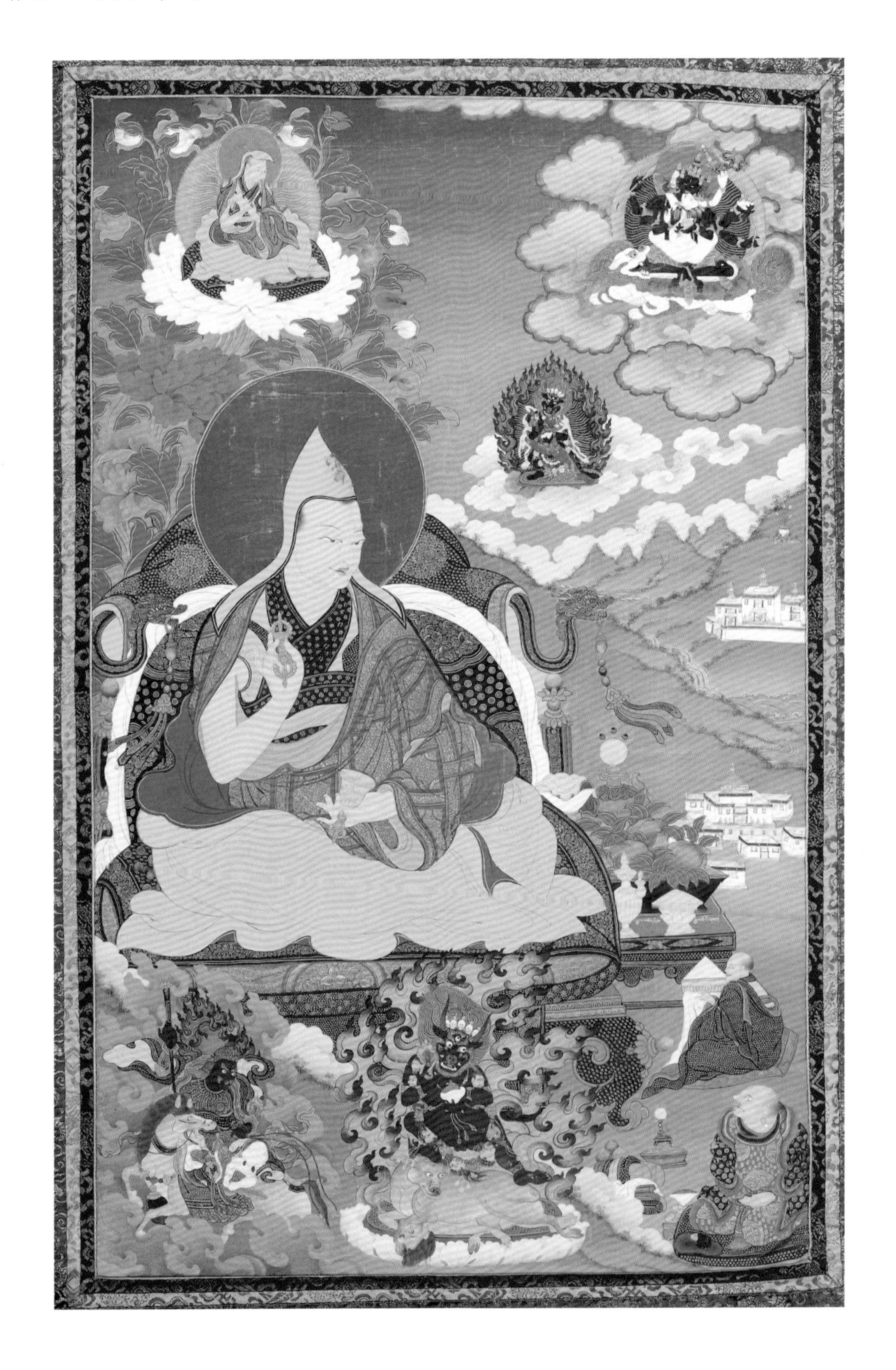

17

達賴喇嘛源流——雲丹嘉措

The Religious Origin of the Dalai Lamas—Yuntan Gyatso

四世達賴雲丹嘉措（1589—1616），是歷代達賴喇嘛中唯一的蒙古族人，俺達汗之重孫。1616年明萬曆皇帝賜予他“普持金剛佛”的封號。同年在哲蚌寺突然去世，年僅二十八歲。他的死與西藏領主之間的權力鬥爭有關。

雲丹嘉措圓臉淡眉，頭戴黃色僧帽，左手作三寶元印，右手托噶布拉碗，坐在寶座上。座前有眾僧供養。背景為哲蚌寺。上方示現上師四世班禪及其修行本尊大威德金剛，空中同時出現六臂勇保護法。下方正中有外修閻魔尊護法。排列“左五”。

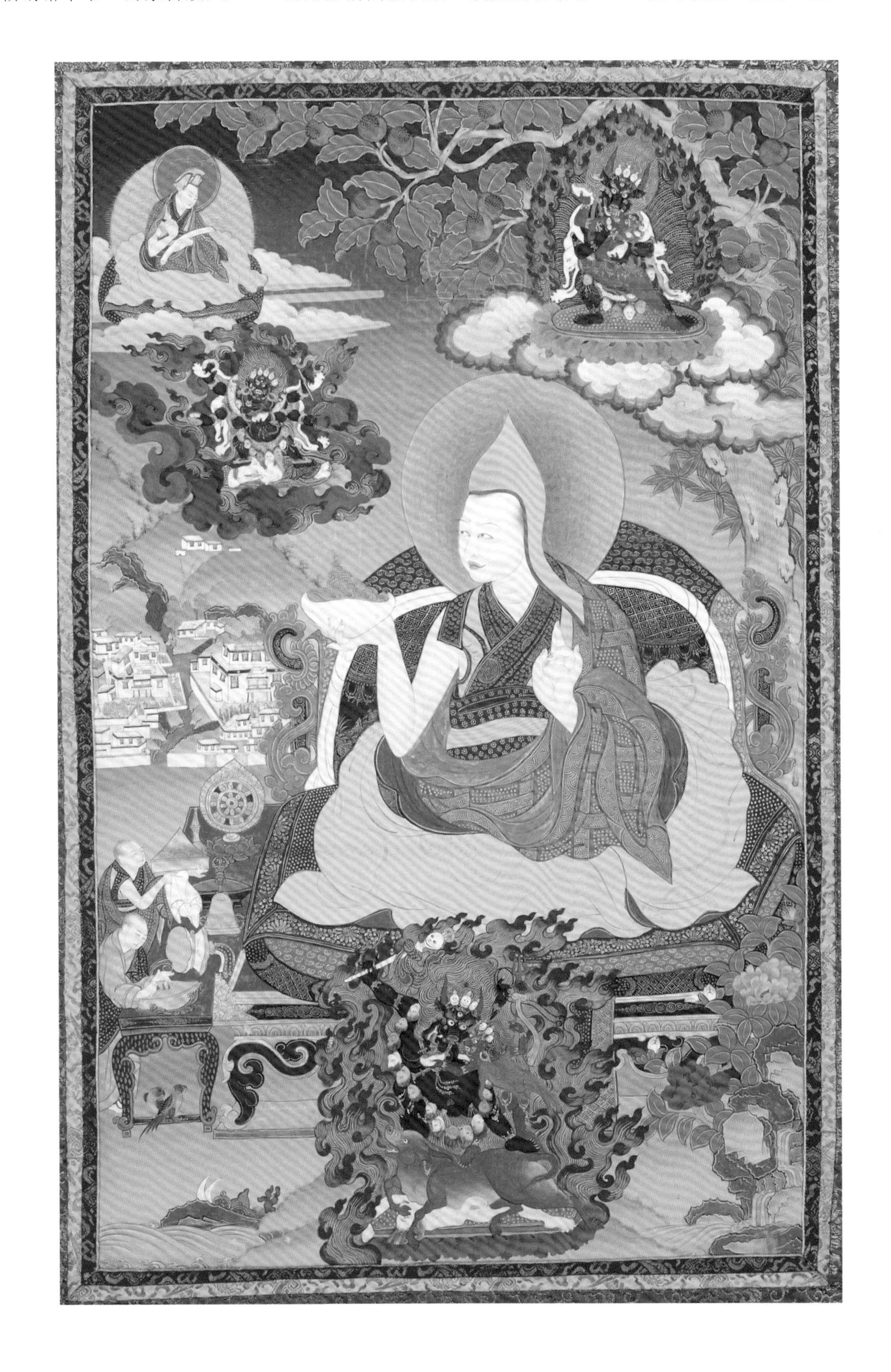

達賴喇嘛源流——阿旺羅桑嘉措

The Religious Origin of the Dalai Lamas—Losang Gyatso

五世達賴阿旺羅桑嘉措（1617—1682），成年後任哲蚌寺和色拉寺住持。1642年借助蒙古固始汗之力推翻噶瑪政權，取得格魯派在西藏宗教中的統治地位。清順治九年（1652）他到北京朝覲，受到順治皇帝的隆重接待，次年被正式冊封，從此“達賴喇嘛”的封號及其政治地位才正式確定。阿旺羅桑嘉措頭戴黃色僧帽，右手持蓮花，左手托法輪，結跏趺坐於金剛座上。背景為布達拉宮。上方為其師四世班禪及修行本尊空行母，空中顯現彌勒佛。下方是護法神婆羅門尊者和蒙古固始汗。排列“右六”。

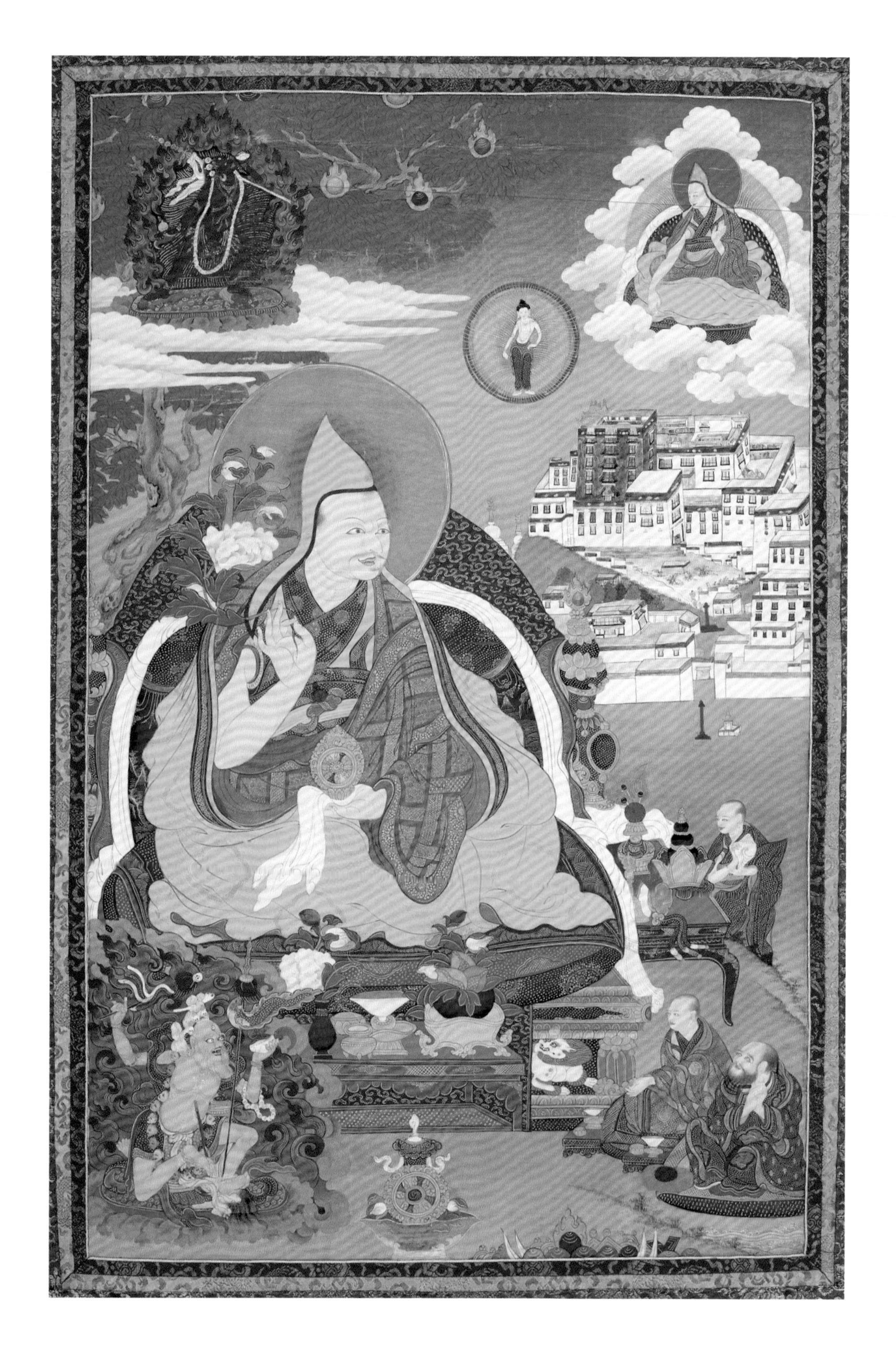

19

達賴喇嘛源流——倉央嘉措

The Religious Origin of the Dalai Lamas—Tsangyang Gyatso

六世達賴喇嘛倉央嘉措（1683—1706），西藏南部宇松人。1697年被選為轉世靈童，於布達拉宮坐牀。1705年蒙古拉藏汗殺攝政第巴桑結嘉措，並奏請康熙帝廢黜了六世達賴喇嘛。次年，在被解送北京途中，於青海湖畔逝世。倉央嘉措是享有盛譽的詩人，他的《倉央嘉措情歌》在西藏廣為傳唱。

倉央嘉措左手托法輪，右手作說法印，結跏趺坐。上方示現其師五世班禪及修行本尊智行佛母，下方是金剛空行母和紅勇保護法。排列“左六”。

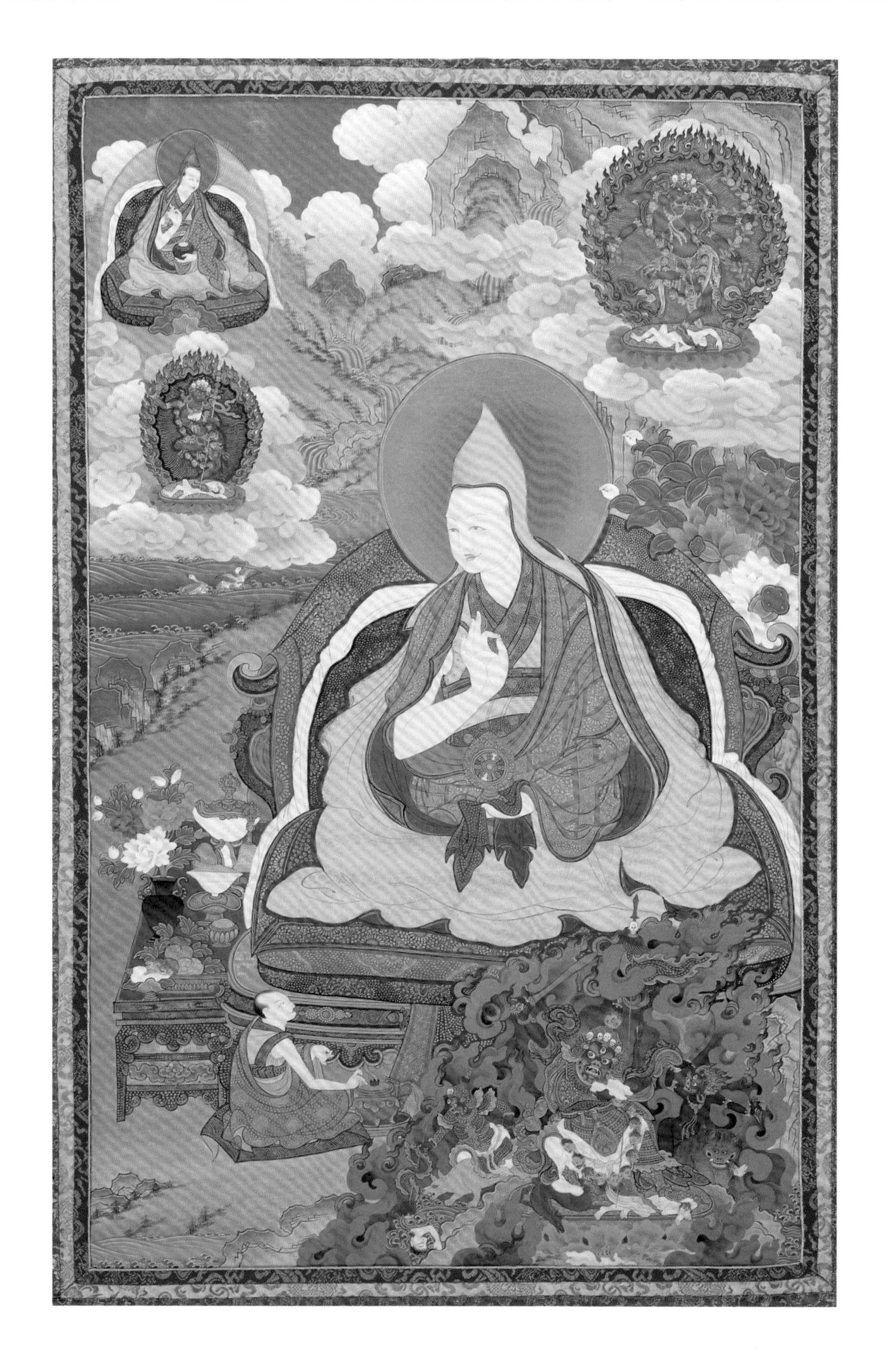

班禪喇嘛源流
成堂
18世紀　西藏
布本設色　縱70厘米　橫42厘米
清宮舊藏

The Religious Origin of the Panchen Lamas
18th Century　Tibet
Distemper on Cloth　H.70cm　L.42cm
Qing Court collection

班禪喇嘛源流有黃條題記："乾隆三十五年八月初一日收班臣額爾德尼進供奉利益畫像班臣額爾德尼源流十二軸"。今存十幅。（詳見圖 20-29）

20

班禪喇嘛源流——須菩提

The Religious Origin of the Panchen Lamas—Subhuti

須菩提又稱須扶提，意為"善現"，為佛陀十大弟子之一，獲羅漢果位。大乘空宗的《金剛般若波羅密多經》便是佛陀因須菩提之問而闡述的，此經為反映般若性空思想的代表經典，須菩提也因而有"解空第一"的稱譽。

須菩提坐在洪水岸邊修法，水中出現毒龍，這時七隻大鵬鳥俯衝而下，降服毒龍。上方示現釋迦牟尼為修行者傳法，下方為四大天王。下邊有金寫藏文題記，大意為："願得吉祥！上師能仁佛駕前出家力行羅漢道，習四大天王演神變，降服諸龍須菩提。"

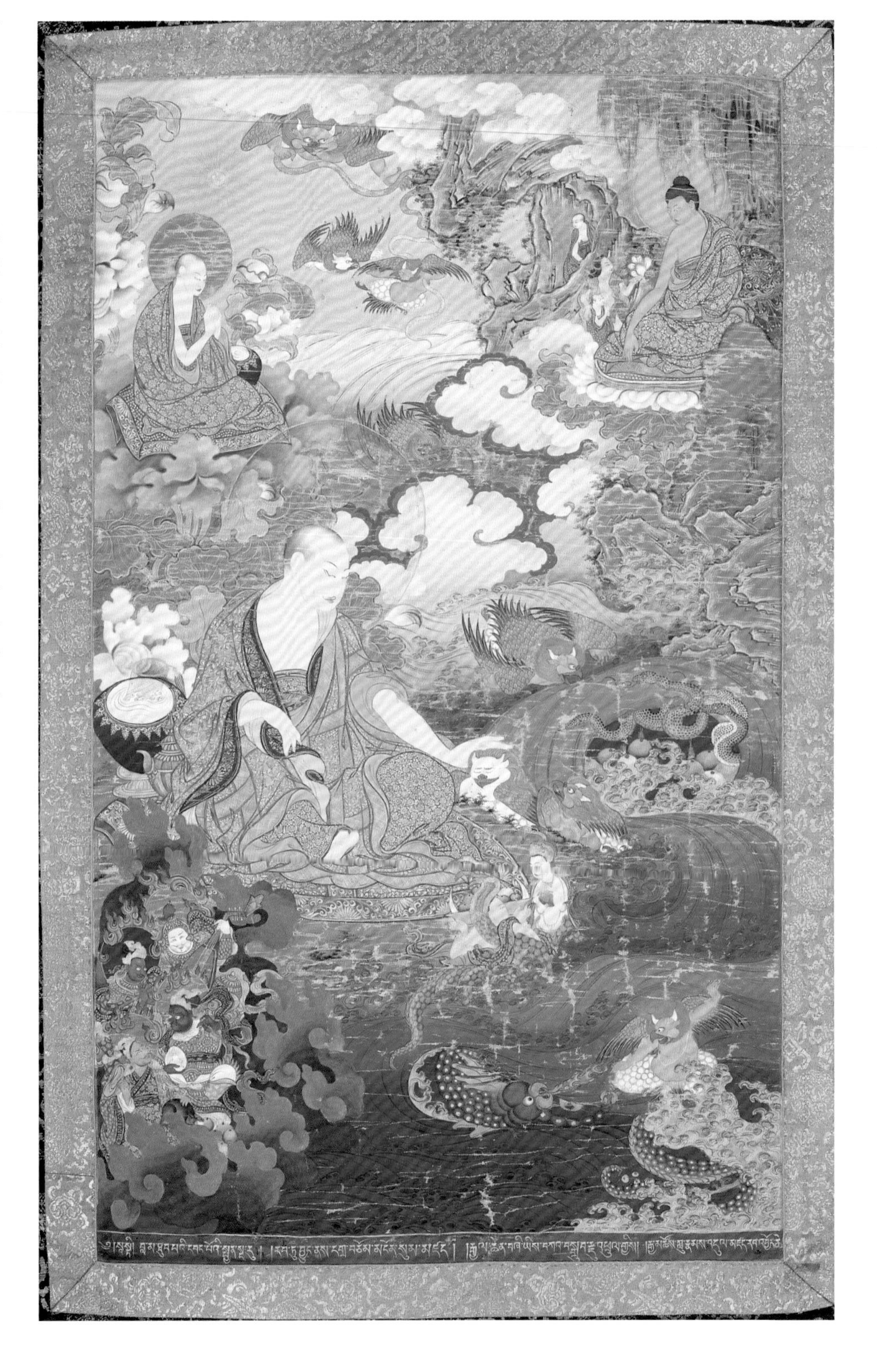

21

班禪喇嘛源流——香格里拉王

The Religious Origin of the Panchen Lamas—King of Shangrila

香格里拉又稱香巴拉、香拔拉，國名，意為“持安樂”，是佛教傳說中的神話世界，後被認定為時輪教法的發源地。香巴拉國的法王月賢，據說是日光和尊勝天女之子，曾在南印度的大佛塔前跟從佛聽《時輪本續》，並撰寫註疏。他在宮殿南用五種珠寶建成立體壇城。從月賢王開始，香巴拉共傳三十四代法王，被稱為“香拔拉三十四代具種王”。

月賢王面留黑鬚，坐在宮殿前，頭戴王冠，身着藏王袍服，左手佛經，右手結說法印，下有眾臣、百姓聽法。下邊有金寫藏文題記，大意為：“天具自在法王，於吉祥時輪金剛壇城接受時輪灌頂，以金剛之力習之，諸法胤中數第一。”

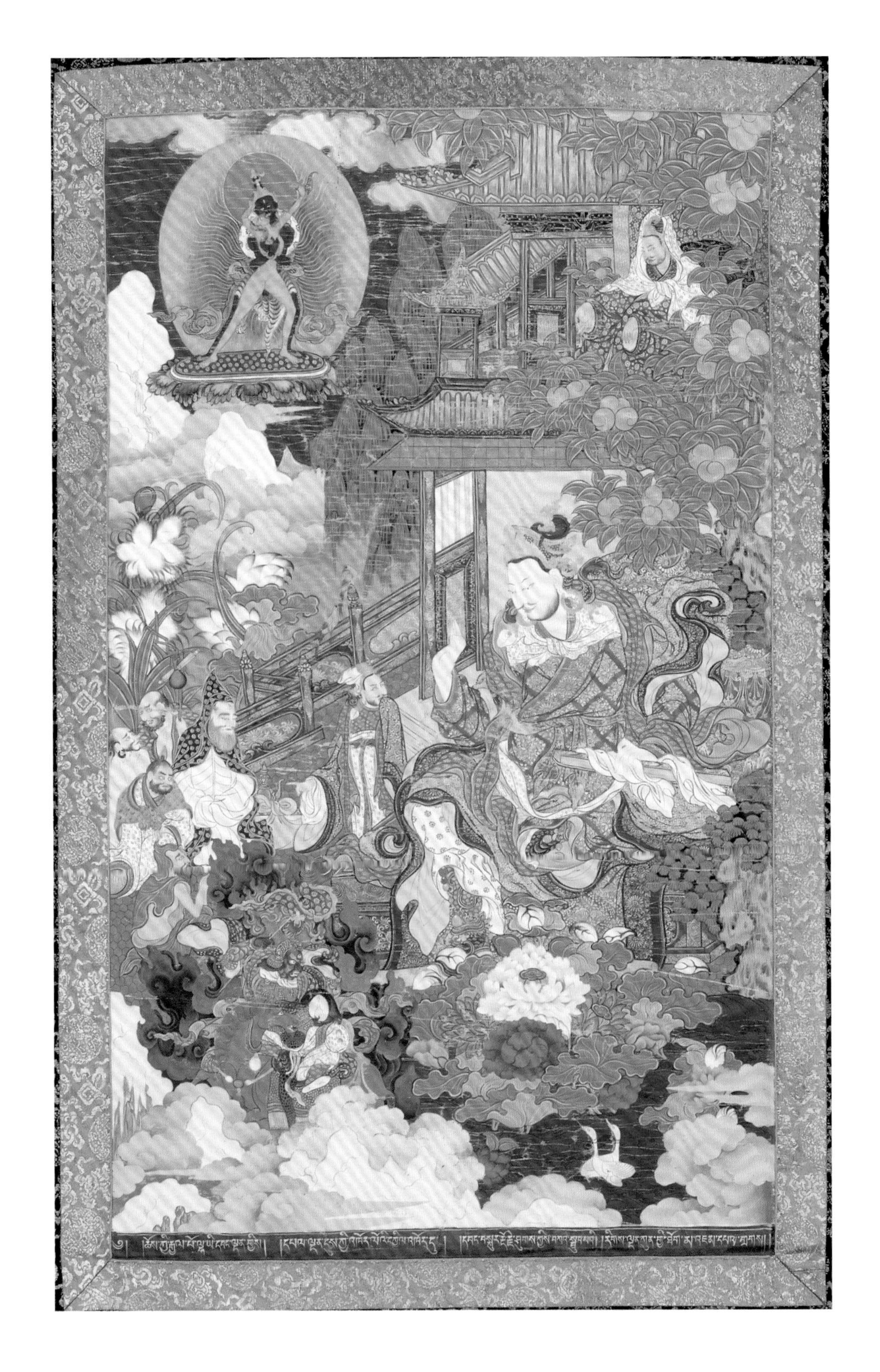

22

班禪喇嘛源流——提婆

The Religious Origin of the Panchen Lamas—Deva

提婆意為"聖天"，龍樹大師弟子之一，是中觀學的繼承者和發展者。據《四百論釋》記載，提婆是僧伽羅洲（今斯里蘭卡）的王子，學得龍樹的心要教法和採煉等多種成就，與外道辯論時大勝，聲名遠揚，當地人建塔紀念他。

提婆頭戴班智達帽，面蓄鬚，裸上身作辯論狀，坐在獸皮座上。上方顯現上師龍樹及上樂金剛，下方為四臂大黑天護法。下邊有金寫藏文，大意為："具善大規範師，師從龍樹大師，於南方剷除外道，親見秘密主，役使慈烏眾。"

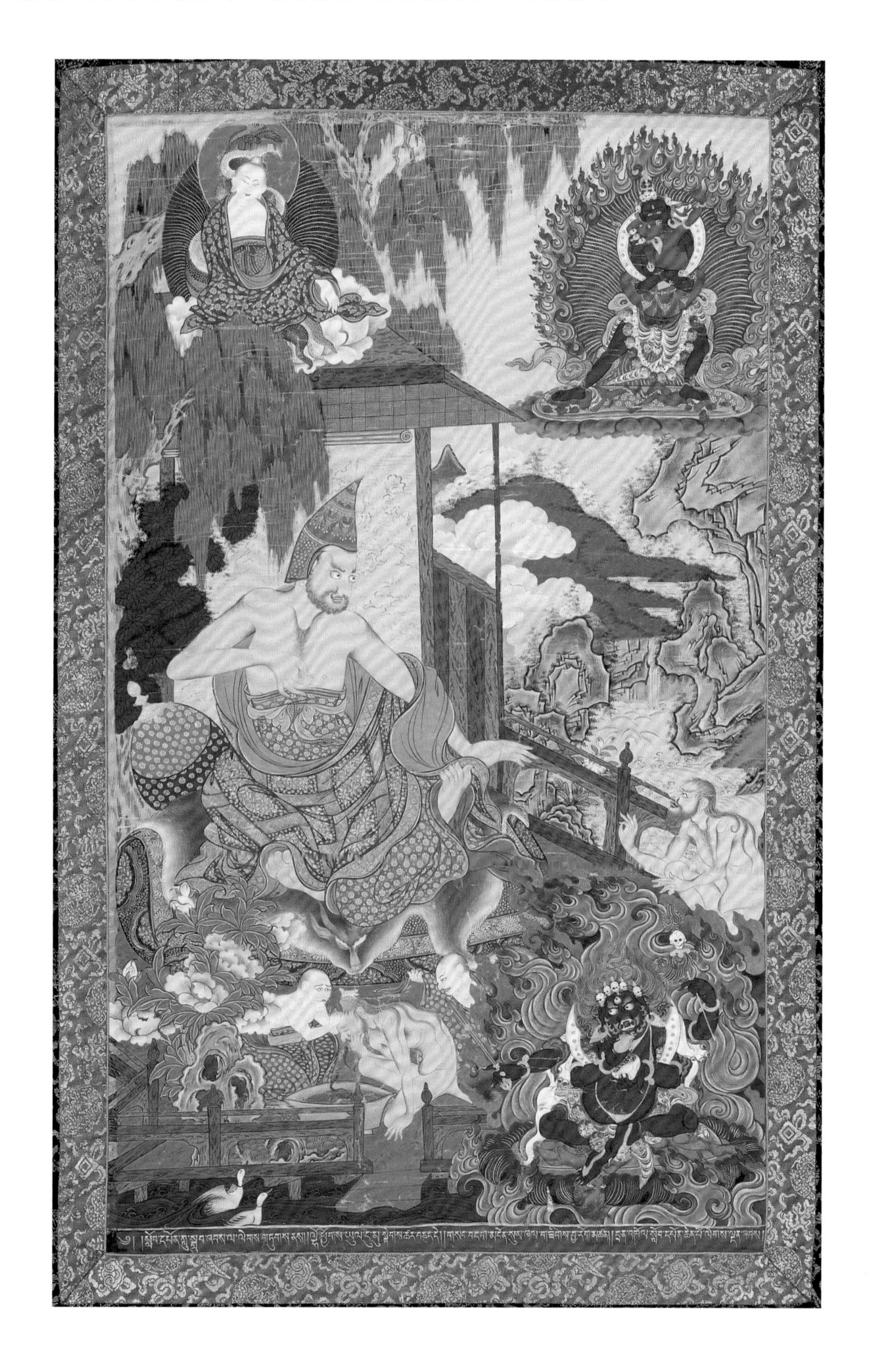

23

班禪喇嘛源流——阿跋迦羅

The Religious Origin of the Panchen Lamas—Abhayakara

阿跋迦羅是印度八十四大成就者之一。戴薩迦派班智達帽，身披袈裟，有巨蟒纏繞，坐在金剛座上，手結說法印，為眾人說法。上方為空行母及印度祖師，下方為大黑天化身寶帳怙主。左下角繪罪者墮入地獄受罰。下邊有金寫藏文題記，大意為："修習善相寶生佛，親見金剛佛母，役使怒相大黑天，金剛座者阿跋迦羅。"

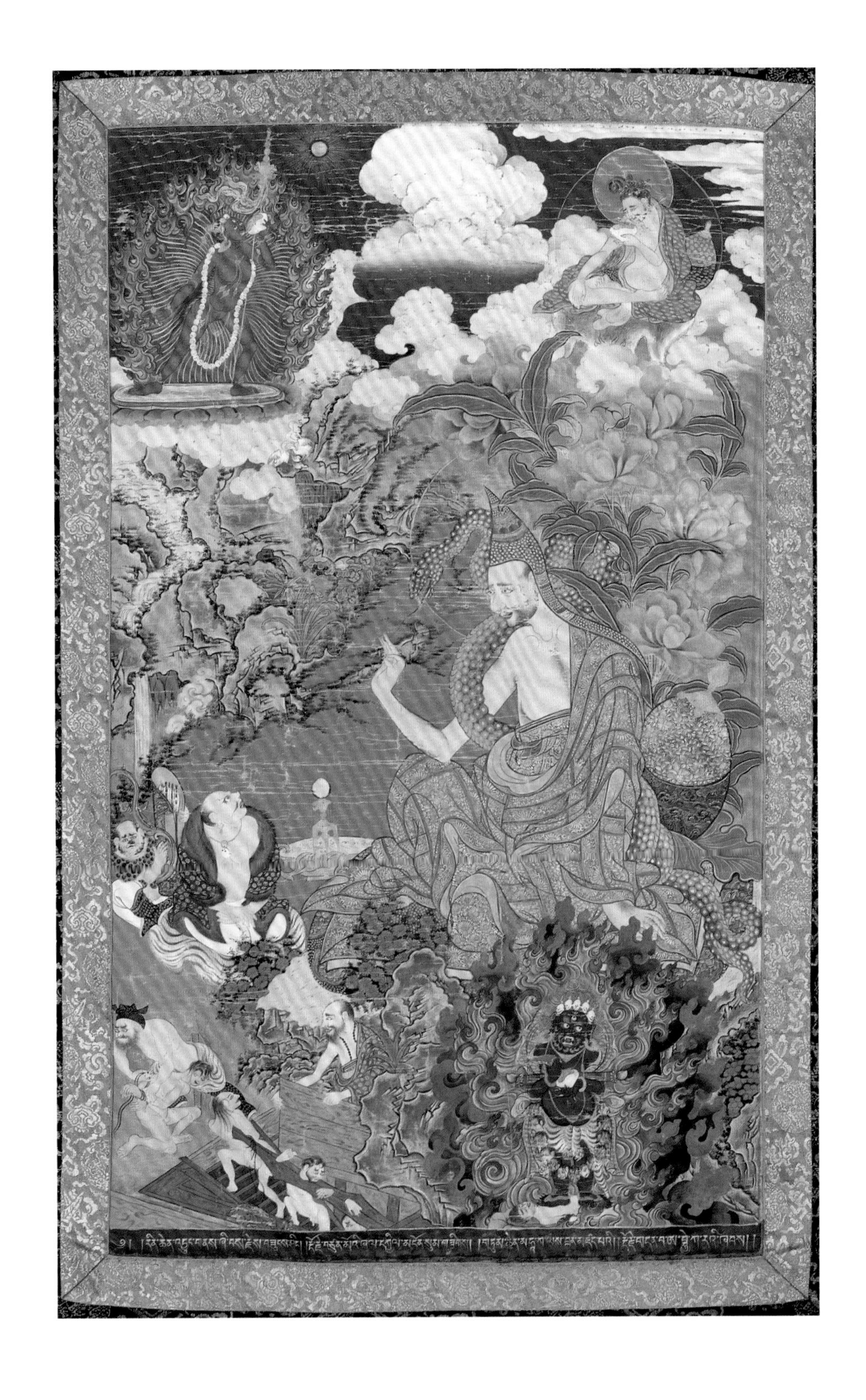

班禪喇嘛源流——桂譯師

The Religious Origin of the Panchen Lamas—Great Translator Gos Lotsawa

桂·庫巴拉孜，西藏達那普人，是後弘期創立新密學派的著名譯師。他曾三赴印度，學得《集密》、《勝樂金剛空行》、《四座》等父母二續法。他有十二位上首譯經弟子，形成桂派。其著作為格魯派修行無上瑜伽品部之經典。

桂譯師正在為眾弟子傳授譯經教法。上方為上師阿底峽及其修行本尊大持金剛，下方為大黑天神護法。下邊有金寫藏文題記，大意為："阿底峽後藏之大弟子，立定所有密集成就之法，闡示大黑天等護法，此弘法者乃達那桂譯師。"

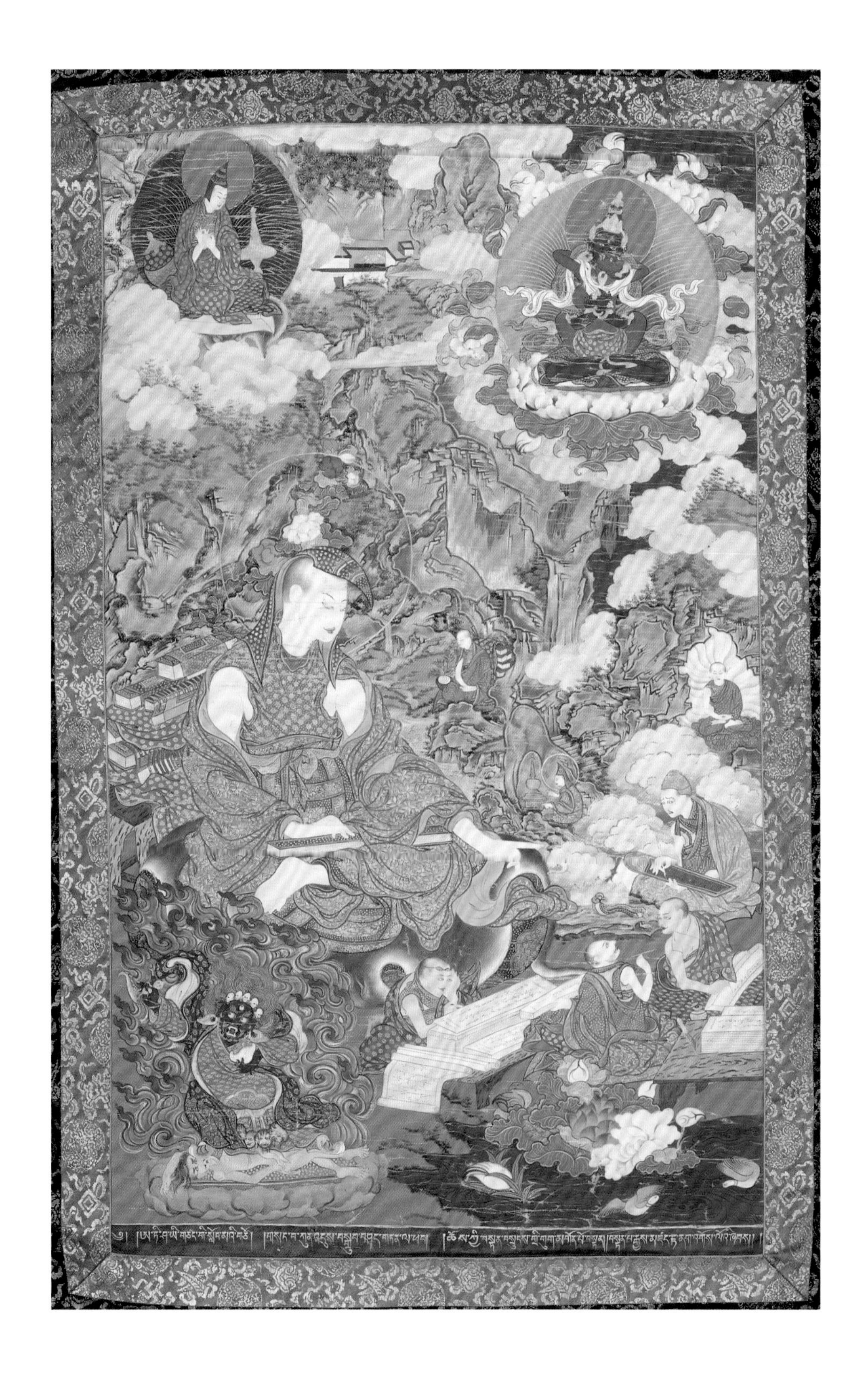

25

班禪喇嘛源流——薩迦班智達

The Religious Origin of the Panchen Lamas—Saskya Pandit

薩迦班智達（1182—1251）名薩班·貢噶堅贊，薩迦派第四代祖師，歷史上著名的學者、詩人。1247年作為西藏地方代表與蒙古皇帝窩闊台之子闊端在涼州會面，並説服衛藏歸順蒙古，結束了西藏地區的分裂局面，為祖國統一大業作出傑出的貢獻。同時使薩迦派在衛藏地區取得了宗教領袖地位。

薩班為年輕相，英俊瀟灑，身着杏黃色袈裟，戴紅色圓頂法帽，右臂抬起，左臂伸出，作辯經的姿態。背景畫眾僧朝拜彌勒佛。上方是上師扎巴堅贊及其修行本尊文殊菩薩，下方是四臂大黑天以及被降伏的外道聽其傳法。下邊有金寫藏文題記。

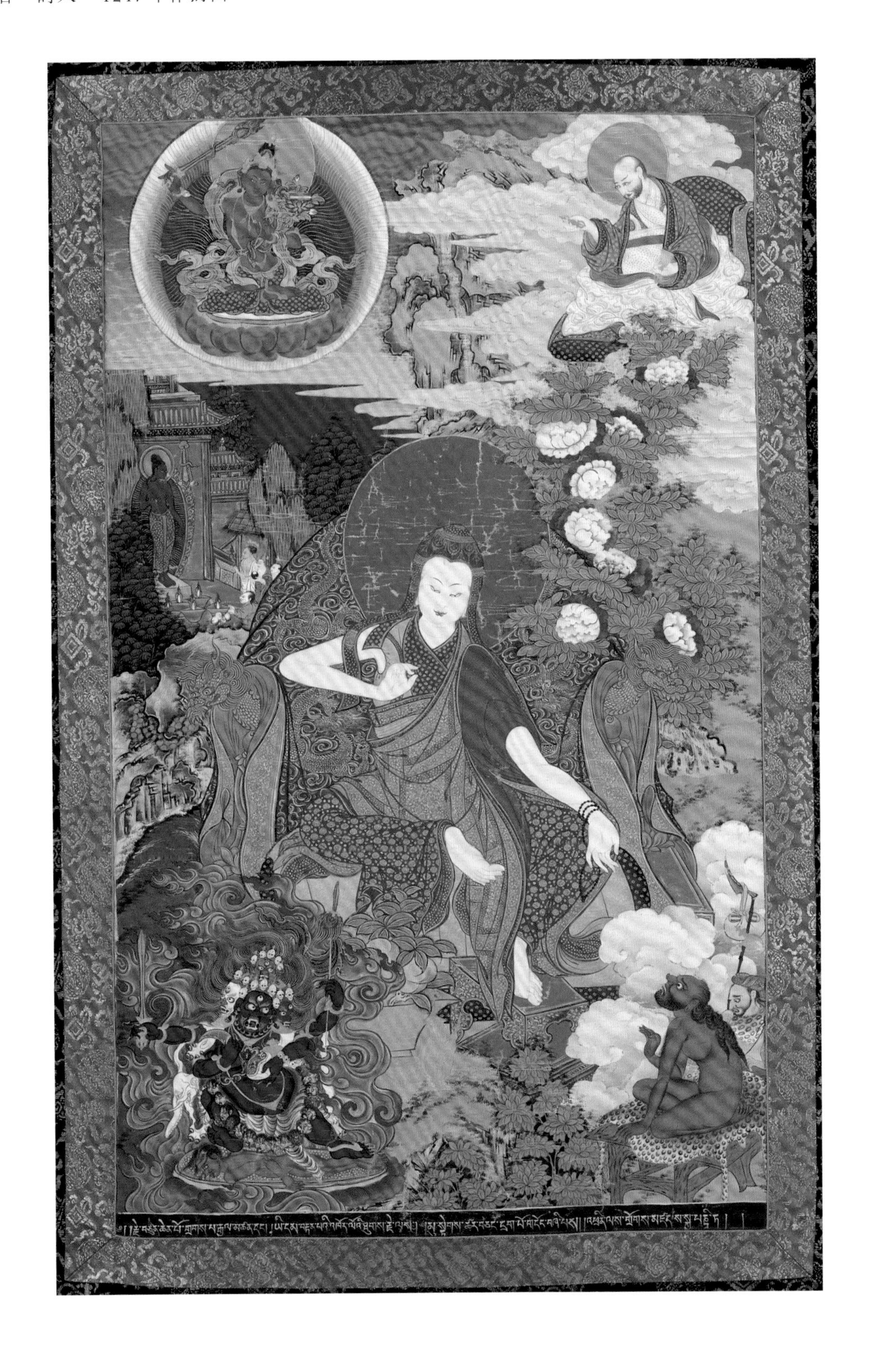

26

班禪喇嘛源流——雍頓·多傑貝

The Religious Origin of the Panchen Lamas—Yungton Dorjepel

雍頓．多傑貝（1284—1365）是藏傳佛教寧瑪派著名僧人，善長寧瑪新舊密咒教法及《時輪金剛》經，尤其以精通咒術而著稱。元帝成宗曾詔之進京，在帝前獻金剛舞。

雍頓．多傑貝頭戴班智達帽，面呈怪異之相，左手持一盛血的噶布拉碗，右手握金剛鑁。座下有眾弟子聽其教法。上方為紅降閻魔尊及上師蘇兒旺強巴森格，空中再現大威德威猛獅面相。下邊有金寫藏文題記，大意為："稽首素爾旺．強巴僧格，以文殊大威德金剛之禪定，役使大自在天及其眷屬。虛懷若谷雍頓．多傑貝。"

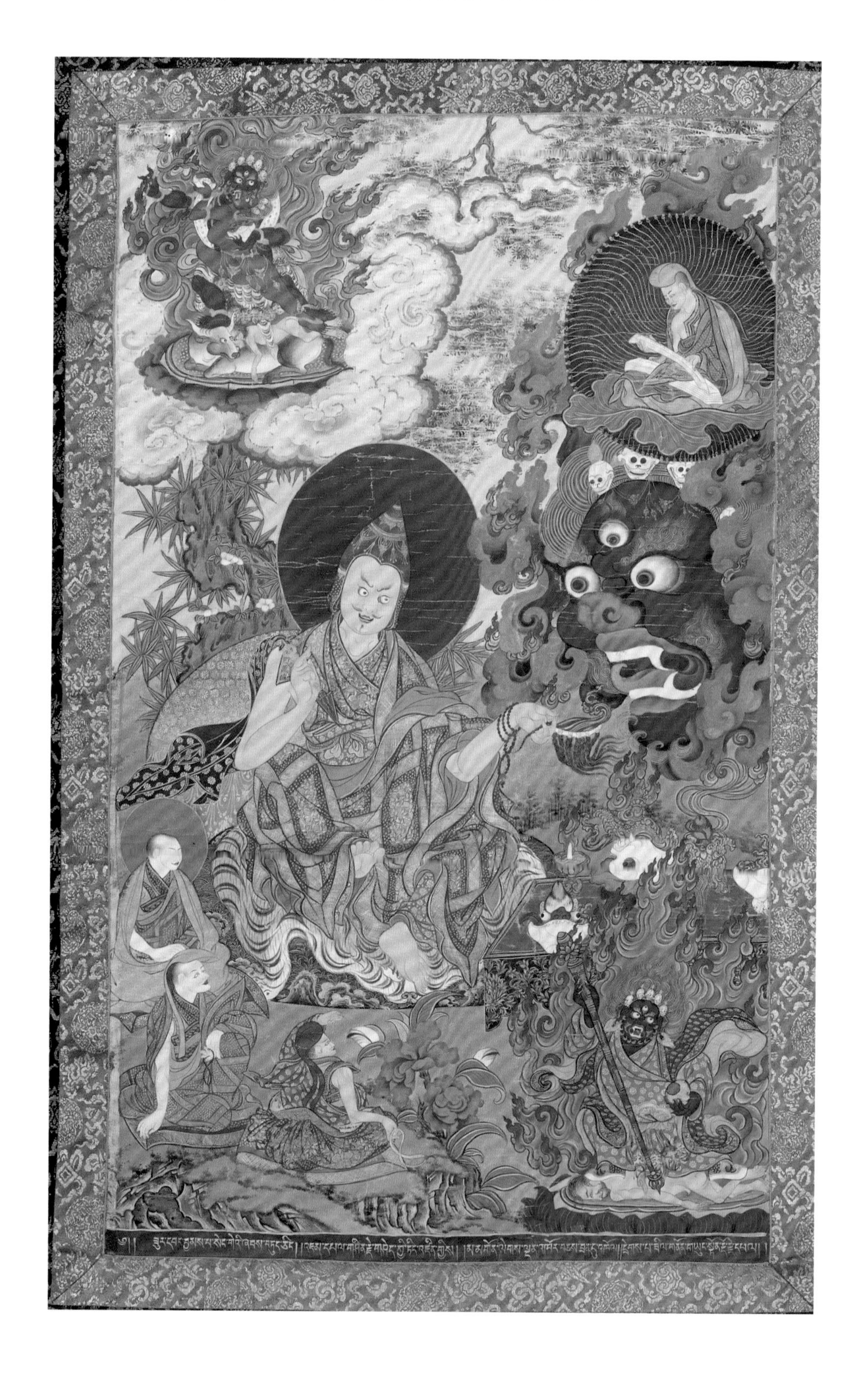

27

班禪喇嘛源流——索南卻朗

The Religious Origin of the Panchen Lamas—Sonam Choslang

二世班禪索南卻朗（1439 –1504），後藏恩薩人，傳説他幼時聰明異常，能追述班禪一世生前之事跡。精通顯密二宗，獲格西學位。到中年以後，駐錫隱更寺，專事禪修。圓寂後被追認為二世班禪。

索南卻朗頭戴黃色僧帽，身披袈裟坐在岩座上，作説法狀。上方是其修行本尊文殊金剛及其上師拔梭曲結堅贊為他剃度的場面。下方示現吉祥天母。下邊有金寫藏文題記，大意為：“身被空行授記福寶袈裟，親見吉祥天女之容顏，證獲文殊金剛之成就，索南卻朗大師足下我頂禮！”

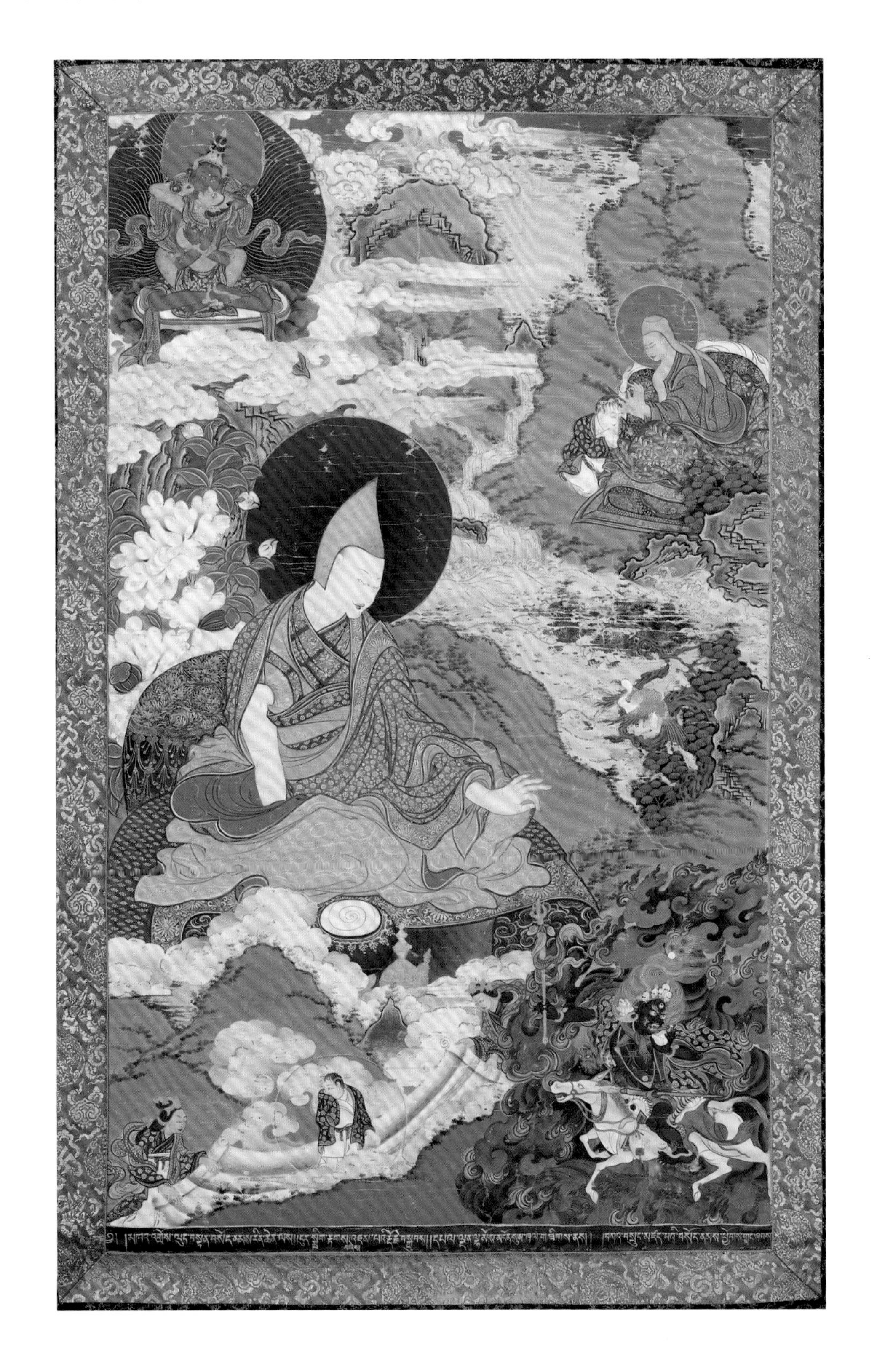

28

班禪喇嘛源流——羅桑丹珠

The Religious Origin of the Panchen Lamas—Losang Tangrub

三世班禪羅桑丹珠（1505—1566），後藏答奎恩薩人，師從根拉熱巴，後去扎什倫布寺，精修顯密法。雲遊各地講經傳法，廣收門徒。1713年被追認為三世班禪。

羅桑丹珠手指佛經，正在為眾弟子講習。上方為上師卻吉多結及其修行本尊大輪金剛，下方為外修降閻魔尊護法。下邊有金寫藏文題記，大意為："忠實虔誠依附法金剛，受大輪灌頂和教授，羯磨內外密三獄帝主，聽命於左右大自在。"

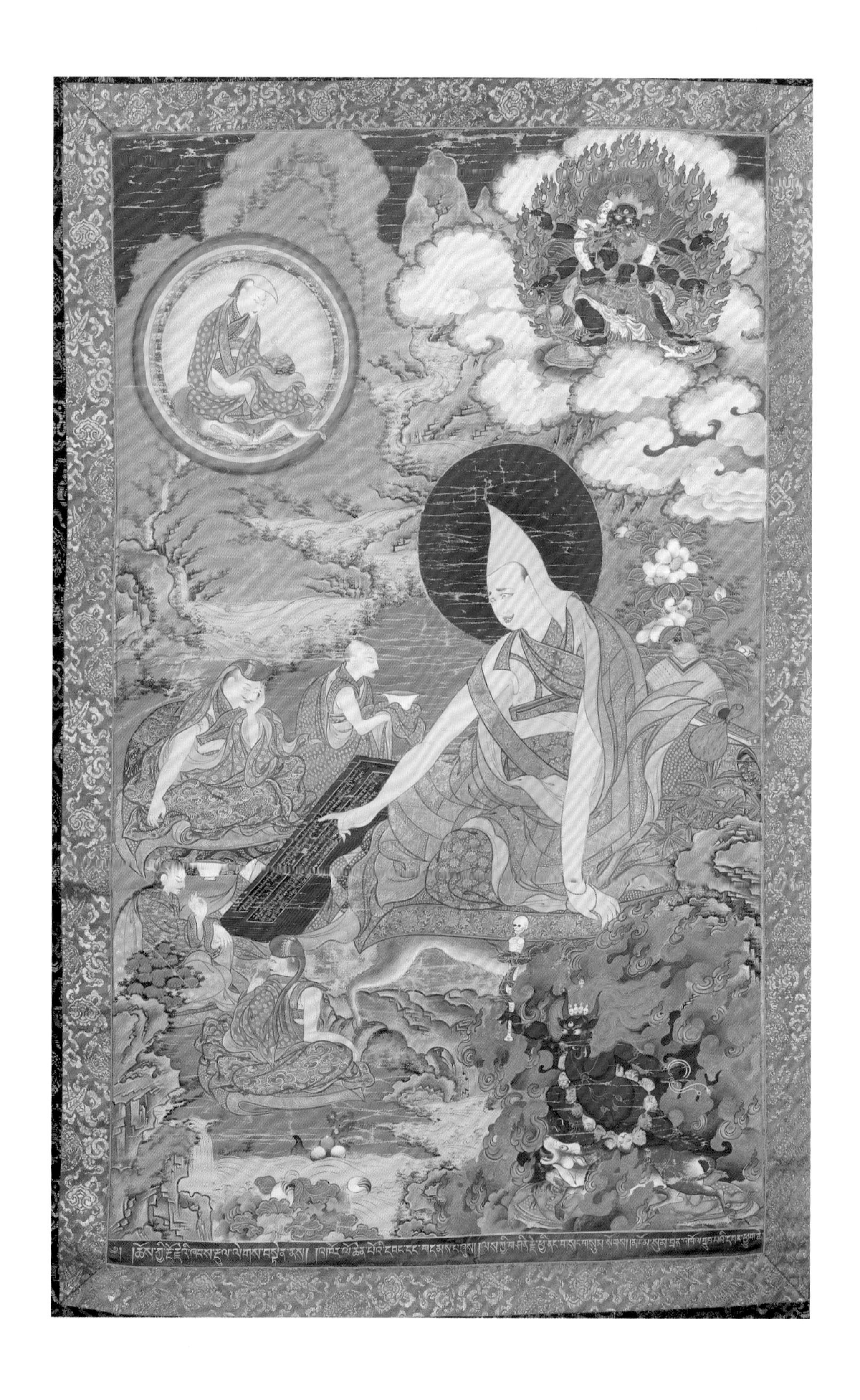

29

班禪喇嘛源流——羅桑卻吉堅贊

The Religious Origin of the Panchen Lamas—Losang Choskyi Gyaltsan

四世班禪羅桑卻吉堅贊（1567—1662）是清初格魯派的領袖，在擔任扎什倫布寺赤巴後，創立默朗木大會和阿巴扎倉，從而形成了扎什倫布寺完整的先顯後密的學經體系。1645 年蒙古固始汗贈送羅桑卻吉堅贊“班禪博克多”的尊號，是為“班禪”名號之始。

羅桑卻吉堅贊頭戴黃色僧帽，神態安詳，左手執佛經，右手結説法印。上方是其修行本尊白上樂佛和三世班禪，在其佛光中現大日如來，下方為黃財寶護法和紅勇保護法。下邊有金寫藏文題記，大意為：“稽首道行卓異的大師佛智！承妙依怙黑茹迦之加持，事業猶如多聞天王，頂禮羅桑卻吉堅贊！”

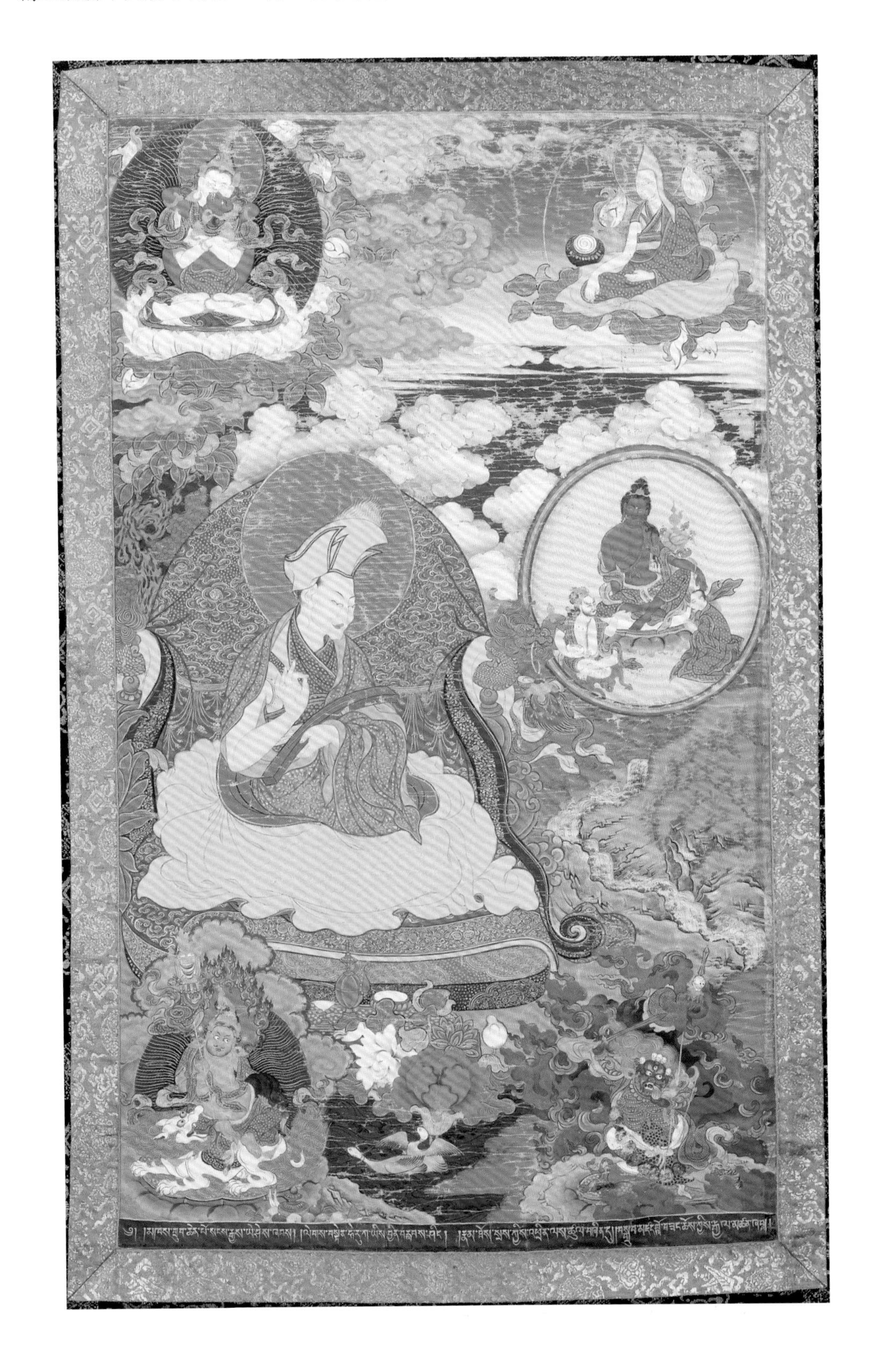

30

六世班禪
18世紀　北京
布本設色　縱117厘米　橫61厘米
清宮舊藏

The Sixth Panche Lama
18th Century　Beijing
Distemper on Cloth　H.117cm　L.61cm
Qing Court collection

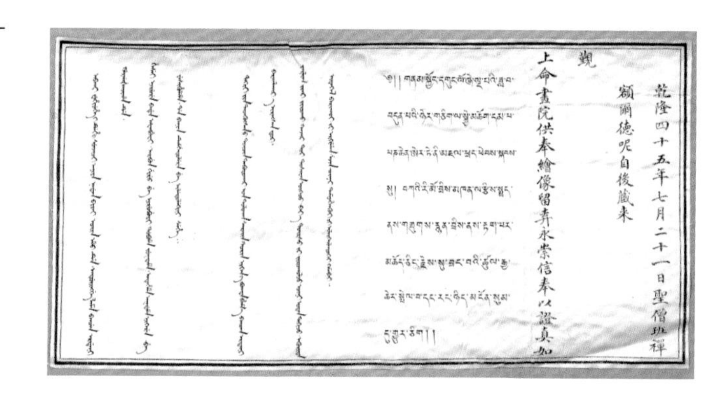

乾隆四十五年七月二十一日聖僧班禪
額爾德呢自後藏來
覲
上命畫院供奉繪像留弆永崇信奉以證真如

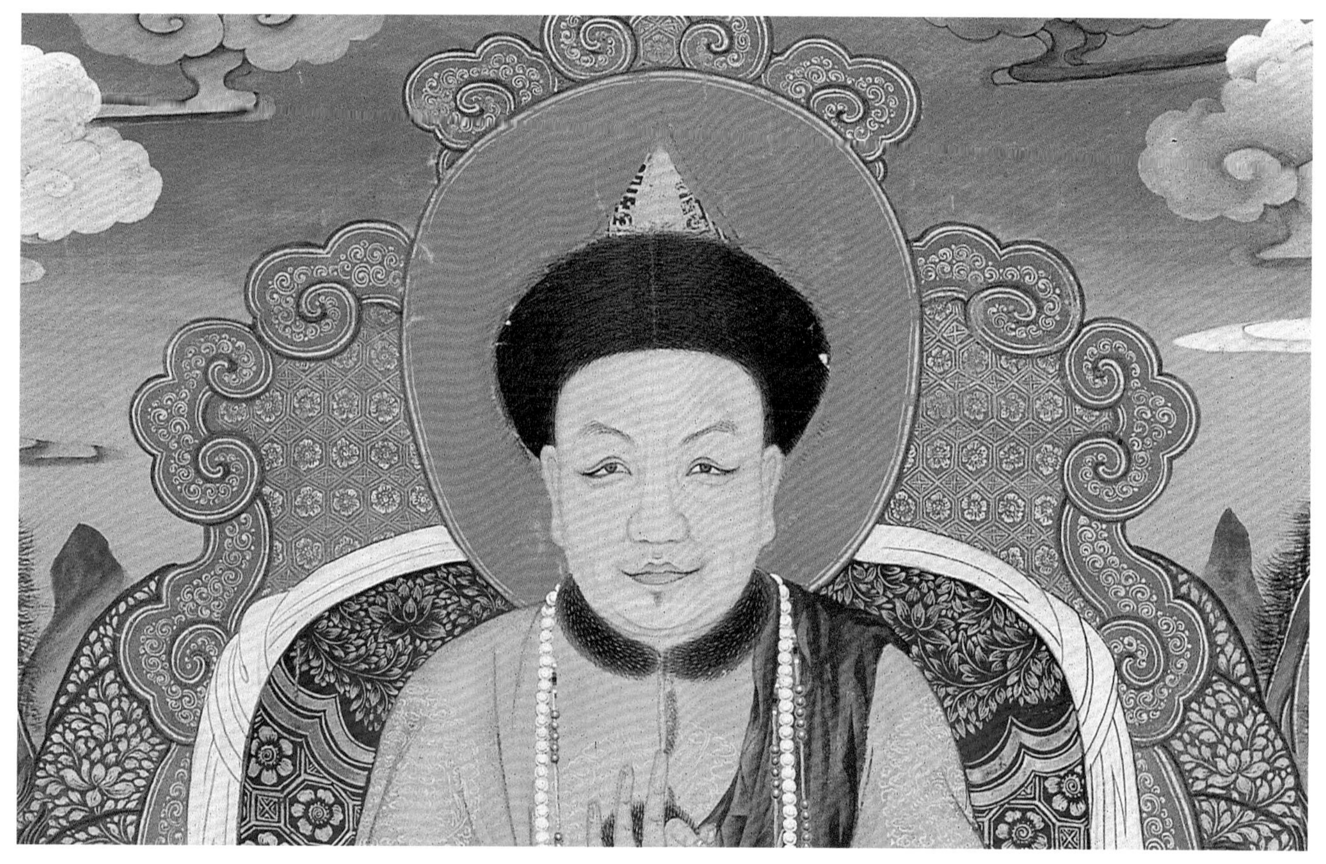

六世班禪羅桑貝丹益西（1738—1780），乾隆四十五年（1780），經萬里跋涉，從後藏日喀則到達承德朝覲乾隆皇帝，並參加了乾隆皇帝七旬萬壽慶典。是年因病圓寂於北京西黃寺。

六世班禪大師身着清代官服，面容安詳，左手托寶瓶，右手作說法印，結跏趺坐在龍首寶座上，寶座周圍點染青山綠水。上方是密教主尊大威德金剛和五世班禪，祥雲中端坐無量壽佛。下方為六臂勇保護法，左為降閻魔尊，右為吉祥天母。背面有白綾，墨書漢、滿、蒙、藏四文題記："乾隆四十五年七月二十一日　聖僧班禪額爾德尼自後藏來覲　上命畫院供奉繪像留弆　永崇信奉　以證真如"。

此唐卡是乾隆帝為紀念六世班禪欽命宮廷畫師繪製的，是一幅具有歷史意義的寫實肖像。

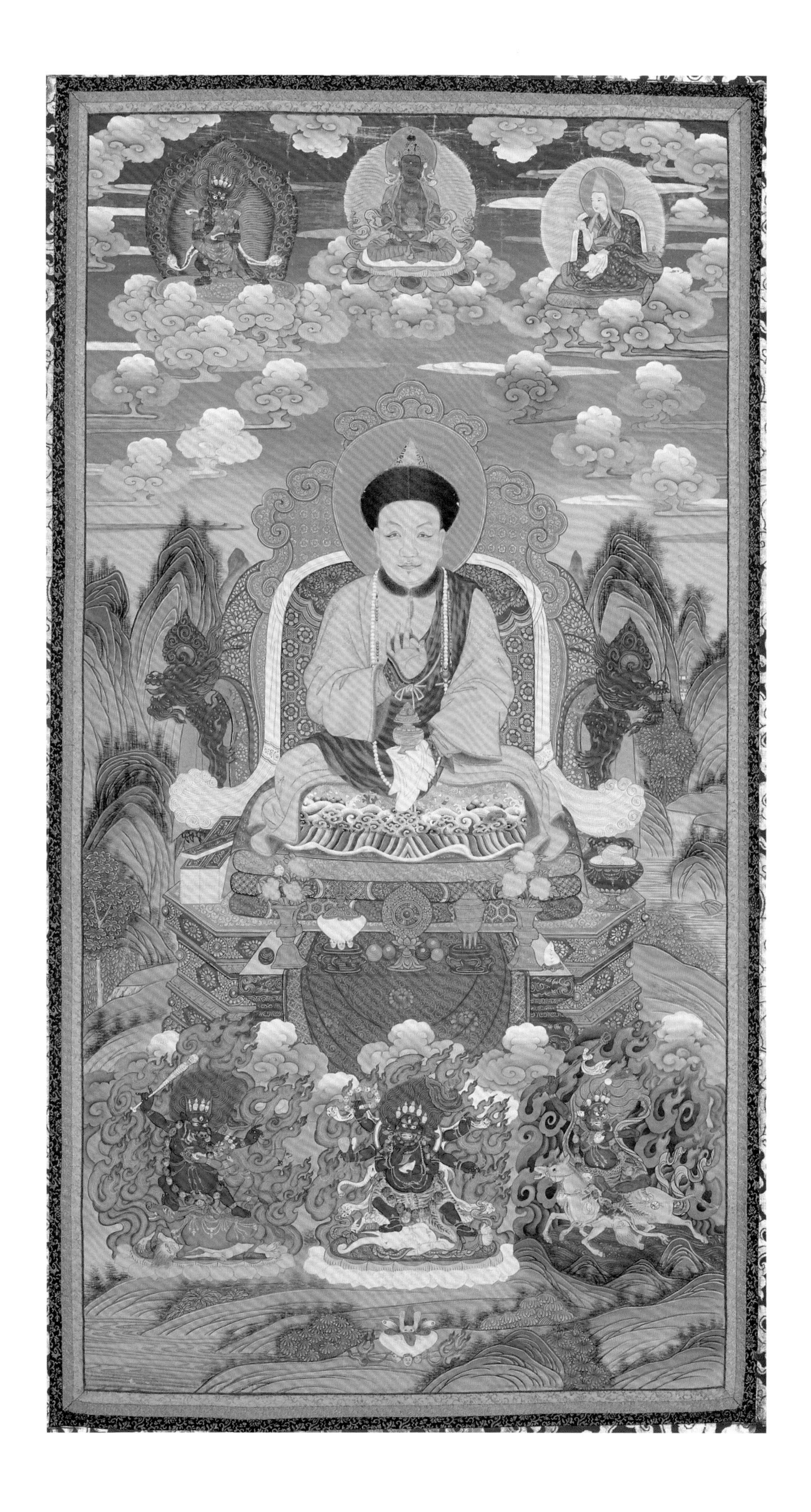

31

章嘉胡土克圖
18世紀　北京
布本設色　縱117厘米　橫61厘米
清宮舊藏

Cangkya Qutuqtu
18th Century　Beijing
Distemper on Cloth　H.117cm　L.61cm
Qing Court collection

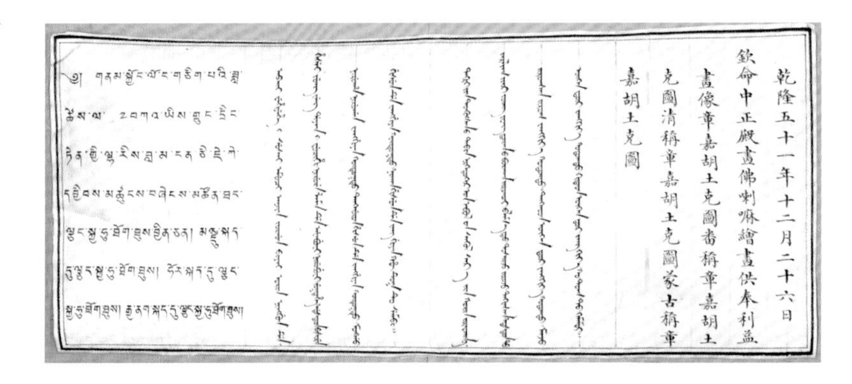

乾隆五十一年十二月二十六日
欽命中正殿畫佛喇嘛繪畫供奉利益
畫像章嘉胡土克圖番稱章嘉胡土
克圖清稱章嘉胡土克圖蒙古稱章
嘉胡土克圖

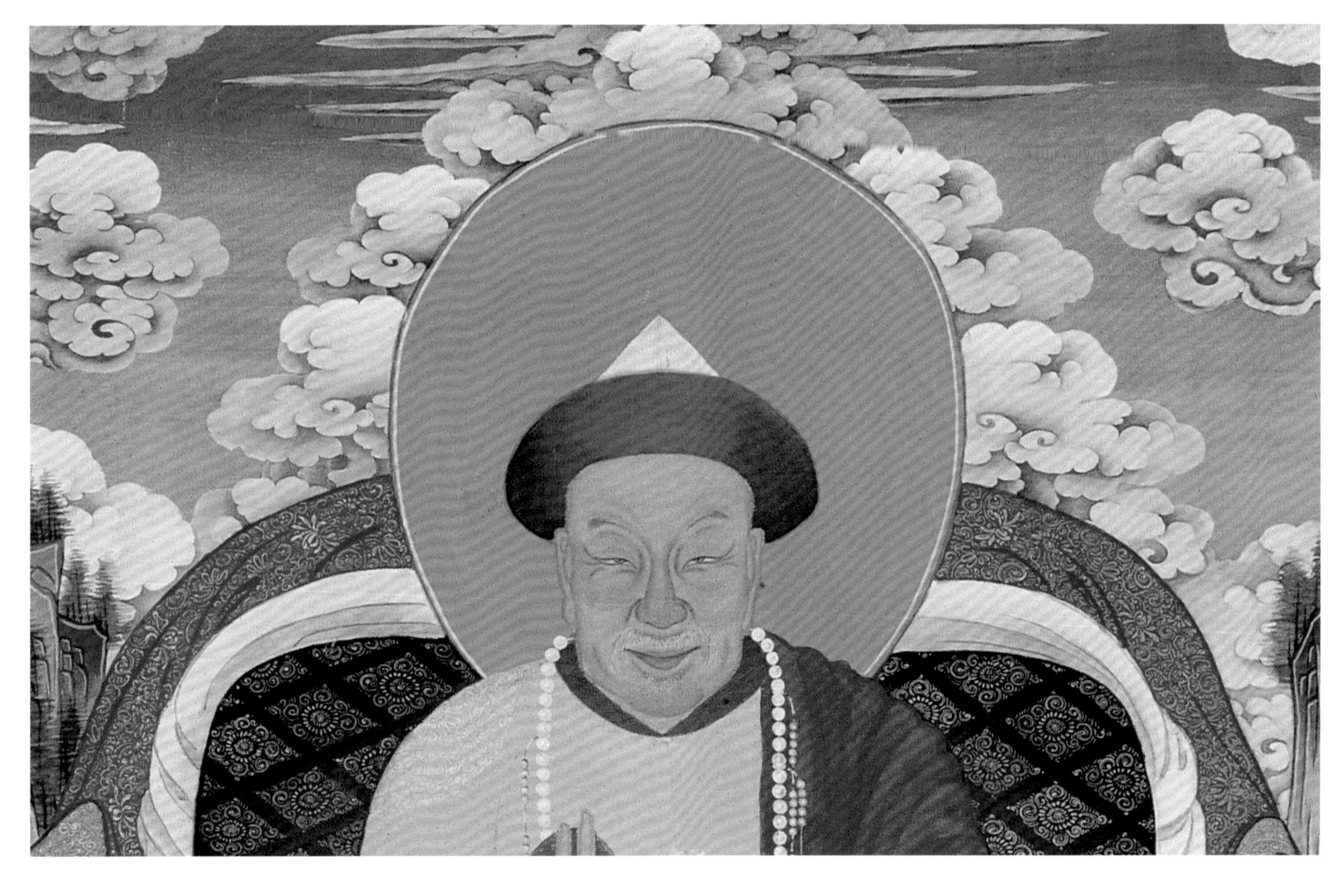

章嘉若必多吉（1717—1786）即三世章嘉，為清代黃教四大活佛系統之一，主要負責內蒙、山西、北京等地宗教事務。是精通漢、滿、蒙、藏四種文字，熟讀佛教顯密經典，博學多識的佛學家。繼承封號“灌頂普善廣慈大國師”。

三世章嘉身着黃色王服，表明他在清乾隆時期大國師的崇高身分。上方正中為無量壽佛，左為大威德金剛，右為二世章嘉，下左起為降閻魔尊，六臂勇保護法和吉祥天母。背面有白綾，墨書漢、滿、蒙、藏四文題記：“乾隆五十一年十二月二十六日　欽命中正殿畫佛喇嘛繪畫供奉利益畫像章嘉胡土克圖……”。

此唐卡為三世章嘉圓寂不久，乾隆帝為紀念他，命宮中畫佛喇嘛繪製的。

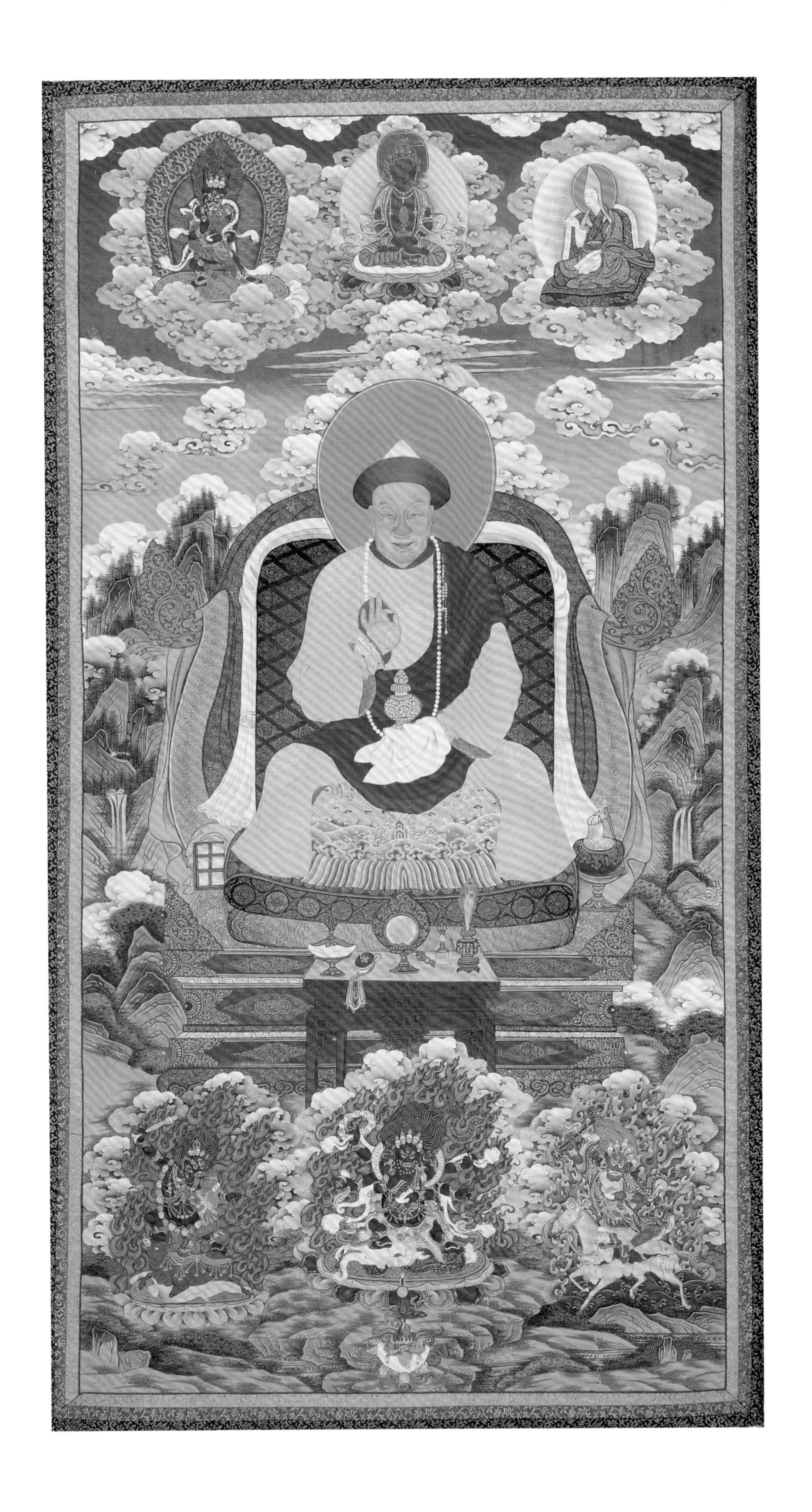

32

乾隆皇帝佛裝像

18世紀　北京
布本設色
縱126厘米　橫70厘米
清宮舊藏

Emperor Qianlong in Buddha's Ornaments and Garments

18th Century　Beijing
Distemper on Cloth
H.126cm　L.70cm
Qing Court collection

乾隆皇帝（1711—1799）篤信藏傳佛教，曾奉三世章嘉活佛為師，修習藏密，被蒙藏地區尊為文殊菩薩化身的大皇帝。

乾隆皇帝頭戴班智達帽，身着僧衣，右手結說法印，左手托寶瓶，全跏趺坐在蓮花托須彌座上。最上方示現其修行本尊的三座壇城，第二層顯現上師三世章嘉和諸佛弟子、菩薩。在座四周環以藏傳佛教歷代先師，背景襯托絢麗山河。座下兩側集結着以空行母、金剛亥母為主的諸神。再下兩角為八尊護法、尸陀林主、四天王及諸供養護法。

此唐卡為乾隆早期佛裝像，勾綫工整流暢，色彩豐富，為宮廷畫師所繪。

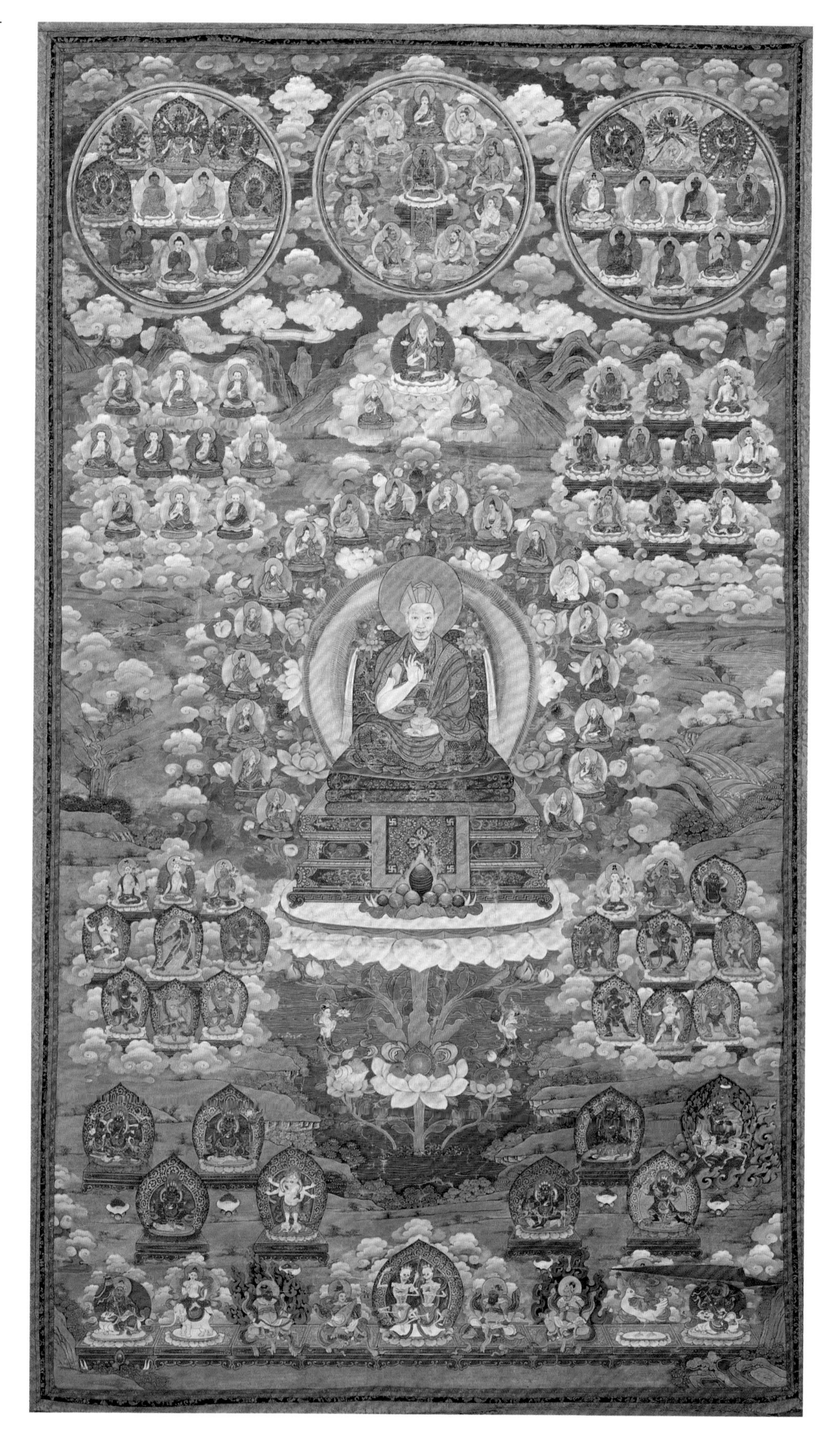

33

乾隆皇帝佛裝像

18世紀　北京
布本設色
縱112厘米　橫64厘米
清宮舊藏

Emperor Qianlong in Buddha's Ornaments and Garments

18th Century　Beijing
Distemper on Cloth
H.112cm　L.64cm
Qing Court collection

乾隆皇帝頭戴班智達帽，身着僧衣，右手結説法印，左手持法輪，結跏趺坐在蓮花托寶座上。上方示現其修行本尊為主的三座壇城，第二層顯現上師三世章嘉和諸佛弟子、菩薩。下部為十七位護法（護法名見附錄）。

此唐卡為乾隆中期佛裝像，亦為宮廷畫師所繪。

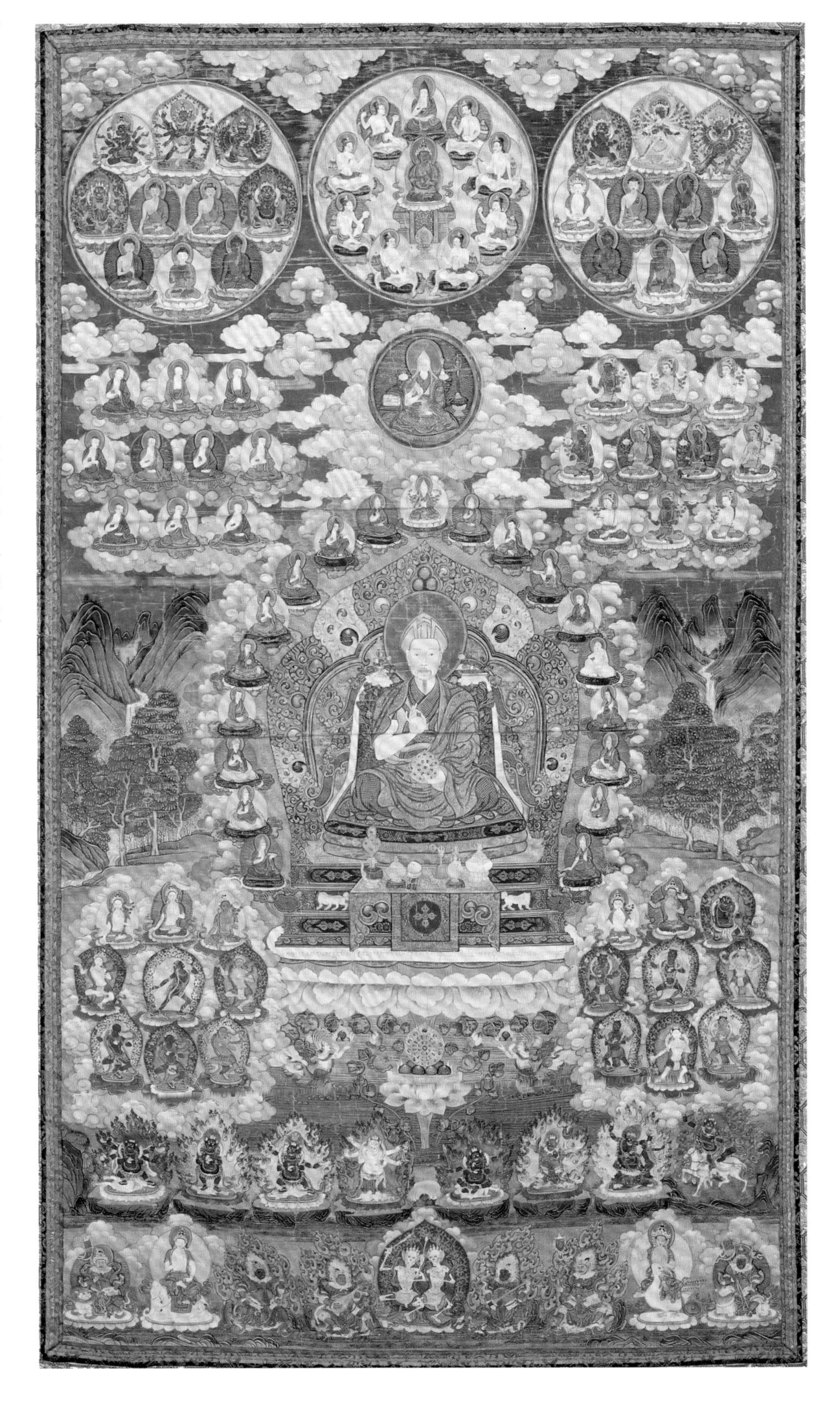

34

時輪王佛

18世紀　西藏
布本設色　縱63厘米　橫42厘米
清宮舊藏

Kalachakra Buddha

18th Century　Tibet
Distemper on Cloth　H.63cm　L.42cm
Qing Court collection

時輪王佛為清代宮廷中對時輪金剛的習慣性稱謂，與藏傳密教無上瑜伽部密集、大威德、上樂和喜金剛並稱五大本尊，為藏傳佛教各派所共同崇奉。

時輪金剛藍色雙身，四面二十四臂，前兩臂擁抱明妃，手持金剛杵，其餘各手均持法器，每手五指都有黃、白、紅、藍、綠五色之異。依經續所稱，明妃亦有四面，而一般只繪兩面，生八臂，通身金黃色，仰主面與金剛相擁。兩尊皆裸形，僅於腰際飾虎皮及瓔珞，足下分踏白色猛天及紅色慾天等。四隅為傳承時輪教法之四位印度祖師。背面有白綾，墨書漢、滿、蒙、藏四文題記：“乾隆三十九年正月初四日　班臣額爾德尼恭進利益畫像時輪王佛”。另有黃條：“中此樣一份三十三軸”。

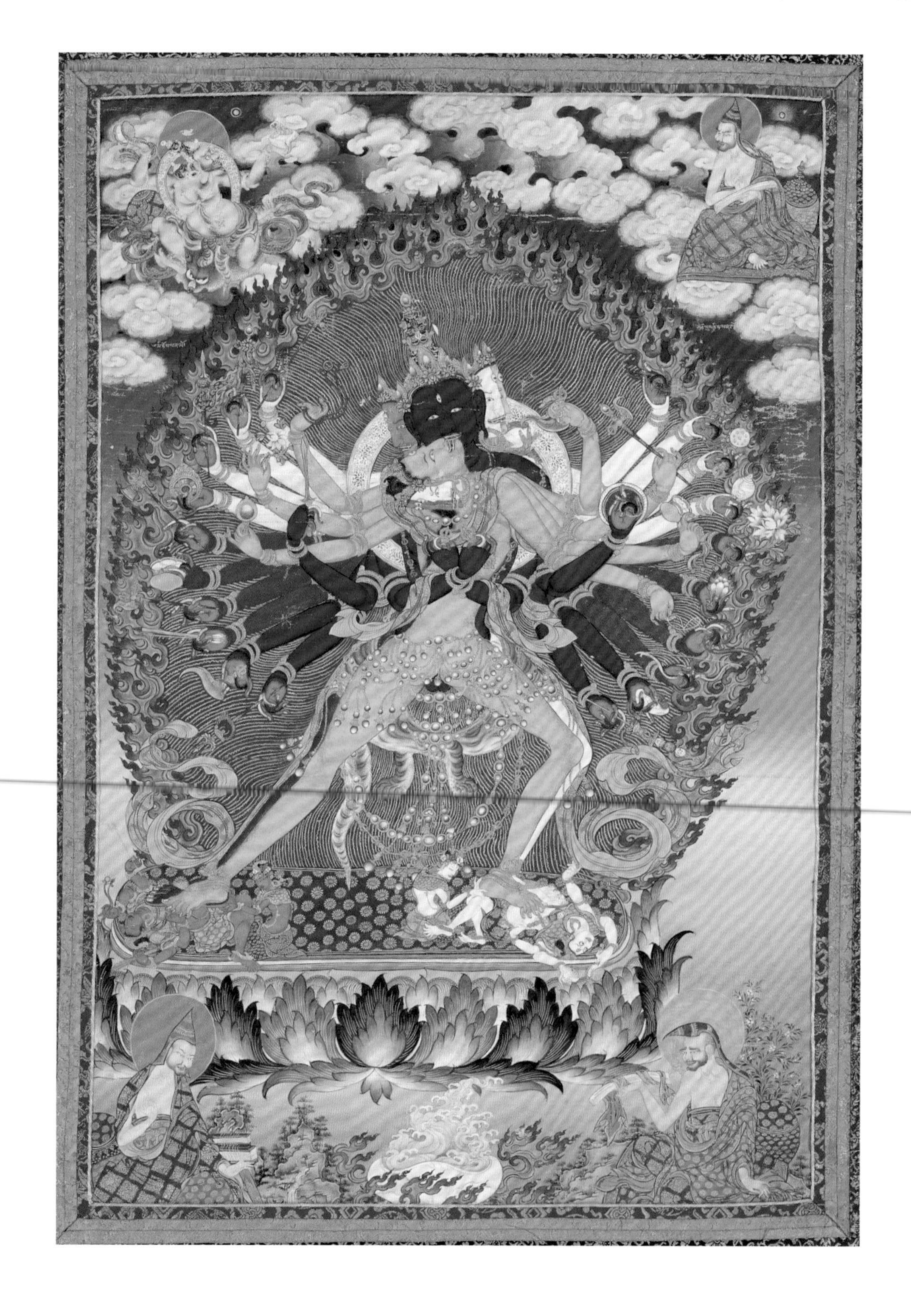

35

時輪王佛

18世紀　北京
布本設色
縱28.5厘米　橫22厘米
清宮舊藏

Kalachakra Buddha

18th Century　Beijing
Distemper on Cloth
H.28.5cm　L.22cm
Qing Court collection

時輪王佛即時輪金剛，為藏密五大本尊之一，為藏傳佛教各派所共同崇奉。

時輪金剛藍色雙身，四面二十四臂。主臂交叉擁抱明妃，各手中分持法器。上方天界以釋迦頂髻為中心，兩旁各繪傳承時輪經續的香巴拉王及密教祖師，下方有大力金剛明王等時輪金剛之化身及眷屬三尊。背面有白綾，墨書漢、滿、蒙、藏四文題記："乾隆四十三年閏六月初一日　欽命章嘉胡土克圖認看供奉利益畫像時輪王佛　左二"。

此唐卡中的佛光、瓔珞、蓮瓣等處均飾金彩，使畫面流光溢彩，倍添華美。

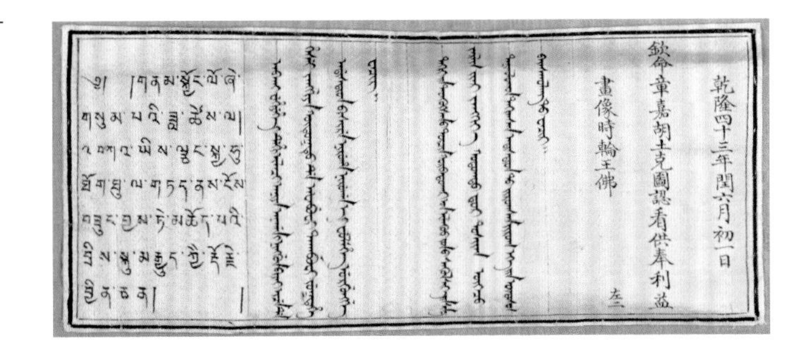
乾隆四十三年閏六月初一日
欽命章嘉胡土克圖認看供奉利益
畫像時輪王佛
左二

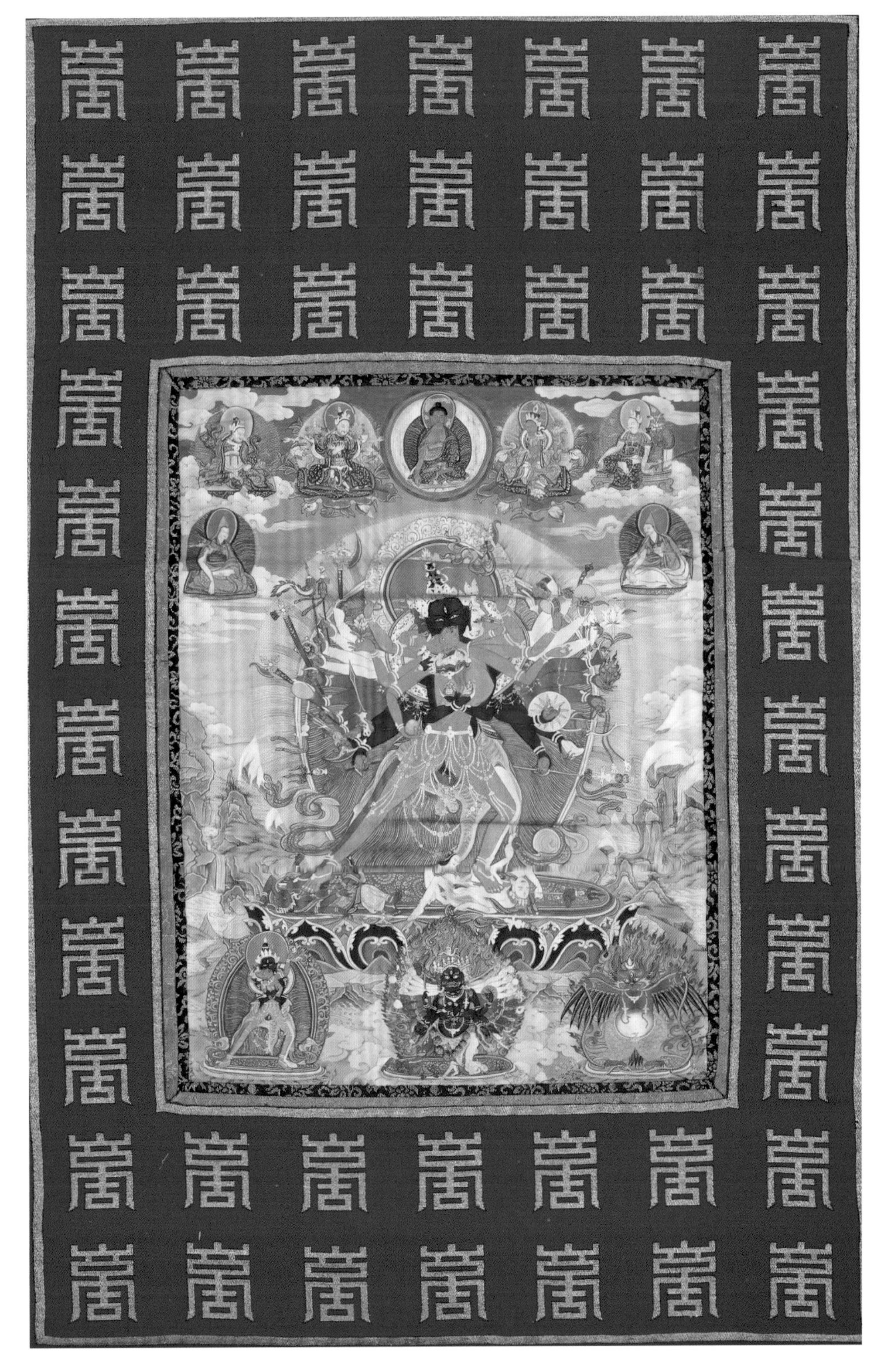

36

時輪王佛

18世紀　西藏
布本設色
縱68厘米　橫46.5厘米
清宮舊藏

Kalachakra Buddha

18th Century　Tibet
Distemper on Cloth
H.68cm　L.46.5cm
Qing Court collection

時輪金剛為無二續本尊。密宗金剛乘無上瑜伽部的本尊分為三續，即父、母、無二。清宮習稱父續、母續為“陽體”與“陰體”，父續表方便，母續表智慧。

時輪金剛藍色雙身，四面二十四臂，擁抱明妃，展右立。頂上繪賢劫導師釋迦頂髻，上方為時輪傳承者香巴拉法王月賢及大成就者，下方正中為大力金剛明王，左繪拉措姆，右繪智慧大鵬護法。背面有白綾，墨書漢、滿、蒙、藏四文題記：“乾隆四十八年十二月二十四日　欽命章嘉胡土克圖認看供奉利益畫像陰體時輪王佛……”。

此唐卡主尊為《諸尊身色印相明錄》中所述時輪金剛之標準形象。

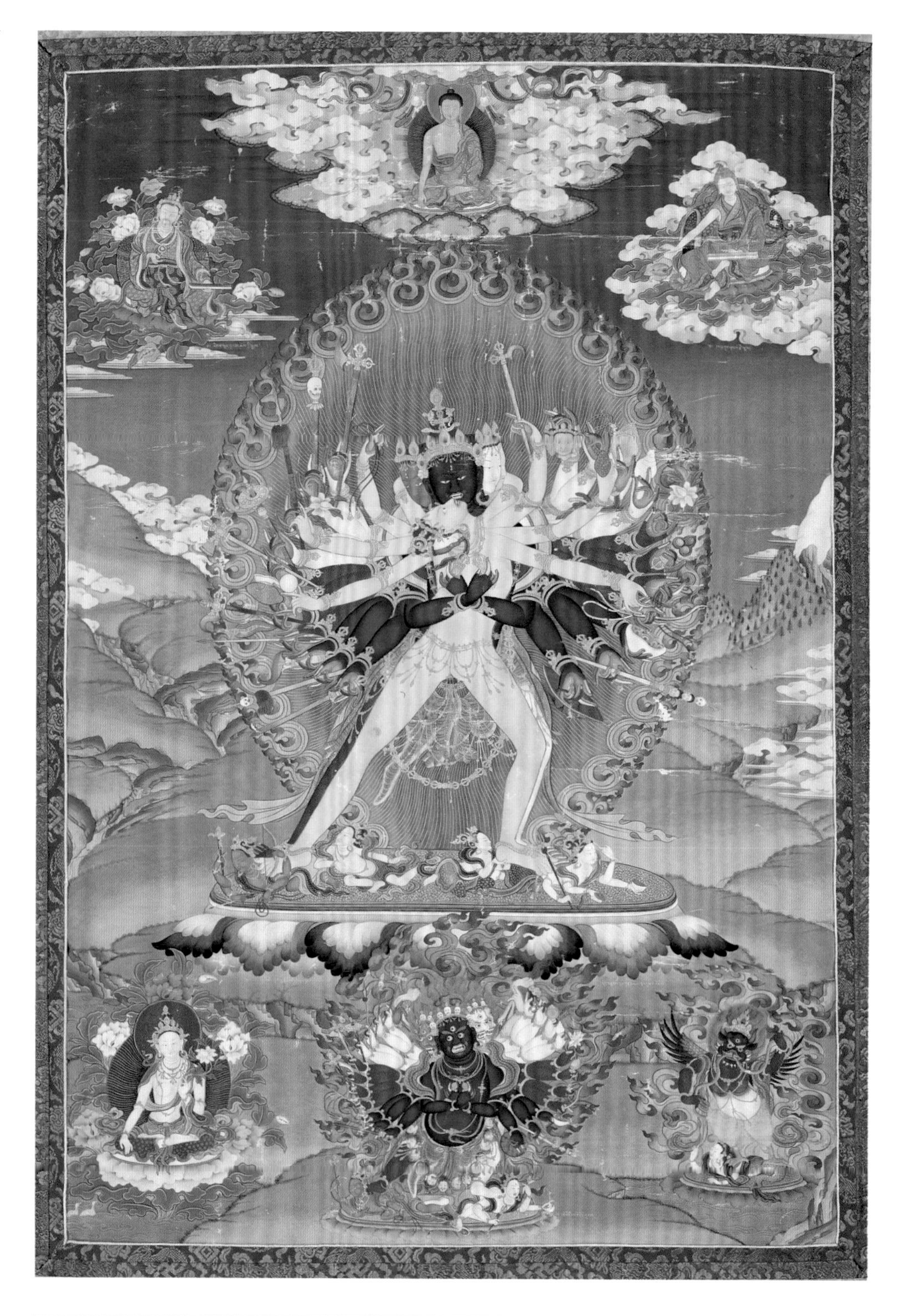

乾隆四十八年十二月二十四日
欽命章嘉胡土克圖認看供奉利益畫像陰體
時輪王佛番稱嘛呼覺戍對澗呼清稱額
伊富勒赫額琳庫呼敦尺拂齊布蒙古稱
額科尹温都遜察根庫呼敦

37

威羅瓦金剛

18世紀　西藏
布本設色
縱65厘米　橫45厘米
清宮舊藏

Vajrabhairava

18th Century　Tibet
Distemper on Cloth
H.65cm　L.45cm
Qing Court collection

威羅瓦金剛是清宮對大威德怖畏金剛的稱謂，是無上瑜伽部父續成就本尊，即文殊菩薩為調伏諸天鬼神及眾生之瞋恚本性而顯現的教令輪身，現忿怒相。

大威德金剛藍色身，四面八臂四足。正面為牛首，三面皆怒目環眼，闊口獠牙，頭戴骷髏冠，項掛人首鬘。頂上現文殊菩薩寂靜相，八臂手中各持法器，展左立於蓮台上，足下踏梵天帝釋及修羅等神。上方為紅身文殊和傳承上師，下方為白身降閻魔尊。背面有白綾，墨書漢、滿、蒙、藏四文題記：“乾隆四十五年八月初七日　班禪額爾德尼　進丹書克供奉利益畫像陽體威羅瓦金剛……左二”。

此唐卡的構圖靈活而飽滿，體現了後藏的繪畫風格。

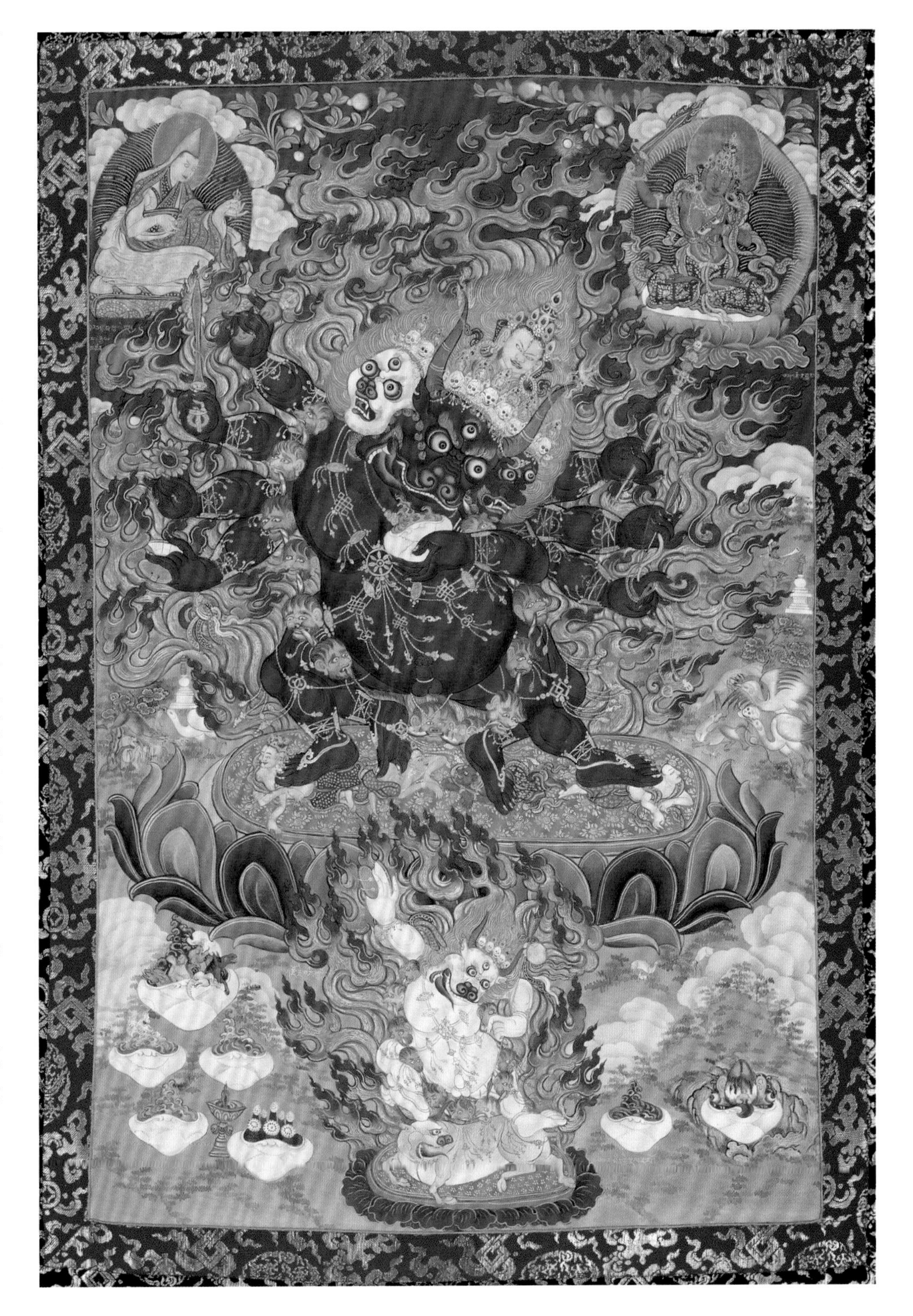

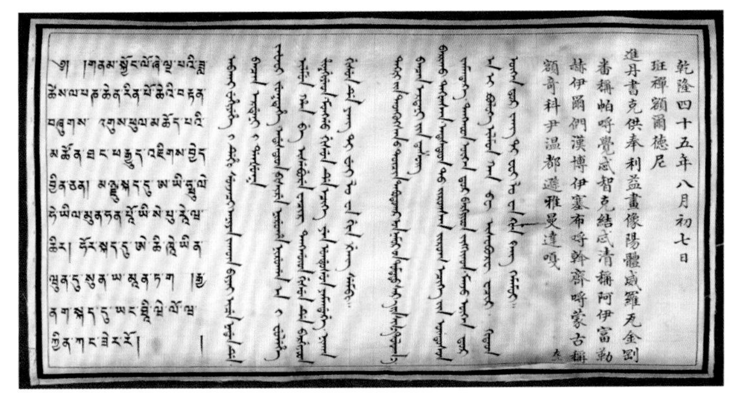

乾隆四十五年八月初七日
班禪額爾德尼
進丹書克供奉利益畫像陽體威羅瓦金剛
番稱帕嗎嚕覺咸智克結咸清稱阿伊富勒
赫伊爾們漢博伊塞布呼斡齊呼蒙古稱
額奇科尹溫都遜雅旻達嘎
左二

38

威羅瓦金剛
18世紀　西藏
布本設色
縱63厘米　橫42厘米
清宮舊藏

Vajrabhairava
18th Century　Tibet
Distemper on Cloth
H.63cm　L.42cm
Qing Court collection

威羅瓦金剛即大威德金剛，為無上瑜伽部五大本尊之一，其修法並一切經續在11世紀時已傳入西藏，後尤其受到格魯派尊崇。此顯相在黃教中最為習見。

大威德金剛藍色雙身，九面三十四臂十六足。主面為牛首，其左右各三面，頂上兩面，皆怒目獠牙，猙獰可怖。最上文殊菩薩面相慈祥。兩主臂擁抱明妃羅浪雜娃，諸臂手中持執法器。雙尊皆裸形，僅飾瓔珞，喻意障不遮覆。上方有諸傳承上師，下方為護法（上師及護法名見附錄）。背面有白綾，墨書漢、滿、蒙、藏四文題記：“乾隆四十六年二月十一日　仲巴胡土克圖歲本康卜恭進供奉利益畫像陽體威羅瓦金剛……右一”。

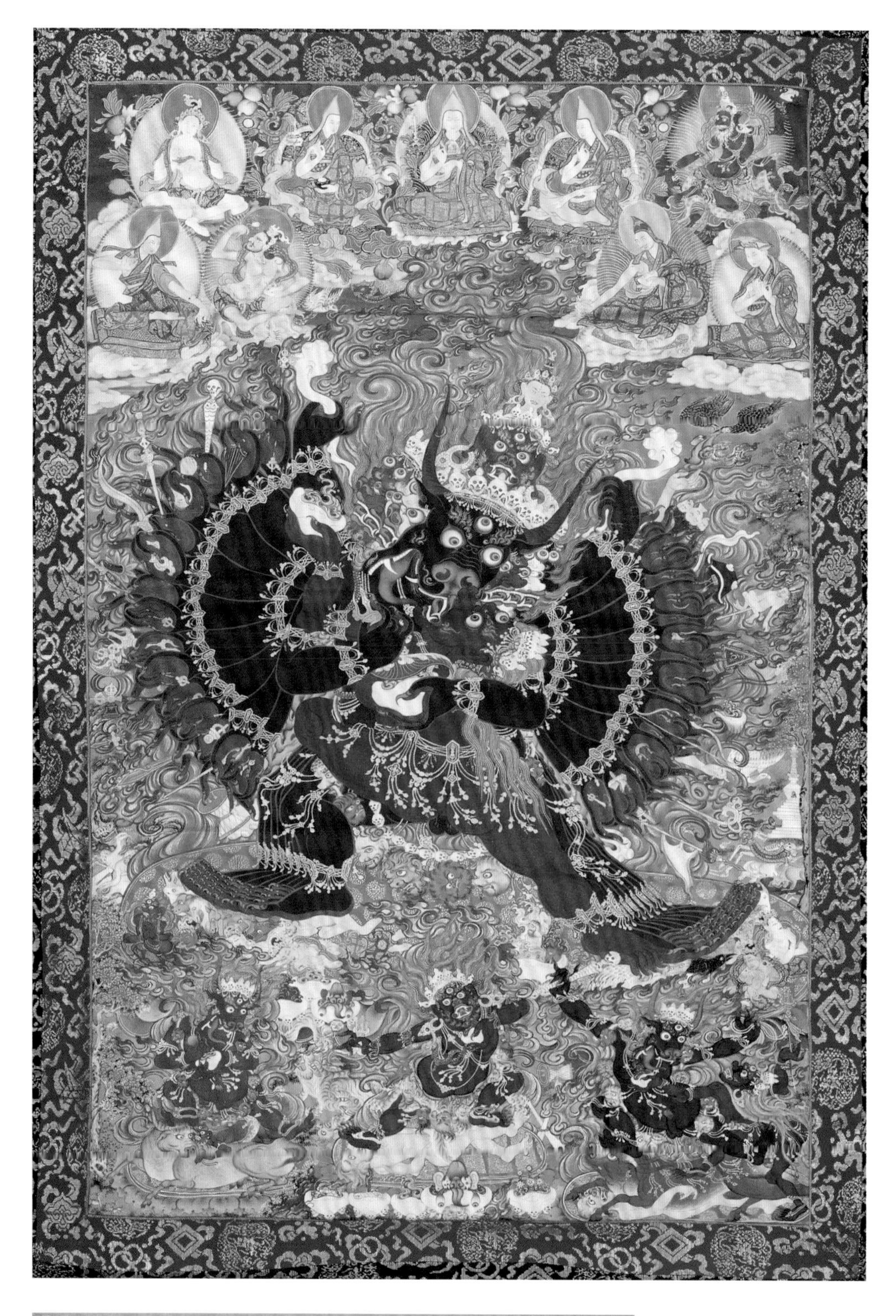

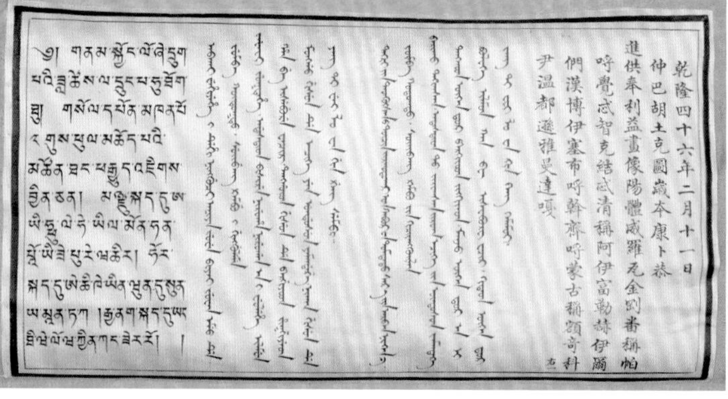

乾隆四十六年二月十一日
仲巴胡土克圖歲本康卜恭
進供奉利益畫像陽體威羅瓦金剛番稱帕
哷覺忒智克結忒清稱阿伊富勒特伊爾
們漢博伊塞布哷斡齊哷蒙古稱額奇科
尹温都遜雅旻達嗔
右

39

威羅瓦金剛
18世紀　北京
布本設色
縱28厘米　橫22厘米
清宮舊藏

Vajrabhairava
18th Century　Beijing
Distemper on Cloth
H.28cm　L.22cm
Qing Court collection

威羅瓦金剛作為父續本尊之神格意義略為：明瞭修行成佛之道，徹悟十六空性，自性與空樂無別，成就殊勝與共同兩種悉地，諸障滅盡，般大涅槃。

大威德金剛藍色單身，九面三十四臂十六足，展左立於蓮花台上。（造像的象徵意義見附錄。）天界中為黃文殊菩薩，左右畫法諸傳承師。下方畫三尊皆威羅瓦金剛之異相顯現。背面有白綾，墨書漢、滿、蒙、藏四文題記："乾隆四十三年閏六月初一日　欽命章嘉胡土克圖認看供奉利益畫像陽體威羅瓦金剛　右一"。

此唐卡之畫風及裝裱均有內地特色。

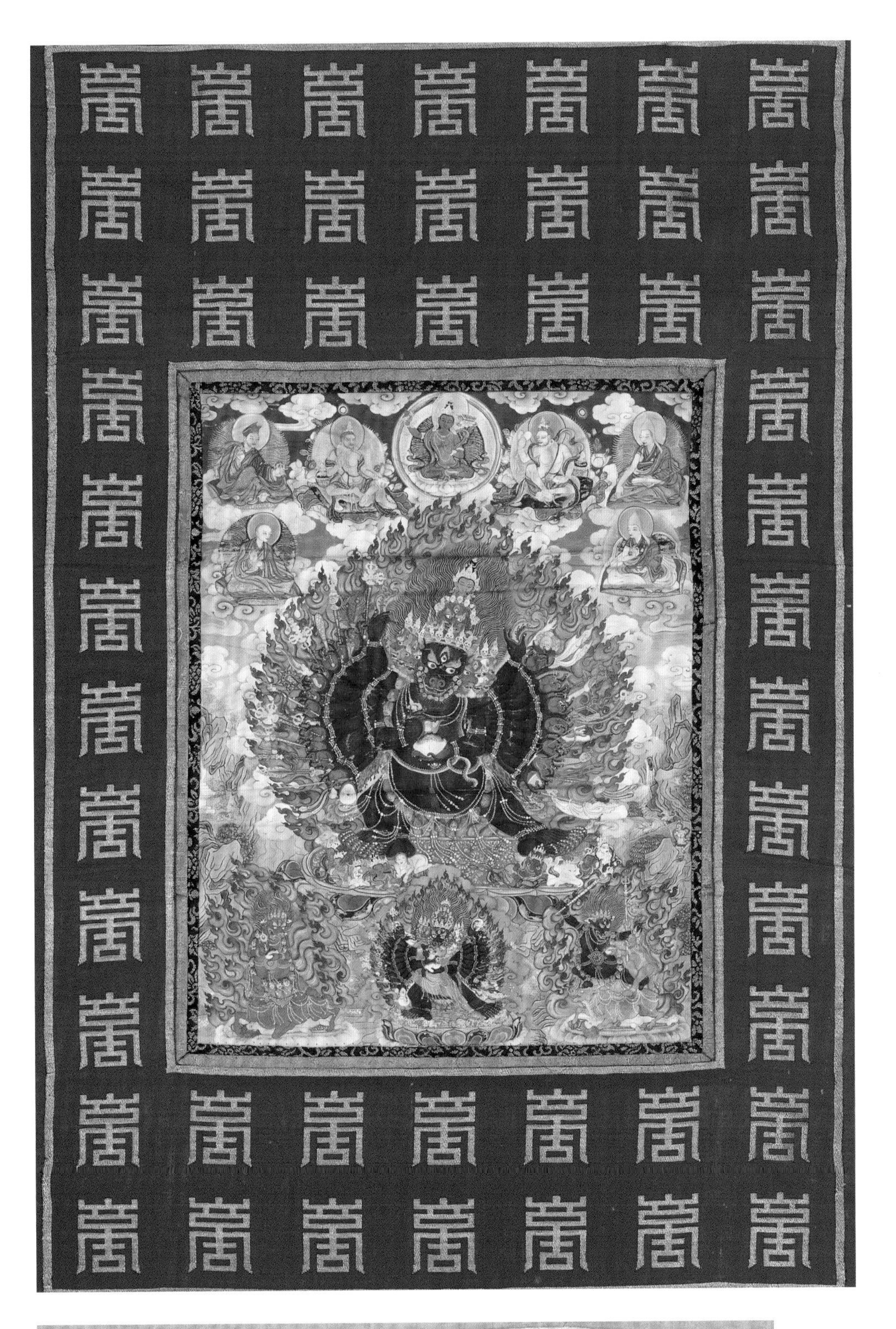

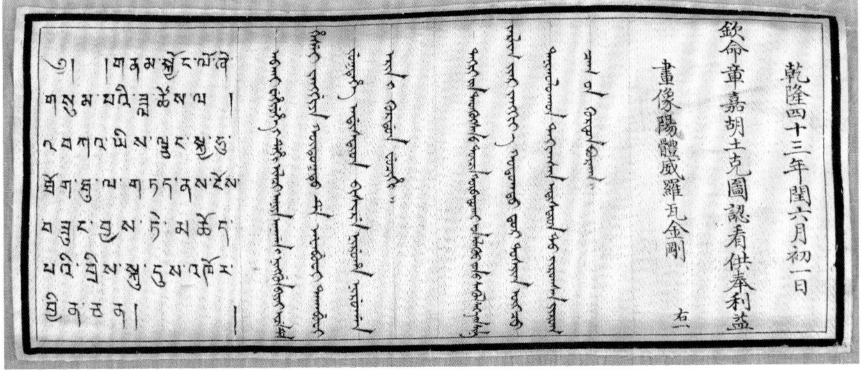

上樂王佛

18世紀　西藏
布本設色　縱66厘米　橫45厘米
清宮舊藏

Shamvara Buddha

18th Century　Tibet
Distemper on Cloth　H.66cm　L.45cm
Qing Court collection

上樂金剛亦稱勝樂金剛，因其屬無上瑜伽母續，清宮習稱“陰體上樂王佛”。

白色單身上樂金剛名得羅巴宗上樂，是較少見的形象。四面十六臂。頭戴骷髏冠，袒上身，佩瓔珞，腰間繫裙，兩主臂交於胸前，握持鈴杵，餘臂手中各持法器或結手印，展右立。上方左為勝樂金剛法之印度大成就者，裸身盤坐，右為藏地傳承師。下方繪四臂大黑護法，其兩旁雜陳諸供。背面有白綾，墨書漢、滿、蒙、藏四文題記：“乾隆四十五年八月初七日　班禪額爾德尼　進丹書克供奉利益畫像陰體上樂王佛……”。

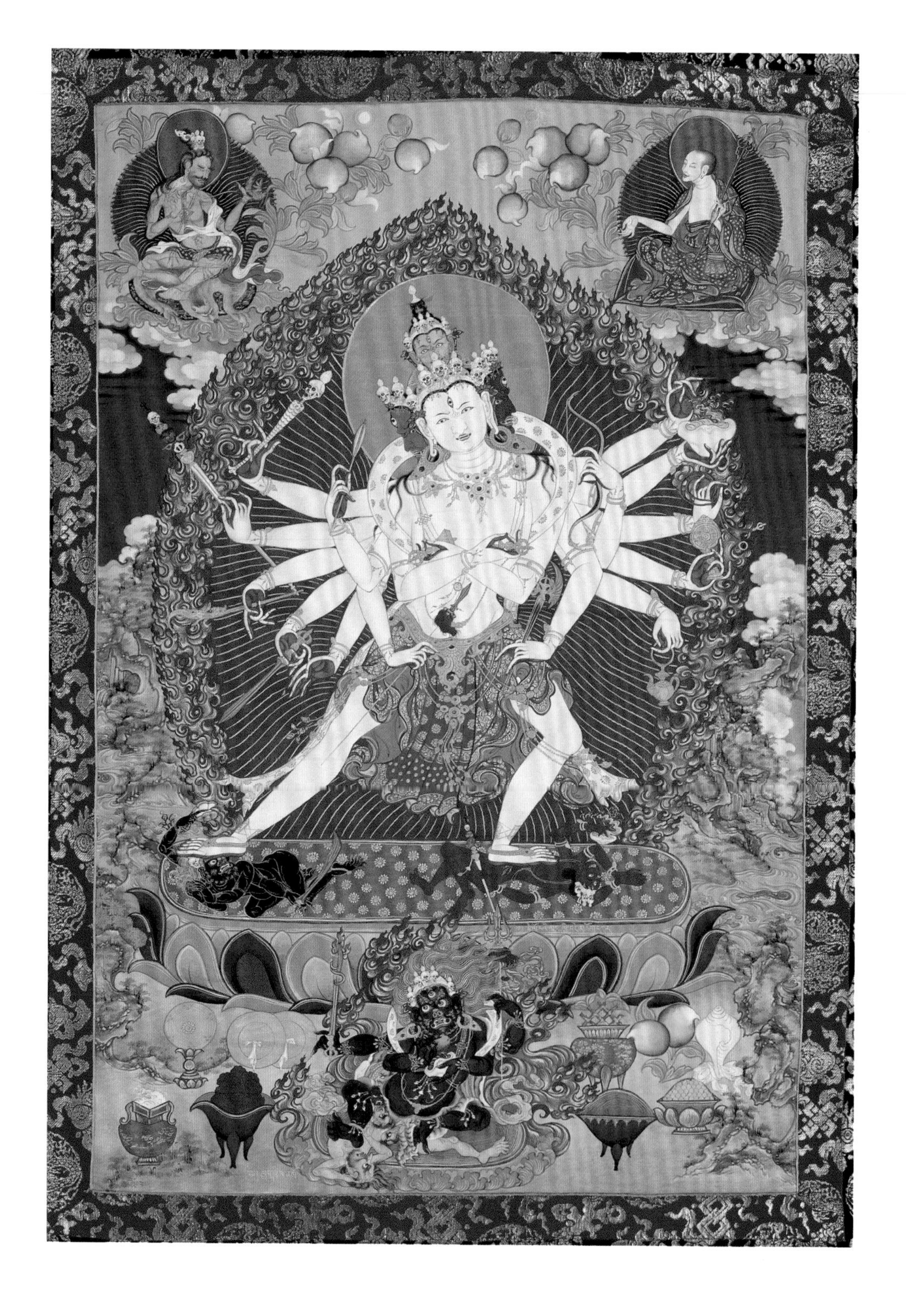

41

上樂王佛

18世紀　西藏
布本設色
縱64厘米　橫41厘米
清宮舊藏

Shamvara Buddha

18th Century　Tibet
Distemper on Cloth
H.64cm　L.41cm
Qing Court collection

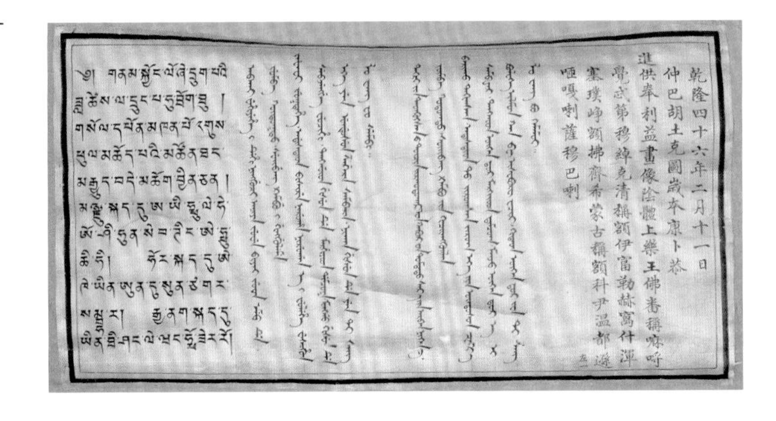

上樂金剛是藏密寧瑪、薩迦、噶舉及格魯等派共修之本尊，尤為新派密續所重。

上樂金剛藍色雙身，四面十二臂，現瞋怒相。兩主臂擁抱紅身明妃金剛亥母，手持鈴、杵。上兩手執象皮，其餘八手各持法器。展右立姿，足下踏男女形。金剛亥母雙腿盤上樂金剛腰間，呈俱喜大樂之相。上下方為上師及護法諸神（其名見附錄）。地界周匝繪畫虎豹猛禽及非人等爭鬥啖食之寒林景象，觸目驚心。背面有白綾，墨書漢、滿、蒙、藏四文題記："乾隆四十六年二月十一日　仲巴胡土克圖歲本康卜恭進供奉利益畫像陰體上樂王佛……左一"。

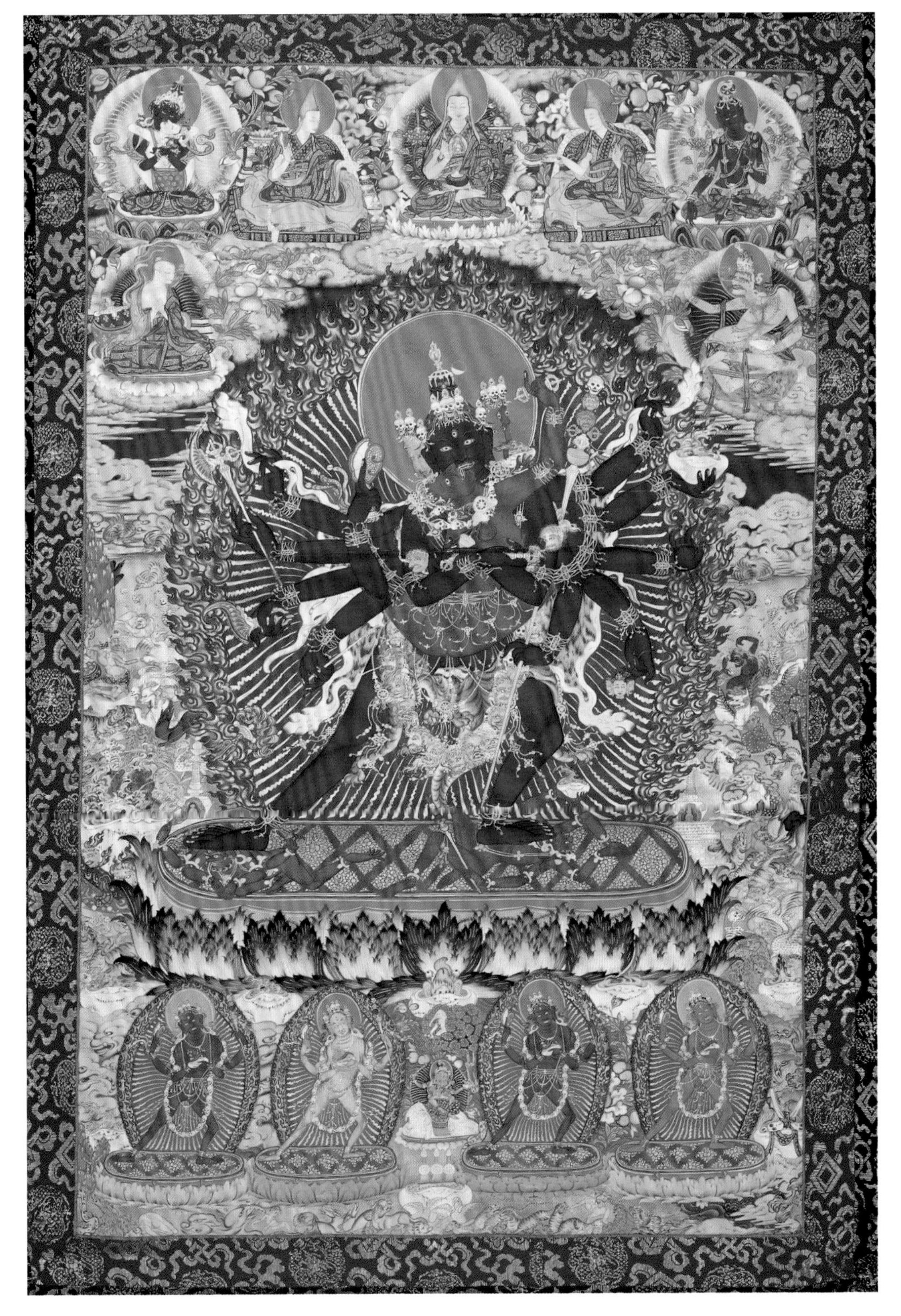

42

上樂王佛

18世紀　北京
布本設色
縱28厘米　橫22厘米
清宮舊藏

Shamvara Buddha
18th Century　Beijing
Distemper on Cloth
H.28cm　L.22cm
Qing Court collection

上樂金剛頭戴骷髏冠，以五十人頭為鬘，六種瓔珞飾身，腰束虎皮裙，擁抱明妃紅色金剛亥母，明妃亦戴骷髏冠，飾瓔珞，雙腿盤於主尊腰間，仰面相視。上方正中為大持金剛，身側侍勝樂金剛法大成就者，左右以四空行母為外護。下方居中為上樂金剛所現異相，左右為四臂勇保護法和尸陀林主。背面有白綾，墨書漢、滿、蒙、藏四文題記：“乾隆四十三年閏六月初一日　欽命章嘉胡土克圖認看供奉利益畫像陰體上樂王佛　左一”。

四面十二臂為黃教所傳勝樂金剛法本尊的標準形象。

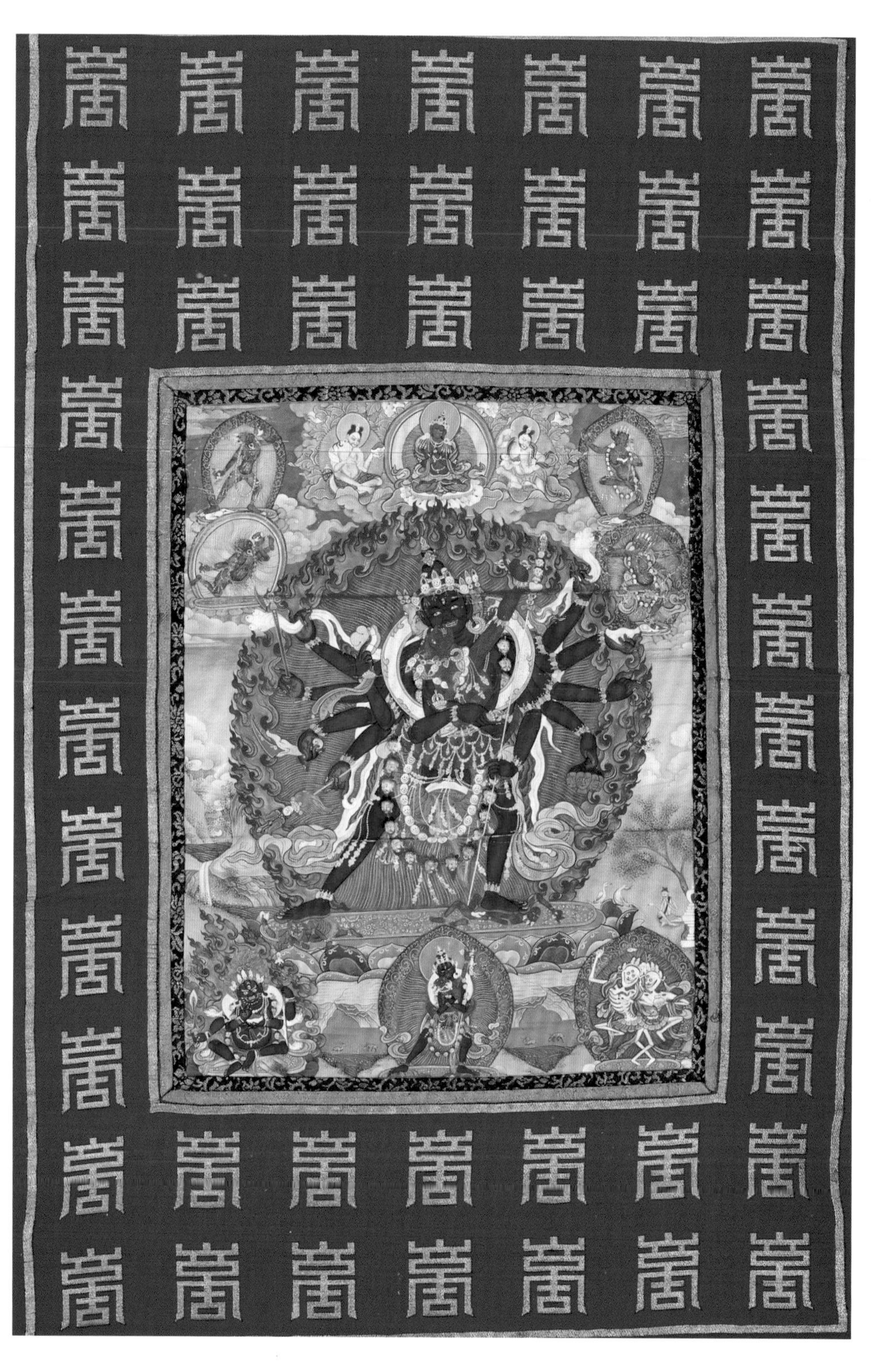

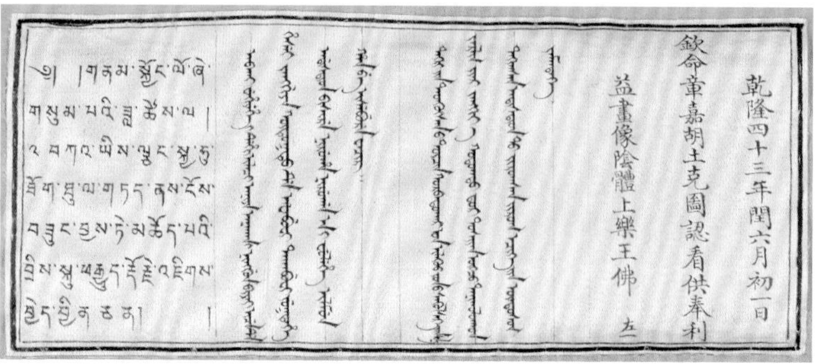

43

上樂王佛

18世紀　西藏
布本設色
縱68厘米　橫46.5厘米
清宮舊藏

Shamvara Buddha
18th Century　Tibet
Distemper on Cloth
H.68cm　L.46.5cm
Qing Court collection

上樂金剛藍色雙身，四面十二臂，擁抱明妃金剛亥母，展右立於蓮台上。天空蔚藍，正中祥雲簇擁七世達賴喇嘛，左為成就自在費魯波，右為上師宗喀巴。下界繪四臂勇保護法、金剛瑜伽母、尸陀林主。背面有白綾，墨書漢、滿、蒙、藏四文題記："乾隆四十八年十二月二十四日　欽命章嘉胡土克圖認看供奉利益畫像陰體上樂王佛……"。

此唐卡注重以顏色的漸變表現天界的空間變化及事物的立體感，應用透視法描繪出山川之遠近，技法成熟。

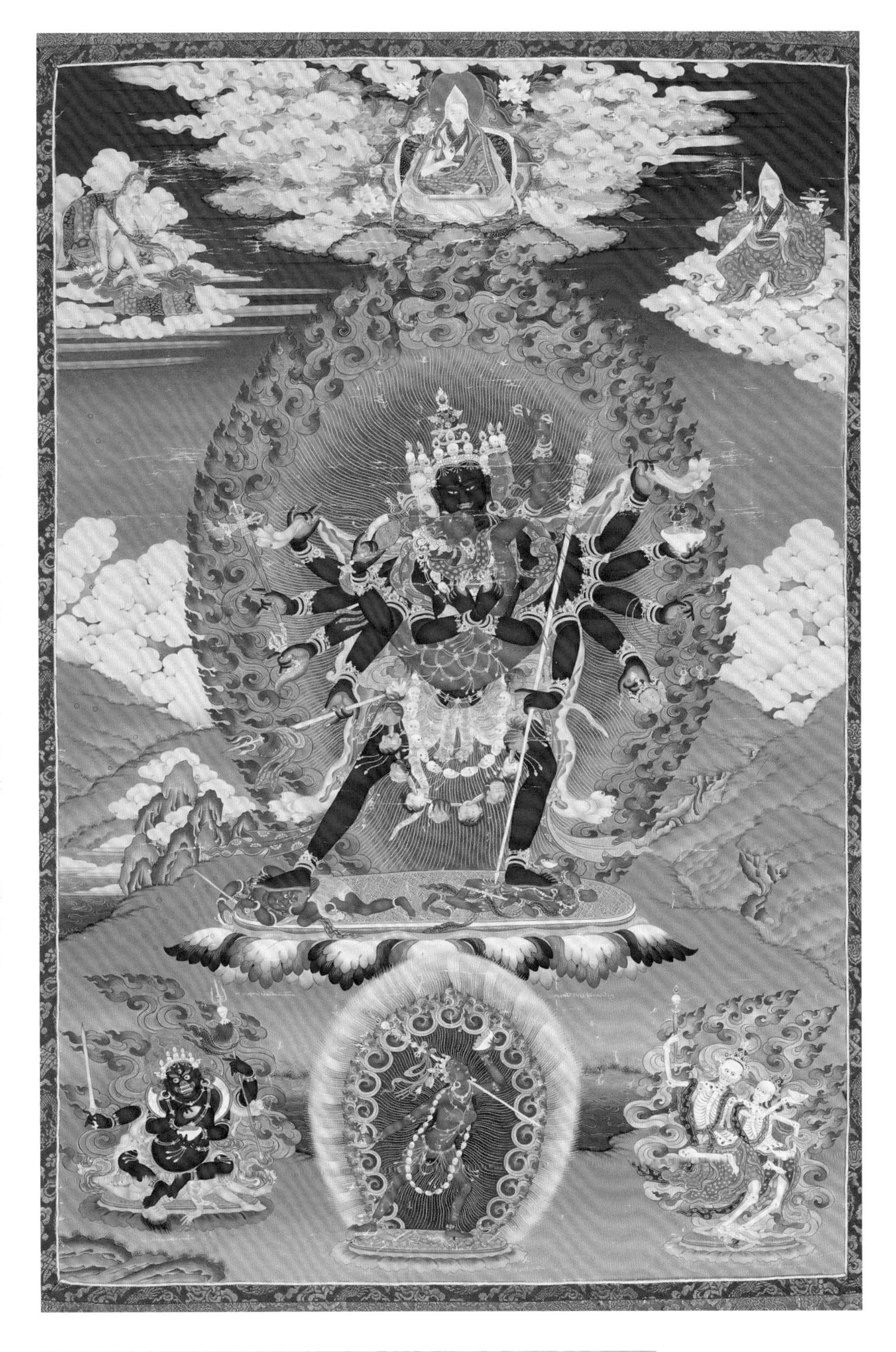

乾隆四十八年十二月二十四日
欽命章嘉胡土克圖認看供奉利益畫像陰體上樂
王佛番稱嘛呼覺忒第穆綽克清稱額伊當勒
赫窩什渾塞楔呼額拂齊希蒙古稱額科尹溫
都遜喱嘎喇薩穆巴喇

44

秘密佛

18世紀　北京
布本設色
縱28厘米　橫22厘米
清宮舊藏

Secret Buddha (Guhyasamaja)
18th Century　Beijing
Distemper on Cloth
H.28cm　L.22cm
Qing Court collection

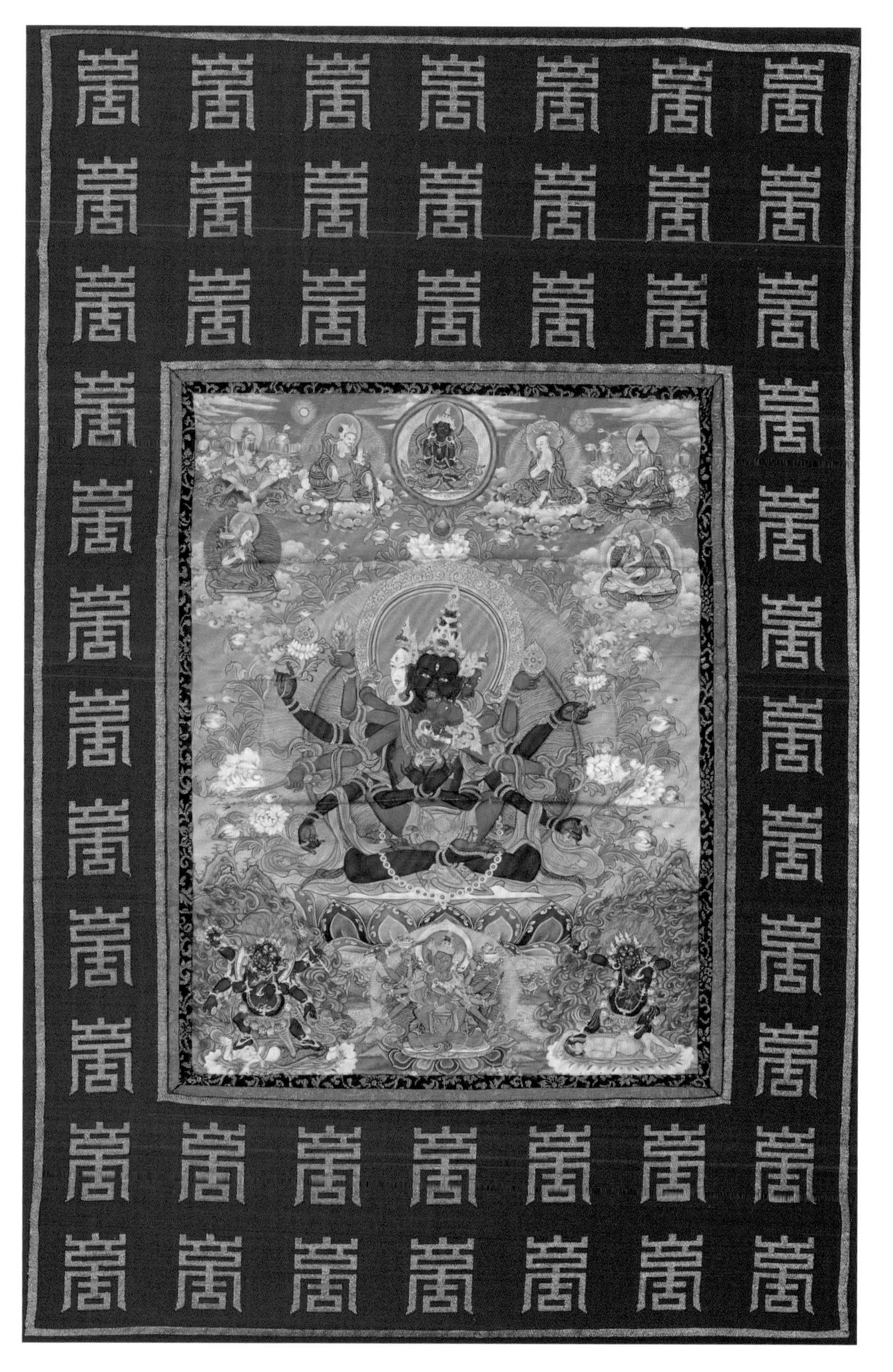

秘密佛即密集金剛，也稱集密金剛、密聚金剛，代表“三世諸佛之身語意三密無別或聚集”意，是無上瑜伽部五大本尊之一的方便父續本尊，廣受藏密諸派崇奉，清宮稱其為“陽體秘密佛”。

密集金剛藍色雙身，三面六臂，傴怒相。右側手持金剛杵、法輪、蓮花，左側手執金剛鈴、摩尼、寶劍。擁抱明妃觸金剛佛母，結跏趺坐。佛母面呈童女之相，雙腿盤纏主尊，與之相對坐。天界中為本初大持金剛，表明密集法門源出，左右為因陀羅菩提王、龍樹、薩拉哈及至尊宗喀巴等六傳承師。下方為六臂勇保護法、兩臂大黑護法，秘密佛所化文殊金剛居中。背面有白綾，墨書漢、滿、蒙、藏四文題記：“乾隆四十三年閏六月初一日　欽命章嘉胡土克圖認看供奉利益畫像陽體秘密佛　中”。

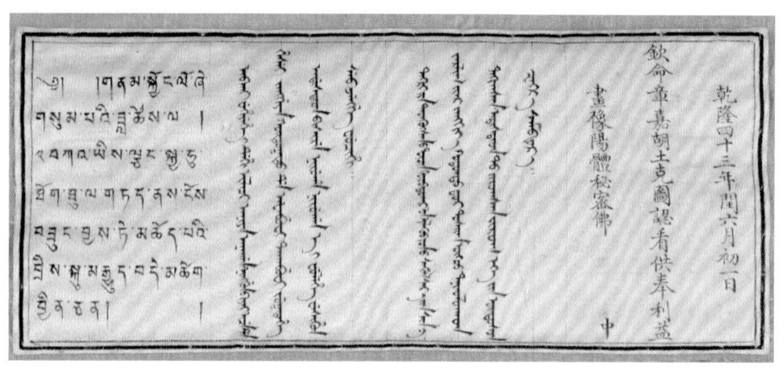

45

秘密佛
18世紀　西藏
布本設色
縱68厘米　橫46厘米
清宮舊藏

Secret Buddha
18th Century　Tibet
Distemper on Cloth
H.68cm　L.46cm
Qing Court collection

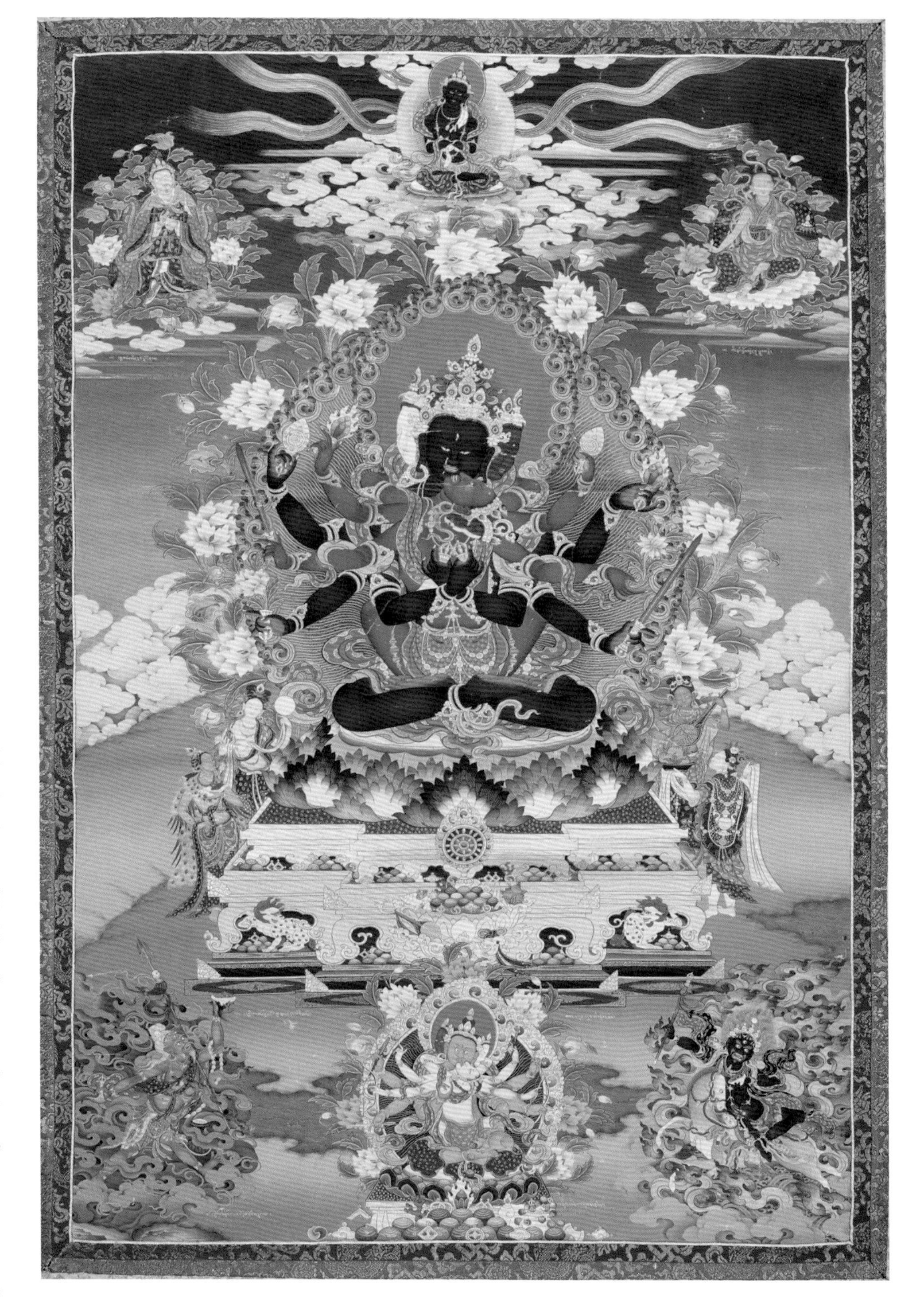

密集金剛所持法物代表了一尊統攝五部的理念：鈴杵是東方金剛部之表徵；摩尼是南方寶部的象徵；蓮花即代表西方蓮花部；寶劍是指北方業部；以法輪象徵中央佛部。藏文稱為“壇城大海勝初佛密集不動金剛”。

密集金剛藍色雙身，擁抱明妃，結跏趺坐於蓮台上，蓮台下承三層基座，雜寶供養散陳座前。天界中為大持金剛，龍樹與因陀羅菩提王列其左右；下界財神布祿金剛雙身居中，左為威力自在婆羅門尊者，右為慾界自在退敵咒語吉祥天女。背面有白綾，墨書漢、滿、蒙、藏四文題記：“乾隆四十八年十二月二十四日　欽命章嘉胡土克圖認看供奉利益畫像陽體秘密佛……”。黃條：“中　此樣一份七軸”。

此唐卡繪畫漢風濃重，應為藏東畫派作品。

46

秘密佛
18世紀　西藏
布本設色　縱63厘米　橫42厘米
清宮舊藏

Secret Buddha
18th Century　Tibet
Distemper on Cloth　H.63cm　L.42cm
Qing Court collection

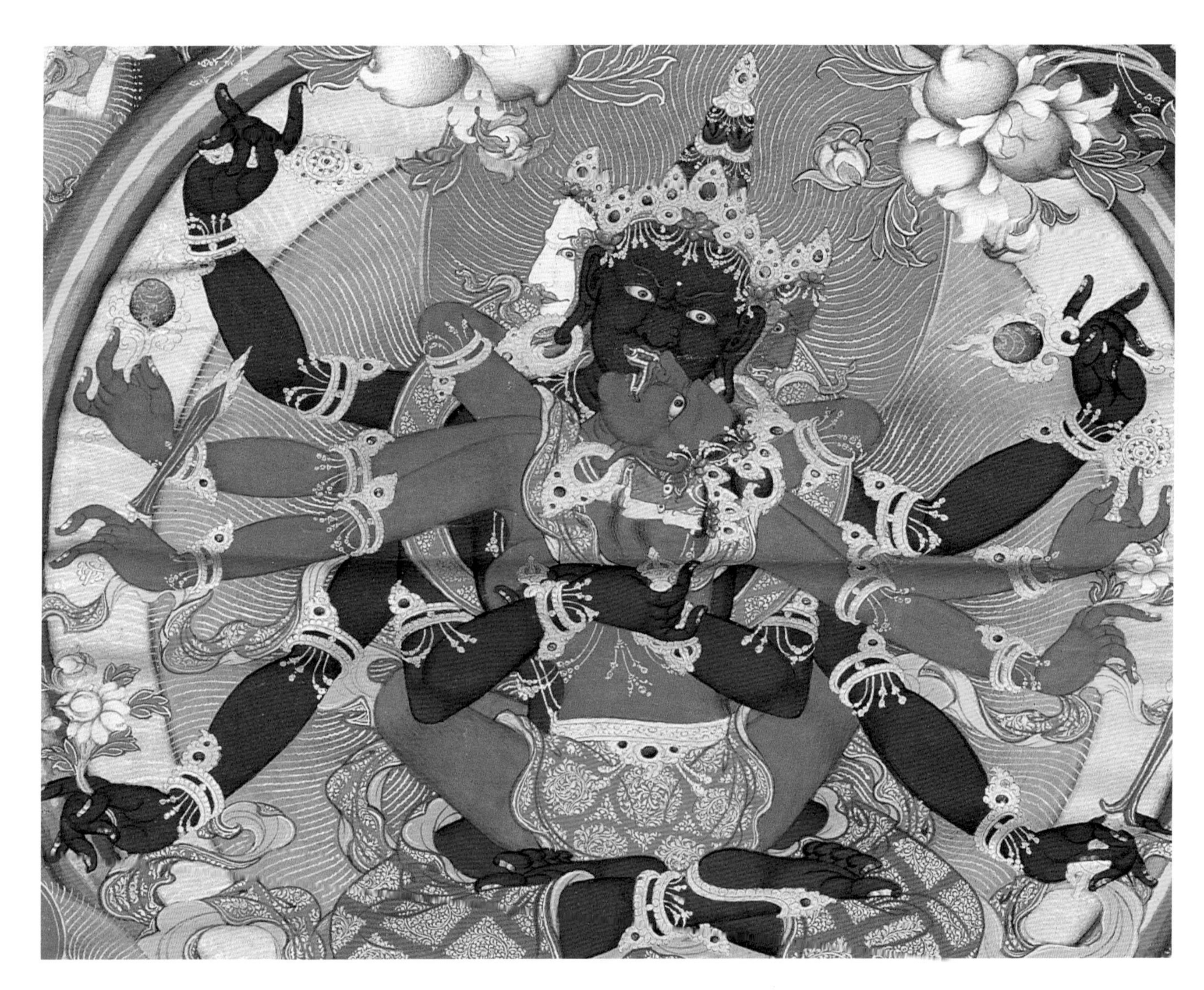

密集金剛藍色雙身，擁抱明妃，結跏趺坐於蓮花台上。左右以白雲青山為天地之分界，天界中畫密集金剛續法在印度與西藏的諸傳承師及大成就者等，為數頗眾。（十九諸傳承師及大成就者名見附錄。）背面有白綾，墨書漢、滿、蒙、藏四文題記：“乾隆四十六年二月十一日　仲巴胡土克圖歲本康卜恭　進供奉利益畫像陽體秘密佛……”。

此唐卡構圖緊湊，人物眾多而佈局有序，為後藏唐卡之佳作。

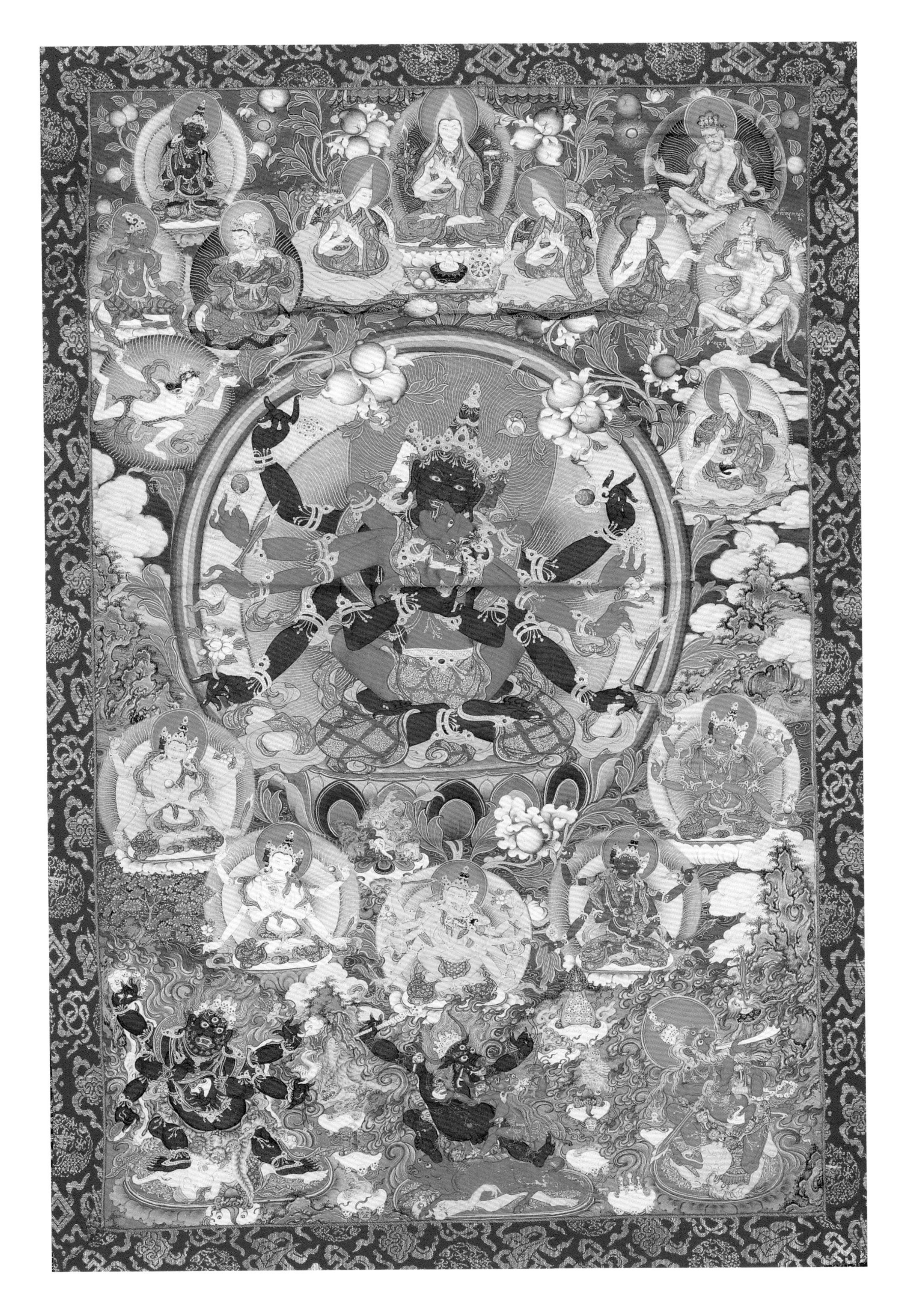

秘密佛

成堂
18世紀　西藏
布本設色　　縱64厘米　橫44厘米
清宮舊藏

Secret Buddha

18th Century　Tibet
Distemper on Cloth　H.64cm　L.44cm
Qing Court collection

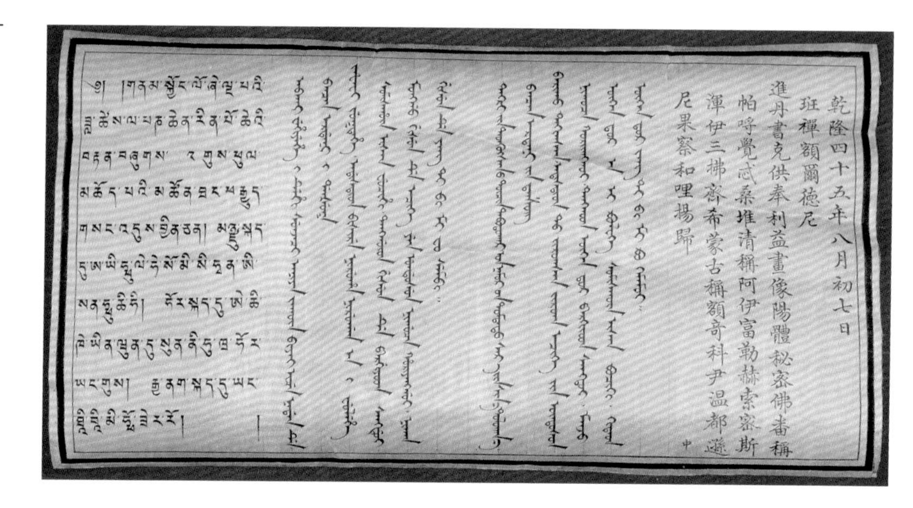

密集金剛在西藏譯自梵文經典中的《一切如來金剛三業秘密三昧大教王經》，其造型則隨經續教法之發展以及不同派別之傳承而日趨豐富。

六世班禪為祝乾隆帝七十壽辰，親自來京覲見並獻唐卡等作為賀禮，此一堂九幅。現存六幅。（詳見圖47-52）

47

秘密佛——密集瞋恚金剛

Secret Buddha (Krodha Guhyasamaja)

密集瞋恚金剛藍色雙身，三面六臂，擁抱明妃，結跏趺坐於蓮座上。上方為吉祥薩拉哈與吉祥怙主聖龍樹，下方為吉祥六臂大黑天為護法。背面有白綾，墨書漢、滿、蒙、藏四文題記："乾隆四十五年八月初七日　班禪額爾德尼　進丹書克供奉利益畫像陽體秘密佛……中"。黃條："中　此樣一份九軸"。

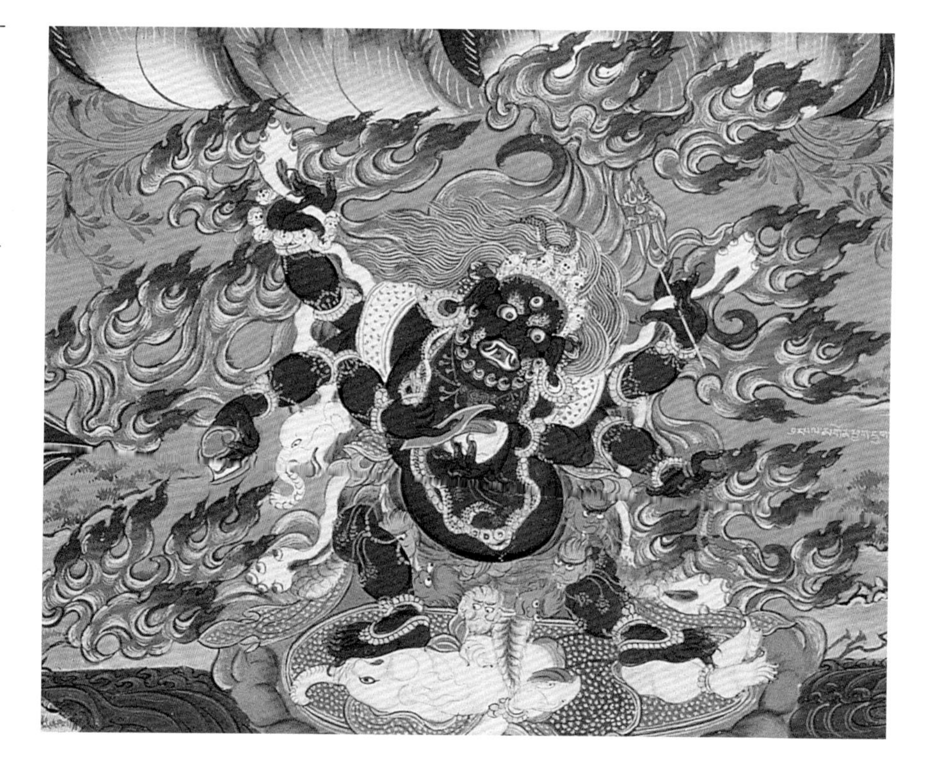

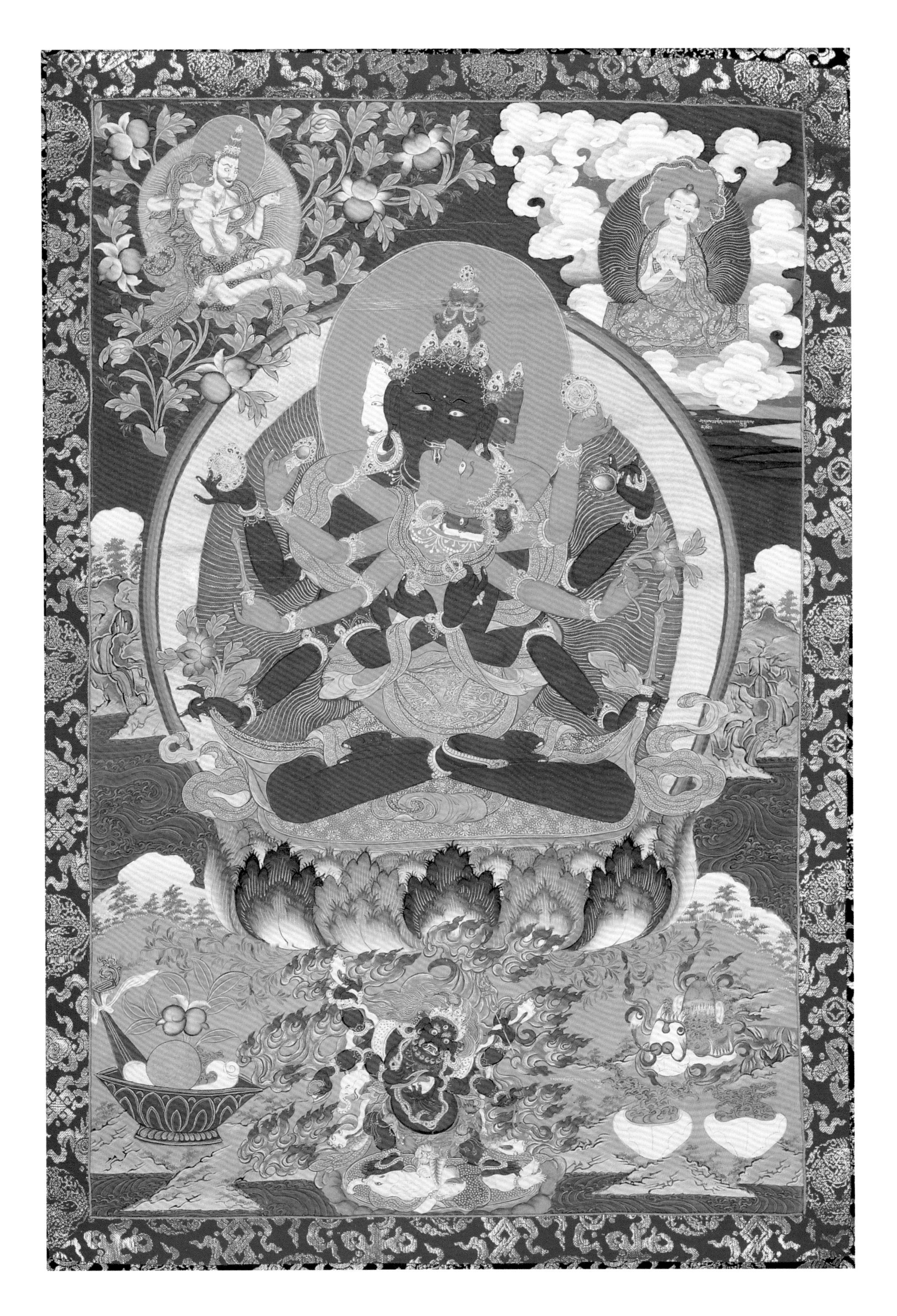

48

秘密佛——密集金剛薩埵

Secret Buddha (Guhyasamaja Vajrasattva)

密集金剛薩埵白色雙身，三面六臂，主面白，左紅右藍，微怒相，兩主臂擁抱明妃，其餘右手執金剛杵、寶劍，左手持優鉢羅花與法輪，結跏趺坐。明妃主面上仰，兩臂抱主尊頸部，與相對坐。上方為大持金剛和五世班禪羅桑益西，下方為婆羅門身吉祥怙主，兩旁陳諸供養。背面有白綾，墨書漢、滿、蒙、藏四文題記，題記與47圖相同。

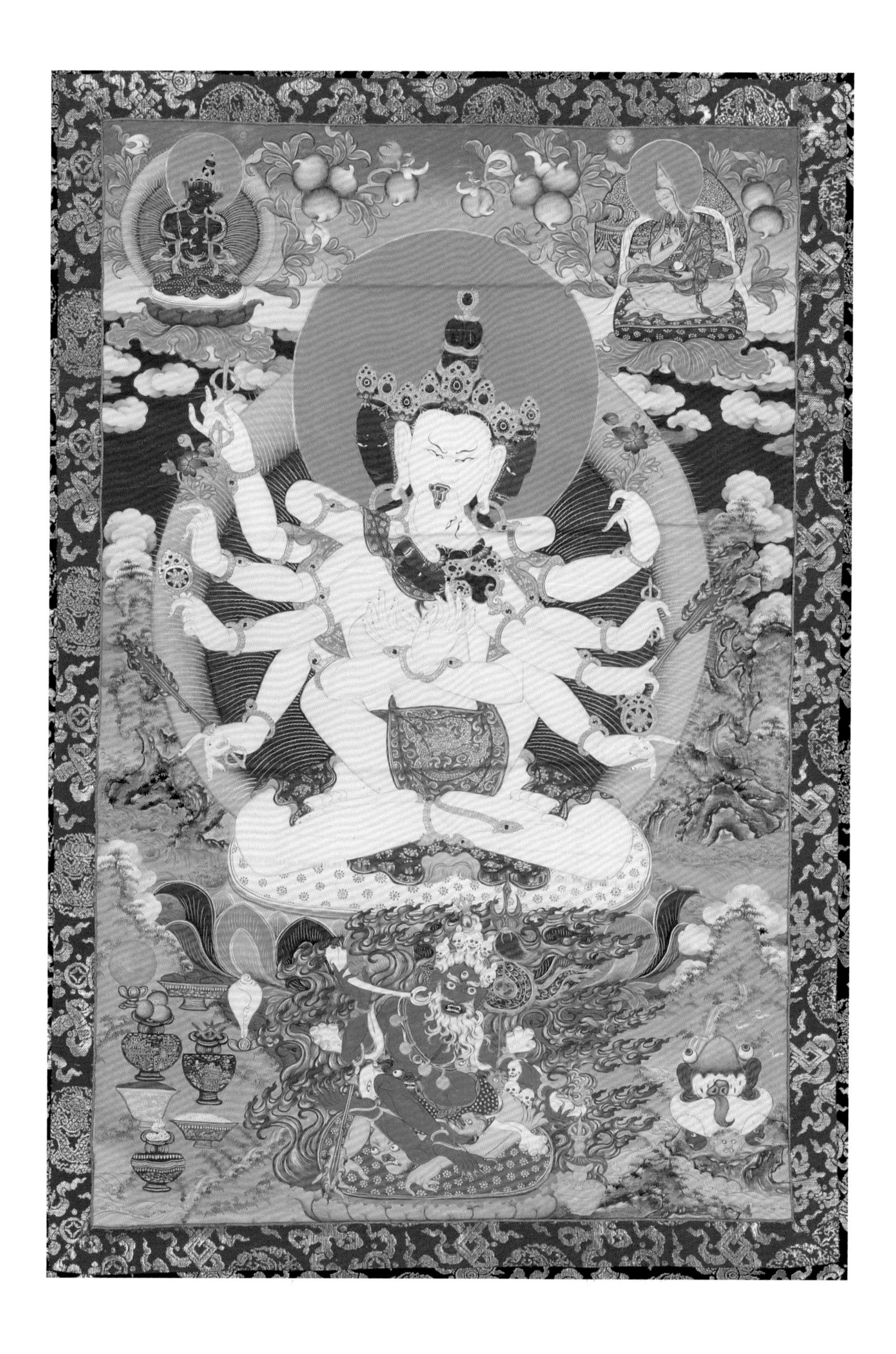

49

秘密佛——密集世自在

Secret Buddha (Guhyasamaja Lokeshvara)

密集世自在紅色身，三面六臂。手中各持法器，右側手執花、杵、輪，左側手持摩尼、寶劍及金剛鈴，全跏趺坐，下承紅蓮花座。上方為毗婆尸如來和善名稱吉祥如來，下方為婆羅門身吉祥怙主。白綾題記同 47 圖。

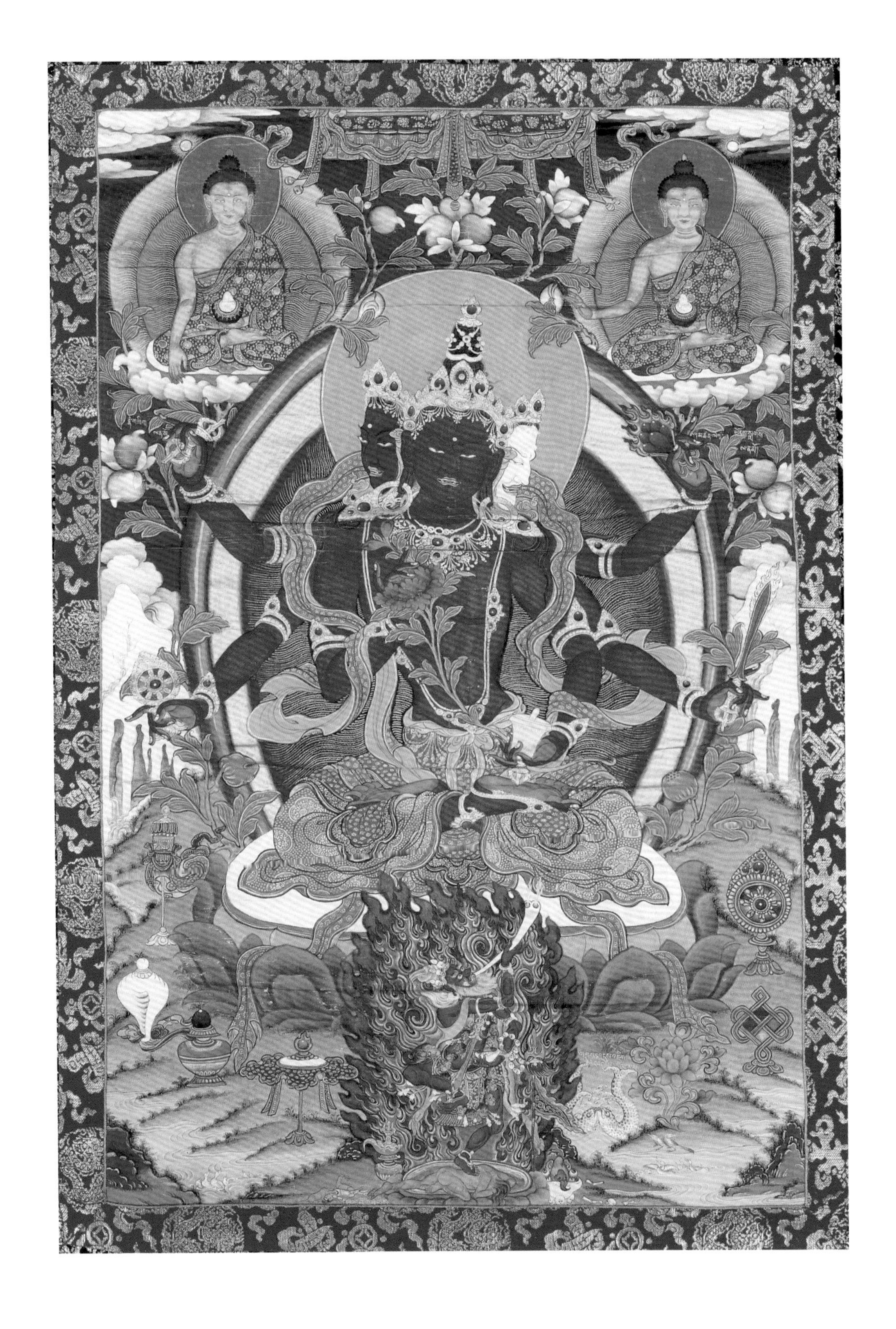

50

秘密佛——密集金剛持

Secret Buddha (Guhyasamaja Vajradhara)

密集金剛持藍色雙身，三面六臂，前兩臂擁抱明妃，雙手相交，持鈴、杵，其餘右側手執法輪、蓮花，左側手持摩尼與寶劍，結跏趺坐於蓮花座上。上方為不動佛和龍樹，下方畫密修尚論為護法，周匝繪飾山水花卉及諸供養。白綾題記同 47 圖。

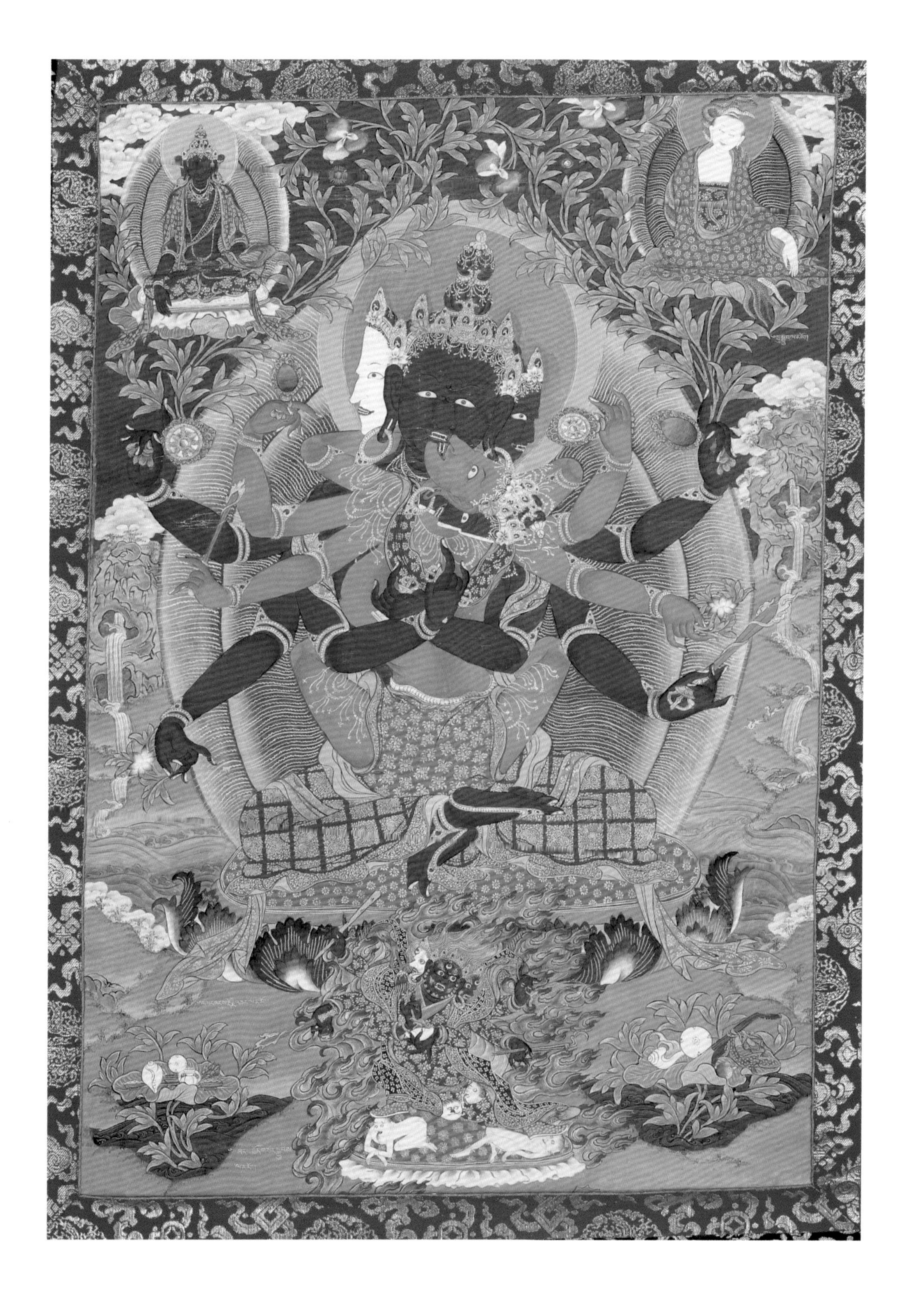

51

秘密佛——密集不動金剛

Secret Buddha (Guhyasamaja Akshobhya)

密集不動金剛藍色雙身，三面六臂，擁抱明妃，右手持金剛杵、法輪與蓮花，左手執金剛鈴、摩尼及寶劍，結跏趺坐於蓮台上。明妃面向主尊，相擁而坐，現俱生喜樂相。左上方為克主桑傑益希，右上方為不動佛，下方為梵天護法。白綾題記同47圖。

此組唐卡均以山水樹木為襯景，並飾纏枝花卉及諸供物，使畫面充實飽滿而主體突出，精緻考究，代表了後藏繪畫的高超水平。

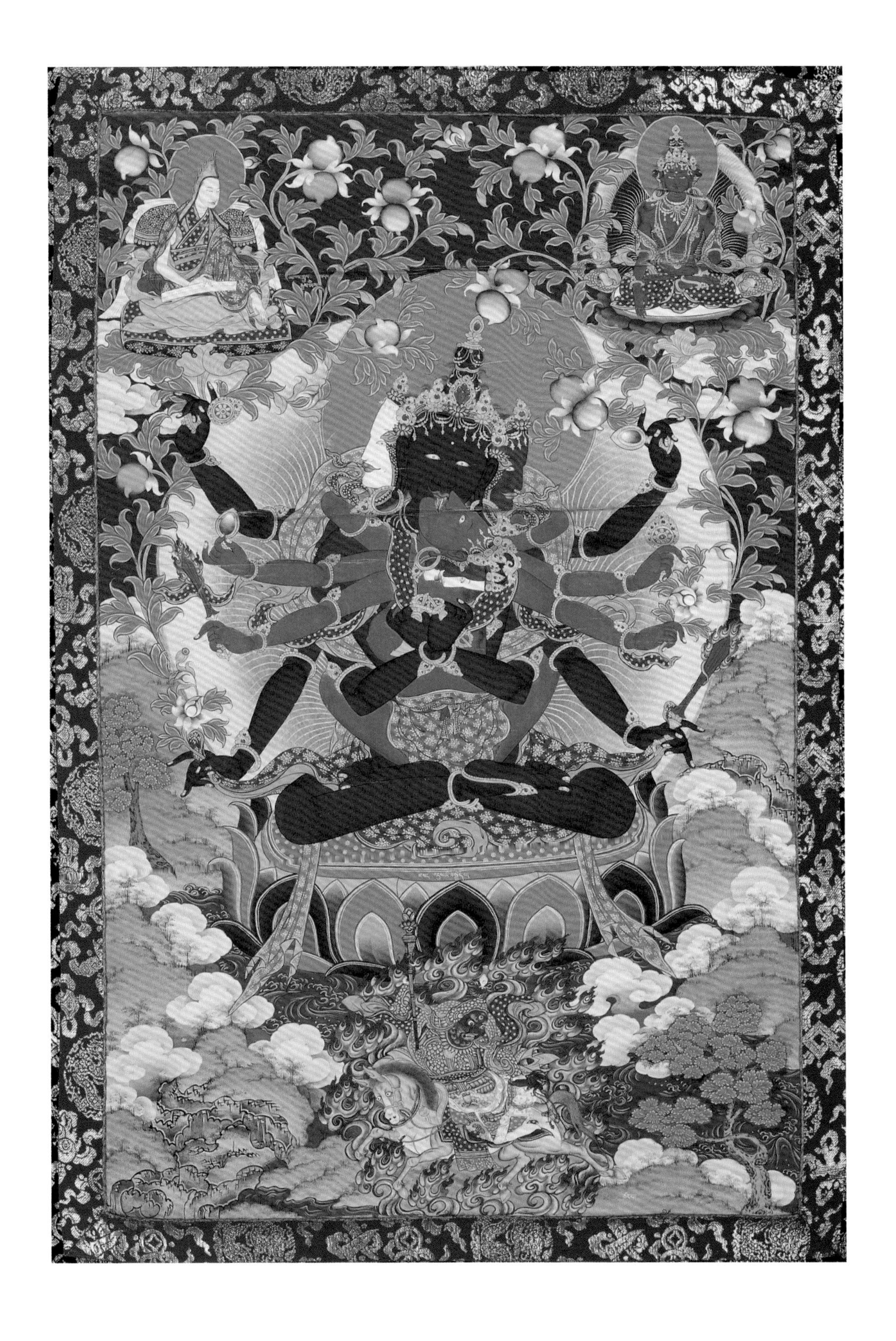

52

秘密佛——密集瞋恚金剛

Secret Buddha (Krodha Guhyasamaja)

密集瞋恚金剛藍色雙身，三面六臂，兩尊左右臂各持金剛鈴、摩尼、寶劍與金剛杵、法輪、蓮花等，呈展左立姿踏男女形而住，足下五彩蓮台為海水承托。上方為夏瓦理巴和四世班禪，下方繪吉祥退敵咒語吉祥天女，騎黃騾子行於血海之上。白綾題記同47圖。

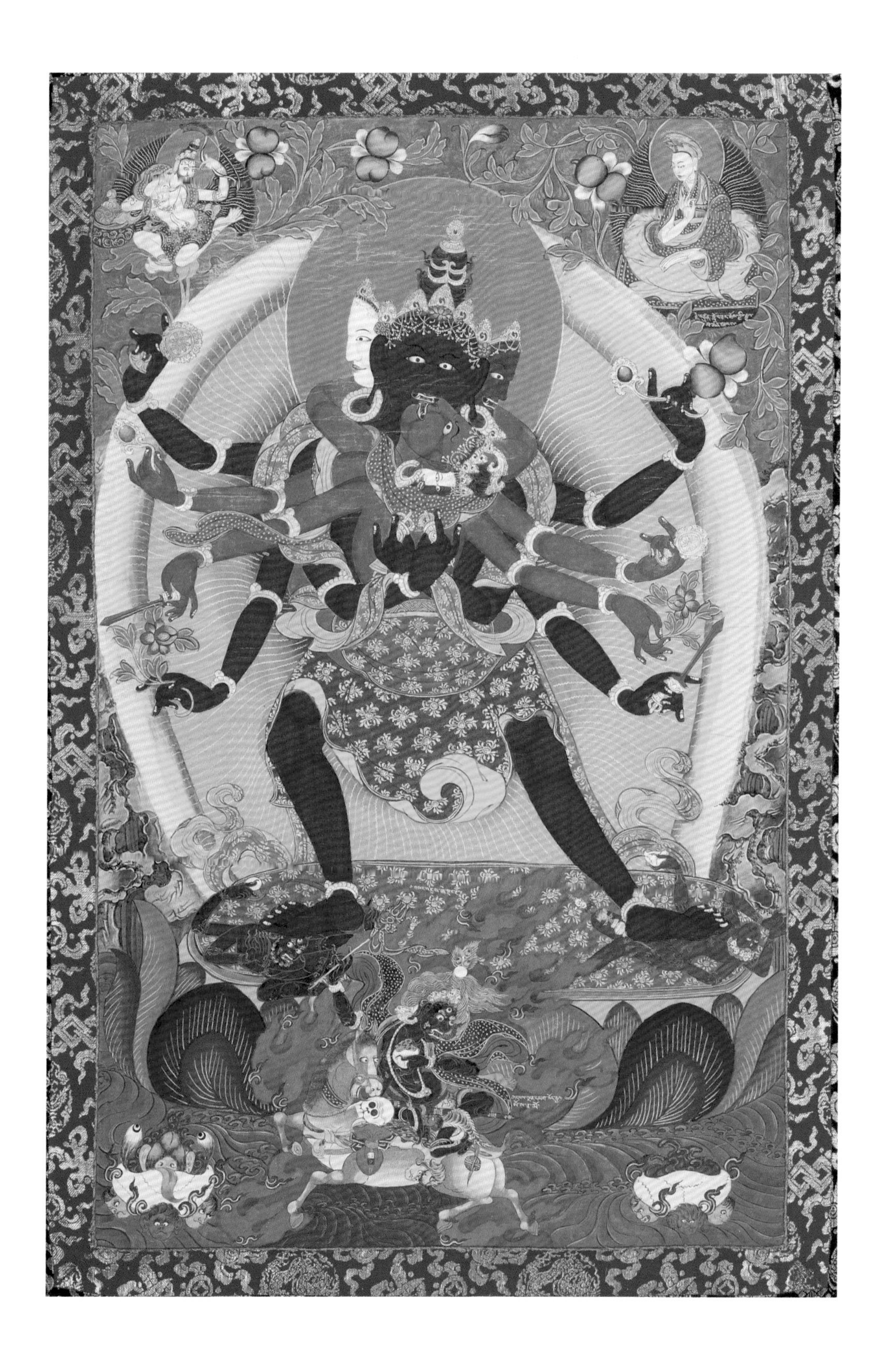

53

喜金剛

18世紀　北京
布本設色
縱28厘米　橫23厘米
清宮舊藏

Hevajra

18th Century　Beijing
Distemper on Cloth
H.28cm　L.23cm
Qing Court collection

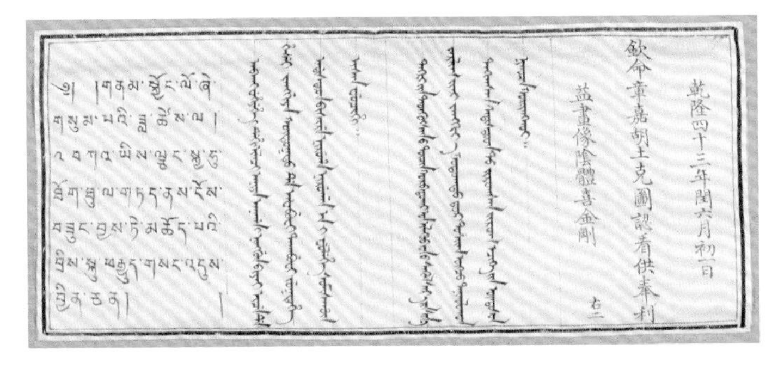

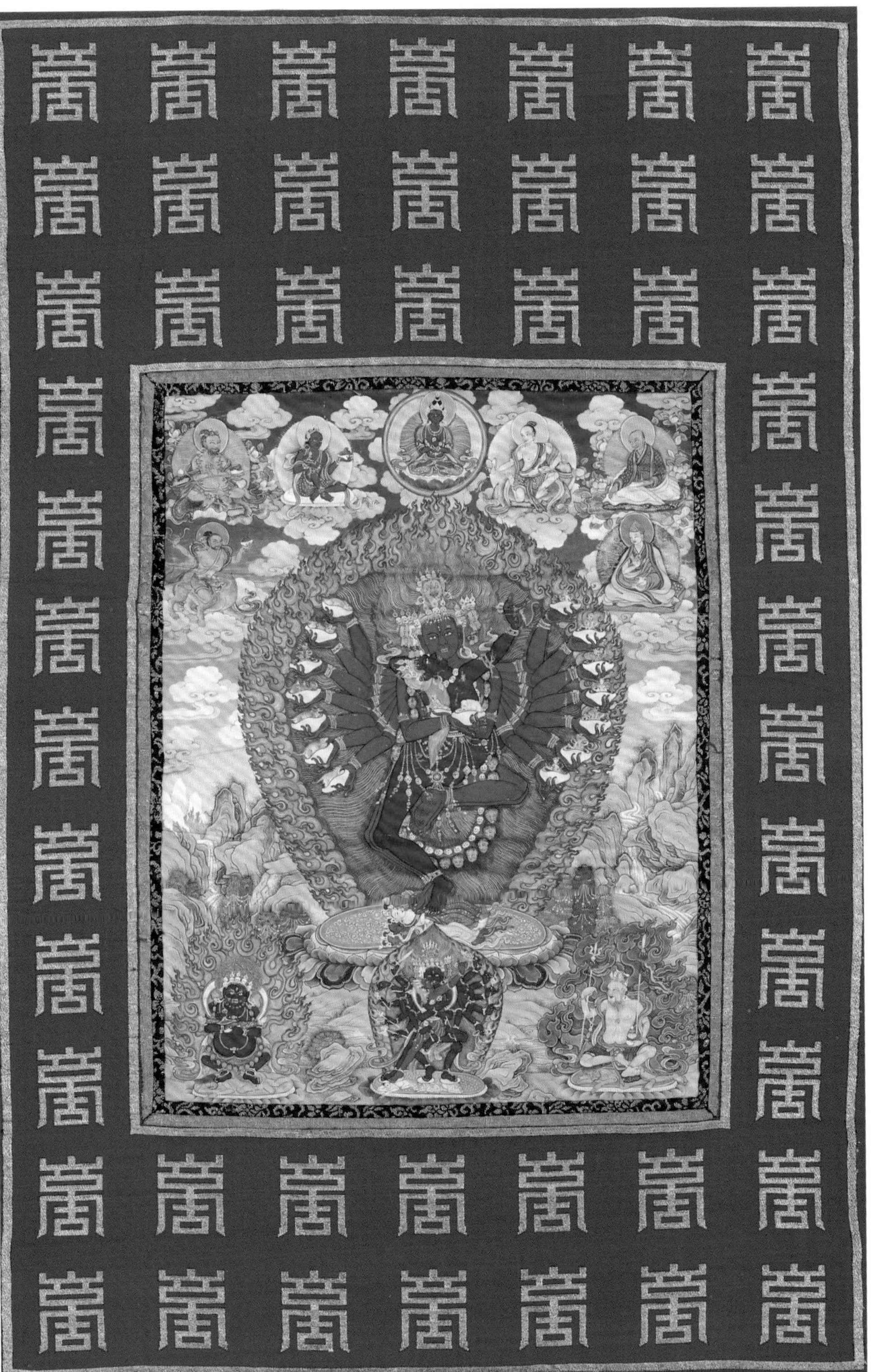

喜金剛亦稱呼金剛、飲血喜金剛等，是無上瑜伽部母續本尊。

喜金剛藍色雙身，八面十六臂四足，十六隻手中均托持噶布拉顱器，右手鉢中分別盛八獸，即白象、青鹿、青驢、紅牛、灰蛇、紅人、青獅、赤貓；左手顱器中分坐八位世間神靈，他們是黃地神、白水神、紅火神、青風神、日神、月神、閻魔死神和黃財神。擁抱明妃金剛無我瑜伽母，象徵悲智雙運的圓滿境界。兩尊舞立姿，足下踏天、蘊、死及煩惱等四魔羅形，表降伏諸魔，斷除煩惱。天界正中為大持金剛，兩側是傳承喜金剛教法的印、藏祖師，下界為寶帳怙主等伴神眷屬。背面有白綾，墨書漢、滿、蒙、藏四文題記：“乾隆四丨三年閏六月初一日　欽命章嘉胡土克圖認看供奉利益畫像陰體喜金剛　　右二”。

54

金剛薩埵
18世紀　西藏
布本設色
縱78厘米　橫52厘米
清宮舊藏

Vajrasattva
18th Century　Tibet
Distemper on Cloth
H.78cm　L.52cm
Qing Court collection

金剛薩埵也稱金剛菩薩、金剛心菩薩等，其與顯宗之普賢菩薩異名而同體。密宗認為修習金剛薩埵法門，可止一切惡念，能破一切煩惱，能生無量福智。為各派視為本尊加以供奉、修持。

金剛薩埵頭戴寶冠，右手執金剛杵，表摧伏煩惱；左手持金剛鈴，示般若波羅密清淨法音警覺一切有情。結跏趺坐於蓮座上。周匝另繪祖師三尊及化身小像兩百餘尊。背面有藏文祈願文，大意為："願得吉祥！願此金剛薩埵畫像之功德，消除吉祥喇嘛解脱道中之一切不敬和邪見，世系永傳！吉祥！"

此唐卡以純金色為底，朱綫勾繪諸尊形象，這種唐卡稱為"金唐"。

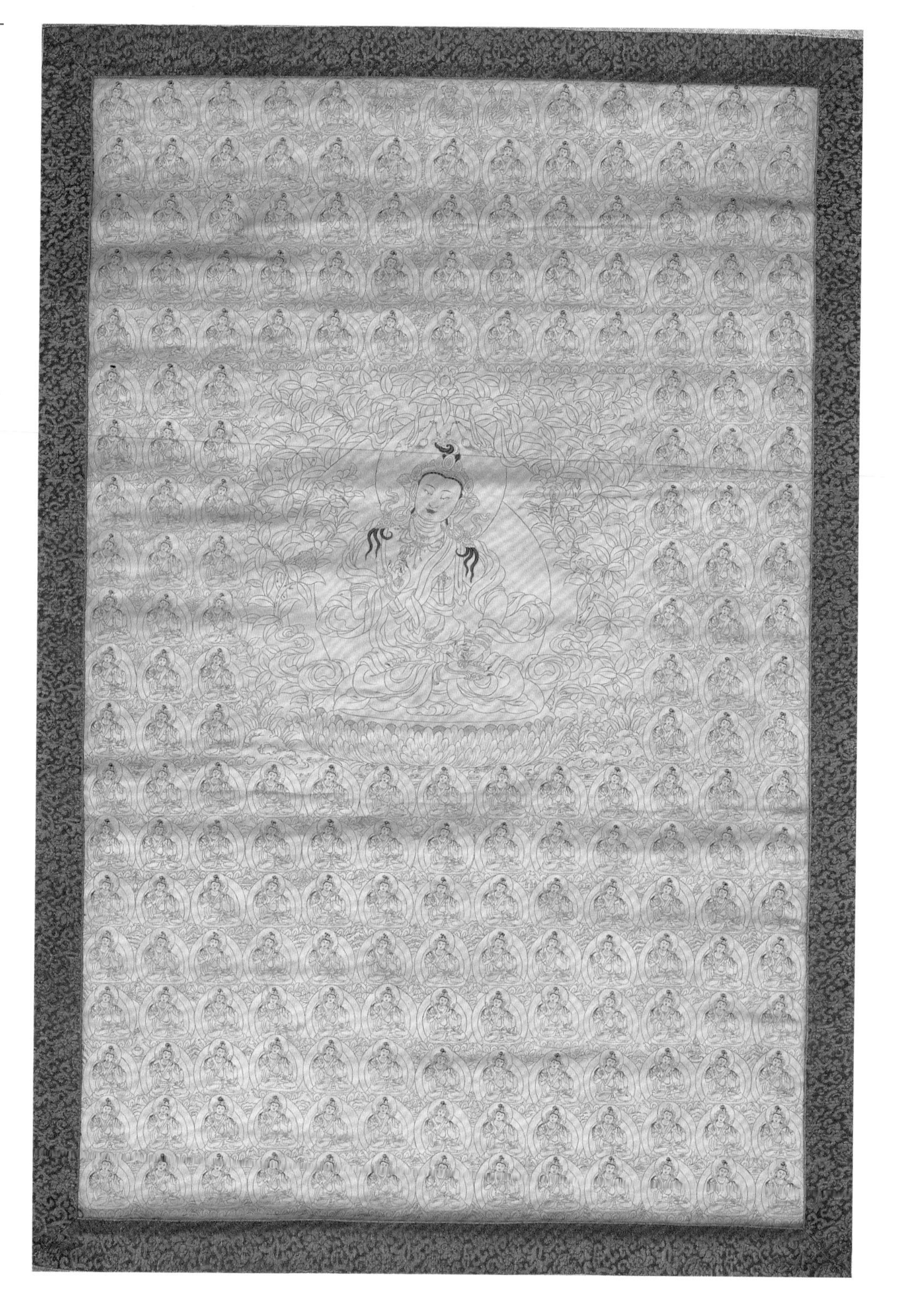

55

釋迦牟尼佛

18世紀　內地
布本設色
縱99厘米　橫59厘米
清宮舊藏

Shakyamuni Buddha
18th Century
Interior of China
Distemper on Cloth
H.99cm　L.59cm
Qing Court collection

釋迦牟尼是對佛教創始者悉達多．喬達摩的尊稱，意為“釋迦族的聖人”，他是顯密教派共尊之本師。佛為“佛陀”的略稱，意為“覺者”。

釋迦牟尼佛現成道相，面相慈和，螺髮高髻，着袒右田相袈裟，右手結觸地印，亦稱降魔印，左手平托鉢盂，結跏趺坐蓮花座，下承須彌獅子座，座前設案，紛陳雜寶。法座前弟子着通肩袈裟，手捧寶物供養。背面有白綾，墨書漢、滿、蒙、藏四文題記：“乾隆五十四年十一月初五日　欽命嘎爾丹錫哷圖薩瑪迪巴克什認看供奉利益畫像釋迦牟尼佛……”。

此唐卡略帶早期尼泊爾畫派之遺韻。

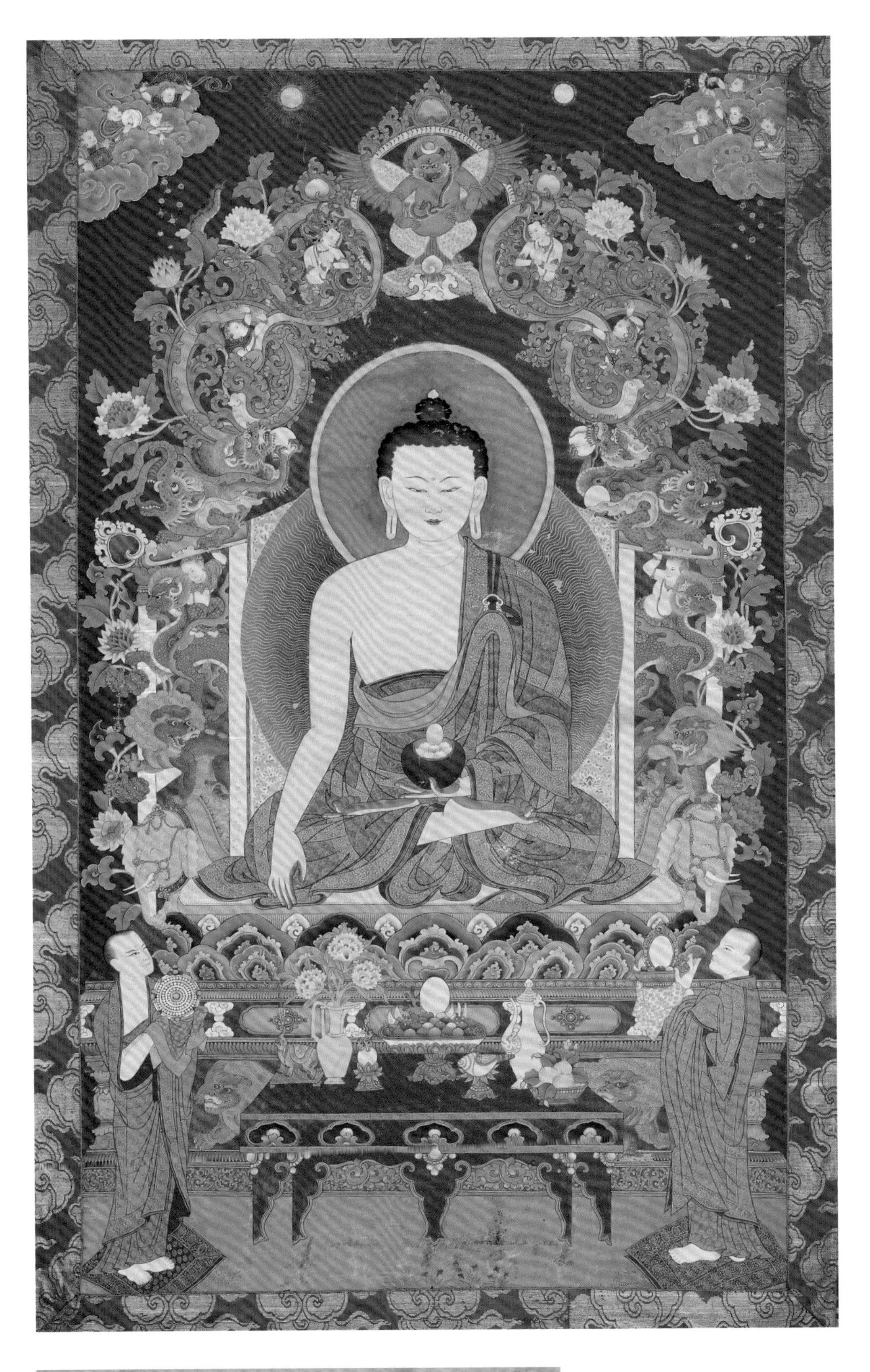

乾隆五十四年十一月初五日
欽命嘎爾丹錫哷圖薩瑪迪巴克什認看供
奉利益畫像釋迦牟尼佛番稱沙迦圖
菩巴清稱沙迦穆尼穀齊錫蒙古稱什
格墨尼佈哷錫

釋迦牟尼佛源流

成堂
18世紀　西藏
布本設色　縱87厘米　橫57厘米
清宮舊藏

The Religious Origin of Shakyamuni
18th Century　Tibet
Distemper on Cloth　H.87cm　L.57cm
Qing Court collection

“釋迦牟尼佛源流”為清宮中之稱。圖中釋迦牟尼佛居中，周匝畫以佛本生或佛傳故事，通常被稱為“佛陀百功業”。眾多故事如同枝葉繁茂的大樹，故藏地佛教徒將此稱為“如意寶樹”。背面均有白綾，墨書漢、滿、蒙、藏四文題記：“乾隆五十四年十一月初五日　欽命嘎爾丹錫哷圖薩瑪迪巴克什認看供奉利益畫像釋迦牟尼佛源流……”。

此唐卡一堂三十一軸，繪功業故事一百零八品。自乾隆五十四年（1789）一直庋藏於宮中佛堂佛日樓上，至今完好如新。（詳見圖 56-86）

乾隆五十四年十一月初五日
欽命嘎爾丹錫哷圖薩瑪廸巴克什認看供奉利益
畫像釋迦牟尼佛源流番稱沙迦圖樸巴沖剌樸
清稱沙迦牟尼拂齊希伊達塞沁蒙古稱釋格
牟尼布哷展努圖嚕倫烏雅斯

56

釋迦牟尼佛源流（之一）

The Religious Origin of Shakyamuni

釋迦佛現成道相，右手結觸地印，左手平托缽盂，結跏趺坐蓮花寶座，下承須彌獅子座。法座前左右侍立舍利弗與目犍連兩大弟子。後倚龍象摩羯莊嚴的六拏具背光。環周有藏密大師、梵天、帝釋天及眷屬以及其父淨飯王、母摩耶夫人，畫中人物均有藏文榜題（榜題譯名見附錄）。黃條：“此樣三十一軸　中”。

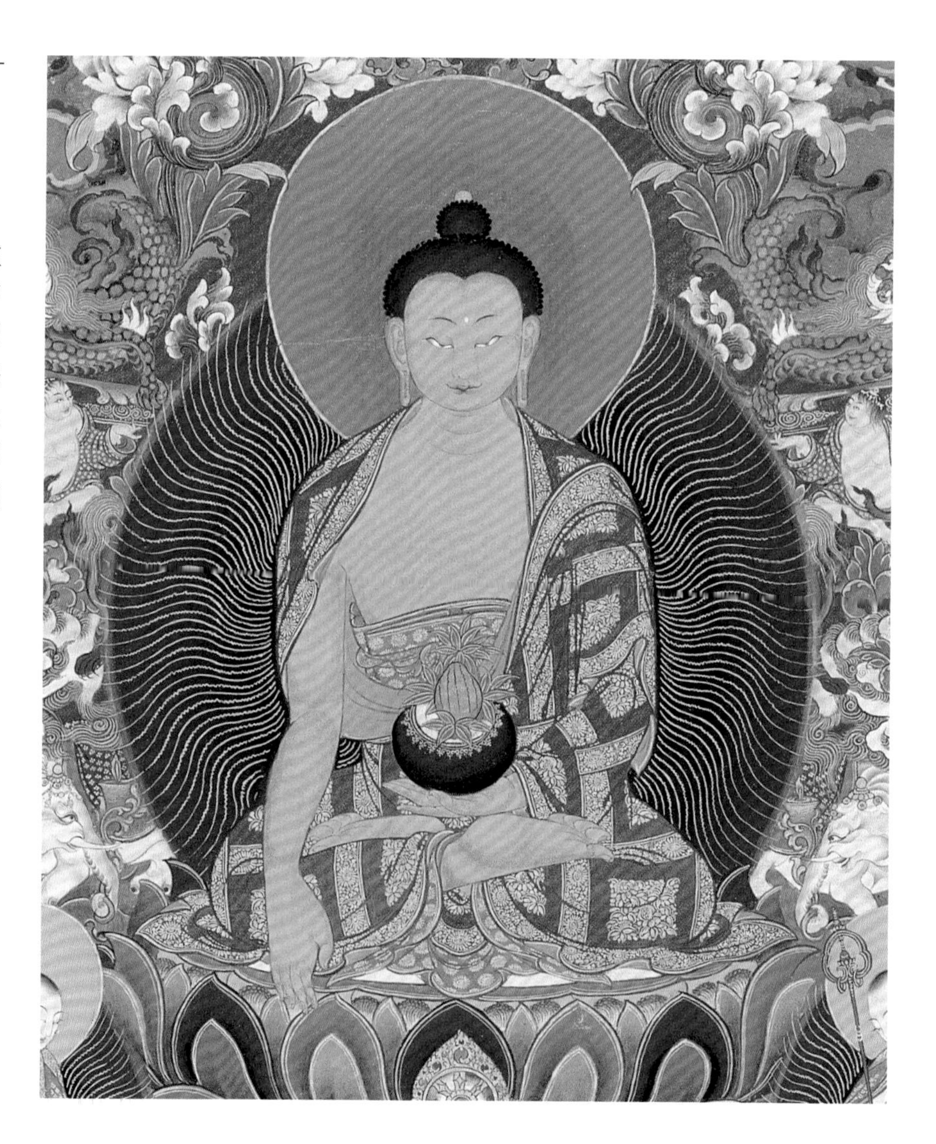

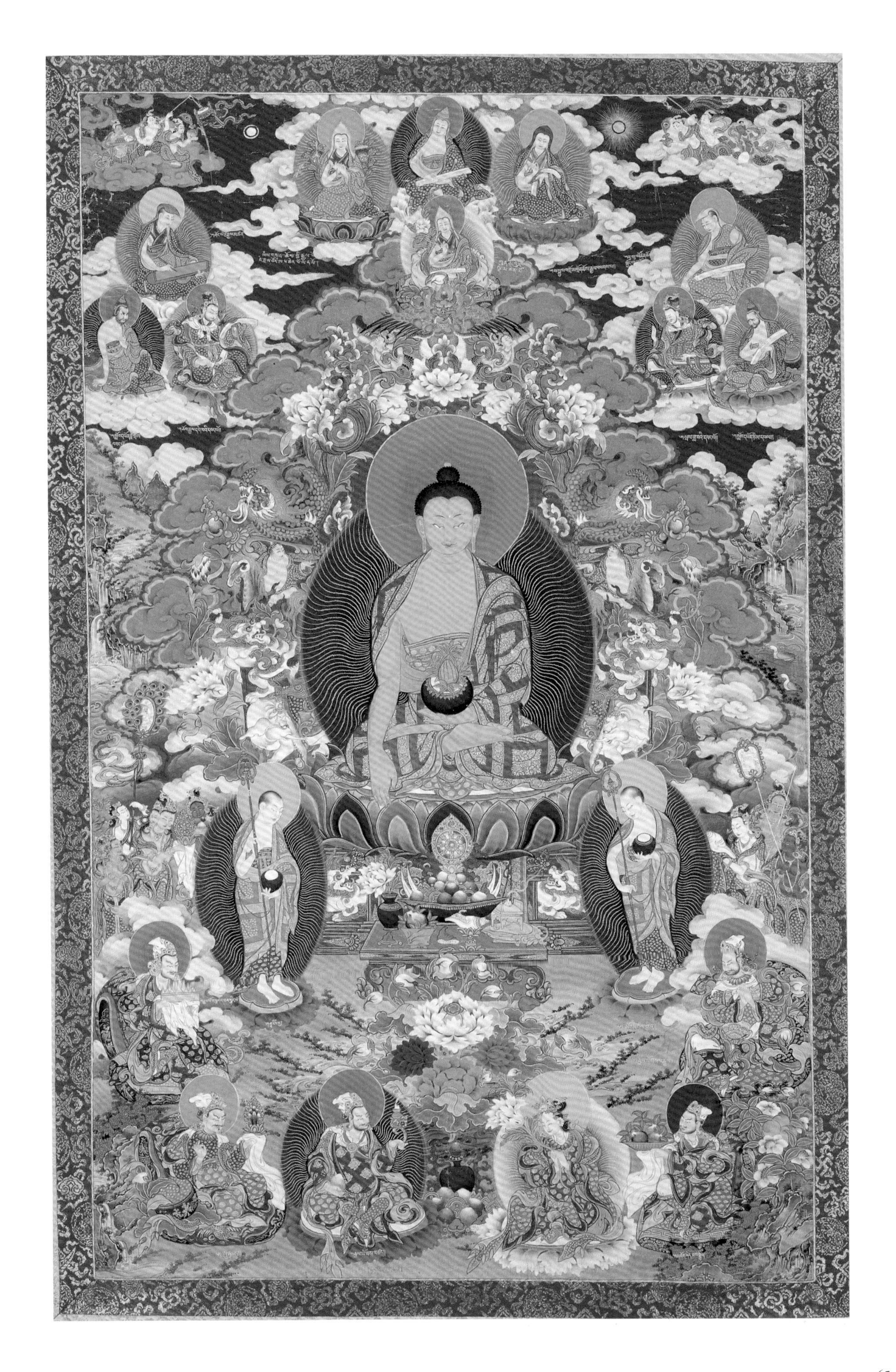

57

釋迦牟尼佛源流（之二）

The Religious Origin of Shakyamuni

釋迦牟尼佛着田相通肩袈裟，雙手結說法印，結跏趺坐於獅子座上，身後繪綠色頭光及藍紅黃彩色身光。下方繪功業故事第一品《波斯匿王故事》；上半部是第二品《吉祥軍王故事》。故事的藏文品名均以金汁繕寫於朱紅色榜題上，各品的次序依順時針方向排佈，而每品故事之間，則以山石樹木、飛瀑流泉及雲朵、建築等景物為分界，並詳錄故事各段情節於畫上。黃條：“右一　利益畫像釋迦牟尼佛源流……”。

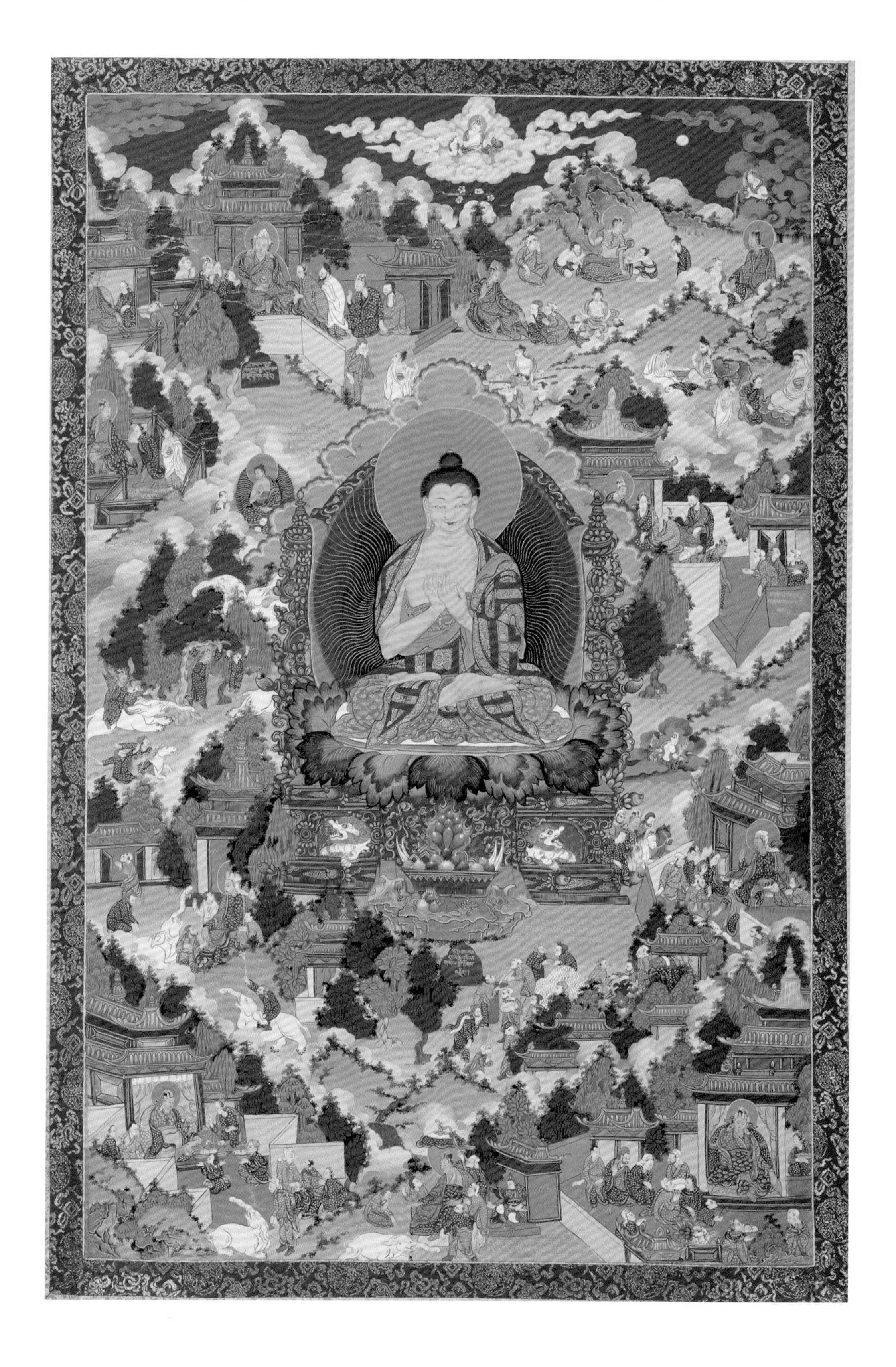

釋迦牟尼佛源流（之三）

The Religious Origin of Shakyamuni

釋迦佛左手托缽，右手施與願印，結跏趺坐於蓮座上。下部繪功業故事第三品，但此處僅標明品序而未書品名，依相關傳記可知本品應為《國王頂寶故事》，其中所繪戰爭場面生動有趣。左上部繪第四品《乳輪王故事》；右上部繪第五品《月光王故事》，內有國王施捨頭顱等情節，畫中此處漏標了品次品名。黃條："左二……"。

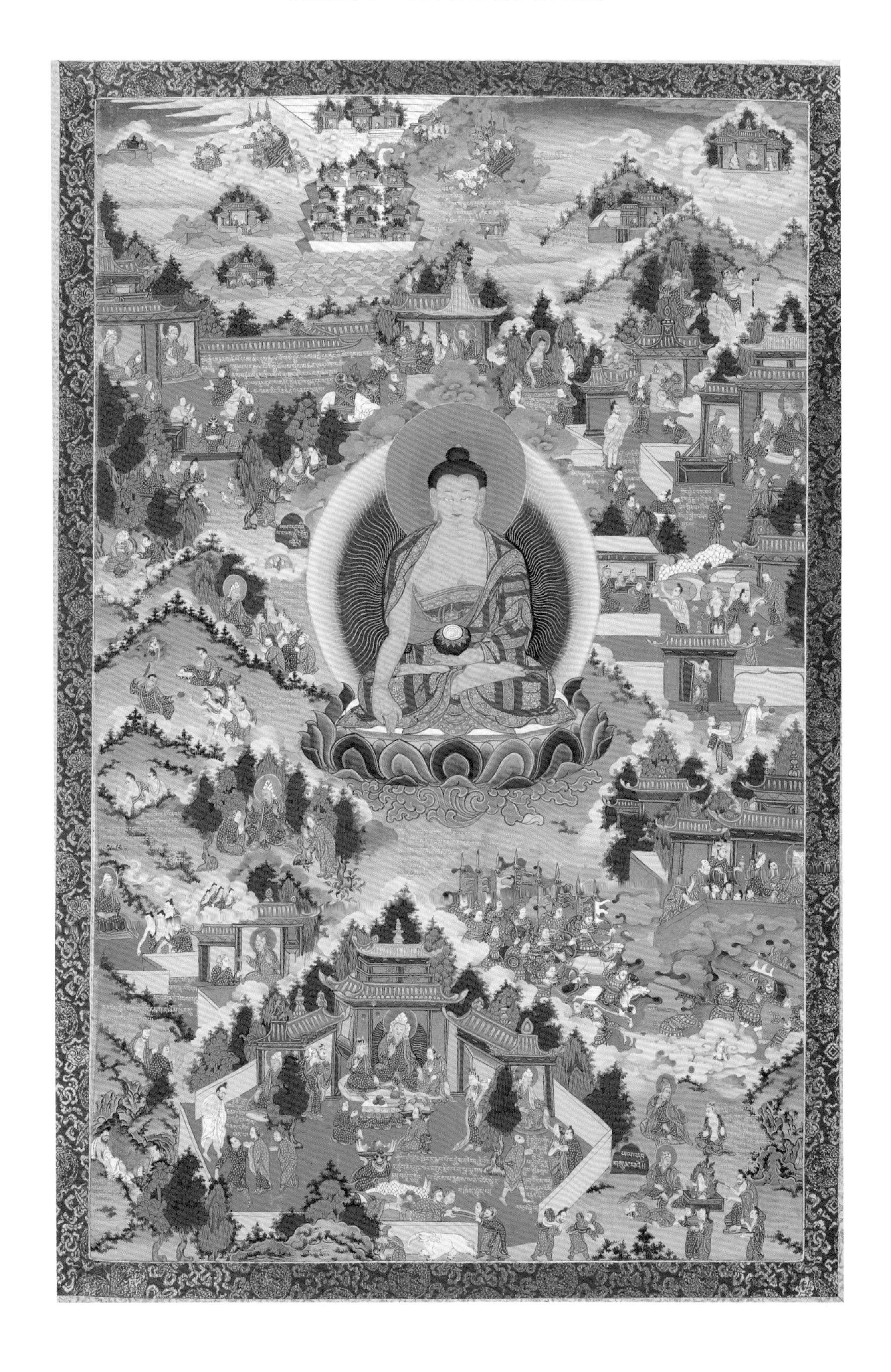

59

釋迦牟尼佛源流（之四）

The Religious Origin of Shakyamuni

釋迦佛雙手結禪定印，上托鉢盂，結跏趺坐於蓮座上，身旁生花。右下為功業故事第六品《赴婆陀羅洲故事》；右側是第七品《珍珠藤故事》；左側繪第八品《家主吉祥護（一作吉祥隱）故事》。黃條：“右三……”。

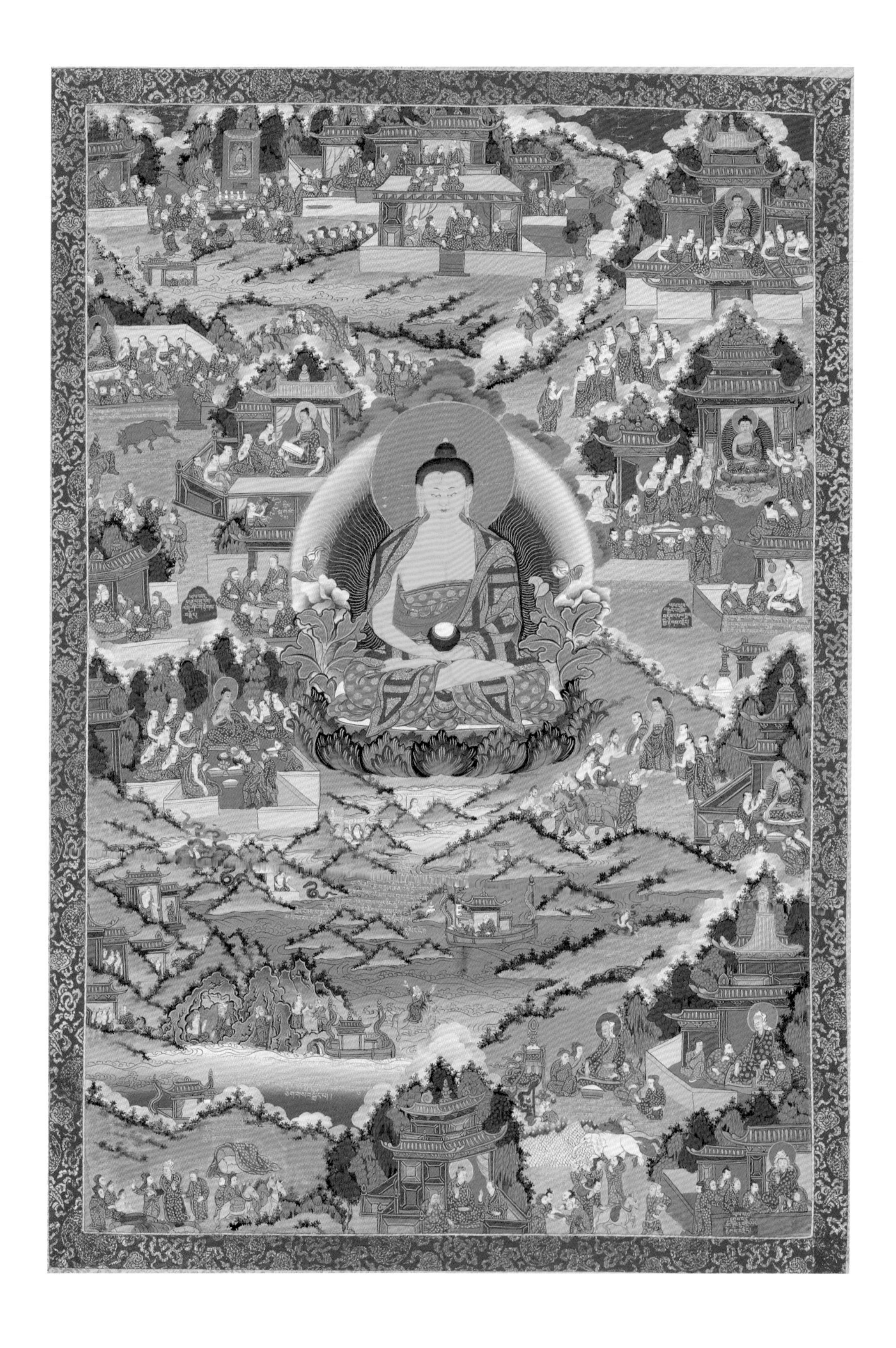

釋迦牟尼佛源流（之五）

The Religious Origin of Shakyamuni

釋迦佛左手托缽，右手當胸，拇指食指相捻成環結安慰印，結跏趺坐蓮台上。右下角起為功業故事第九品《火生故事》；蓮座斜下方繪第十品《誕生故事》，也名示現胎生故事；左上方為第十一品《俊喜故事》；其右為第十二品《聖生故事》。黃條：“右四……”。

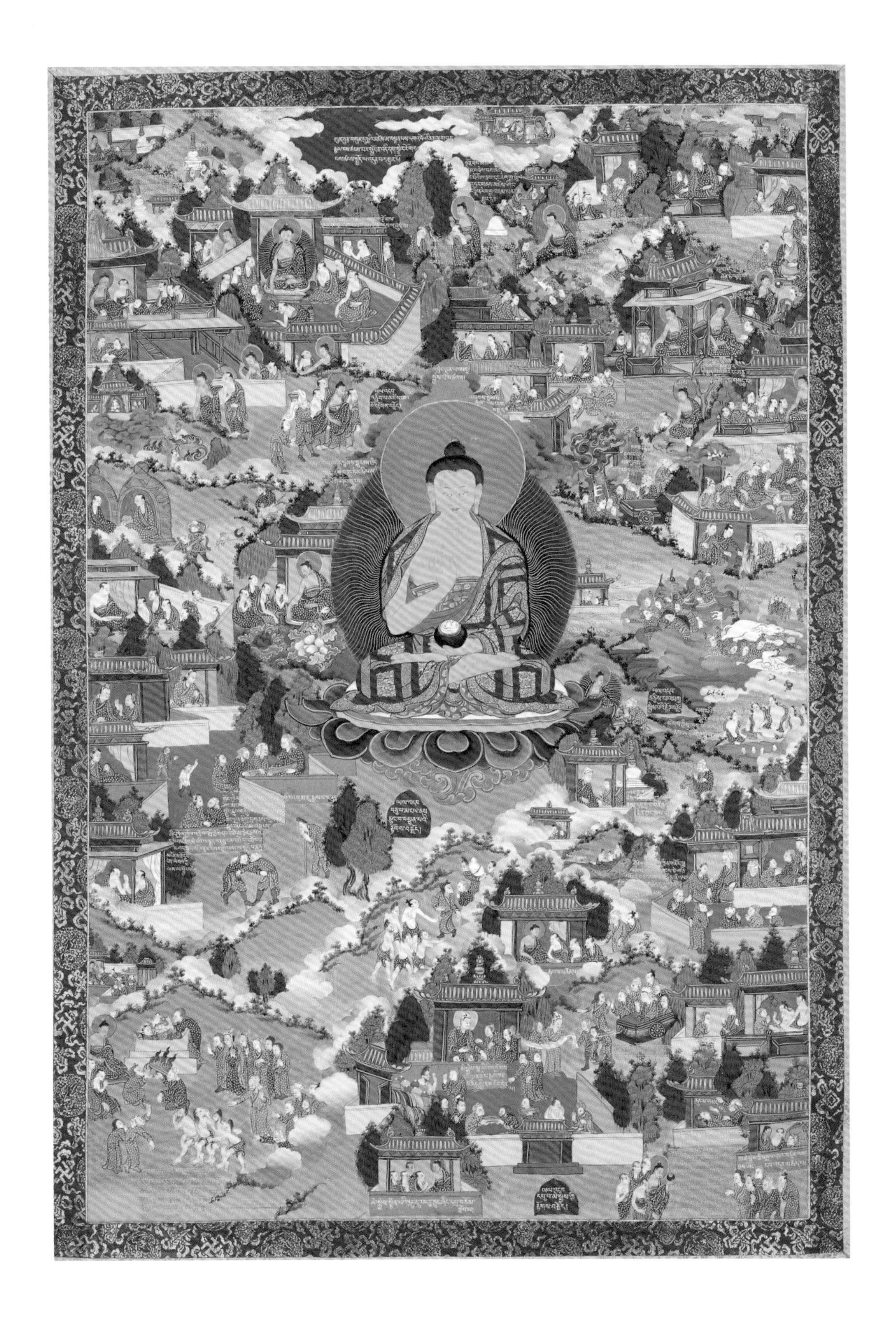

61

釋迦牟尼佛源流（之六）

The Religious Origin of Shakyamuni

釋迦佛現成道相，即右手結降魔印，左手結定印持缽，結跏趺坐於蓮座上。自右邊起畫功業故事第十三品《羅刹女故事》；相鄰的左邊原幅中未寫明故事品次及名稱，而根據畫面所表現的釋迦化身無數，諸魔外道驚愕屈服的場景可推知，此應為第十四品《示現神變故事》；左上角繪第十五品《天降故事》，即佛陀為母說法後，自忉利天返回人間之事；右上為第十六品《投石故事》。黃條："右五……"。

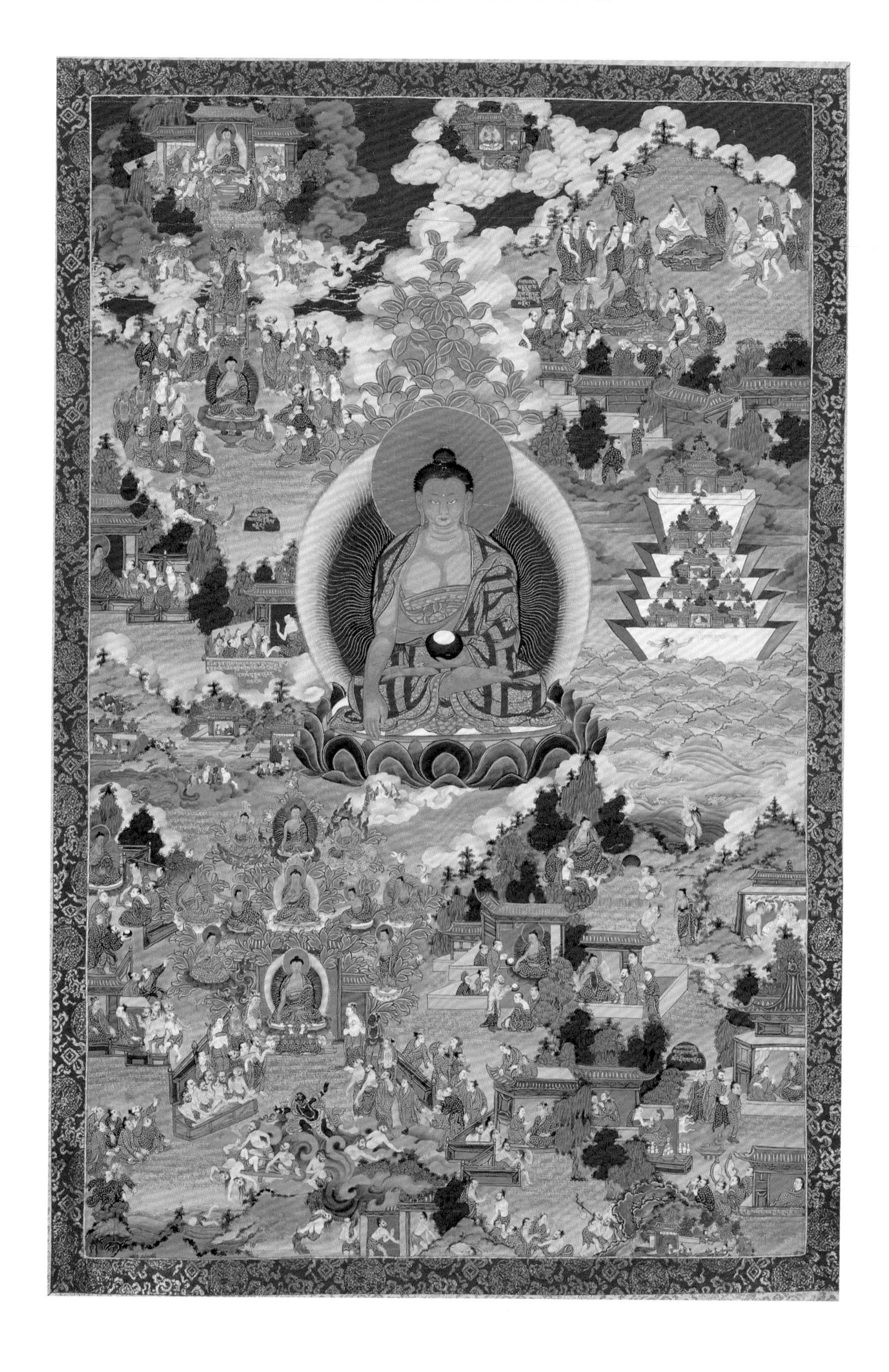

釋迦牟尼佛源流（之七）

The Religious Origin of Shakyamuni

釋迦佛兩手當胸結說法印，此印亦稱為轉法輪印，結跏趺坐於仰覆蓮座上。自右下繪功業故事第十七品《彌勒授記故事》，述釋迦授記彌勒菩薩於未來世下生此世成佛之事；第十八品《如鏡故事》，畫於左上隅；右上則繪第十九品《舍利弗出家故事》，舍利弗為佛陀十大聲聞弟子之首，被譽為智慧第一，與目犍連常隨佛陀左右，此品記其出家經過等事。黃條："右六……"。

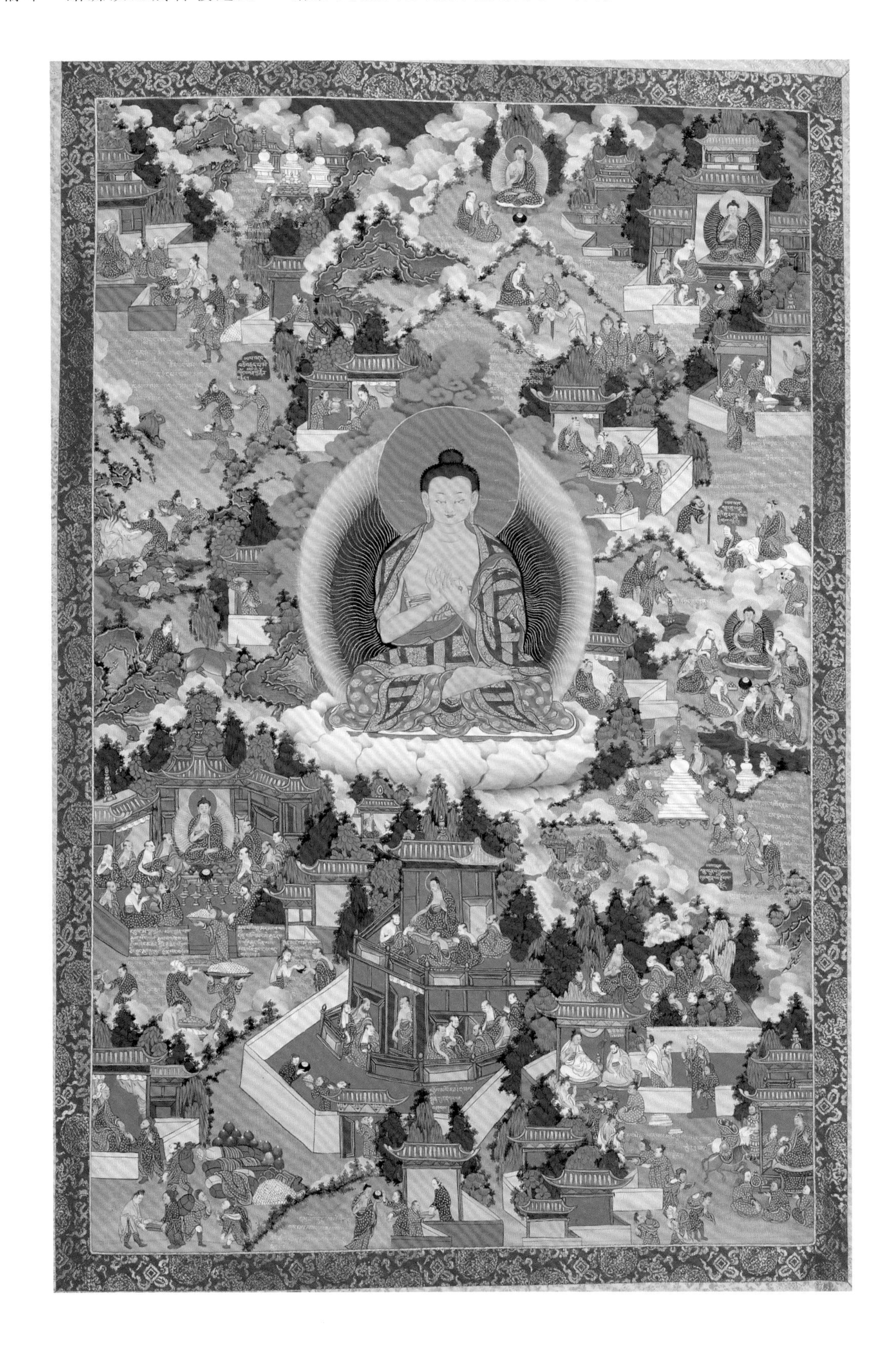

63

釋迦牟尼佛源流（之八）

The Religious Origin of Shakyamuni

釋迦佛右手下垂施與願印，左手結定印托缽，結跏趺坐於蓮座上。下方描繪功業故事第二十品《牛宿耳故事》；左右身側繪第二十一品《庵摩羅果故事》；左上方繪第二十二品《林引攝故事》，院落建築即表現祇園精舍之景觀。黃條：“右七……”。

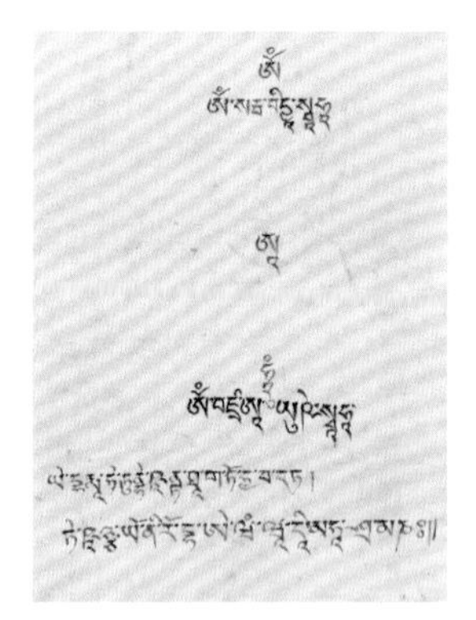

唐卡後背題記

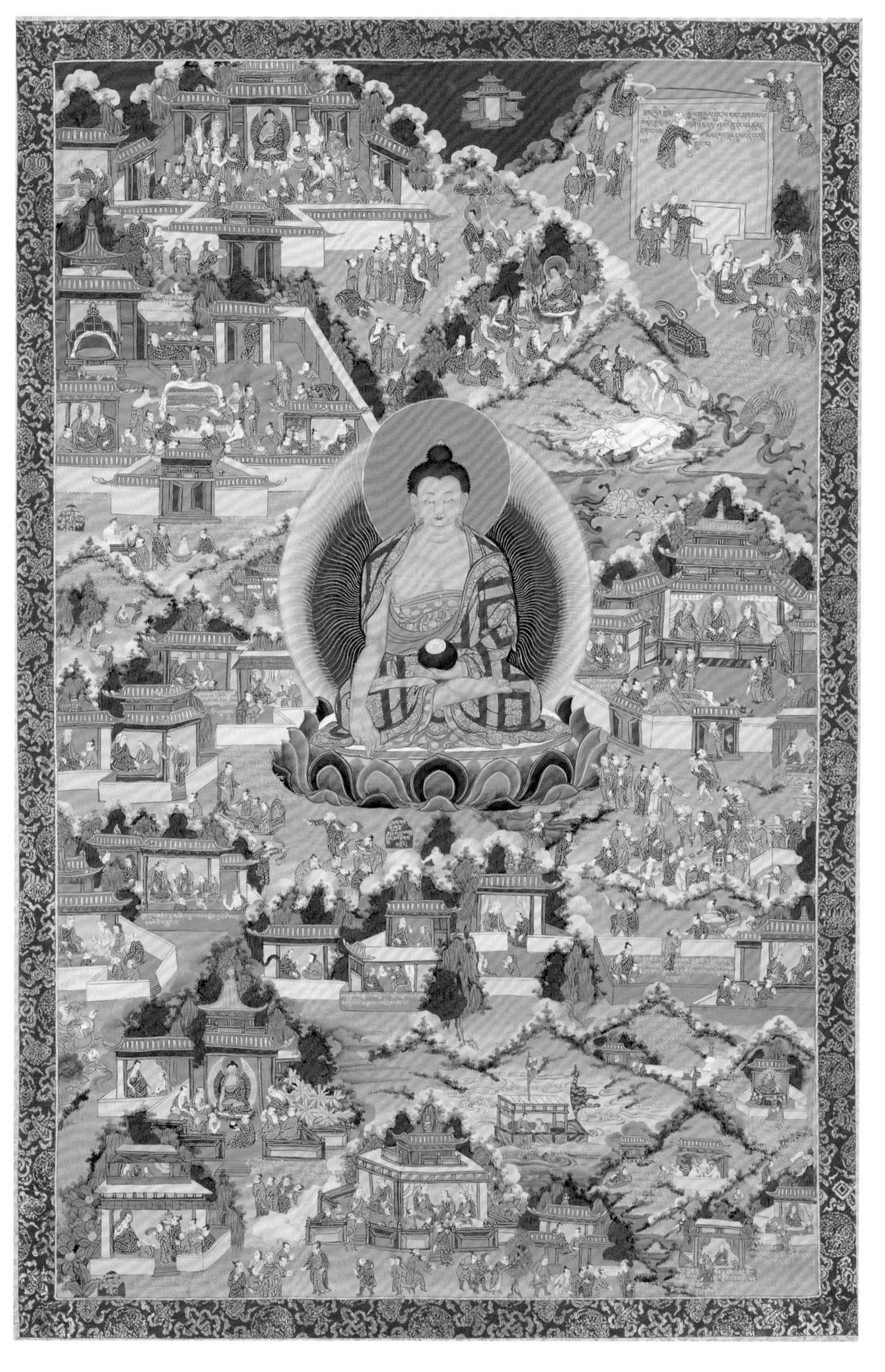

釋迦牟尼佛源流（之九）

The Religious Origin of Shakyamuni

釋迦佛現禪定相，雙手托鉢，結跏趺坐。上半部繪功業故事第二十三品《父子相見故事》，描繪佛陀自天界降下，眾人爭睹，欣喜雀躍等情景；下方繪第二十四品《救度一切故事》，描畫佛陀救度眾生之功行，場景人物眾多。黃條："右八……"。

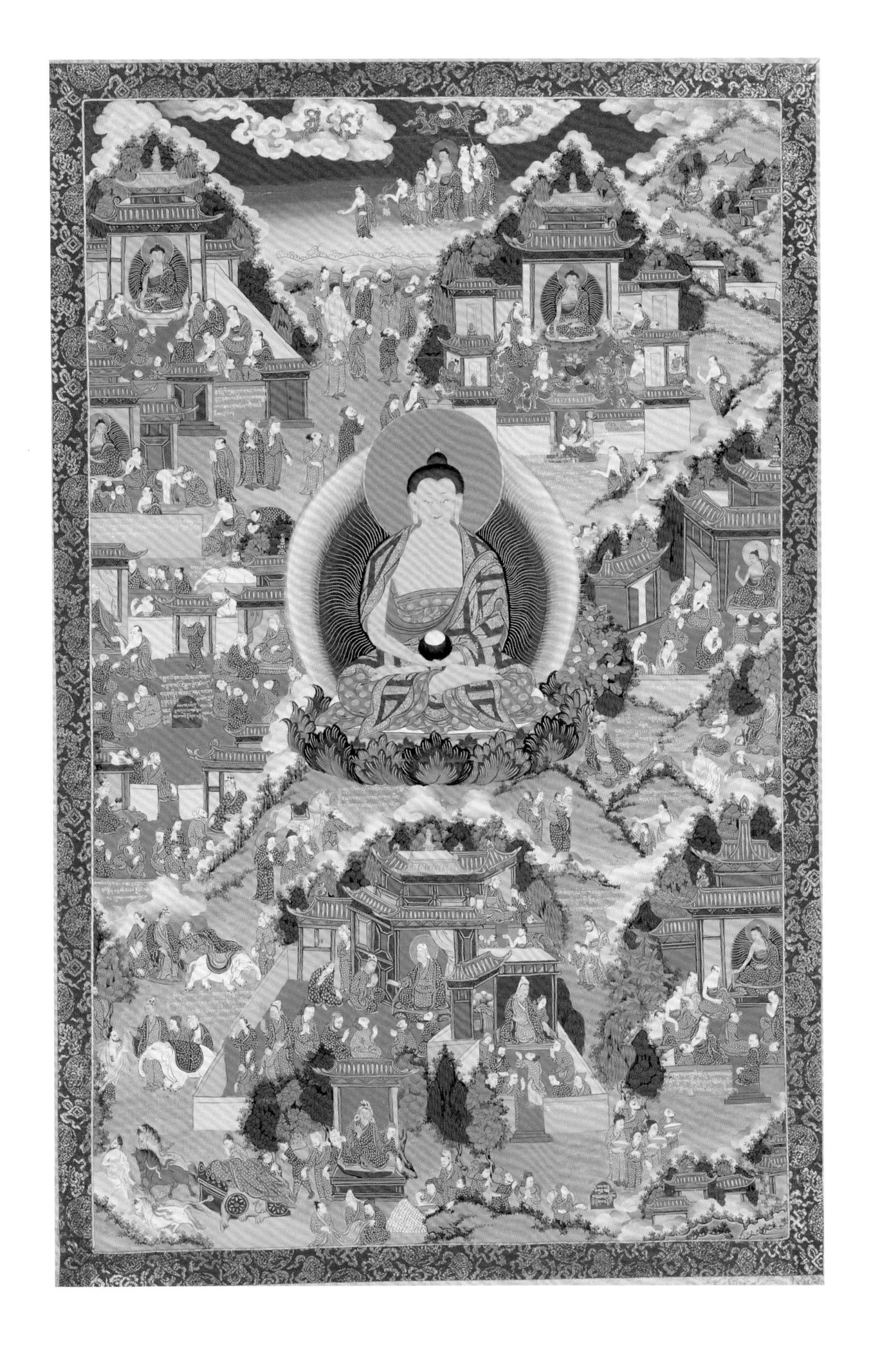

65

釋迦牟尼佛源流（之十）

The Religious Origin of Shakyamuni

釋迦佛右手結安慰印，左手托鉢，結跏趺坐於覆蓮座上。右下起繪佛傳故事第二十五品《出家故事》，展現悉達多太子從肋下降生到宮中生活以及巡遊四門、夜半逾城、剃髮出家，六年苦修等情節；左邊繪第二十六品《降魔故事》，展現釋迦降伏諸魔而成正覺之事；左上方繪第二十七品釋迦源流之事；右邊繪第二十八品《二十俱胝牛宿故事》。黃條："右九……"。

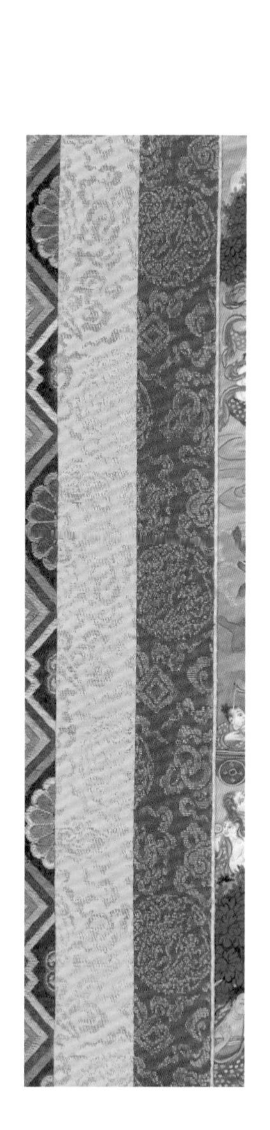

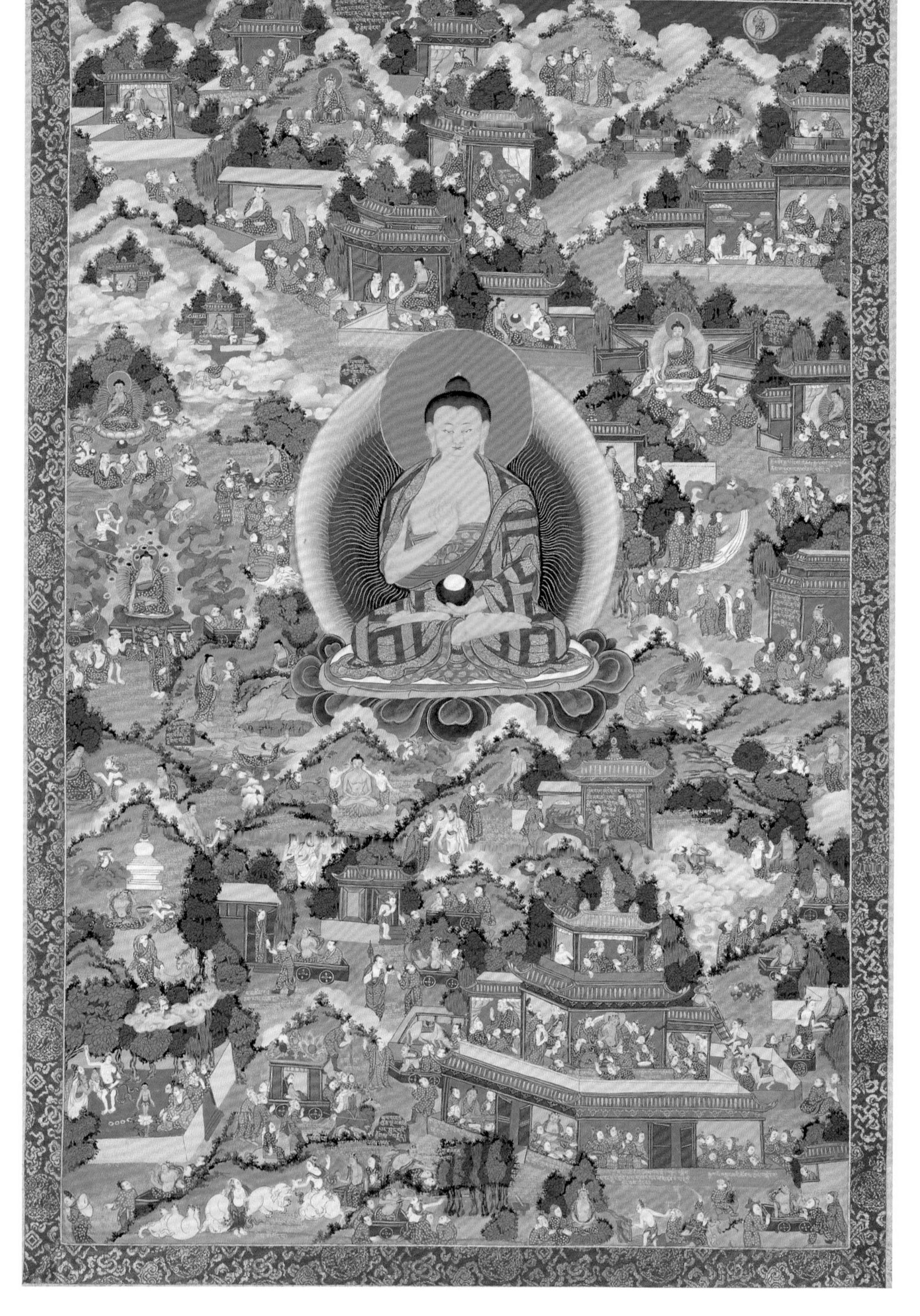

66

釋迦牟尼佛源流（之十一）

The Religious Origin of Shakyamuni

釋迦佛右手結觸地印，左手托缽，現成道相，兩側碩花莊嚴。右下繪功業故事第二十九品《財護故事》，展現佛陀現神通調伏猛象的情節；左邊繪第三十品《伽尸則巴故事》；左上繪第三十一品《金顏故事》，也有作金脅之事者；右上是第三十二品《善行故事》。黃條：“右十……”。

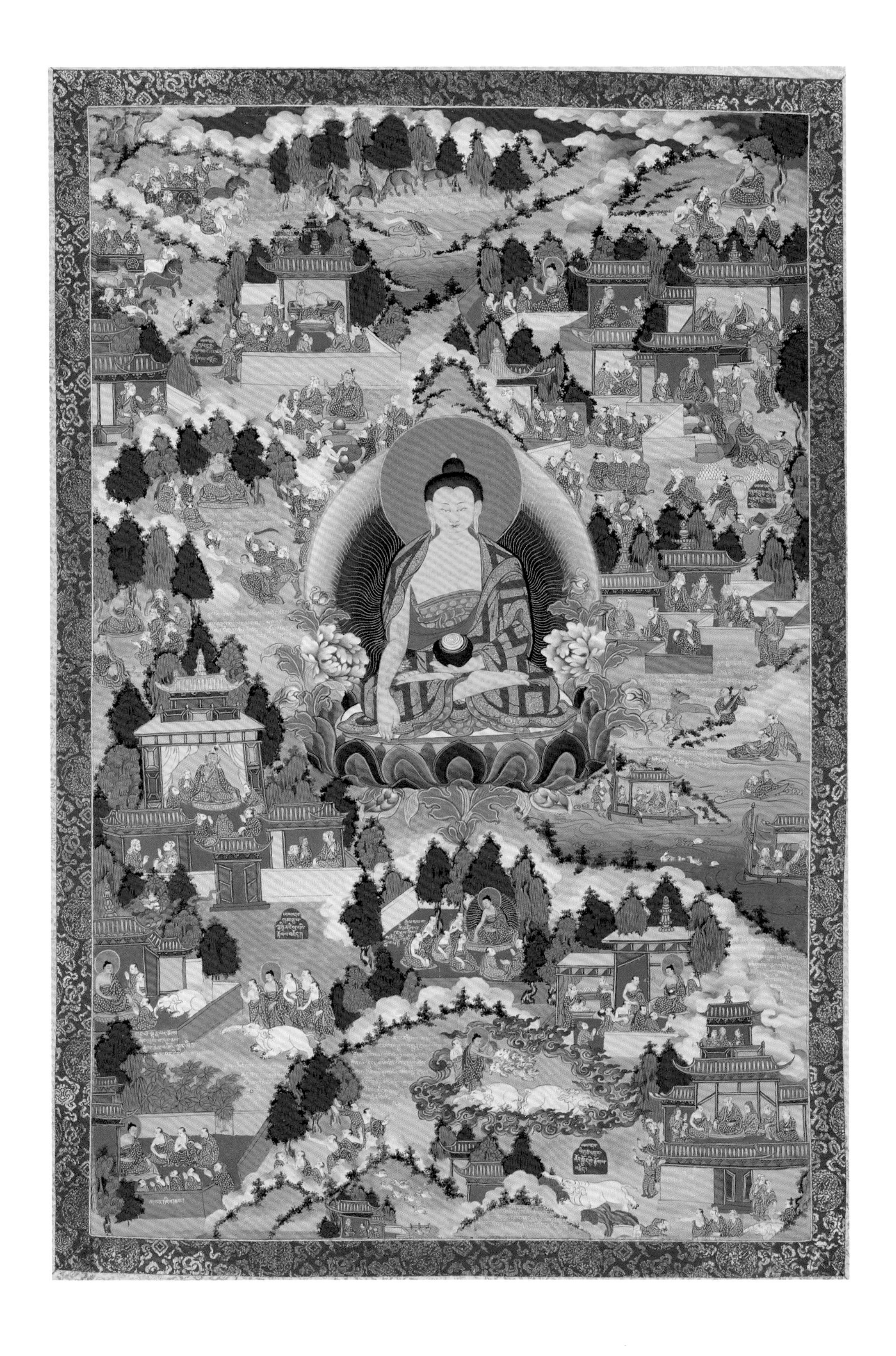

67

釋迦牟尼佛源流（之十二）

The Religious Origin of Shakyamuni

釋迦佛雙手結轉法輪印，是釋迦八相中轉法輪相。左下角繪功業故事第三十三品《殊異樹葉故事》；其上方為第三十四品《歡喜和近喜故事》，歡喜與近喜即難陀與跋難陀兄弟，此述二者皈依佛教事；右上為第三十五品《家主善施故事》，記須達拏太子樂善好施之功業；右下方畫第三十六品《音調故事》。天桿有藏文題記：“右十一”。

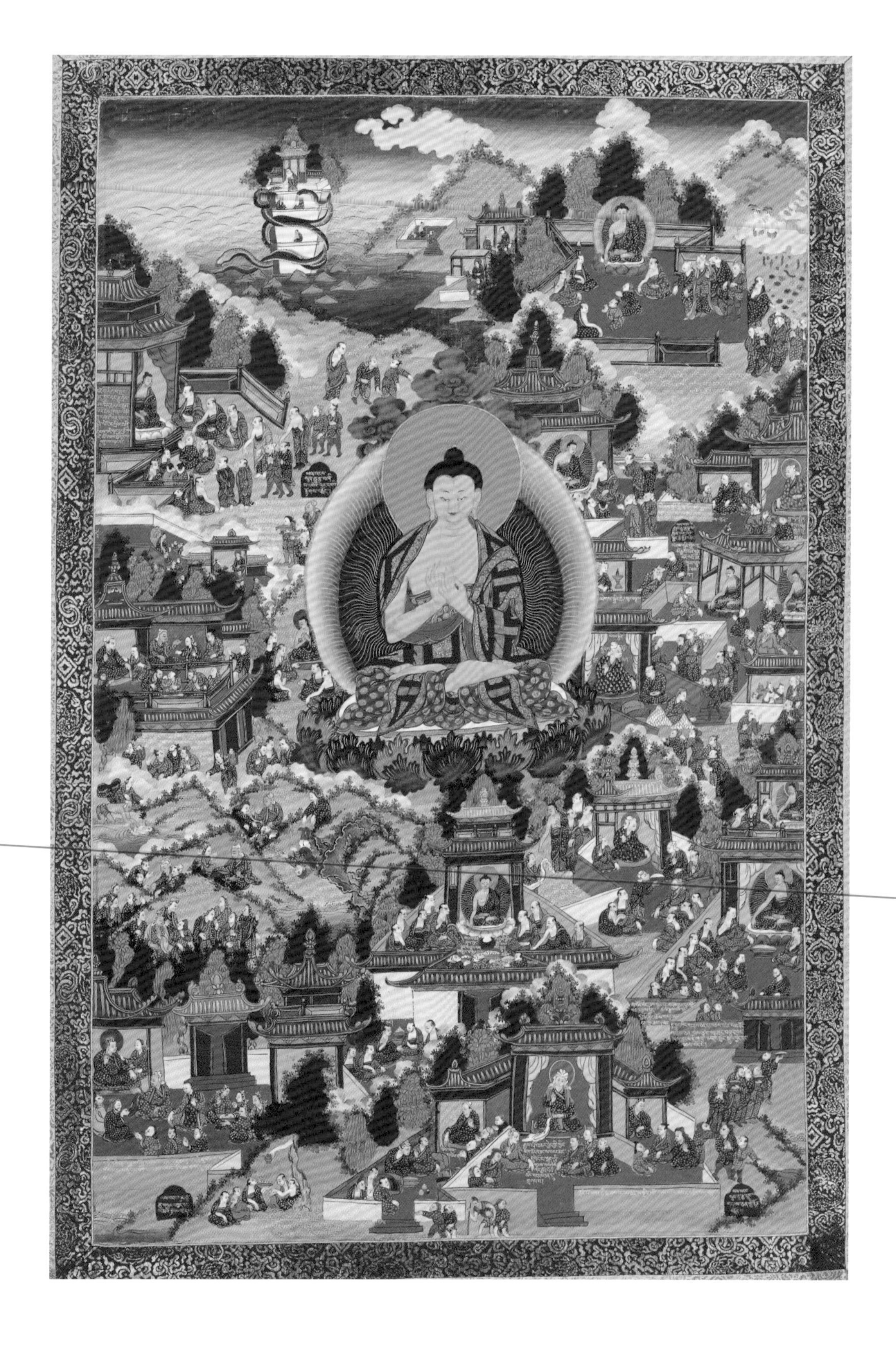

釋迦牟尼佛源流（之十三）

The Religious Origin of Shakyamuni

釋迦佛右手施與願印，左手托缽，結跏趺坐於蓮座上。左下繪功業故事第三十七品《富樓那故事》，富樓那是最早從佛出家的弟子之一，以"說法第一"著稱；中上方繪第三十八品《啞巴瘸子故事》；左上部繪第三十九品《喜忍故事》；右上為第四十品《迦毗羅故事》；右下角描繪了第四十一品《仙道王故事》，但未標註品序品名，或為疏漏所致。黃條："右十二……"。

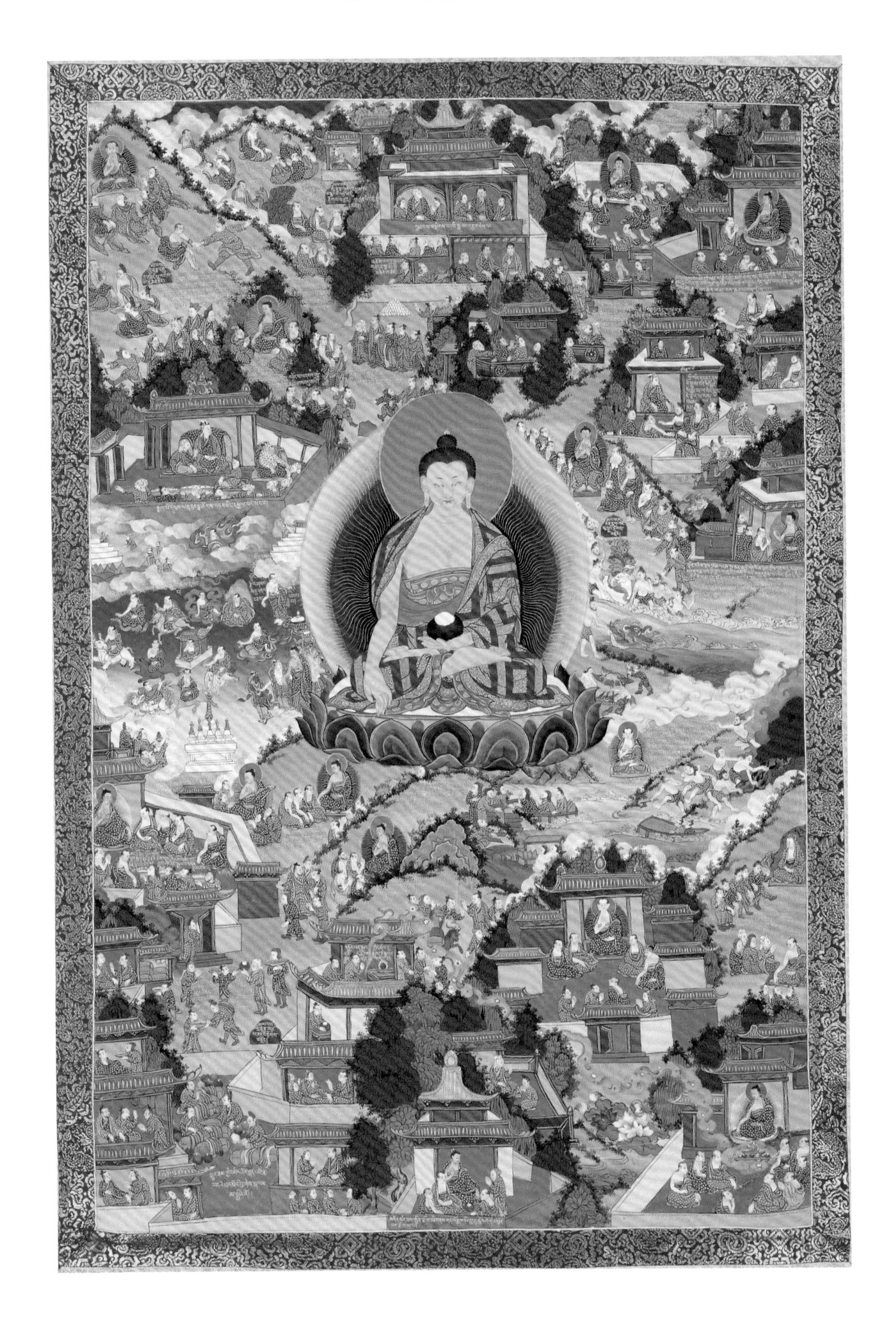

釋迦牟尼佛源流（之十四）

The Religious Origin of Shakyamuni

釋迦佛雙手結法界定印，結跏趺禪定坐姿，蓮座前花中托一缽盂，內生優缽羅花。下部描繪功業故事第四十二品《童賢故事》；左邊畫第四十三品《妙色故事》，內有眾人膜拜佛陀畫像的情景，這種畫中有畫的表現方法饒富趣味；右邊所繪為第四十四品《金手故事》。黃條："右二……"。

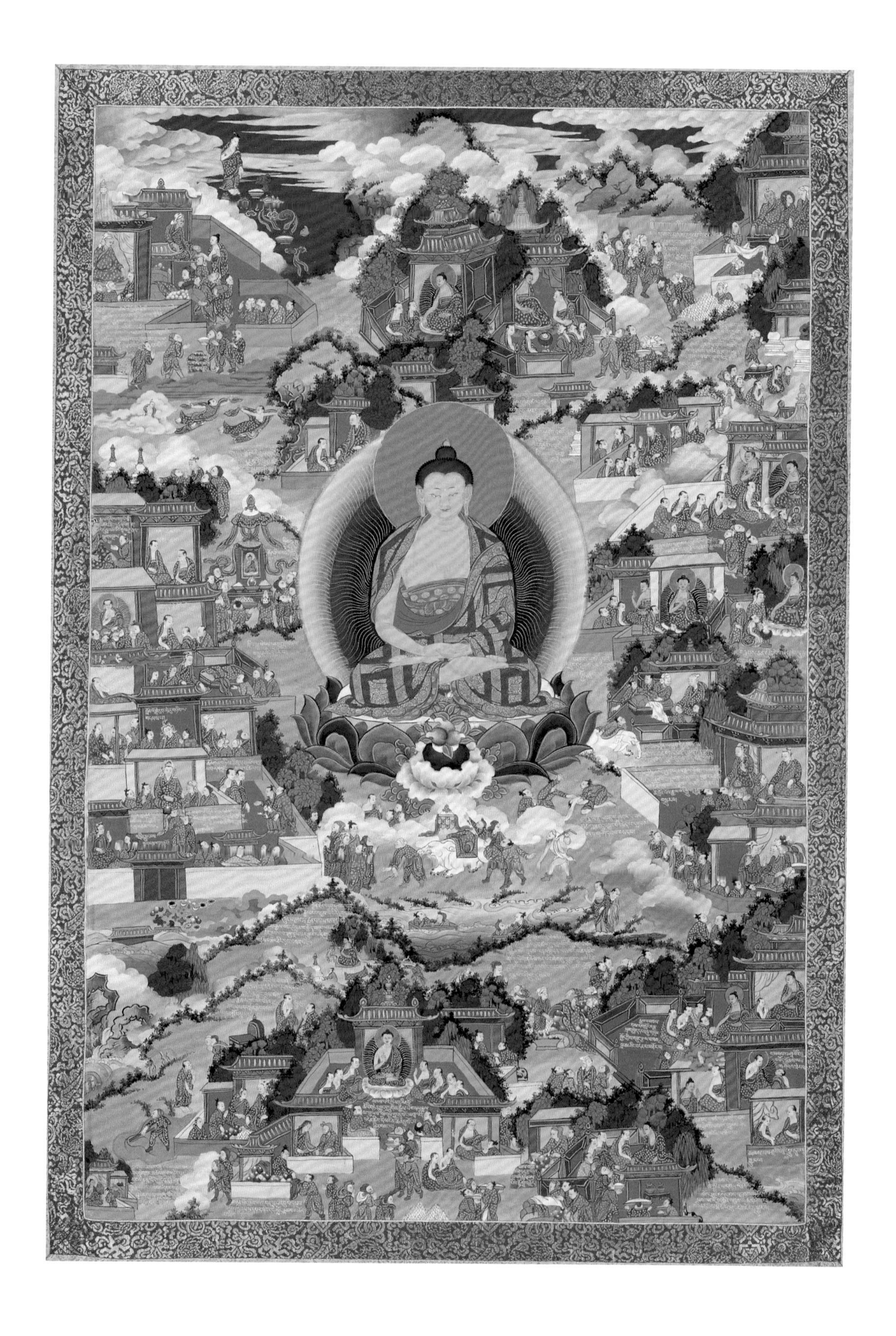

釋迦牟尼佛源流（之十五）

The Religious Origin of Shakyamuni

釋迦佛左手持缽，右手施無畏印，喻施與眾生安樂無畏，普除一切恐怖煩惱。右下角繪功業故事第四十五品《阿闍世王弒父故事》，阿闍世也譯為“未生怨”，是中印度摩揭陀國國王，曾殺父奪位，後於佛前懺悔，並成為佛教僧團的檀越護法；第四十六品《知恩故事》與四十七品《娑羅樹故事》分別畫於左右上方；左下方則繪有第四十八品《諸事成就》之事，記述世尊出家前的優裕生活等。黃條：“右十四……”。

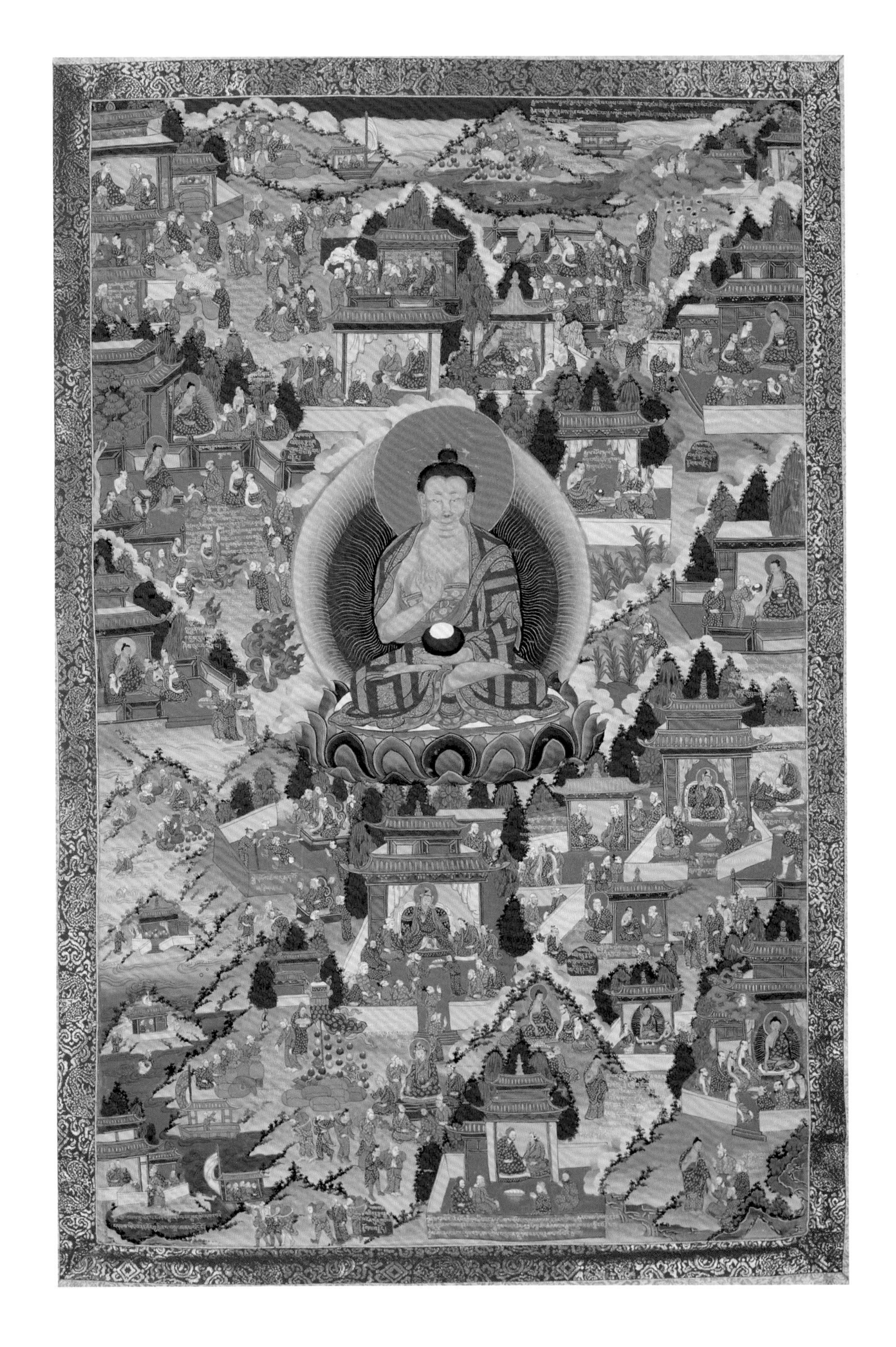

釋迦牟尼佛源流（之十六）

The Religious Origin of Shakyamuni

釋迦佛左手托鉢，右手結拔濟眾生印，寓撫慰救度一切有情之意。這是釋迦牟尼佛較少持有的一種印相。右下起繪功業故事第四十九品《具象故事》；左側繪第五十品《作十業故事》；其上方則繪第五十一品《增福故事》，其中兩軍對峙，馬躍象突的場面緊張生動；右上繪第五十二品《具金故事》，講述佛本生事跡。天桿有藏文題記："右十五"。

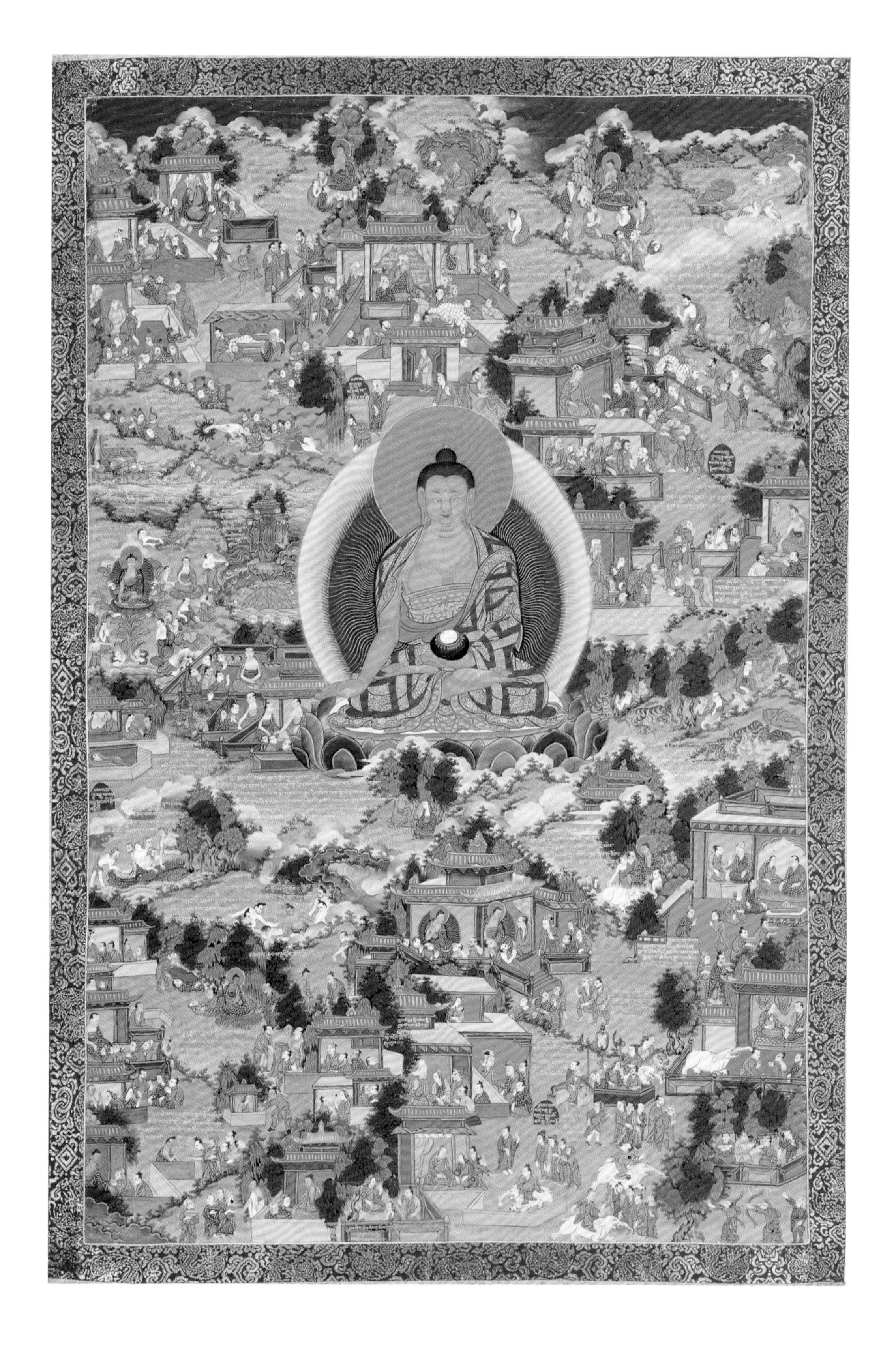

釋迦牟尼佛源流（之十七）

The Religious Origin of Shakyamuni

釋迦佛結轉法輪印，結跏趺坐，下敷蓮葉，承獅子座，座上鋪飾彩緞。右下繪功業故事第五十三品《尋箴言故事》，其間可見人物赤臂作勢，若現實中喇嘛辯經狀，形象真實生動；左上繪第五十四品《良醫故事》；右邊相鄰繪第五十五品《施一切故事》，內中描繪世尊割肉貿鴿等本生故事情節。黃條：“左一……”。

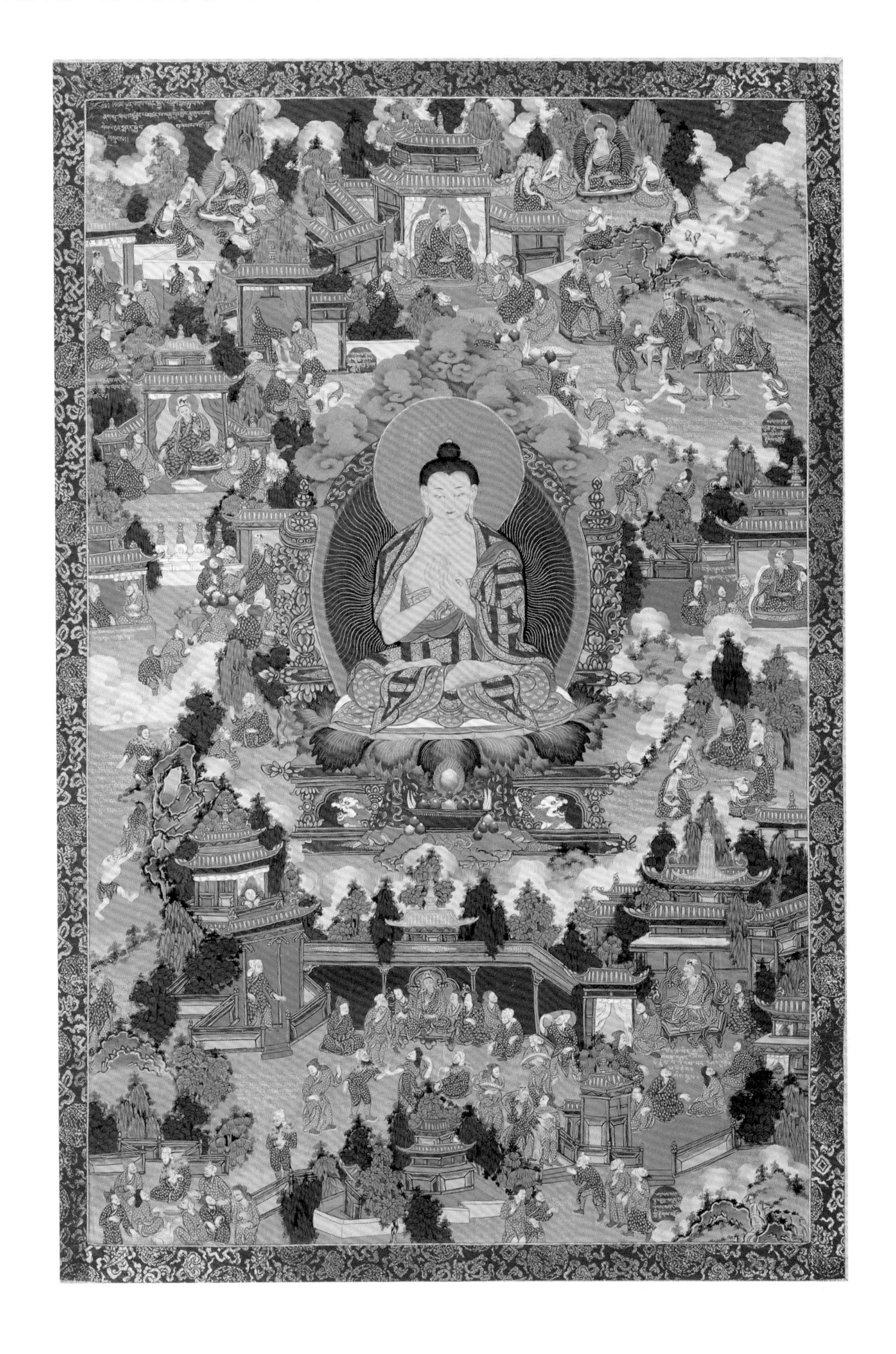

釋迦牟尼佛源流（之十八）

The Religious Origin of Shakyamuni

釋迦佛左手托缽，右手施與願印，結跏趺坐。左下方繪功業故事第五十六品《調伏海中怪獸故事》，講述佛陀說法之初怪獸為害，雨石欲害釋迦，結果石塊都化成為鮮花散落世尊身邊，怪獸折服，自水中現身禮拜皈依佛教。此品漏寫了品序、名稱；其右繪第五十七品《佛塔故事》；其左繪第五十八品《福力王故事》；右上方繪第五十九品《薄拘羅故事》。黃條："左二……"。

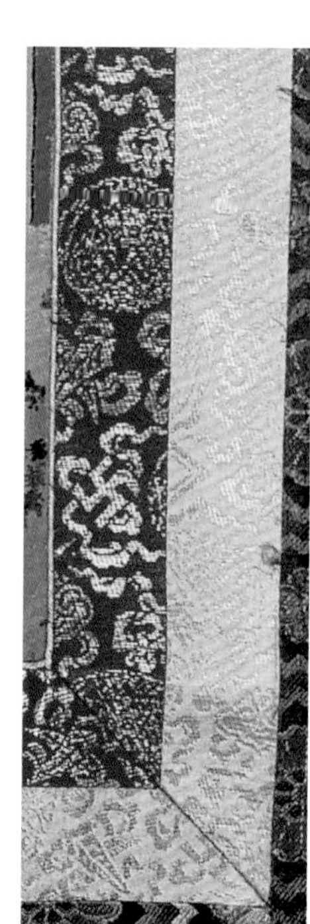

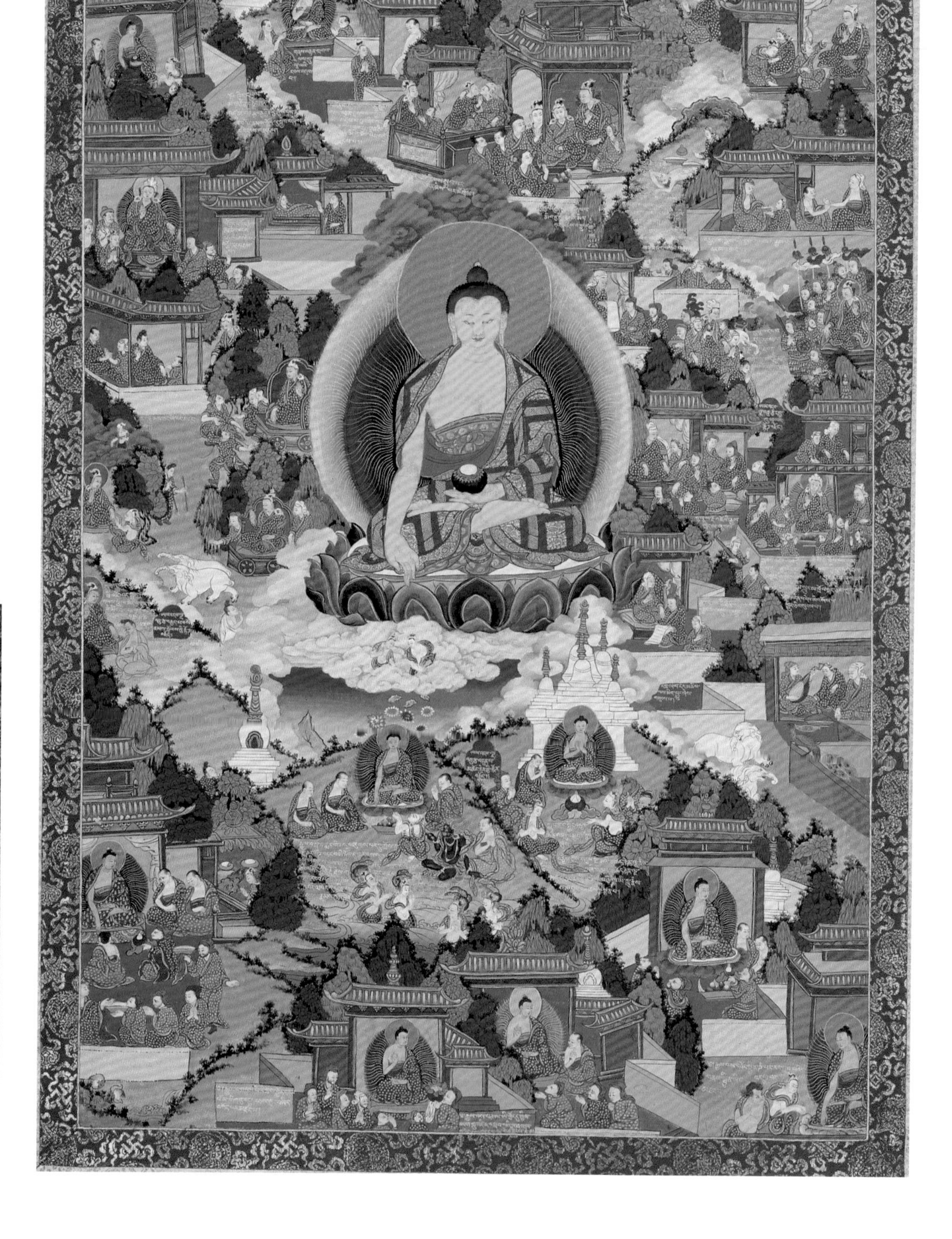

74

釋迦牟尼佛源流（之十九）

The Religious Origin of Shakyamuni

釋迦佛現托缽禪定之相，坐五色蓮台，背倚光輪。右下角繪功業故事第六十品《龍子故事》，包括龍子迎請世尊，世尊入龍宮說法，諸龍神獻供等情節；左下角畫第六十一品《農夫故事》；左上方繪第六十二品《施故事》；右上方繪第六十三品《持女故事》。黃條："左三……"。

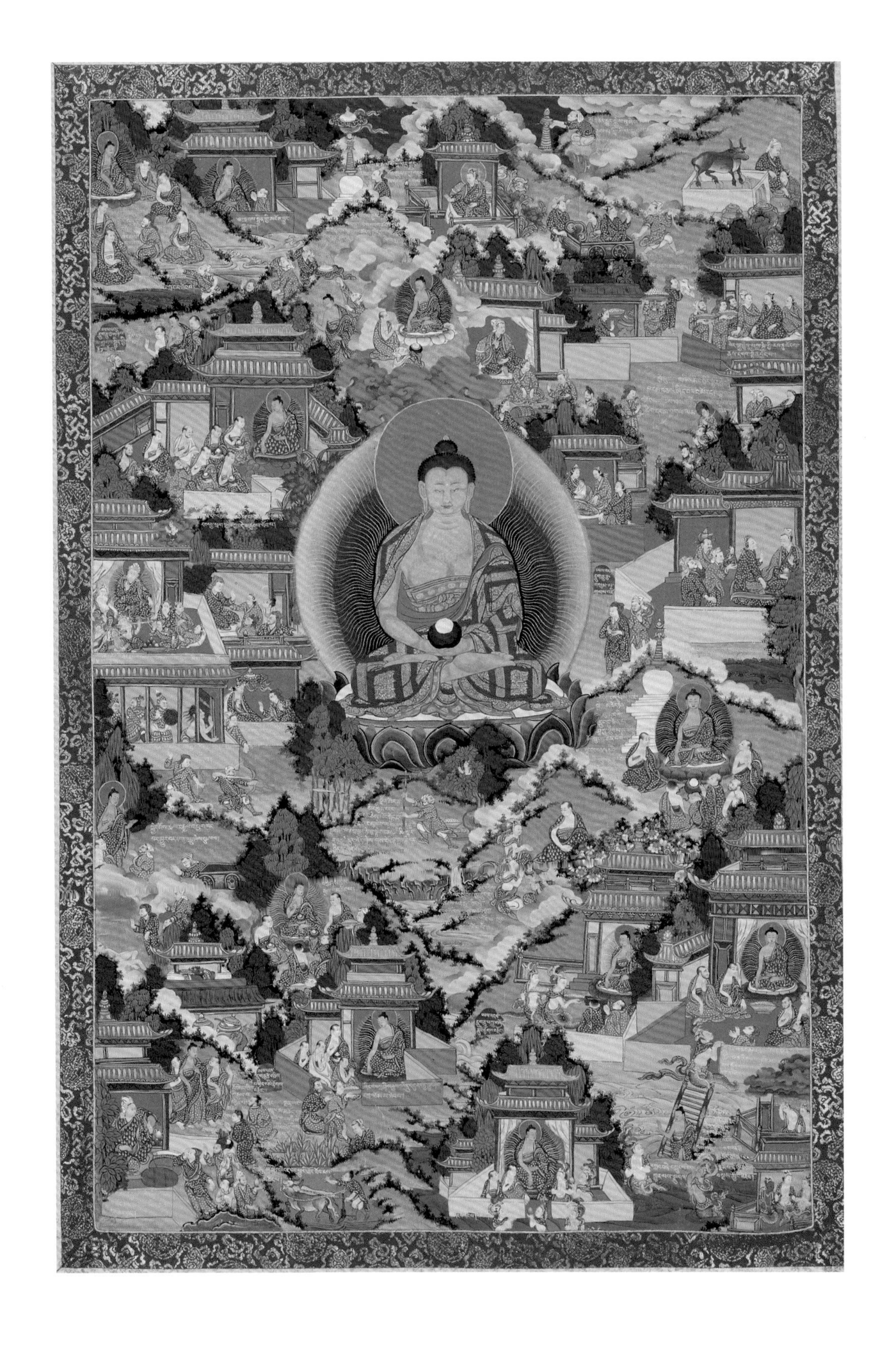

釋迦牟尼佛源流（之二十）

The Religious Origin of Shakyamuni

釋迦佛右手結說法印，左手持鉢，鉢中滿盈甘露，結跏趺坐。左上隅繪功業故事第六十四品《諾布桑之事》，亦名財賢或寶善故事；畫面右邊繪另兩則故事，但畫中未有品號名稱的標註，依序應為第六十五、六十六兩品故事，相關典籍記此二品名為《獨角獸故事》與《童子詩人故事》。天桿有藏文題記："左四"。

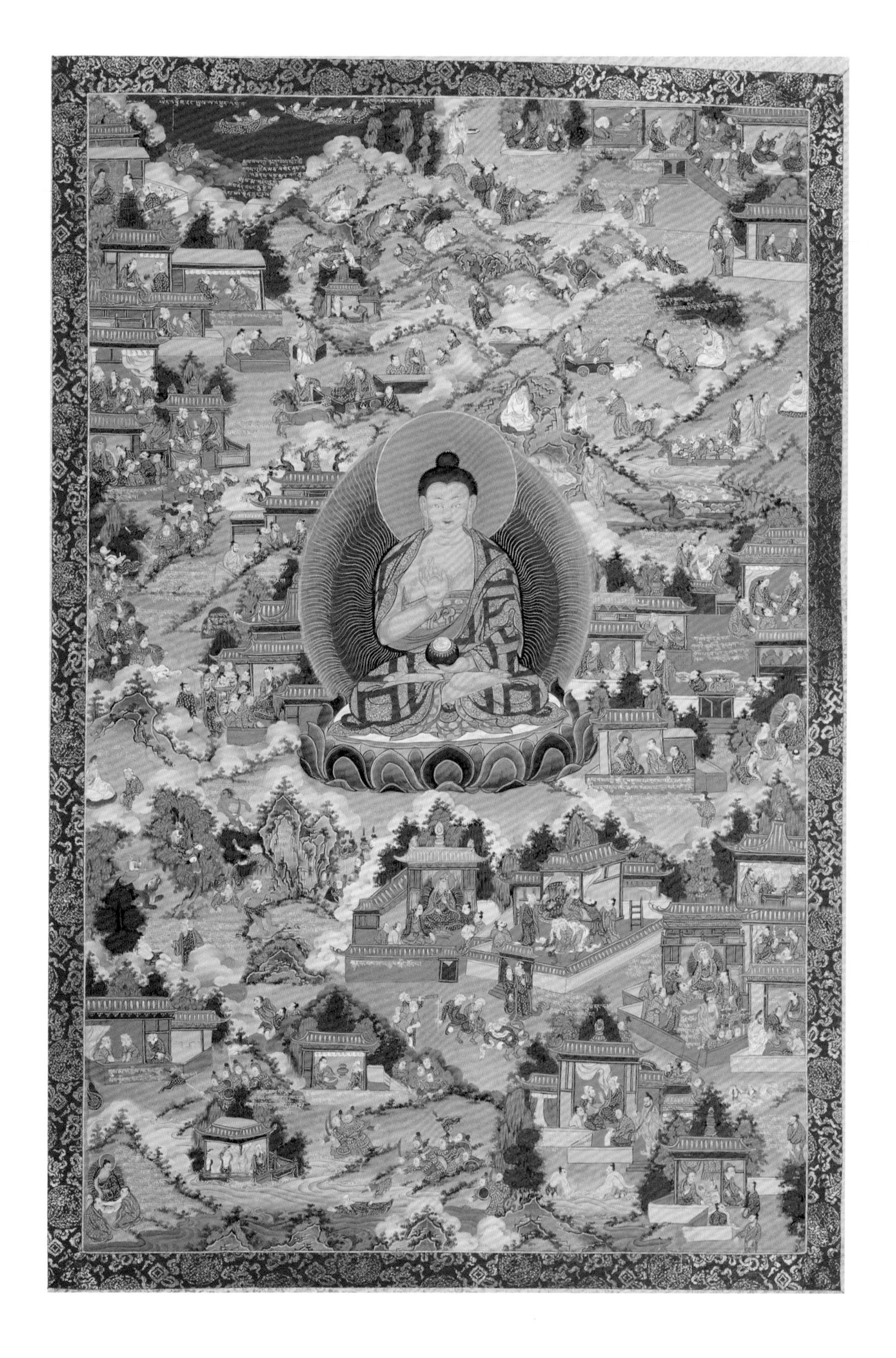

76

釋迦牟尼佛源流（之二十一）

The Religious Origin of Shakyamuni

釋迦佛左手托甘露鉢，右手結降魔印，結跏趺坐，現成道相。下邊繪功業故事第六十七品《僧護故事》；左上部繪第六十八品《具蓮故事》；右上部繪第六十九品《善住法王之事》；第六十七品上方繪第七十品《日中尊者故事》。黃條：“左五……”。

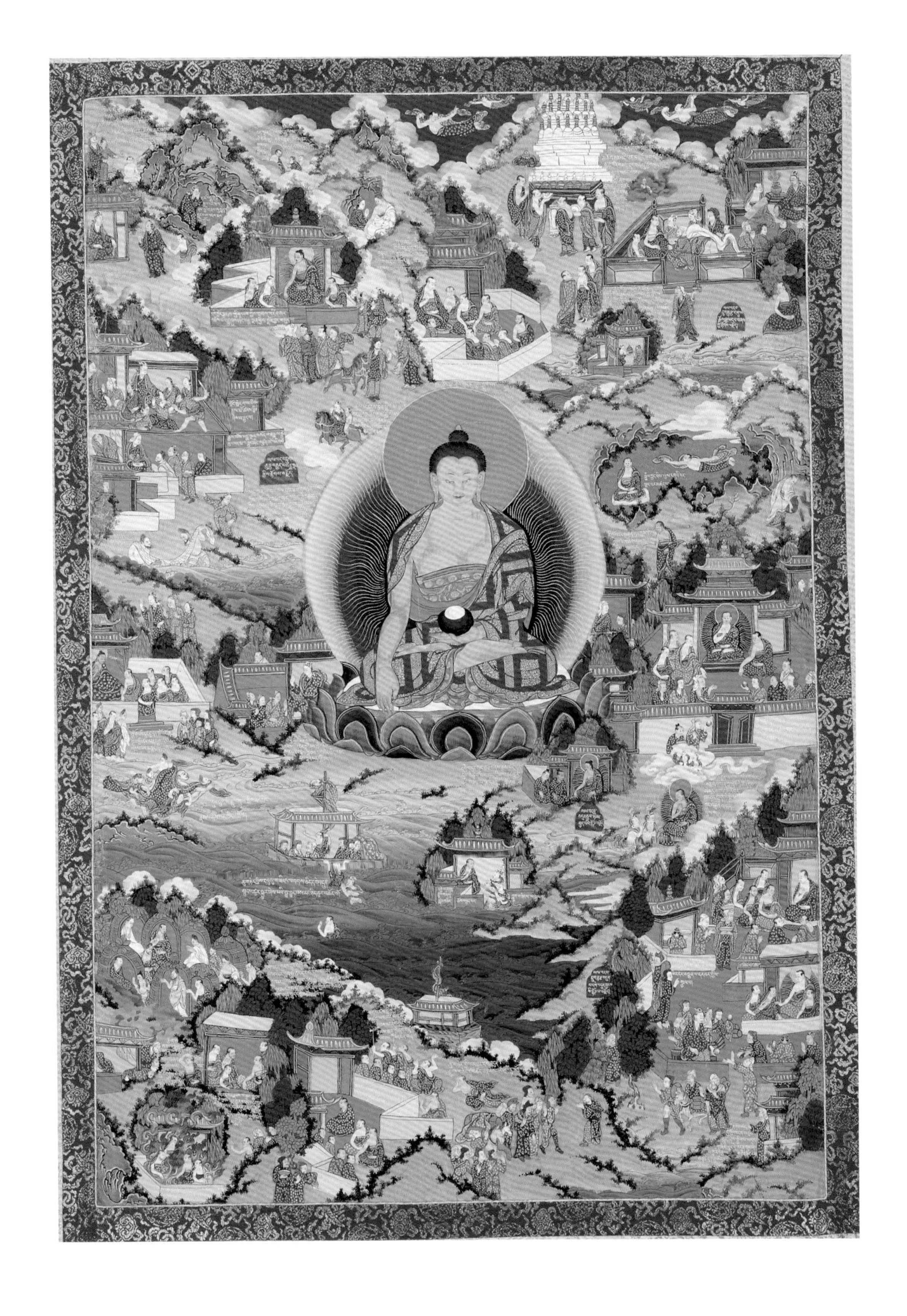

77

釋迦牟尼佛源流（之二十二）

The Religious Origin of Shakyamuni

釋迦佛右手施與願印，左手托缽，結跏趺坐，蓮座前置缽盂，中奉庵摩羅果供養。右下起繪功業故事第七十一品《麻衣尊者故事》；其左畫第七十二品《近護尊者故事》；左上角繪第七十三品《傳書龍故事》，有龍神自海中托奉寶物；右邊繪第七十四品《奉獻土地故事》。黃條：“右十三……”。

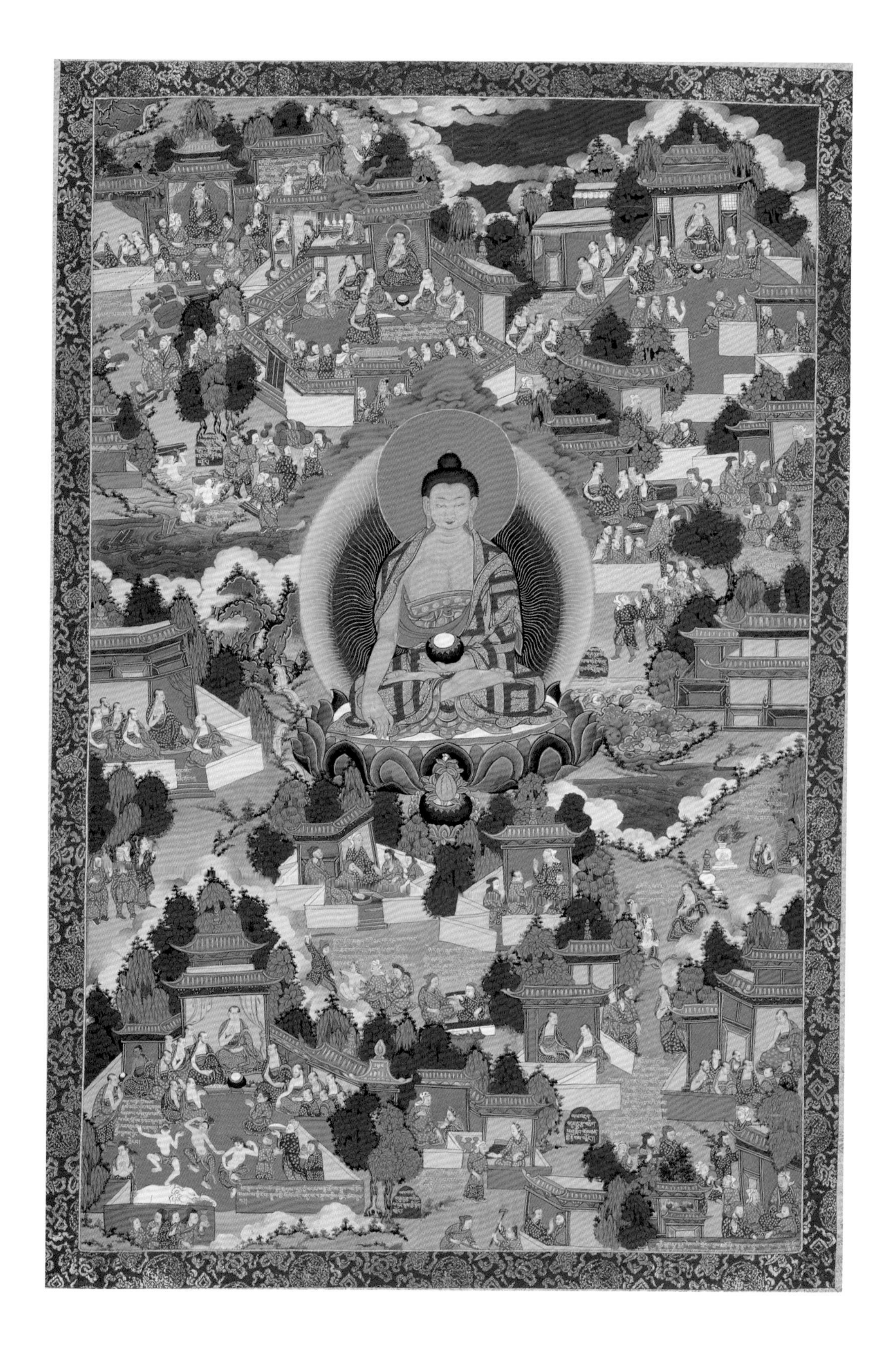

釋迦牟尼佛源流（之二十三）

The Religious Origin of Shakyamuni

釋迦佛右手施與願印，左手托缽，結跏趺坐。右下方繪第七十五品《緣起故事》；左下角繪第七十六品《賢者故事》；此品上方為第七十七品《葛那亞迦故事》；右上方是第七十八品《帝釋犯戒故事》，畫中以紫色雲表示帝釋天等的上升天界，而以黃色雲朵表示其下降，表現形式獨特；右側邊繪第七十九品《威福軍故事》。黃條："左八……"。

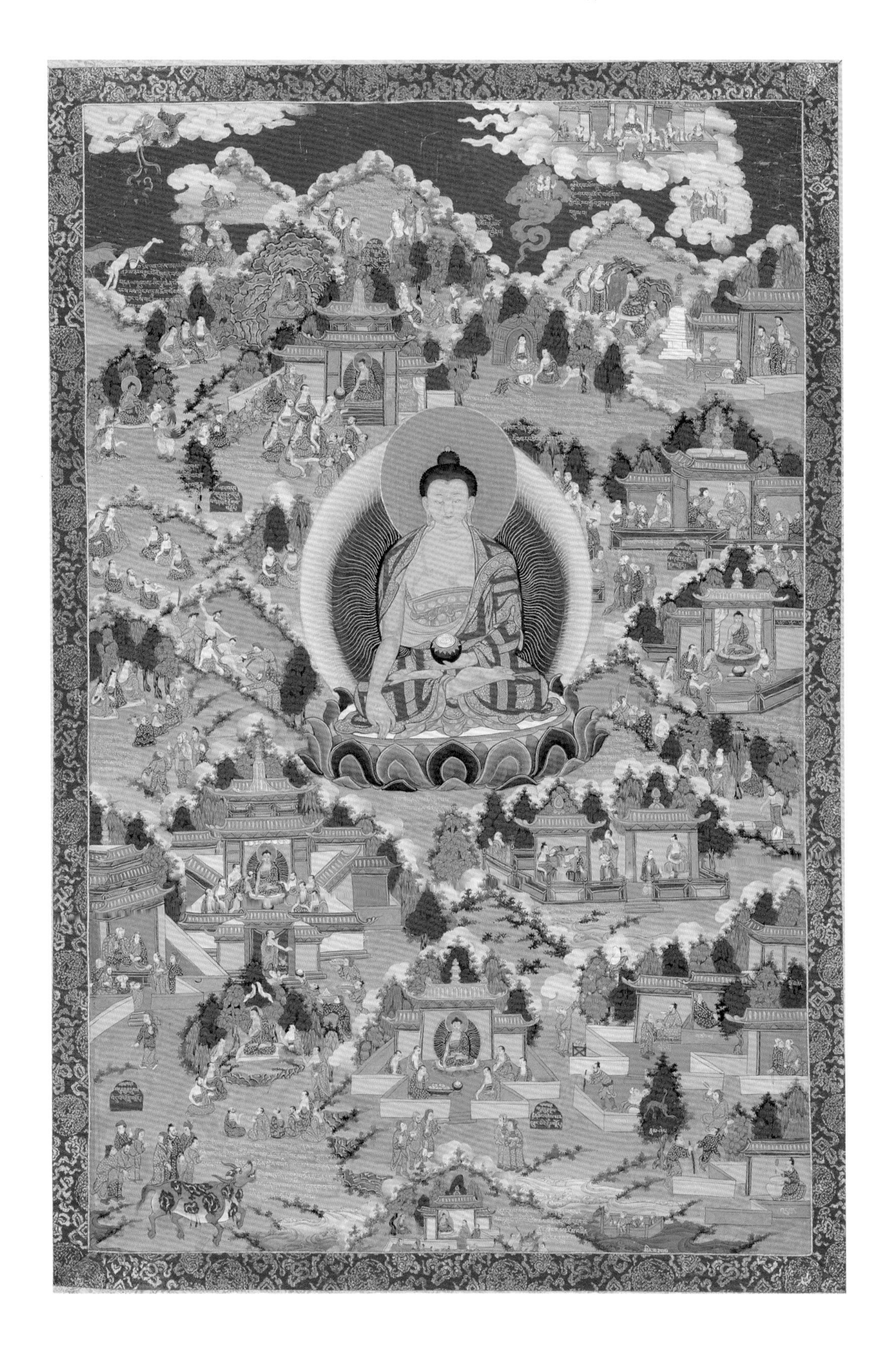

79

釋迦牟尼佛源流（之二十四）

The Religious Origin of Shakyamuni

釋迦佛雙手結禪定印，上托甘露鉢，結跏趺坐。右邊繪第八十品《勝賢故事》；左下邊為第八十一品《勝因故事》；前品上部繪第八十二品《往昔地獄故事》；再上邊是第八十三品《羅睺羅故事》，羅睺羅為佛陀十大弟子之一，也是佛陀嫡子，以"密行第一"著稱，年少即隨佛出家，後得阿羅漢果，奉佛咐囑常住世間，護持正法，饒益有情。黃條："左七……"。

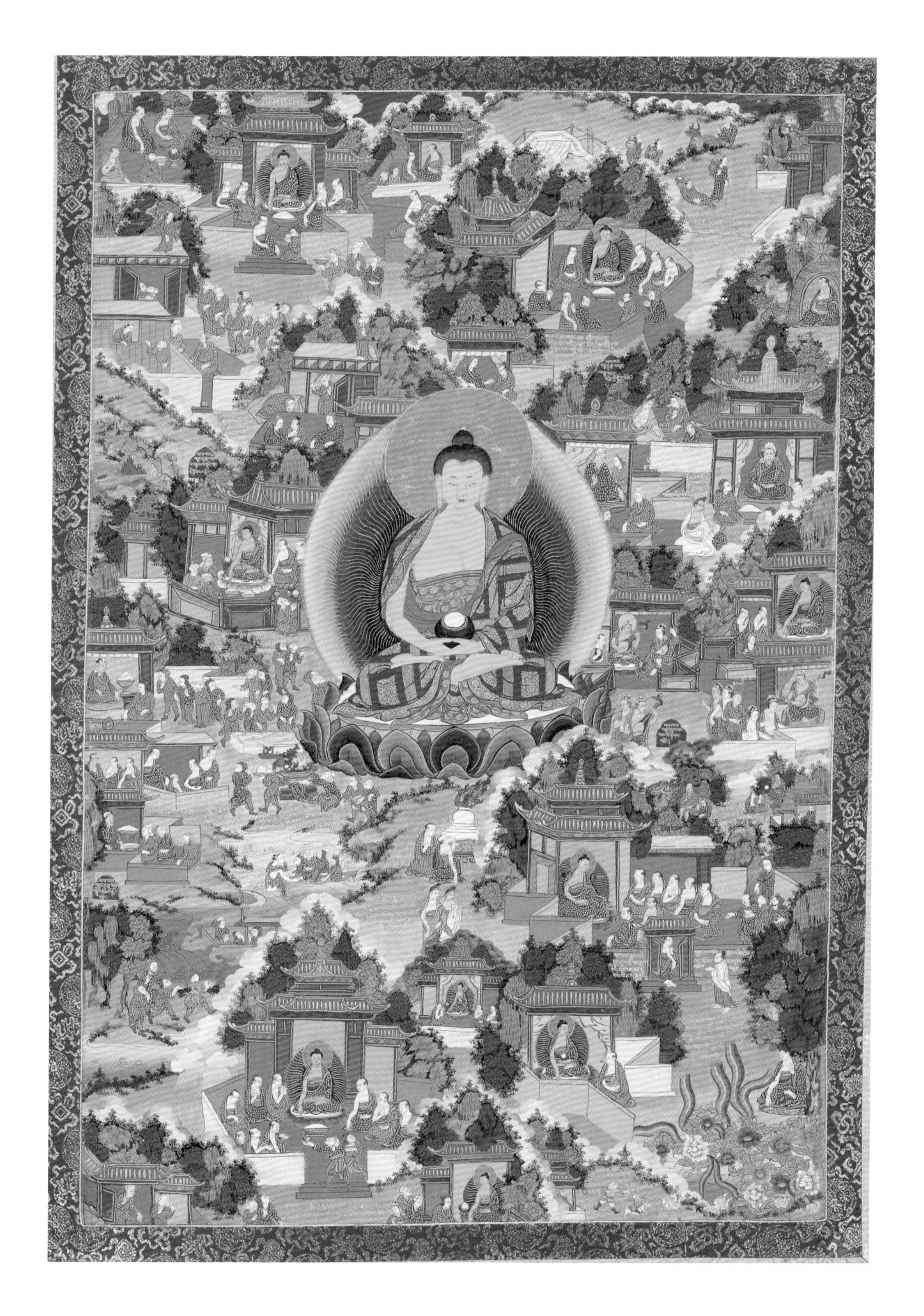

80

釋迦牟尼佛源流（之二十五）

The Religious Origin of Shakyamuni

釋迦佛右手結說法印，左手持缽，結跏趺坐。右下起繪功業故事第八十四品《蜜音故事》；座前繪第八十五品《益尋故事》；左上繪第八十六品《野黃牛故事》；右上繪第八十七品《具蓮尊者故事》，此品與第六十八品雖名稱相似而內容不一。黃條："左九……"。

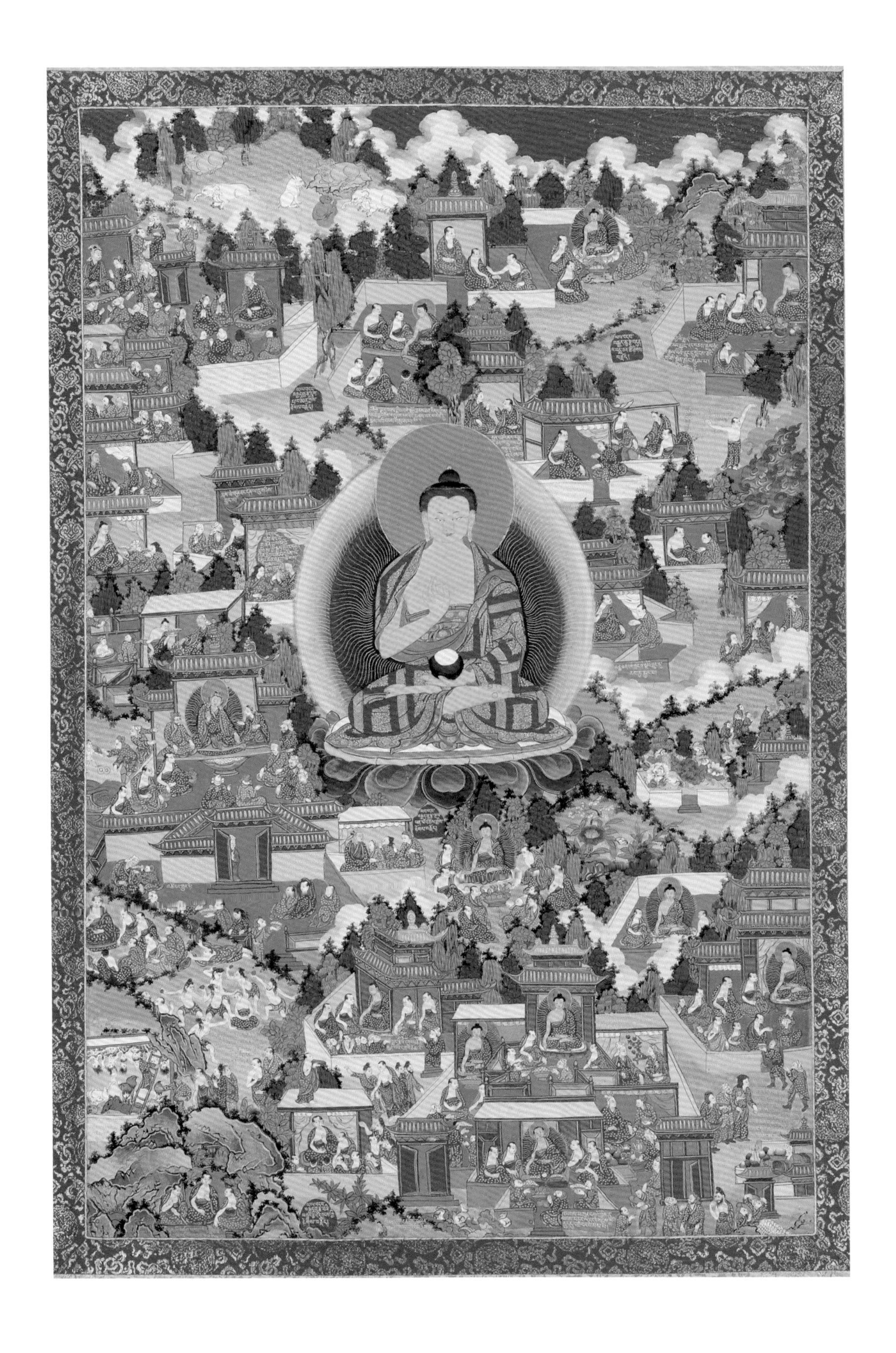

釋迦牟尼佛源流（之二十六）

The Religious Origin of Shakyamuni

釋迦佛右手結觸地施降魔印，左手托缽，現成道相。下邊偏左繪功業故事第八十八品《黑象故事》，黑象為尊者之名；左上方繪第八十九品《法愛故事》，圖中白衣行者即是法愛，另有海中巨獸為害等情節，場面驚險生動；右上方繪第九十品《具財故事》；其下為第九十一品《尸毗箴言故事》，意為死之格言。黃條："左十四……"。

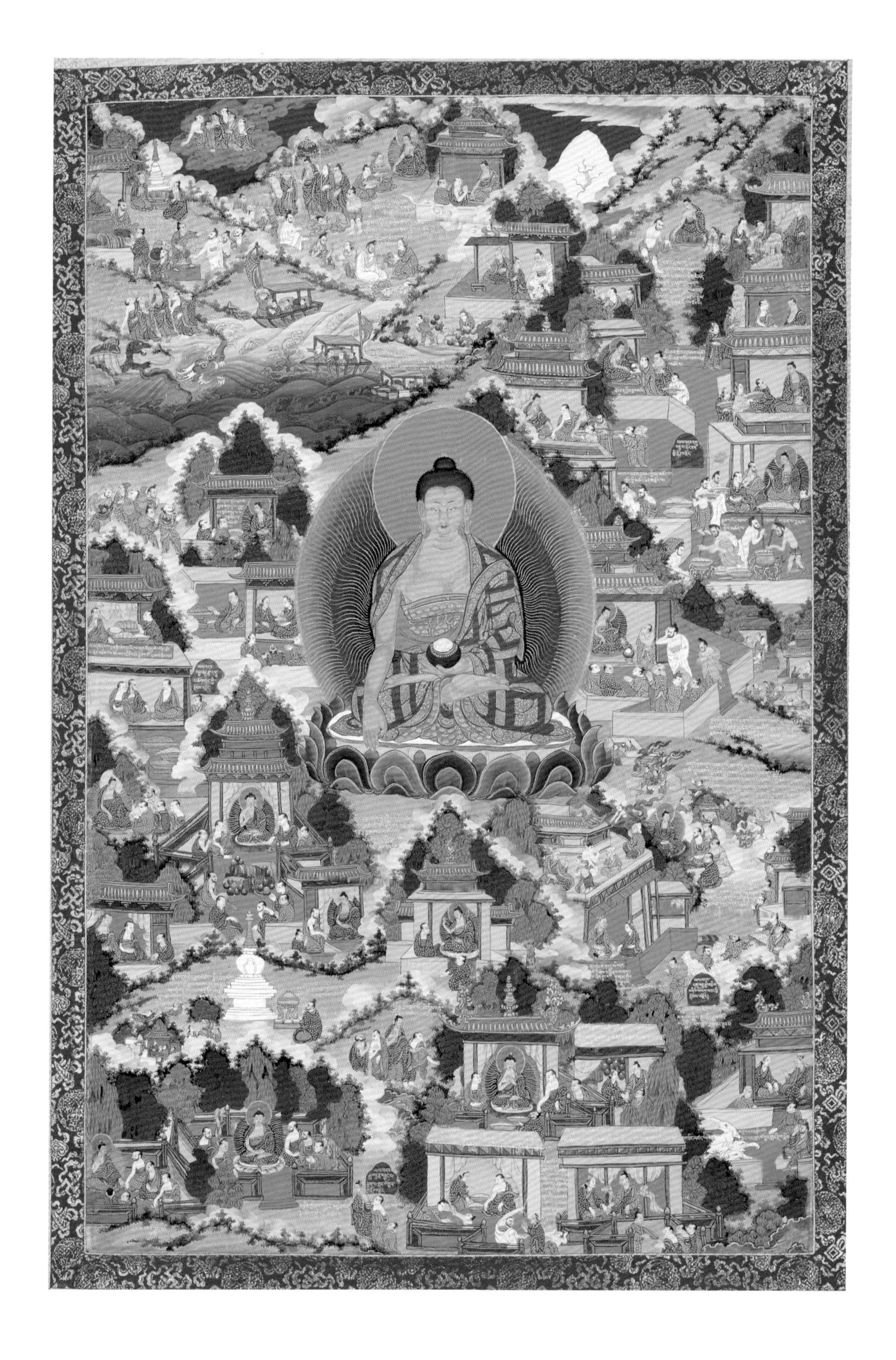

82

釋迦牟尼佛源流（之二十七）

The Religious Origin of Shakyamuni

釋迦佛雙手結轉法輪印，結跏趺坐。右邊上部所繪內容未標註品序名稱，據意推斷，應為第九十二品《親者女故事》，講述佛陀於十八門城郭說法時，有女睹佛相好莊嚴而心生愛慕，後世尊令其生起正信之事。左上方畫第九十三品《須摩提請佛故事》；右下角繪第九十四品《善知識故事》；左下角繪第九十五品《母虎故事》。黃條："左十一……"。

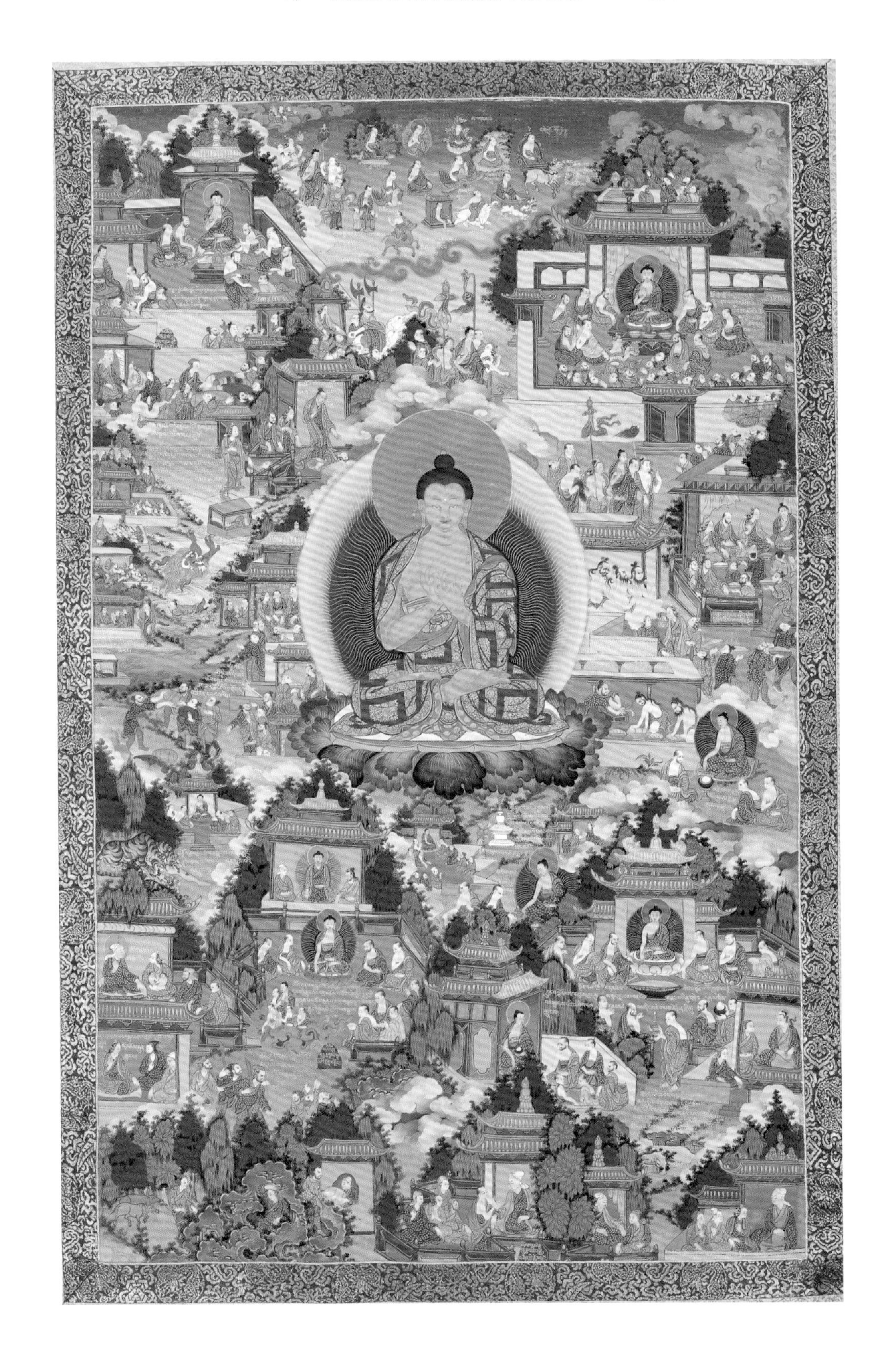

83

釋迦牟尼佛源流（之二十八）

The Religious Origin of Shakyamuni

釋迦佛右手施與願印，左手托鉢，結跏趺坐。左下為功業故事第九十六品《大象故事》；右邊是第九十七品《烏龜故事》，畫中有助人渡海的金色巨龜；此品上方繪第九十八品《苦修者故事》；左側繪第九十九品《持蓮花者故事》。黃條：“左十二……”。

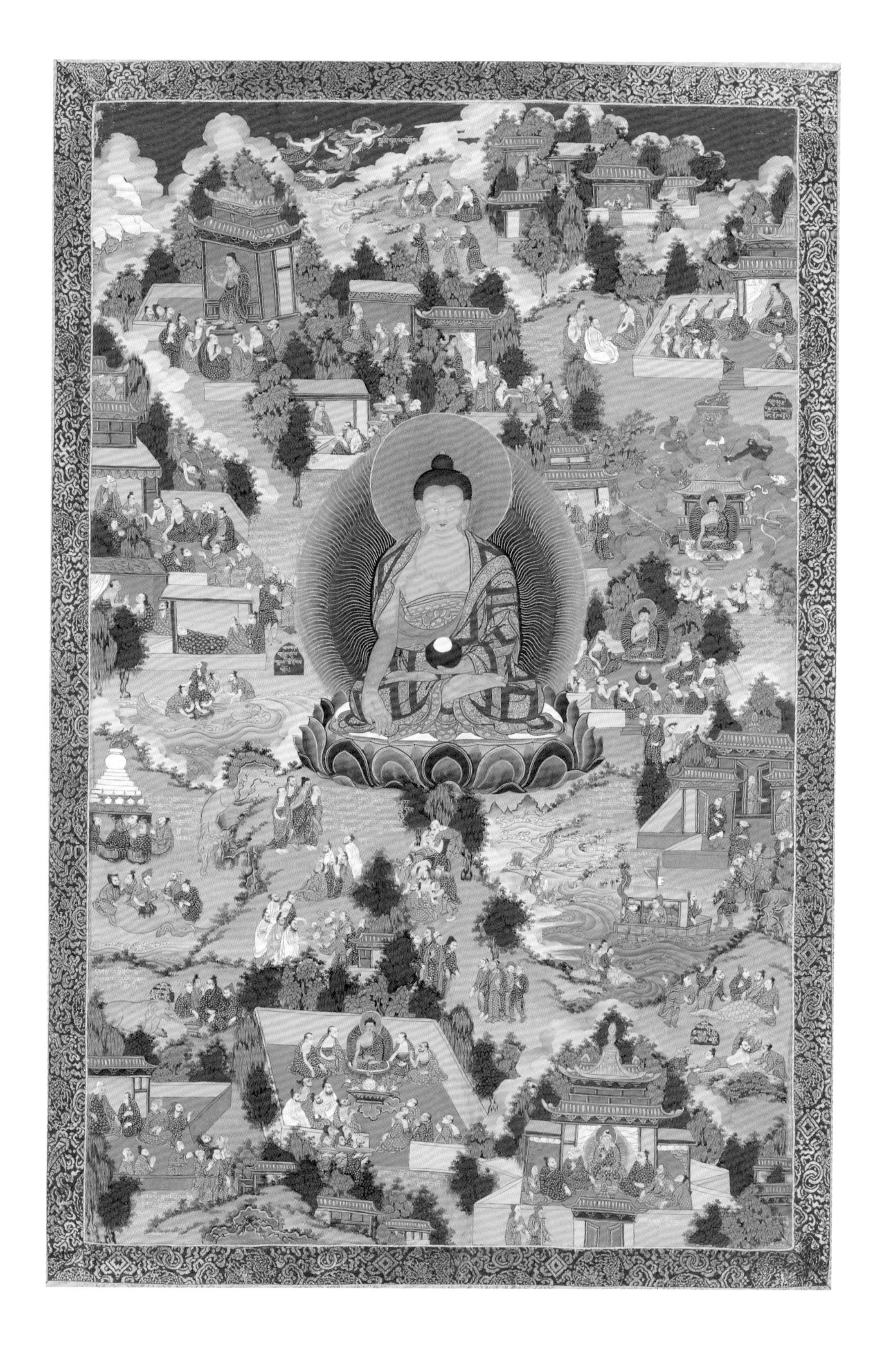

釋迦牟尼佛源流(之二十九)

The Religious Origin of Shakyamuni

釋迦佛雙手結禪定印,結跏趺坐。右下起繪功業故事第一百品《福德顯明故事》,其中兩人攀附樹枝躲避象難的場景描繪傳神;左下角為第一百零一品《具檀香者故事》;左上方為第一百零二品《獅子故事》,表現白象和金毛獅子解救獸難的情節;右邊繪第一百零三品《喜丸故事》。黃條:“左十三……”。

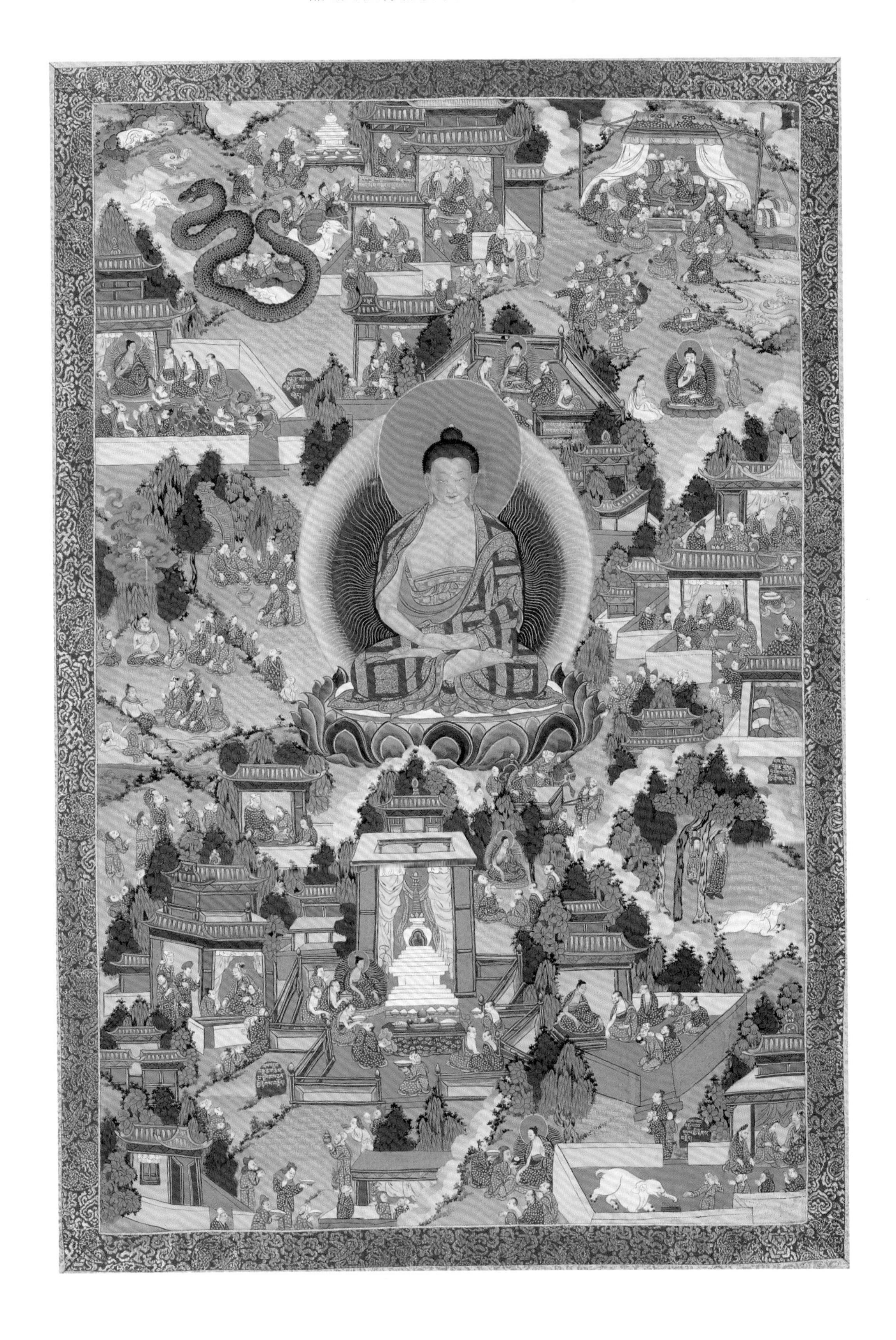

85

釋迦牟尼佛源流（之三十）

The Religious Origin of Shakyamuni

釋迦佛右手施無畏印，左手托缽，結跏趺坐。左下方畫功業故事第一百零四品《兔子之事》為佛陀本生之一；此品左上繪第一百零五品《奎宿生故事》；左上邊繪第一百零六品《金甲故事》；右邊繪第一百零七品《淨飯王故事》。黃條："左十四……"。

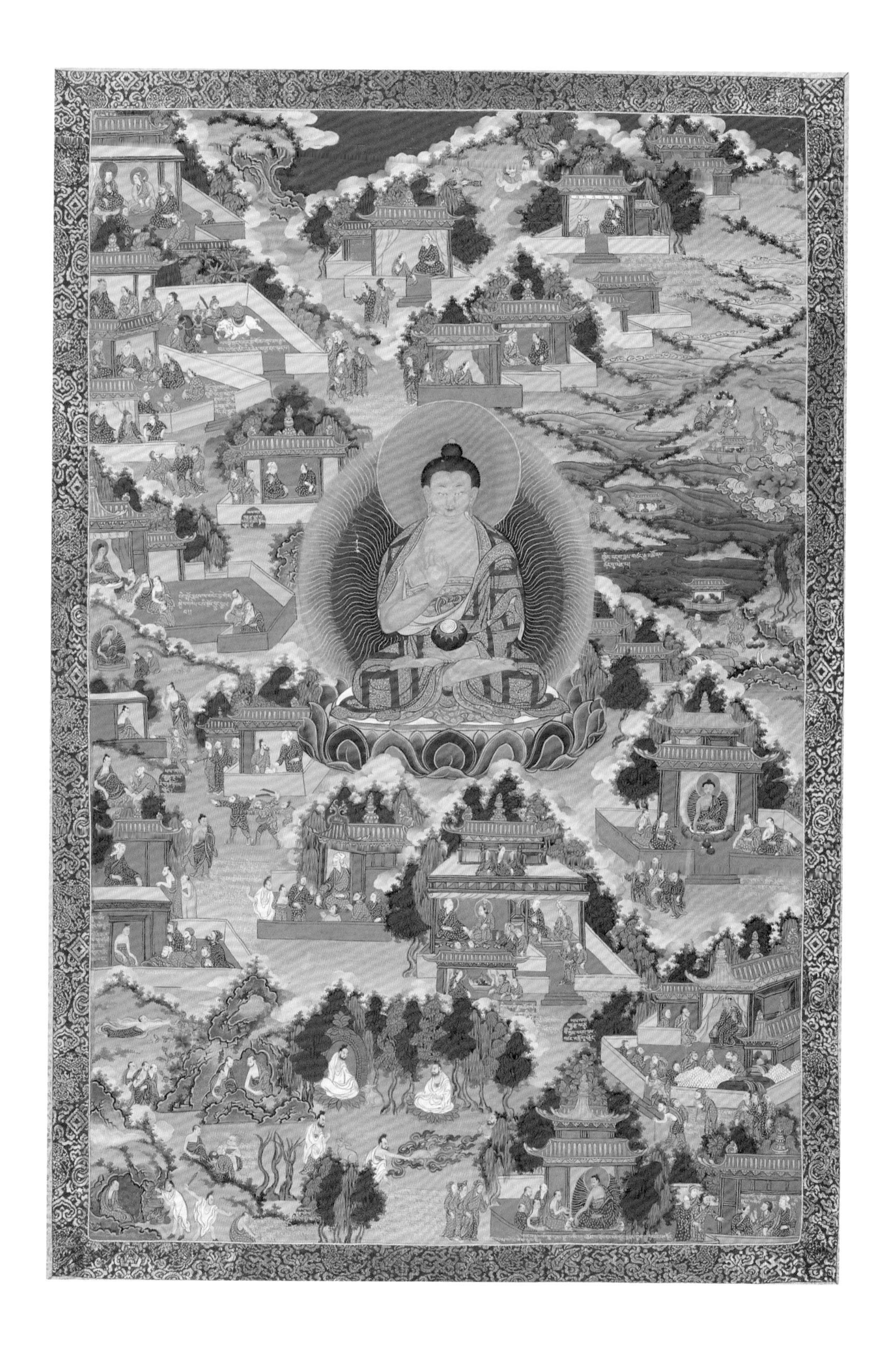

86

釋迦牟尼佛源流（之三十一）

The Religious Origin of Shakyamuni

釋迦佛右手施無畏印，左手托鉢，結跏趺坐，紅蓮嚴飾，座前鉢中生妙色花，瑞相紛呈。上半部分所繪應為末品《雲乘故事》；右下所畫人物王者裝束，手托金輪，身右列象、馬、兵、臣等輪王七政，喻指此為轉輪聖王。黃條："左十五……"。另有藏文願文，大意為："願得吉祥！如此無量善德，願父母等一切有情眾生消除二障，集滿二資糧，往生無上極樂世界！為此，願所有施主、繪畫和製作者消除暫時不和之四違緣，究竟往生極樂世界！願以此功德，回向吉祥喇嘛壽比南山，佛法永昌，所有善德均成無上菩提！吉祥！"

此堂釋迦牟尼佛源流唐卡每幅畫心背面均朱寫梵文種子咒文。

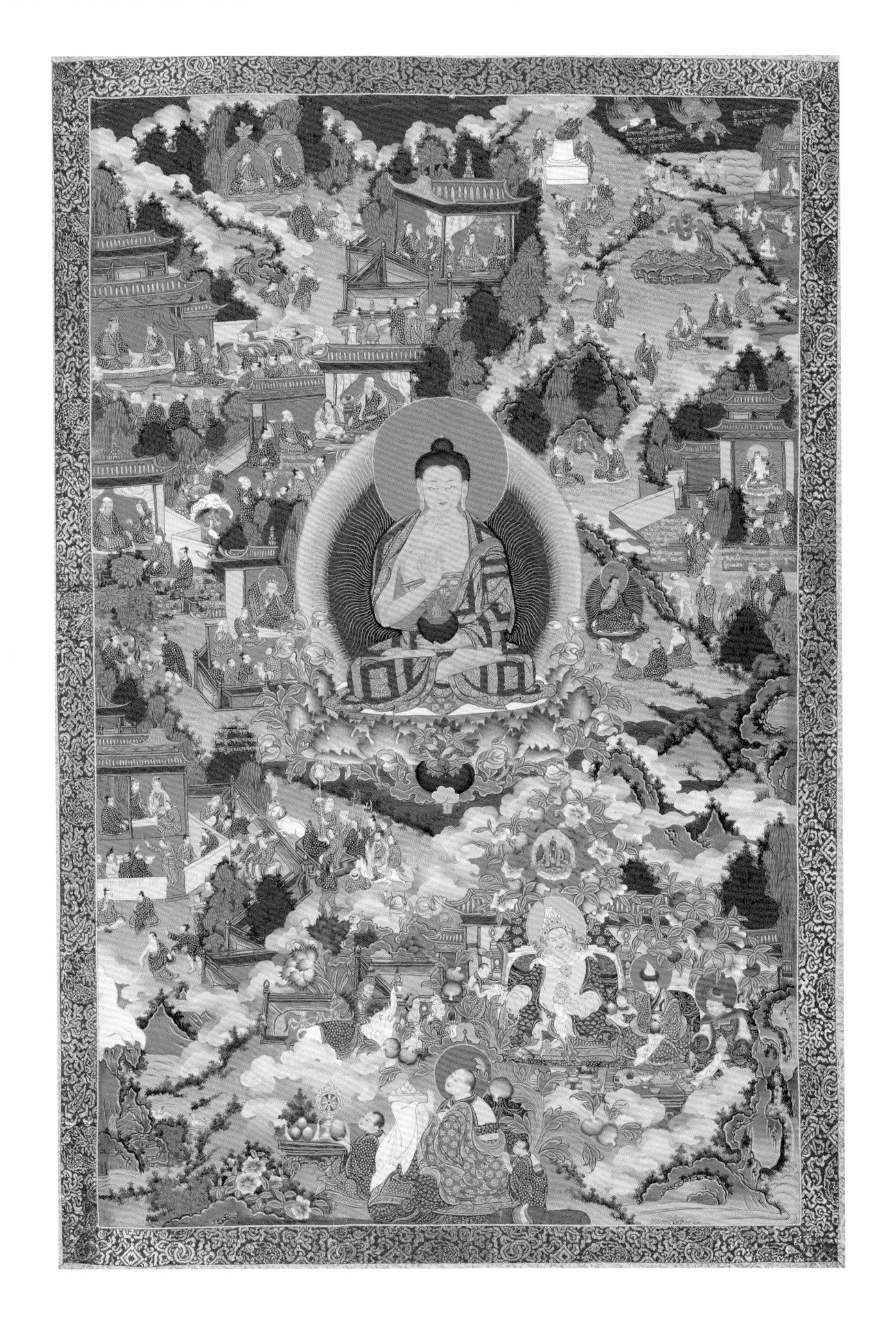

87

釋迦牟尼佛

18世紀　北京
布本設色　縱67厘米　橫51厘米
清宮舊藏

Shakyamuni Buddha
18th Century　Beijing
Distemper on Cloth　H.67cm　L.51cm
Qing Court collection

乾隆五十年十二月十五日
中正殿畫佛副達喇嘛扎克巴多爾濟恭
進供奉利益畫像釋迦牟尼佛番稱沙
迦圖楱巴清稱沙迦牟尼拂齋稀蒙
古稱釋格牟尼布呼漢

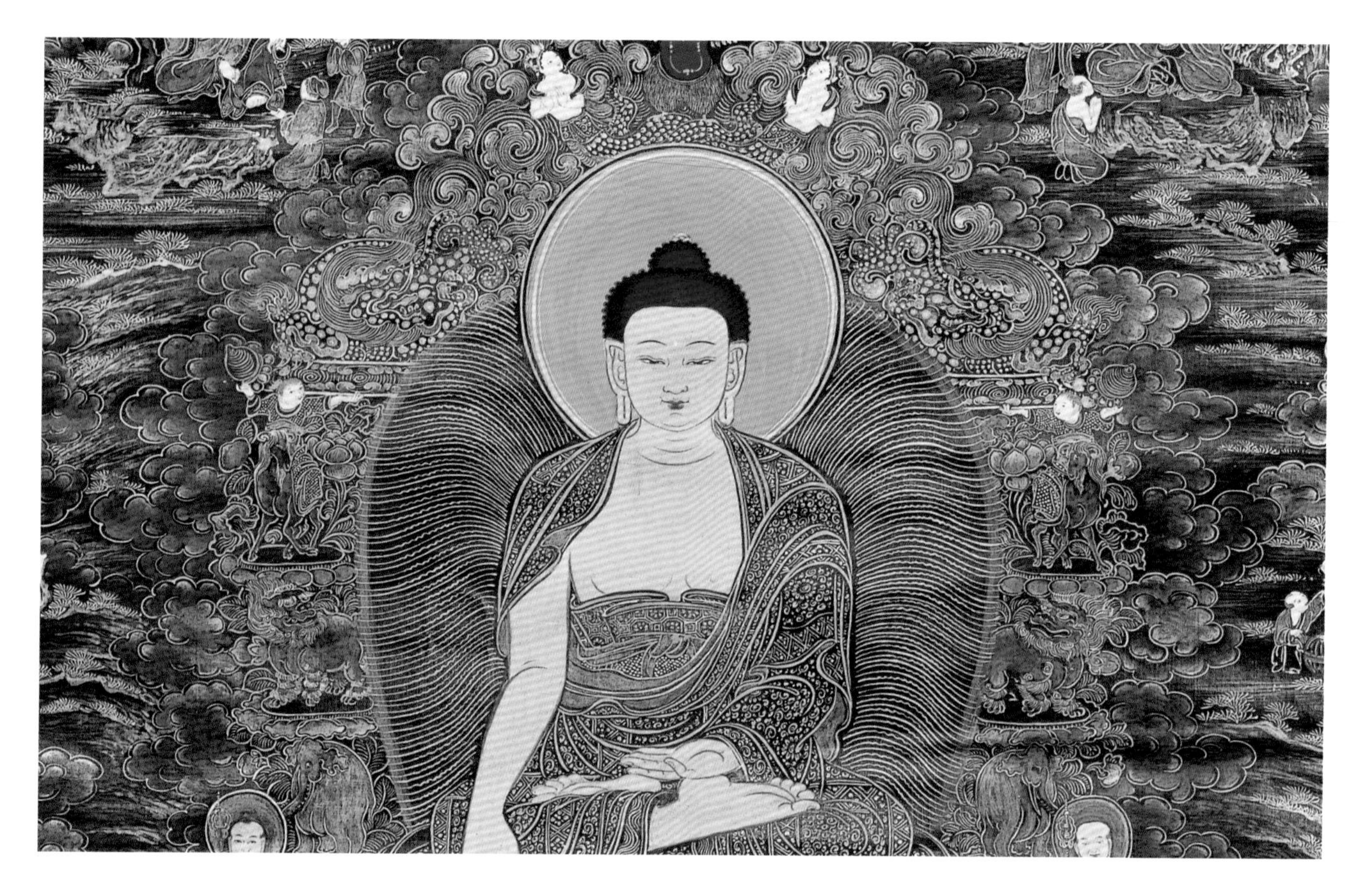

此唐卡全幅繪於黑色背景之上，這種形式稱作“黑唐”，是唐卡的幾種常見形式之一。此幅中釋迦佛居中坐蓮台上，現降魔成道相，頭後綠色月輪，身倚六拏具背光，世尊頂上繪無量壽佛，紅色身形，禪定印托寶瓶而住；十八羅漢分列兩旁，形象各異，造型生動；二上首弟子舍利弗與目犍連侍立法座左右，四菩薩立於座前；畫面下方繪藍色身吉祥天母為上首，下領東西南北四天王為佛陀護法。整幅作品雖主要以金彩描畫，卻講求金色之冷暖濃淡諸般變化，並巧施紅藍白綠等純色為點綴，使畫面依舊顯得絢麗多彩，加之用筆精工老到，勾描細緻入微，不愧黑唐作品中的上佳之作。背面有白綾，墨書漢、滿、蒙、藏四文題記：“乾隆五十年十二月十五日　中正殿畫佛副達喇嘛扎克巴多爾濟恭進供奉利益畫像釋迦牟尼佛……”。

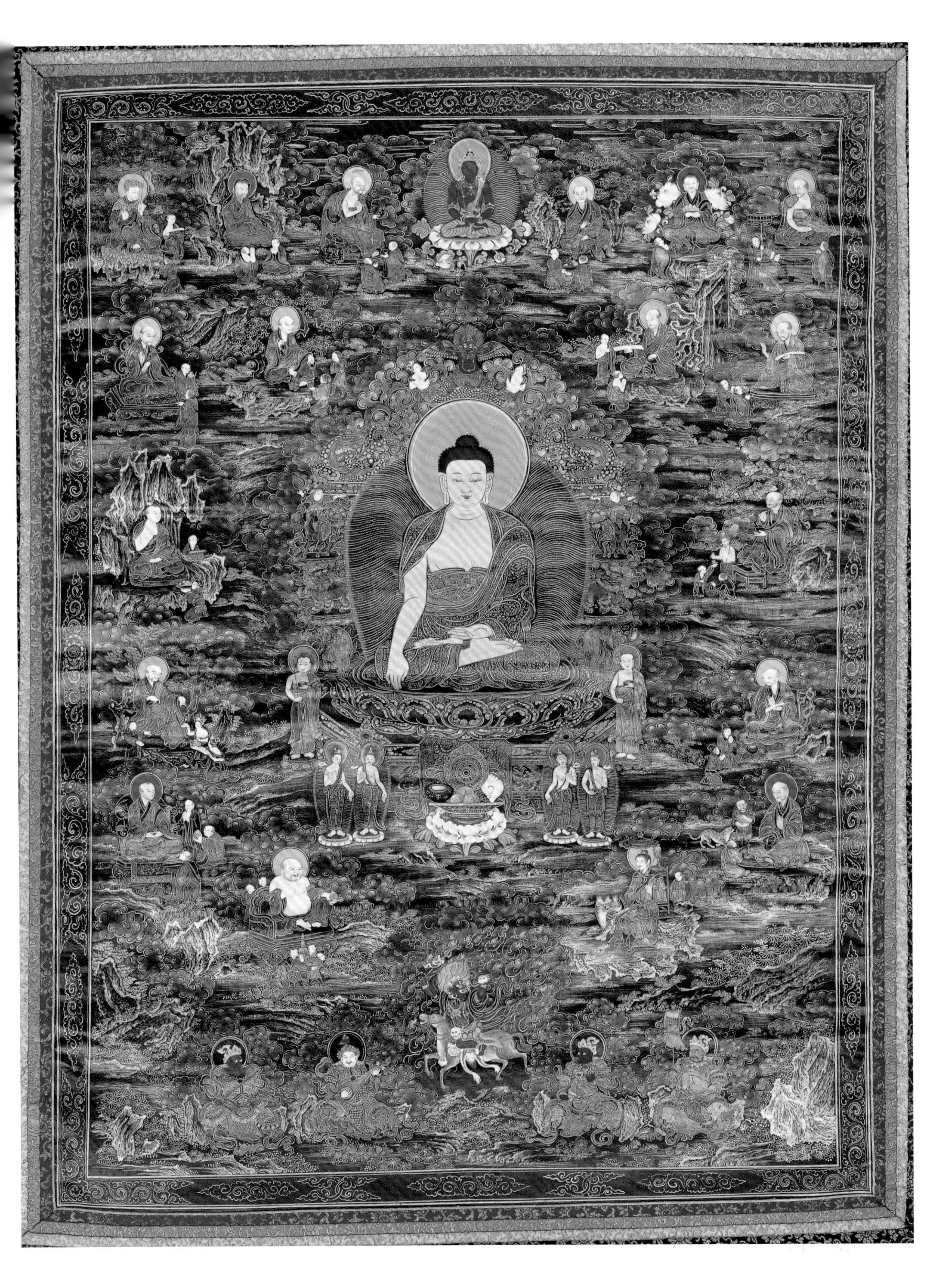

88

迦葉佛

18世紀　西藏
布本設色　縱88厘米　橫46厘米
清宮舊藏

Kashyapa Buddha
18th Century　Tibet
Distemper on Cloth　H.88cm　L.46cm
Qing Court collection

迦葉佛通常被稱作過去佛，以其為釋迦牟尼佛前世之師，是過去七佛中第六尊。

迦葉佛右手施與願印，左手握袈裟，結跏趺坐於蓮座上，身放光明，背倚尼拘律樹。二神足弟子侍立左右，下方繪佛之父母眷屬。在畫幅上方褙附磁青題籤一方，上以漢、滿、蒙、藏四文金書迦葉佛偈。背面有白綾，墨書漢、滿、蒙、藏四文題記："乾隆四十二年五月初一日　班禪額爾德尼貢此番像佛七軸　欽命章嘉胡土克圖考定次序及七佛父母眷屬　御製七佛塔碑記別紀其詳　並以佛偈譯成四體各書其上　左三"。

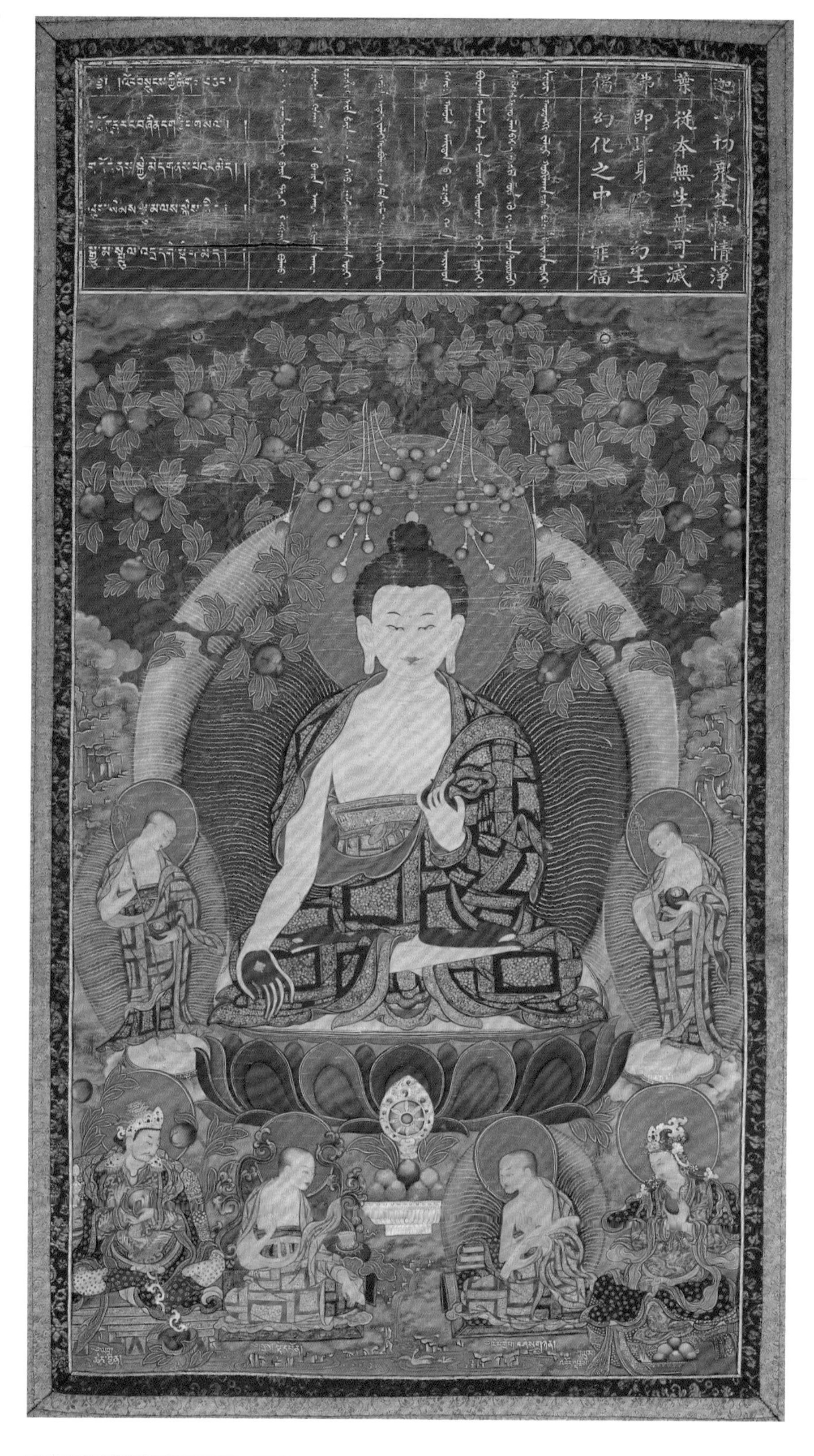

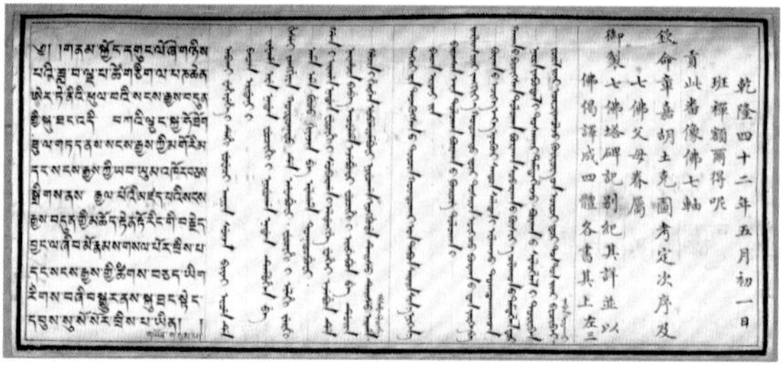

乾隆四十二年五月初一日
班禪額爾德尼
貢此番像佛七軸
欽命章嘉胡土克圖考定次序及
七佛父母眷屬
御製七佛塔碑記別紀其詳並以
佛偈譯成四體各書其上左三

七佛

成堂
18世紀　北京
紙本墨拓描金　　縱106厘米　橫66厘米
清宮舊藏

Vipashyin Buddhas

18th Century　Beijing
Paper, rubbing from a stone tablet in ink and tracing a design in gold
H.106cm　L.66cm
Qing Court collection

此七幅唐卡即北海七佛塔碑刻石畫像傳拓本。唐卡以墨拓為地，陰綫處用金汁填描，對比原稿可見描摹、鐫刻之精工。每尊像下皆以藏文標示名姓。畫幅上方以漢、滿、蒙、藏四文金書佛偈。七佛偈哲理深邃，皆以佛教緣起性空之理念為基點。背面均有白綾，墨書漢、滿、蒙、藏四文題記：“乾隆四十二年五月初一日　欽命照班禪額爾德尼所貢番像佛七軸　考定次序及七佛父母眷屬並以佛偈譯成四體各書其上者　泐石摹搨　用廣流傳　永成勝果”。今七幅齊全。（詳見圖89-95）

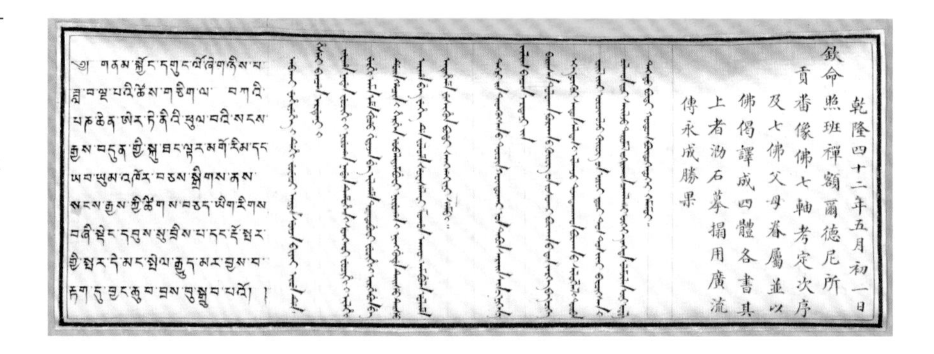

89

七佛——毗婆尸佛

Vipashyin Buddha

毗婆尸佛是過去七佛中第一佛，其名意為觀勝、淨觀、勝見。

毗婆尸佛右手結觸地印，左手托缽，結跏趺坐於蓮座上。二神足弟子近侍左右，下方為佛之父母、執事等。

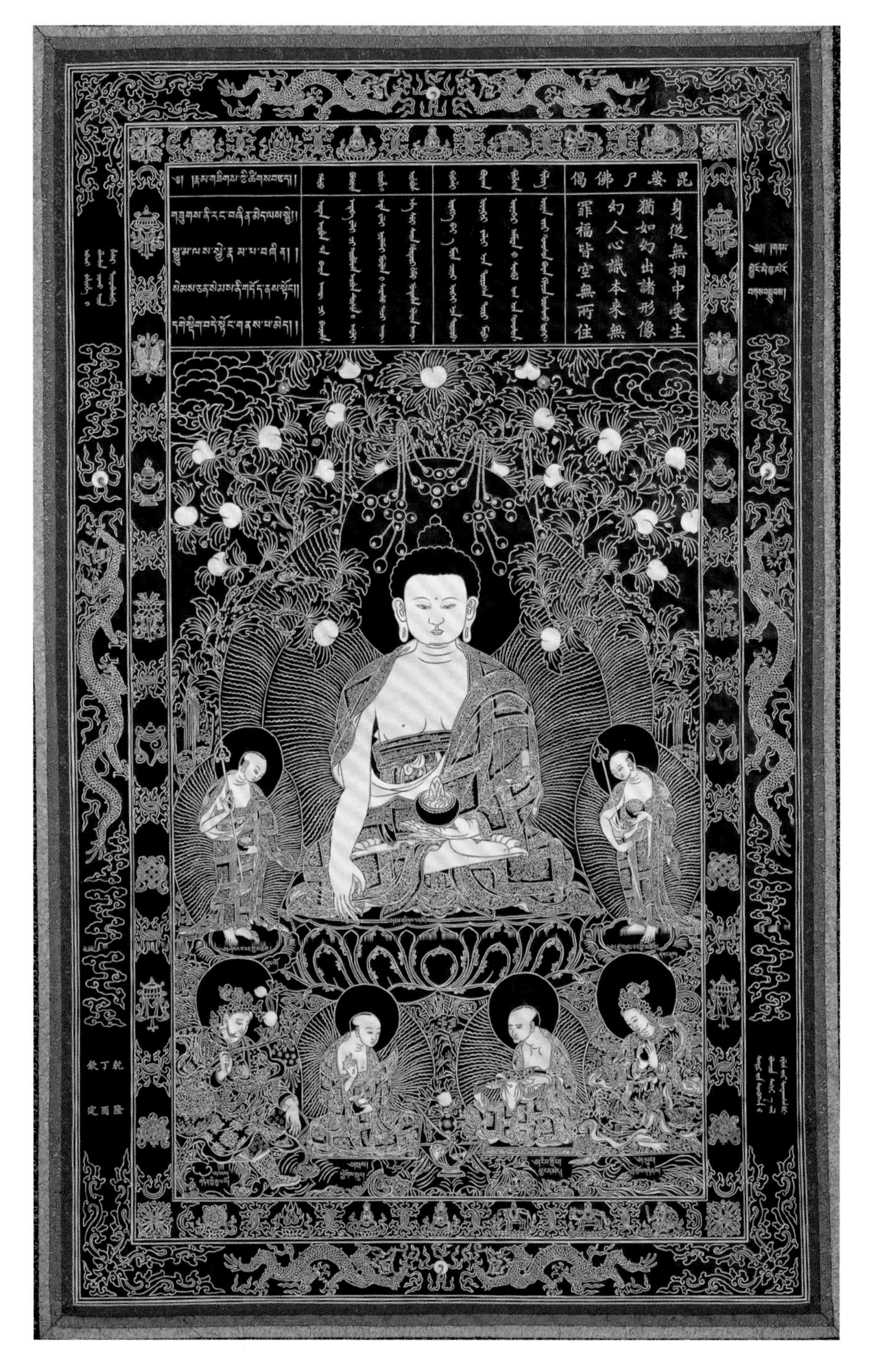

90

七佛——尸棄佛

Shikhin Buddha

尸棄佛是過去七佛中第二佛，其名意為頂髻、火首、最上。《長阿含經》中說，尸棄佛生於過去三十一劫時，人壽七萬歲。

尸棄佛右手施與願印，左手托缽，結跏趺坐。佛於芬陀利樹下成正覺。左右脅侍二弟子為阿毗浮與三婆婆，各以智慧、神通聞名；右下捧經比丘即執事弟子忍行。左下托缽僧人為佛子無量。下方佛父母居左右角，為刹帝利種姓。

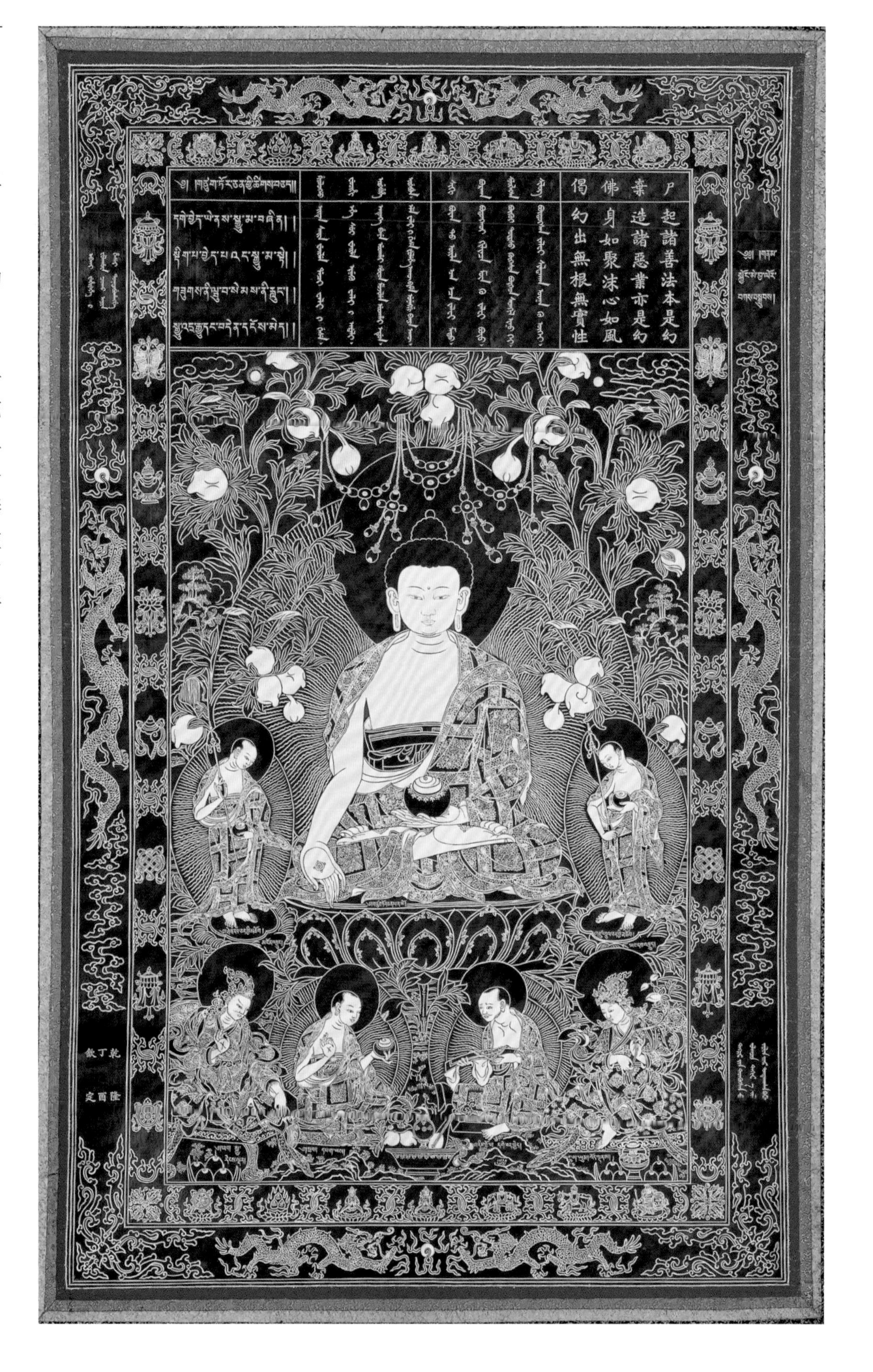

91

七佛——毗舍浮佛

Vishvabhu Buddha

毗舍浮佛是過去七佛中第三佛，其名意為一切勝、一切自在、廣生，經中記為過去莊嚴劫千佛中最後出現的一尊。《長阿含經》中說，此佛出於過去三十一劫時，人壽六萬歲。

毗舍浮佛右手掌心下按，結拔濟眾生印，左手托鉢，結跏趺坐。佛於娑羅樹下成道。二神足扶遊、鬱多摩侍佛兩側；跣足持經之比丘為執事弟子寂滅；與寂滅對坐者為佛子妙意。下方為佛父母居左右，刹帝利種姓。

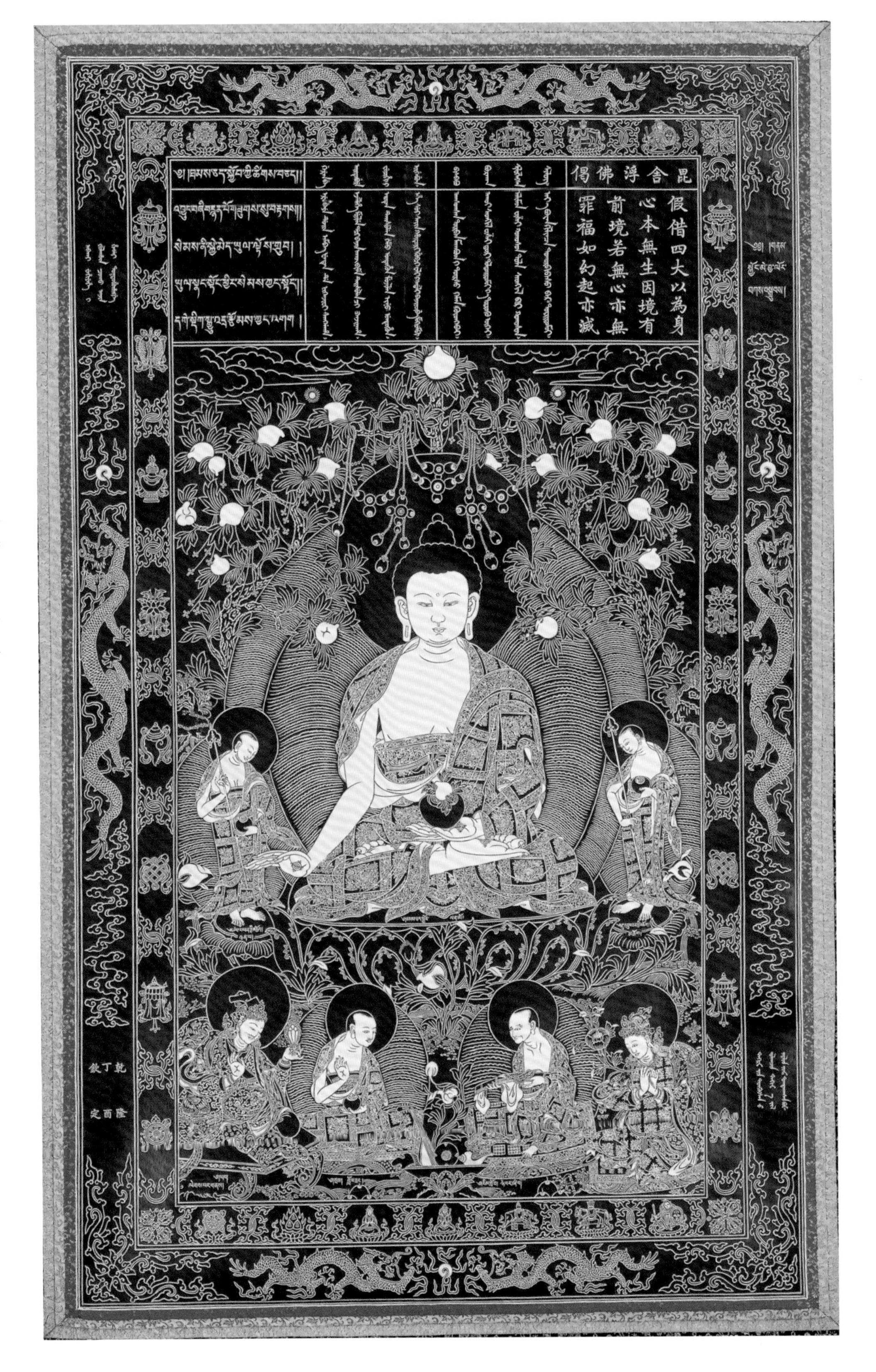

92

七佛——拘留孫佛

Krakucchanda Buddha

拘留孫佛是過去七佛中第四佛，亦為現在賢劫千佛之第一佛，其名意為領持、應斷已斷、成就美妙等。《長阿含經》中說，此佛出現於賢劫時，人壽四萬歲。據說阿育王時仍有此佛舍利塔存印度。

拘留孫佛現禪定相，雙手托缽安住，於尸利沙樹下成道。二上首弟子薩尼、毗樓，各以智慧、神通聞名，分立佛之左右。執事弟子名善覺坐佛子上勝對面；佛子雙手合掌而坐。佛父母着王者衣冠，為婆羅門種姓。

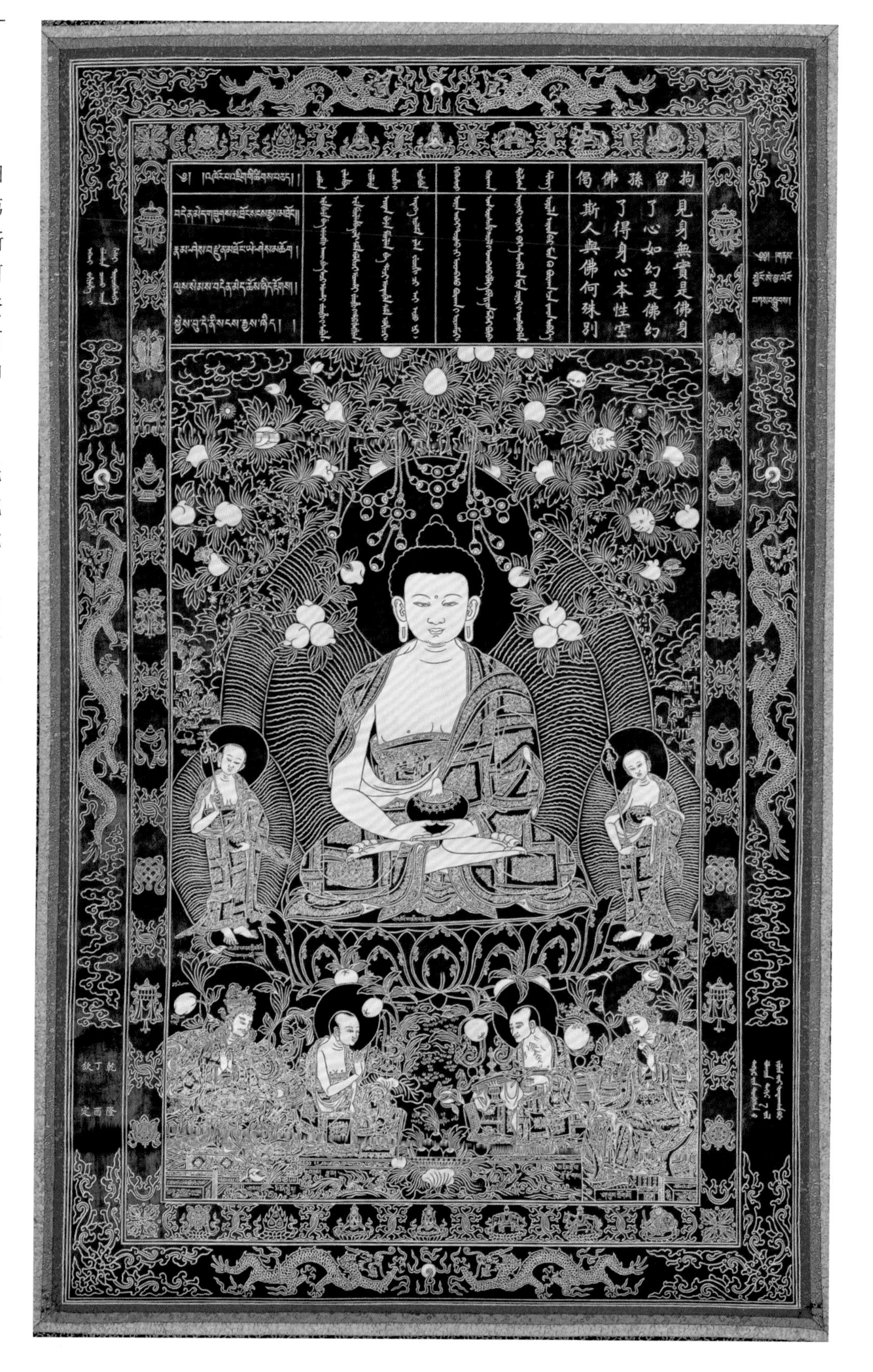

93

七佛——拘那含牟尼佛

Kanakamuni Buddha

拘那含牟尼佛是過去七佛中第五佛，亦為賢劫千佛之第二佛，其名意為金色仙、金寂。《長阿含經》中說，此佛生於清淨城時，人壽三萬歲。

拘那含牟尼佛左手托鉢，右手結說法印，結跏趺坐。於烏暫婆羅樹下成佛，二神足弟子舒槃那多、鬱多羅持錫侍立兩側，右下為奉侍弟子安和，與之對坐者為佛子王軍。下方為佛父母，俱着世人裝，婆羅門種姓。

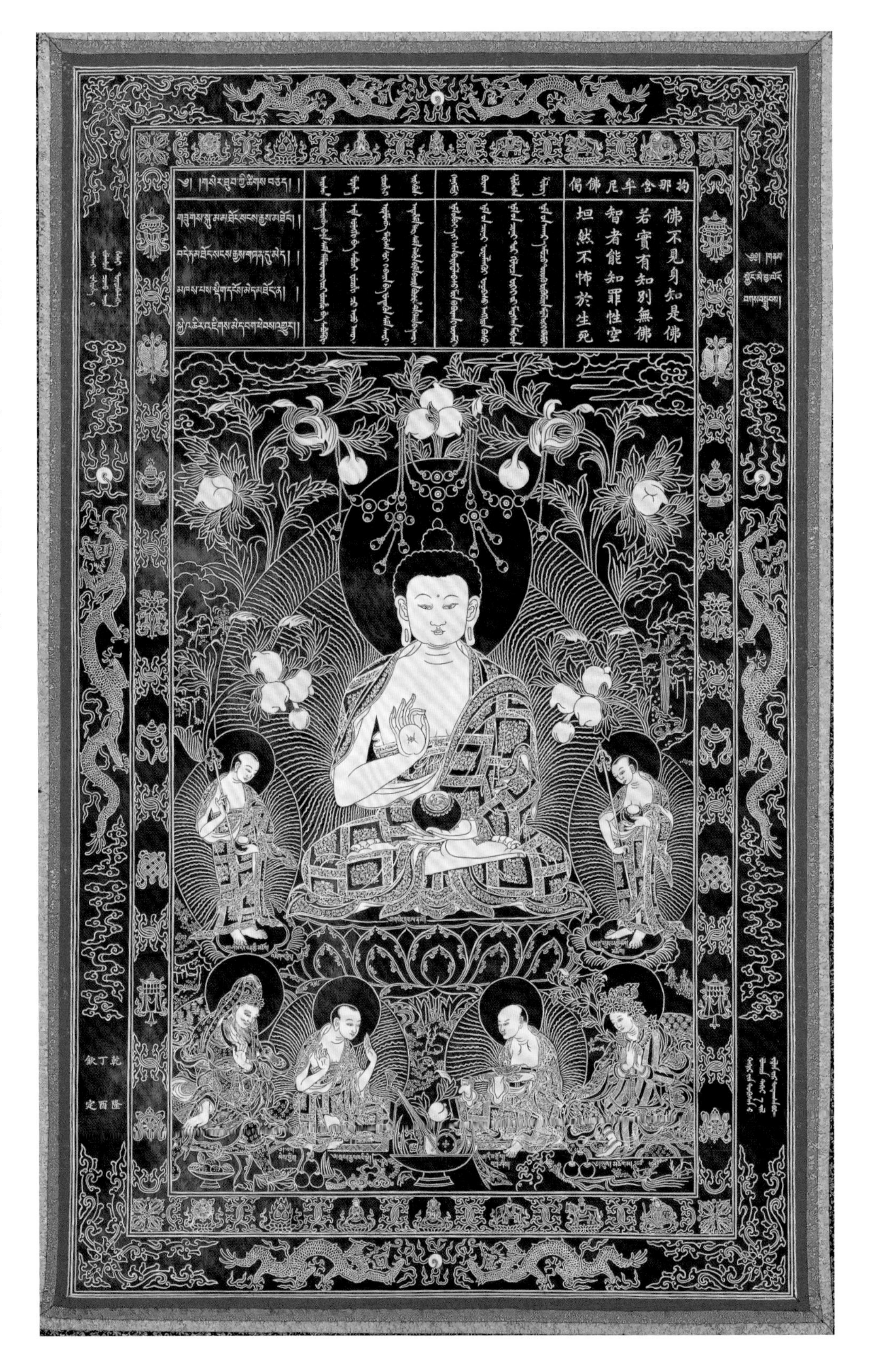

七佛——迦葉佛

Kashyapa Buddha

迦葉佛為過去七佛中第六佛，賢劫千佛之第三佛。其名意為飲光佛。《長阿含經》中說，迦葉佛出世時，人壽兩萬歲。

迦葉佛右手施與願印，左手握袈裟，結跏趺坐。於尼拘律樹下成佛，二高足提舍、婆羅婆常隨佛之左右。捧經比丘為執事弟子善友，佛有子名集軍，坐其祖身旁。下方佛父母居左右角，婆羅門種姓。

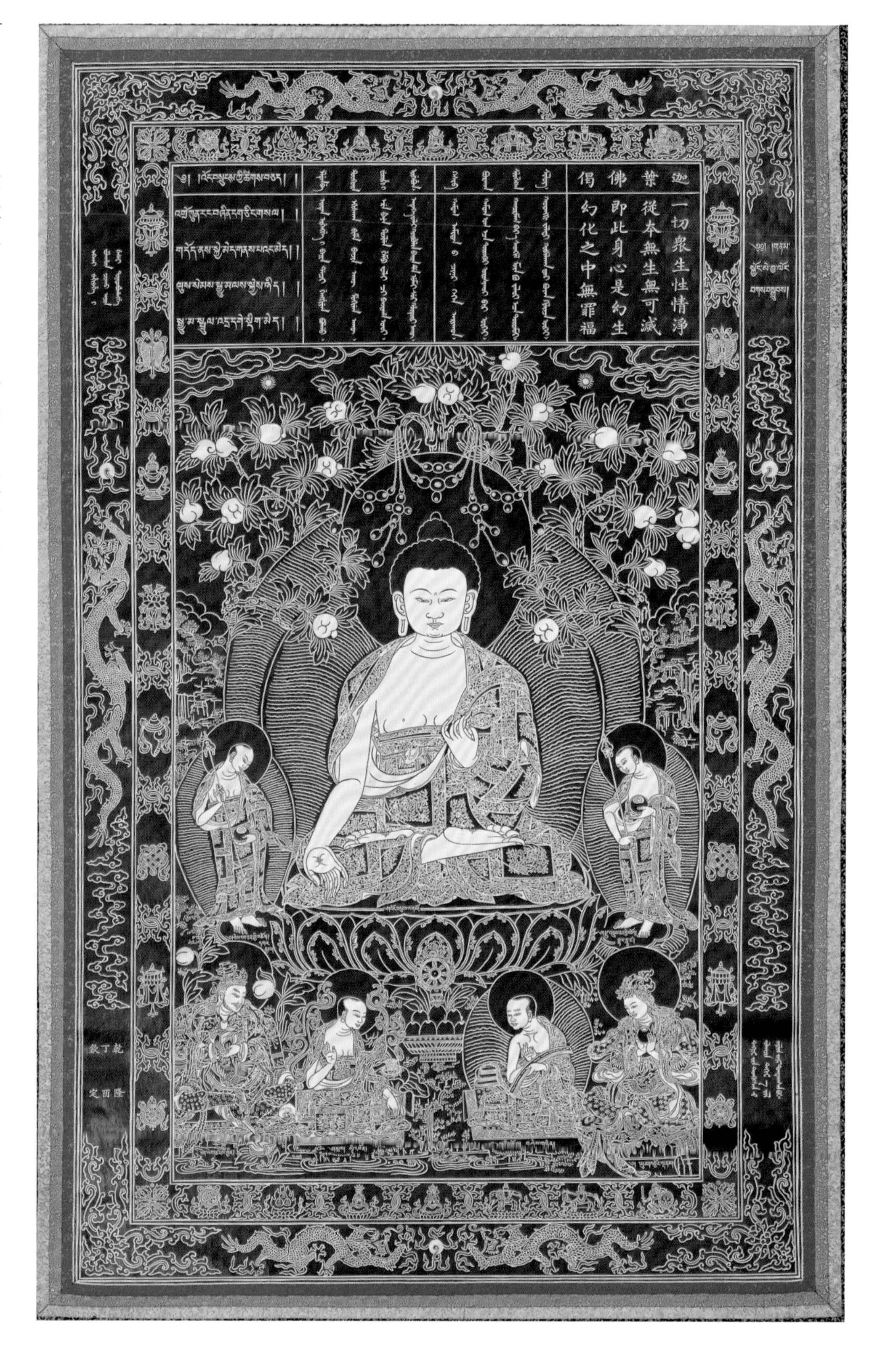

95

七佛——釋迦牟尼佛

Shakyamuni Buddha

釋迦牟尼佛居“過去七佛”之末，而以教法論則為現在佛。其名意為能仁、寂靜。七佛之事在《雜阿含經》、《長阿含經》、《增一阿含經》、《賢劫經》及《七佛父母姓字經》、《七佛經》等中俱有記述。

釋迦佛右手結說法印，左手托缽，結跏趺坐於蓮座上，蓮花生於水中。侍立佛陀左右的是“神通第一”目犍連與“智慧第一”舍利弗。執事弟子阿難是佛陀的堂弟，他以“多聞第一”著稱。頂生肉髻者是佛子羅睺羅。下方居左右角的是佛父母淨飯王和摩耶夫人，刹帝利種姓。

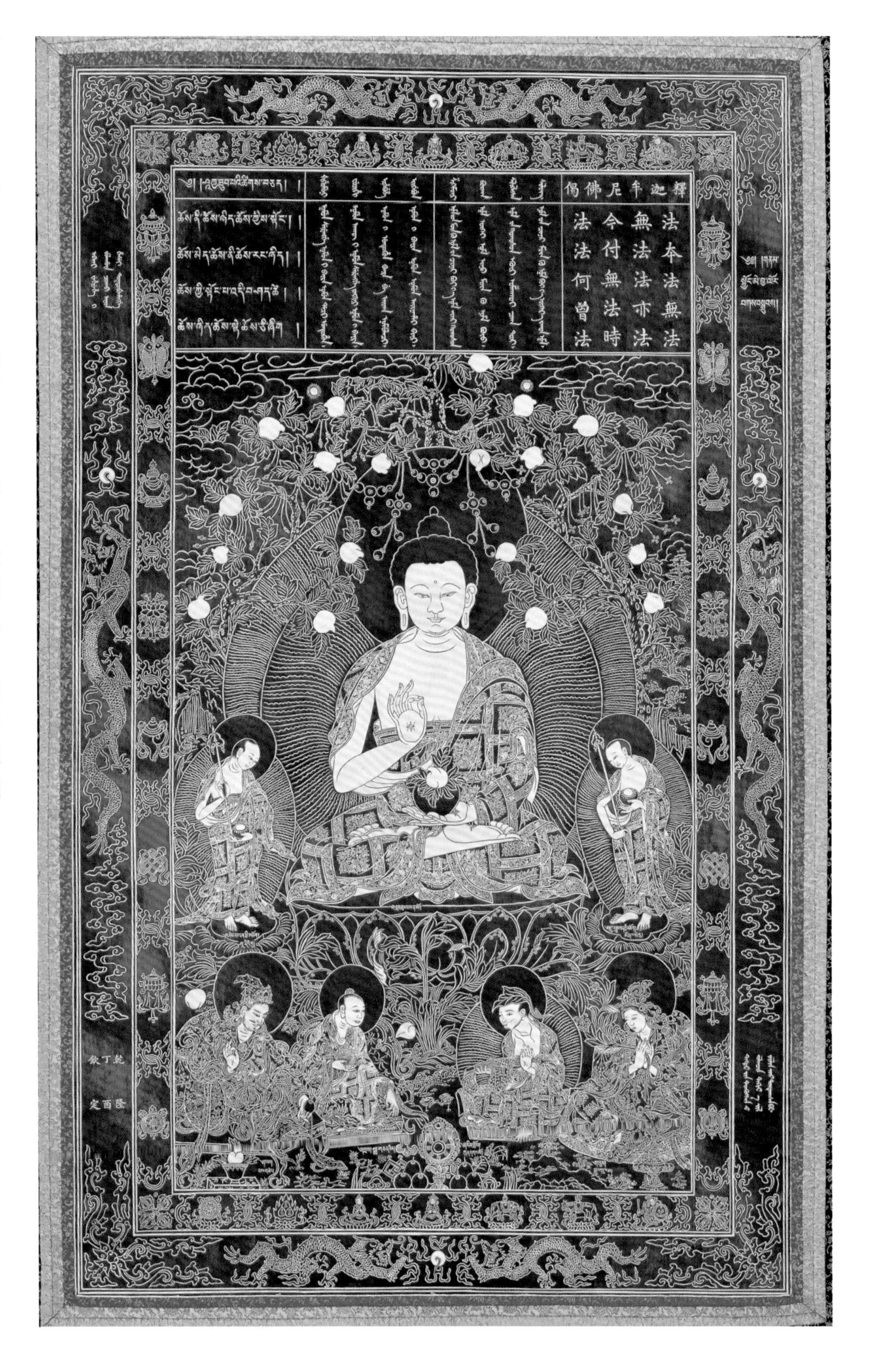

96

彌勒佛聖界
18世紀　西藏
布本設色　縱61厘米　橫34厘米
清宮舊藏

Maitreya Buddha's Pure Land
18th Century　Tibet
Distemper on Cloth　H.61cm　L.34cm
Qing Court collection

彌勒藏語稱"強巴"，其名意為慈氏，其信仰在顯密佛教中都很盛行。佛經中說，彌勒是由釋迦佛授記、在他滅度後下生人世的未來佛。故彌勒有佛裝和菩薩裝兩種形象，彌勒菩薩居兜率天內院。

彌勒菩薩左手托淨瓶，右手結說法印，居中結跏趺坐，眾天神菩薩等環繞法席，聆聽教法，其中包括阿底峽、宗喀巴等上師在內。四周宮殿金碧輝煌，諸天護衛，眾神奏樂散花、供奉讚嘆，場景莊嚴壯麗。下半部繪彌勒降身立像，以寓其"當來下生"成佛之意。背面有白綾，墨書漢、滿、蒙、藏四文題記："利益畫像彌勒佛聖界……"。

此唐卡人物景觀排佈錯落，細節刻劃生動，構圖緊湊，色彩豐富明麗，是一幅西藏本土風格濃鬱的佳作。

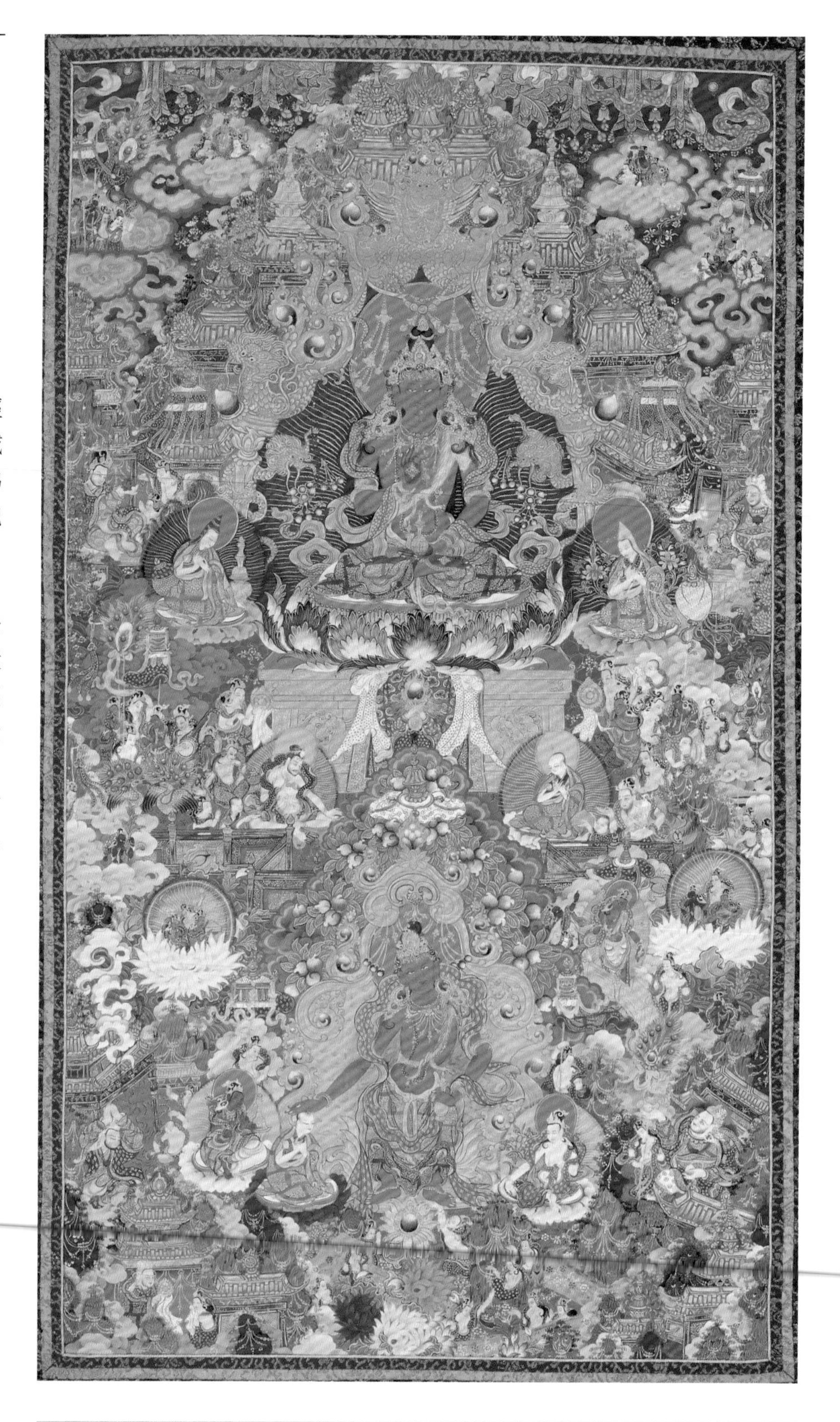

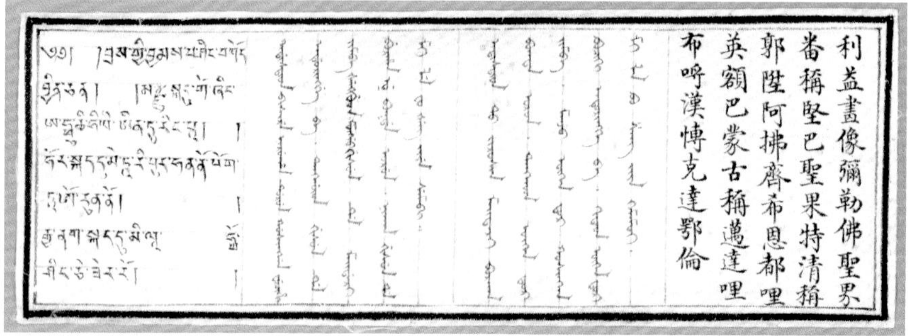

97

釋迦牟尼佛
18世紀　西藏
布本設色　　縱78厘米　橫52厘米
清宮舊藏

Shakymuni Buddha
18th Century　Tibet
Distemper on Cloth　H.78cm　L.52cm
Qing Court collection

釋迦佛現成道相，托鉢而住，頂覆華蓋。上界有蓮花生大師為首之三祖師，周匝排佈二百一十尊佛，稱三十五懺悔佛，內容出自《決定毗尼經》，是惡業眾生懺罪之對象。背面有種子字及藏文祈願文，大意稱："願得吉祥！祈願與此三十五如來畫像有關之一切眾生及作者洛桑羣佩等人永離痛苦、障礙和罪過！吉祥！善哉！"

此金唐以金色為地，朱綫勾描，特色鮮明。特別是唐卡上保留作者之名，彌足珍貴。

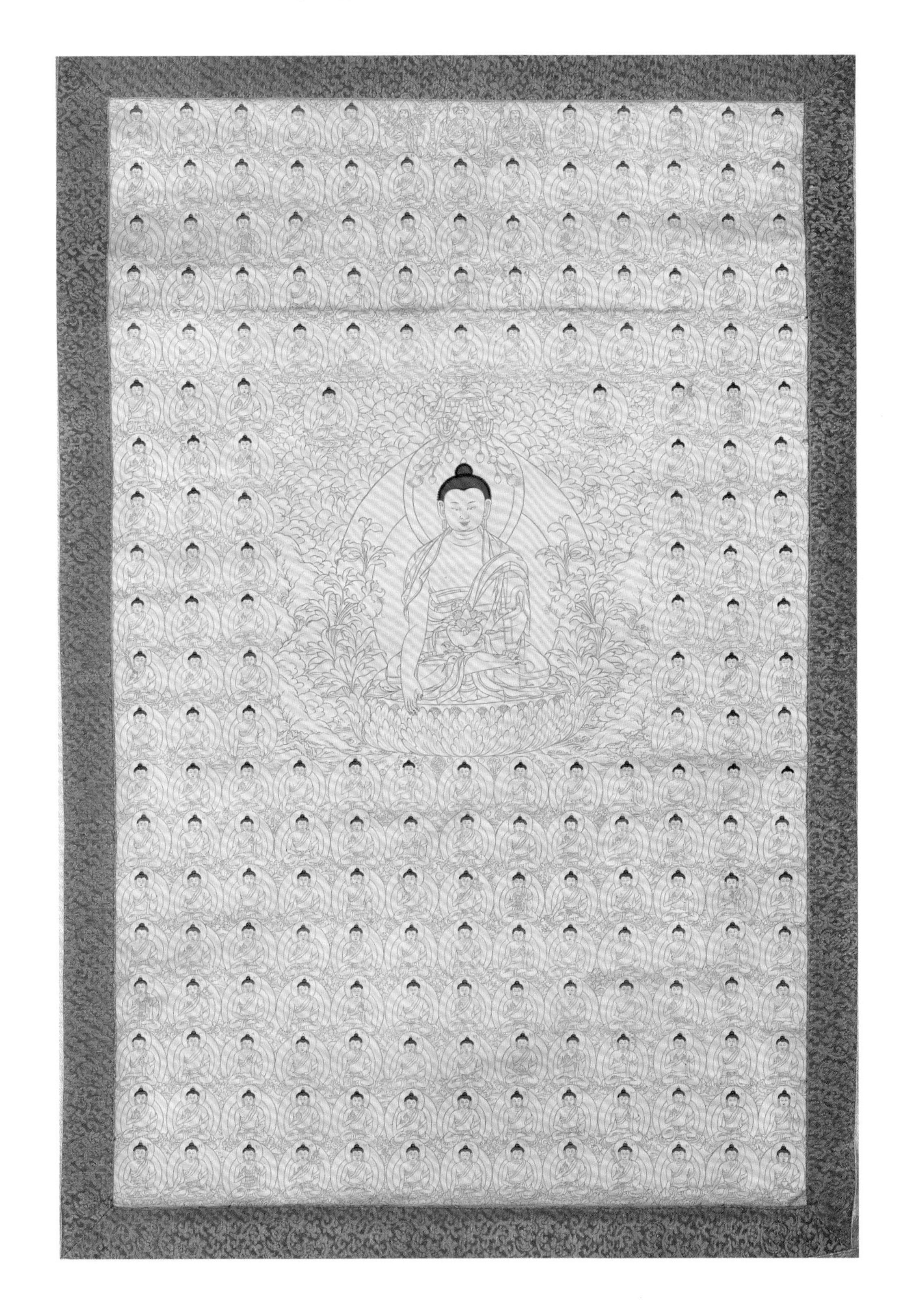

98

無量壽佛
18世紀　西藏
布本設色　縱78厘米　橫52厘米
清宮舊藏

Amitayus Buddha
18th Century　Tibet
Distemper on Cloth　H.78cm　L.52cm
Qing Court collection

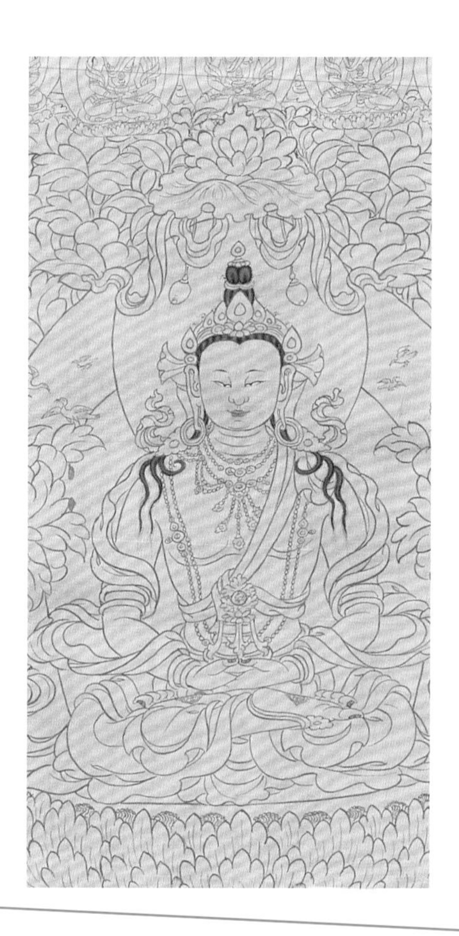

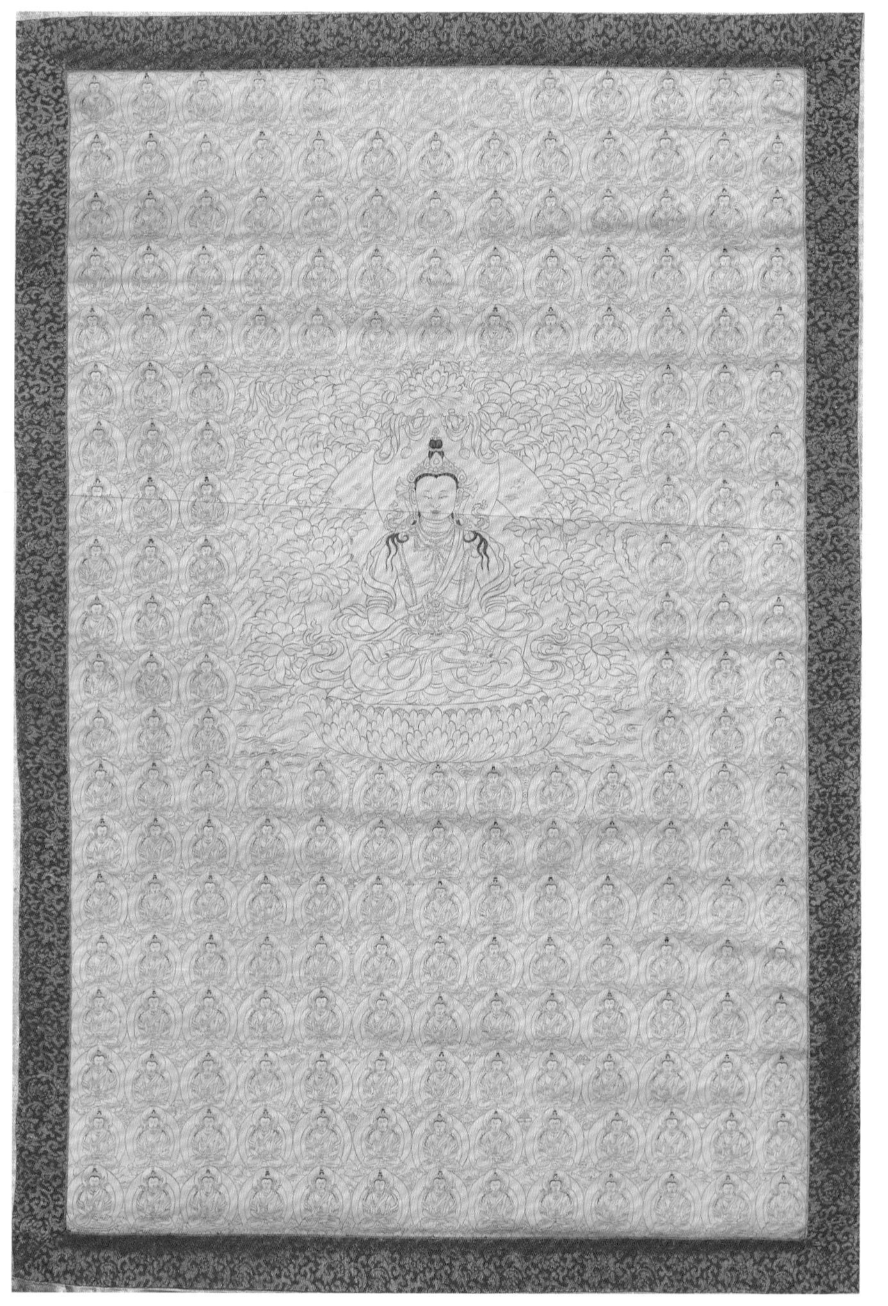

無量壽佛即阿彌陀佛之意譯，為五方佛之一，居西方，為蓮花部部主，代表五智中的妙觀察智。在藏傳佛教中，他既為西方極樂世界之教主，同時又是可以賜予眾生今生世壽幸福之佛，因此對其信仰極為普遍。

無量壽佛雙手結法界定印，着菩薩裝，頂繪蓮花生、宗喀巴、阿底峽等三尊祖師，四周環繞無量壽佛二百餘尊。背面有種子字及藏文祈願文，大意為："願得吉祥！願無量壽佛畫像光芒光耀吉祥佛法之太陽，無往不勝，驅散一切黑暗，永遠住世！吉祥！善哉！"

此金唐佛像除眉髮眼目施藍色，唇吻深紅外，餘處均用朱綫白描繪成，形式獨特，呈現出恢弘整肅、光芒照耀的效果。

99

無量壽佛
18世紀　北京
布本設色　縱89厘米　橫59厘米
清宮舊藏

Amitayus Buddha
18th Century　Beijing
Distemper on Cloth　H.89cm　L.59cm
Qing Court collection

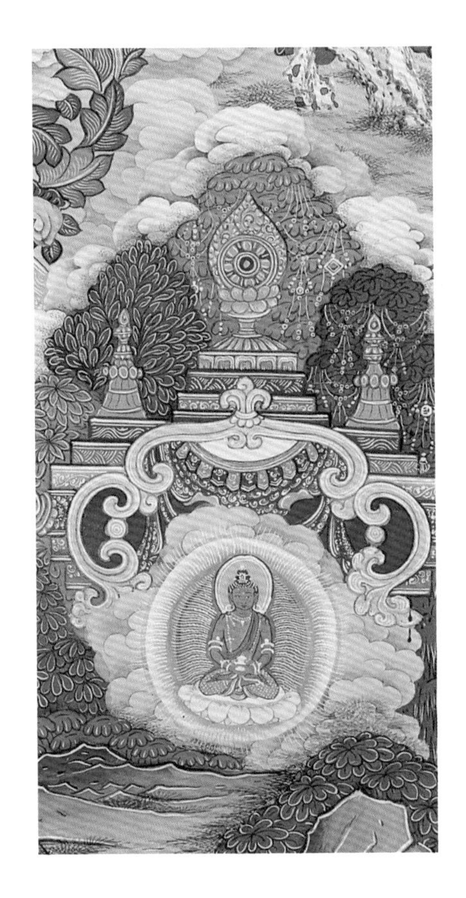

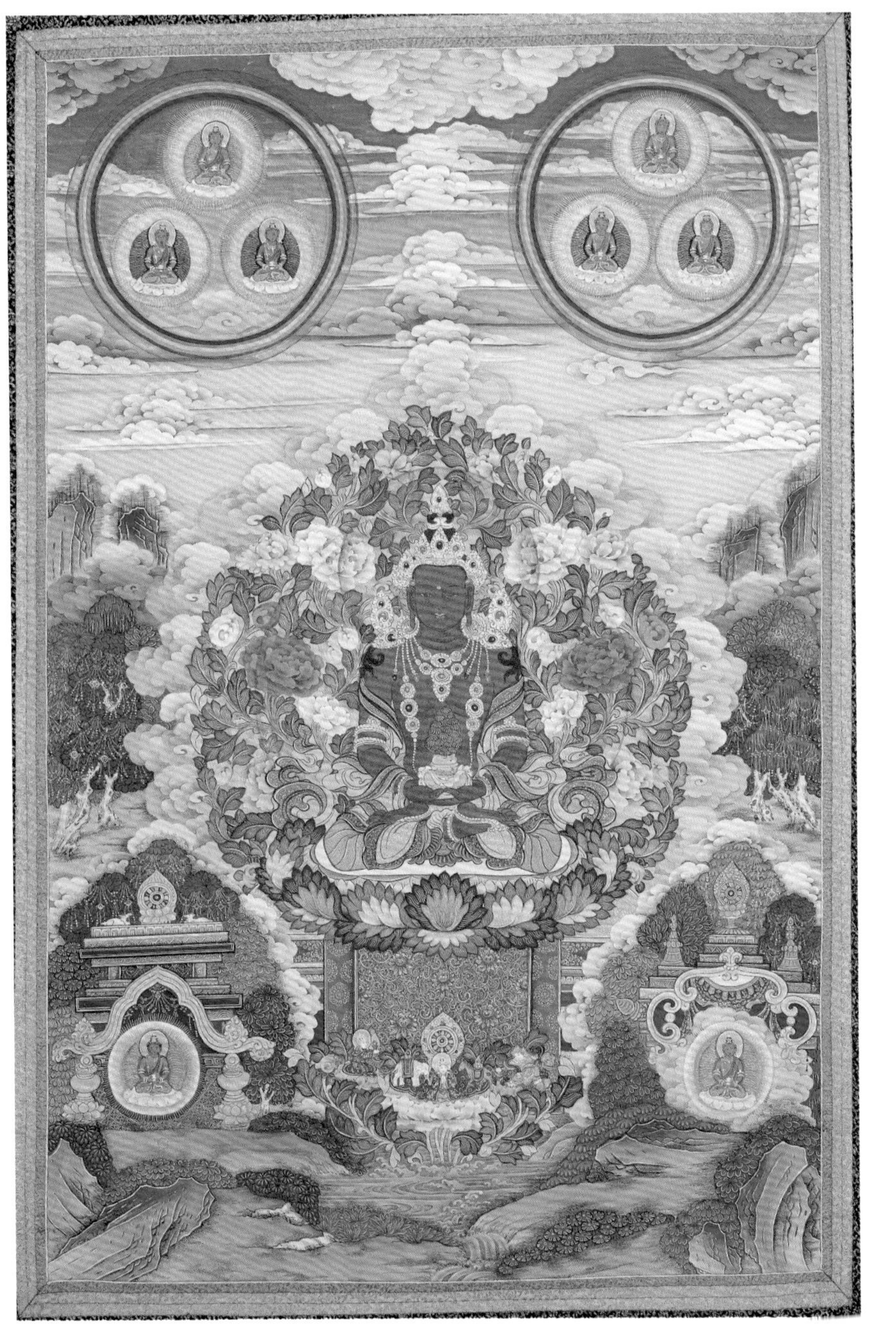

無量壽佛通身紅色，頭戴金色冠，身飾瓔珞，雙手結法界定印，托金瓶，瓶中生長常青寶樹。結跏趺坐，下承五色蓮台，身光透明。上界彩雲間有五色光環，內中各繪無量壽佛三尊；下界佛塔、拱門處亦有無量壽佛之身形顯現，是以象其化身無量，遍滿虛空。背面有白綾，墨書漢、滿、蒙、藏四文題記："乾隆五十五年八月十三日　欽命中正殿畫佛喇嘛繪畫供奉利益畫像無量壽佛"。

此唐卡是乾隆晚期中正殿所畫唐卡中的佳作，構圖簡約，用筆粗獷，體現了中正殿所畫唐卡之特徵。

100

無量壽佛極樂世界
18世紀　西藏
布本設色　縱65厘米　橫45厘米
清宮舊藏

Amitayus Buddha's Pure Land of Bliss
18th Century　Tibet
Distemper on Cloth　H.65cm　L.45cm
Qing Court collection

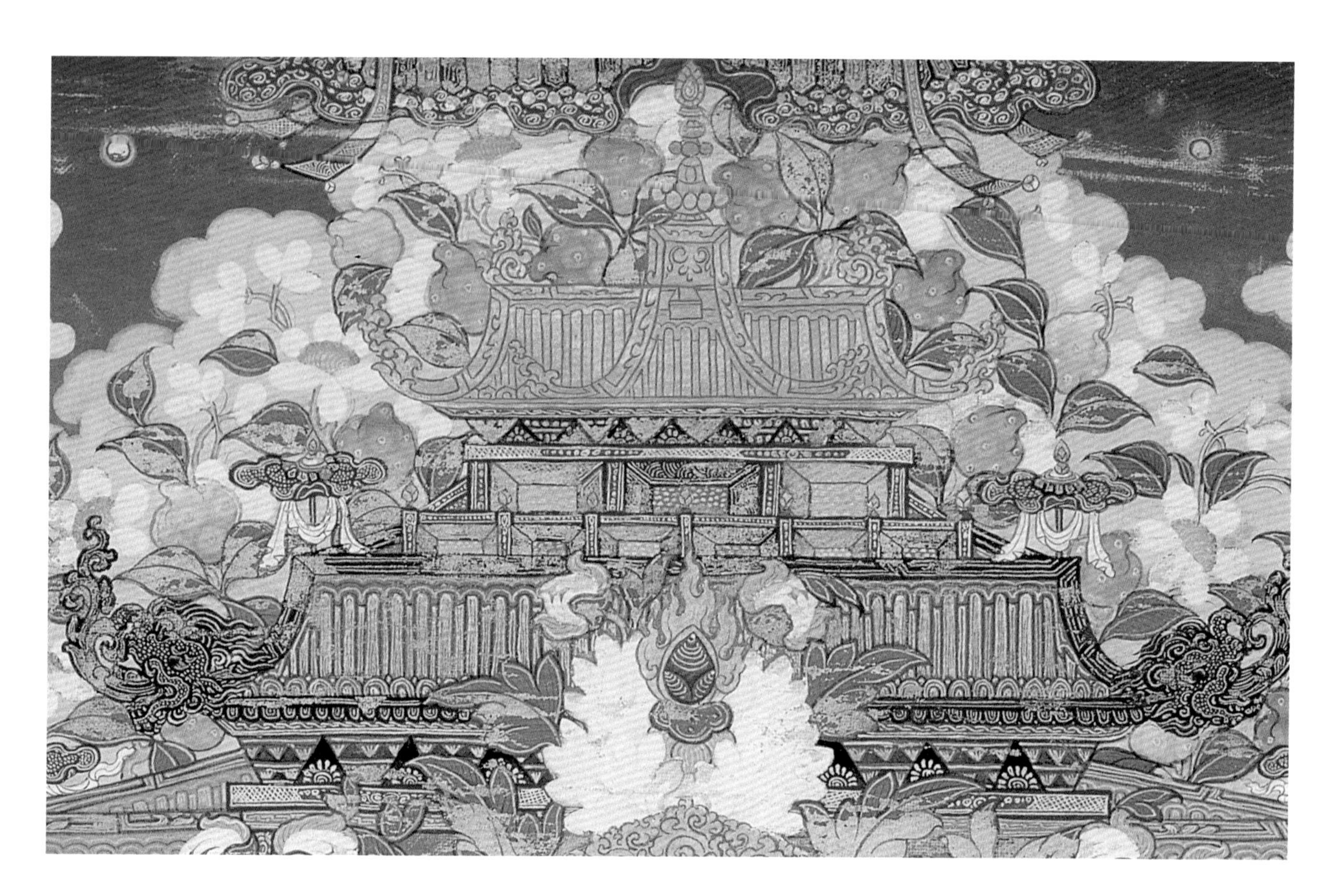

無量壽佛紅色身，戴五葉冠，披帛帶，飾瓔珞，下着薄裙。雙手結法界定印，上置寶瓶，結跏趺坐於蓮座上，儀態端莊。身後繪崇樓殿宇，以象徵極樂淨土。座前左右分侍八大菩薩，左列文殊、虛空藏、彌勒諸菩薩，而以觀音菩薩為上首；右側以金剛手菩薩居上首，下列普賢、地藏、除諸障菩薩，坐姿各異，形象生動。上界是格魯派祖師，左為宗喀巴，右為七世達賴喇嘛格桑嘉措。

此唐卡畫面設色恬淡明快，內中建築樣式兼具漢藏特徵，是一幅藏東風格的佳作。

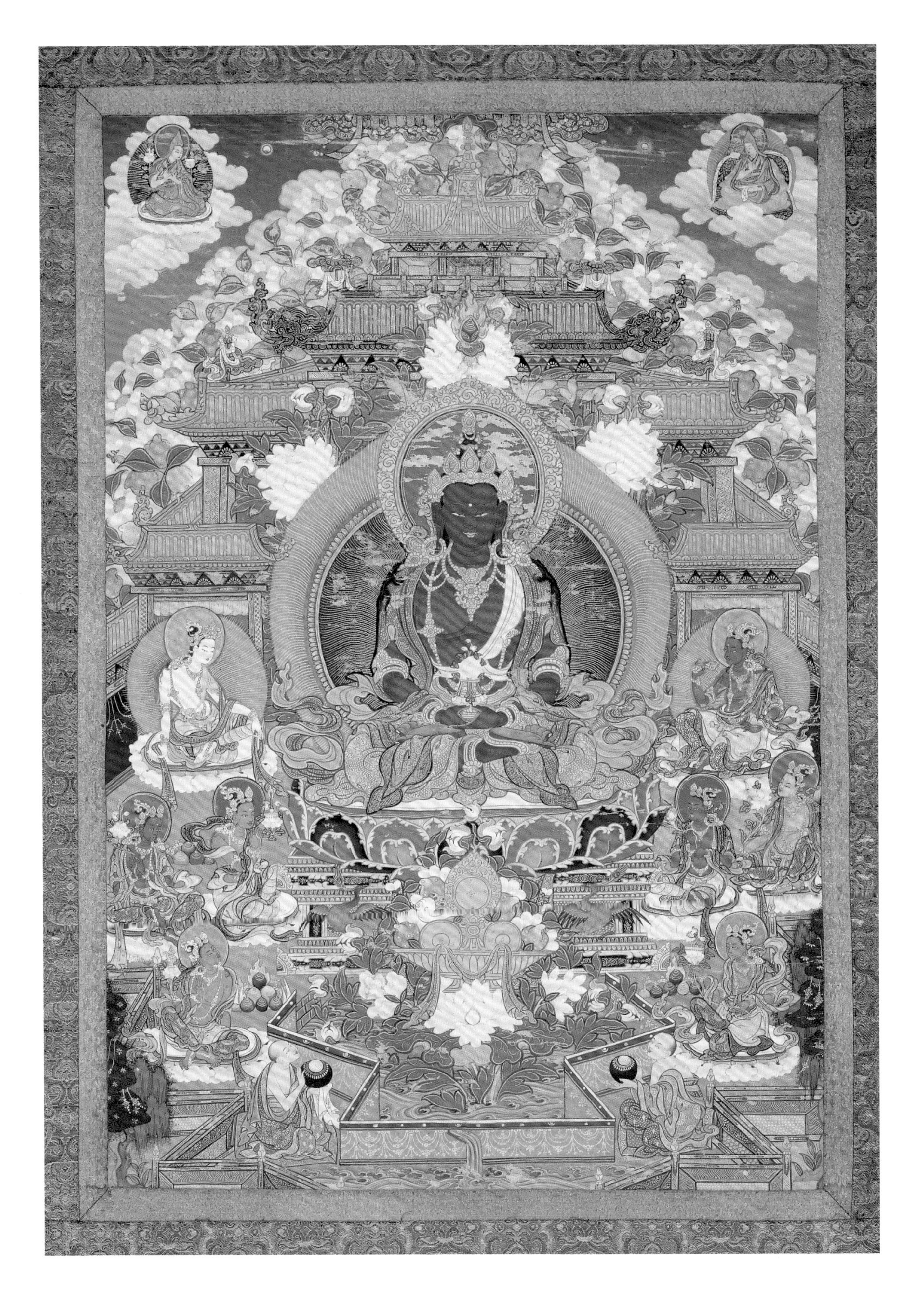

101

無量光佛

18世紀　西藏
布本設色　縱80厘米　橫55厘米
清宮舊藏

Amitabha Buddha

18th Century　Tibet
Distemper on Cloth　H.80cm　L.55cm
Qing Court collection

無量光佛即無量壽佛，經典中記此尊身如“百千億夜摩天閻浮檀金之色”，且其身光明無量，普照十方世界。

無量光佛現金色身，天冠菩薩裝，為托瓶禪定坐式，蓮座下承須彌獅子座，後襯繪樓閣佳木，繁花點綴其間。周匝繪無量光佛一百餘尊，象徵佛光無量，遍滿虛空，盡一切處。

此唐卡整幅畫面中雖大部分空間繪製了佛像，但仍於罅隙間描繪出青山隱隱，流水潺潺，空中飛鳥盤桓，林間走獸蹣跚的細節，使畫面平添無限生趣。

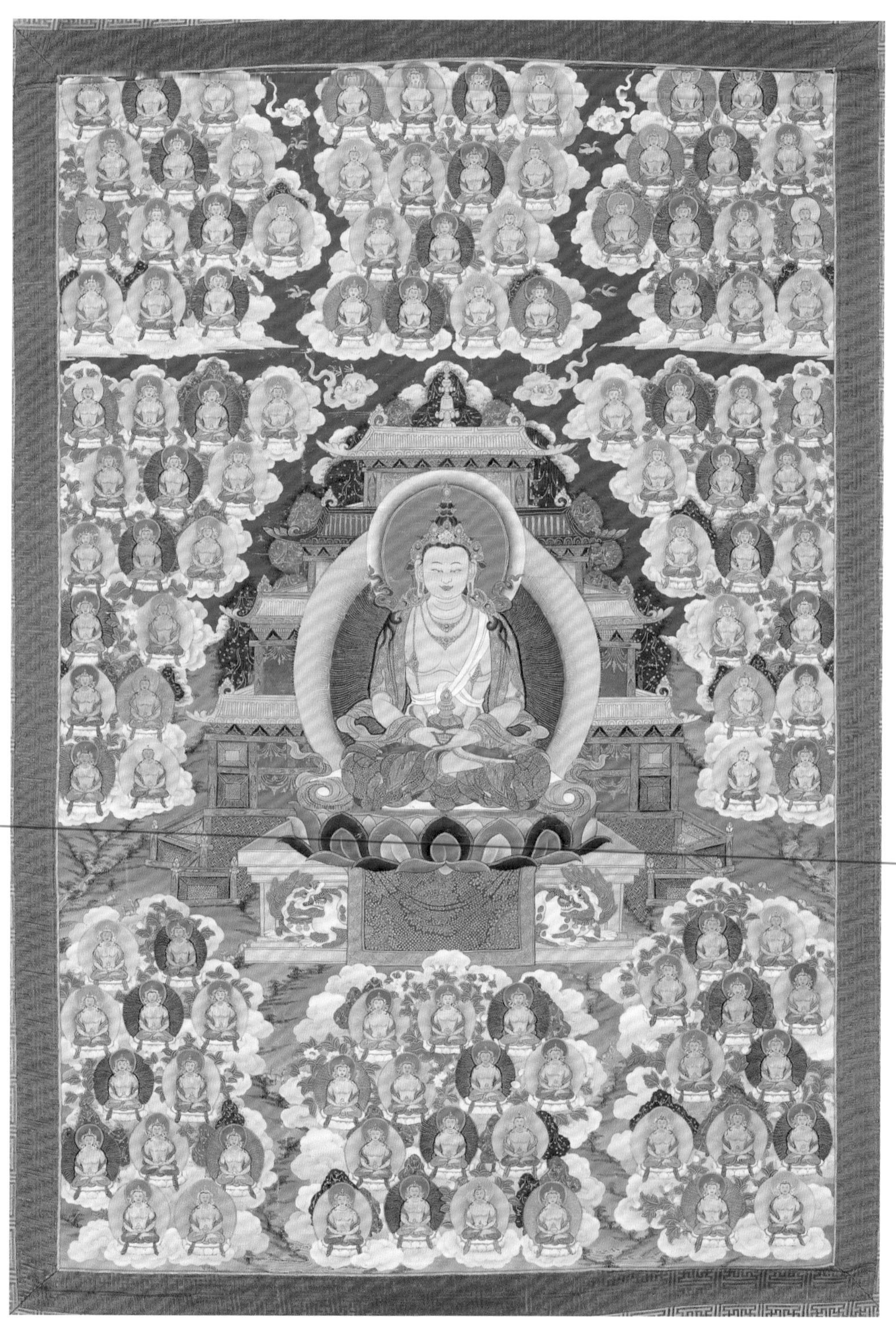

102

阿彌陀佛極樂世界

18世紀　西藏
布本設色
縱30.5厘米　橫22厘米
清宮舊藏

Amitabha Buddha's Pure Land of Bliss

18th Century　Tibet
Distemper on Cloth
H.30.5cm　L.22cm
Qing Court collection

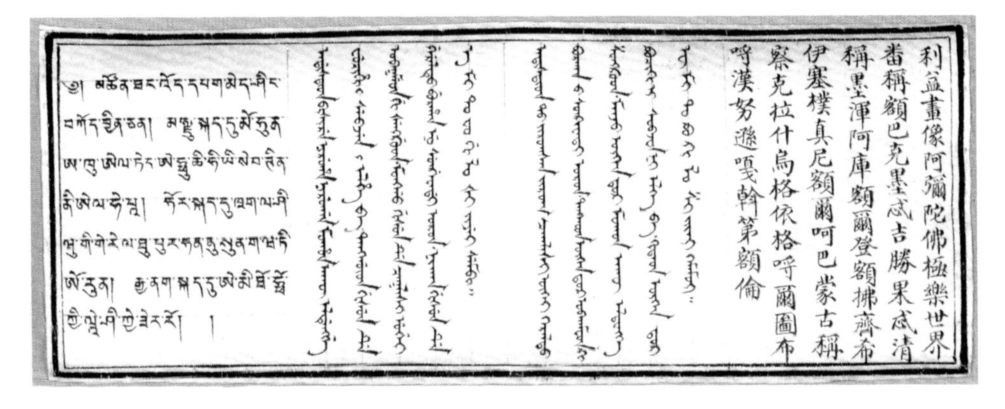

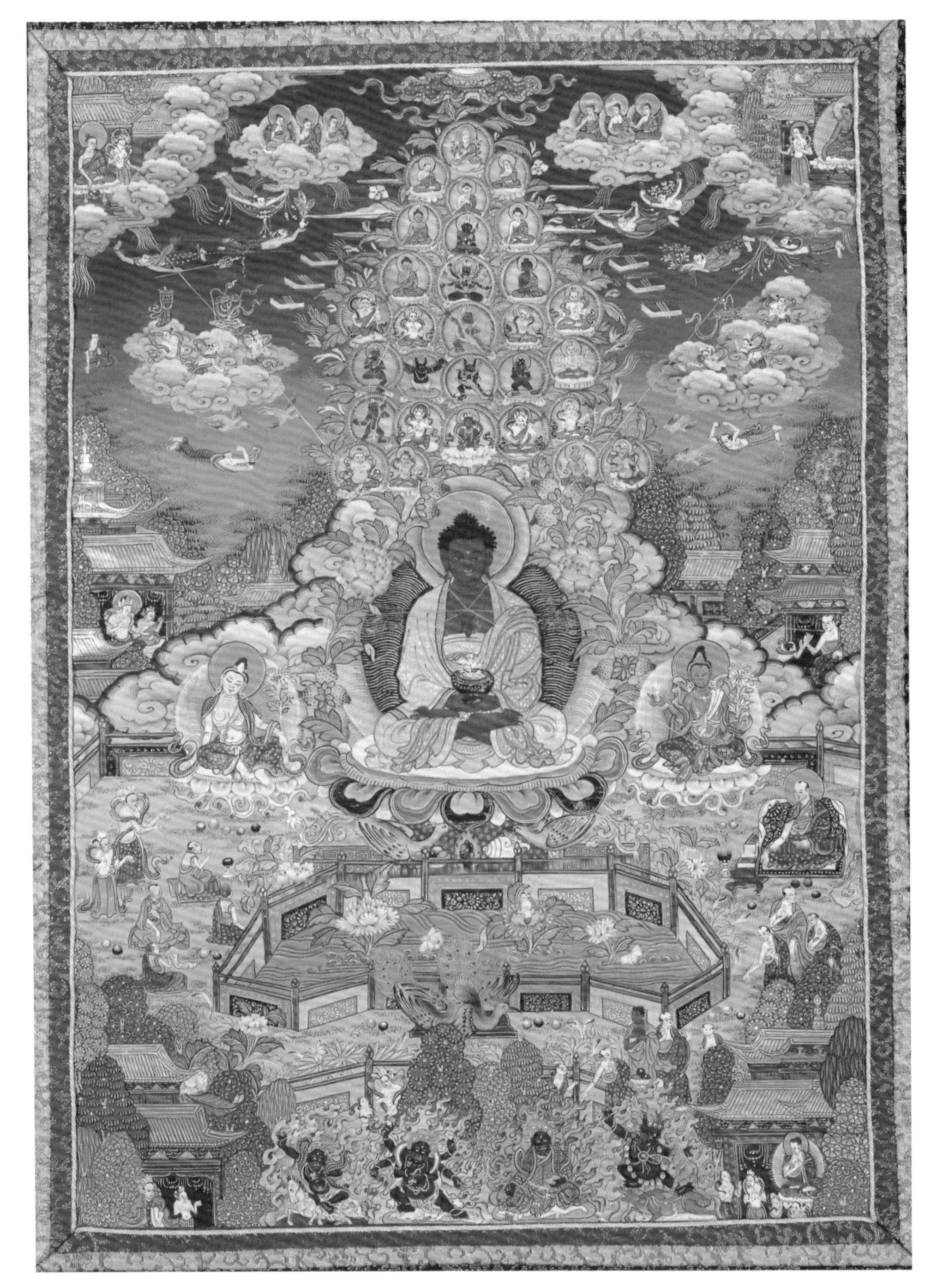

阿彌陀佛即無量壽佛，為顯密各宗派共奉。此尊着佛裝，較少出現。

阿彌陀佛紅色身，雙手托缽，現禪定相。上界有十方諸佛讚美極樂淨土，宗喀巴師徒三尊、五方佛、本初佛、密集金剛、勝樂金剛、大威德金剛並觀音、文殊等大菩薩以及佛母、樂天、空行、護法等眾神，構成了完備的密宗諸神譜系。勢至與觀音菩薩侍坐左右。下界遍地珍寶，以吉祥天母、六臂勇保護法、財寶大黑天、降閻魔尊等為護法。背面有白綾，墨書漢、滿、蒙、藏四文題記："利益畫像阿彌陀佛極樂世界……"。

清宮曾以此幅唐卡為藍本織造了織繡唐卡，十分精美。

103

大輪手持金剛菩薩

18世紀　西藏
布本設色
縱68厘米　橫46.5厘米
清宮舊藏

Mahachakra Vajrapani
18th Century　Tibet
Distemper on Cloth
H.68cm　L.46.5cm
Qing Court collection

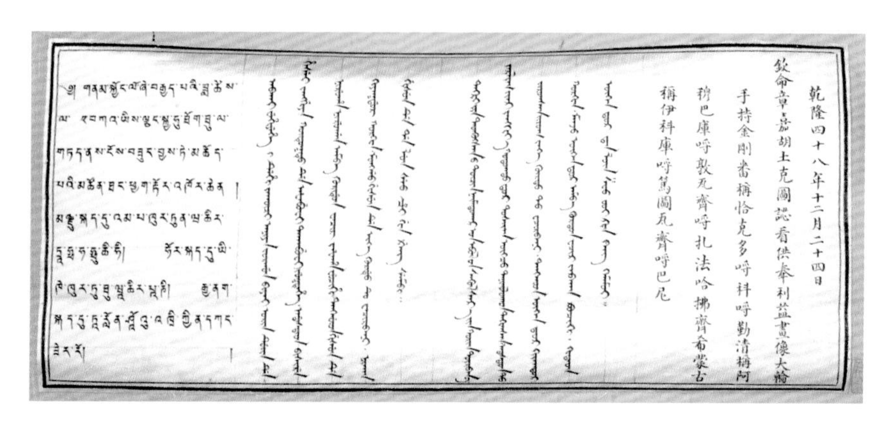

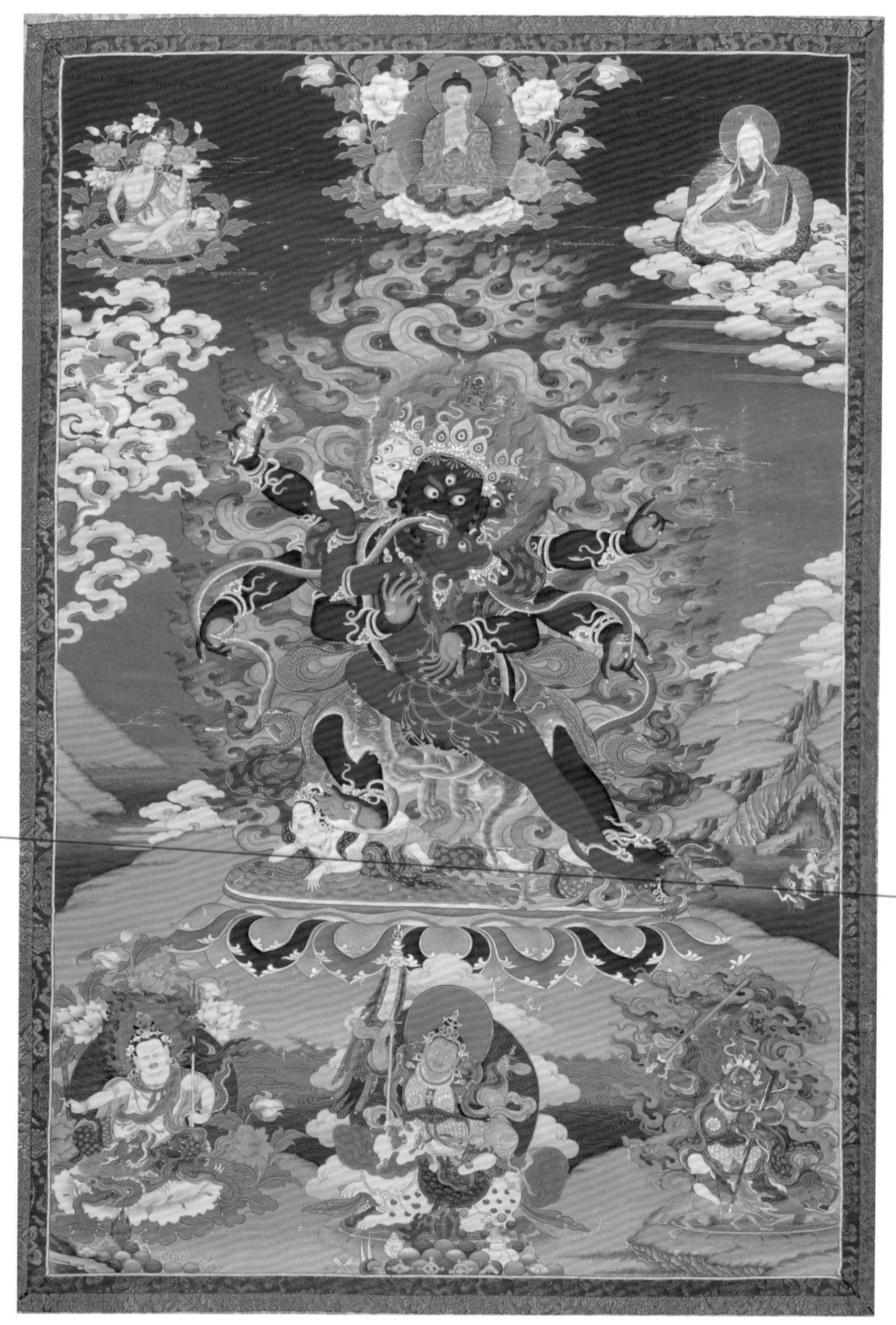

大輪手持金剛亦稱大輪金剛手，是金剛薩埵之忿怒顯相，藏密各派多視其為本尊加以修持。

大輪手持金剛菩薩藍色身，三面六臂，獠牙銜蛇，怒容可畏。髮上立藍色金剛手菩薩為頂嚴。雙手擁抱明妃，右上手持金剛杵，左上手結期克印，下兩手持蛇，束虎皮裙，身上纏蛇為飾。展左立，下踏白色梵天、紅色帝釋天。明妃現順生喜樂相。上界是佛陀、大成就者扎瓦日巴、喜饒僧格大師；下界是夜叉之主多聞天王居中，左為百寶之王白色布祿金剛，右為護法伏魔姊妹護法。蓮台旁有諸龍王自水中現身獻供，寓示着大輪金剛手對龍族的調服。背面有白綾，墨書漢、滿、蒙、藏四文題記：“乾隆四十八年十二月二十四日　欽命章嘉胡土克圖認看供奉利益畫像大輪手持金剛……”。

手持金剛菩薩

成堂
18世紀　西藏
布本設色
縱66厘米　橫44厘米
清宮舊藏

Vajrapani Bodhisattva
18th Century　Tibet
Distemper on Cloth
H.66cm　L.44cm
Qing Court collection

手持金剛菩薩唐卡一堂九軸，為金剛手九種變身。背面均有白綾，墨書漢、滿、蒙、藏四文題記："乾隆四十五年八月初七日　班禪額爾德尼　進丹書克供奉利益畫像手持金剛菩薩　番稱恰克那多呼濟，清稱斡齊呼扎法哈拂薩　蒙古稱斡齊呼巴尼"。並書位置如中、左一、右一等。今存九幅齊全。(詳見圖 104-112)

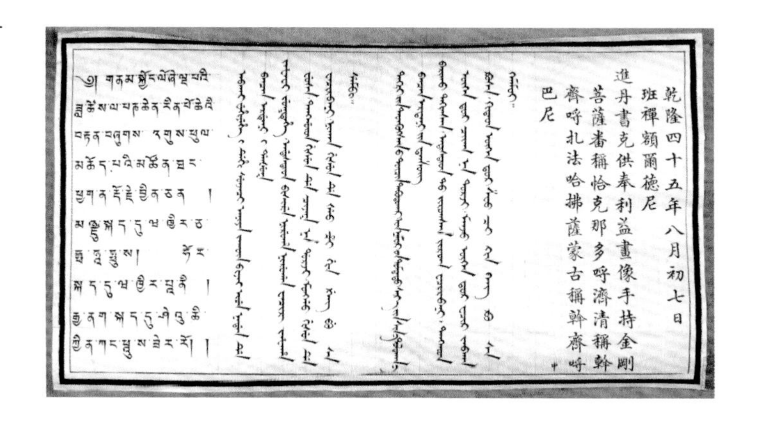

乾隆四十五年八月初七日
班禪額爾德尼
進丹書克供奉利益畫像手持金剛
菩薩番稱恰克那多呼濟清稱斡
齊呼扎法哈拂薩蒙古稱斡齊呼
巴尼
中

104

大輪手持金剛菩薩

Mahachakra Vajrapani Bodhisattva

大輪手持金剛菩薩據說乃釋迦佛之秘密化身，是其宣說密法時所現尊形，故也稱秘密主。

大輪金剛手藍色身，三面六臂，口中銜蛇，擁抱明妃展左立於蓮台上，後倚火燄背光，倍顯威猛。上界是雍頓上師、不動佛，下界是護法神吉祥天女。據白綾題記，排列"中"。

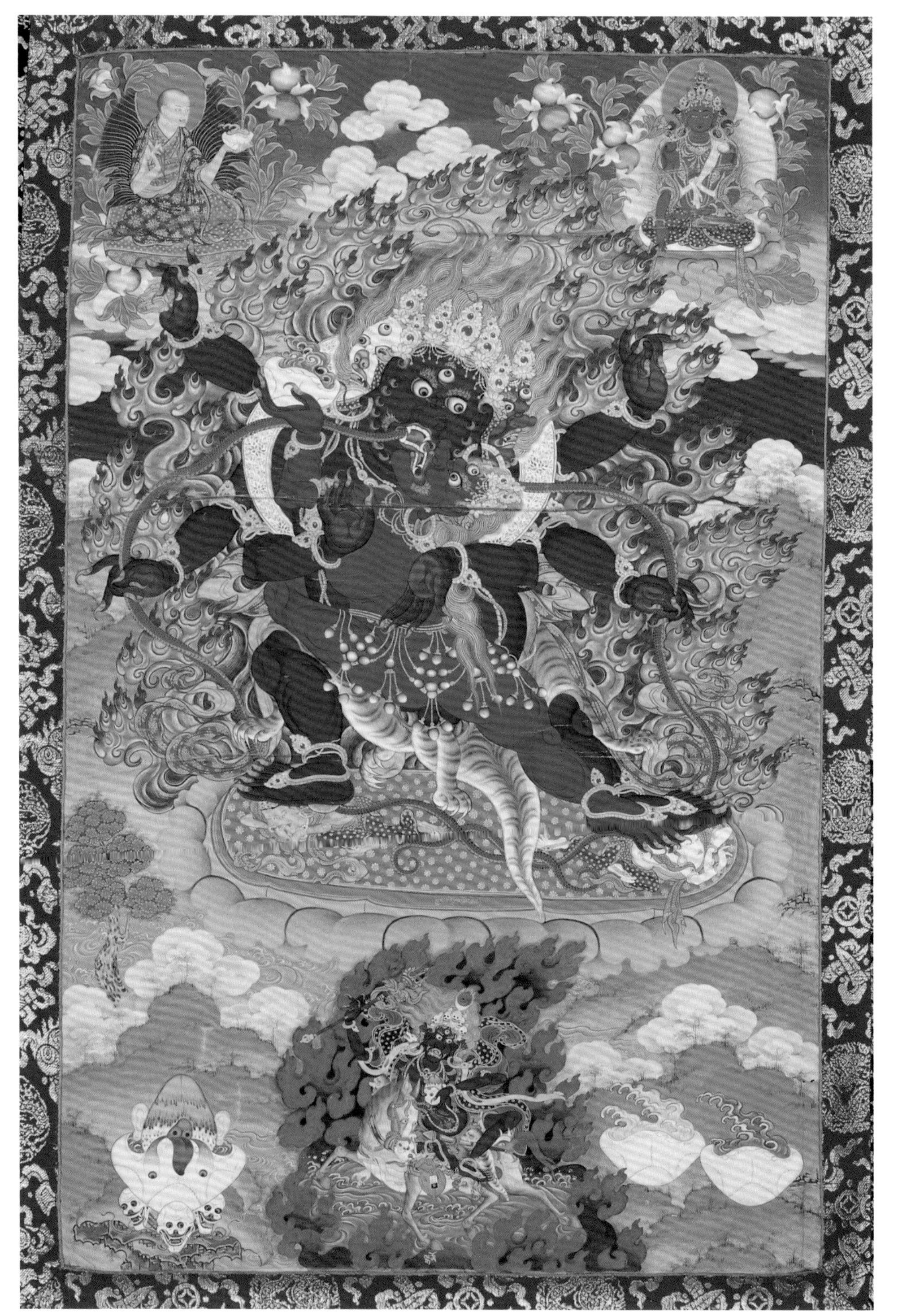

105

紅身手持金剛菩薩

Red Wrathful Vajrapani Bodhisattva

此手持金剛菩薩藏文名“紅色微怒金剛手”，屬金剛部神祇，故其身多現藍色，如此幅所畫之紅身金剛不多見。

手持金剛菩薩紅色身，呈威猛相。闊口獠牙，火燄赤髮上豎，右手執五鈷金剛杵，左手當胸結期克印持金剛索，腰束虎皮裙，周身以蛇為胳腋，展左立姿。上界是四世班禪、黃教祖師，下界護法神為多聞天王。據白綾題記，排列“右一”。

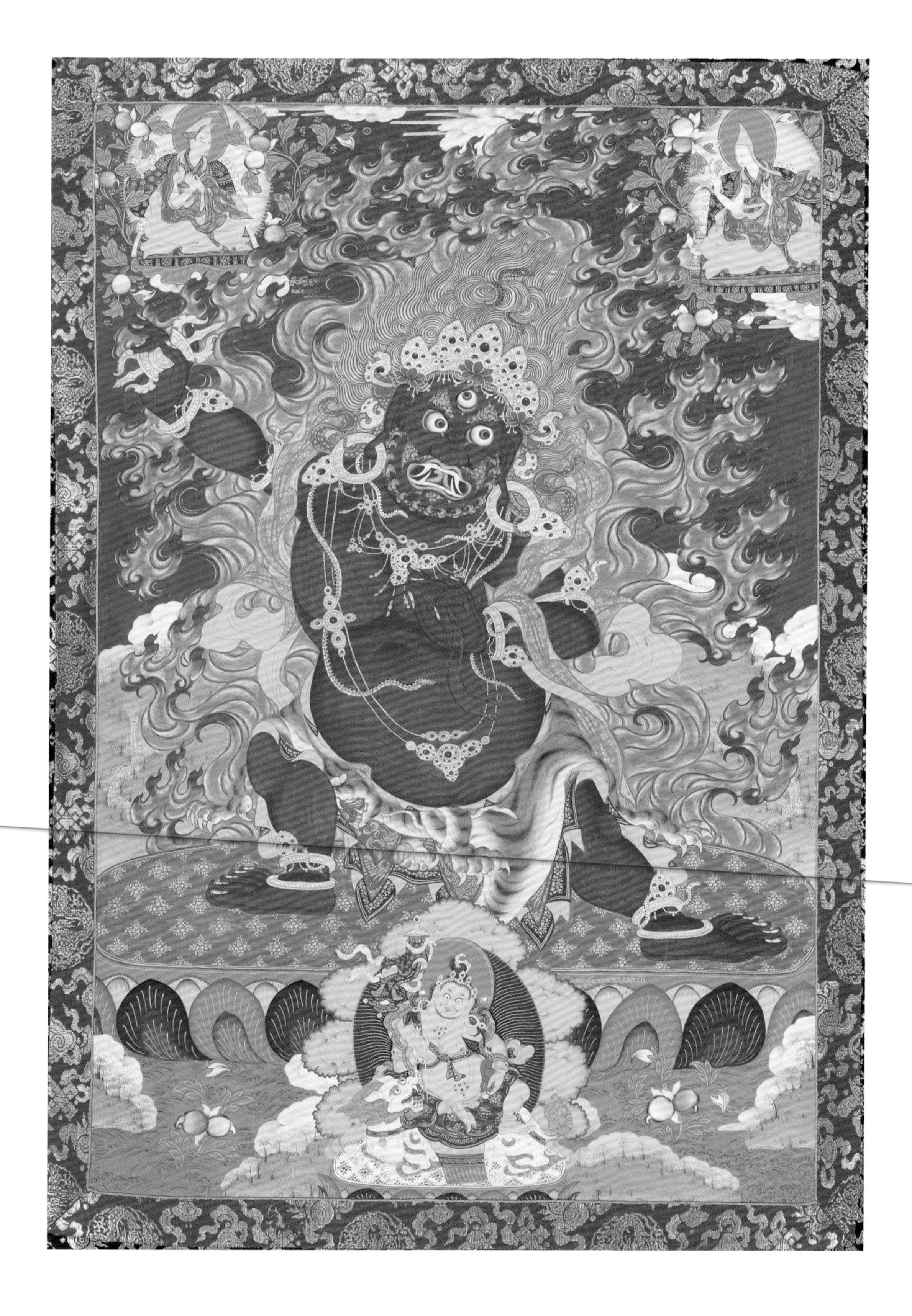

部多手持金剛菩薩

Bhutadamara Vajrapani Bodhisattva

部多手持金剛菩薩藏文名“調伏部多金剛手”，也稱降魔金剛手。為降伏部多鬼眾之顯相，“部多”是梵語音譯，謂化生之鬼類。

手持金剛菩薩藍色身，一面四臂。頭戴骷髏冠，呲口獠牙，兩手持三鈷杵、金剛索，兩手當胸結降魔印。八蛇纏身，下踏白身象頭部，展左立姿而住。上界是不動佛、五世達賴喇嘛，下界是紅色密修布祿金剛以為護法。據白綾題記，排列“左一”。

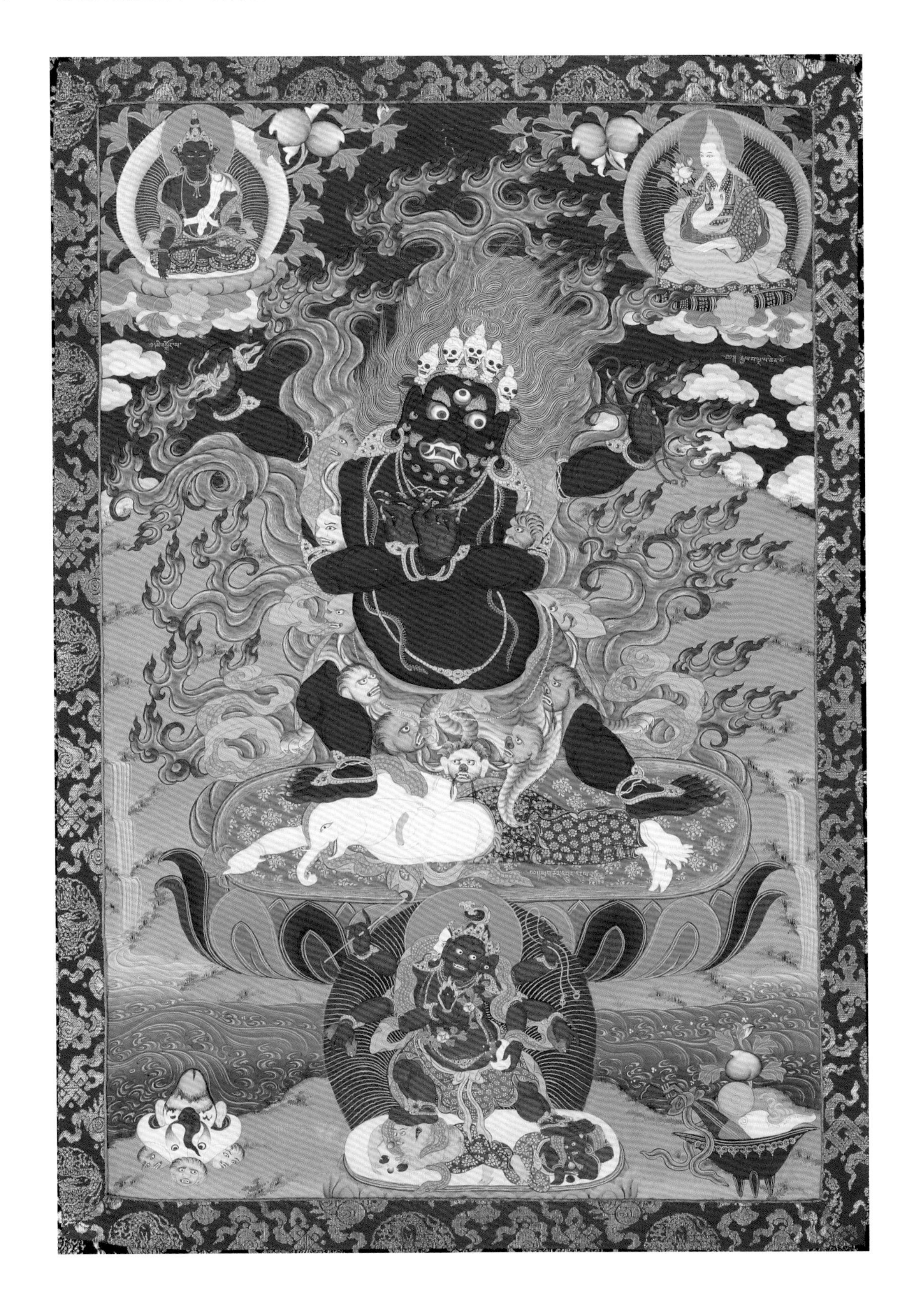

107

鄔扎亞那手持金剛菩薩

Utsarya Vajrapani Bodhisattva

此手持金剛菩薩藏文名為“鄔扎亞那金剛手”。

手持金剛菩薩藍色身，面相忿怒。頭戴骷髏冠，周身以蛇為胳腋，身披象皮護甲，腰束虎皮裙，右手持金剛杵，左手結期克印，展左立於蓮花台上。上界為瓊波大師、金剛貢卻堅贊，下界為六臂勇保護法。據白綾題記，排列“右二”。

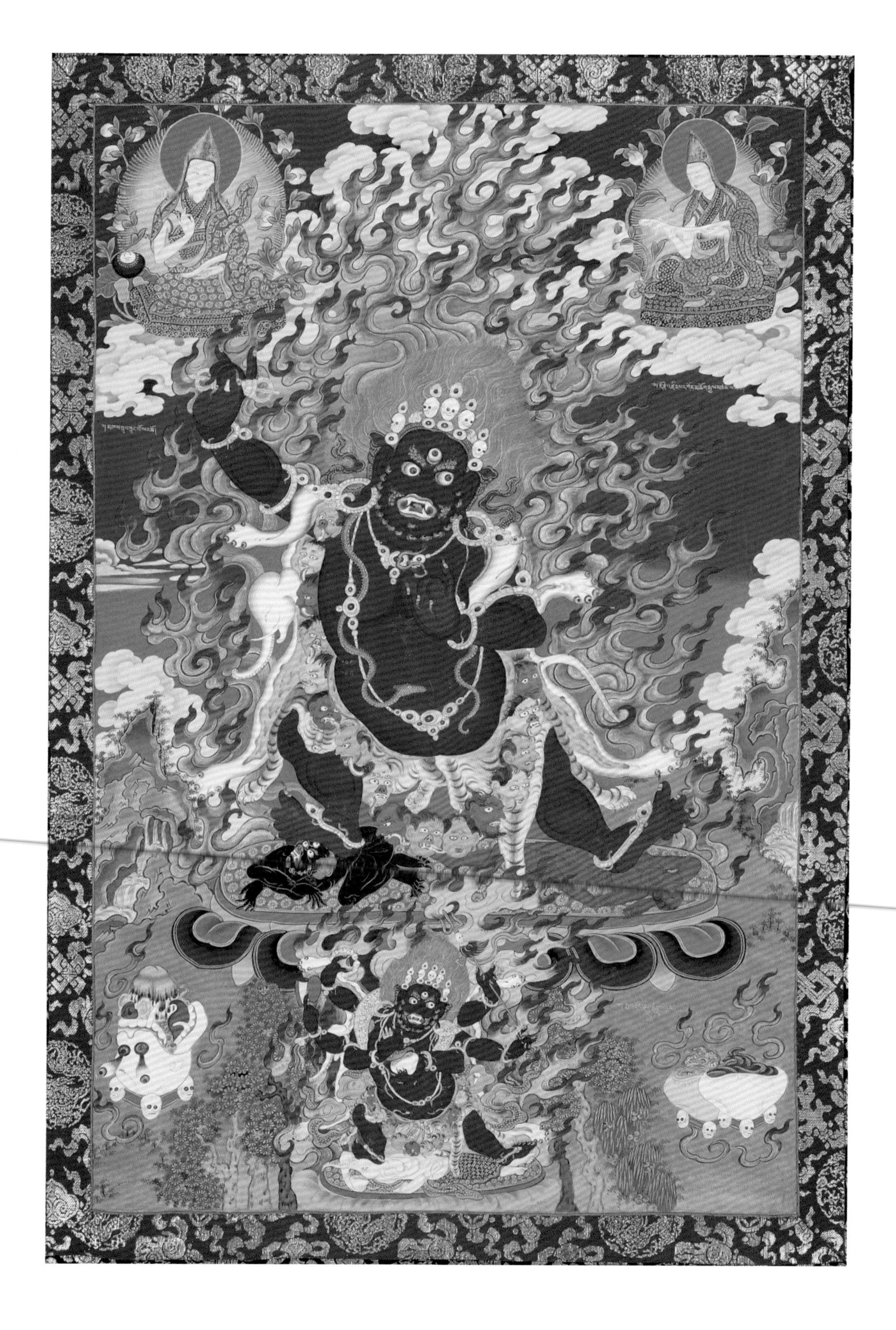

108

忿怒手持金剛菩薩

Wrathful Vajrapani Bodhisattva

此手持金剛菩薩藏文名為“忿怒金剛手”。

手持金剛菩薩藍色身，忿怒相。頭戴寶冠，周身以蛇為胳腋，腰束虎皮裙。右手持金剛杵，左手持金剛鈴，展左立於太陽蓮花台上。上界為宗喀巴和寶生佛，下界為天衣佛母。據白綾題記，排列“左二”。

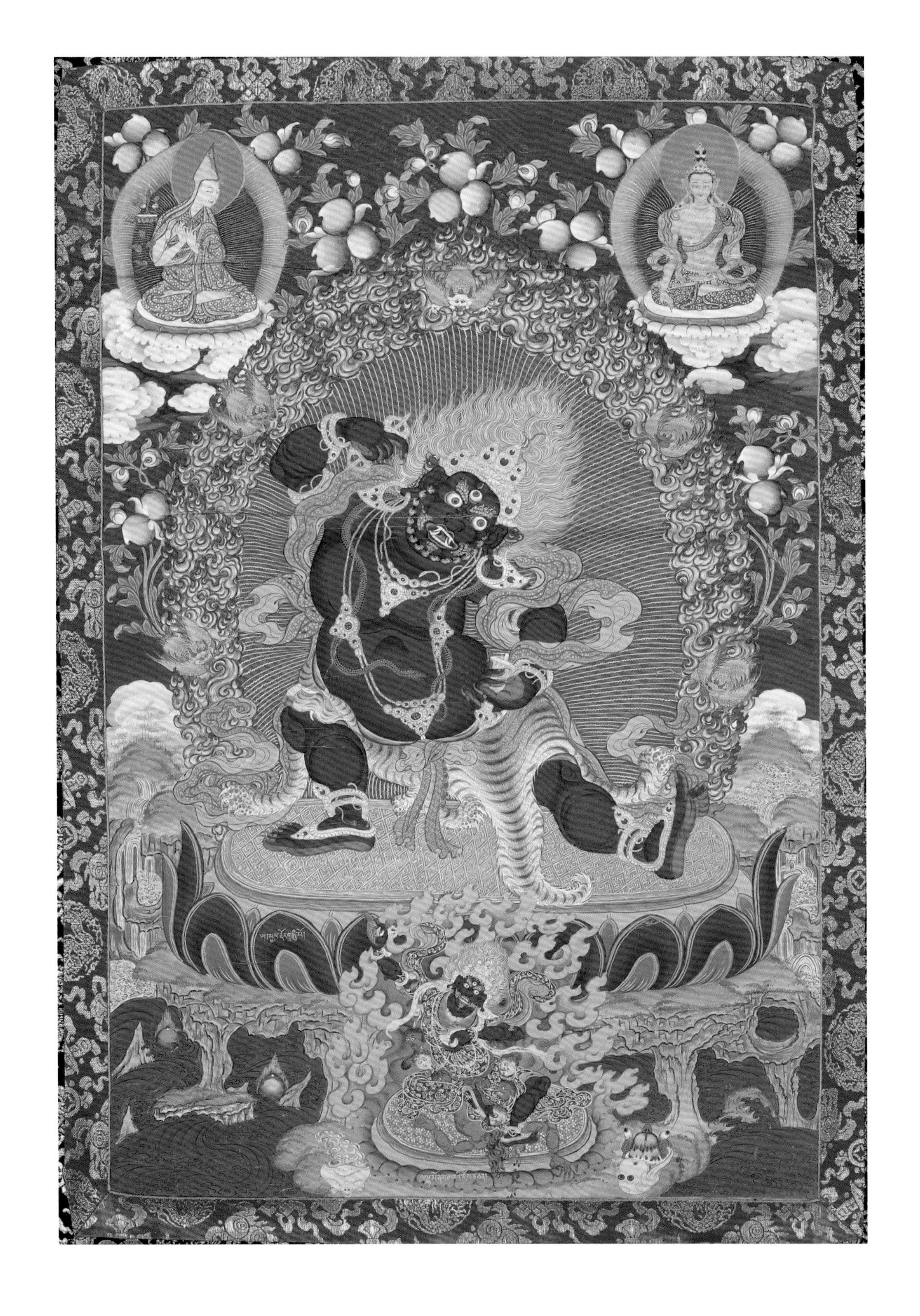

109

三勇武手持金剛菩薩

Raudra Vajrapani Bodhisattva

此手持金剛菩薩藏文名為“三勇武金剛手”。

手持金剛菩薩藍色身，呈忿怒相。頭戴寶冠，火燄赤髮，髮中現大鵬鳥和馬頭，周身以蛇為胳腋，腰束虎皮裙。右手持金剛杵，左手結期克印，展左立於蓮花台上，火燄背光。上界為法稱和洛扎金剛手，下界為尚論。據白綾題記，排列“右三”。

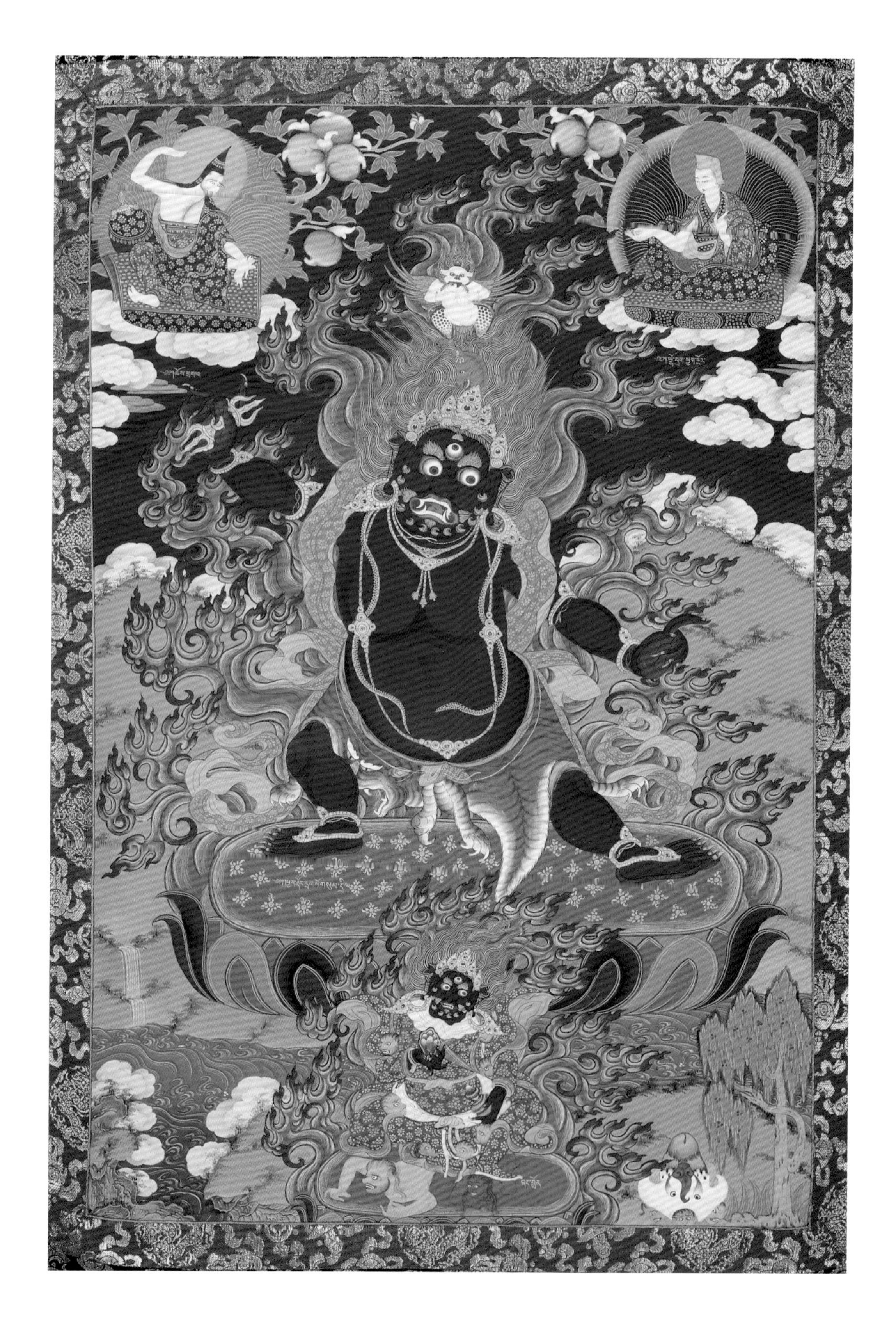

金剛空行調伏部多手持金剛菩薩

Vajradakha Vajrapani Bodhisattva

此手持金剛菩薩藏文名為"金剛空行調伏部多金剛手"。

手持金剛菩薩藍色身，四臂，呈忿怒相。頭戴骷髏冠，項飾人頭，周身以蛇為賂腋，腰束虎皮裙。兩手持金剛杵和噶布拉碗，兩手拉弓射箭，展左立於蓮花台上。上界為阿底峽和世親，下界為藍色獄帝主。據白綾題記，排列"左三"。

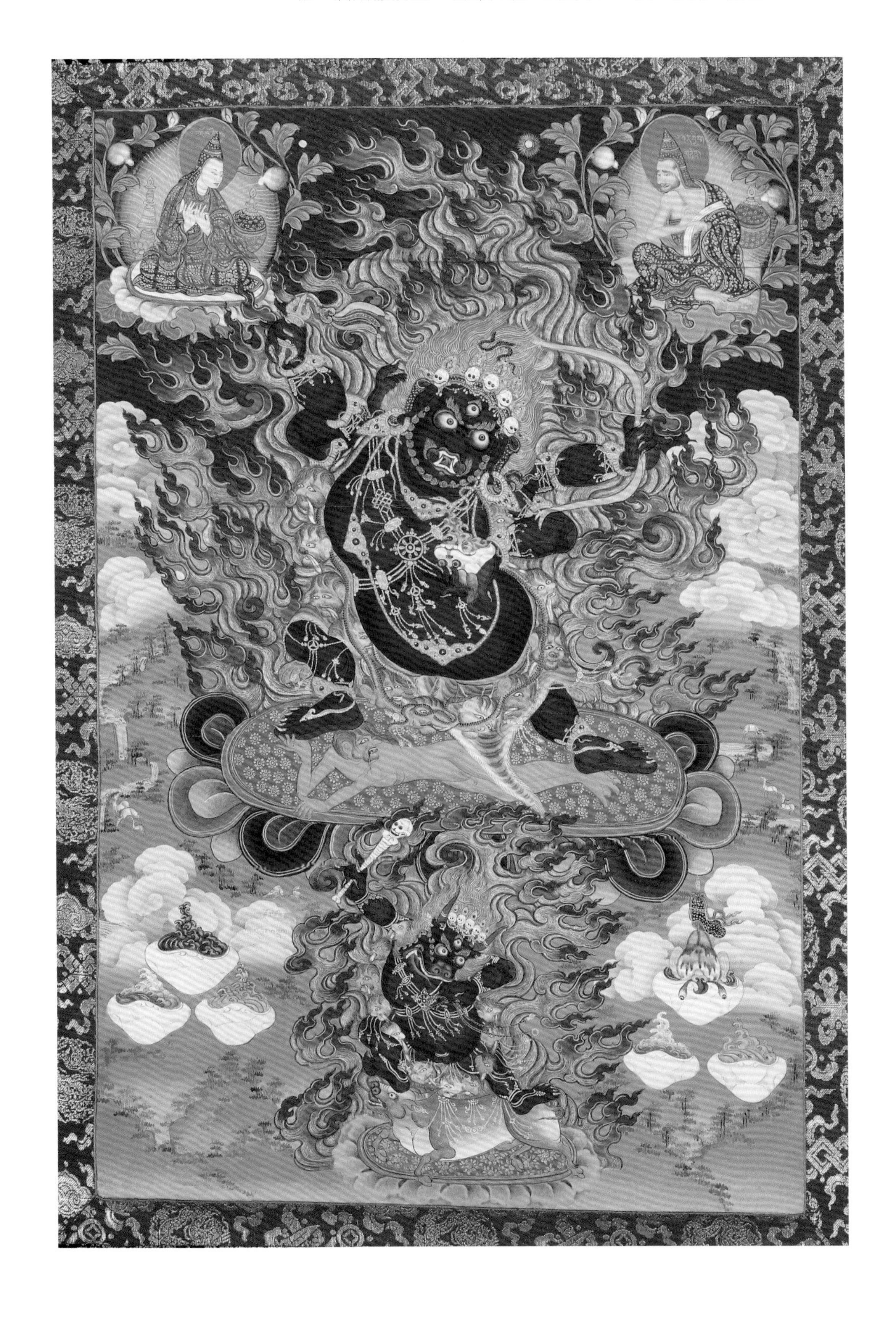

111

善趣手持金剛菩薩

Jagadbhadra Vajrapani Bodhisattva

此手持金剛菩薩藏文名為“善趣金剛手”。

手持金剛菩薩藍色身，呈忿怒相。頭戴寶冠，周身以蛇為胳腋，腰束虎皮裙。右手持金剛杵，左手持金剛鈴，展左立於太陽蓮花台上。上界為釋迦牟尼佛和彌勒佛，下界為多聞天王。據白綾題記，排列“右四”。

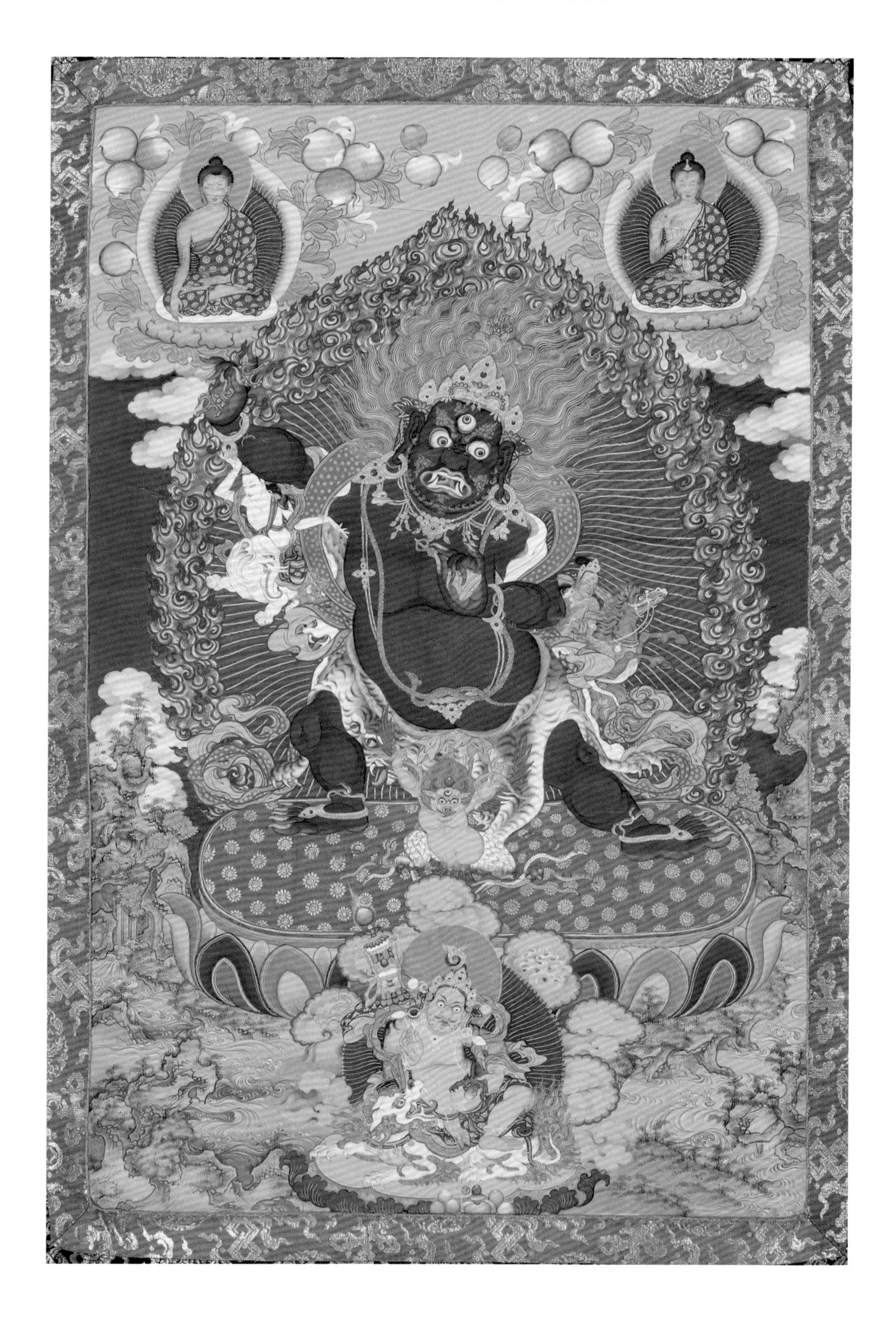

獅皮手持金剛菩薩

Vajrapani Bodhisattva with Lion Skin

此手持金剛菩薩藏文名“獅皮金剛手”。

手持金剛菩薩藍色身，忿怒相。頭戴寶冠，周身以蛇為胳腋，腰束虎皮裙。右手持金剛杵，左手結期克印，展左立於蓮花台上，火燄背光。上界為善名稱吉祥王如來和法海如來，下界為紅色大黑天。據白綾題記，排列“左四”。

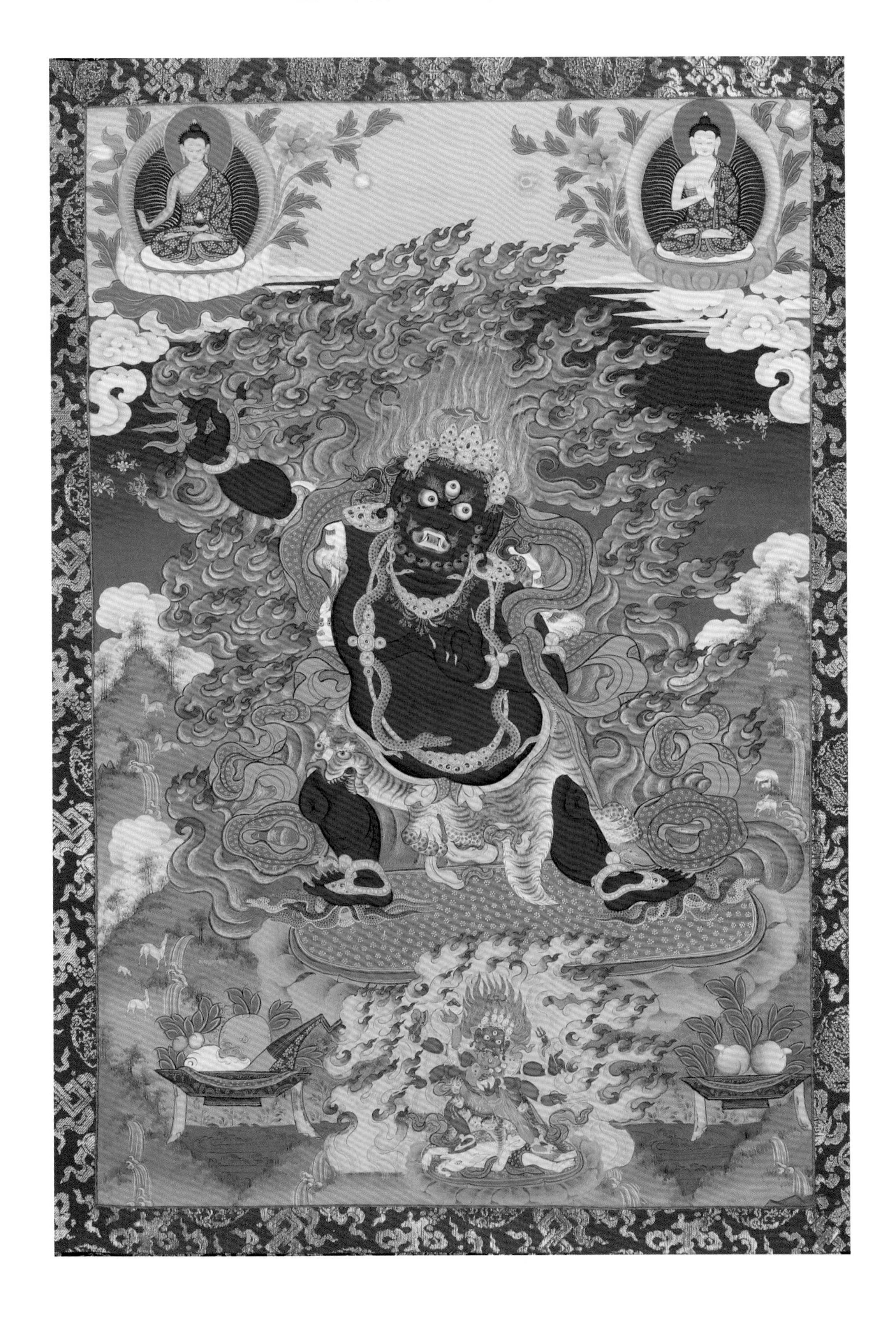

文殊菩薩

成堂
18世紀　西藏
布本設色
縱67厘米　橫45厘米
清宮舊藏

Manjushri Bodhisattva
18 th Century　Tibet
Distemper on Cloth
H.67cm　L.45cm
Qing Court collection

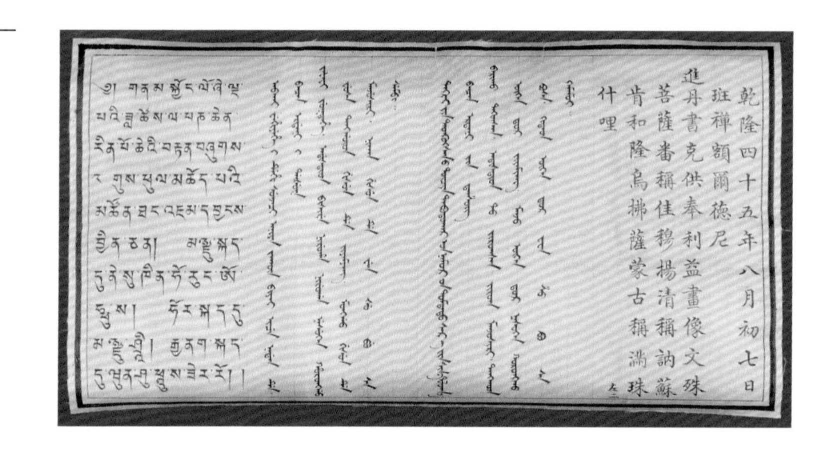

乾隆四十五年八月初七日
班禪額爾德尼
進丹書克供奉利益畫像文殊
菩薩番稱佳穆揚清稱訥蘇
肯和隆烏拂薩蒙古稱滿珠
什哩

三幅文殊菩薩畫像同為一組，（詳見圖113-115）背面均有白綾，墨書漢、滿、蒙、藏四文相同題記：“乾隆四十五年八月初七日　班禪額爾德尼　進丹書克供奉利益畫像文殊菩薩　番稱佳穆揚　清稱訥蘇肯和隆烏拂薩　蒙古稱滿珠什哩”。並書位置如左二、右二等。

113

文殊菩薩

Manjushri Bodhisattva

文殊菩薩的面相有兩種，一種為猛相，皆在降服怨敵，消滅煩惱，但胸懷慈悲，屬於密宗；另一種為靜相，結髮戴冠，面目慈祥，屬於顯宗。此文殊菩薩藏文名為“扎魯氏文殊菩薩”。

文殊菩薩黃色身，四面八臂。頭戴五葉寶冠，袒上身，胸前雙手結說法印，右側手持杵、箭、劍；左側手持鈴、弓、經，左舒式坐於白蓮座上。上界是迦葉佛、誓言三尊。下界是增祿佛母。排列“右二”。

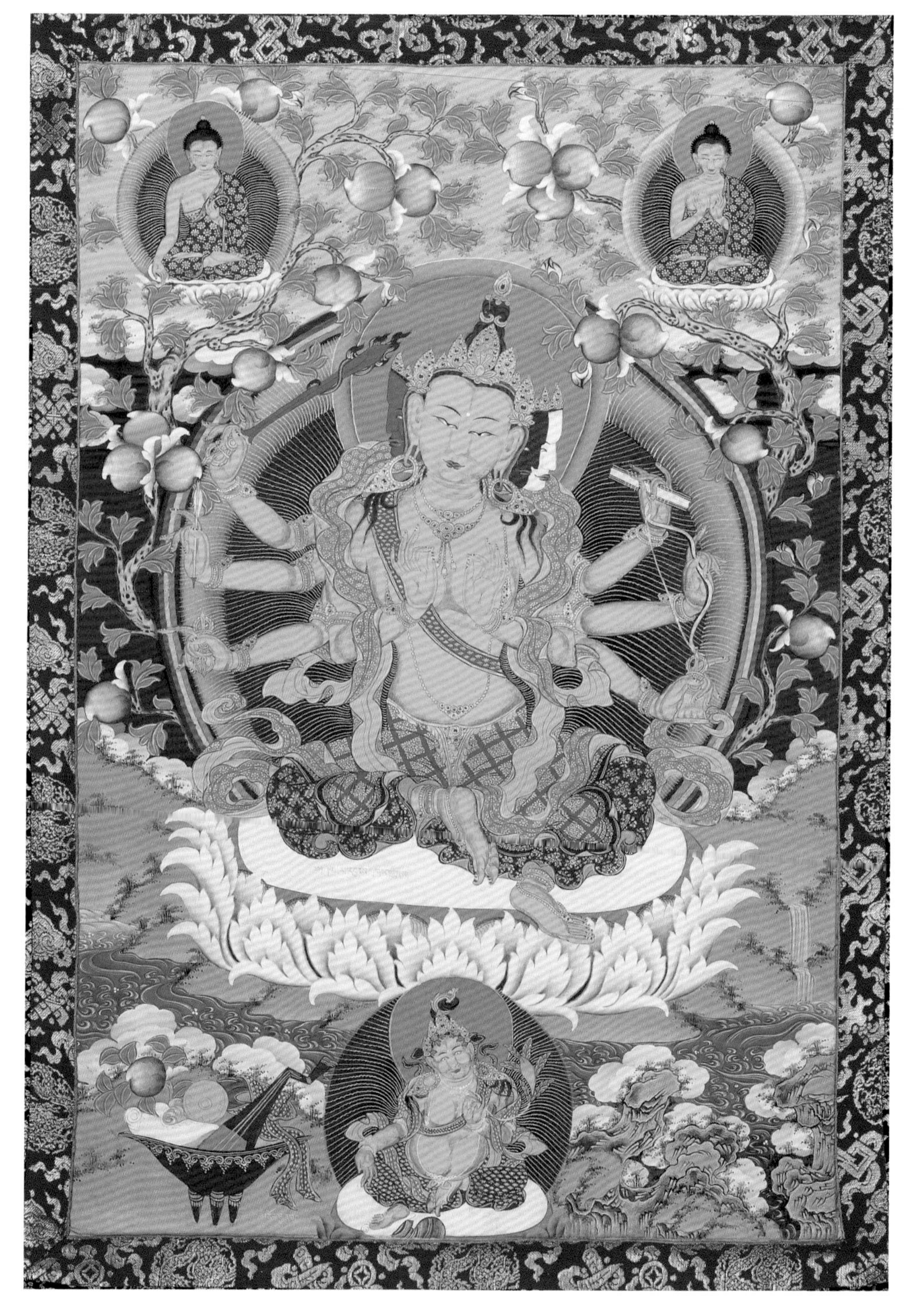

114

文殊菩薩

Manjushri Bodhisattva

文殊菩薩紅色身，四面八臂。頭戴五葉寶冠，袒上身，胸前雙手持鈎和金剛索，右側手持杵、經、箭；左側手持鈴、劍、弓，左舒式坐於青蓮座上。上界是佛和菩薩，下界是財神。財神旁是象徵五知五覺的供品。排列“左二”。

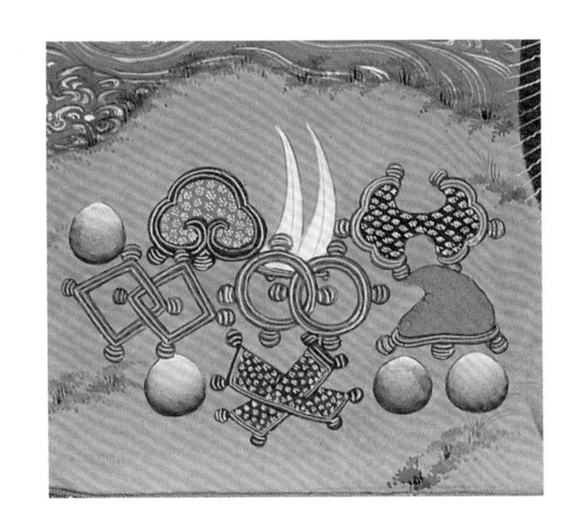

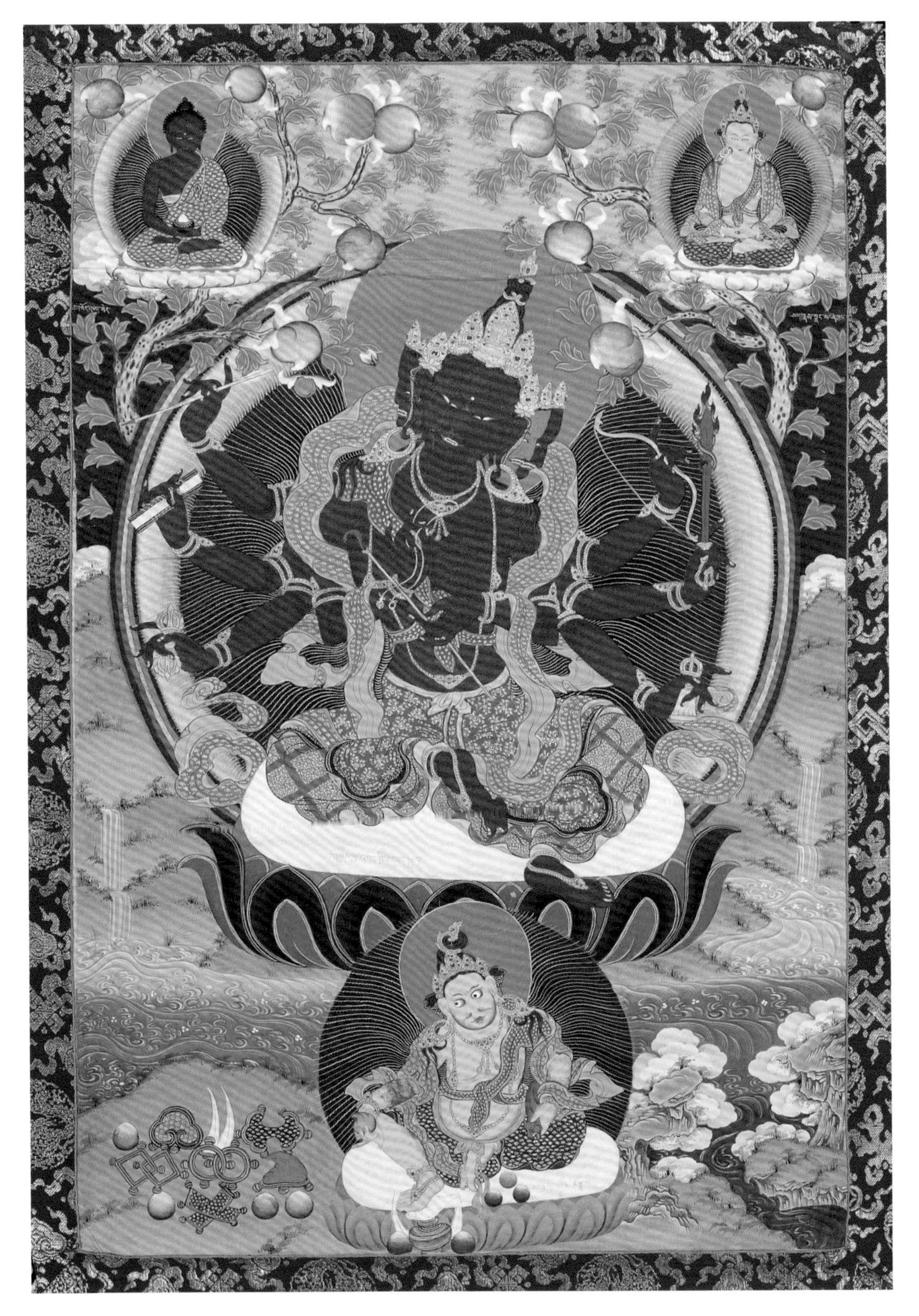

115

文殊菩薩

Manjushri Bodhisattva

此文殊菩薩藏文名為"善名稱文殊菩薩"。

文殊菩薩白色身，三面四臂。頭戴寶冠，袒上身，前兩手持經、劍；後兩手持弓、箭，結跏趺坐於太陽蓮花座上。上界為不動佛和寶月光音自在王如來，下界為降三界明王。排列"左三"。

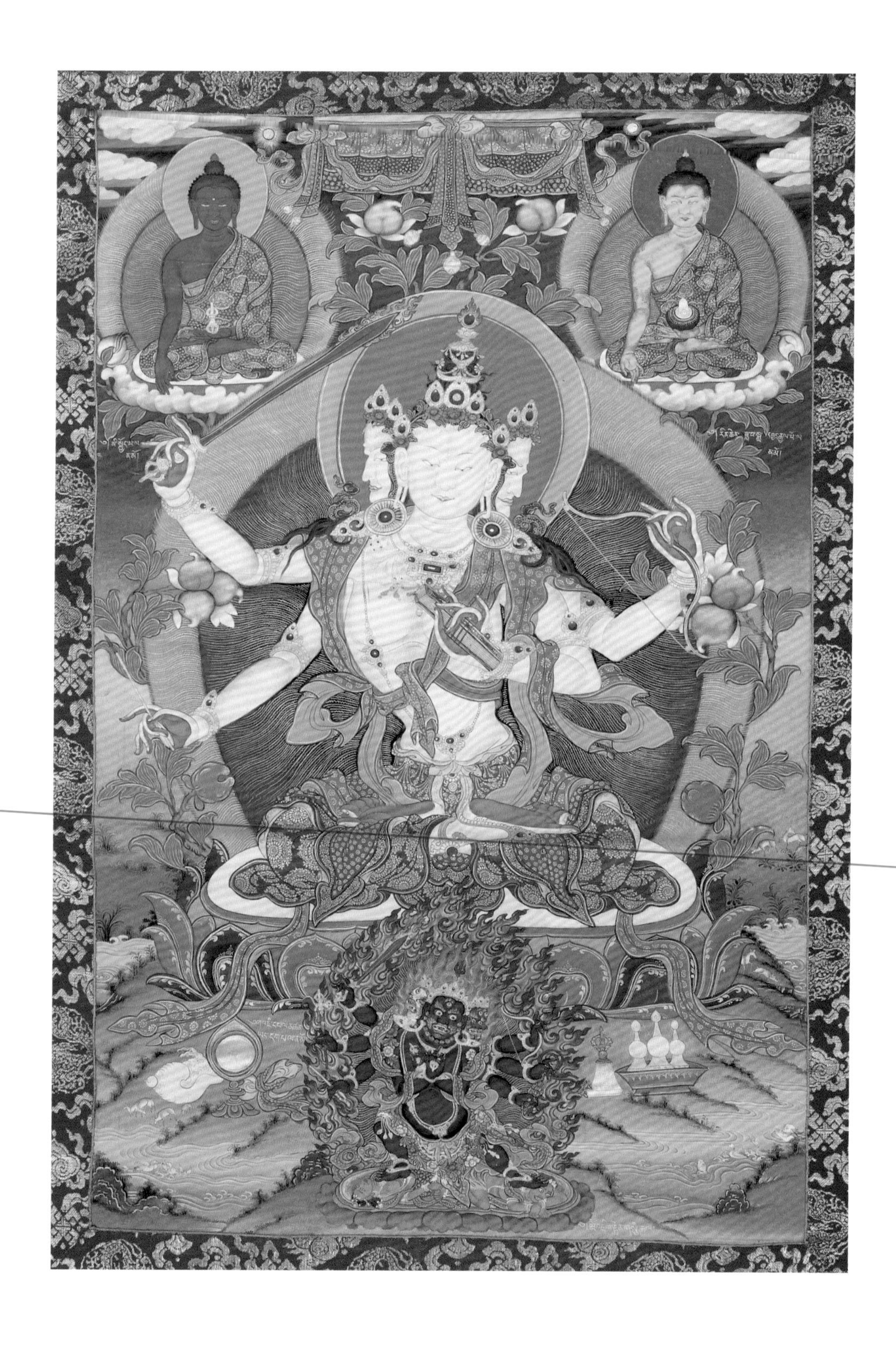

文殊菩薩源流

成堂
18世紀　西藏
布本設色
縱80厘米　橫55厘米
清宮舊藏

The Religious Origin of Manjushri Bodhisattva
18th Century　Tibet
Distemper on Cloth
H.80cm　L.55cm
Qing Court collection

文殊菩薩源流一堂九軸，現存七軸。背面均有白綾，墨書漢、滿、蒙、藏四文相同題記："乾隆五十四年十一月初五日　欽命嘎爾丹錫哷圖薩瑪迪巴克什認看供奉利益畫像文殊菩薩源流……"。(詳見圖 116-122)

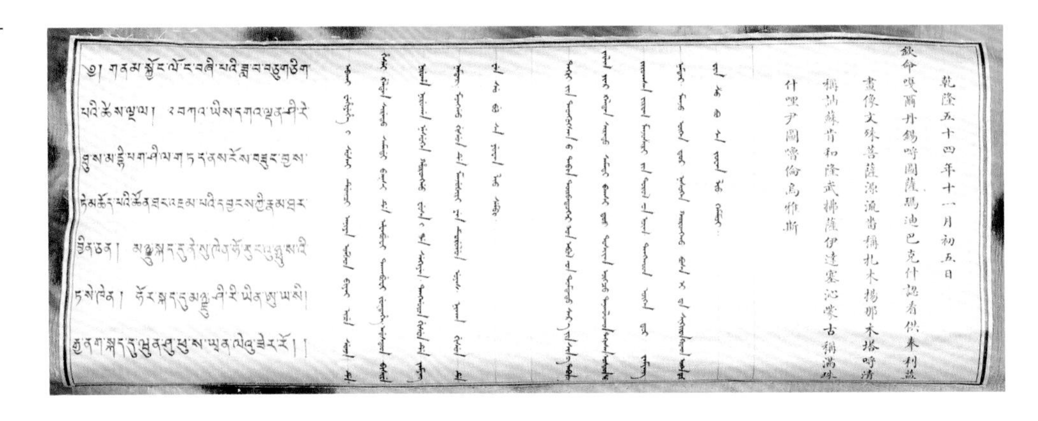

116

文殊菩薩源流（之一）

The Religious Origin of Manjushri Bodhisattva (Shakyamuni Buddha)

文殊菩薩是釋迦佛的智慧化身，故文殊菩薩源流從釋迦佛開始。

釋迦佛施無畏印，結跏趺坐，兩邊是觀世音和金剛手菩薩，上界香花飄散，飛天旋繞，諸神舉傘蓋相簇擁。下界是五百羅漢，朵朵蓮花從池中湧出。黃條："中文殊菩薩　此樣一份九軸"。

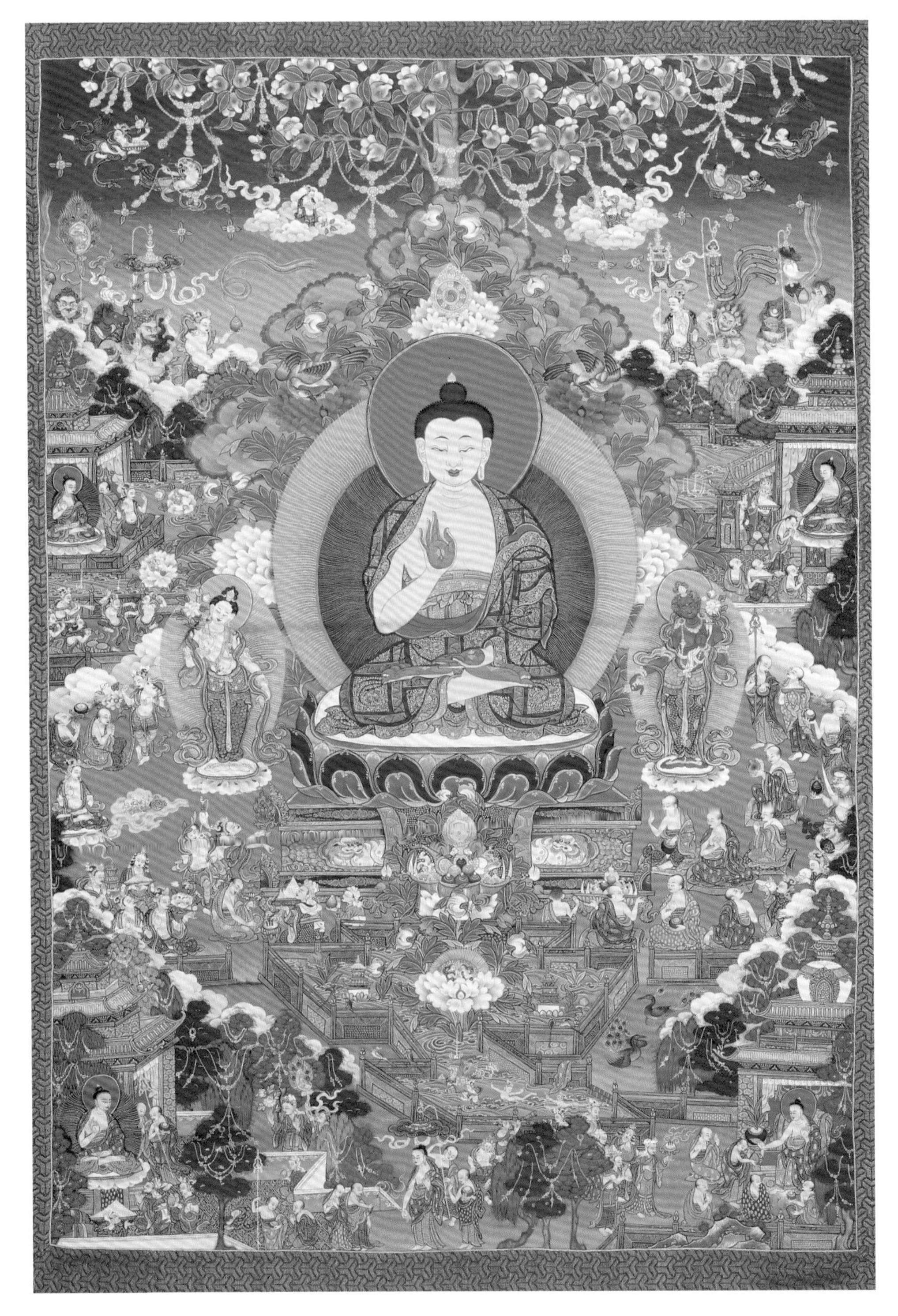

117

文殊菩薩源流（之二）

The Religious Origin of Manjushri Bodhisattva

文殊菩薩黃色身，三面六臂。頭戴寶冠，袒上身，前兩手持經、劍；右側手施與願印、持箭；左側手持弓、花，結跏趺坐。周匝繪文殊菩薩的源流故事。

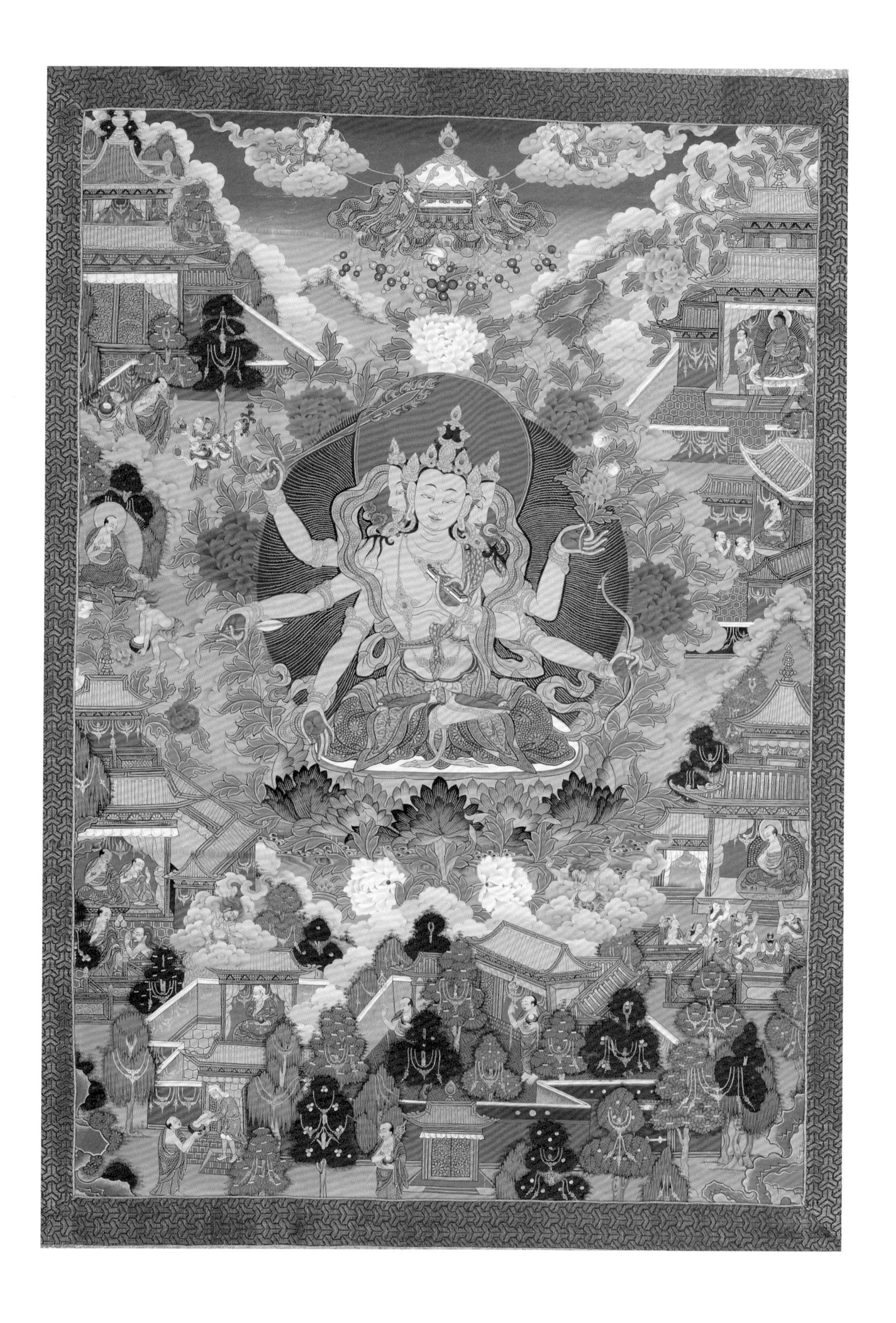

文殊菩薩源流（之三）

The Religious Origin of Manjushri Bodhisattva

文殊菩薩黃色身，三面八臂。頭戴寶冠，袒上身，胸前雙手結說法印；右側手持杵、箭、劍；左側手持鈴、弓、經，結跏趺坐。周匝繪文殊菩薩的源流故事。黃條："文殊菩薩　中右二"。

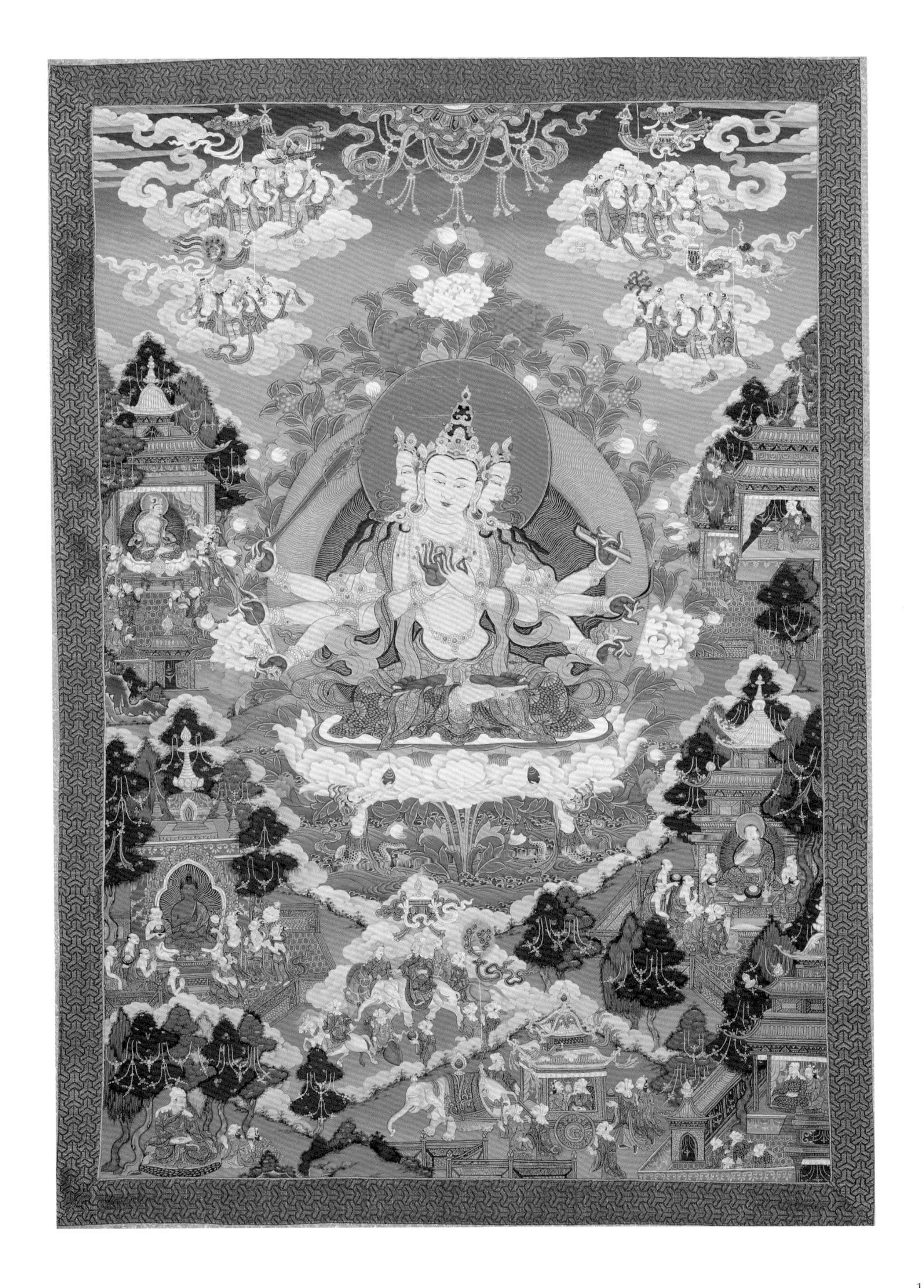

119

文殊菩薩源流（之四）

The Religious Origin of Manjushri Bodhisattva

文殊菩薩黃色身，頭戴寶冠，袒上身，右手結撥濟眾生印，左手拈蓮花，坐於青獅上，下承青蓮花台。周匝繪文殊菩薩的源流故事。黃條："文殊菩薩　中　左二"。

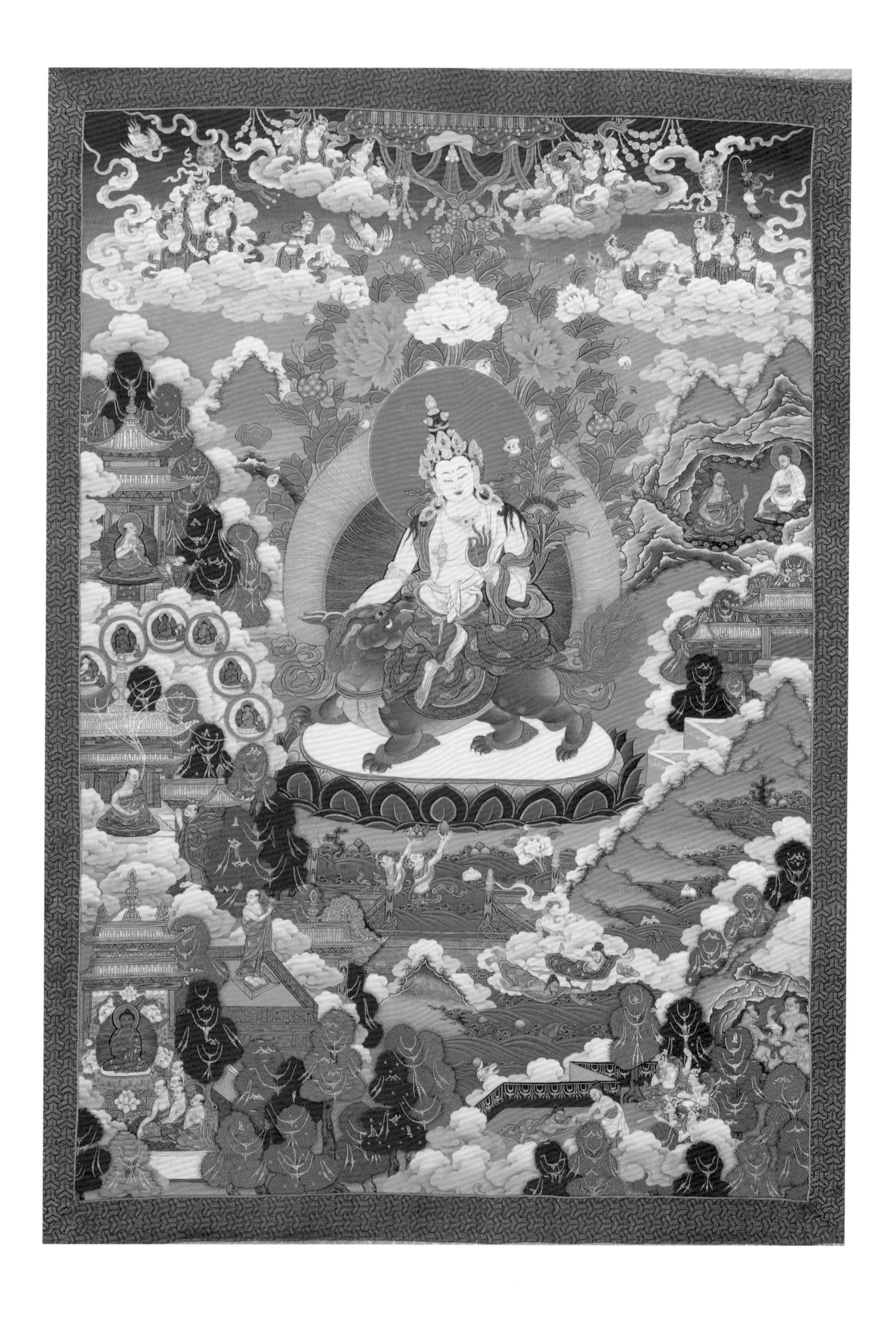

文殊菩薩源流（之五）

The Religious Origin of Manjushri Bodhisattva

文殊菩薩黃色身，頭戴寶冠，袒上身，右手持劍，左手持經，結跏趺坐於太陽蓮花座上。周匝繪文殊菩薩的源流故事。黃條：“文殊菩薩　中右三”。

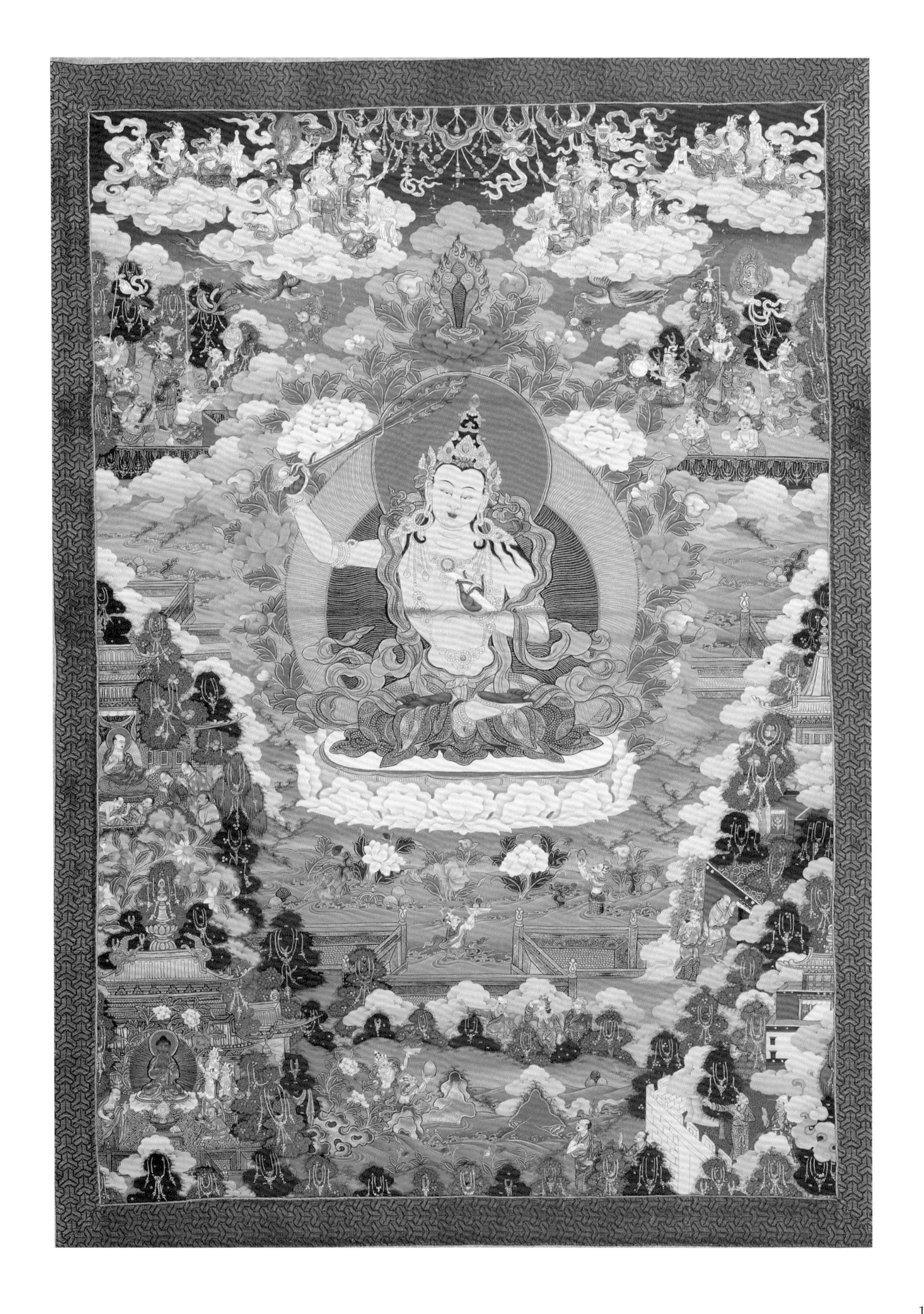

文殊菩薩源流（之六）

The Religious Origin of Manjushri Bodhisattva

文殊菩薩黃色身，一面六臂。頭戴寶冠，袒上身，各手持花弓、花箭、花、劍、葉、蓮花，結跏趺坐於太陽蓮花座上。周匝繪文殊菩薩的源流故事。黃條："文殊菩薩　中　右四"。

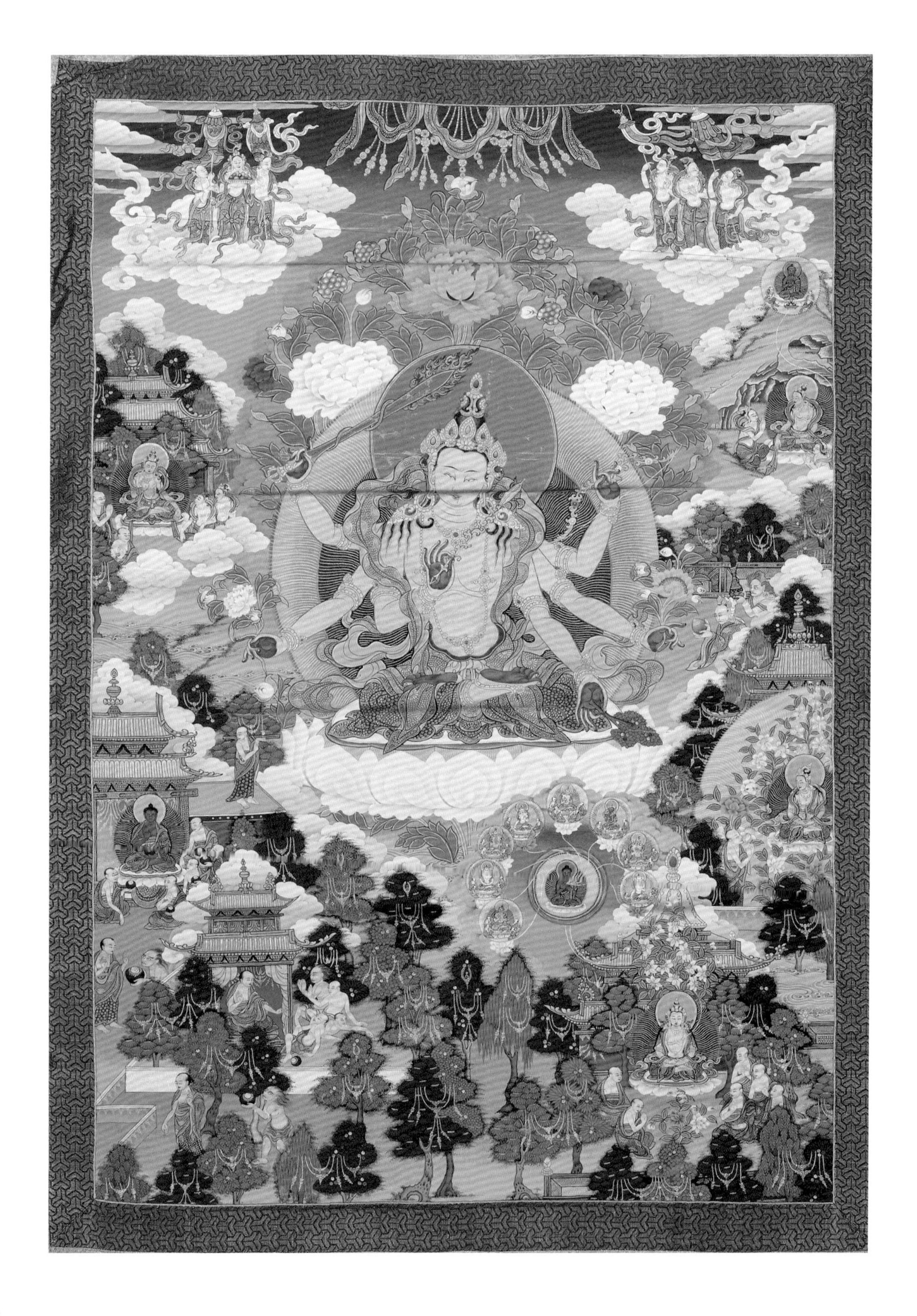

文殊菩薩源流（之七）

The Religious Origin of Manjushri Bodhisattva

文殊菩薩黃色身，頭戴寶冠，袒上身，雙手結說法印，雙肩蓮花上立劍和經，左舒式坐於紅毛青獅上，下承蓮花台。周匝繪文殊菩薩的源流故事。黃條："文殊菩薩　中　左四"。

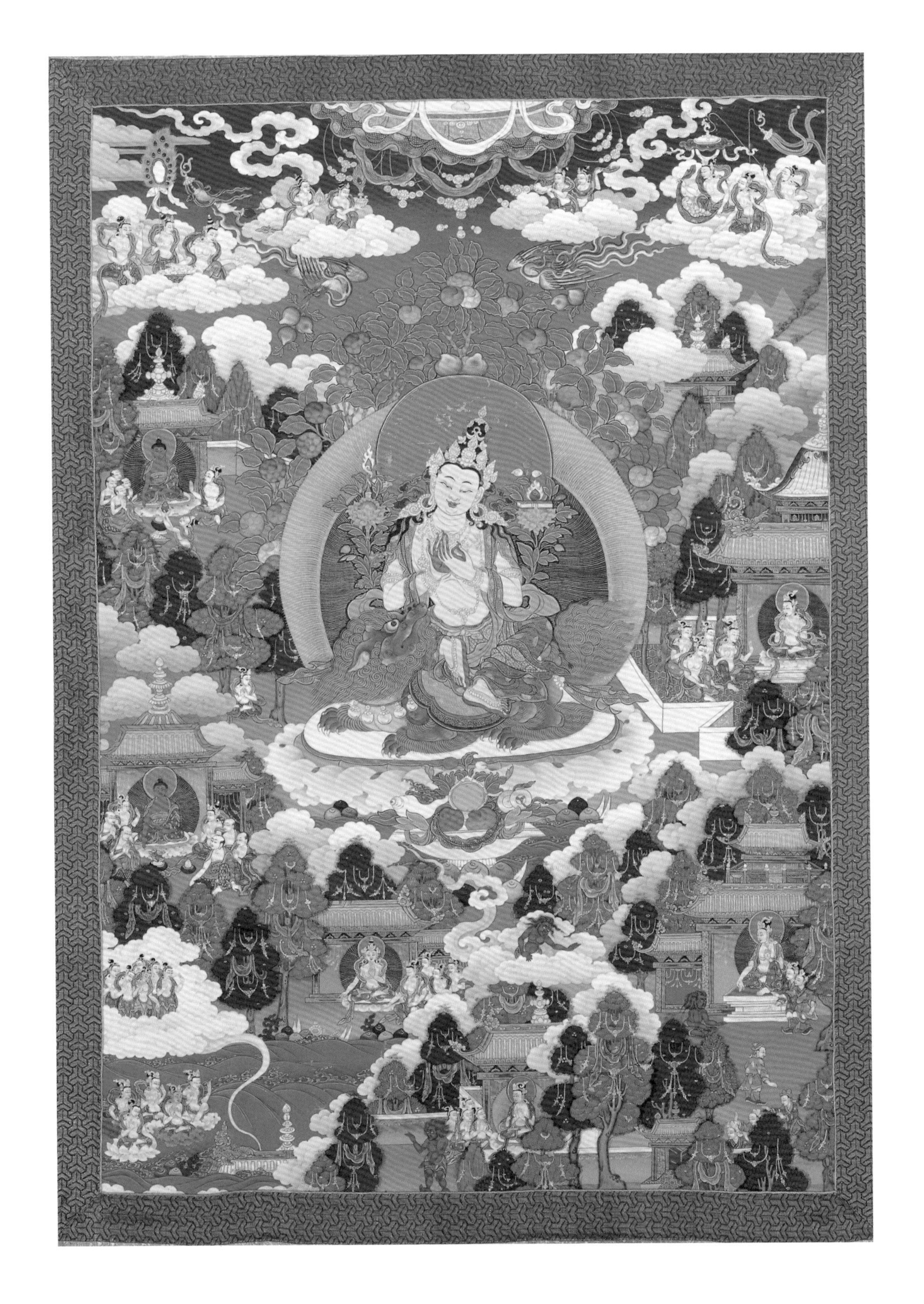

123

千臂觀世音菩薩

18世紀　北京
布本設色
縱75厘米　橫49厘米
清宮舊藏

Thousand-armed Avalokiteshvara

18th Century　Beijing
Distemper on Cloth
H.75cm　L.49cm
Qing Court collection

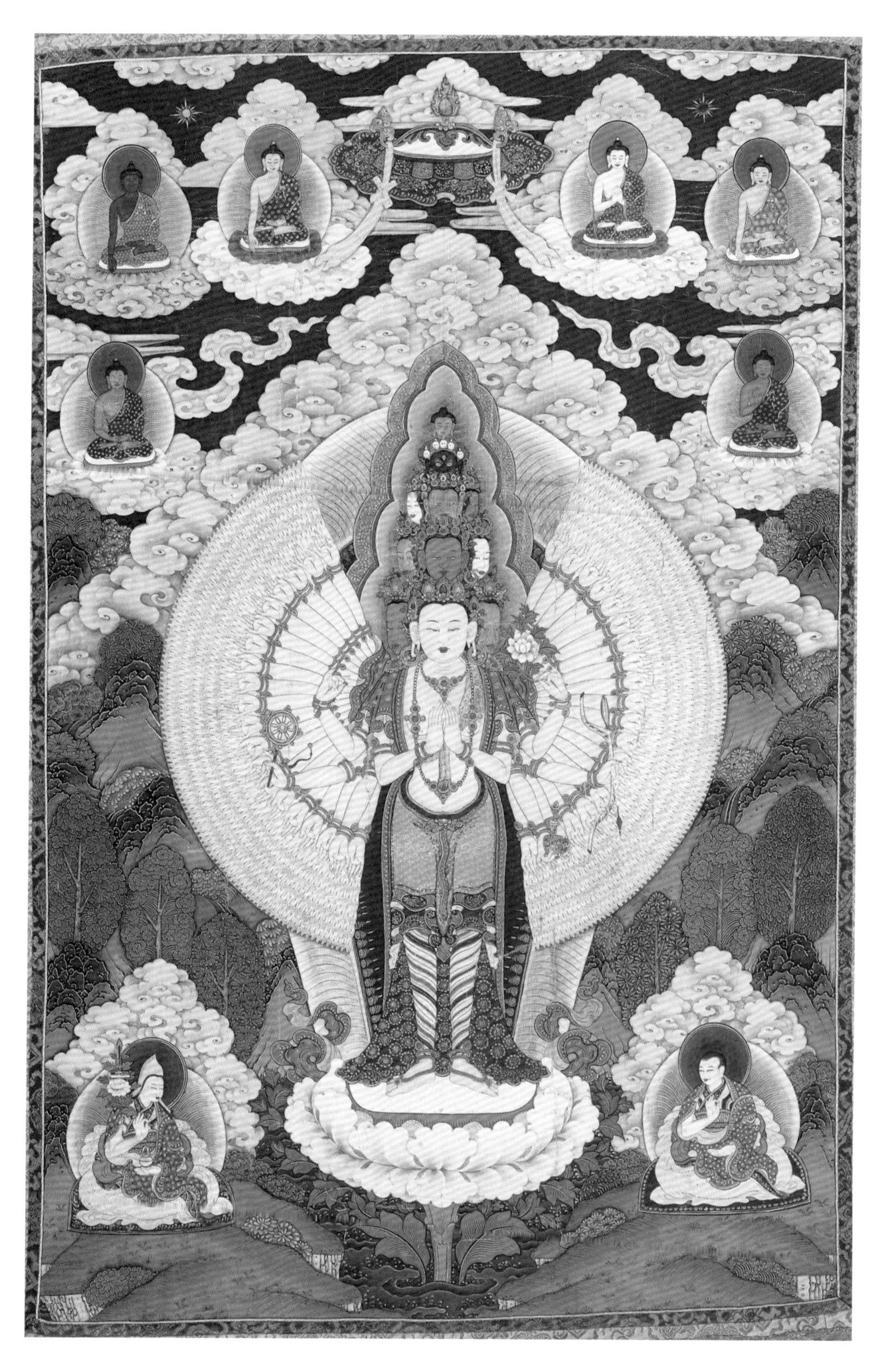

千臂觀世音菩薩，又稱十一面觀音、千手千眼觀音，表現觀世音大慈大悲之心，以千手護持眾生，千眼觀照人間。

觀世音菩薩十一面，前方三面呈慈悲相，代表寶部；左方三面呈嗔怒相，代表金剛部；右方三面亦呈慈悲相，代表蓮花部；後方一面呈忿怒相，代表（摩羯）羯磨部；頂部一面為阿彌陀佛，呈寂靜相，代表佛部。胸前雙手合十，身披瓔珞，立於蓮花台上。背面有白綾，墨書漢、滿、蒙、藏四文題記：“乾隆二十六年十二月初四日　欽命章嘉胡土克圖認看供奉畫像千臂觀世音菩薩一軸……”。

乾隆四十三年又照此棣製作了《繡像十一面觀世音菩薩》。

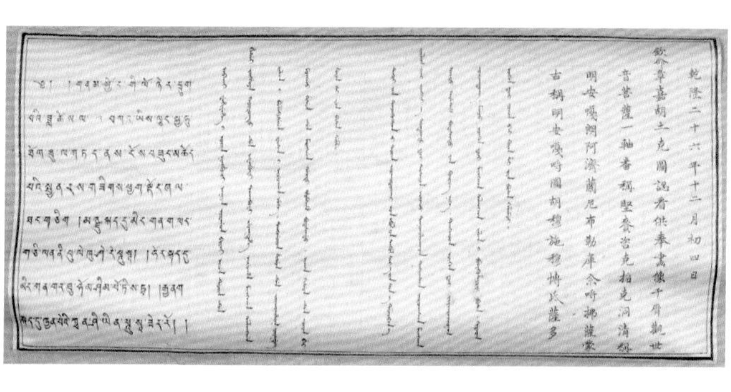

124

佛海觀世音菩薩

18世紀　西藏
布本設色
縱68厘米　橫47厘米
清宮舊藏

Jinasagara Avalokiteshvara
18th Century　Tibet
Distemper on Cloth
H.68cm　L.47cm
Qing Court collection

佛海觀世音菩薩是觀世音菩薩的化身，是密教無上瑜伽部的本尊神。

觀世音菩薩白色雙身，頭戴寶冠，右手持珠，左手持花，展左立於蓮花台上。明妃右手持噶布拉鼓，左手托噶布拉碗。上界為大瑜伽行者彌陀羅、綽浦譯師克主、克主絳貝嘉措。下界為大日如來金剛寶帳，智慧六臂大黑天，馬頭明王金剛。背面有白綾，墨書漢、滿、蒙、藏四文題記：“乾隆四十八年十二月二十四日　欽命章嘉胡土克圖認看供奉利益畫像陽體佛海觀世音菩薩……”。

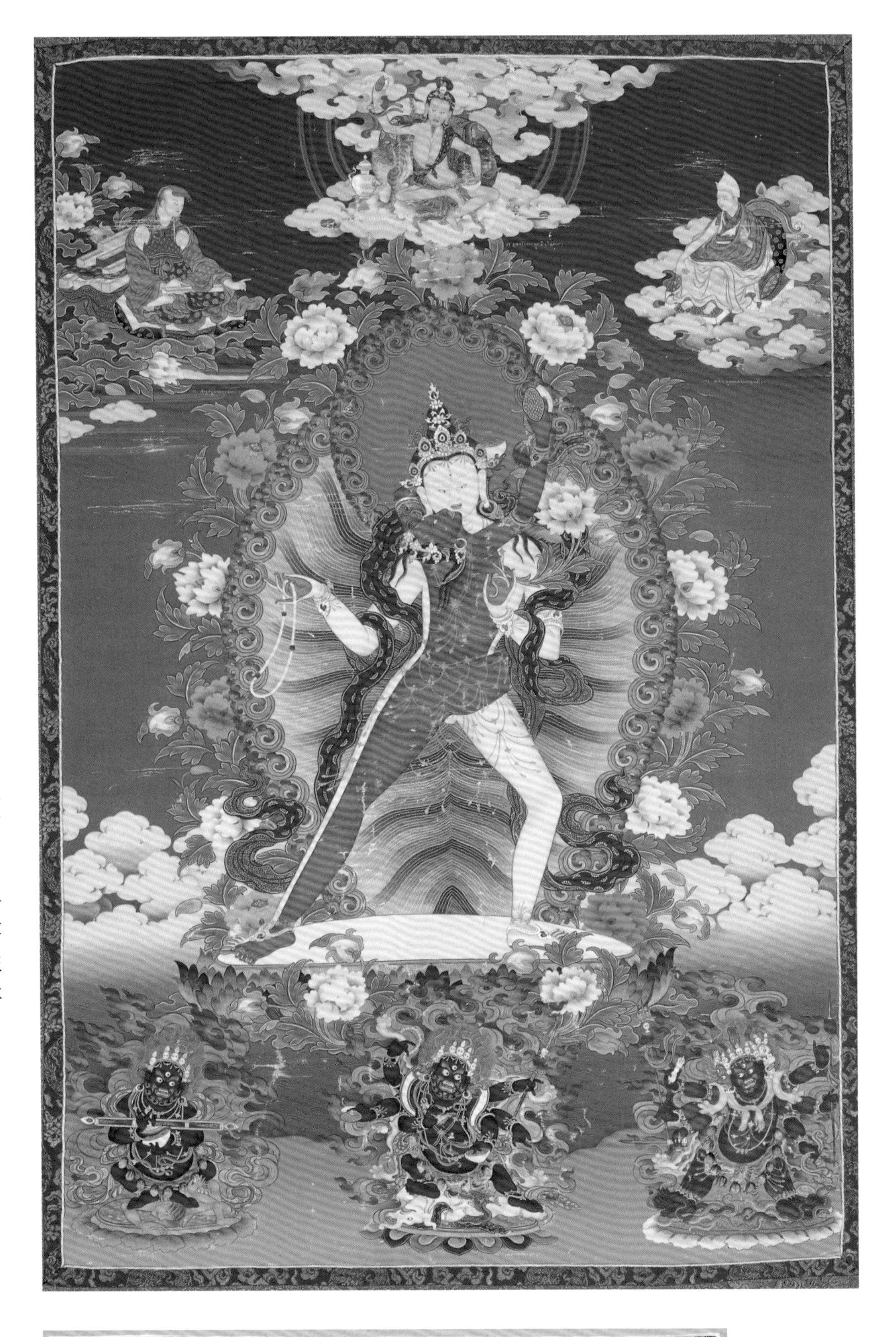

密教觀世音

成堂
18世紀　西藏
布本設色
縱66厘米　橫45厘米
清宮舊藏

Guhya-Avalokiteshvara
18th Century　Tibet
Distemper on Cloth
H.66cm　L.45cm
Qing Court collection

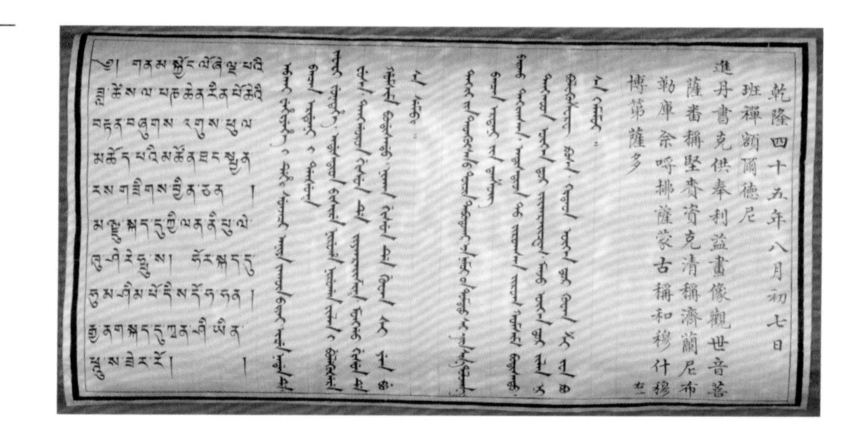
乾隆四十五年八月初七日
班禪額爾德尼
進丹書克供奉利益畫像觀世音菩
薩番稱堅賚資克清稱濟蘭尼布
勒庫佘呼拂薩蒙古稱和穆什穆
博第薩多

觀世音菩薩唐卡一堂九軸。畫面中每像下標有藏文榜題。背面均有白綾，墨書漢、滿、蒙、藏四文題記：“乾隆四十五年八月初七日　班禪額爾德尼　進丹書克供奉利益畫像觀世音菩薩　番稱堅賚資克　清稱濟蘭尼布勒庫佘呼拂薩　蒙古稱和穆什穆博第薩多”。並書位置如中、右一等。現九軸齊全。（詳見圖 125-133）

125

四臂觀世音菩薩

Four-armed Avalokiteshvara

此觀世音菩薩藏文名為“四臂觀世音菩薩”。

觀世音菩薩白色身，四臂。頭戴寶冠，袒上身，胸前雙手合十，右上手持珠，左上手持蓮花，結跏趺坐於蓮座上。上界是無量光和靜息觀音，下界是馬頭明王。排列“中”。

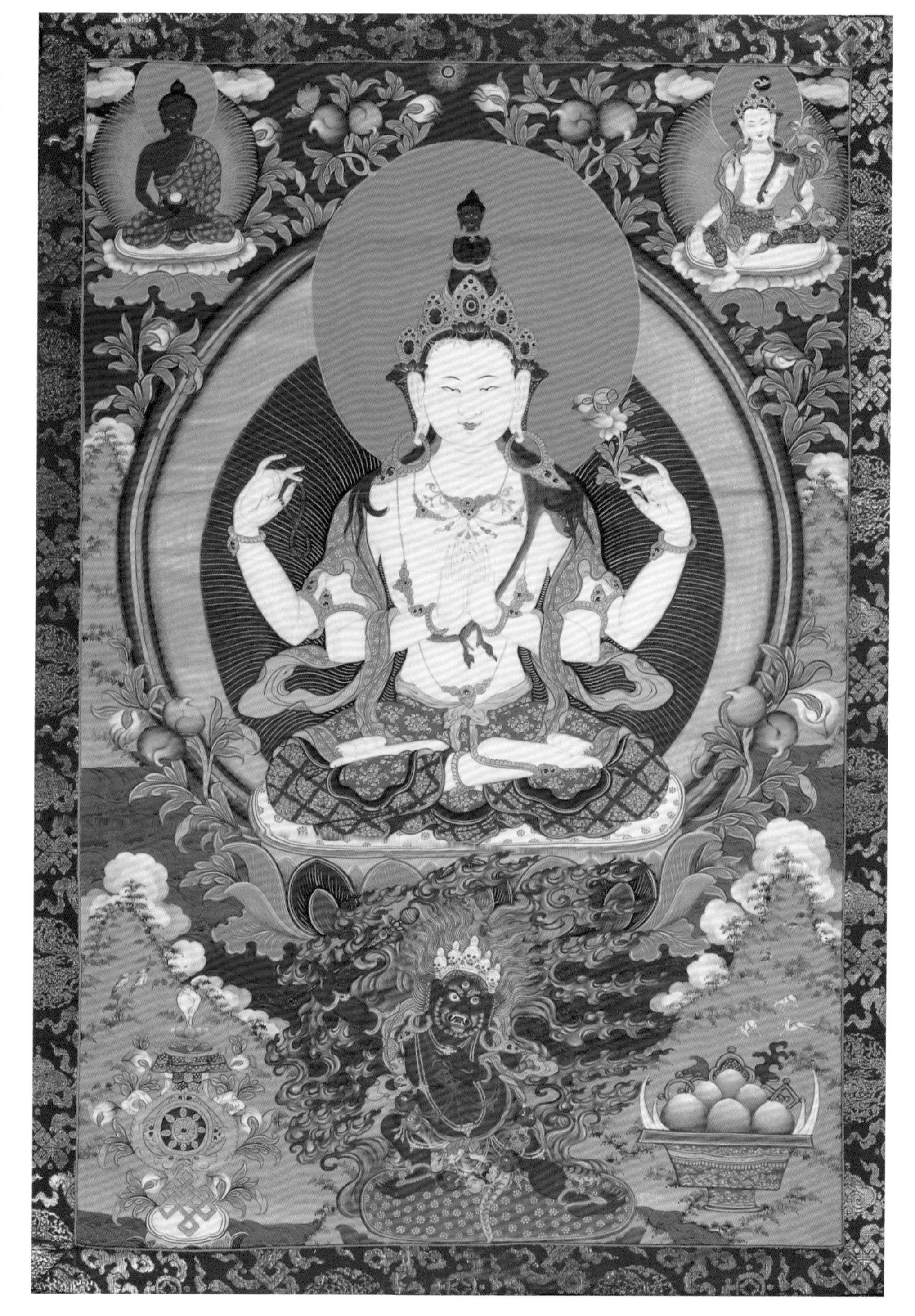

蓮花舞自在觀世音菩薩

Padmanarteshvara Avalokiteshvara

此觀世音菩薩藏文名為“蓮花舞自在觀世音菩薩”。

觀世音菩薩紅色身，十八臂。頭戴寶冠，袒上身，手皆持花，結跏趺坐於蓮座上。上界為無量光和法金剛，下界為馬頭明王。排列“右一”。

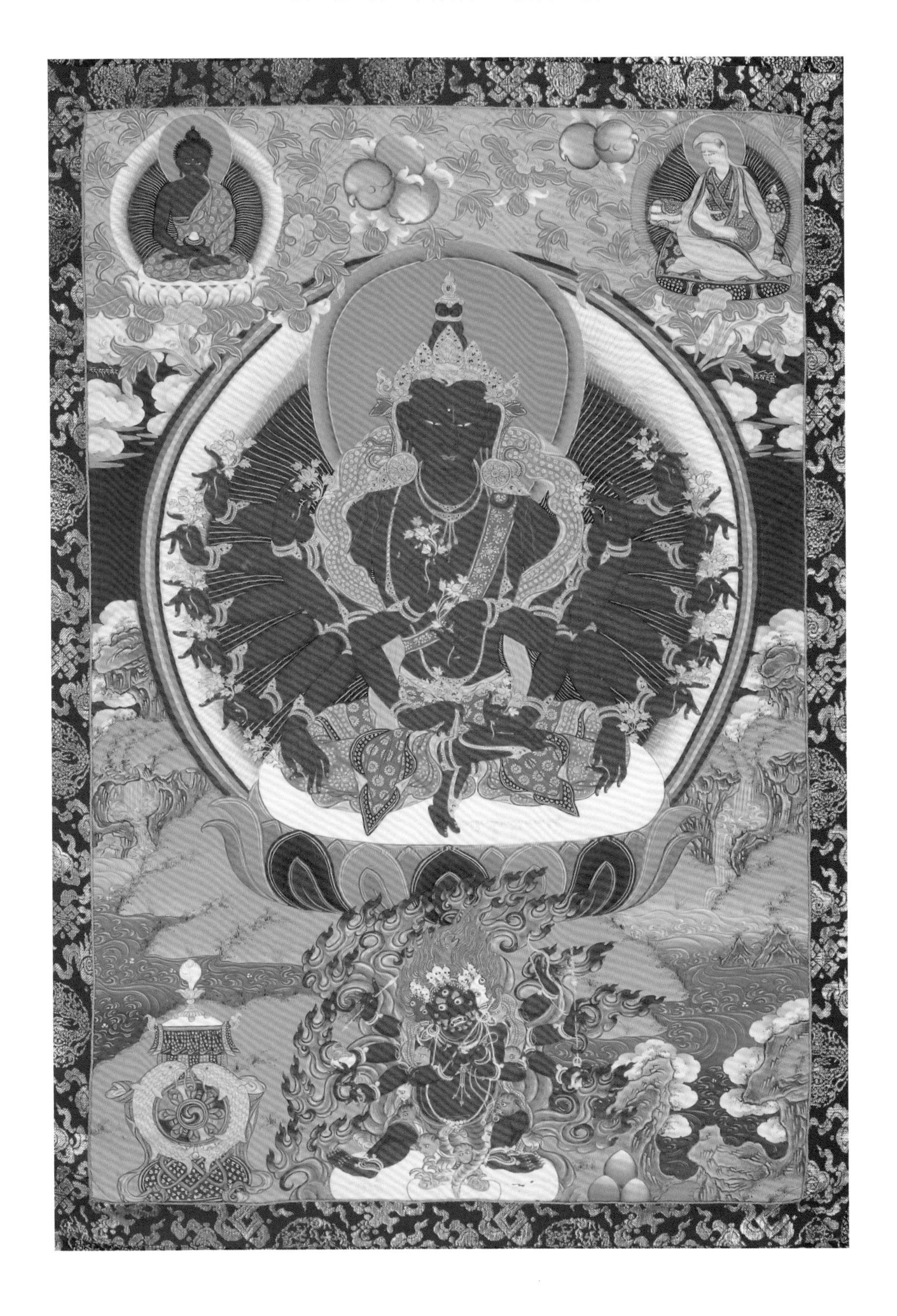

127

權衡三界觀世音菩薩

Trilokayavijiya Avalokiteshvara

此觀世音菩薩藏文名為“權衡三界觀世音菩薩”。

觀世音菩薩紅色身，頭戴寶冠，袒上身，右手持金剛索，左手持鈎，結跏趺坐於太陽蓮花座上。上界為無量光和董必黑茄迦，下界是紅面多聞天王。排列“左一”。

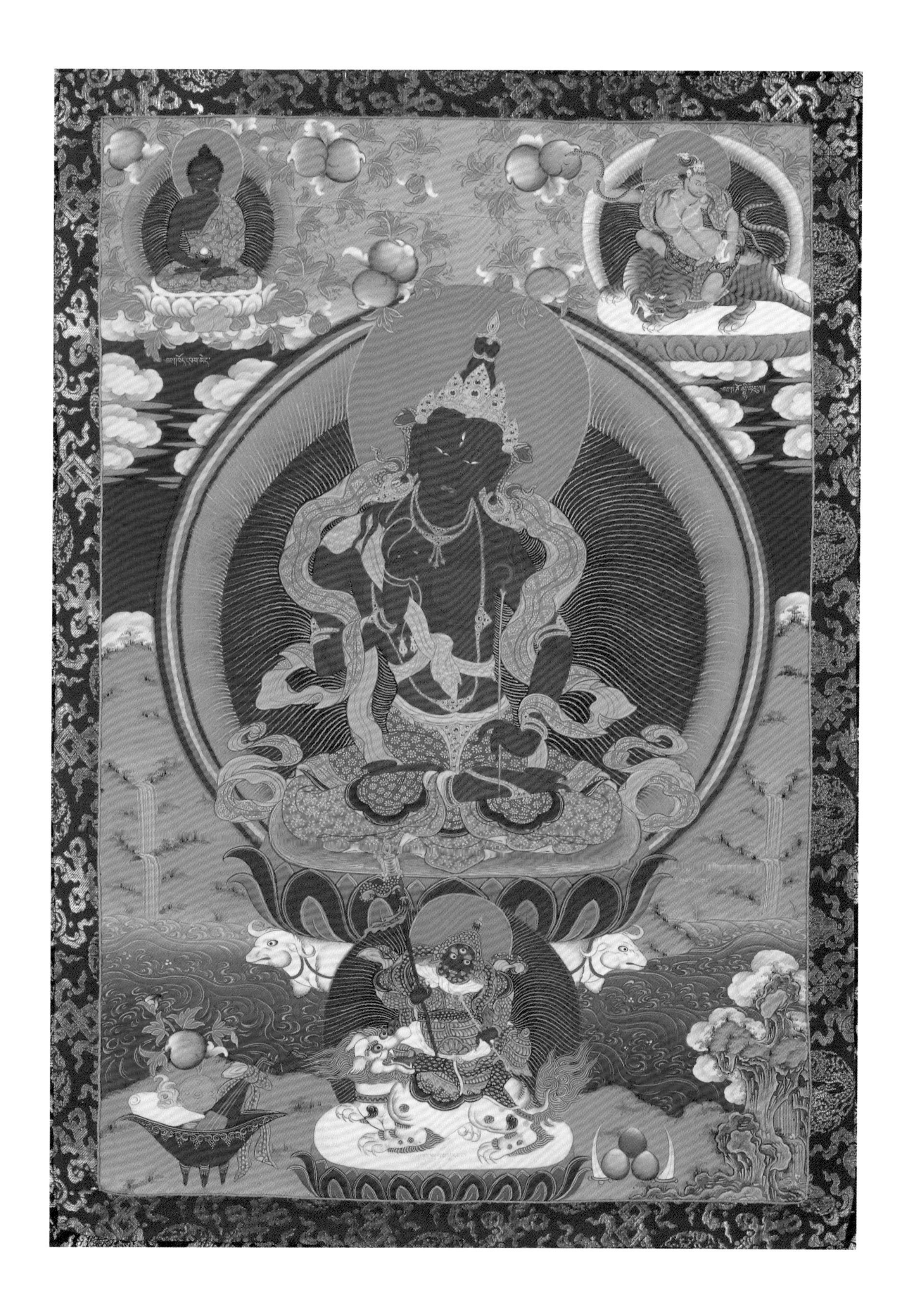

128

黑色觀世音菩薩

Black Avalokiteshvara

此觀世音菩薩藏文名為“黑色觀世音菩薩”。

觀世音菩薩黑色身，五面十二臂。頭戴骷髏冠，火餤赤髮，左右手分別施期克印、持噶布拉碗、骷髏杖、蓮花、金剛鈎、摩尼珠、繩、輪、金剛杵、弓、箭。展左立於蓮花台上。上界為金剛勇識和月幢菩薩，下界為佰格扎。排列“右二”。

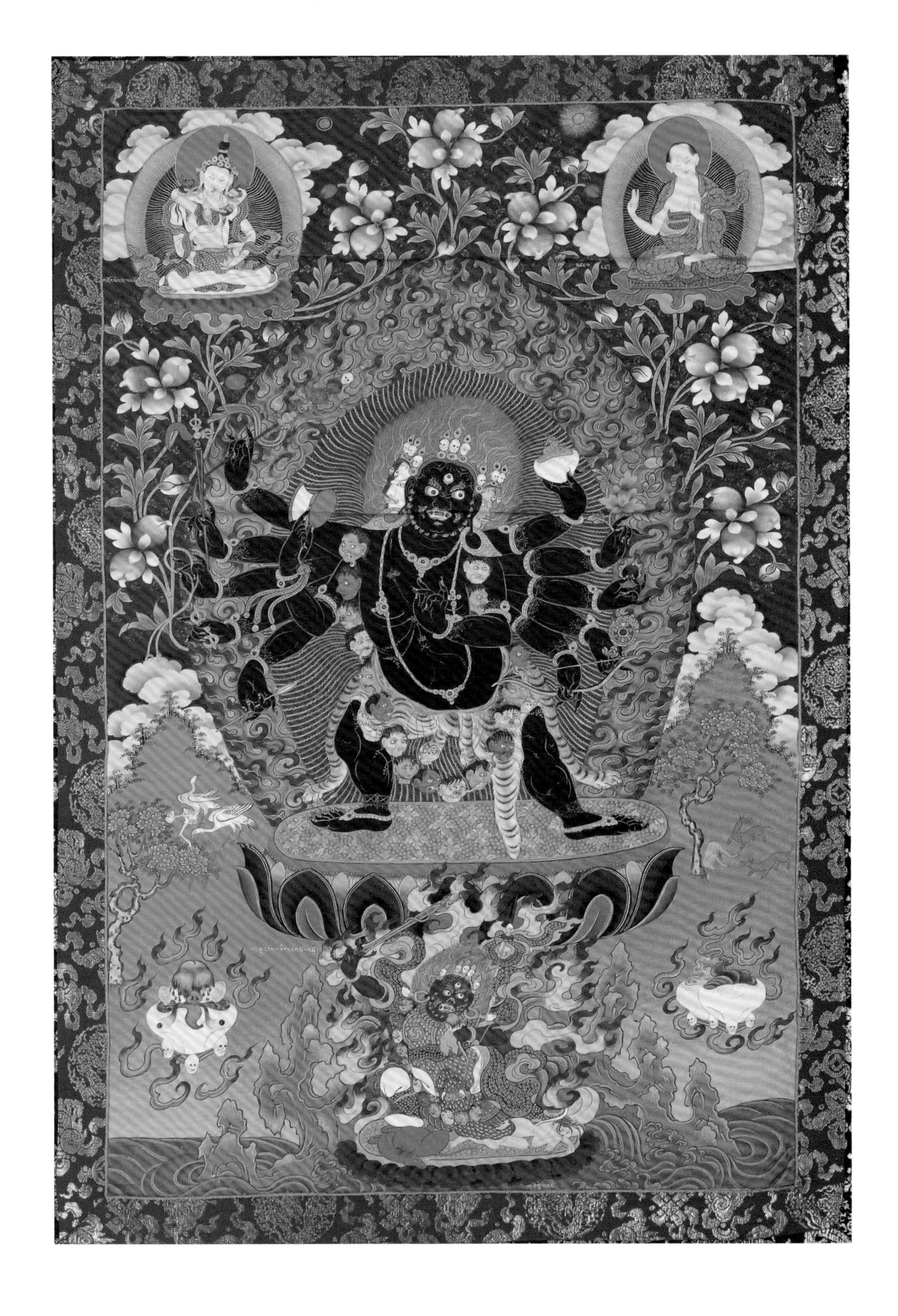

129

哈羅哈羅觀世音菩薩

Halahala Avalokiteshvara

此觀世音菩薩藏文名為“哈羅哈羅觀世音菩薩”。

觀世音菩薩白色雙身，三面六臂。頭戴寶冠，袒上身，腰束虎皮裙。手持弓、箭、珠、花，另兩手分別施與願印，擁抱明妃。右舒式坐於太陽蓮座上。上界為無量光和月稱菩薩，下界為秘密成就閻王。排列“左二”。

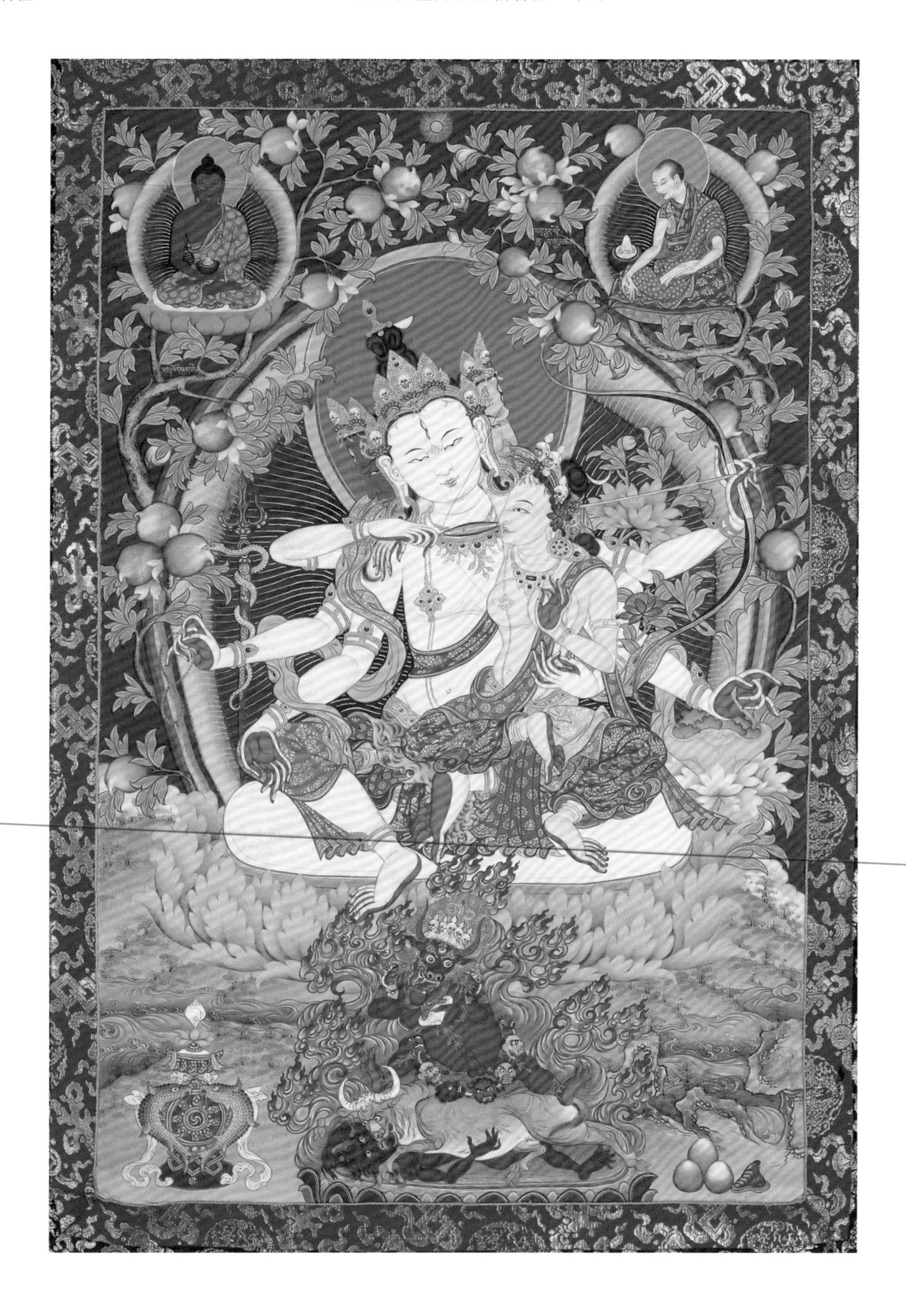

130

哈里哈里羅世自在觀世音菩薩

Halahala Lokeshvara Avalokiteshvara

此觀世音菩薩藏文名為“哈里哈里羅世自在觀世音菩薩”。

觀世音菩薩白色身，頭戴寶冠，袒上身，披仁獸皮，六臂，右側手上舉、持珠、施與願印，左側手持劍、持獸、持淨瓶，坐在藍色的明王肩上，藍色明工蹲立在大鵬鳥身上，大鵬鳥站在白獅背上，形式奇特。上界為說法祖師和無量光佛，下界為馬頭明王。排列“右三”。

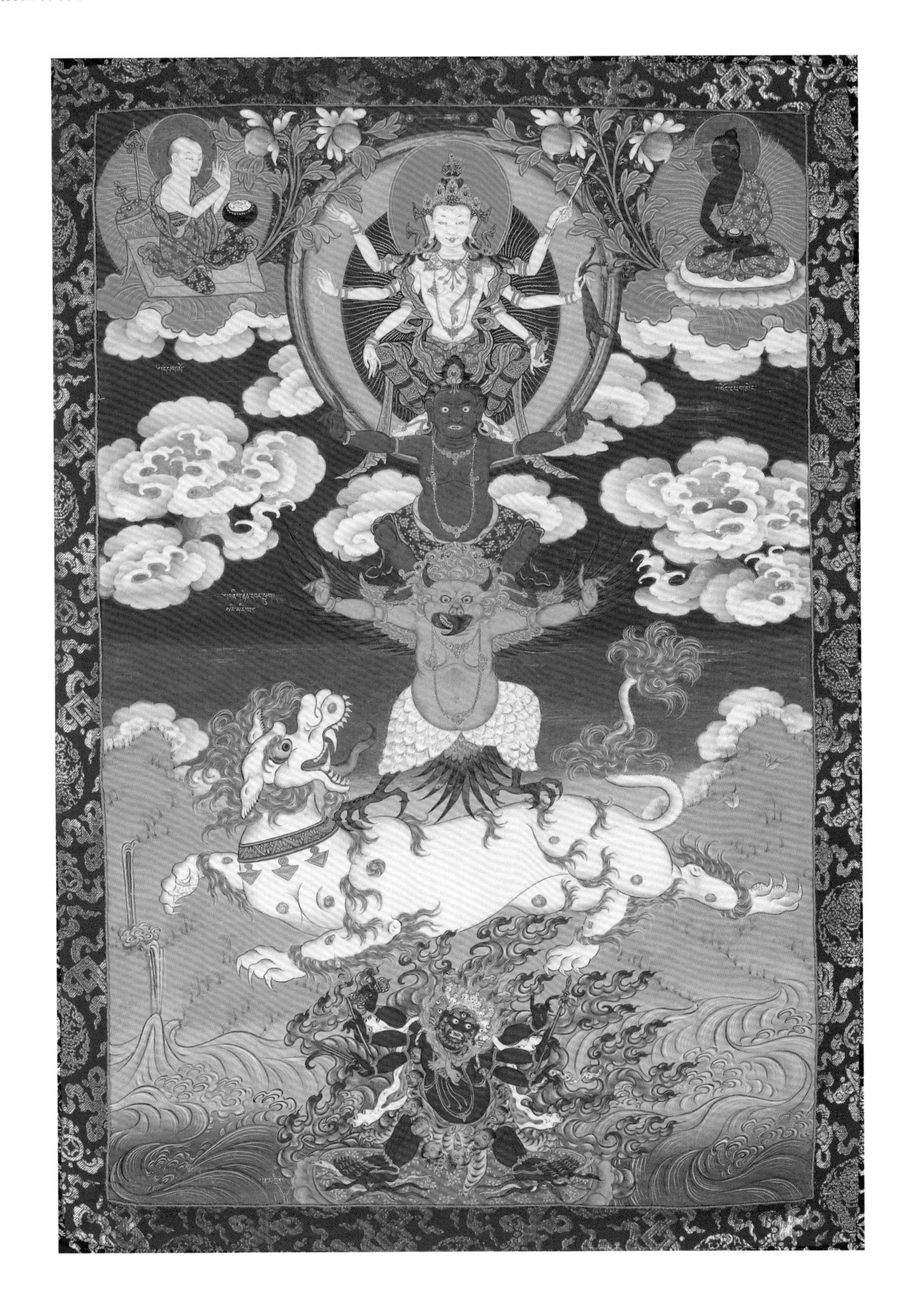

131

虎皮裙觀世音菩薩

Avalokiteshvara with a Skirt in Tiger Skin

此觀世音菩薩藏文名為“虎皮裙觀世音菩薩”。

觀世音菩薩白色身，頭戴寶冠，束三結髮，袒上身，腰束虎皮裙。四臂，胸前雙手合十，右上手持珠，左上手持花，結跏趺坐於太陽蓮座上。上界為無量光和至尊仲敦巴，下界為六臂大黑天。排列“左三”。

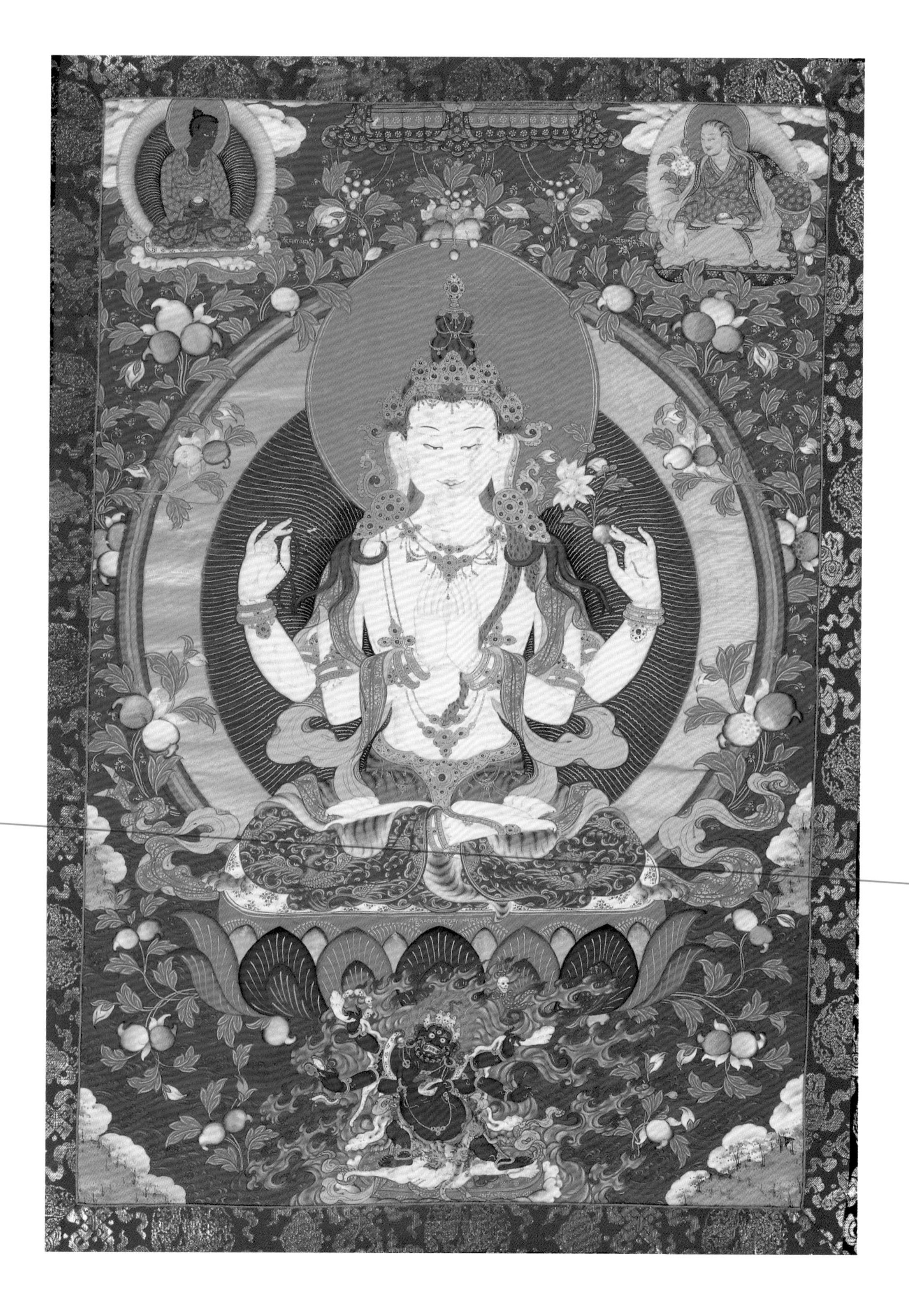

132

獅吼觀世音菩薩

Simhanada Avalokiteshvara

觀世音菩薩為白色身，三眼，面相寂靜，高髻披髮，袒上身，肩披仁獸皮，手施與願印，右舒坐於白獅上。上界為無量光和月幢菩薩，下界為六臂大黑天。排列“右四”。

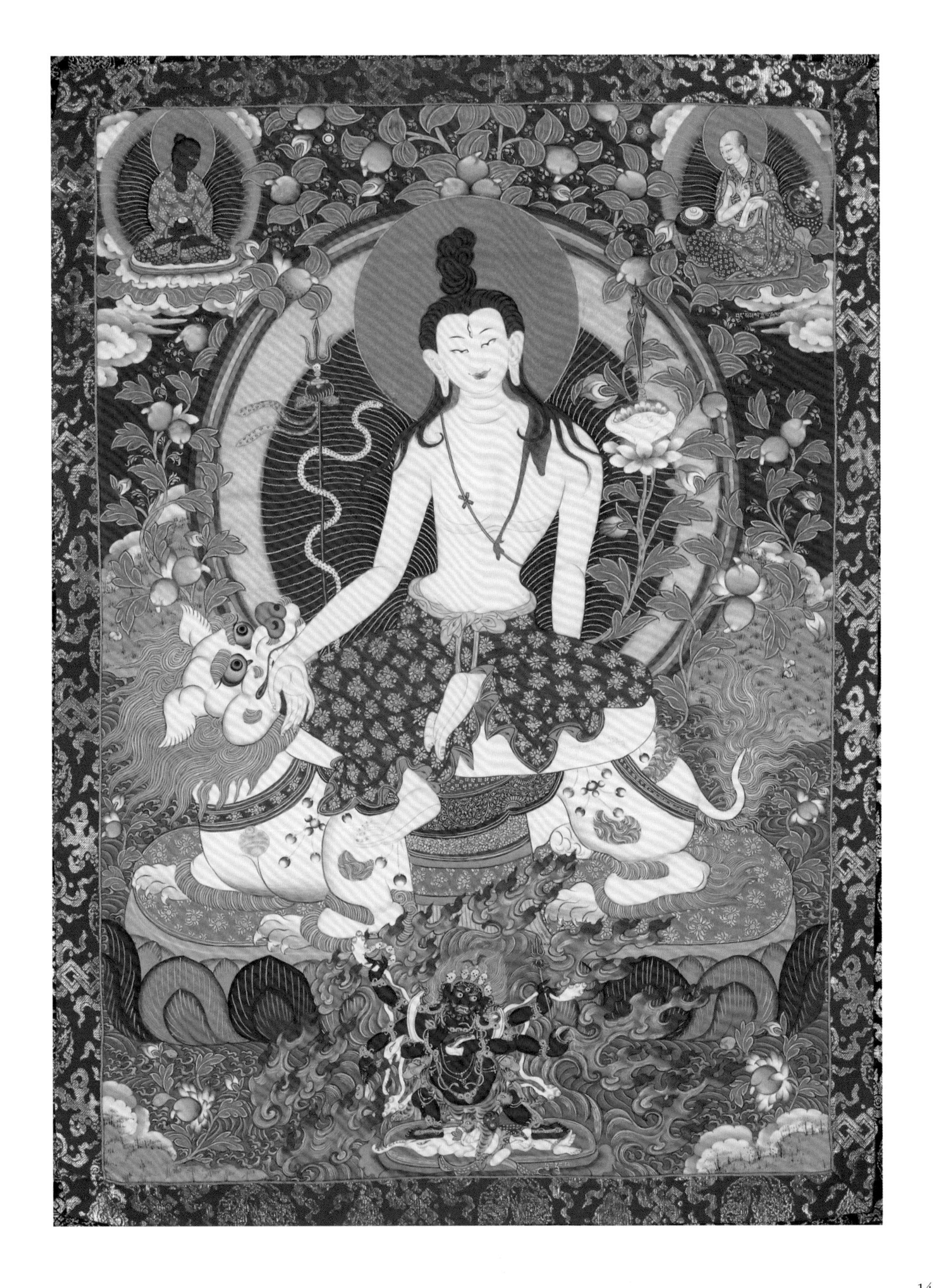

133

不空羂索觀世音菩薩

Avalokiteshvara Amoghapsha

觀世音菩薩手持大慈大悲的金剛羂索，表示普渡一切眾生絕不漏網。

觀世音菩薩白色身，頭戴寶冠，十二臂，胸前右手結印，左手持花；右側手持唸珠、箭、鏡、珠寶、施與願印；左側手持化城、三叉戟、弓、淨瓶、金剛索，立於蓮花台上。上界為願勇士和重孜拉色傑，下界為黃獄帝主。排列"左四"。

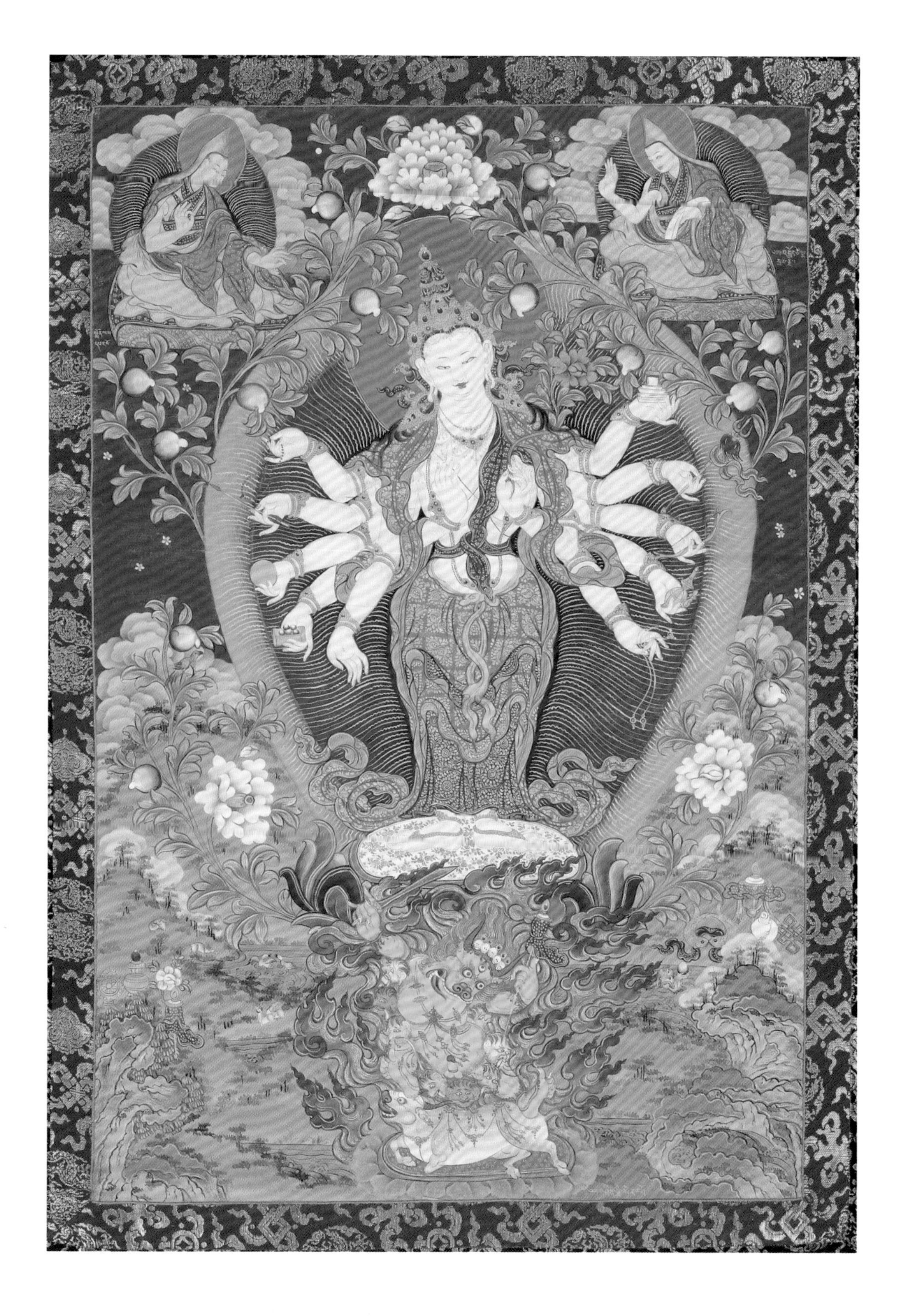

134

尊勝佛母

18世紀　北京
布本彩繪
縱75厘米　橫57.5厘米
清宮舊藏

Ushnishavijaya
18th Century　Beijing
Distemper on Cloth
H.75cm　L.57.5cm
Qing Court collection

尊勝佛母，慈悲為懷，救世急切，能使人延壽增福，頗受信徒崇拜。她與無量壽佛、白度母並稱為藏傳佛教長壽三尊，是福壽吉祥的象徵。

尊勝佛母白色身，三面八臂。頭戴寶冠，身佩瓔珞，着各色天衣。胸前兩手持金剛交杵和珠。右側手托化佛、持箭、施與願印；左側手施無畏印、持弓、托寶瓶，結跏趺坐於蓮座上，寂靜端莊。周匝排列着三百零七尊小法身尊勝佛母。背面有白綾，墨書漢、滿、蒙、藏四文題記：“乾隆二十五年十二月二十日　欽命章嘉胡土克圖認看新畫番像居中大法身尊勝佛母　周圍畫小法身尊勝佛母三百七尊……右”。

此唐卡的小法身尊勝佛母是在白地上用綫勾勒，不設色，構成空靈的境界。

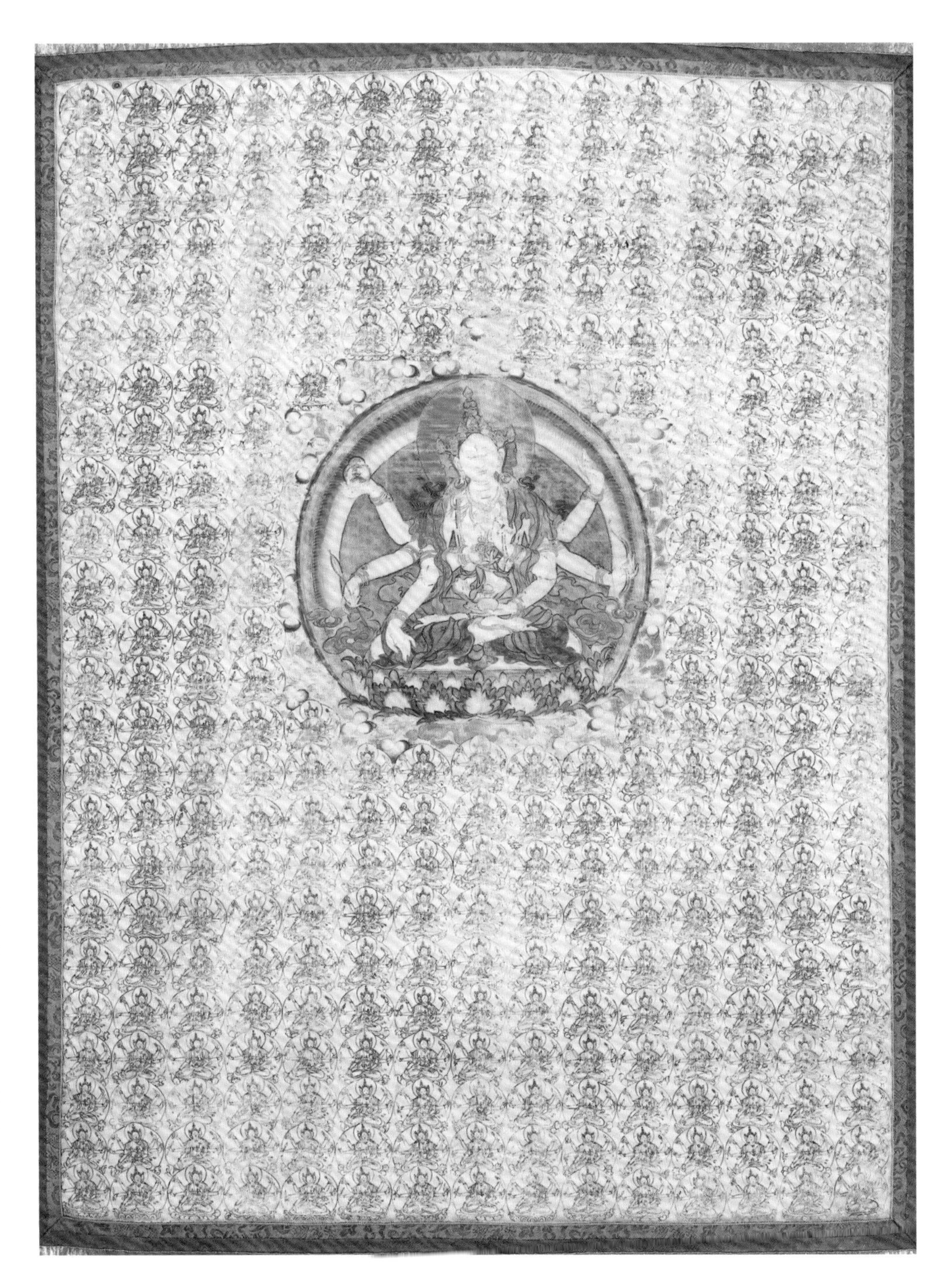

乾隆二十五年十二月二十日
欽命章嘉胡土克圖認看新畫番像居中大法身
尊勝佛母週圍畫小法身尊勝佛母三百七
尊番稱納穆嘉勒麻清稱覺隆額烏墨旋厄
持赫厄墨拂齊希蒙古稱烏綠尼喀必匝雅
右

135

白救度佛母

19世紀　北京
布本彩繪　縱42.5厘米　橫30厘米
清宮舊藏

White Tara

19th Century　Beijing
Distemper on Cloth　H.42.5cm　L.30cm
Qing Court collection

白救度佛母是藏傳佛教尊奉的女神之一。主尊白度母身體白色，面容溫柔甜美，朱脣微含，她的額頭及雙手掌心共有七隻眼睛，且各眼分工不同，意味着她具有卓越的能力，可以看見世間每個角落所有受難眾生的痛苦，所以又被稱為七眼女。她頭戴紅色五佛寶冠，身佩各種珠寶，下着華麗而厚重的紅裙，全跏趺坐於雙層蓮座上，長長的深色飄帶繞過身體後垂於蓮座兩側。度母身後是紅色圓形背光，頭光用白色和粉色暈染出光輝，畫面上方有日月相照。整個畫面較為簡潔，是直接畫在綢子底布上，已非唐卡的標準畫法。是道光時期的宮廷作品。

此像背後貼有黃條，上寫："道光十五年六月初八日成造。"

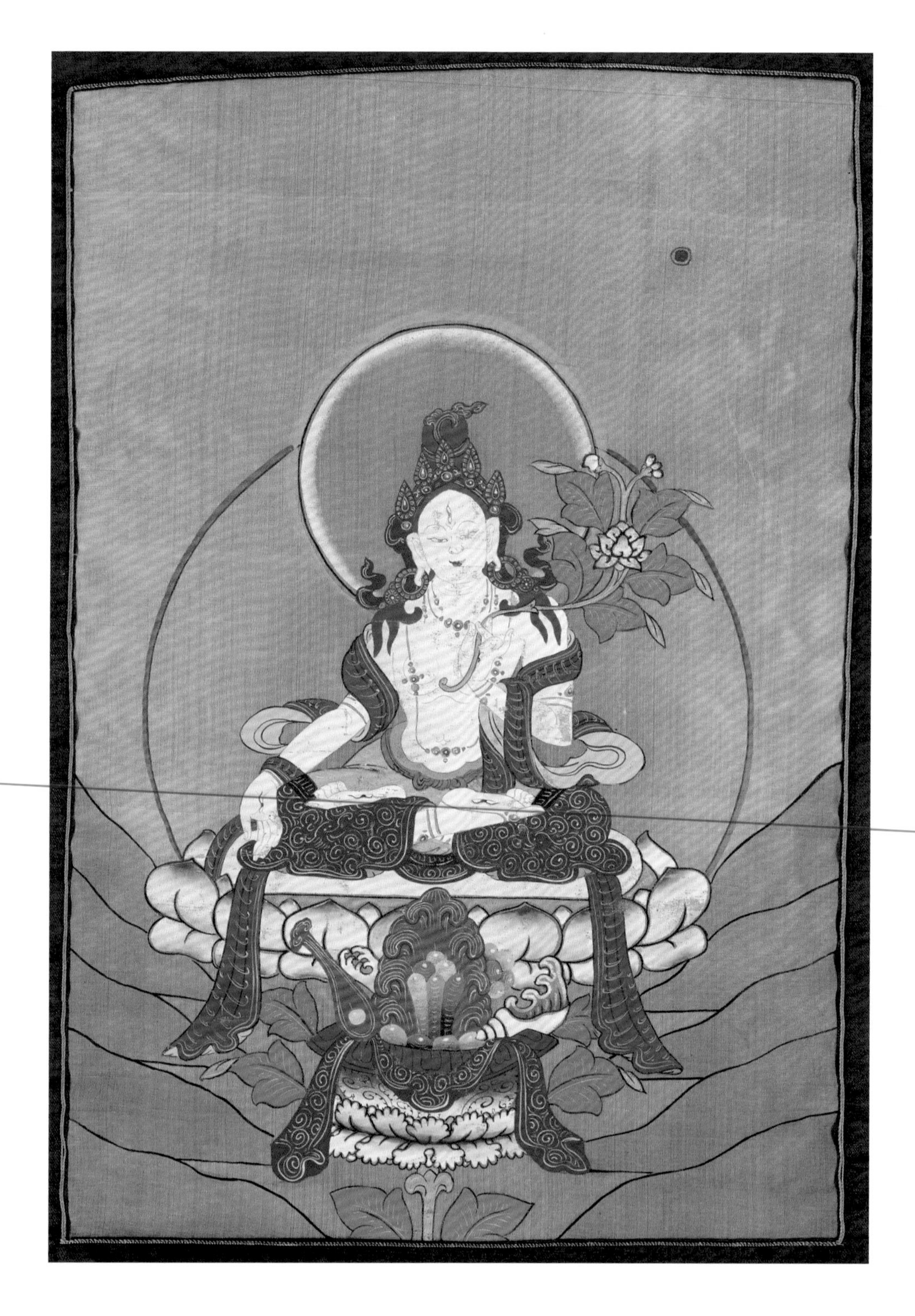

136

尊勝佛母
18世紀　西藏
布本彩繪
縱63厘米　橫43厘米
清宮舊藏

Ushnishavijaya
18th Century　Tibet
Distemper on Cloth
H.63cm　L.43cm
Qing Court collection

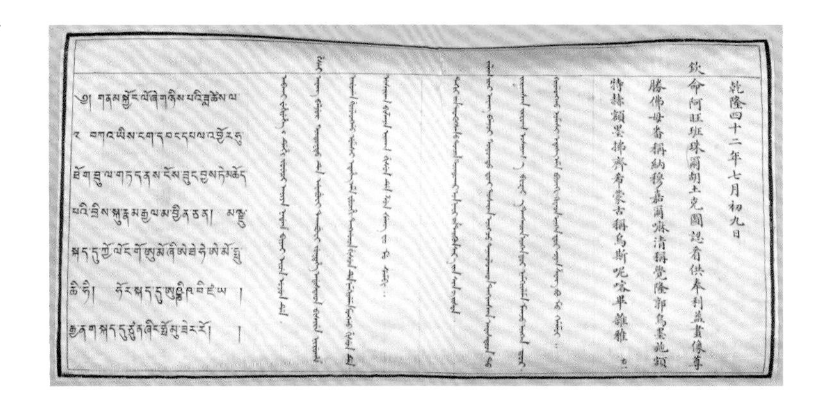
乾隆四十二年七月初九日
欽命阿旺班珠爾胡土克圖認看供奉利益畫像尊
勝佛母番稱納穆嘉爾瑪清稱覺隆郭烏墨施頦
特赫頦墨拂齊希蒙古稱烏斯呢嗒畢雜雅　右一

尊勝佛母白色身，三面八臂。頭戴紅色寶冠，胸前右手托金剛交杵，左手持金剛索。右側手托化佛、持箭、施與願印；左側手施無畏印、持弓、托寶瓶，結跏趺坐於蓮座上。上界為七世達賴喇嘛，下界為不動金剛和持金剛。背面有白綾，墨書漢、滿、蒙、藏四文題記："乾隆四十二年七月初九日　欽命阿旺班珠爾胡土克圖認看供奉利益畫像尊勝佛母……右一"。

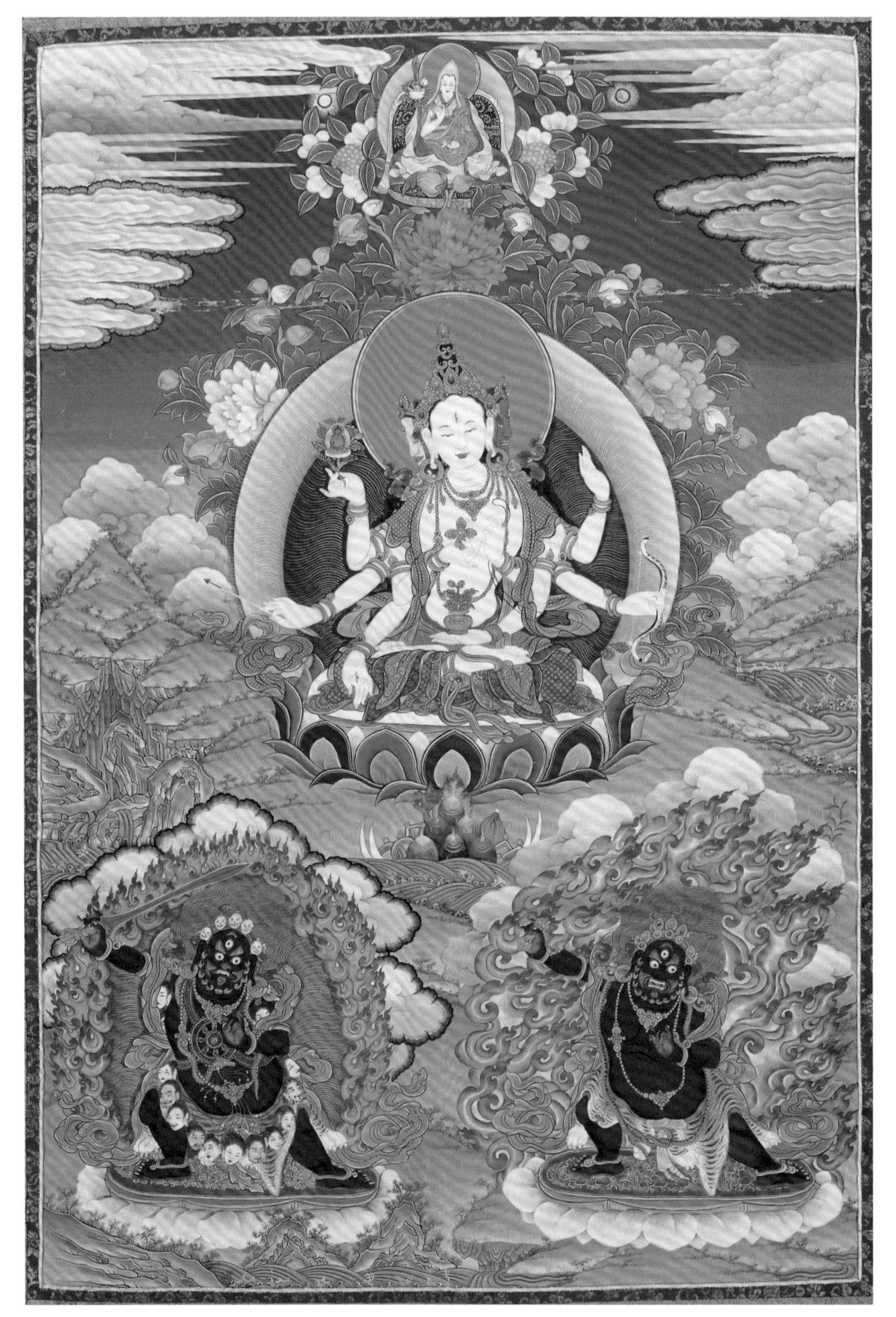

137

二十一救度佛母

18世紀　西藏
布本彩繪
縱65厘米　橫46厘米
清宮舊藏

Twenty-one Taras

18th Century　Tibet
Distemper on Cloth
H.65cm　L.46cm
Qing Court collection

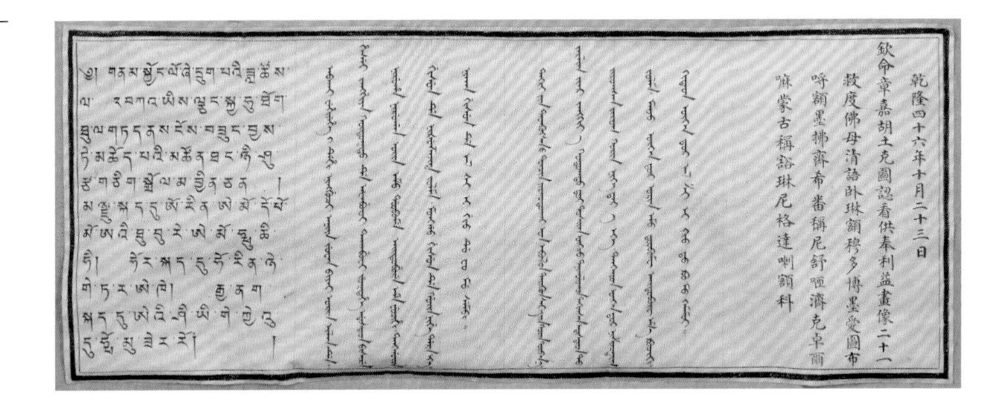

救度佛母是藏傳佛教尊奉的女神，亦稱“度母”、“救度母”，相傳是觀世音菩薩的不同化身，有二十一種，其中綠度母是二十一度母之首。

綠度母現少女相，綠色身。頭戴五佛冠，雙手持花，右舒式坐於蓮座上，右足踩蓮花，怡然自得。上界為彌勒菩薩、阿底峽、宗喀巴。綠度母周匝繪二十一度母，表示二十一種幻化身，普濟眾生。像下有藏文榜題（藏文榜題譯名見附錄）。背面有白綾，墨書漢、滿、蒙、藏四文題記：“乾隆四十六年十月二十三日　欽命章嘉胡土克圖認看供奉利益畫像二十一救度佛母……”。

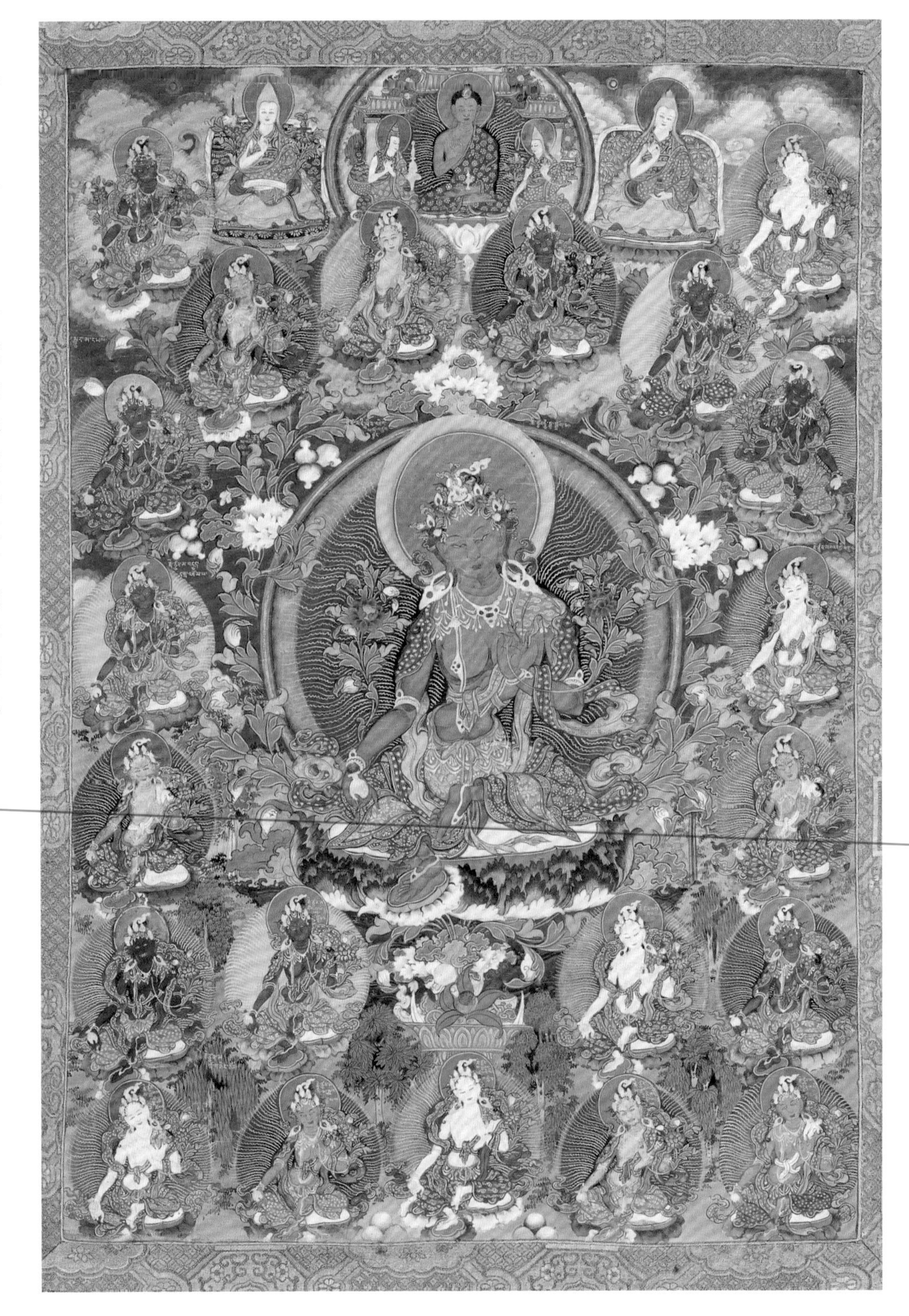

智行佛母
17世紀　西藏
布本彩繪　縱57厘米　橫40厘米
清宮舊藏

Jnanakara
17th Century　Tibet
Distemper on Cloth　H.57cm　L.40cm
Qing Court collection

據藏密說法，若按智行佛母儀軌修行，即能躲避禍害、延長壽命、增長智慧。

智行佛母係忿怒佛母，紅色身，一面四臂。頭戴骷髏冠，頭髮向上豎立，身掛人頭大瓔珞。上面雙手持蓮花、弓箭；下面一手持花箭，一手持金剛索。腰束虎皮裙，舞立姿，腳下踏人。上界正中為持喝布拉喜金剛，其下方白色裸者為董必黑茹迦大成就者，黃色者為費盧波大成就者。下界左起為帝鶩天母、作明佛母、增祿佛母。黃條："乾隆十四年五月十七日　小太監胡士傑傳旨交來藏畫智行佛母一軸"。

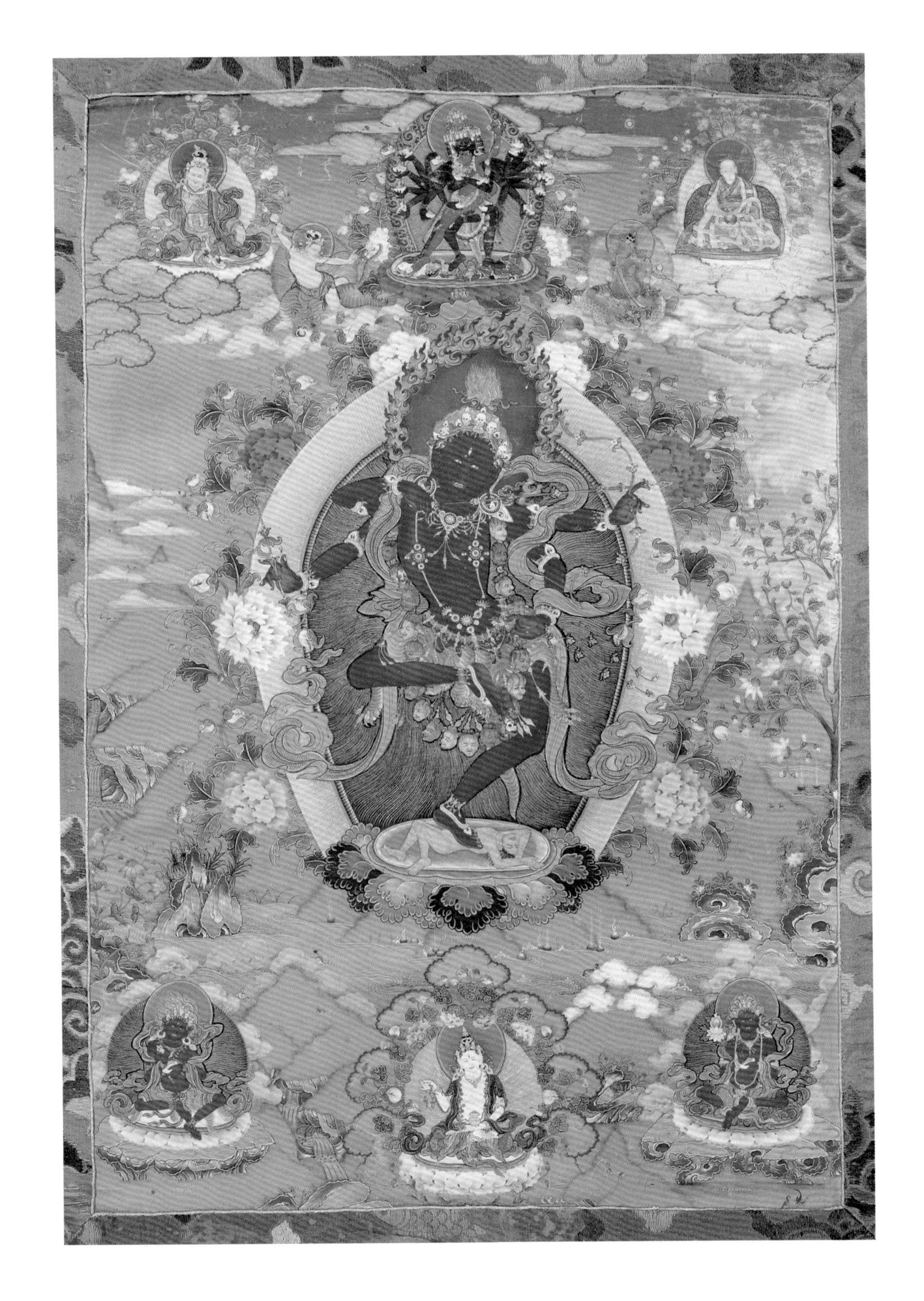

139

白救度佛母

18世紀　西藏
布本彩繪
縱63厘米　橫42厘米
清宮舊藏

White Tara

18th Century　Tibet
Distemper on Cloth
H.63cm　L.42cm
Qing Court collection

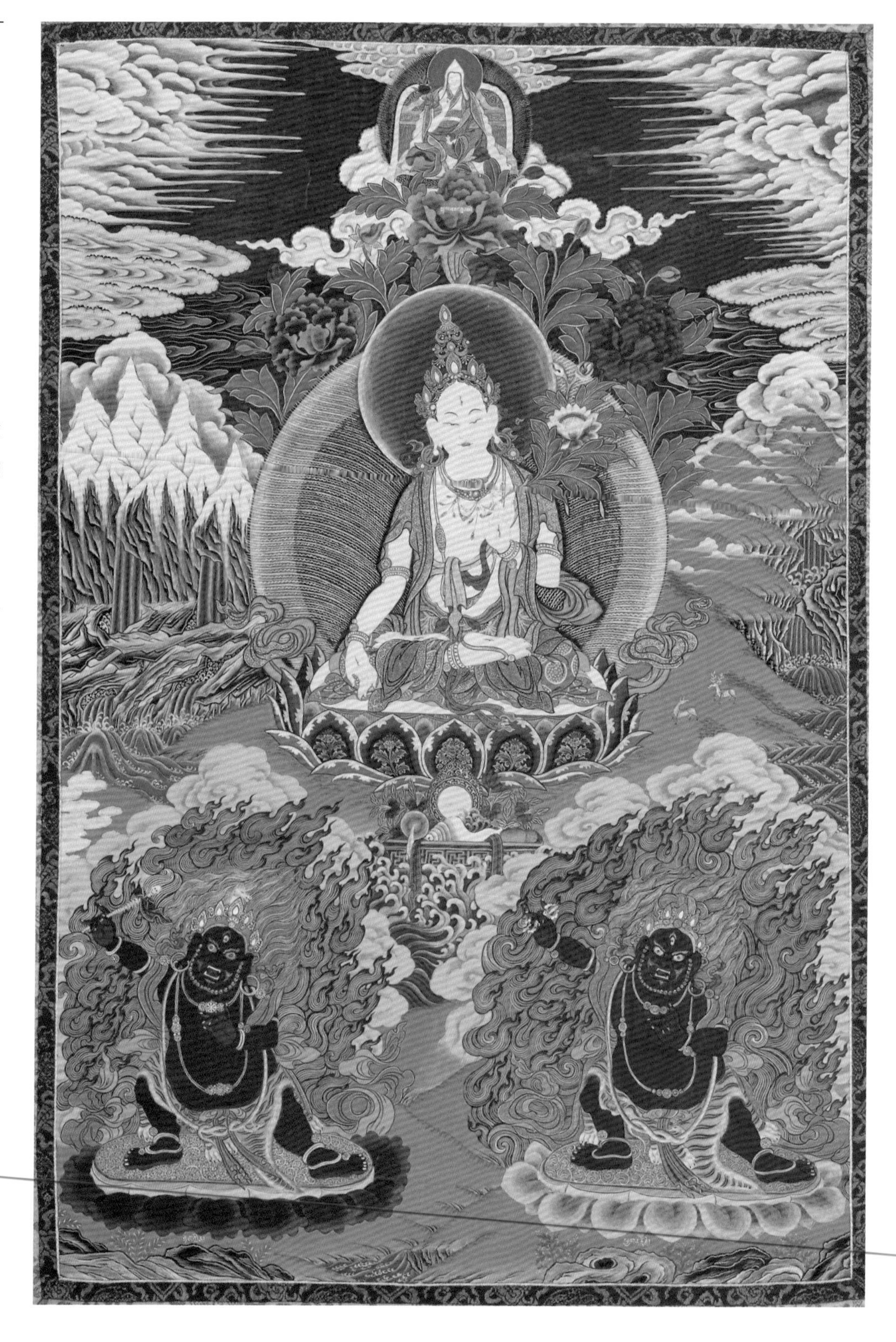

白度母為二十一度母之一，又稱七眼女，各眼分工不同，可以看見世間所有受難眾生的痛苦。

白度母頭戴五佛寶冠，身着各色天衣，左手拈花，右手施與願印，結跏趺坐。上界為七世達賴喇嘛，下界左側為馬頭金剛，右側為持金剛。背面有白綾，墨書漢、滿、蒙、藏四文題記：“乾隆三十四年十月初八日　欽命阿旺班珠爾胡土克圖認看供奉畫像白救度佛母一軸……右一”。

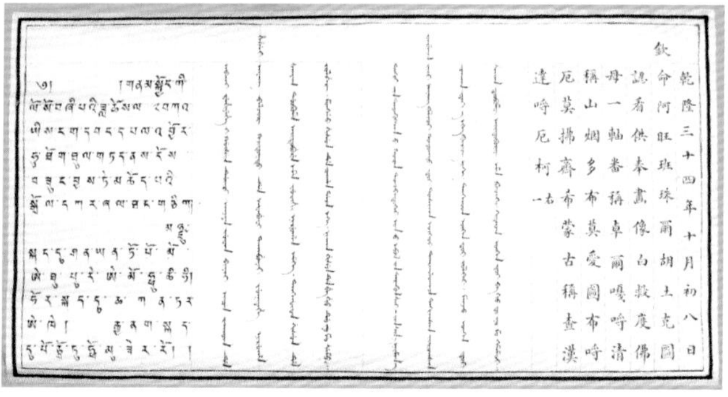

乾隆三十四年十月初八日
欽命阿旺班珠爾胡土克圖
認看供奉畫像白救度佛
母一軸番稱卓爾嘎哷清
稱山烟多布莫愛圖布哷
厄莫拂齋布蒙古稱査漢
達哷厄柯一右

140

十臂積光佛母像

18世紀　西藏
布本彩繪
縱66.5厘米　橫45厘米
清宮舊藏

Ten-armed Marici
18th Century　Tibet
Distemper on Cloth
H.66.5cm　L.45cm
Qing Court collection

積光佛母也稱"陽燄"或"作明佛母"，傳説其為陽光的化身，是釋迦佛頂髻化現的神祇，屬於密宗四部中佛部的頂髻類。

積光佛母白色身，五面十臂。中間面為白色，左側兩面為綠色和藍色，右側為一紅色豬面。每面各有三眼，照顧一切有情。頂端一面為菩薩寂靜相。主臂雙手捧日輪和月輪，其餘各手分別持法器。腰束彩色布裙，展左立於豬輦上。背後立佛塔。上界左側為大日如來，右側為釋迦牟尼佛；下界為綠勇保護法。背面有白綾，墨書漢、滿、蒙、藏四文題記："乾隆四十五年八月初七日　班禪額爾德尼　進丹書克供奉利益畫像十臂積光佛母……右一"。

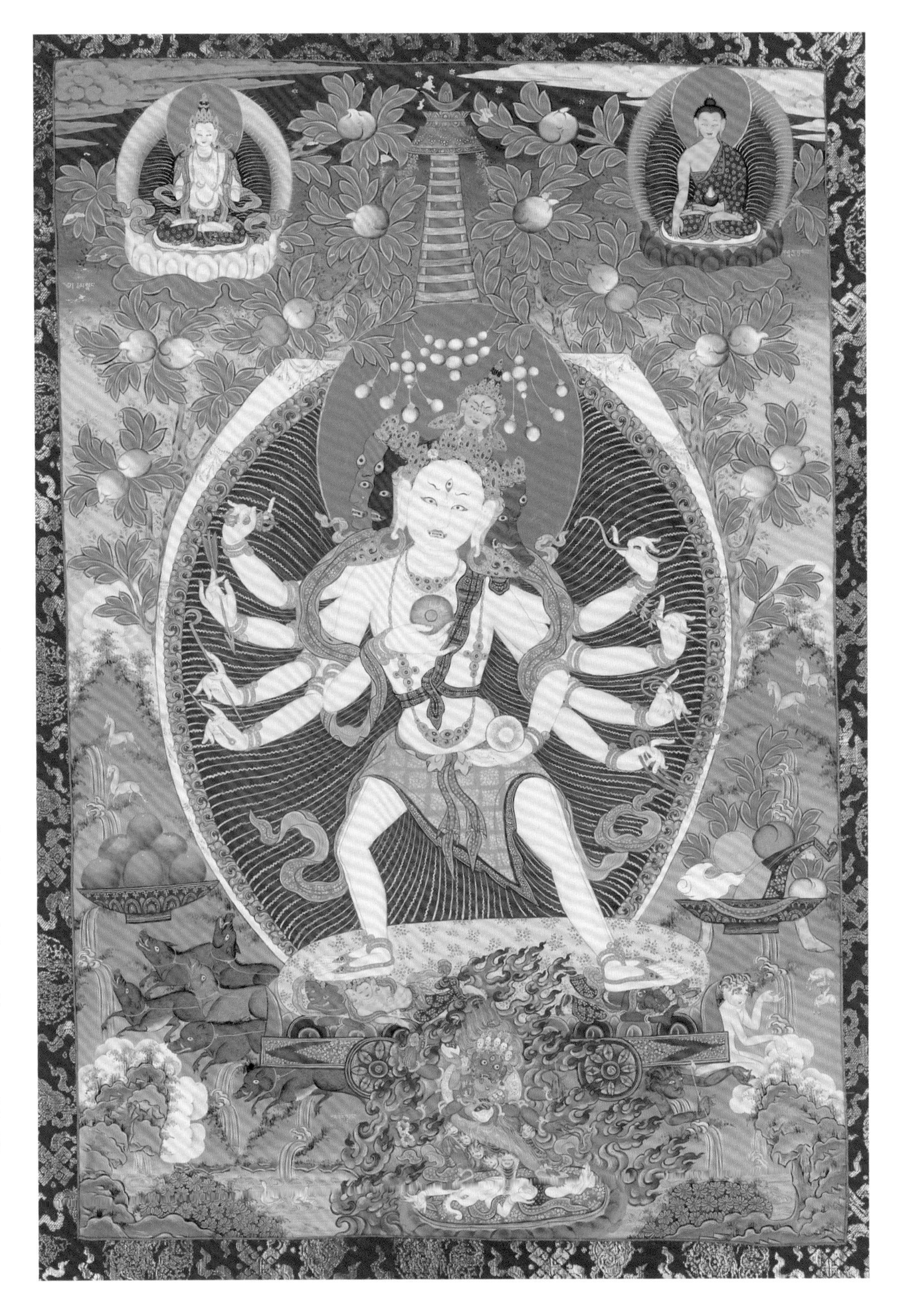

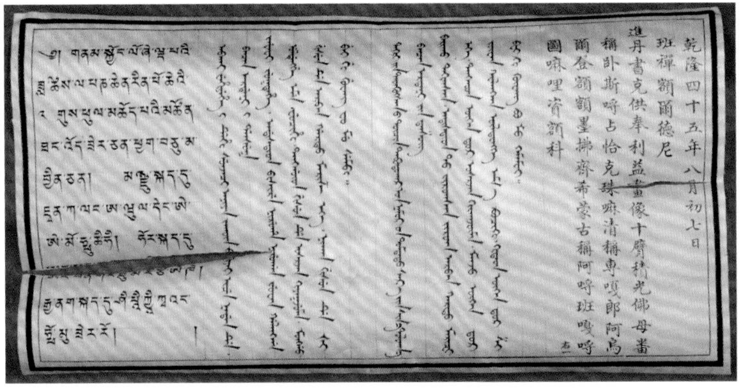

141

威德吉祥天母

18世紀　北京
布本設色
縱96厘米　橫64厘米
清宮舊藏

Shri Devi

18th Century　Beijing
Distemper on Cloth
H.96cm　L.64cm
Qing Court collection

威德吉祥天母黑藍色身，呈忿怒相。頭戴五骷髏冠，呲牙捲舌，垂掛人頭大瓔珞，以蛇為胳腋。右手持金剛杵，左手托噶布拉碗。腰間有拘鬼牌，坐下騾子掛病種口袋和骰子，馳於血海中。上界為格魯派三大本尊神即大威德金剛、密集金剛和上樂金剛。周圍是吉祥天母的伴神春、夏、秋、冬四季女神以及五大長壽天母和十二丹瑪女神等。背面有白綾，墨書漢、滿、蒙、藏四文題記：“乾隆四十三年閏六月初一日　奉旨交章嘉胡土克圖按照經文恭敬畫像供奉威德吉祥天母……”。黃條：“此樣一軸　佛日樓”。

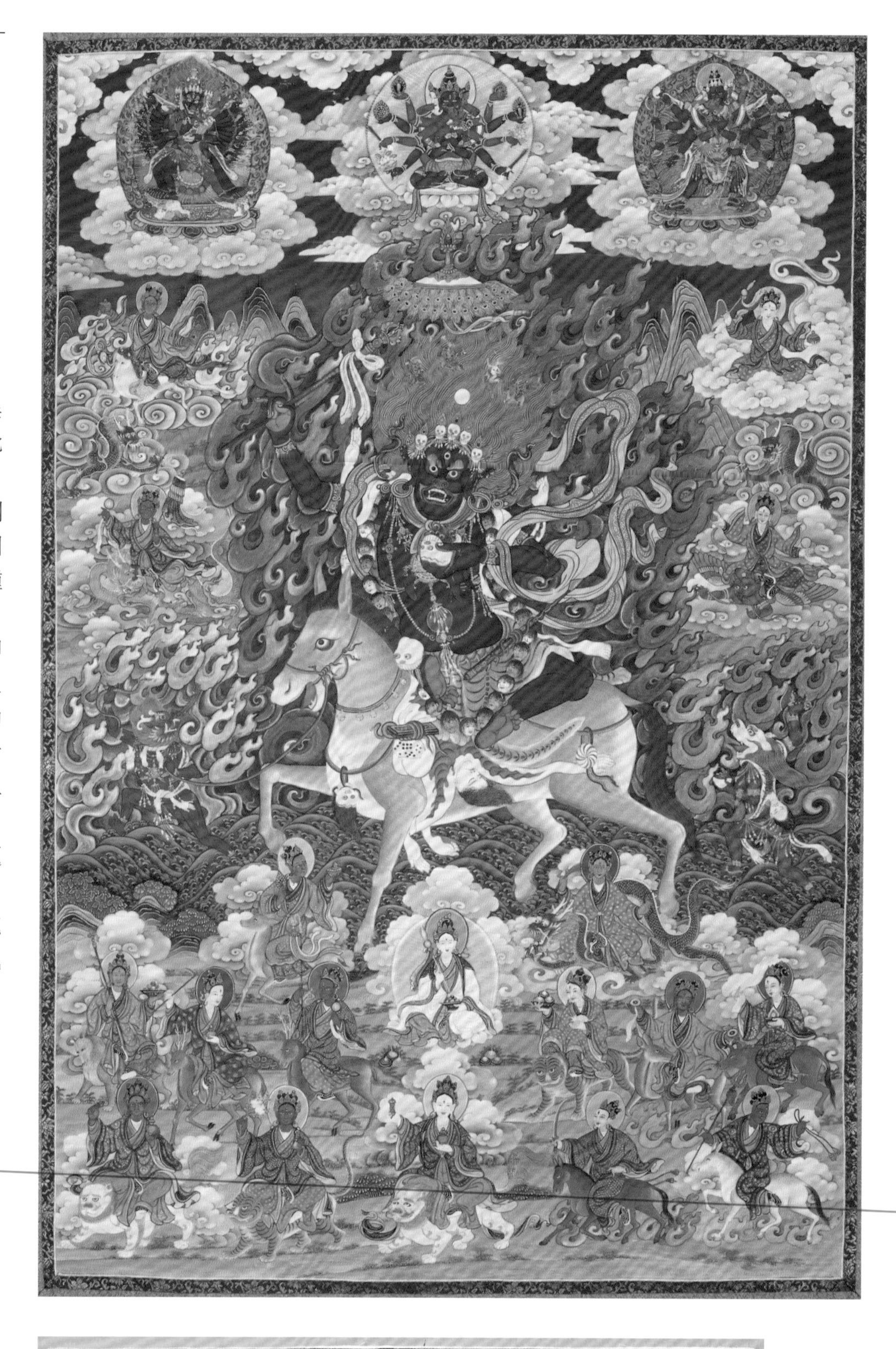

乾隆四十三年閏六月初一日奉
旨交章嘉胡土克圖按照經文恭敬畫像供奉威德
吉祥天母哩嘛第嶽像護法獅像護法四時吉
祥佛母增福吉祥天母五大長壽天母十二永
護法宗天母等全分妙德吉祥能成萬事大利
益諸像佛一軸

142

威德吉祥天母

18世紀　北京
墨地金繪　縱120厘米　橫70厘米
清宮舊藏

Shri Devi

18th Century　Beijing
Painted in gold on ink cloth
H.120cm　L.70cm
Qing Court collection

吉祥天母呈忿怒相。頭戴五骷髏冠，呲牙捲舌，垂掛人頭大瓔珞，以蛇為胳腋。右手持金剛杵，左手托噶布拉碗。坐下騾子馳於血海中。上界繪密集金剛、大威德金剛和上樂金剛。周圍是吉祥天母的伴神春、夏、秋、冬四季女神以及五大長壽天母和十二丹瑪女神等。上部題寫漢、滿、蒙、藏四體文字乾隆御製詩《威德吉祥天母》。背面有白綾，墨書漢、滿、蒙、藏四文題記："乾隆四十三年九月二十日　奉旨交章嘉胡土克圖按照經文恭敬畫像供奉威德吉祥天母……"。

此黑唐為墨地金繪。

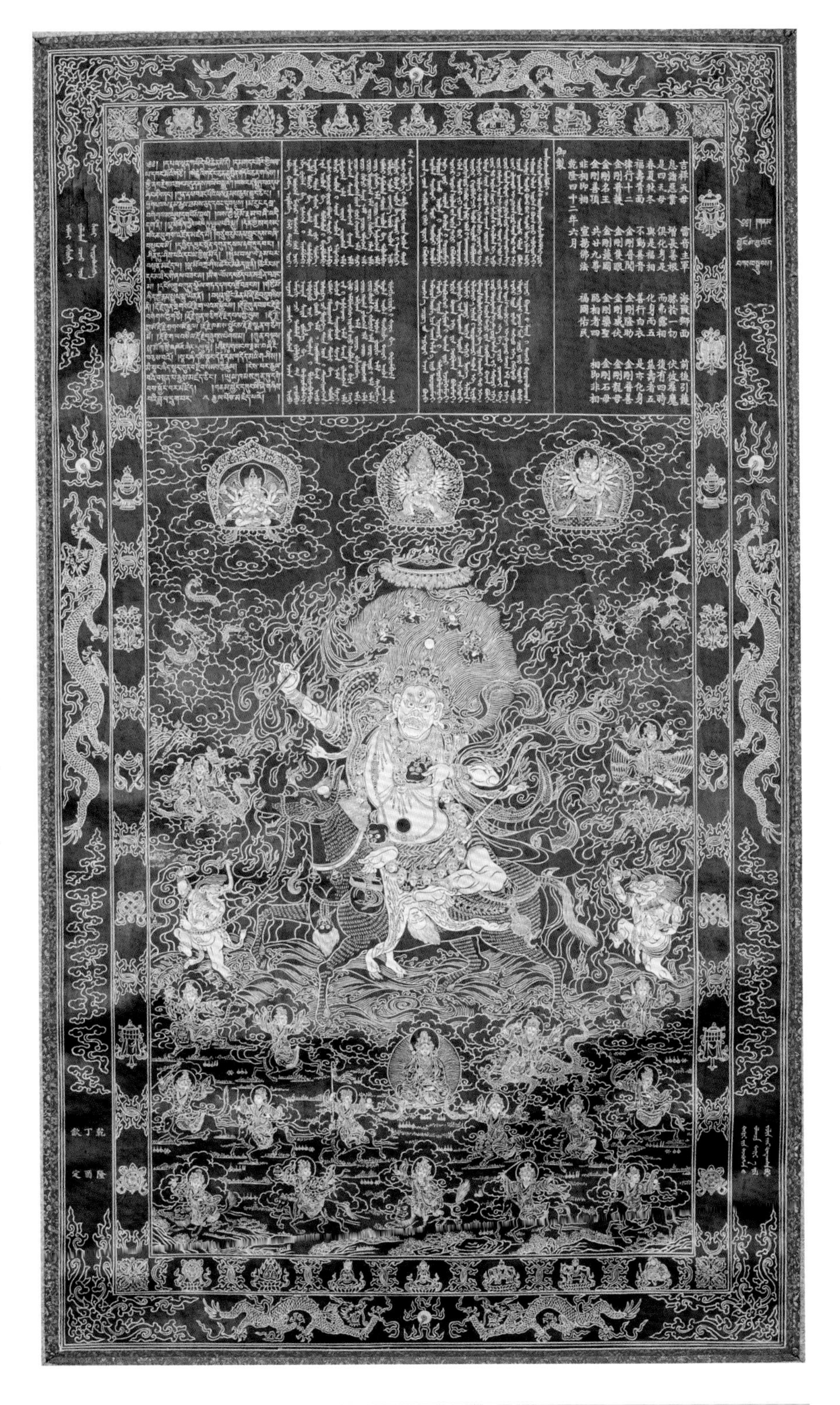

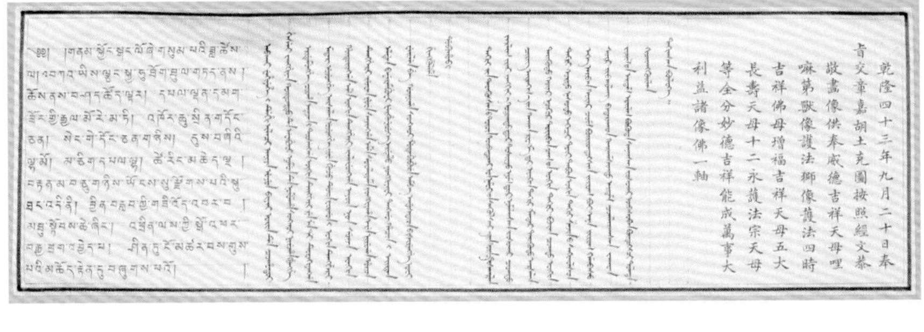

乾隆四十三年九月二十日奉
旨交章嘉胡土克圖按照經文恭
敬畫像供奉威德吉祥天母哩
嘛第獸像護法獅像護法四時
吉祥佛母增福吉祥天母五大
長壽天母十二永護法宗天母
等全分妙德吉祥能成萬事大
利益諸像佛一軸

143

威德吉祥天母

18世紀　北京
墨地朱繪　縱120厘米　橫70厘米
清宮舊藏

Shri Devi

18th Century　Beijing
Painted in cinnabar on ink cloth
H.120cm　L.70cm
Qing Court collection

吉祥天母面相忿怒，火燄赤髮，三眼大睜，張口呲牙捲舌，騎一匹騾子馳於血海中。頭戴五骷髏冠，胸佩新鮮頭顱串成的花環，以蛇為胳腋。右手持金剛杵，左手托噶布拉碗。腰間別拘鬼牌，坐騎掛病種口袋和一副骰子。上界繪密集金剛、大威德金剛和上樂金剛。周圍是吉祥天母的伴神春、夏、秋、冬四季女神以及五大長壽天母和十二丹瑪女神等。上部題寫漢、滿、蒙、藏四體文字乾隆御製詩《威德吉祥天母》。背面有白綾，墨書漢、滿、蒙、藏四文題記同前。

此黑唐為墨地上以硃砂繪製。

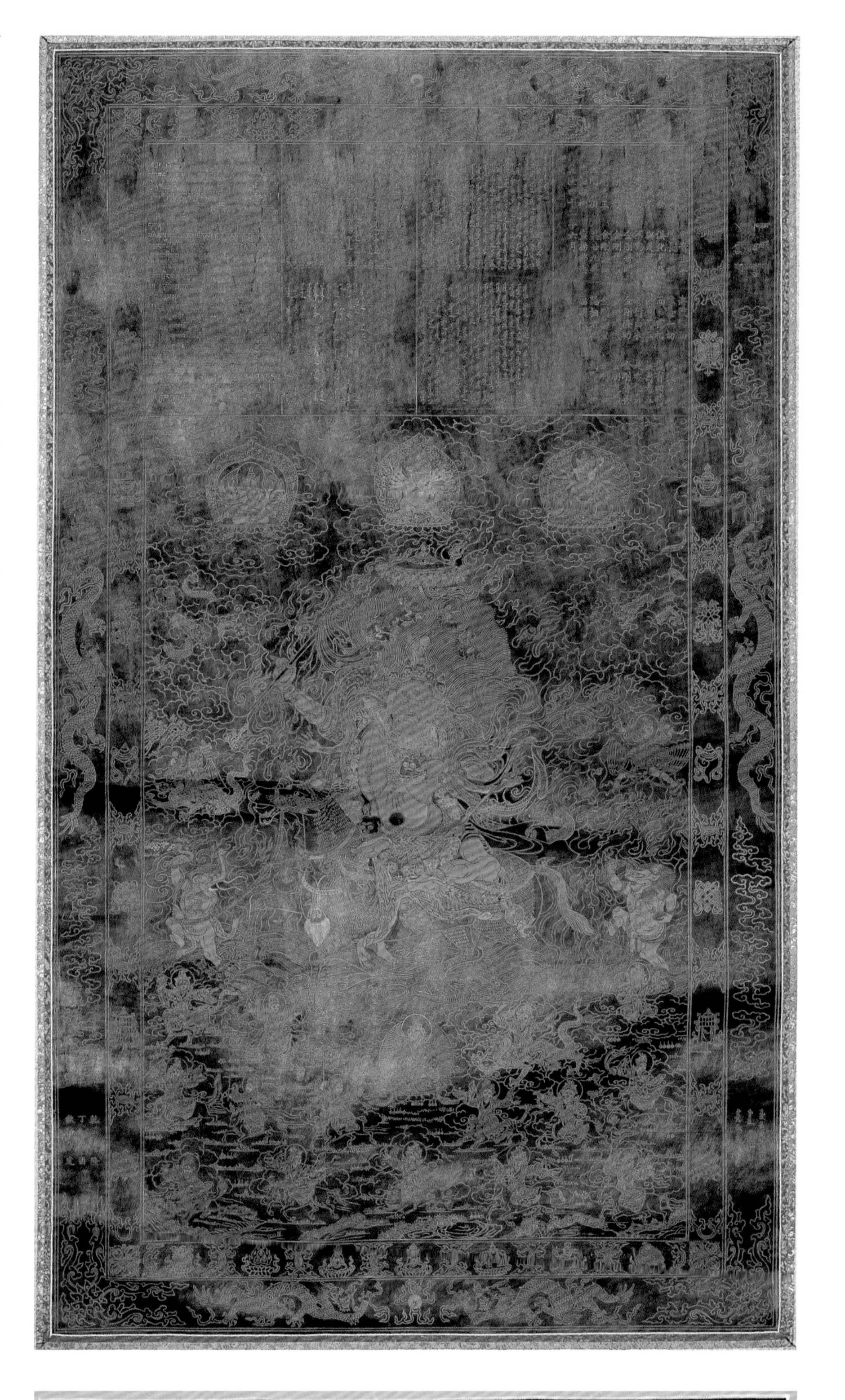

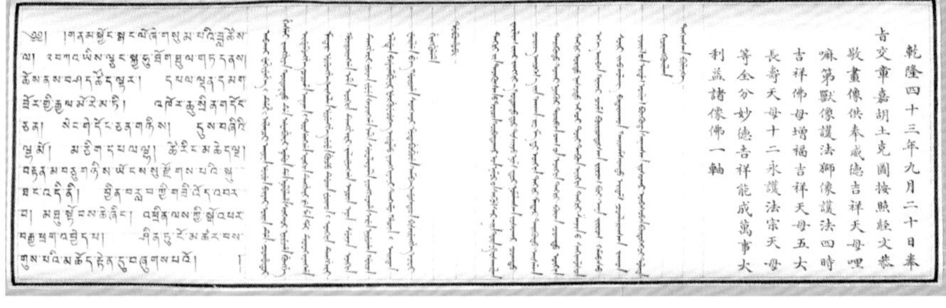

乾隆四十三年九月二十日奉
旨交章嘉胡土克圖按照經文恭
敬畫像供奉威德吉祥天母哩
嘛第獸像護法獅像護法四時
吉祥佛母增福吉祥天母五大
長壽天母十二永護法宗天母
等全分妙德吉祥能成萬事大
利益諸像佛一軸

144

六臂勇保護法

18世紀　西藏
布本設色
縱68厘米　橫43厘米
清宮舊藏

Six-armed Mahakala
18th Century　Tibet
Distemper on Cloth
H.68cm　L.43cm
Qing Court collection

六臂勇保護法又稱大黑護法，在藏傳佛教中被尊為眾護法之首。

六臂勇保護法黑藍色身，呈忿怒相。頭戴骷髏冠，呲牙捲舌，胸前雙手持鉞刀和噶布拉碗。右側手持顱骨唸珠、象皮護甲、噶布拉鼓，左側手持三叉戟、金剛繩。展左立於象頭天王上。背面有白綾，墨書漢、滿、蒙、藏四文題記：“乾隆四十四年五月初一日　欽命章嘉胡土克圖認看供奉利益畫像六臂勇保護法……”。

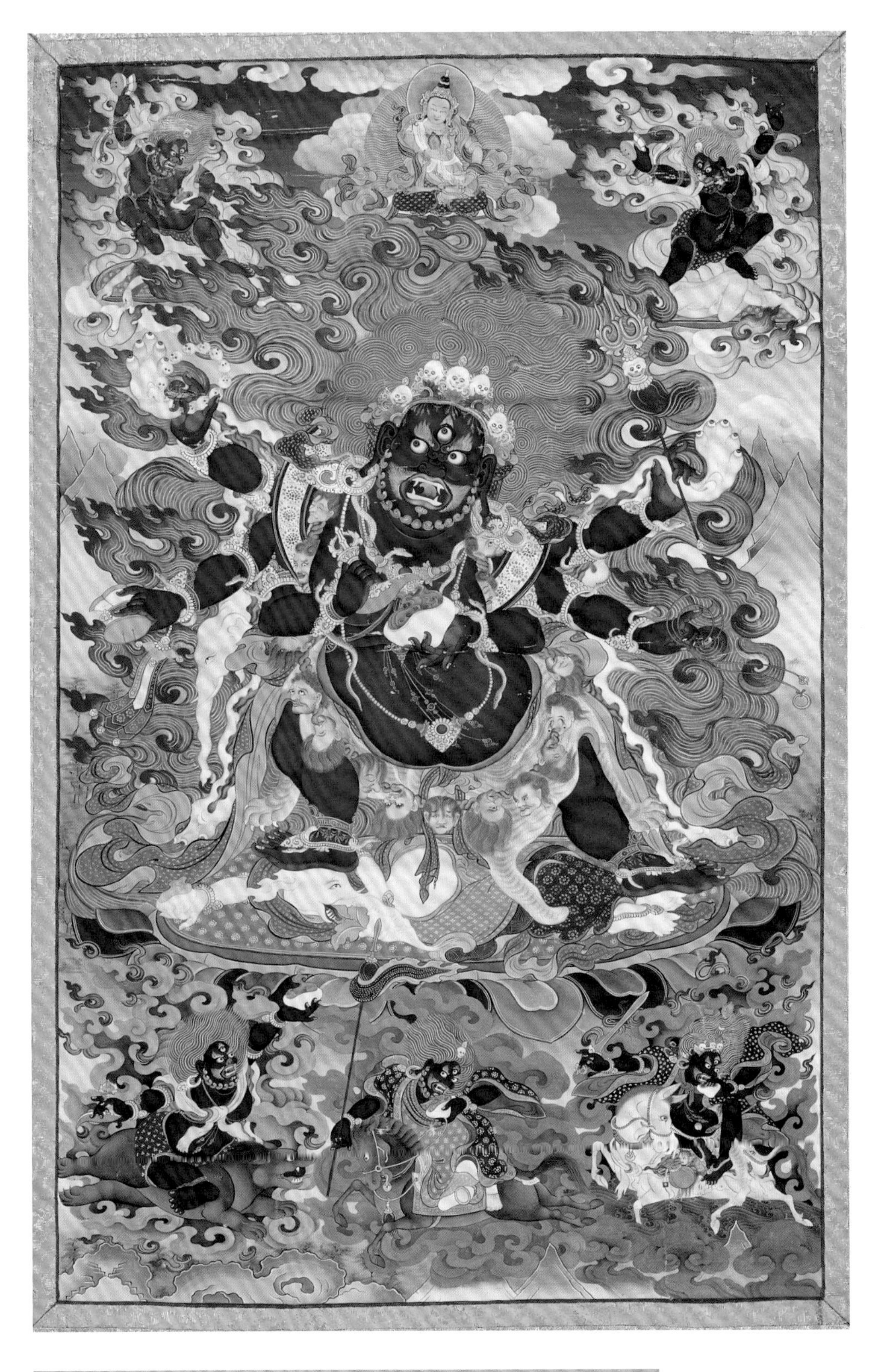

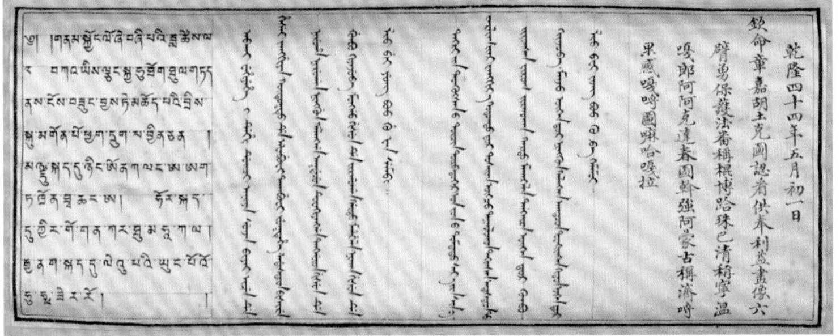
乾隆四十四年五月初一日
欽命章嘉胡土克圖認看供奉利益畫像六
臂勇保護法番稱根博賠珠巳清稱寧溫
嘎郎阿阿克達春圖斡強阿蒙古稱濟嗒
果感嘎嗒圖嘛哈嘎拉

145

陽體獄帝主

18世紀　西藏
布本設色
縱78厘米　橫57厘米
清宮舊藏

Yamaraja of Father Tantra

18th Century　Tibet
Distemper on Cloth
H.78cm　L.57cm
Qing Court collection

獄帝主又稱閻王、法王，主要分外修、內修和密修三種身形。

獄帝主藍色身，牛頭獸相。頭戴五骷髏冠，火焰赤髮，呲牙捲舌，右手揮舞骷髏杖，左手持金剛索。站在一頭藍色的公牛背上，公牛臥在一男人身上。左邊是閻王的姐姐，即伴神閻羅女，閻羅女遞上一隻血碗。上界正中是大威德金剛，兩邊是祖師，下界是閻王的侍從神。背面有白綾，墨書漢、滿、蒙、藏四文題記：“乾隆四十五年五月十七日　額爾德尼康卜諾們漢阿旺粗爾提穆恭進利益畫像陽體獄帝主……”。

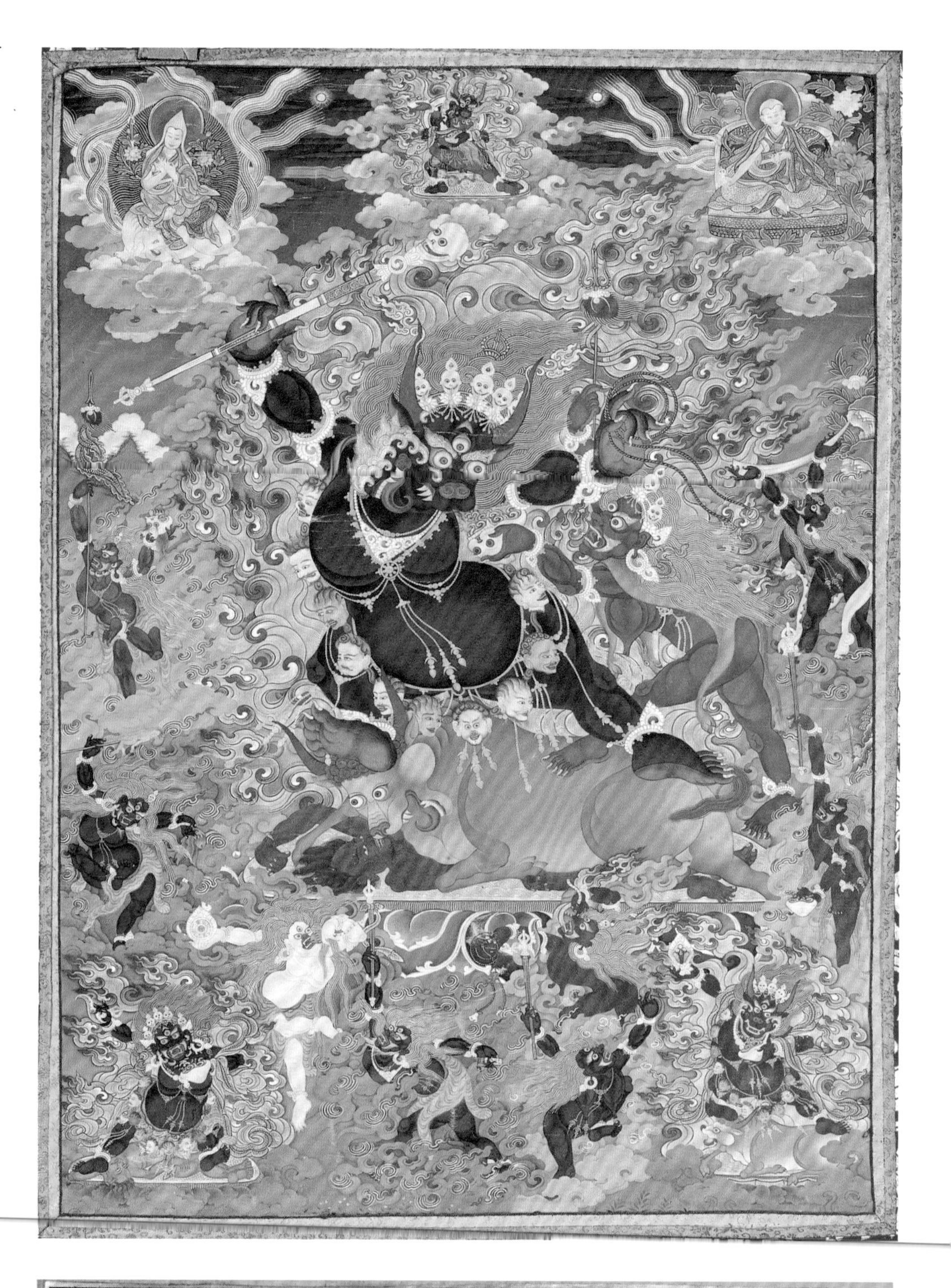

乾隆四十五年五月十七日
額爾德尼康卜諾們漢阿旺粗爾提穆恭
進利益畫像陽體嶽帝主者稱帕爾覺忒
垂扎爾清稱阿伊富勒赫伊爾們漢博
伊塞布呼斡齋呼蒙古稱顔哥科伊溫
都遜額呼禮克哈漢

146

陰體獅像佛母

18世紀　西藏
布本設色
縱79厘米　橫57厘米
清宮舊藏

Simhavaktra of Mother Tantra
18th Century　Tibet
Distemper on Cloth
H.79cm　L.57cm
Qing Court collection

獅像佛母黑藍色身，獅面獸相。頭戴骷髏冠，火燄怒髮，呲牙捲舌，垂掛人頭大瓔珞。右手持鉞刀，左手持血碗。舞立姿站在蓮花台上。上界為大持金剛、祖師和大成就者。兩側有獅面、虎面、熊面佛母。下界是二位空行佛母。背面有白綾，墨書漢、滿、蒙、藏四文題記："乾隆四十五年五月十七日　額爾德尼康卜諾們漢阿旺粗爾提穆恭進利益畫像陰體獅像佛母……"。

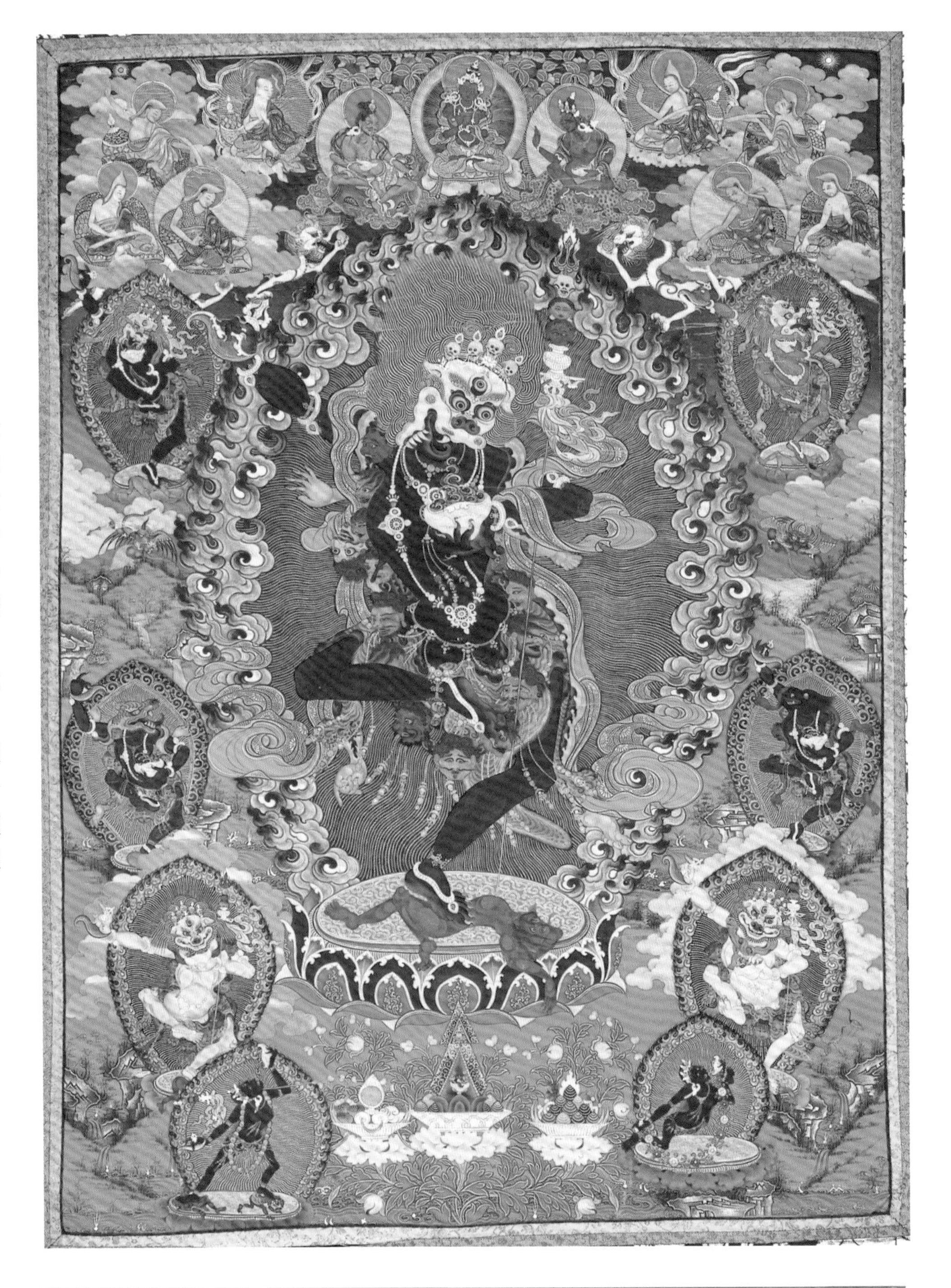

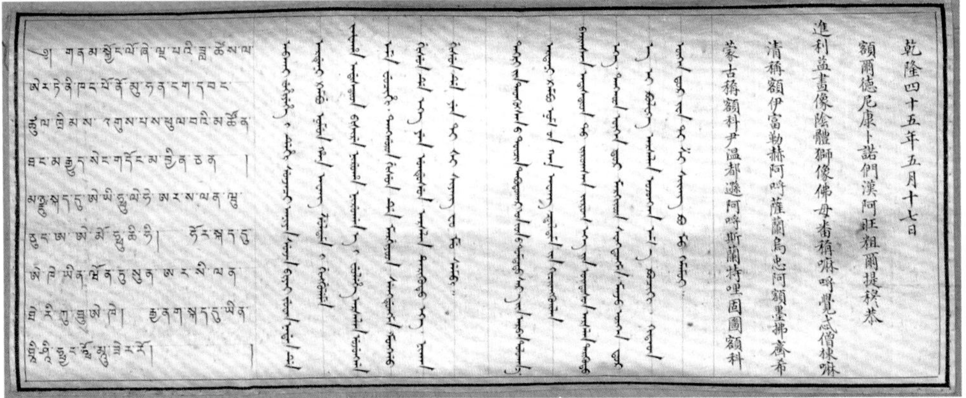

乾隆四十五年五月十七日
額爾德尼康卜諾們漢阿旺粗爾提穆恭
進利益畫像陰體獅像佛母番稱嘛哷覺忒僧棟嘛
清稱額伊富勒赫阿哷薩蘭烏忠阿額墨掃齋希
蒙古稱額科尹溫都遜阿哷斯蘭特哩固圖額科

護法

成堂
18世紀　西藏
布本設色
縱66厘米　橫42厘米
清宮舊藏

Dharmapala

18th Century Tibet
Distemper on Cloth
H.66cm L.42cm
Qing Court collection

護法神唐卡組畫八幅，背面均有白綾，墨書漢、滿、蒙、藏四文題記：“乾隆四十六年二月十一日　仲巴胡土克圖歲本康卜恭進供奉利益畫像……”，詳記各護法之稱謂，並書位置如右五、左五等。今八幅齊全。（詳見圖 147-154）

147

白勇保護法

White Mahakala

白勇保護法白色身，六臂。頭戴寶冠，火燄赤髮。胸前雙手持摩尼寶、噶布拉碗，右側手分別持鉞刀、鼓，左側手持三叉戟、金剛鈎。上界正中為宗喀巴，兩邊是大持金剛、祖師和大成就者，下界是白勇保護法的侍從神。背面有白綾，墨書漢、滿、蒙、藏四文題記：“乾隆四十六年二月十一日　仲巴胡土克圖歲本康卜恭進供奉利益畫像白勇保護法……左二”。

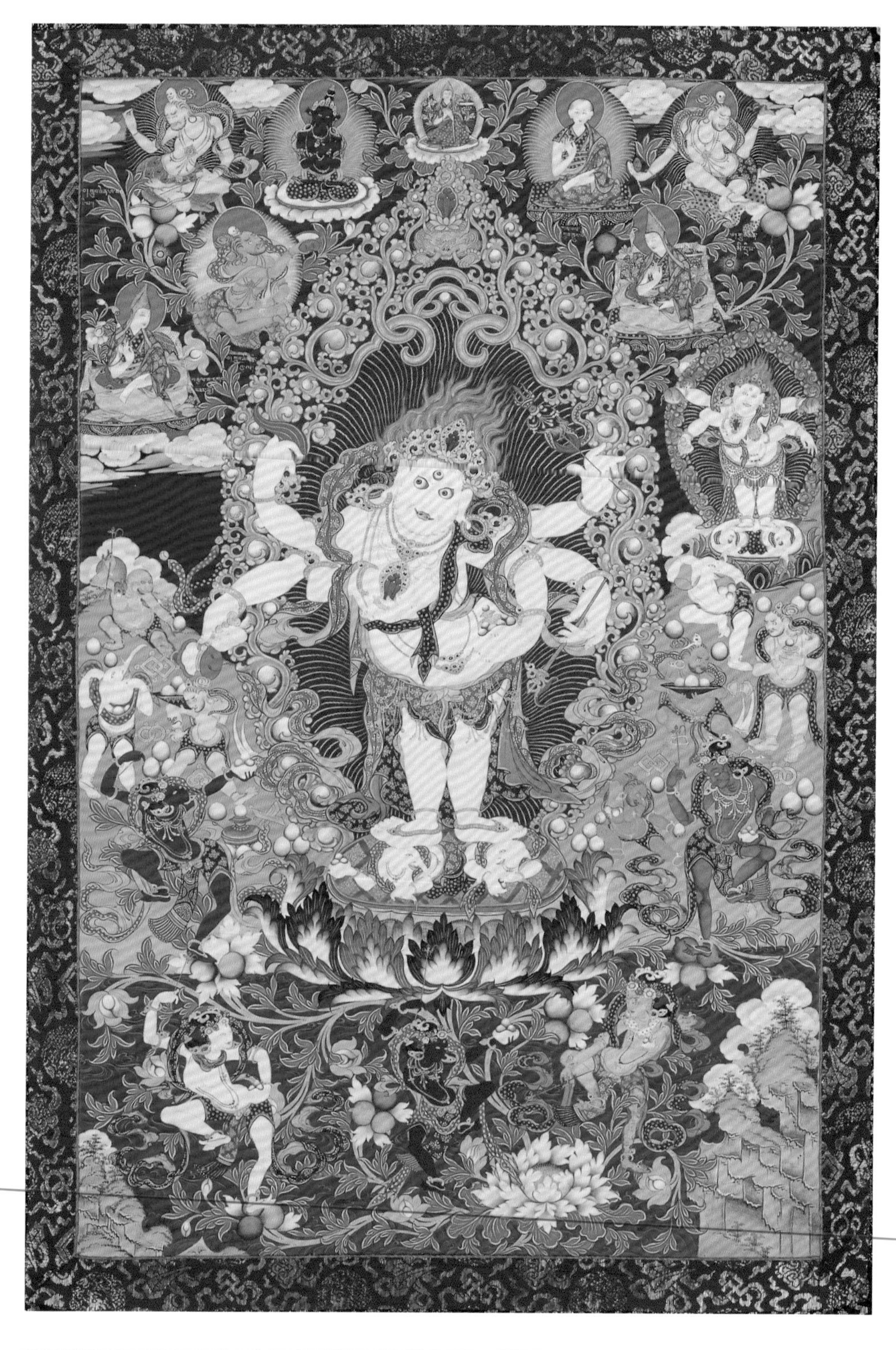

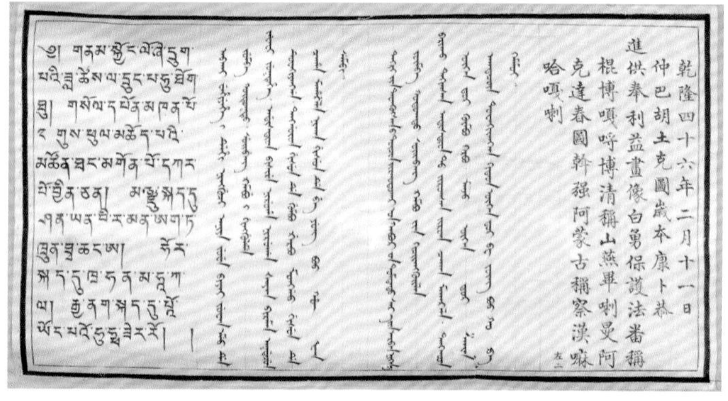

乾隆四十六年二月十一日
仲巴胡土克圖歲本康卜恭
進供奉利益畫像白勇保護法番稱
棍博嘪㖿博清稱山燕畢喇旻阿
克達春圖斡𪸩阿蒙古稱察漢嘛
哈嘎喇
左二

148

四臂勇保護法

Four-armed Mahakala

四臂勇保護法是大黑護法的一種變化身。

四臂勇保護法黑藍色身，呈忿怒相，四頭四臂。頭戴骷髏冠，呲牙捲舌，胸前雙手持鉞刀和裝滿血的噶布拉碗，右側手持劍，左側手持三叉戟。展左立於蓮花台上，腳踏魔障。上界正中是大持金剛，兩邊是怙主文殊上師、龍樹、阿底峽、薩班、七世達賴格桑嘉措、六世班禪貝丹益西。下界是他的諸侍從伴神。背面有白綾，墨書漢、滿、蒙、藏四文題記：“乾隆四十六年二月十一日　仲巴胡土克圖歲本康卜恭進供奉利益畫像四臂勇保護法……右三”。

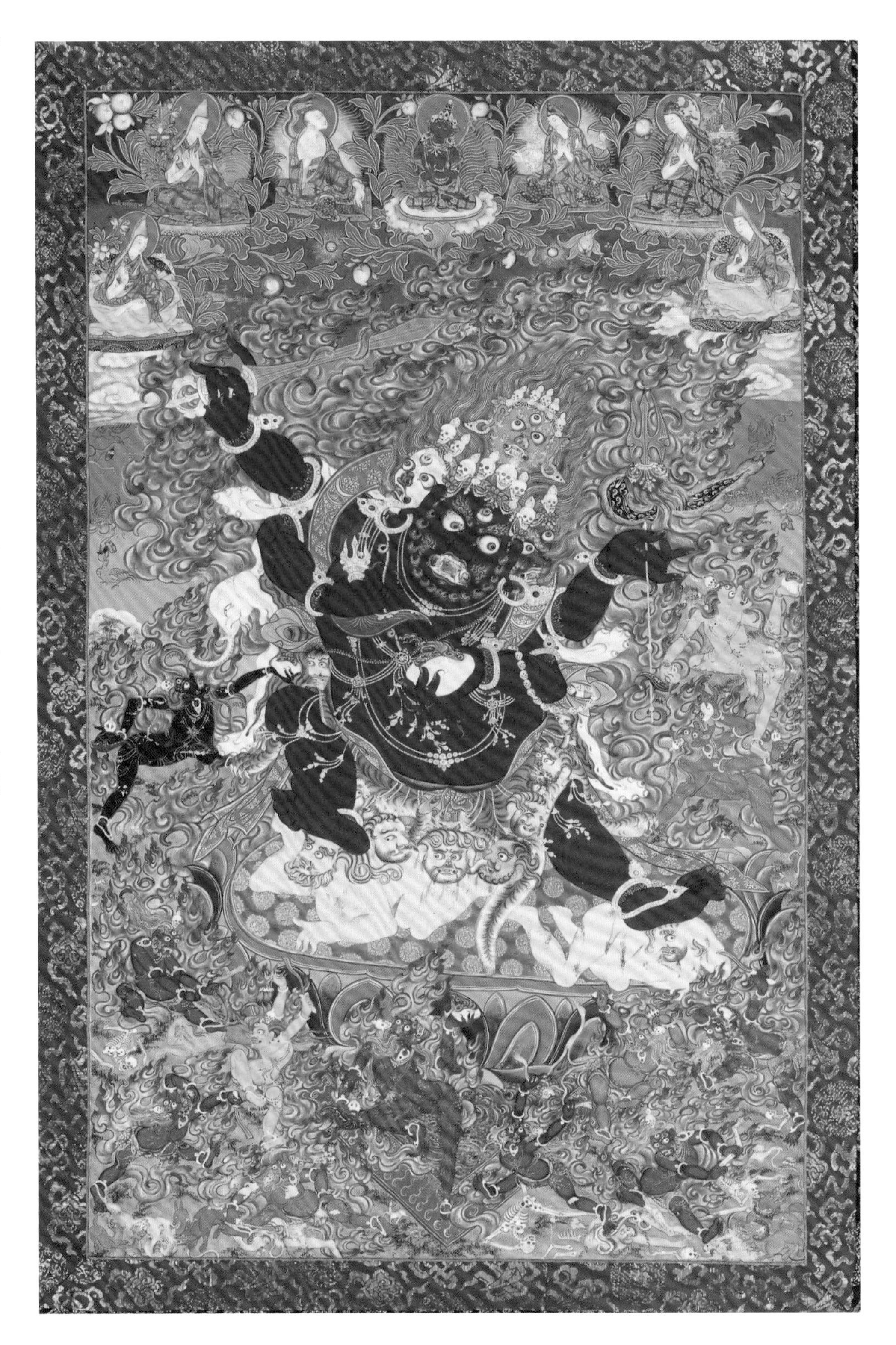

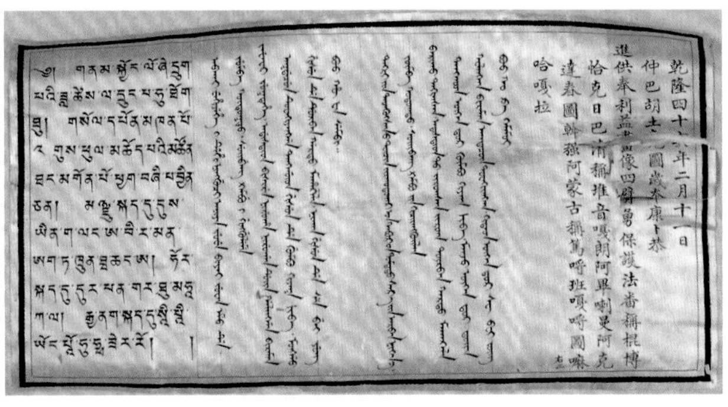

149

陽體獄帝主

Yamaraja of Father Tantra

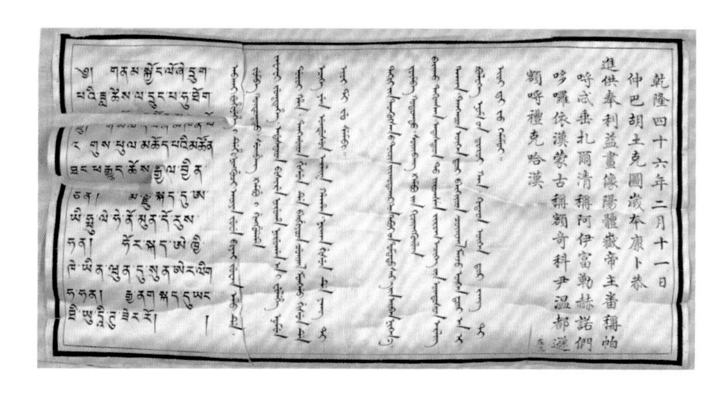

乾隆四十六年二月十一日
仲巴胡土克圖歲本康卜恭
進供奉利益畫像陽體獄帝主番稱帕
哷咸垂扎爾清稱阿伊富勒赫諾們
哆囉依漢蒙古稱額奇科尹溫都遜
額哷禮克哈漢
左三

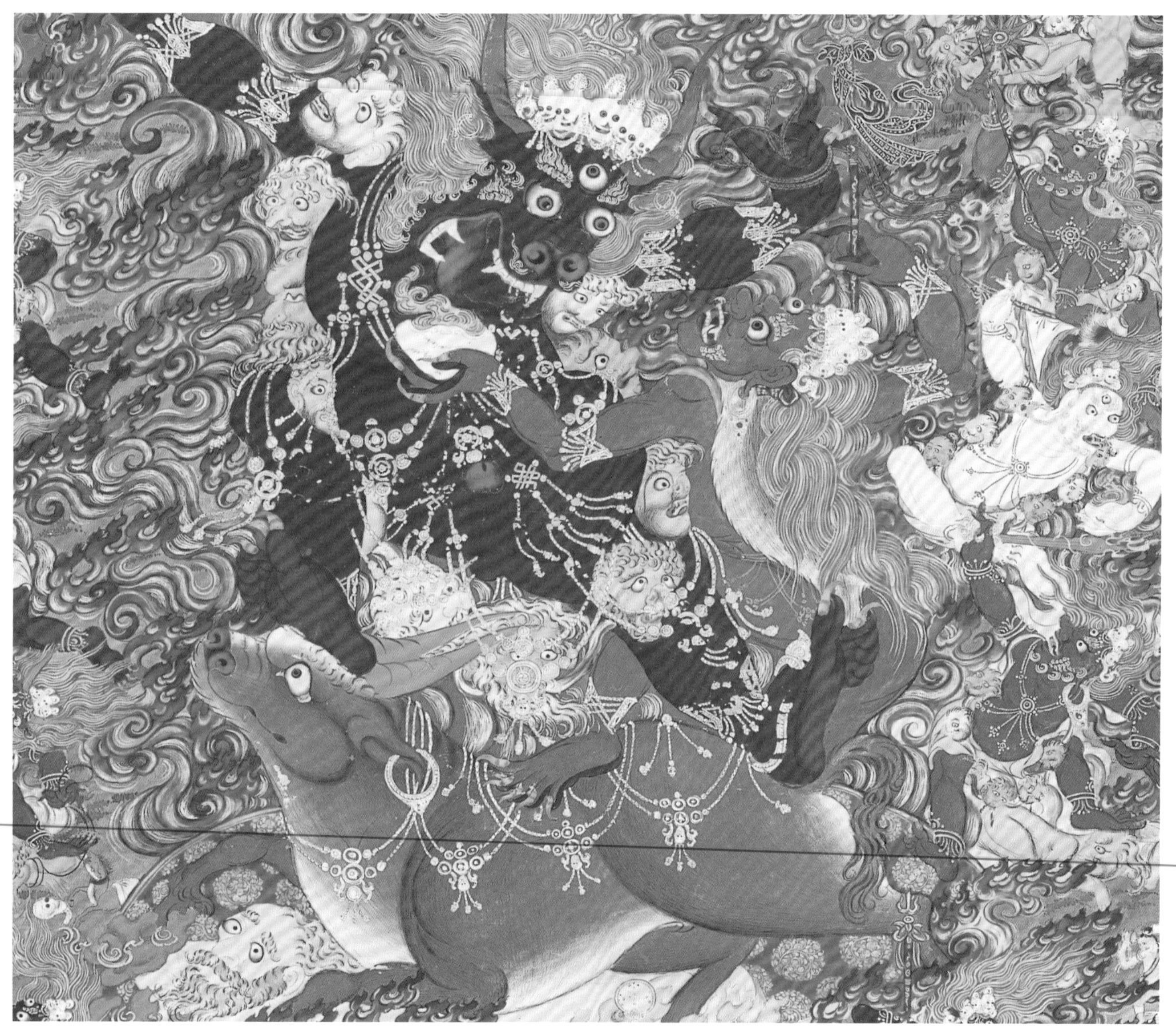

獄帝主藍色身，牛頭獸相。頭戴骷髏冠，火燄赤髮，右手揮舞骷髏杖，左手持金剛繩，站在公牛身上。左邊的伴神閻羅女遞上一隻裝滿血的噶布拉碗。上界為文殊菩薩、無所不曉的克主、金剛持、四世班禪、七世達賴諸尊，下界是閻王的侍從伴神。背面有白綾，墨書漢、滿、蒙、藏四文題記："乾隆四十六年二月十一日　仲巴胡土克圖歲本康卜恭進供奉利益畫像陽體獄帝主……左三"。

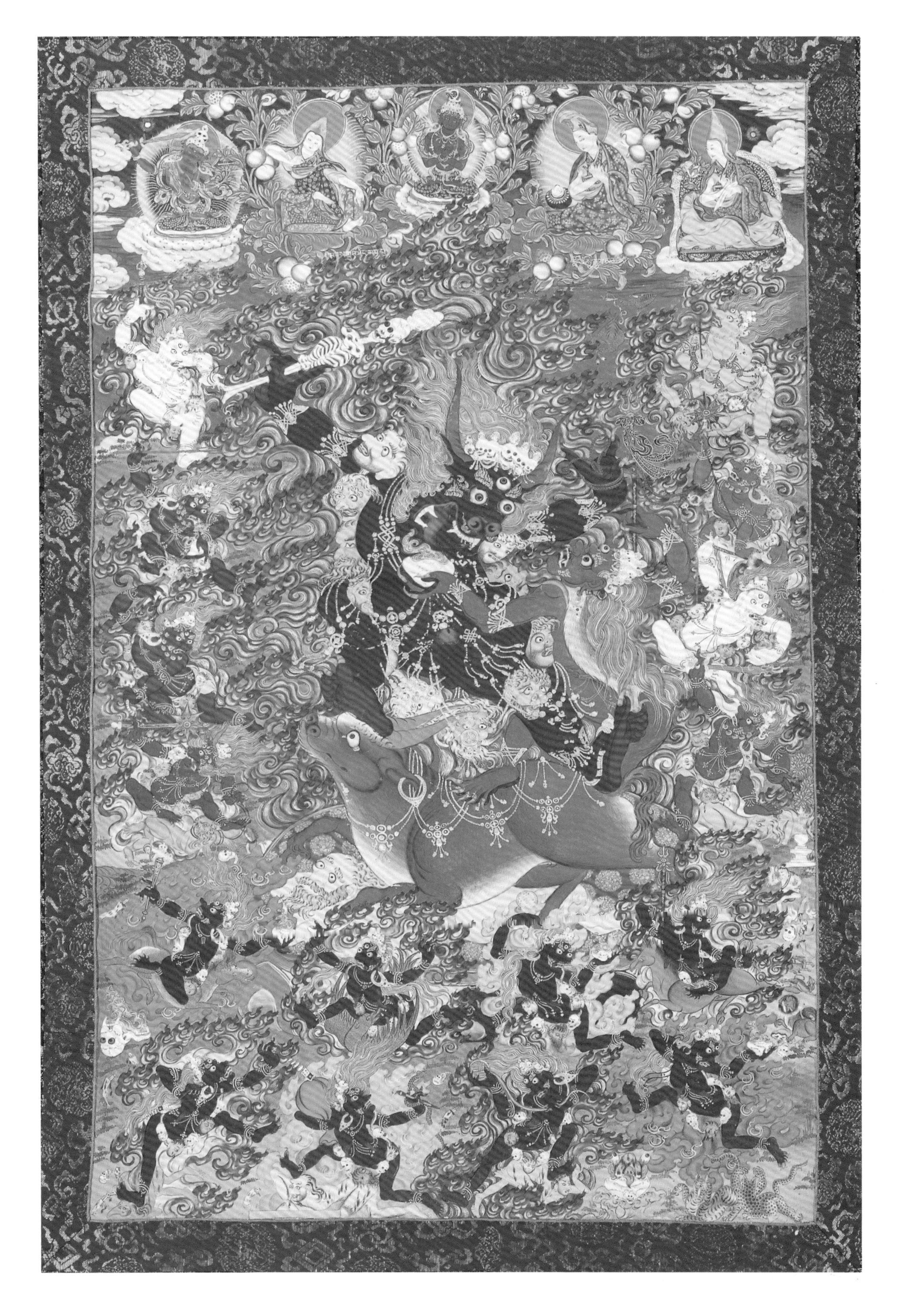

150

吉祥天母

Shri Devi

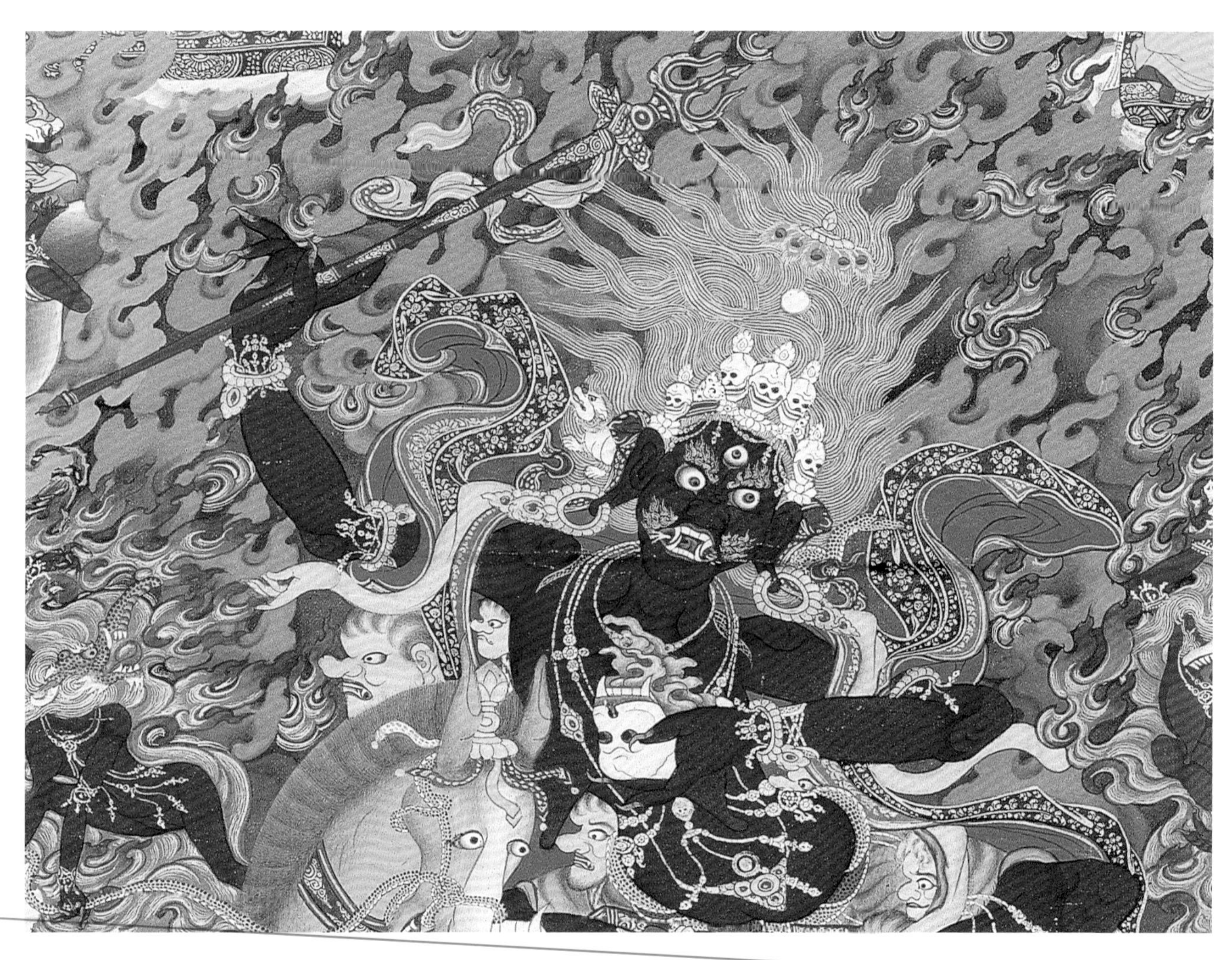

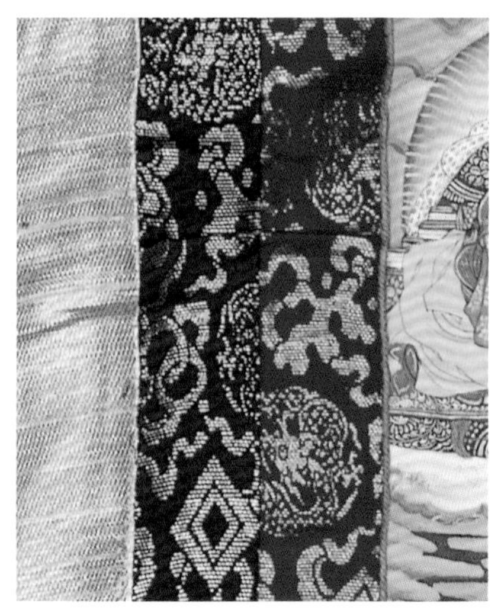

吉祥天母黑藍色身，呈忿怒相。頭戴骷髏冠，火燄赤髮，呲牙捲舌，胸佩人頭大瓔珞，以蛇為胳腋。右手持金剛杵，左手托噶布拉碗。腰間別拘鬼牌，坐下騾子掛病種口袋和骰子，馳於血海中。上界為根頓主、紅色阿闍黎、金剛持、宗喀巴、四世、五世、六世班禪。下界是侍從伴神（伴神名見附錄）。背面有白綾，墨書漢、滿、蒙、藏四文題記：“乾隆四十六年二月十一日　仲巴胡土克圖歲本康卜恭進供奉利益畫像吉祥天母……左四”。

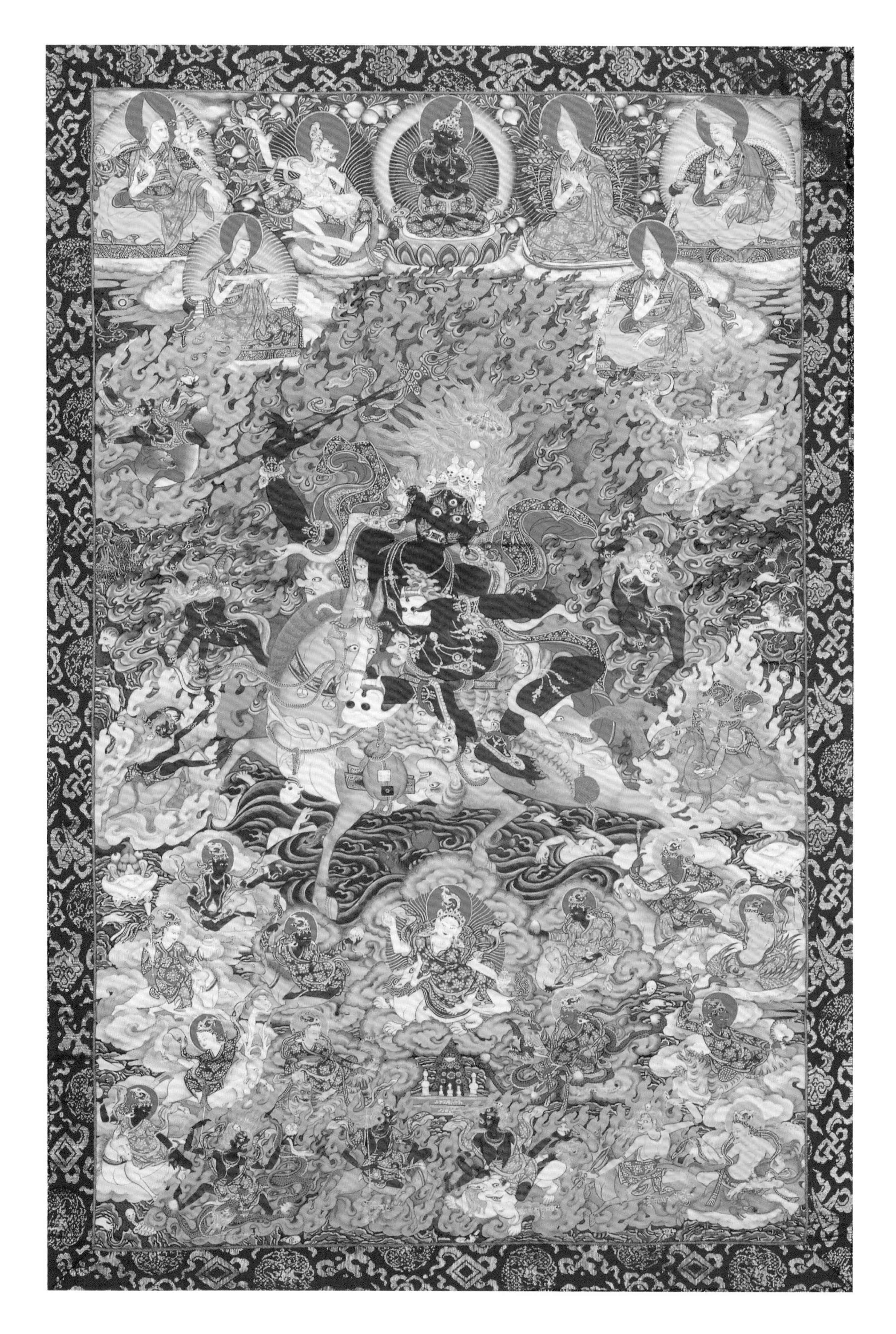

151

贊國

God bTsan-rgod

贊國又稱“載烏瑪保”，即紅色夜叉護法，是眾魔的首領。被佛教降服成為護法。

贊國紅色身，面相兇惡可怖。頭戴皮盔，盔上飾禿鷹羽毛，身穿鎧甲，胸甲用毒蠍皮裝飾。右手持摩尼杖、左手持金剛索。坐於奔馬上。伴神有萬名未被征服的野贊、龍、無數的獨腳餓鬼、獵鷹、兀鷹、虎、豹、猴子等。上界為七世達賴、宗喀巴、大持金剛、貝丹益西、蓮花生。周圍是白梵天、尼烏森卡、傑益傑波、上方護法、施食護法、犀甲護法，最下層是八大鬼卒。背面有白綾，墨書漢、滿、蒙、藏四文題記：“乾隆四十六年二月十一日　仲巴胡土克圖歲本康卜恭進供奉利益畫像贊國……右五”。

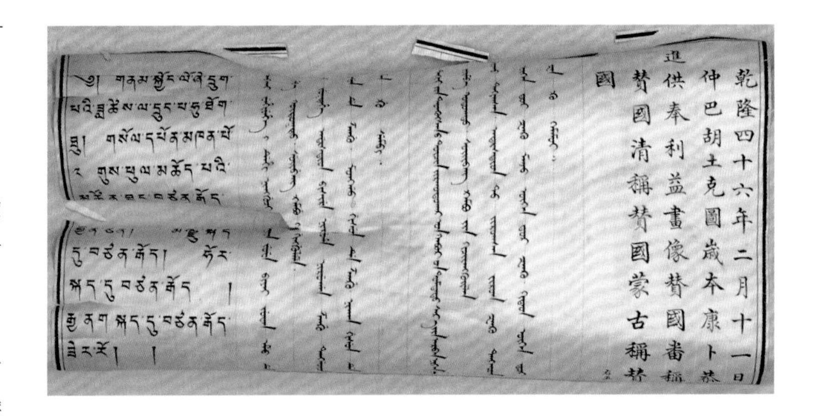

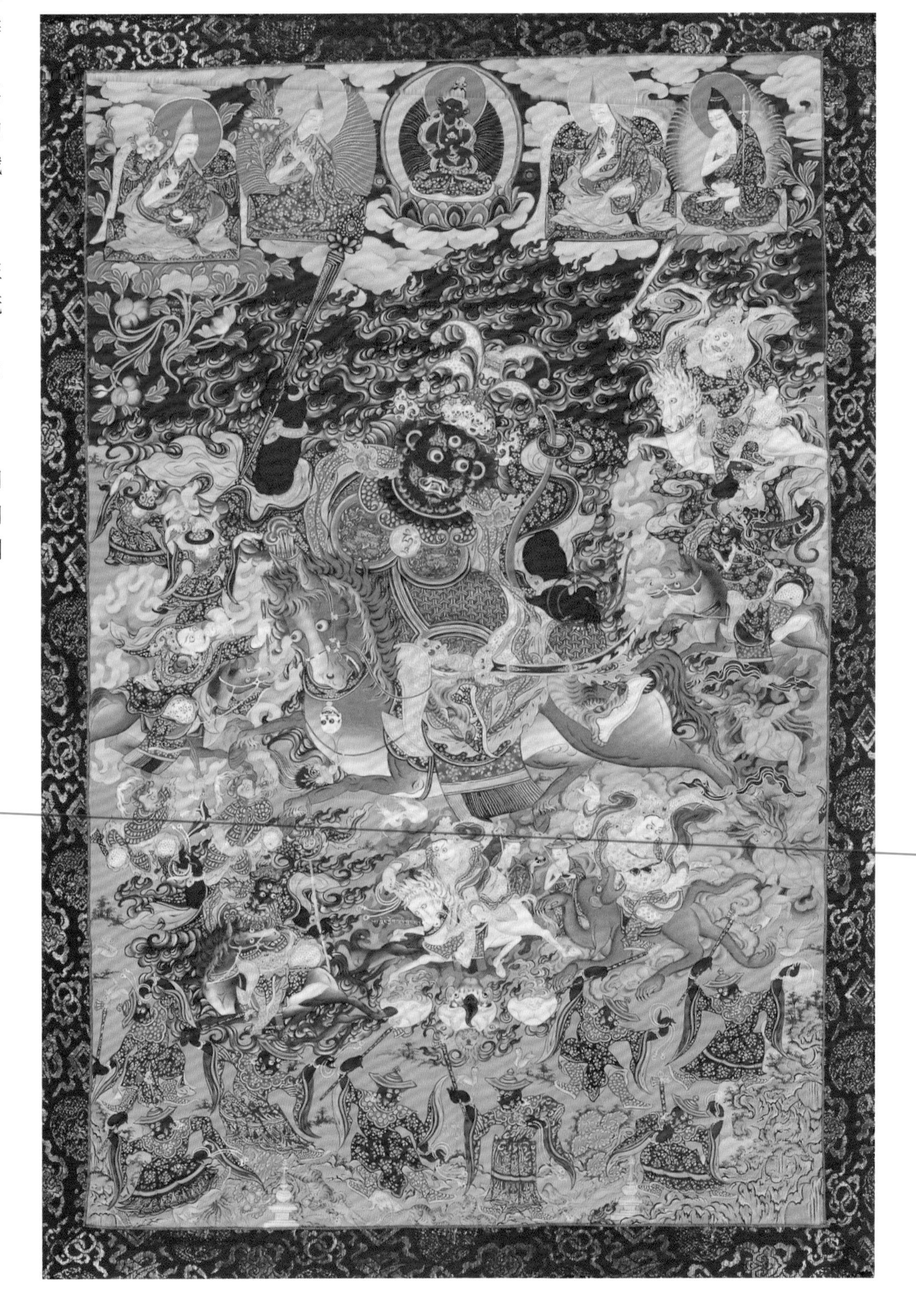

152

紅勇保護法

Red Mahakala

紅勇保護法也稱姊妹護法，被認為是達賴喇嘛紅、黑護法之黑護法。

紅勇保護法紅色身，頭戴骷髏冠，身穿銅鎧甲。右手揮劍，左手持敵人的心臟，並挾持弓箭，左臂彎上搭一條珊瑚口袋和三叉戟。左邊是紅面女，黑藍色身，穿人皮，雙乳袒露，騎食人黑熊。右邊是紅幹事，嘴大張，吃敵人血肉，戴頭盔，身穿鎧甲，右手持紅矛，左手持紅贊繩套，騎青狼。背面有白綾，墨書漢、滿、蒙、藏四文題記：“乾隆四十六年二月十一日　仲巴胡土克圖歲本康卜恭進供奉利益畫像紅勇保護法……左五”。

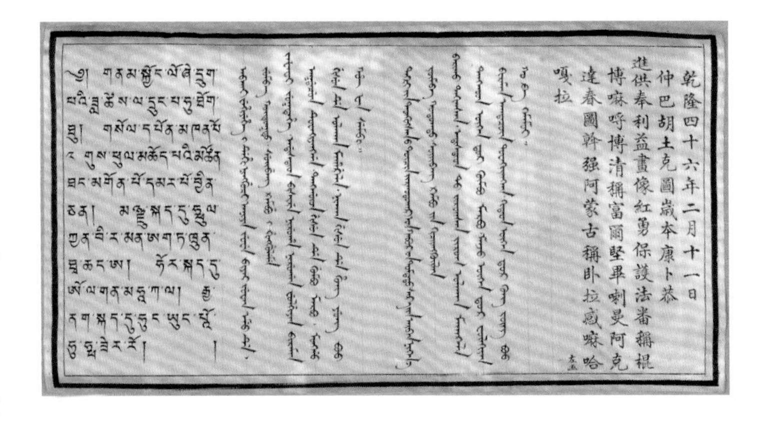

乾隆四十六年二月十一日
仲巴胡土克圖歲本康卜恭
進供奉利益畫像紅勇保護法番稱裩
博嘛呼博清稱富爾堅畢喇旻阿克
達春圖斡强阿蒙古稱卧拉感嘛哈
嘎拉
左五

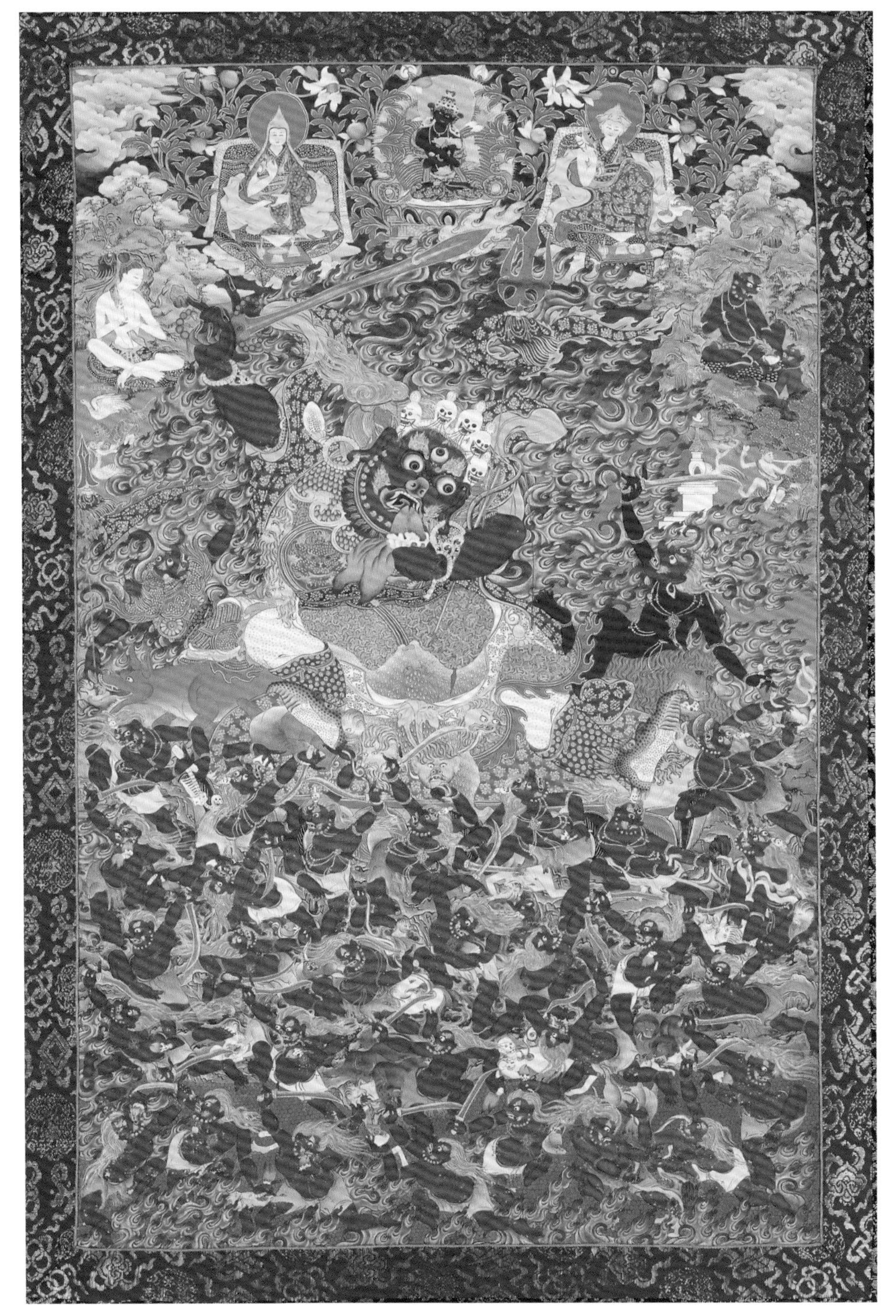

153

慶嘎喇

God Khying-ga-ra

慶嘎喇又稱山林財神，身白如海螺。頭戴嵌有綠松石的寶冠，臉上長有財神一樣的髫鬚，右手持短矛，左手托着盛滿摩尼寶的盤，騎一匹白雲般飛翔的白馬。藏文榜題標明上界為祖師，下界是慶嘎喇的伴神（藏文榜題名見附錄）。背面有白綾，墨書漢、滿、蒙、藏四文題記：“乾隆四十六年二月十一日　仲巴胡土克圖歲本康卜恭進供奉利益畫像慶嘎喇……右六”。

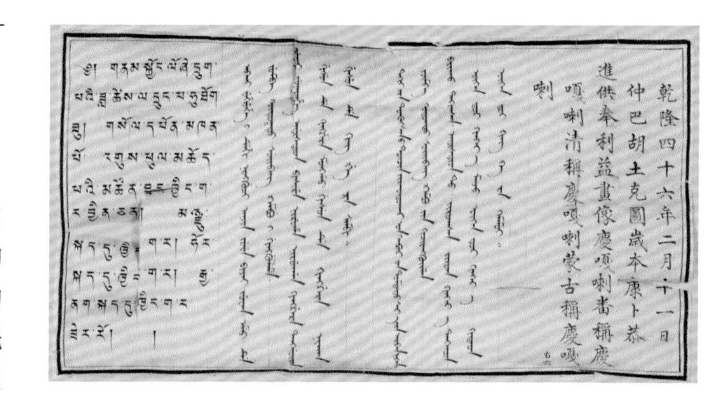
乾隆四十六年二月十一日
仲巴胡土克圖歲本康卜恭
進供奉利益畫像慶嘎喇番稱慶
嘎喇清稱慶嘎喇蒙古稱慶嘎
喇

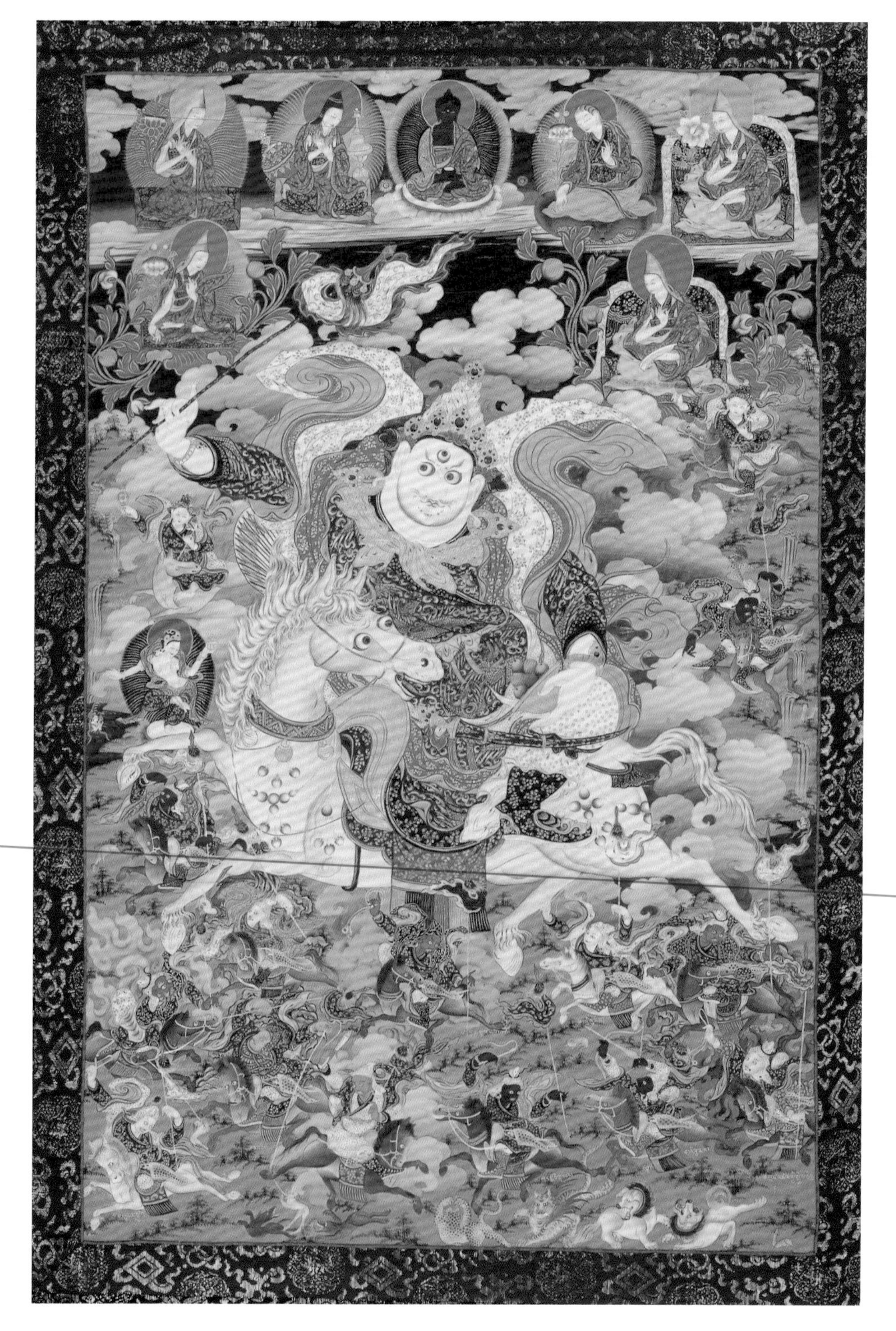

154

喇嘛垂忠

Protective God La-mo Chos-skyong

“喇嘛”即“拉穆”，是前藏地名，“垂忠”是藏語“護法”的譯音，喇嘛垂忠就是拉穆地區的護法神，是白梵天的代言神巫。乾隆時期拉穆護法排在西藏四大護法之首，曾一度由他確定活佛轉世。

喇嘛垂忠白色身，披盔甲，左手持金剛劍，右手托盛滿珠寶的盤，肘間挾持長矛，騎一匹白馬。天界畫四位祖師，下界是多位侍從神。

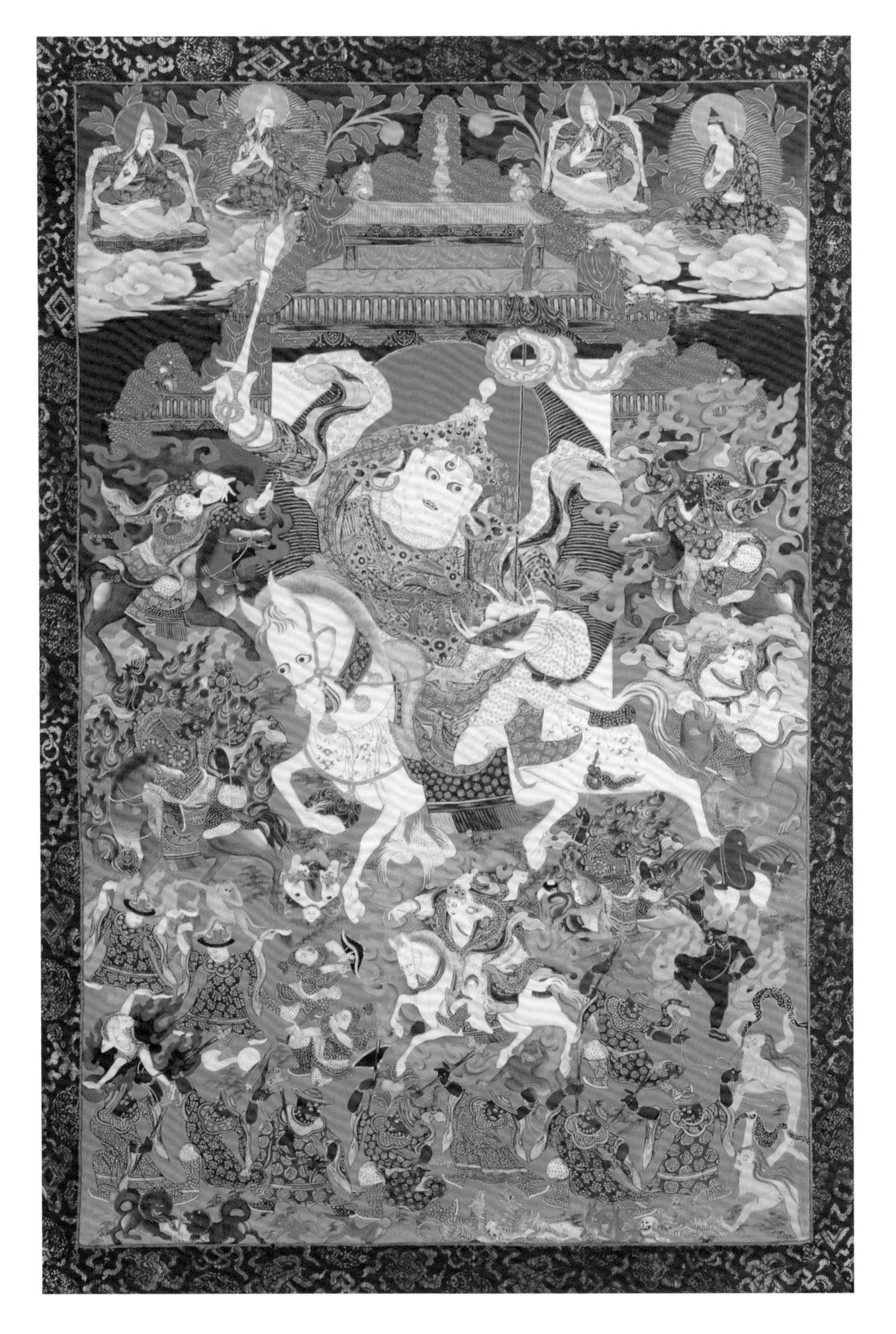

155

黃威羅瓦金剛

18世紀　西藏
布本設色
縱51厘米　橫33厘米
清宮舊藏

Yellow Vajrabhairava

18th Century　Tibet
Distemper on Cloth
H.51cm　L.33cm
Qing Court collection

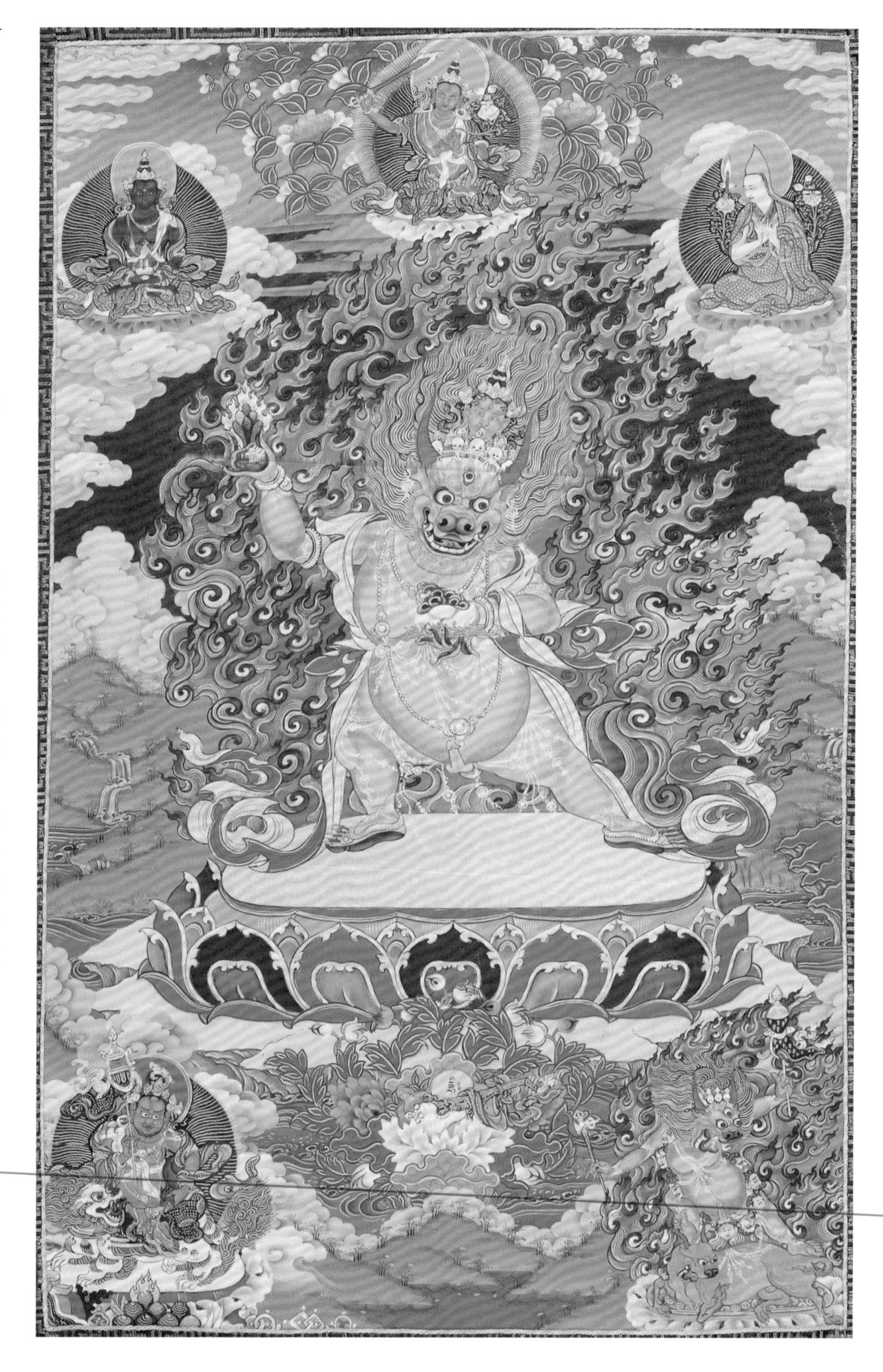

黃威羅瓦金剛是大威德金剛的一種變化身。

黃威羅瓦金剛，黃色裸身，牛頭獸面。頭戴五骷髏冠，火燄赤髮，上有文殊菩薩的寂靜相。右手上舉持摩尼寶，左手於胸前托盛滿血的噶布拉碗，展左立於蓮花台上。上界是無量壽佛、文殊菩薩和宗喀巴。下界是財寶天王和閻王。背面有白綾，墨書漢、滿、蒙、藏四文題記："乾隆五十四年十一月初五日　欽命嘎爾丹錫哷圖薩瑪迪巴克什認看供奉利益畫像陽體黃威羅瓦金剛……"。

此唐卡為鎖子錦裝裱。

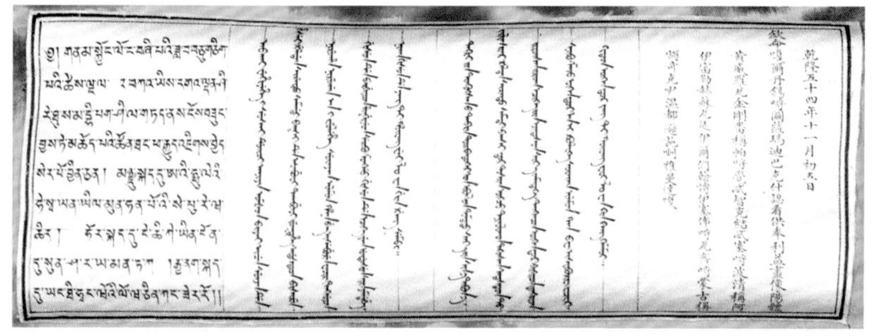

156

吉善金剛

18世紀　西藏
布本設色
縱25厘米　橫19厘米
清宮舊藏

Shrinatha

18th Century　Tibet
Distemper on Cloth
H.25cm　L.19cm
Qing Court collection

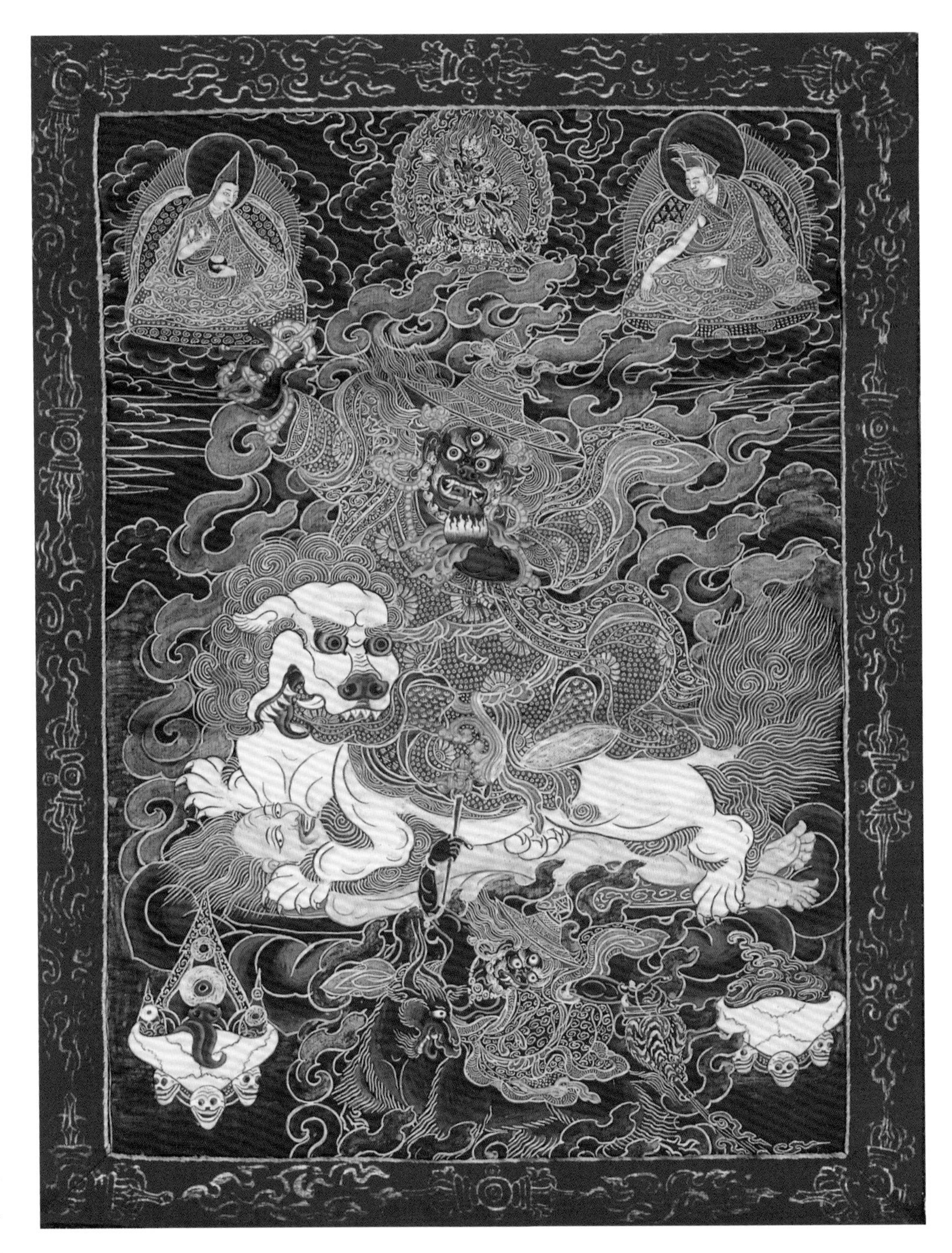

吉善金剛亦稱具誓善金剛，起源於中亞的神靈，據説他是印度那爛陀寺一位傑出僧人的精靈，因犯了許多重罪，作為懲罰，讓他脱生為西藏一名遊蕩的精怪，試圖阻止蓮花生入藏，被蓮花生降服而成為護法神。

吉善金剛黑紅色身。頭戴紫黑色帽子，口中噴出毒霧。身穿紅絲法衣，右手揮舞九頭隕鐵金剛杵，左手握着熱的人心。騎一頭雪白的獅子。上界是大威德和祖師，前方是伴神噶巴參巾，騎黑色公山羊，戴黑藍色帽子，身穿九褶黑絲法衣。背面有白綾，墨書漢、滿、蒙、藏四文題記：“乾隆五十四年十一月初五日　欽命嘎爾丹錫哷圖薩瑪迪巴克什認看供奉利益畫像吉善金剛……”。

此唐卡為黑唐描金加彩，藍緞描金裝裱。

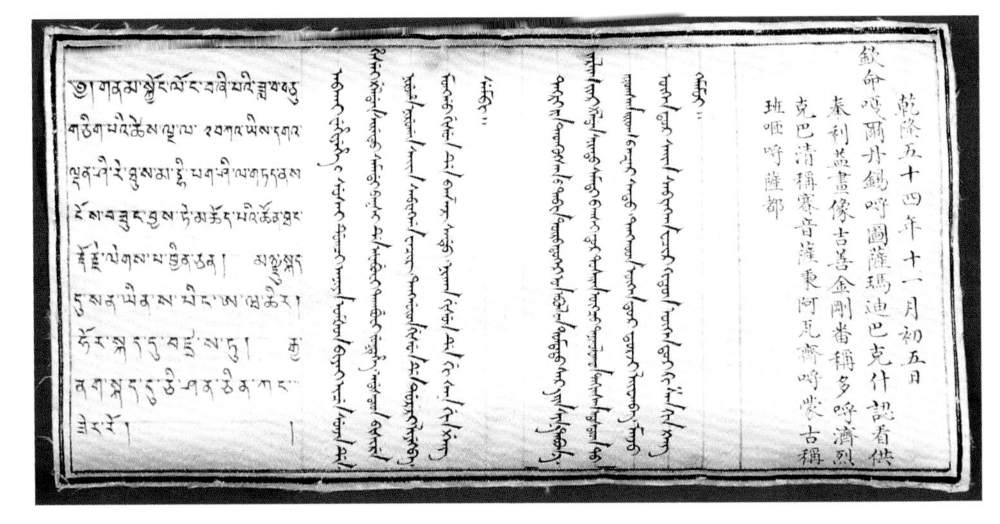

乾隆五十四年十一月初五日
欽命嘎爾丹錫哷圖薩瑪迪巴克什認看供
奉利益畫像吉善金剛番稱多哷濟烈
克巴清稱賽音薩東阿瓦齊哷蒙古稱
班咂哷薩都

157

陽體獄帝主

18世紀　西藏
布本設色
縱25厘米　橫19厘米
清宮舊藏

Yamaraja of Father Tantra
18th Century　Tibet
Distemper on Cloth
H.25cm　L.19cm
Qing Court collection

獄帝主藍色身，牛頭獸相。頭戴骷髏冠，火燄赤髮，右手揮舞骷髏杖，左手持金剛索，站在公牛身上。左邊的伴神閻羅女遞上一隻裝滿血的噶布拉碗。上界是宗喀巴師徒三尊，前方是噶布拉碗，內供海水和象徵五知五覺的心、眼、耳、鼻、舌。背面有白綾，墨書漢、滿、蒙、藏四文題記：“乾隆五十四年十一月初五日　欽命嘎爾丹錫呼圖薩瑪迪巴克什認看供奉利益畫像陽體獄帝主……”。黃條：“左二　利益畫像獄帝主”。

此唐卡為黑唐描金加彩，藍緞描金裝裱。

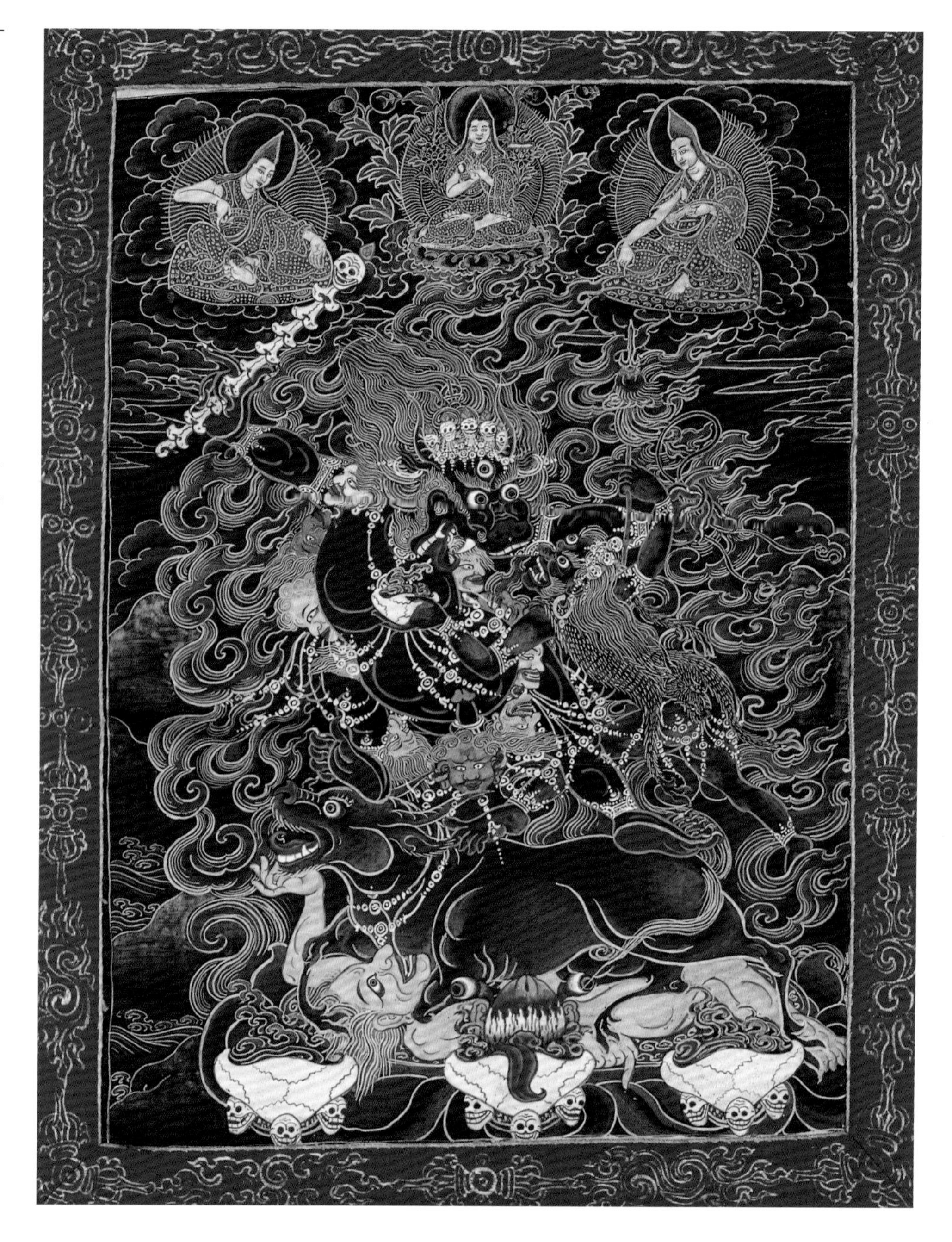

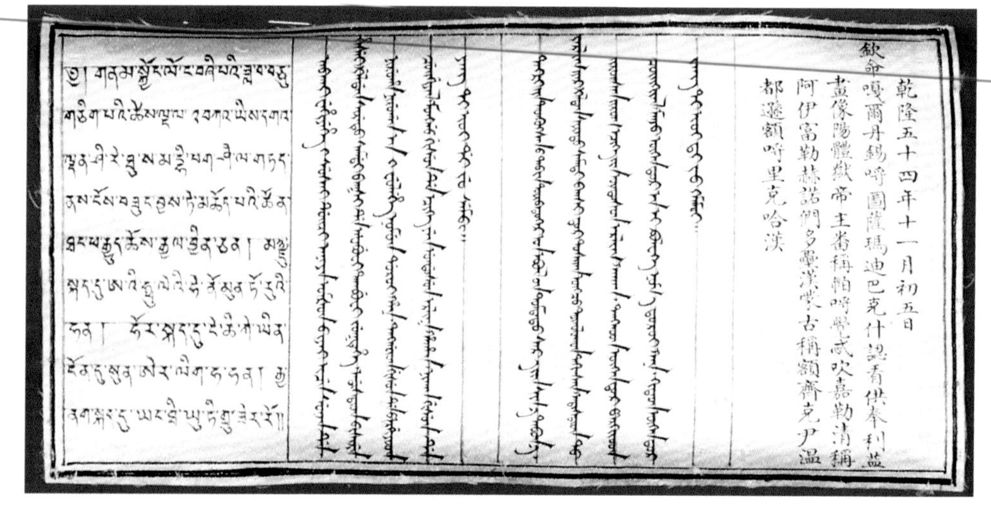

乾隆五十四年十一月初五日
欽命嘎爾丹錫呼圖薩瑪迪巴克什認看供奉利益
畫像陽體獄帝主番稱帕啉覺武吹嘉勒清稱
阿伊富勒赫諾們多爾濟蒙古稱額齊克尹溫
都遜額哷里克哈漢

158

綠勇保護法
18世紀　北京
布本設色
縱150厘米　橫88厘米
清宮舊藏

Green Mahakala
18th Century　Beijing
Distemper on Cloth
H.150cm　L.88cm
Qing Court collection

綠勇保護法綠色身，呈忿怒相，六臂。頭戴骷髏冠，火燄赤髮，胸前雙手持鉞刀和噶布拉碗。右側手持噶布拉鼓、顱骨唸珠，左側手持三叉戟、金剛索。垂掛人頭大瓔珞。展左立於象頭天王上。上界是不動佛，下界是其各種變化身。

此唐卡是中正殿畫佛喇嘛作品。背景山巒頂部用藍色渲染，下部用綠色和黃色，吸收了漢地青綠山水的技法。

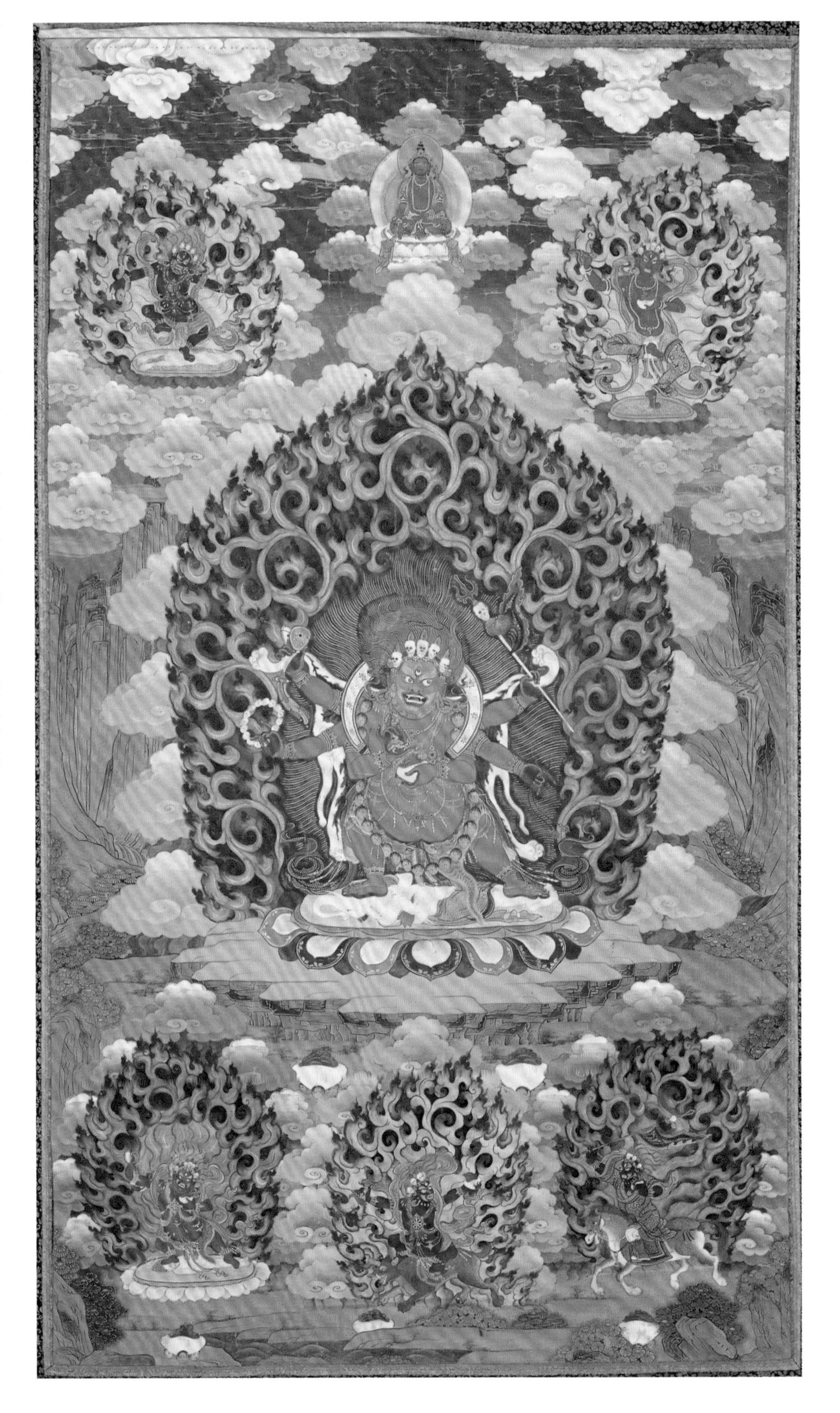

159

財寶天王

18世紀　北京
布本設色
縱116厘米　橫84厘米
清宮舊藏

Jambhala

18th Century　Beijing
Distemper on Cloth
H.116cm　L.84cm
Qing Court collection

財寶天王，頭戴寶冠，身披鎧甲，右手持勝幢，左手持鼠，坐在白獅上。上界是手持金剛，周匝是從神八馬王護法。畫像背後寫有“迎門”二字，説明此唐卡供於迎門處。

此唐卡背景山水屬典型的乾隆晚期中正殿畫佛喇嘛作品。織金緞裝裱。

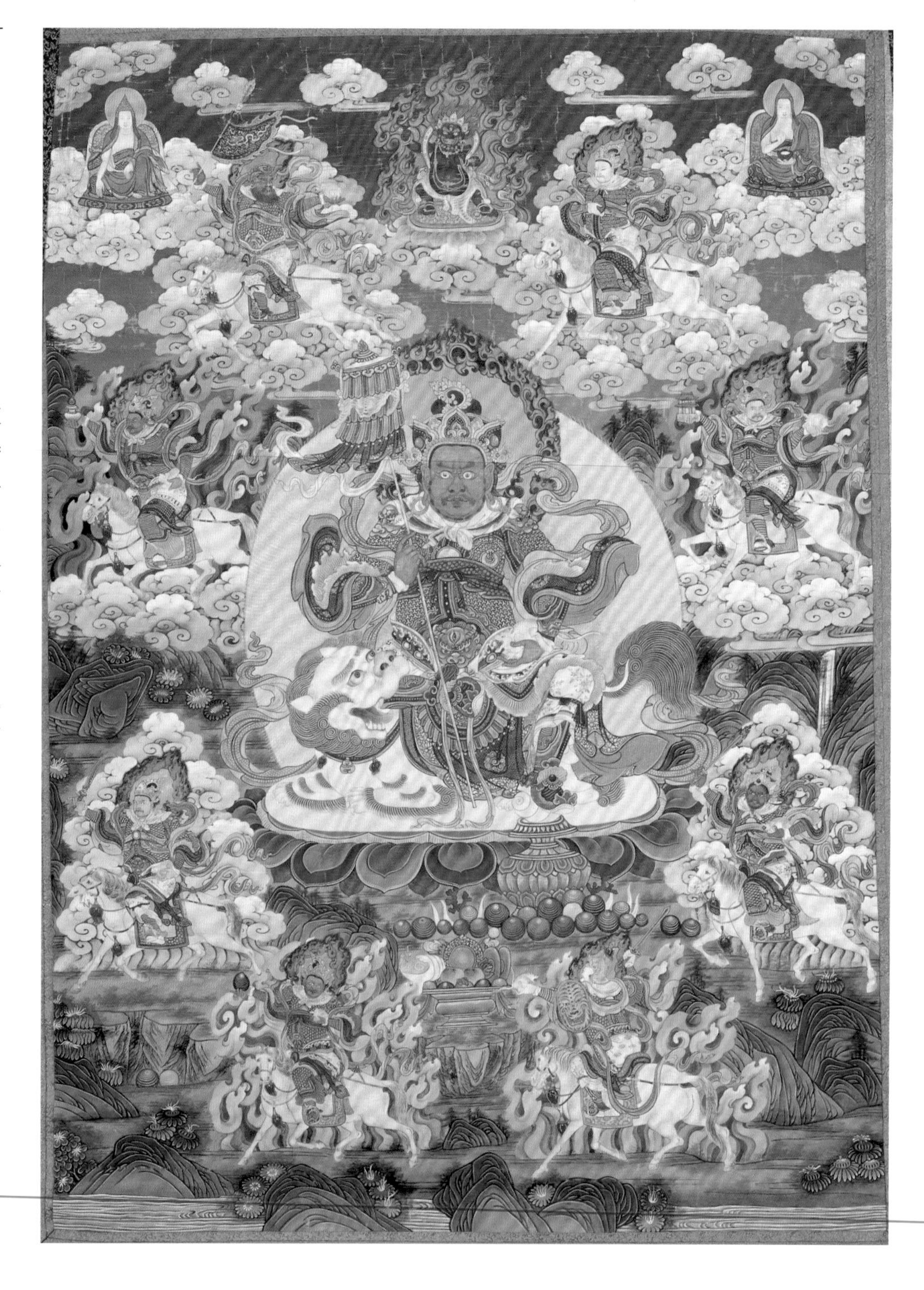

160

威勝天王

18世紀　北京
布本設色
縱103厘米　橫72厘米
清宮舊藏

Prabhavajina

18th Century　Beijing
Distemper on Cloth
H.103cm　L.72cm
Qing Court collection

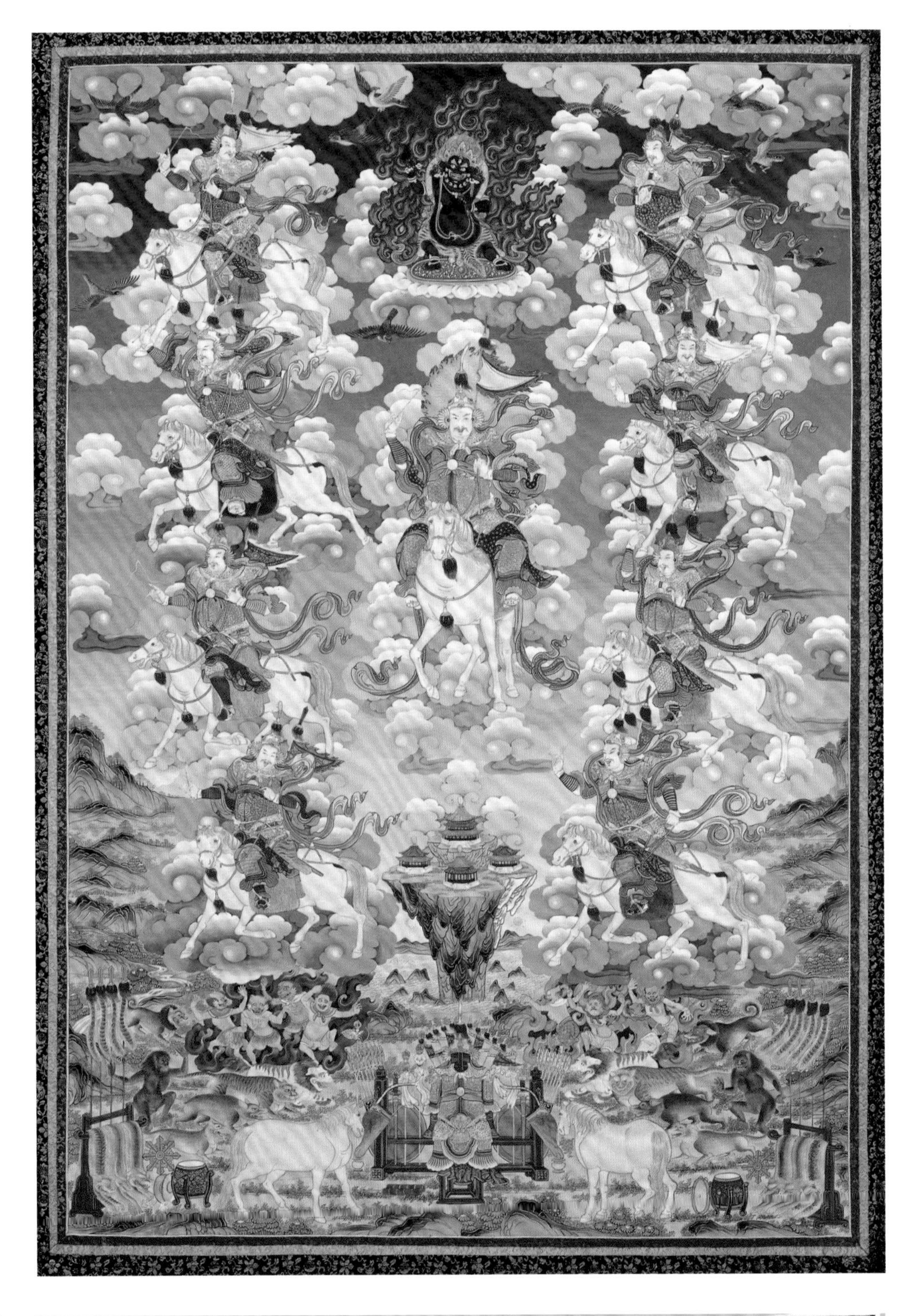

威勝天王頭戴紅纓盔，身披鎧甲，騎於白馬上。兩側九位天王為手持金剛所化現，上界正中為手持金剛。下界是阿修羅王的部屬。背面有白綾，墨書漢、滿、蒙、藏四文題記：“威勝天王經云　世界建立之後　阿修羅王與帝釋天驅兵交戰　帝釋不能取勝　求手持金剛菩薩擁護　而菩薩即化現九位威勝天王保護天兵　遂得大勝　阿修羅王兵將盡皆降伏　帝釋復建立大寶幢　威光遠震　從此以後　若大國王但遇偏兵犯疆土　供奉威勝天王獲大功德　偏界之兵自然消滅　保護大國最為尊勝”。

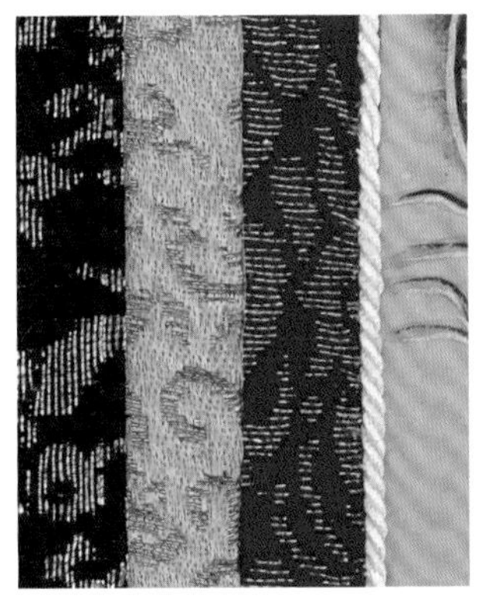

༄། །དགྲ་ལྷའི་ཆོས་འབྱུང༌། སྔོན་ལྷའི་དབང་པོ་
བརྒྱ་བྱིན་དང་ལྷ་མ་ཡིན་གྱི་དབང་པོ་རྣམས་གཡུལ་སྤྲོད་པ
ལ་ལྷ་རྣམས་ཕམ་པའི་ཚེ་ལྷའི་དབང་པོ་བརྒྱ་བྱིན་གྱིས་དཔལ་
གསང་བའི་བདག་པོ་ལ་གསོལ་བ་བཏབ་པས་གསང་བའི་
བདག་པོས་དགྲ་ལྷ་མཆེད་དགུ་སྤྲུལ་ཏེ་ལྷ་རྣམས་ཀྱི་མགོན་
མཛད་པས་ལྷ་མ་ཡིན་གྱི་དཔུང་ས་ཕམ་ཞིང་ལྷ་རྣམས་གཡུལ
ལས་རྣམ་པར་རྒྱལ་བའི་དཔལ་ལ་བཀོད་དེ་དཀར་ཕྱོགས་སྐྱོང
པའི་རྒྱལ་མཚན་བསྒྲེངས་པར་གྲགས། དེ་ནས་བཟུང་སྟེ
ལྷ་དང་མིའི་ཆོས་ལྡན་གྱི་རྒྱལ་པོ་རྣམས་ཀྱིས་ནག་ཕྱོགས
འཛོམས་པའི་དཔུང་གི་སྲུང་བ་བརྩོམས་པའི་ཚེ་དགྲ་ལྷ་སྤུན
དགུ་འདི་ཉིད་མཆོད་པས་གཡུལ་ལས་རྣམ་པར་རྒྱལ་བའི
དཔལ་དུ་བདེ་ལེགས་སུ་འགྱུར་བར་འགྱུར་ཞེས་བྱུང༌། །

[illegible]

威勝天王經云
世界建立之後阿修羅王與帝釋天驅兵交
戰帝釋不能取勝求手持金剛菩薩擁護而
菩薩即化現九位威勝天王保護天兵遂得
大勝阿修羅王兵將盡皆降伏帝釋復建立
大寶幢威光遠震從此以後若大國王但遇
偏兵犯疆土供奉威勝天王獲大功德偏界
之兵自然消滅保護大國最為尊勝

161

金剛亥母

18世紀　北京
布本設色
縱34厘米　橫23厘米
清宮舊藏

Vajravarahi

18th Century　Beijing
Distemper on Cloth
H.34cm　L.23cm
Qing Court collection

金剛亥母頭側長有豬頭，豬在十二生肖中屬亥，故稱金剛亥母。在藏傳佛教中，豬被喻為“癡、貪、嗔”三毒中的“癡”，癡即愚昧。所以金剛亥母就成了消除癡毒、勾召智慧的象徵。

金剛亥母頭側長有豬頭，紅色身。右手持金剛鉞，左手托噶布拉碗，挾持骷髏杖。舞立姿站於魔障上。背面有白綾，墨書漢、滿、蒙、藏四文題記：“乾隆五十三年十二月二十四日　欽命中正殿畫佛喇嘛繪畫供奉利益畫像金剛亥母……”。藏文為：“中正殿畫佛大喇嘛楚臣虔誠供奉金剛亥母唐卡”，記有畫佛喇嘛名。

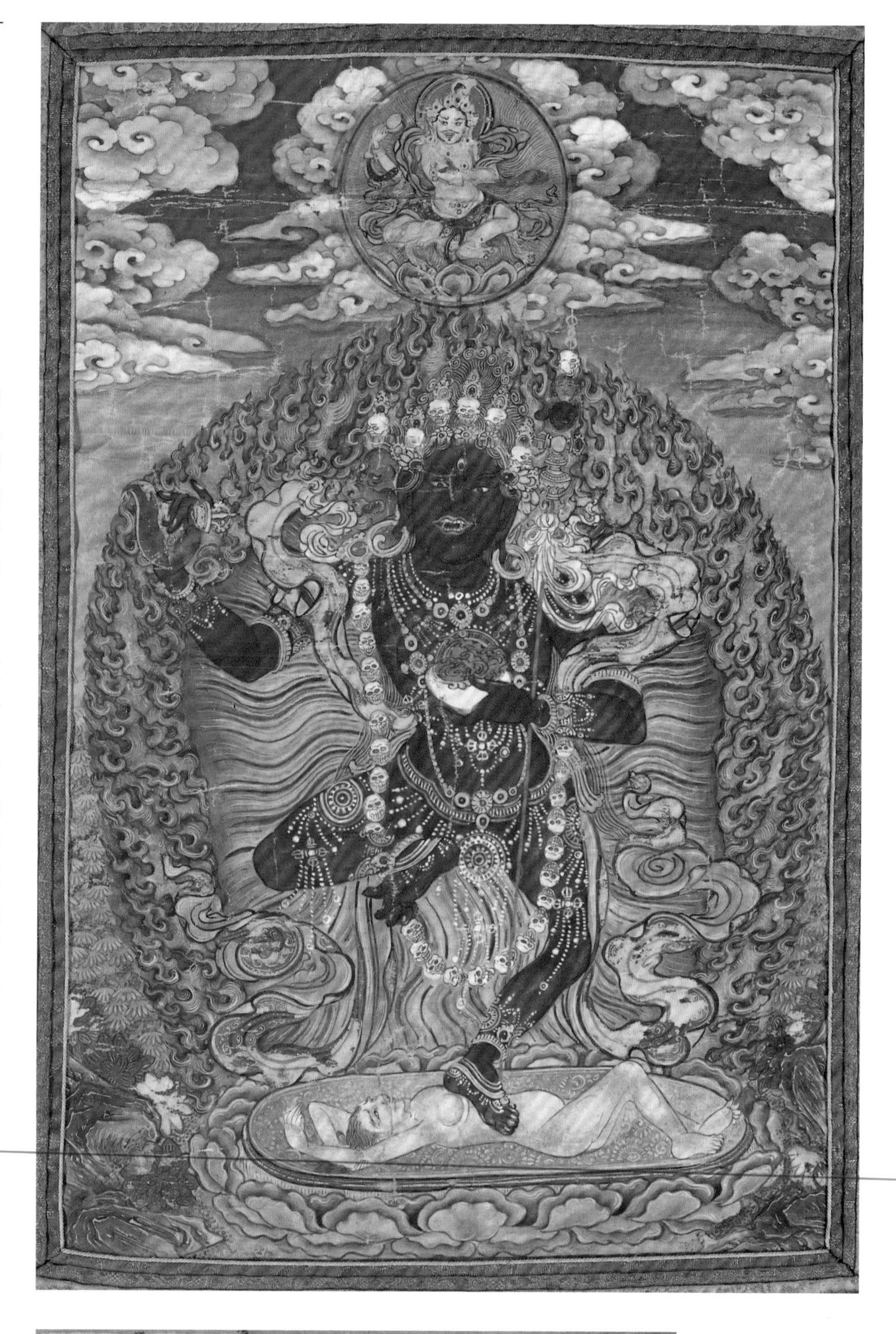

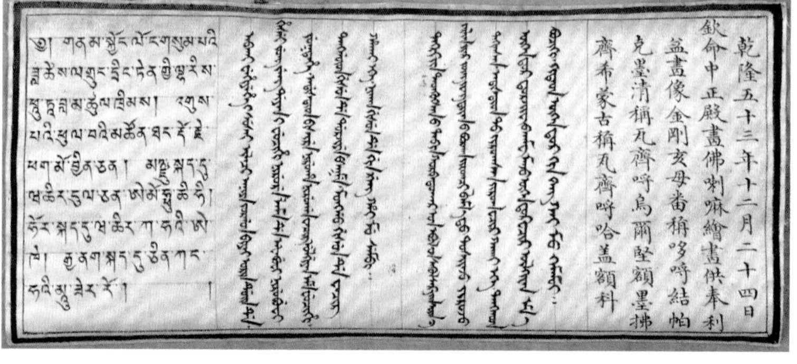

乾隆五十三年十二月二十四日
欽命中正殿畫佛喇嘛繪畫供奉利
益畫像金剛亥母番稱哆嗬結帕
克墨清稱凡齋呼烏爾堅額墨拂
齋希蒙古稱凡齋呼哈蓋額科

162

伐那婆斯尊者

18世紀　北京
布本設色　縱82厘米　橫56厘米
清宮舊藏

Arhat Vanavasin

18th Century　Beijing
Distemper on Cloth　H.82cm　L.56cm
Qing Court collection

伐那婆斯之意即“林中居士”，傳說尊者曾在“七葉山”叢林中勤奮苦修佛法，獲得阿羅漢果位，釋迦牟尼誇讚他為居於靜地禪定修習的姣姣者。

伐那婆斯尊者右手作平和期克印，左手搖羽扇，結跏趺端坐於結滿菩提果的七葉山岩窟中。上界為毗舍浮佛和尸棄佛，下為夜叉稽首獻與侍者貝頁經書。畫幅下部有金粉題乾隆《御製十八羅漢贊》。背面有白綾，墨書漢、滿、蒙、藏四文題記：“乾隆五十五年九月初十日　欽命中正殿畫佛喇嘛供奉利益畫像伐那婆斯尊者……右三”。

此唐卡為中正殿畫佛喇嘛所作十六羅漢像之一，畫中羅漢胡貌梵相，頗具五代禪月大師貫休所作《十六羅漢像》的遺風。背景較為簡略，畫工粗亂，可見乾隆晚期宮廷唐卡繪製日漸衰落。

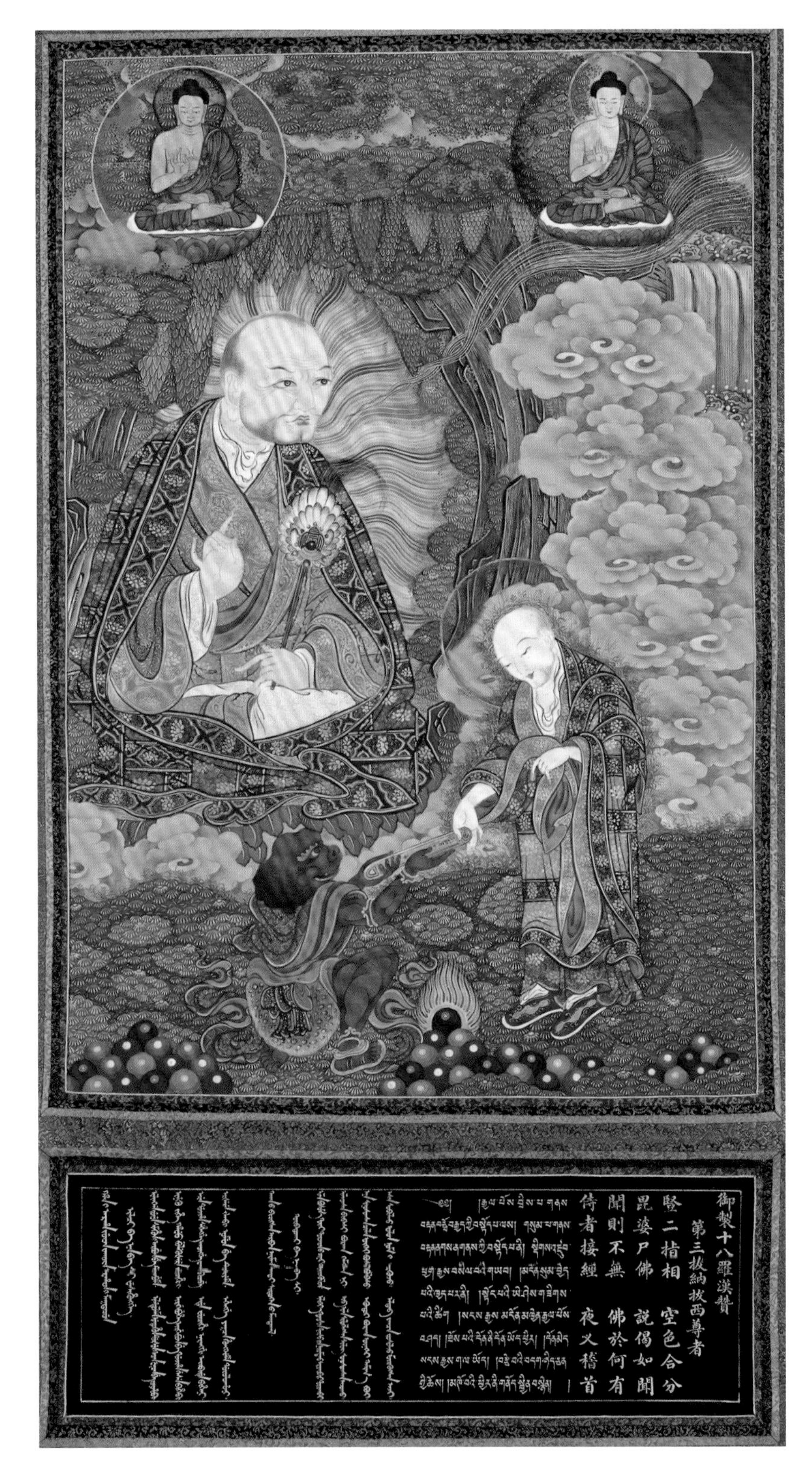

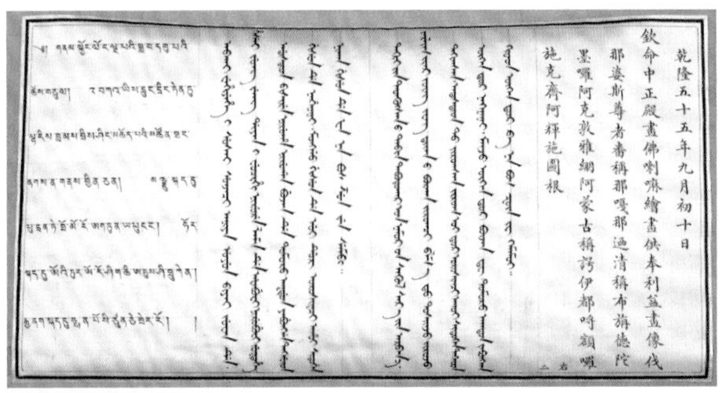

163

賓度羅拔羅墮尊者

18世紀　北京
布本設色
縱82厘米　橫56厘米
清宮舊藏

Arhat Pindola Bharadhvaja

18th Century　Beijing
Distemper on Cloth
H.82cm　L.56cm
Qing Court collection

賓度羅拔羅墮尊者，出生於古印度王舍城國師的家中，後由釋迦牟尼佛親自剃度為僧，並獲阿羅漢果位，釋迦佛將他稱作"大獅子吼"，意為弟子中最具權勢，自命不凡者。

賓度羅拔羅墮尊者左手托法缽，右手持經書，結跏趺坐。上界為龍樹大師和聖天。下界為兩夜叉肩背玻璃罐，內供蓮花奉獻尊者，座前是蓮花托起的經書、香爐、琵琶和羅漢果等供品。背面有白綾，墨書漢、滿、蒙、藏四文題記："乾隆五十六年四月二十五日　欽命中正殿畫佛喇嘛供奉利益畫像賓度羅拔羅墮尊者……左六"。

此唐卡為中正殿畫佛喇嘛所畫。

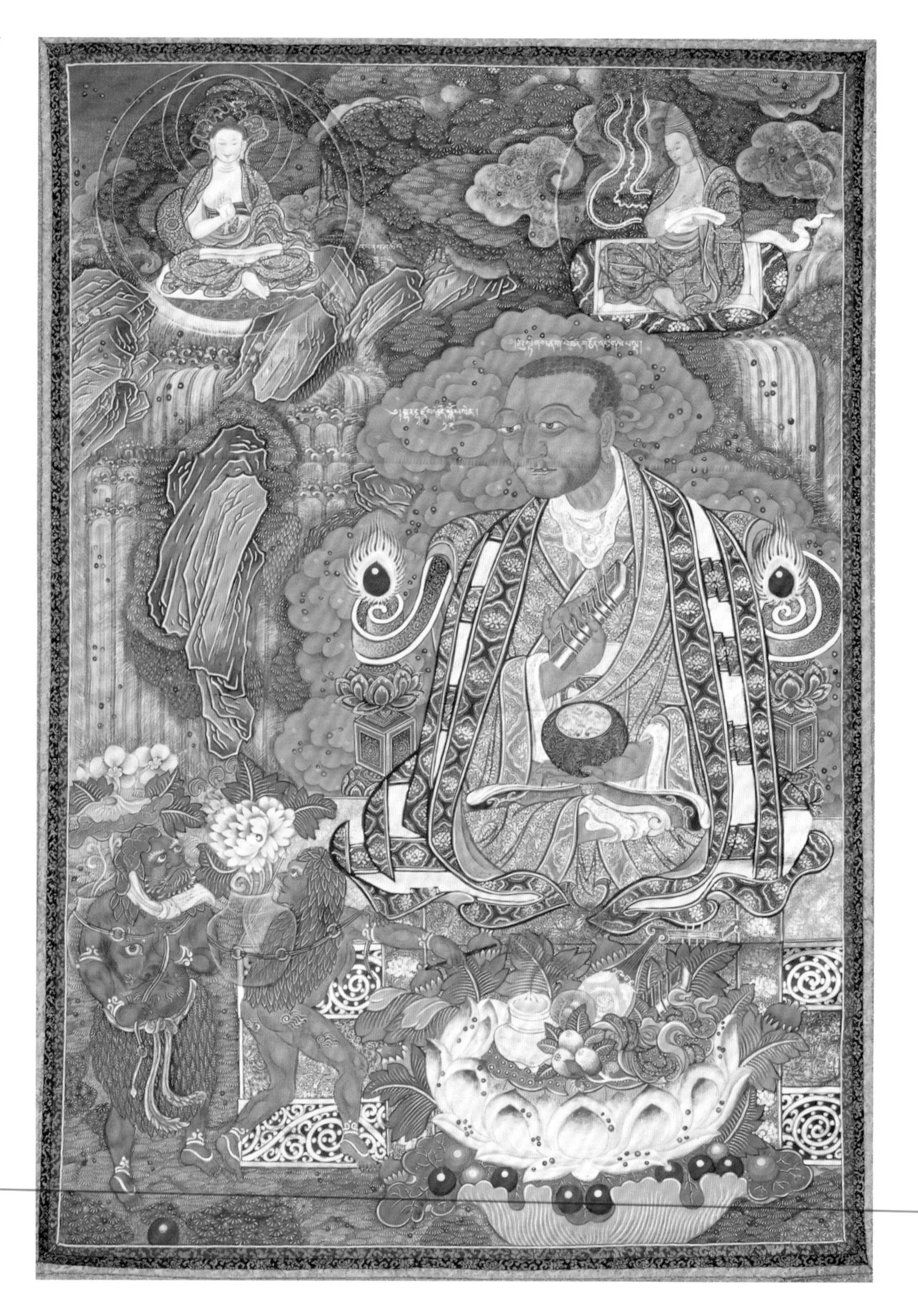

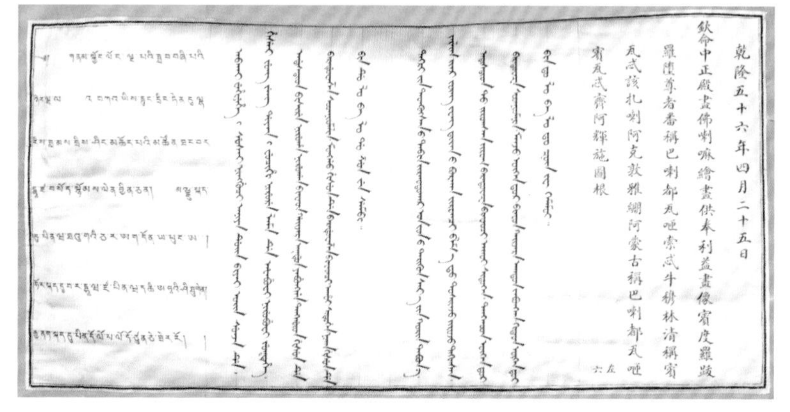

乾隆五十六年四月二十五日
欽命中正殿畫佛喇嘛繪畫供奉利益畫像賓度羅跋
羅墮尊者番稱巴喇都瓦哑索忒牛楞林清稱賓
瓦忒該扎喇阿克敦雅綳阿蒙古稱巴喇都瓦哑
賓瓦忒齊阿輝施圖根
左六

164

天王與羅漢

18世紀　西藏
布本設色
縱63厘米　橫42厘米
清宮舊藏

Lokapalas and Hvashang
18th Century　Tibet
Distemper on Cloth
H.63cm　L.42cm
Qing Court collection

藏地傳説此漢地和尚是唐肅宗邀印度十六羅漢來中國時的信使，以侍從身分常出現在藏傳佛教十六羅漢組畫之中，成為所謂的十八羅漢的第十八位。

“羅漢”即“阿羅漢果”，亦稱“阿羅漢”，是小乘佛教修行的最高果位。

漢地和尚大腹便便，結半跏趺坐，右手持唸珠，左手持桃子，面帶微笑，身披寬大華麗的袈裟，被一羣歡快舞蹈的孩童圍着，與人們熟悉的漢地布袋和尚形象相仿。上界為祖師宗喀巴，下方為南方增長天王持劍、東方持國天王持琵琶。背面有白綾，墨書漢、滿、蒙、藏四文題記：“乾隆二十八年二月十五日　欽命阿嘉胡土克圖認看番畫像天王一軸……右四”。

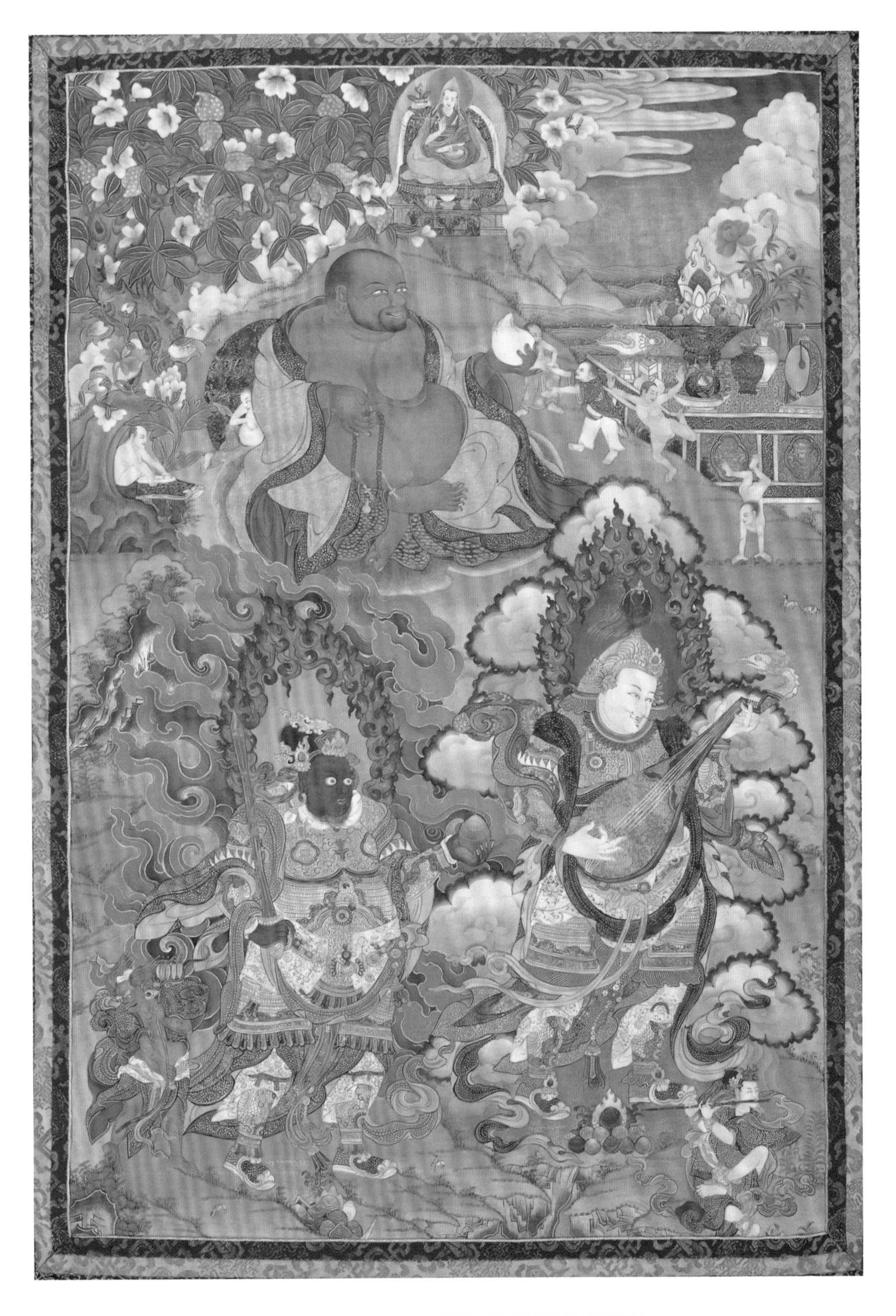

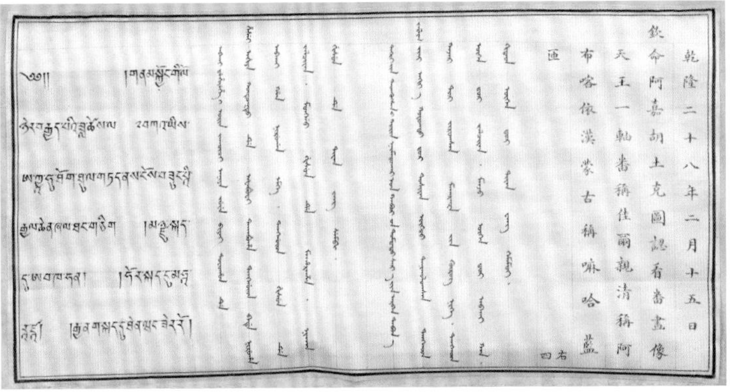

乾隆二十八年二月十五日
欽命阿嘉胡土克圖認看番畫像
天王一軸番稱住爾覩清稱阿
布喀依漢蒙古稱嘛哈藍
匝
右四

165

天王與達摩多羅尊者

18世紀　西藏
布本設色
縱63厘米　橫42厘米
清宮舊藏

Lokapalas and Dharmatala
18th Century　Tibet
Distemper on Cloth
H.63cm　L.42cm
Qing Court collection

達摩多羅尊者是一位在家居士，甘肅賀蘭山人，十六尊者的侍僕。據説他擁有超凡的法力和高深的智慧，後來藏傳佛教將其增入十八羅漢中。

達摩多羅尊者正風塵僕僕地行於途中，他右手持拂子，左手托淨瓶，頭上張華蓋。另有虎伴膝旁，侍者隨後，前有無量光佛出現於雲中，傳為尊者因事奉十六尊者而得感應。上界為宗喀巴，下方為手持寶塔的西方廣目天王和持勝幢的北方多聞天王，兩天王身着鎧甲，後着火燄背光，威武雄壯。背面有白綾，墨書漢、滿、蒙、藏四文題記："乾隆二十八年二月十五日　欽命阿嘉胡土克圖認看番畫像天王一軸……左四"。

此唐卡與上幅同組。

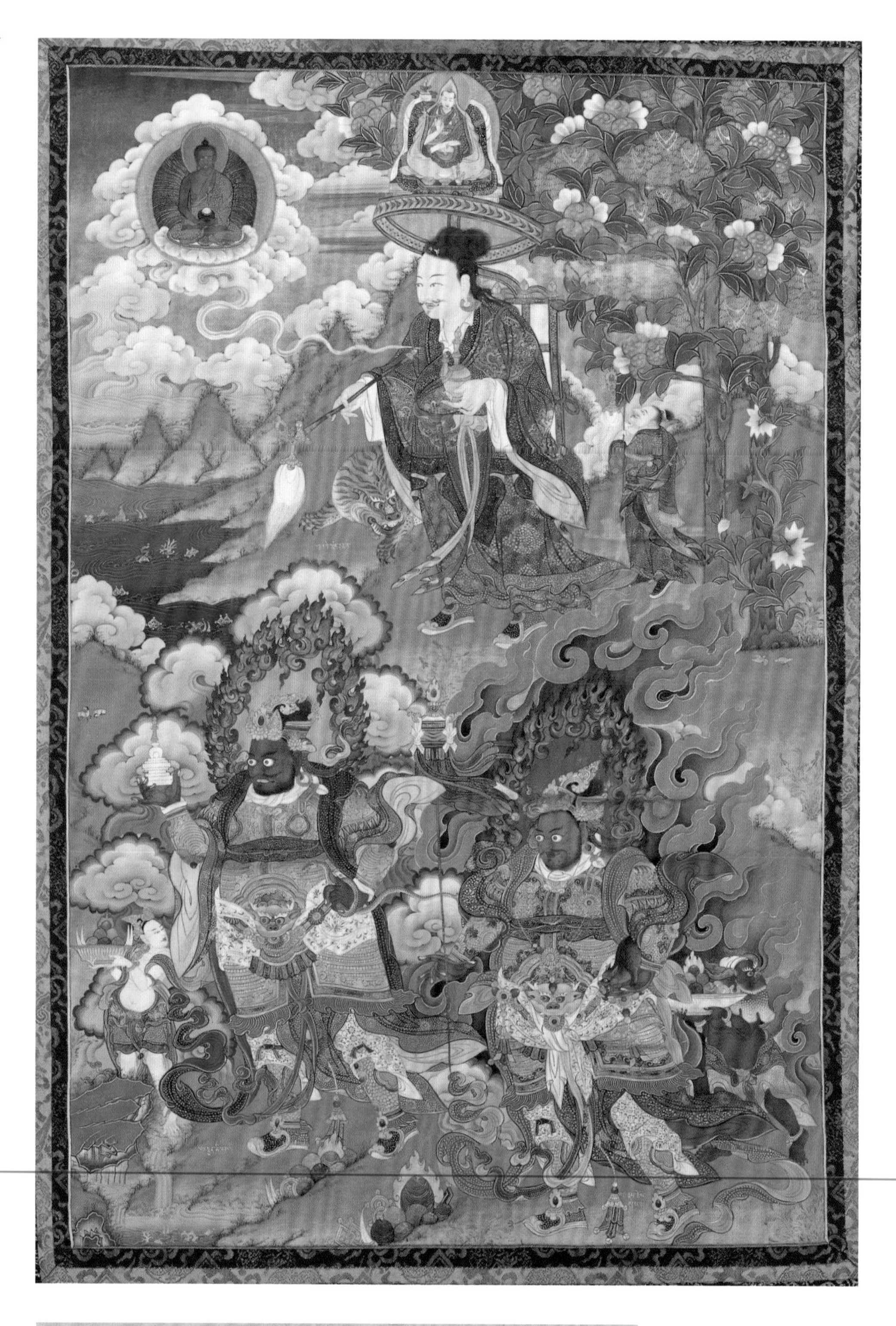

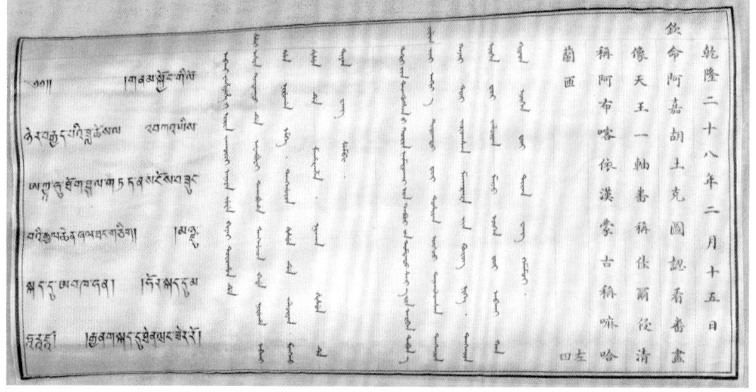

乾隆二十八年二月十五日
欽命阿嘉胡土克圖認看番畫
像天王一軸番稱係爾從清
稱阿布喀係漢蒙古稱嘛哈
蘭西
左四

166

半托迦尊者
18世紀　西藏
布本設色
縱74厘米　橫52厘米
清宮舊藏

Arhat Panthaka
18th Century　Tibet
Distemper on Cloth
H.74cm　L.52cm
Qing Court collection

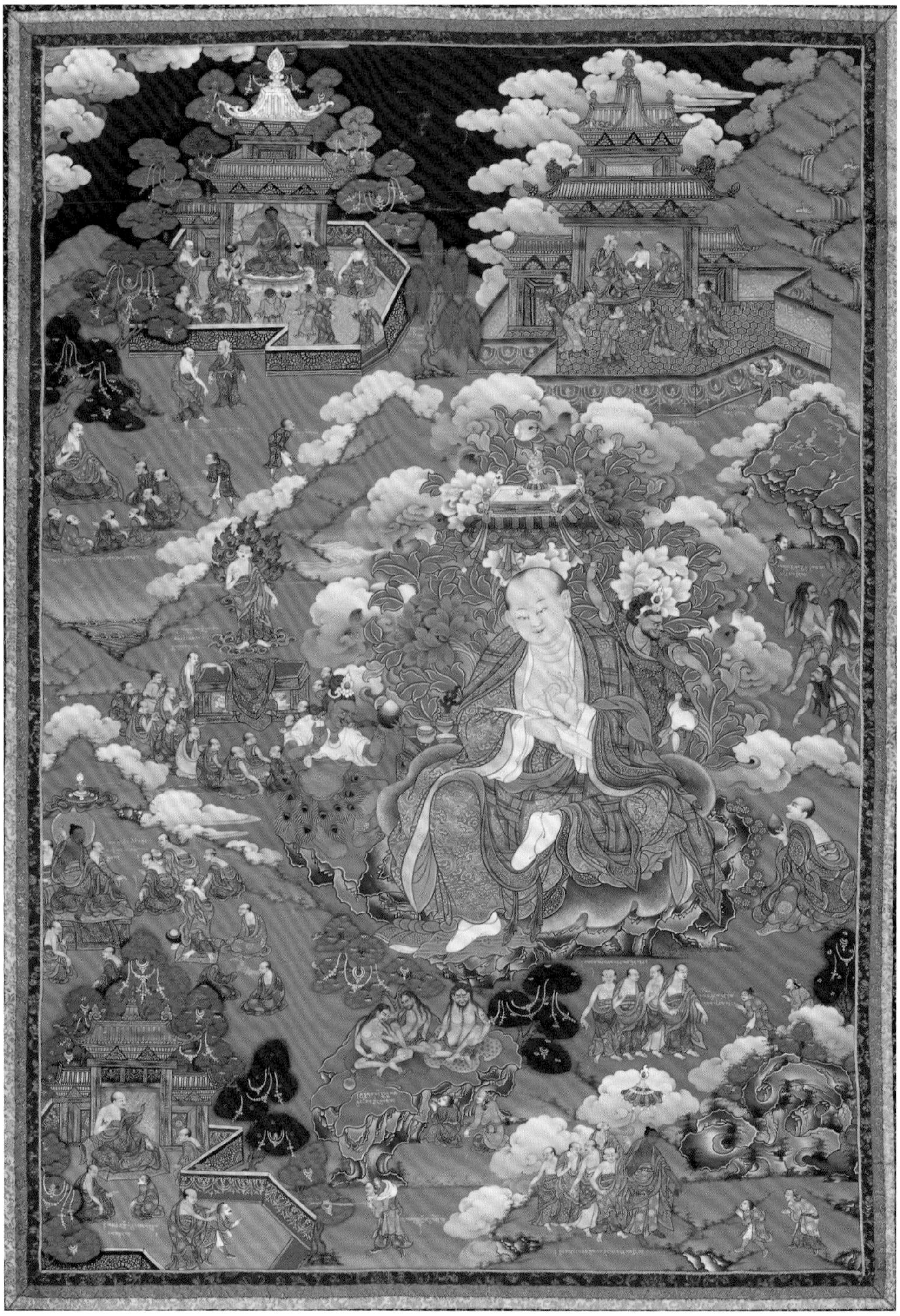

半托迦尊者，其母為富家女，在私逃路上生二子，此尊者長，因名“拉欽”，意為“大路”，後皈依佛法，獲阿羅漢果位。

半托迦尊者為聲聞相，身披袈裟，右手持經，左手結説法印，半跏趺坐。周匝繪尊者的生平事跡，藏文大意為：大路誕生，老婦授記，背負幼兒大路，外道為大路説法，聲聞等眾説法，導師及其眷屬説法，大路回家，大路向外道學法，一弟子催勸大路拜見導師，僧眾為大路授比丘戒，來到舍衛國，五百婆羅門隨大路出家，大路從師導師聽法並成為聲聞弟子。背面有白綾，墨書漢、滿、蒙、藏四文題記：“乾隆四十三年二月十七日　欽命章嘉胡土克圖認看供奉利益畫像半托迦尊者……左三”。

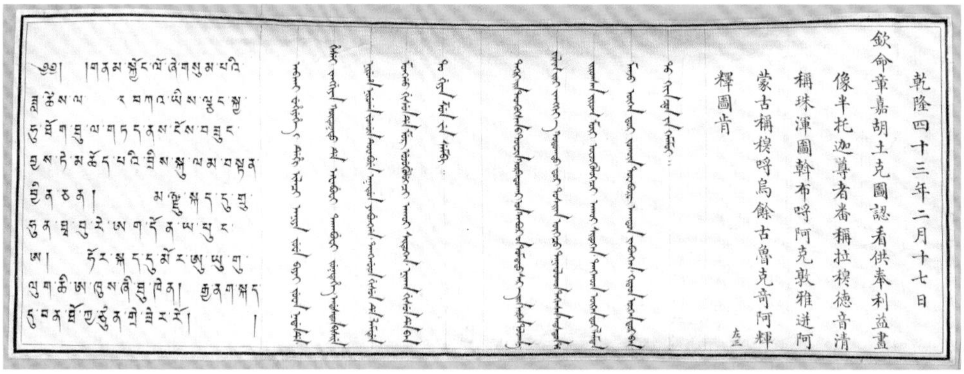

此唐卡選自西藏十八羅漢和四大天王組畫，組畫採用佛本生故事畫形式，以浮雲、連綿的山脈以及宮殿等景物將畫面分為若干情節。

167

注荼半托迦尊者

18世紀　西藏
布本設色
縱74厘米　橫52厘米
清宮舊藏

Arhat Chudpanthaka

18th Century　Tibet
Distemper on Cloth
H.74cm　L.52cm
Qing Court collection

注荼半托迦尊者是半托迦尊者之弟，又名“拉羣巴”，即“小路”之意。他雖愚鈍卻終以堅定不移地遵循修習佛法而獲阿羅漢果位。

注荼半托迦尊者雙手結禪定印，含義是説所有信奉佛法的人都應該從瞬息萬變的世界上各種華麗的外在物中解脱。周匝繪其生平事跡，藏文大意為：誕生（拉羣巴），老婦人預言，婦人背負幼兒拉羣巴，外道向拉羣巴説法，聲聞弟子向拉羣巴説法，釋迦及其眷屬（向拉羣巴）説法，回家，向外道求法，向釋迦拜見，為拉羣巴受戒，到舍衛城，五百婆羅門隨拉羣巴出家，拉羣巴到佛前聽法並獲得羅漢位。背面有白綾，墨書漢、滿、蒙，藏四文題記：“乾隆四十三年二月十七日　欽命章嘉胡土克圖認看供奉利益畫像注荼半托迦尊者……左五”。

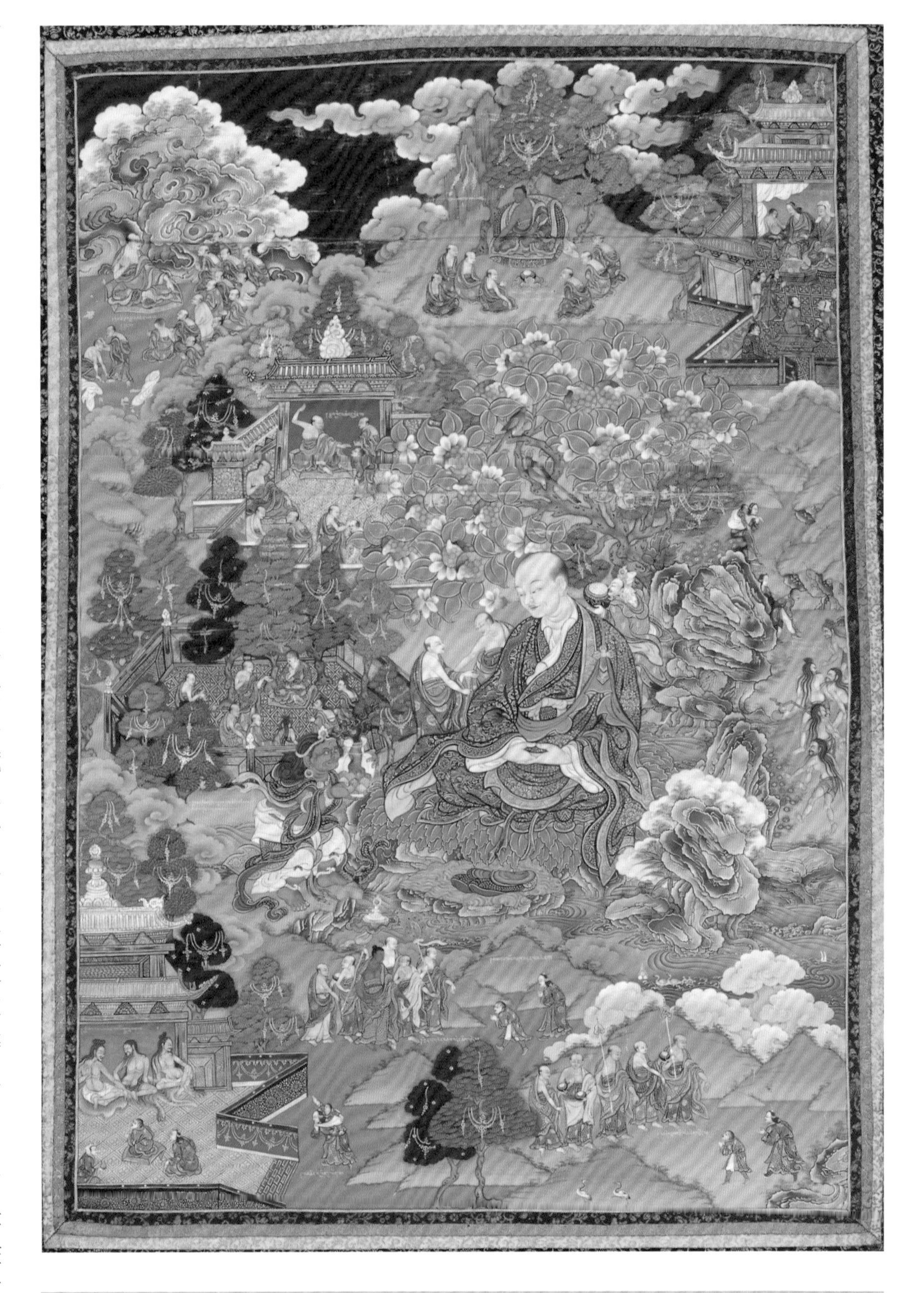

乾隆四十三年二月十七日
欽命章嘉胡土克圖認看供奉利益
畫像注茶半托迦尊者番稱拉
穆禪清稱阿積格珠渾阿克敦
雅進阿蒙古稱那林穆哷阿輝
釋圖肯
左五

168

巴古拉等四尊者

18世紀　西藏
布本設色
縱70厘米　橫47.5厘米
清宮舊藏

Bakula and Other Three Arhats

18th Century　Tibet
Distemper on Cloth
H.70cm　L.47.5cm
Qing Court collection

四尊者中手捧鼬鼠者為巴古拉尊者，結禪定印者為注茶半托迦尊者，一手持經，一手結說法印者為半托迦尊者，雙手持《般若波羅密多心經》者為戒博迦尊者。背面有白綾，墨書漢、滿、蒙、藏四文題記：“乾隆四十七年十月二十日　欽命章嘉胡土克圖認看供奉利益畫像巴古拉尊者　注茶半托迦尊者　半托迦尊者　戒博迦尊者……”。

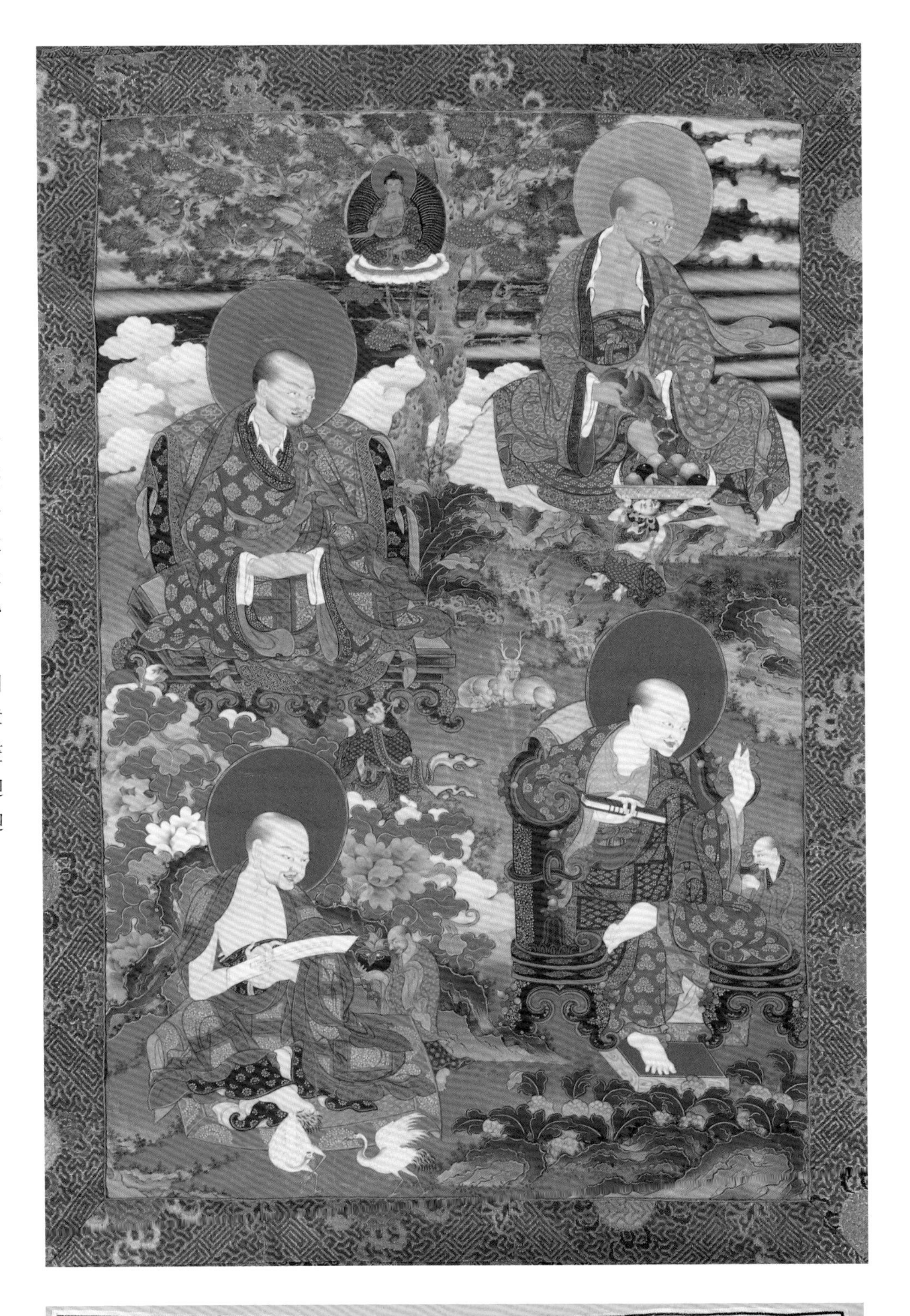

乾隆四十七年十月二十日
欽命章嘉胡土克圖認看供奉利益畫像巴古拉尊
者注茶半托迦尊者半托迦尊者戒博迦尊者番
稱巴古拉喇嘛產喇嘛單別咸結清稱巴古拉阿
克敦雅琫阿阿吉格珠渾阿克敦雅琫阿珠渾圖
斡布哷阿克敦雅琫阿索密哷阿克敦雅琫阿蒙
古稱巴古拉阿輝施圖肯那琳穆哷阿輝施圖肯
穆哷烏珠固嚕克齋阿輝施圖肯尼固克齋阿輝
施圖肯

169

阿氏多等四尊者
18世紀　西藏
布本設色　縱70厘米　橫47.5厘米
清宮舊藏

Ajita and Other Three Arhats
18th Century　Tibet
Distemper on Cloth　H.70cm　L.47.5cm
Qing Court collection

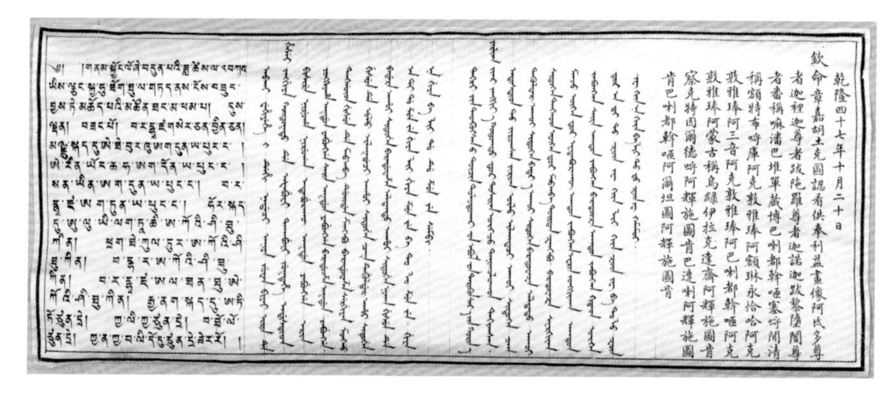

乾隆四十七年十月二十日
欽命章嘉胡土克圖認看供奉利益畫像阿氐多尊
者迦裡迦尊者跋陁羅尊者迦諾迦跋黎墮闍尊
者番稱嘛瀋巴堆單蔵博巴喇都斡唖塞畤閒清
稱額特布畤庫阿克敦雅琫阿額琳永恰哈阿克
敦雅琫阿三音阿克敦雅琫阿巴喇都斡唖阿克
敦雅琫阿蒙古稱烏綠伊拉克達齋阿輝施圖肯
察克特固爾德畤阿輝施圖肯巴達喇阿輝施圖
肯巴喇都斡唖阿爾坦圖阿輝施圖肯

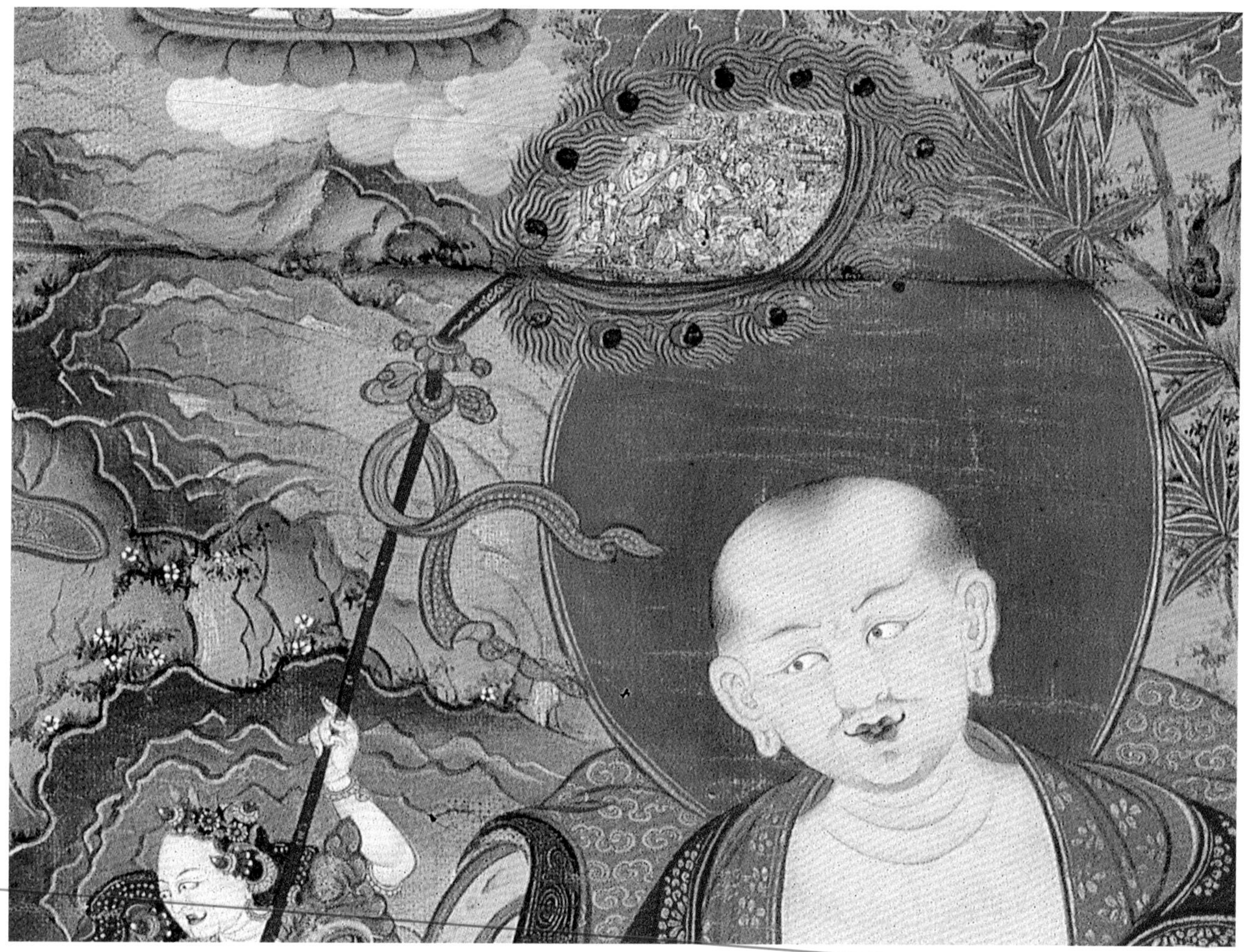

藏傳佛教中有四尊者分護一方佛法，四方共十六位之説。

四尊者皆着華麗的漢僧裝束，坐胡椅或金剛墊中，身旁有一侍者或弟子相伴。左上雙手結禪定印者為阿氏多尊者，雙手持臂釧者為迦里迦尊者，右手結説法印者為跋陀羅尊者，右下雙手結禪定印者為迦諾迦跋黎墮闍尊者。背面有白綾，墨書漢、滿、蒙、藏四文題記：“乾隆四十七年十月二十日　欽命章嘉胡土克圖認看供奉利益畫像阿氏多尊者　迦里迦尊者　跋陀羅尊者　迦諾迦跋黎墮闍尊者……”。

此唐卡繪有一侍者手中持羽扇，扇上繪眾神聚會的場面，這種“畫中畫”的手法，顯示出畫家高超的技藝。

此圖與圖168是同一組畫。

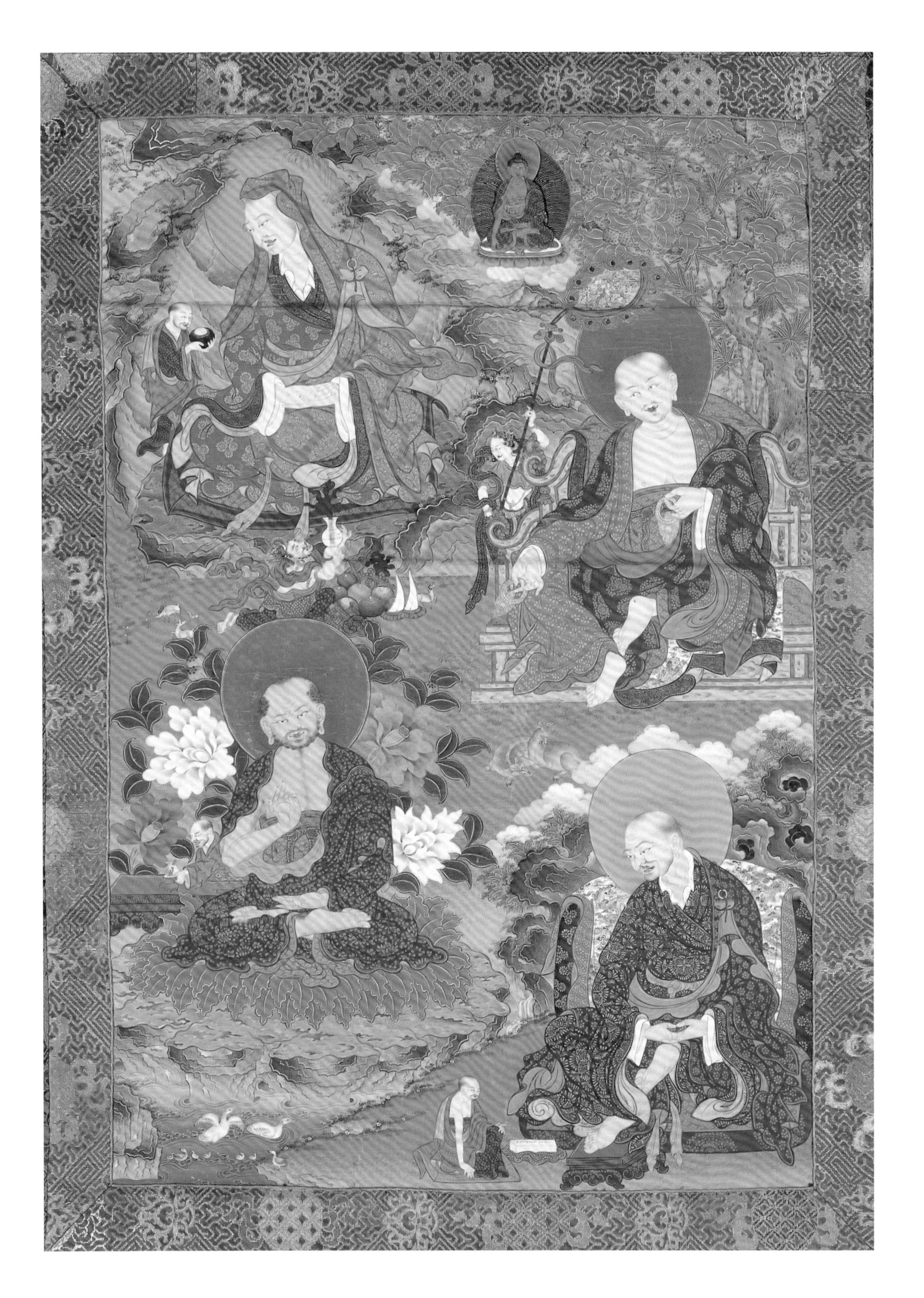

170

達摩多羅尊者與天王

18世紀　西藏
布本設色
縱70厘米　橫47.5厘米
清宮舊藏

Dharmatala and Lokapalas
18th Century　Tibet
Distemper on Cloth
H.70cm　L.47.5cm
Qing Court collection

達摩多羅尊者頭頂華蓋，身背經梵篋，右手持香爐，左手握拂子，垂足坐於胡椅中，旁伏一虎。上界顯現無量光佛，下方為南方增長天王劍拔欲出，北方多聞天王則手持鼬鼠。背面有白綾，墨書漢、滿、蒙、藏四文題記：“乾隆四十七年十月二十日　欽命章嘉胡土克圖認看供奉利益畫像達摩多羅尊者　增長天王　財寶天王……”。

此圖與圖168是同一組畫。

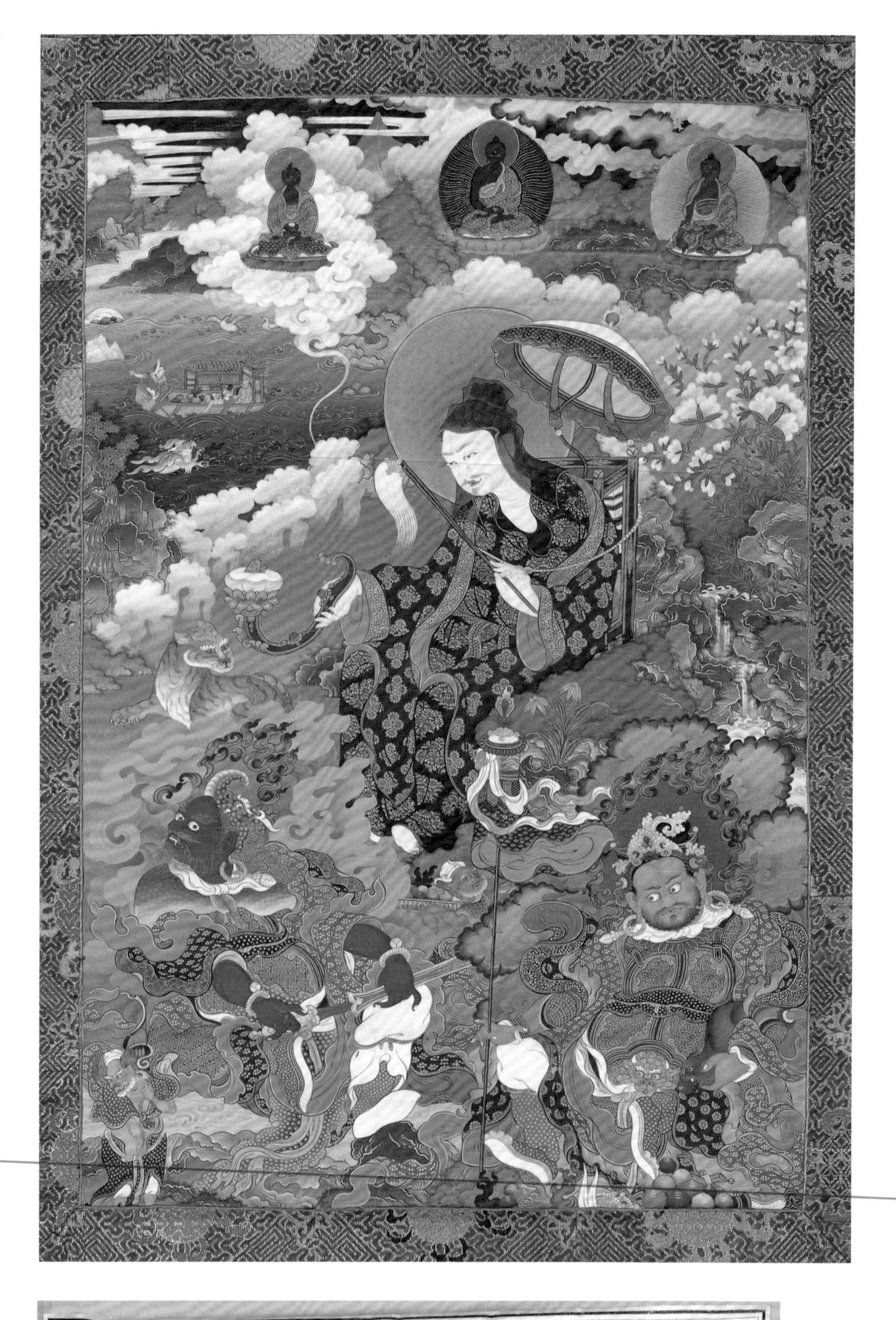

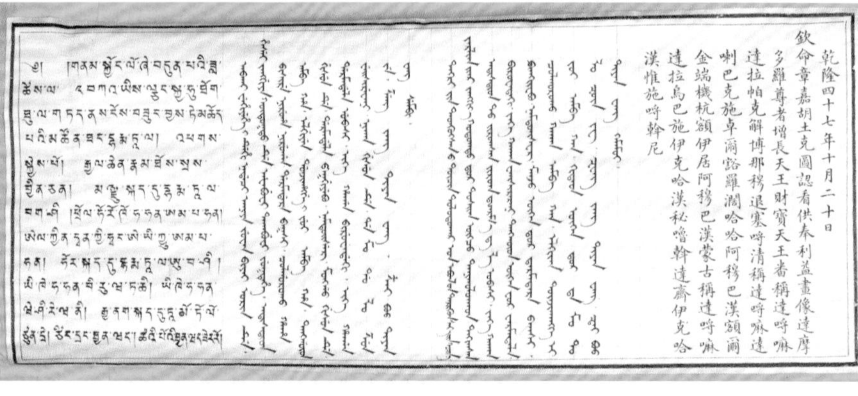

乾隆四十七年十月二十日
欽命章嘉胡土克圖認看供奉利益畫像達摩
多羅尊者增長天王財寶天王番稱達呼嘛
達拉帕克解博那穆退塞呼清稱達呼嘛達
喇巴克施卓爾豁羅濶哈哈阿穆巴漢額爾
金端機杭額伊居阿穆巴漢蒙古稱達呼嘛
達拉烏巴施伊克哈漢秘嚕斡達壽伊克哈
漢惟施呼斡尼

羅漢與天王

成堂
18世紀　北京
布本設色　　縱98厘米　橫60厘米
清宮舊藏

Arhats and Lokapalas

18th Century　Beijing
Distemper on Cloth　H.98cm　L.60cm
Qing Court collection

此堂十八羅漢與四大天王組畫，背面均有白綾，墨書漢、滿、蒙、藏四文題記。畫中藏文所註名稱與三世章嘉國師於乾隆二十二年(1757)考訂之名稱相合，而與白綾題記名稱多不相符，或許因工匠錯貼白綾之故。背景飾以金碧山水及花草樹木，畫法取自漢地明清山水。今存二十二幅齊全。(詳見圖171-192)

171

因竭陀尊者

Arhat Angaja

按乾隆時期章嘉國師所編《三百佛像集》所定十八尊者次第，因竭陀尊者應為第一。相傳他有出生於火中的不凡身世。長大後非常富有，他將自己的全部財產施捨與四方眾人成為比丘，後來獲阿羅漢果位。

因竭陀尊者雙手合掌於胸前，持住拂子和吊起的香爐，一印度信徒跪拜於前，尊者身旁根雕供桌上，供有經書和無量壽佛。上界為無著。白綾題記錯貼。黃條記有“右二”。

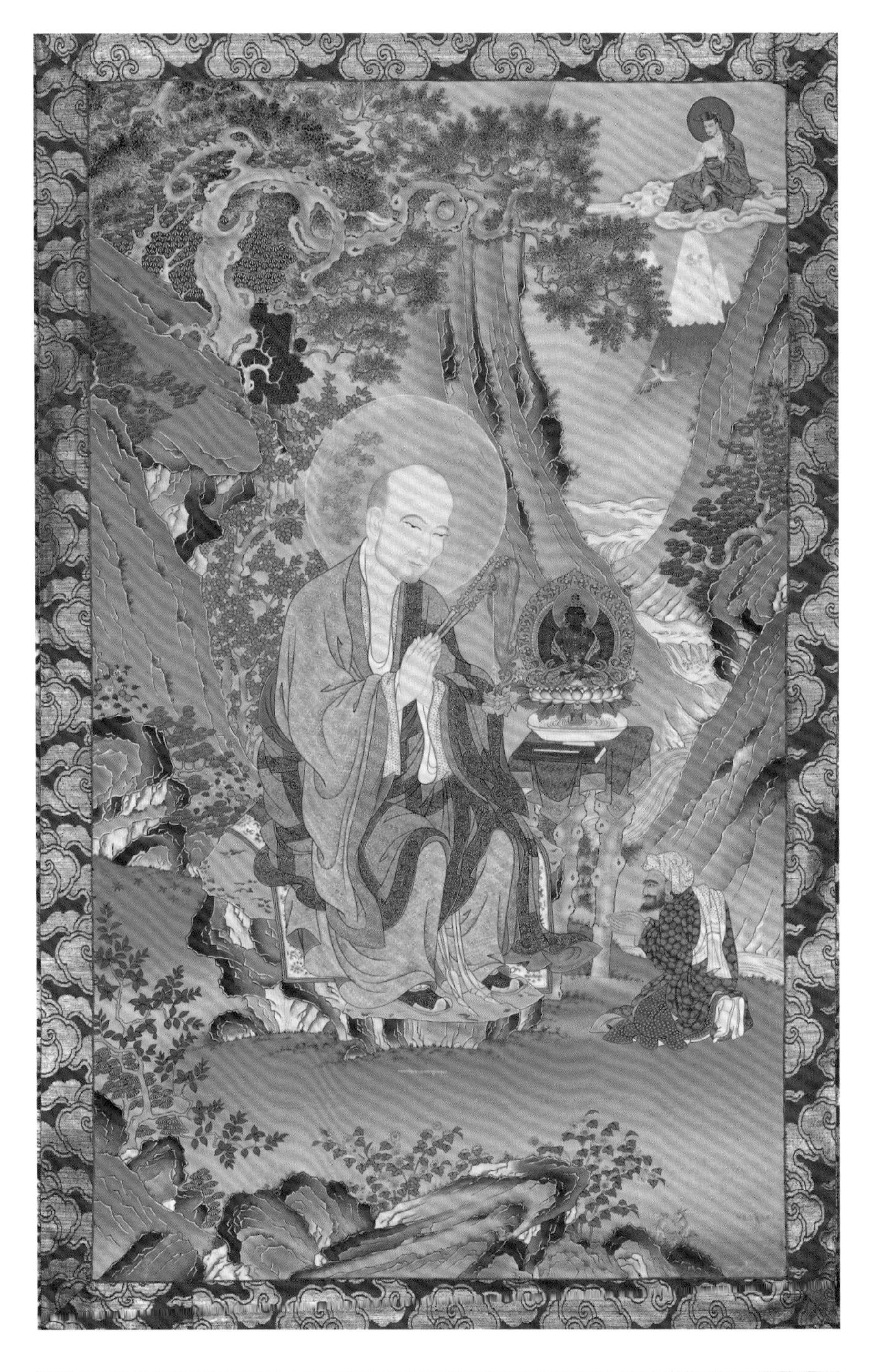

乾隆五十四年十一月初五日
欽命嘎爾丹錫哷圖薩瑪迪巴克什認看供奉
利益畫像阿氏多尊者番稱瑪盤巴清稱
額特佈喇庫阿克敦雅珠阿蒙古稱烏嚕
伊拉克達齊阿爍施圖根

172

阿氏多尊者

Arhat Ajita

阿氏多尊者，出生於古印度一富人之家，由於從不去追求財物，其善德使他成為具有廣博智慧和成就之人，並獲得了阿羅漢果位，阿氏多的意思是“不可擊敗的人”。

阿氏多尊者頭戴披巾，雙手結禪定印，結跏趺坐於石上靜修。身旁侍者持幢而立，前方一白鹿翹首緩步而來。上界為薩迦五祖貢嘎寧布和其修行本尊大千摧破佛母。白綾題記錯貼。黃條記有“右五”。

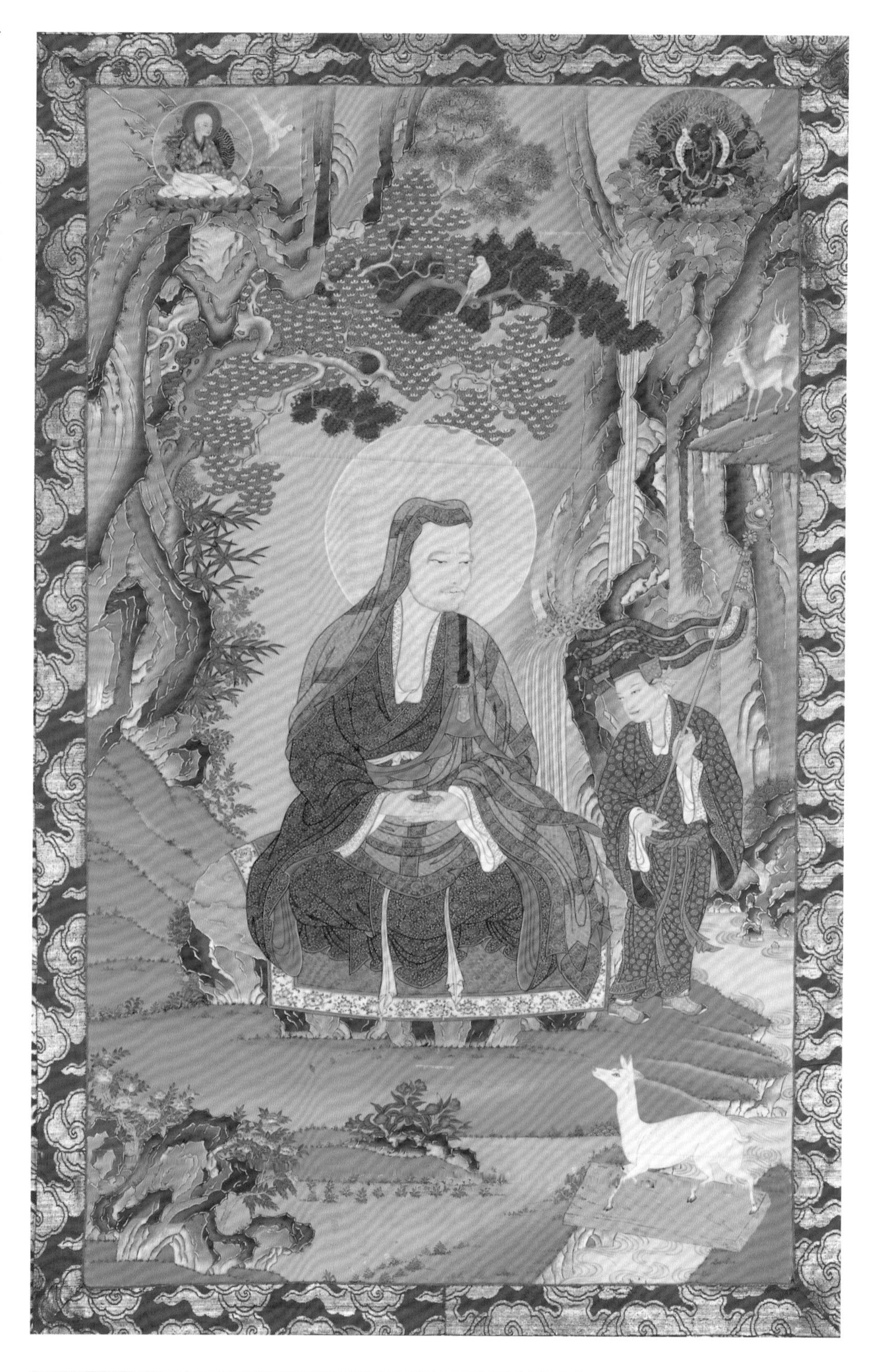

乾隆五十四年十一月初五日
欽命嘎爾丹錫呼圖薩瑪迪巴克什認看供
奉利益畫像跋陁羅尊者番稱臧博清
稱三音阿克敦雅琳阿蒙古稱巴達喇
阿輝施圖根

173

伐那婆斯尊者

Arhat Vanavasin

伐那婆斯尊者垂足坐於山石上，面帶微笑地注視着前方的鳳鳥，他右手結期克印，可以降克各種災害和妖魔；左手持拂子，信徒受到拂子的涼風可以避免“三惡業”。樹葉間為無著弟子世親，正在辯經說法；紅色光環圍繞的是白度母。尊者下藏文之意為：“居住在森林中的人”。白綾題記：“乾隆五十四年十一月初五日欽命嘎爾丹錫哷圖薩瑪迪巴克什認看供奉利益畫像伐那婆斯尊者……”。黃條記有“右三”。

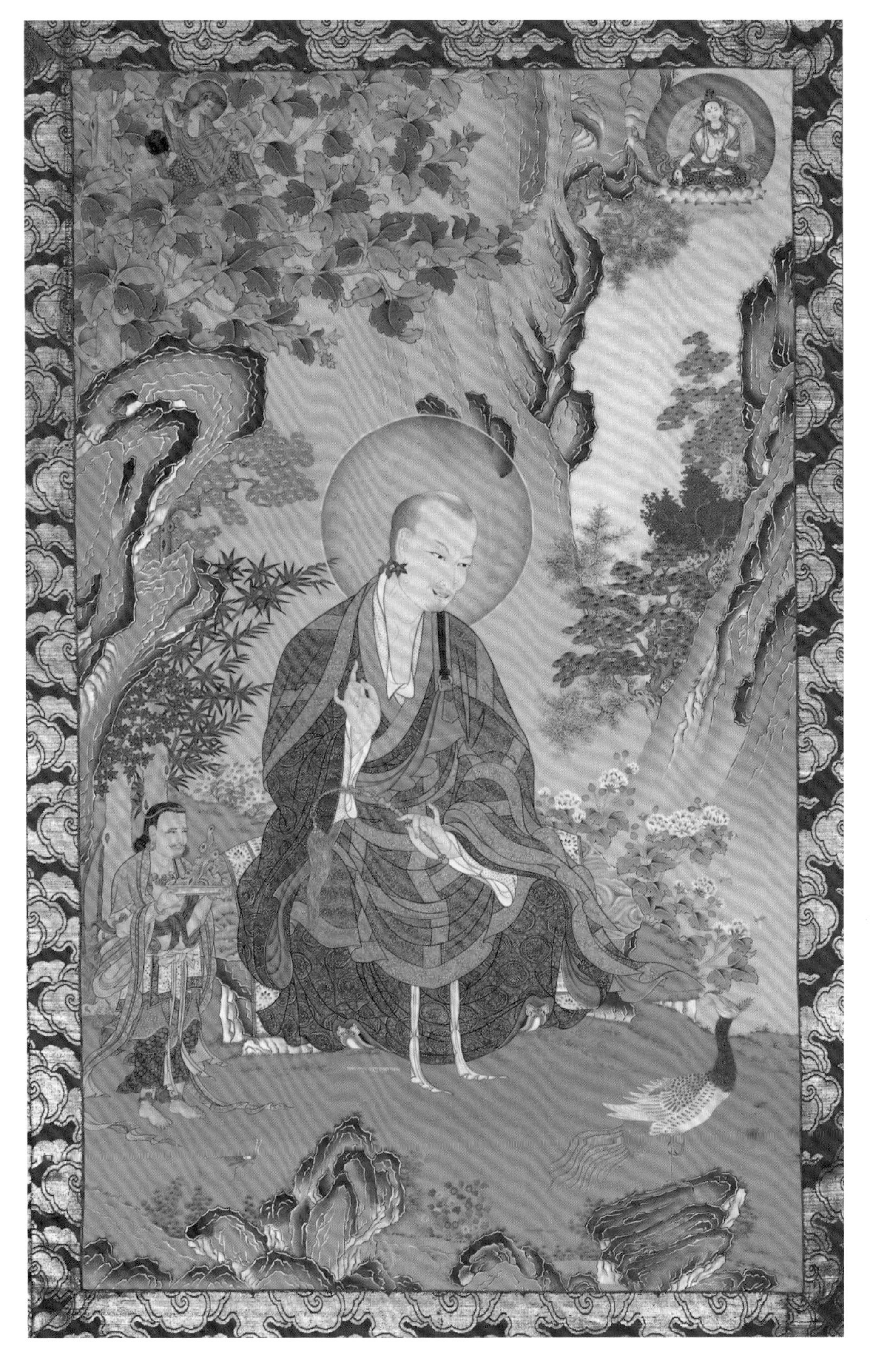

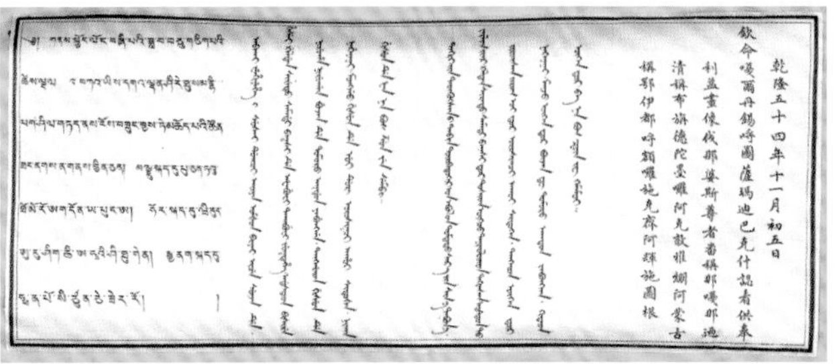

乾隆五十四年十一月初五日
欽命嘎爾丹錫哷圖薩瑪迪巴克什認看供奉
利益畫像伐那婆斯尊者番稱那嘎那迪
清稱布納德陀曇囉阿克散租捌阿蒙古
稱耶伊都哷額囉旃克齊阿輝旃圖根

174

迦里迦尊者

Arhat Kalika

迦里迦尊者，出生於古印度一富豪之家，出生時身上散發出甜蜜的豆蔻花香氣，因此得名，後皈依佛法獲阿羅漢果位。

迦里迦尊者身着綠紅兩色漢式僧裝，雙手持握金臂釧，結跏趺坐於松下石上，弟子手持香盤聽其說法。上界為光明佛母，龍樹之再傳弟子阿仁德瓦坐於蒼松之間。白綾題記錯貼。黃條記有“左二”。

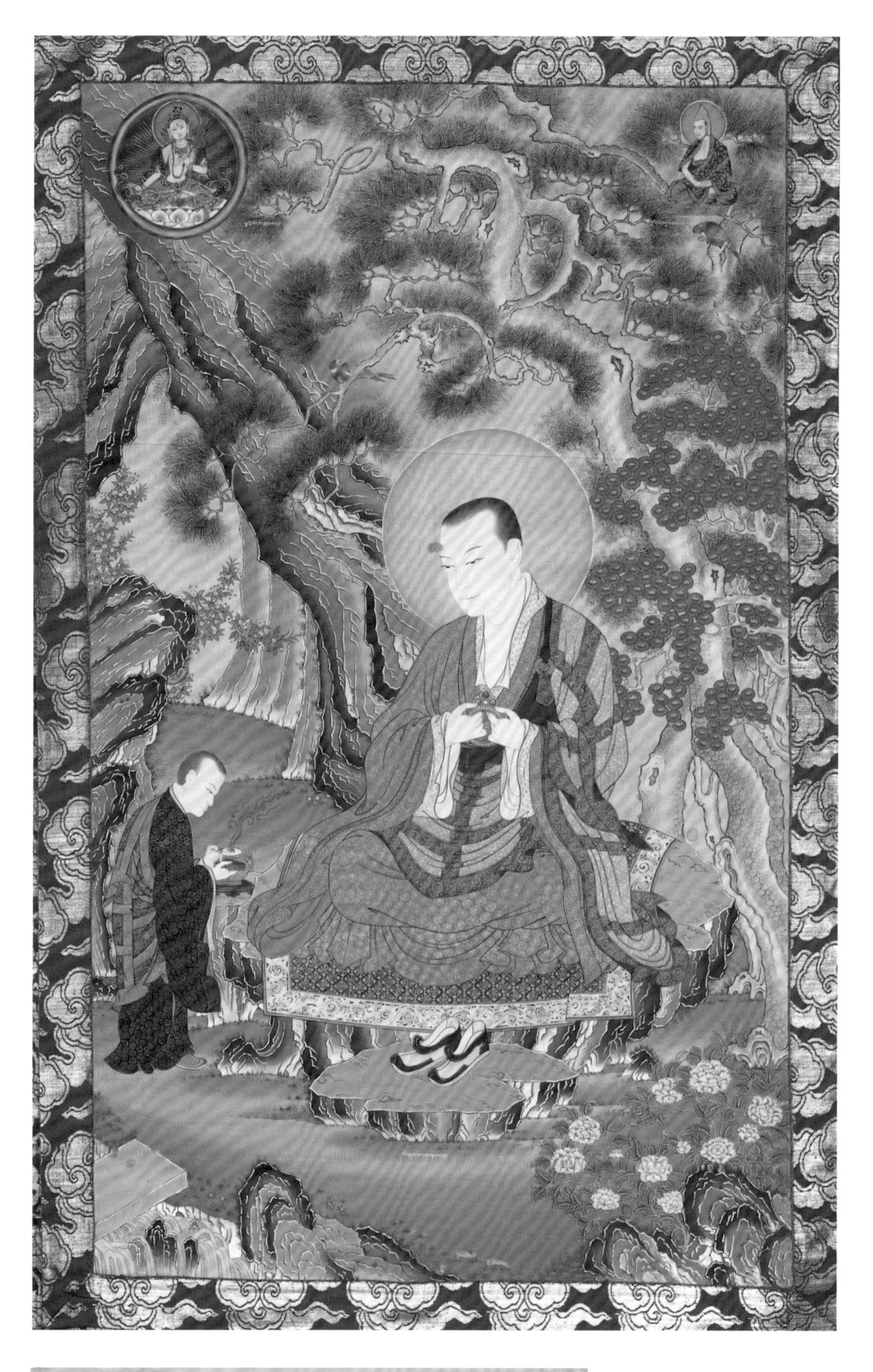

乾隆五十四年十一月初五日
欽命嘰爾丹錫呼圖薩瑪迪巴克什認看供奉
利益畫像羅古羅尊者番稱札克蘭怎清
稱喇呼拉阿克敦雅娜阿蒙古稱喇呼拉
阿輝施圖根

175

伐闍羅佛多尊者

Arhat Vajriputra

伐闍羅佛多尊者，父親為古印度一國王，母叫多吉姆（金剛女），伐闍羅佛多，藏語意譯即為“金剛女之子”。在聖者引導下，他捨棄王位繼承權出家為僧，後獲阿羅漢果位。

伐闍羅佛多尊者左手持拂子，右手結期克印，食指尖射出一束光芒，照亮一片祥雲，雲中坐尊勝佛母，薩迦五祖之第五祖巴思巴結跏趺坐於松枝間。白綾題記錯貼。黃條記有：“右四”。

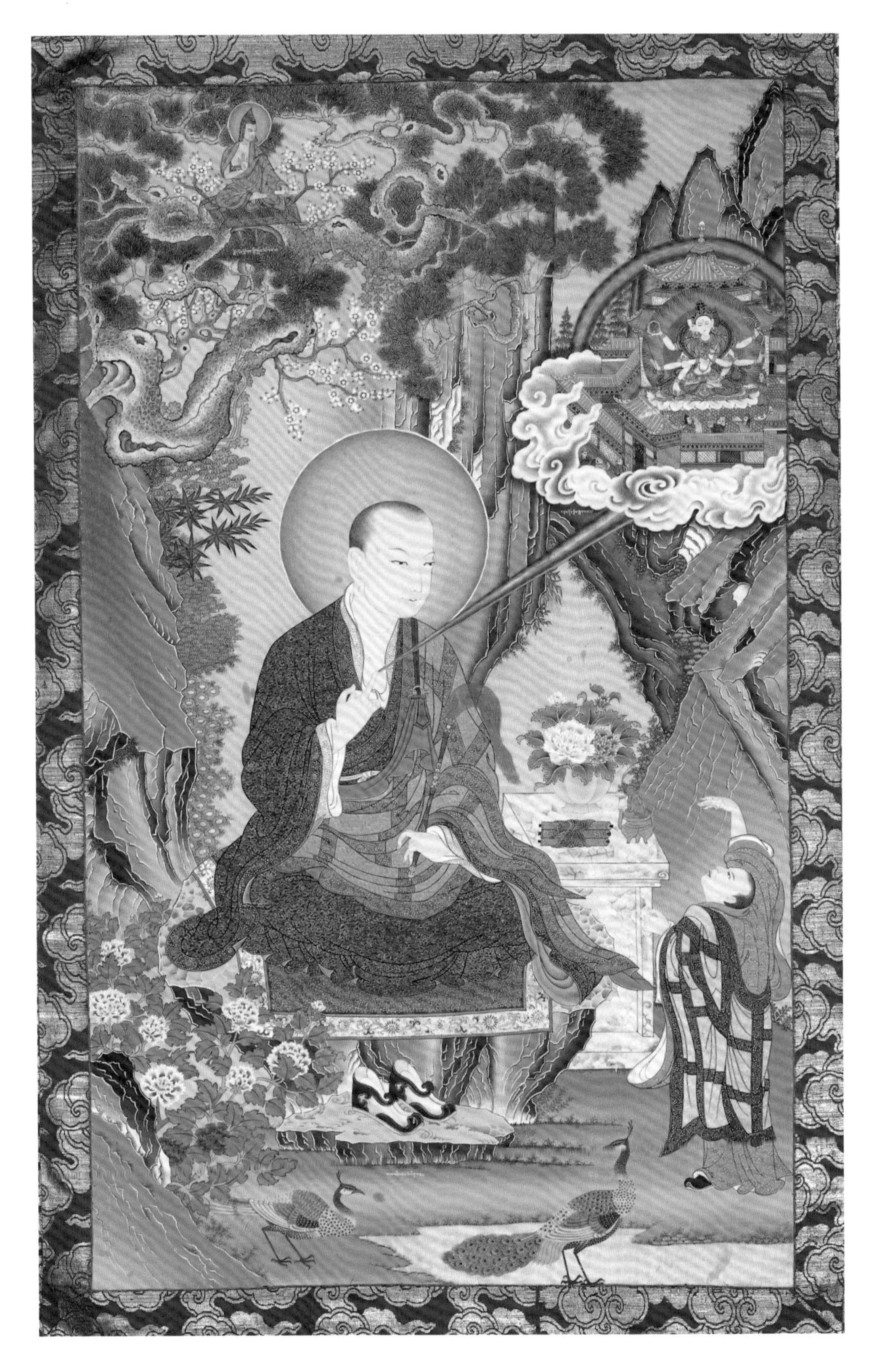

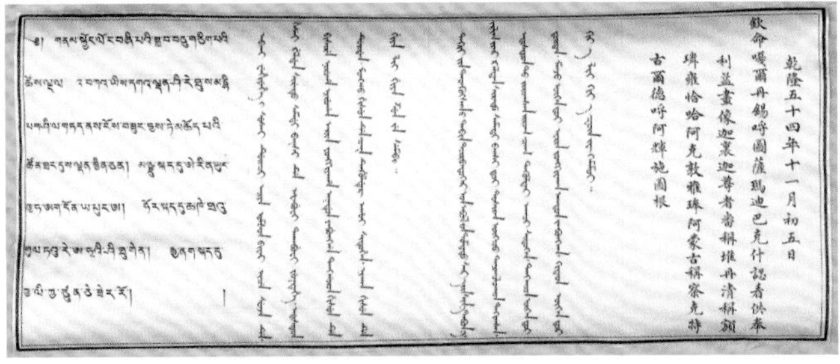

乾隆五十四年十一月初五日
欽命嘩爾丹錫呼圖薩瑪迪巴克什認看供奉
利益畫像迦巢迦尊者番稱堆丹清稱鎖
琫雍恰哈阿克敦雅珠阿蒙古稱察克特
古爾德呼阿蚌施圖根

迦諾迦伐蹉尊者

Arhat Kanakavatsa

迦諾迦伐蹉尊者，意為“金象仔”，出生於古印度一富人之家，據說出生之時一母象也產下一隻能屙金的象仔，遂得此名，後騎金象出家為僧，並獲得阿羅漢果位。

迦諾迦伐蹉尊者手持袈裟背繩，半跏趺坐於岩石上，與手托袱繫法缽的侍者一同向下注視着前來獻寶的龍王。上界有智行佛母化現樹間，及六莊嚴之一的釋迦光。白綾題記錯貼。黃條記有“左四”。

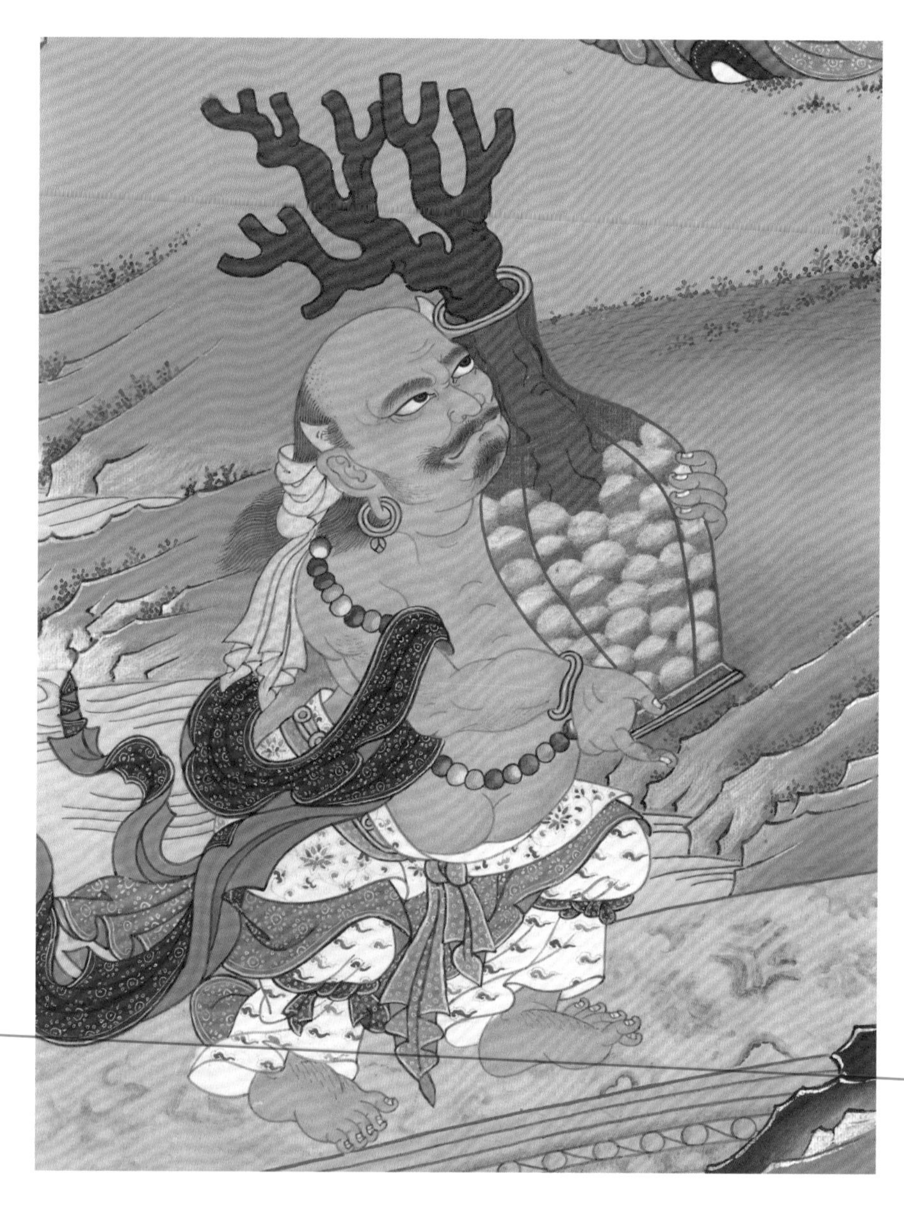

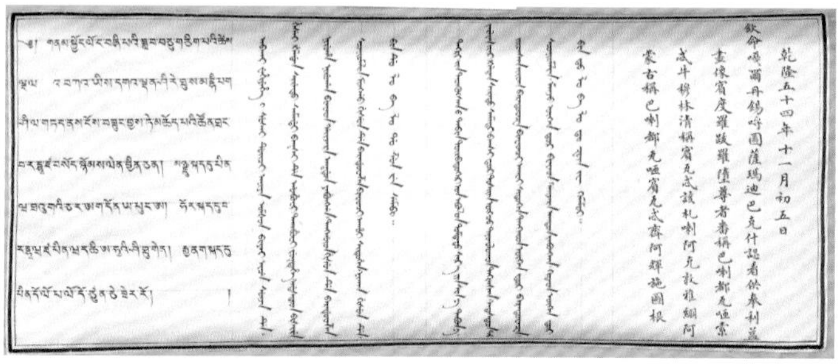

乾隆五十四年十一月初五日
欽命嘎爾丹錫哷圖薩瑪迪巴克什認看供奉利益
畫像賓度羅跋羅墮尊者番稱巴喇都克嘛索
忒斗穆林清稱賓克忒該札喇阿克敦雅綳阿
蒙古稱巴喇都克嘛賓克忒齊阿輝施圖根

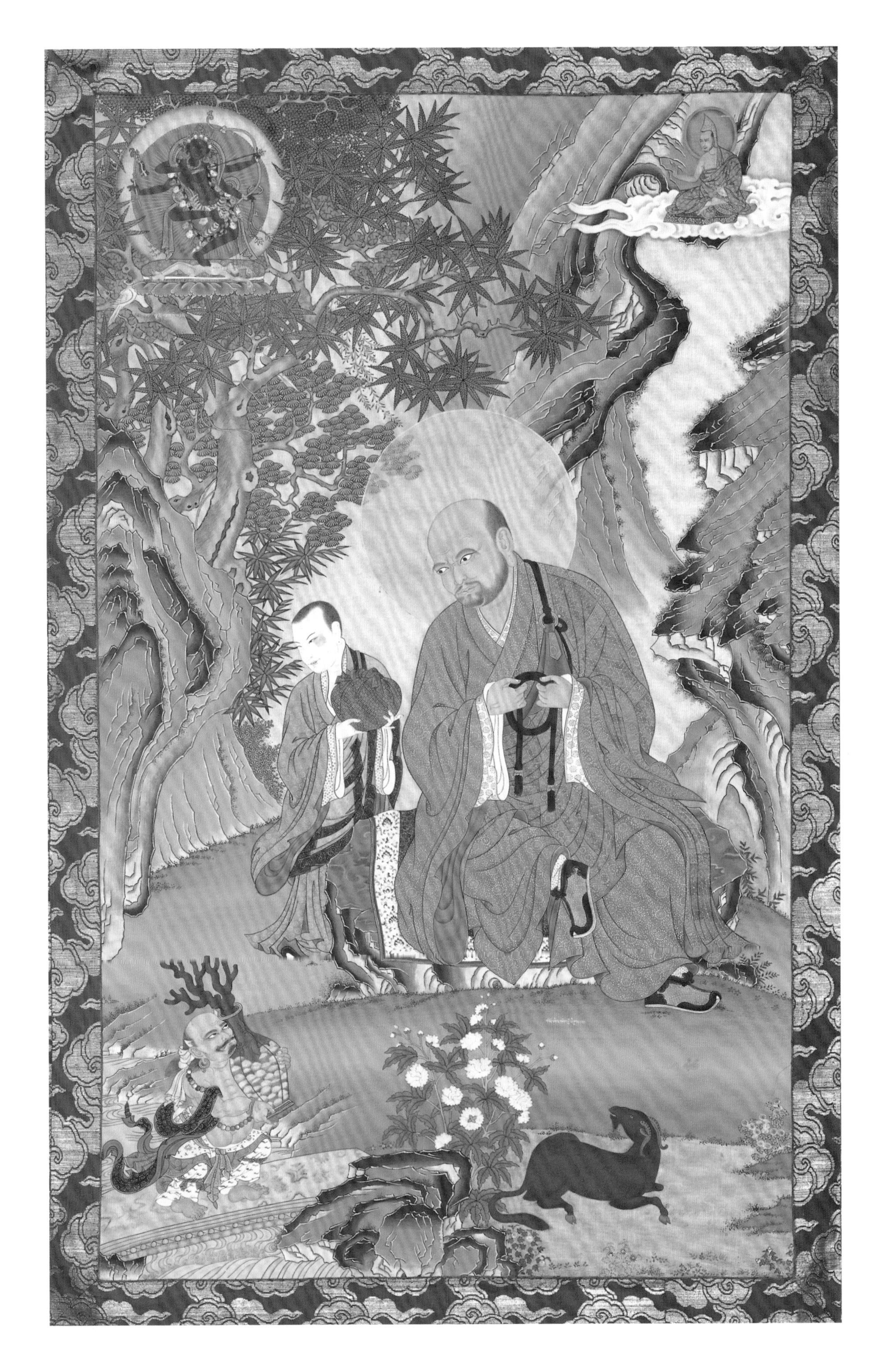

177

跋陀羅尊者

Arhat Bhadra

跋陀羅尊者之父饒桑，曾為釋迦牟尼之父淨飯王的馬車御手。跋陀羅是一位知識淵博的學者，後出家為僧，系統鑽研佛法，獲得阿羅漢果位。

跋陀羅尊者右手持經書，左手結印，半跏趺坐於一巨大山石上。側旁立舞獅侍者，前有仙鶴振翅起舞。岩石上置鮮桃及袱繫法缽。上界為觀音菩薩坐於光環和祥雲之中，印度祖師乘浮雲而至，山腰間建有佛塔。白綾題記錯貼。黃條記有“左三”。

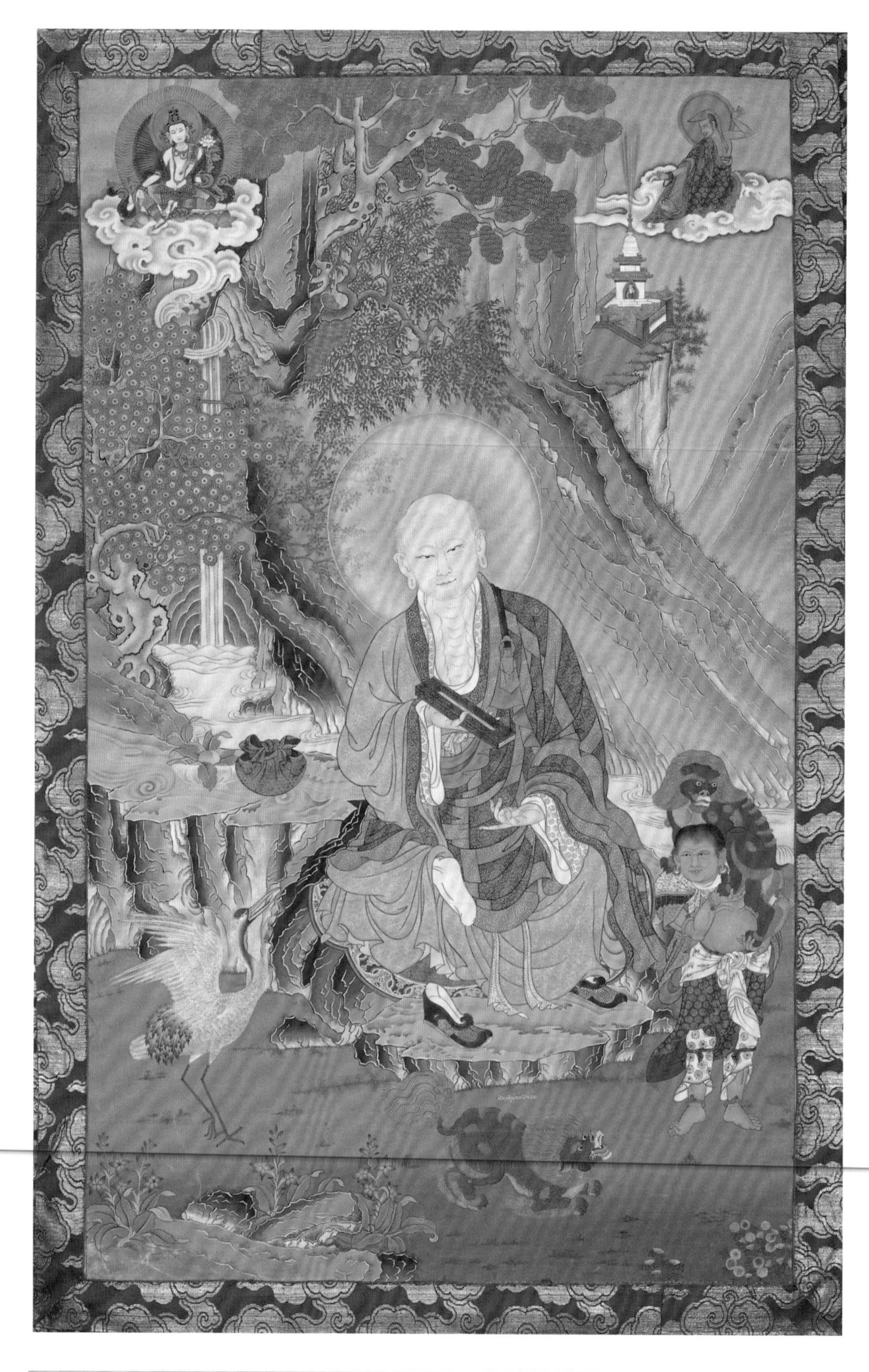

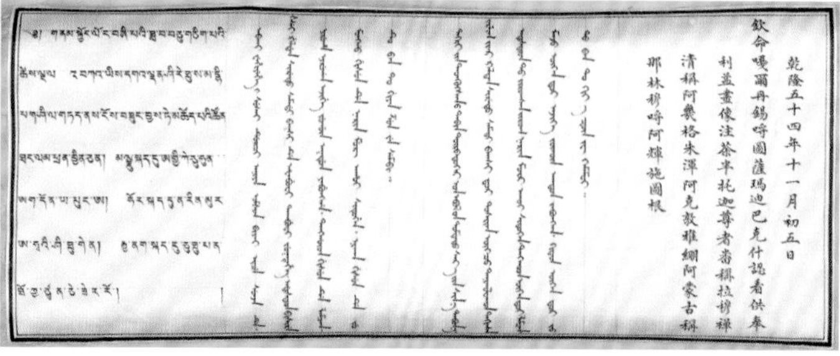

乾隆五十四年十一月初五日
欽命噶爾丹錫哷圖薩瑪迪巴克什認看供奉
利益畫像注荼半托迦尊者番稱拉梆禄
清稱阿鬨格朱澤阿克敦雅綳阿蒙古稱
那林枴哷阿輝施圖根

178

迦諾迦跋黎墮闍尊者

Arhat Kanakabharadhvaja

迦諾迦跋黎墮闍尊者，出生於古印度一富人之家，據説出生時掌中握一枚金幣，每當拿走一枚又新生一枚，奇妙之極，故取名“具金”。長大後他常將財富施捨眾人，後出家被釋迦牟尼收為弟子，獲阿羅漢果位。

迦諾迦跋黎墮闍尊者雙手結禪定印，結跏趺坐於岩石上。法稱大師坐於樹間，綬帶鳥落於大師身旁，祥雲之上為隨求佛母。白綾題記錯貼。黃條記有“右五”。

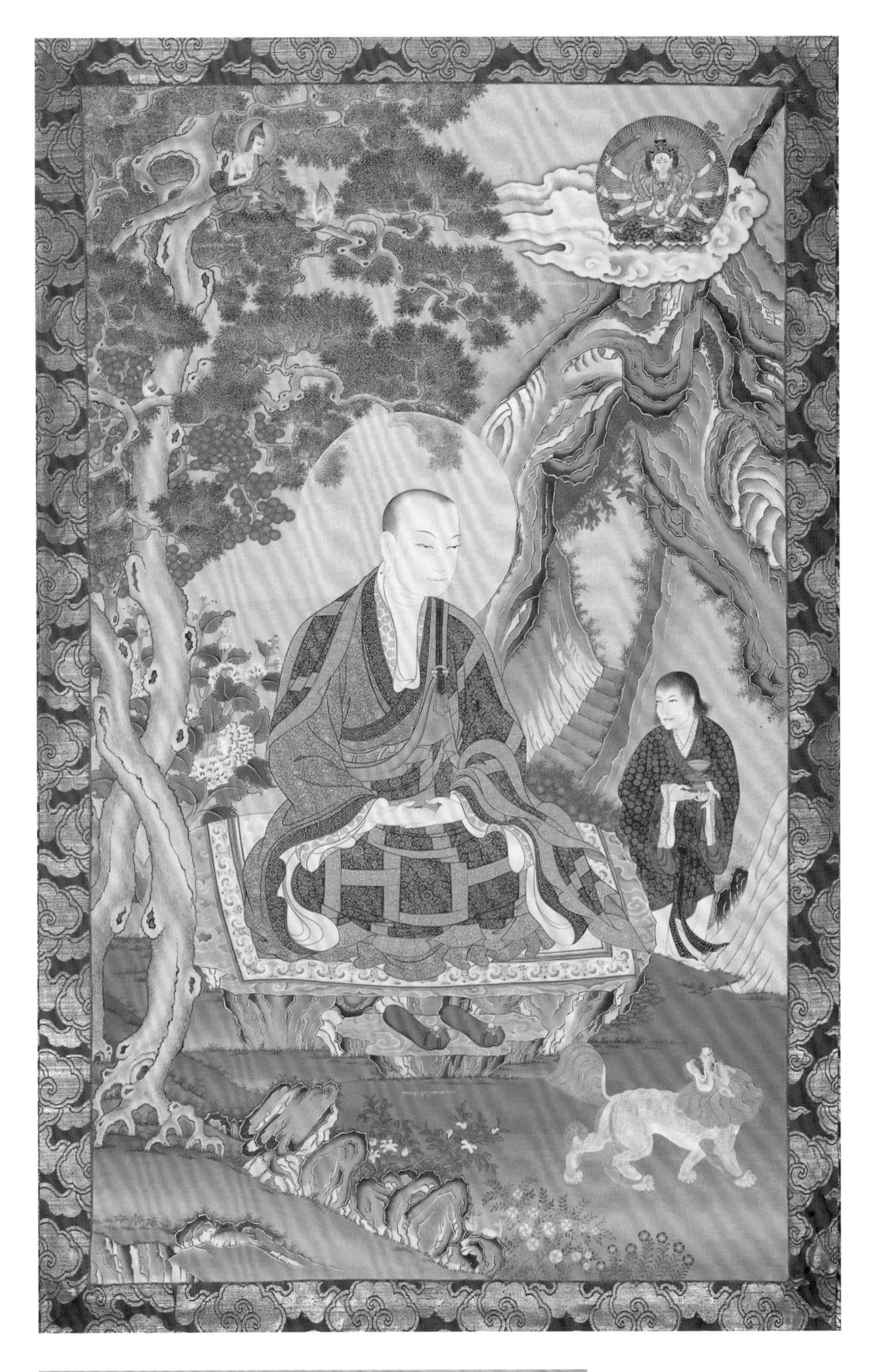

乾隆五十四年十一月初五日
欽命嘎爾丹錫哷圖薩瑪第巴克什認看供
奉利益畫像伐闍羅佛多尊者番稱多哷哲梅
布清稱瓦齊哷伊居頗墨德班襍哈阿克脫雅綳阿
蒙古稱瓦齊哷顏克尹固博黎阿囉薩圖根

179

巴古拉尊者

Arhat Bakula

巴古拉尊者，於釋迦牟尼出生前七十年出生，出家為苦行僧人後，只用樹皮作衣衫，潛心研究佛法，終獲阿羅漢果位，“巴古拉”是一種樹的名稱。

巴古拉尊者手捧口吐各色寶珠的鼬鼠，含義是凡觸摸或看見過尊者手中鼬鼠的信徒都將獲得“五慾”的快樂。身旁設有石供桌，擺放着經書、蠟燭、法鉢和香爐。身後寺廟、佛塔隱約山間，瀑布層層垂落。祥雲托出彌勒佛，樹間顯現龍樹大師。白綾題記：“乾隆五十四年十一月初五日　欽命嘎爾丹錫哷圖薩瑪迪巴克什認看供奉利益畫像巴古拉尊者……”。黃條記有“左一”。

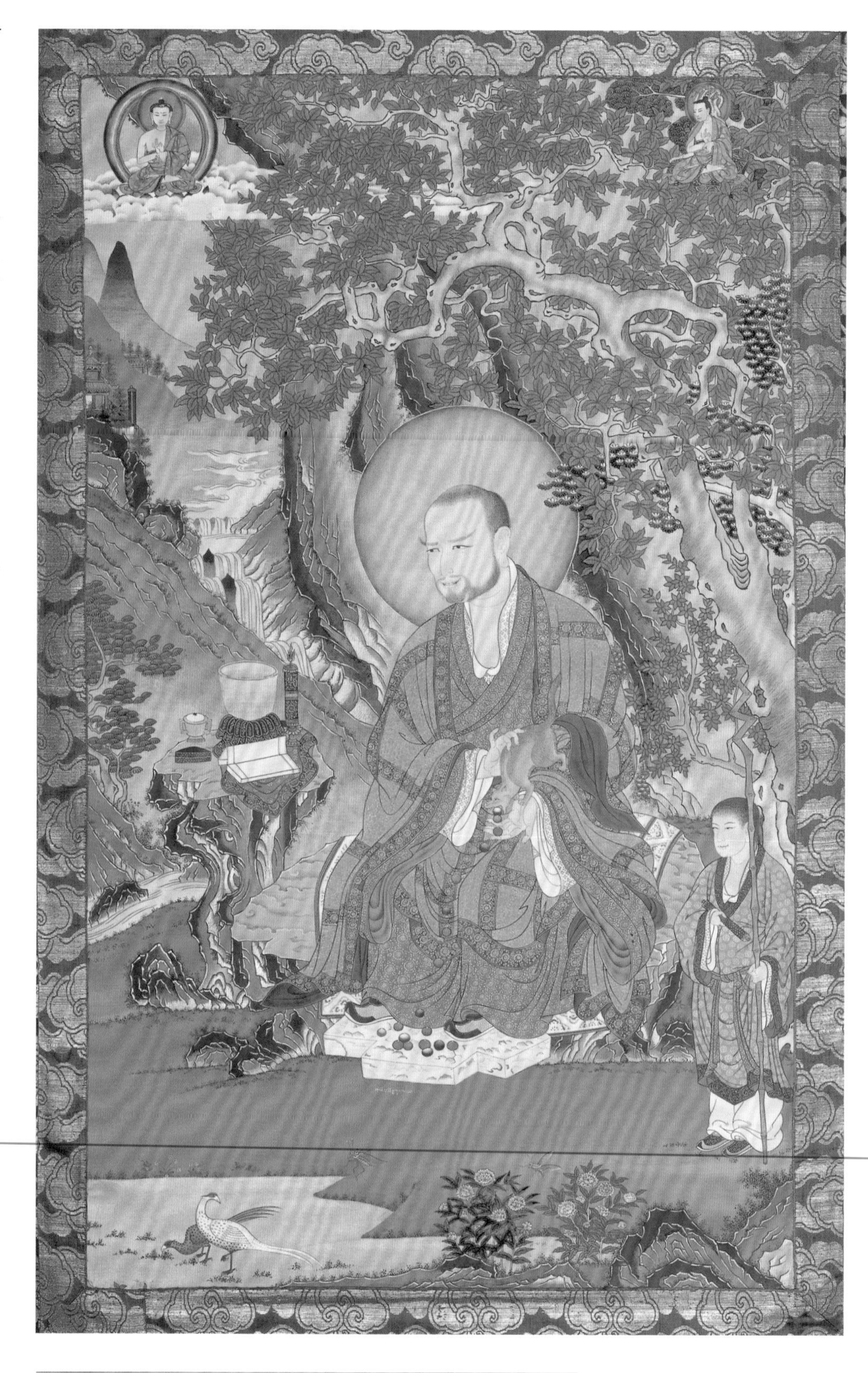

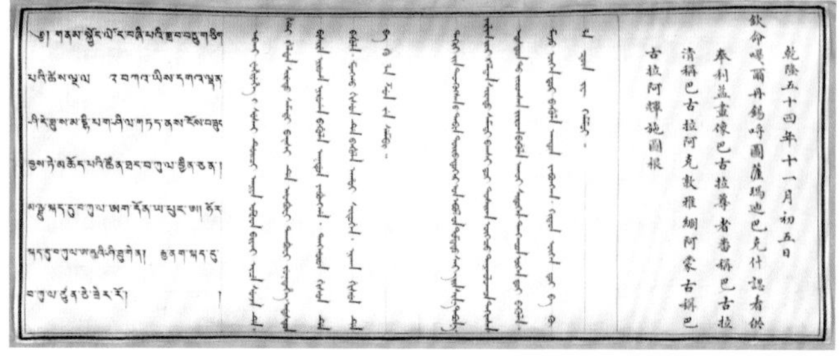

乾隆五十四年十一月初五日
欽命嘎爾丹錫哷圖薩瑪迪巴克什認看供
奉利益畫像巴古拉尊者番稱巴古拉
清稱巴古拉阿克敦雅綳阿蒙古稱巴
古拉阿嚹施圖根

180

羅睺羅尊者

Arhat Rahula

羅睺羅尊者，十六羅漢中釋迦牟尼之子，因遍學小乘和大乘諸教法，獲得阿羅漢果位，“羅睺”意為能引起日月食的魔。

羅睺羅尊者垂足坐於胡椅中，腳踏蓮花，手捧金冠，那是他到三十三天化緣時所得贈物，具有去除內心慾念之法力。侍者手捧經書及如意寶缽。上界為蓮花生大師和燃燈佛。白綾題記錯貼。黃條記有“右一”。

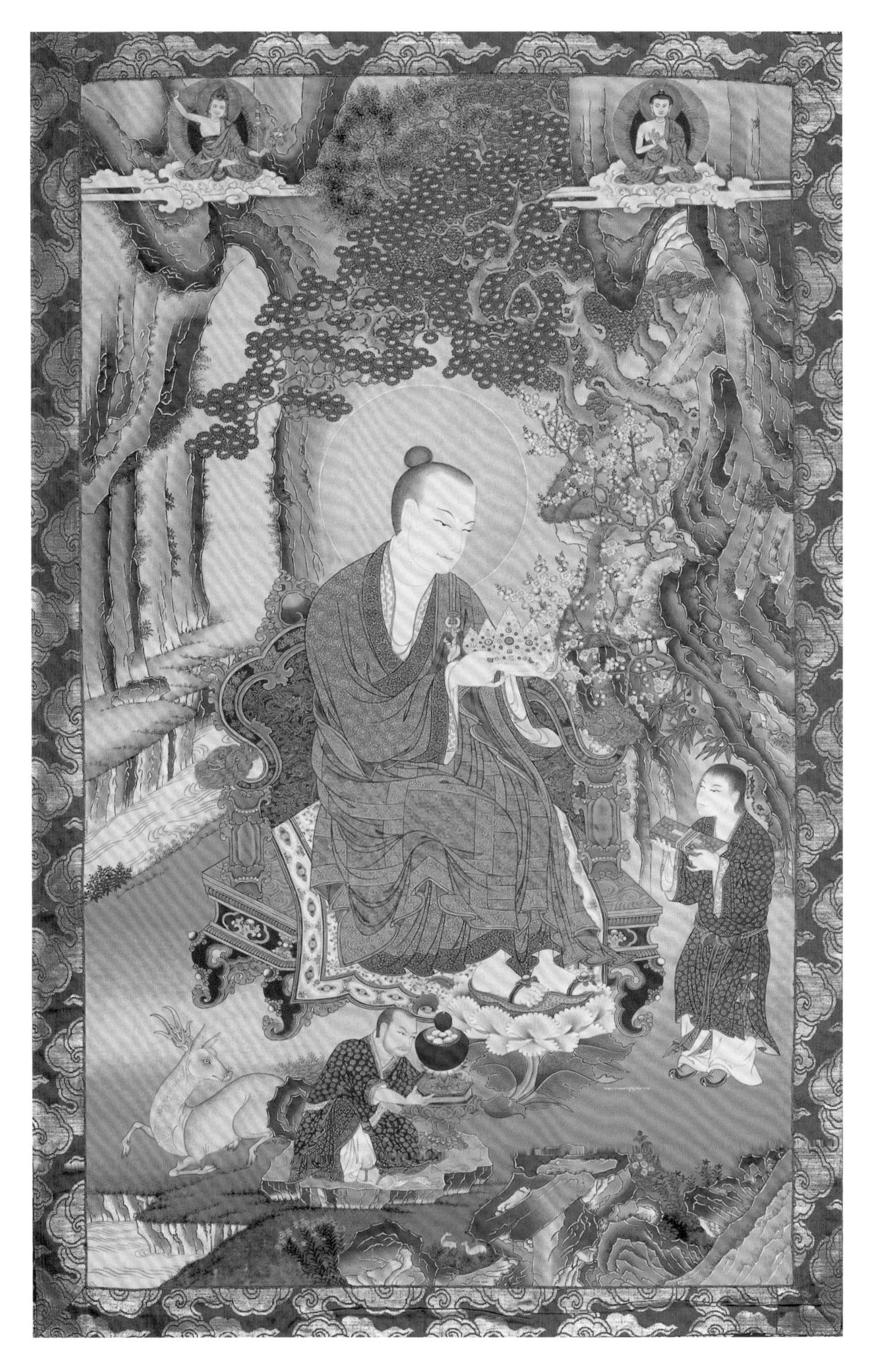

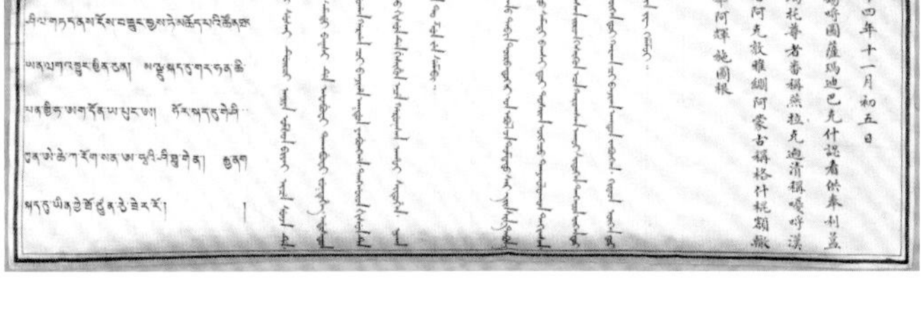

乾隆五十四年十一月初五日
欽命嘎爾丹錫哷圖薩瑪迪巴克什認看供奉利益
畫像因竭拉尊者番稱燕拉克迦清稱嘎哷漢
喀班楔哈阿克敖雅綳阿蒙古稱格什桃顏瓶
嘎嚕克傘阿輝 施圖根

181

注荼半托迦尊者

Arhat Chudapanthaka

注荼半托迦尊者生性愚鈍，常因背不下經書而遭嘲笑，但他卻堅定不移地修持佛法，終成阿羅漢果。釋迦牟尼將他説成是改變他人觀念的比丘中最傑出的一位。

注荼半托迦尊者雙手作禪定印，結跏趺坐於山石上，神情專注。座前是懷抱小獅戲耍雄獅的侍者。樹間化現金剛手菩薩和阿底峽大師。白綾題記錯貼。黃條記有“左五”。

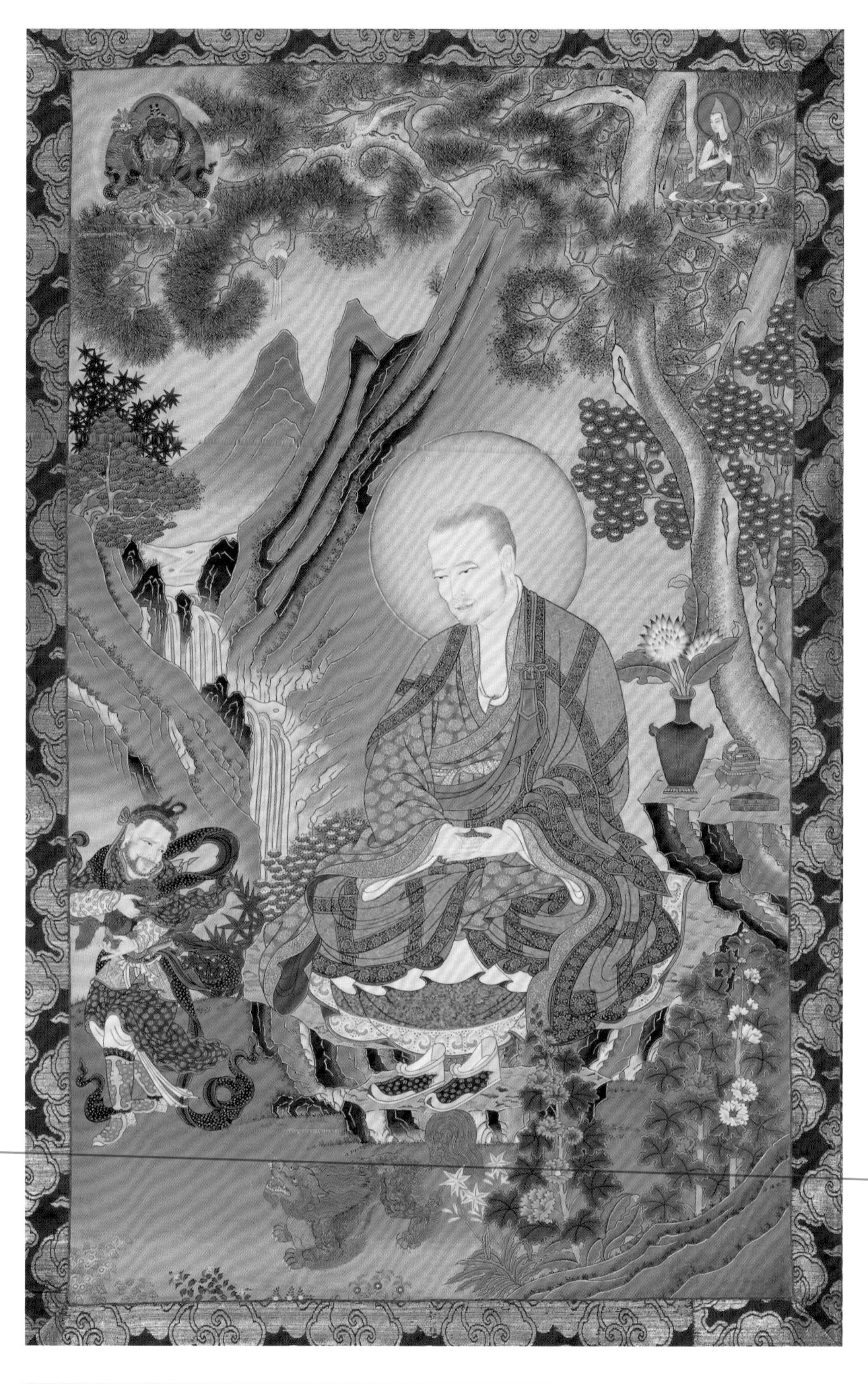

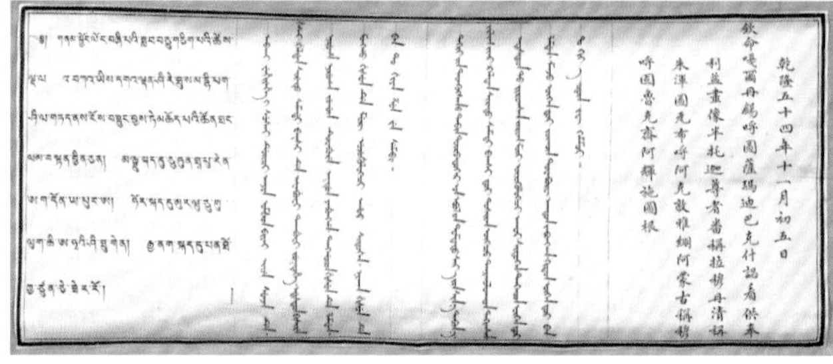

乾隆五十四年十一月初五日
欽命嘎爾丹錫哷圖薩瑪迪巴克什認看供奉
利益畫像半托迦尊者番稱拉胡丹清稱
木澤圖克布哷阿克數雅斓阿蒙古稱胡
哷圖魯克齊阿輝旃圖根

182

賓度羅跋羅墮尊者

Arhat Pindola Bharadhvaja

賓度羅跋羅墮尊者舒式坐於松樹下，左手托缽，右手持筆翻挑石桌上經書，書旁香爐青煙裊裊。侍者持羽扇而立。祥雲托文殊菩薩，松枝間為喇嘛丹巴·索南堅贊。白綾題記錯貼。黃條記有“左七”。

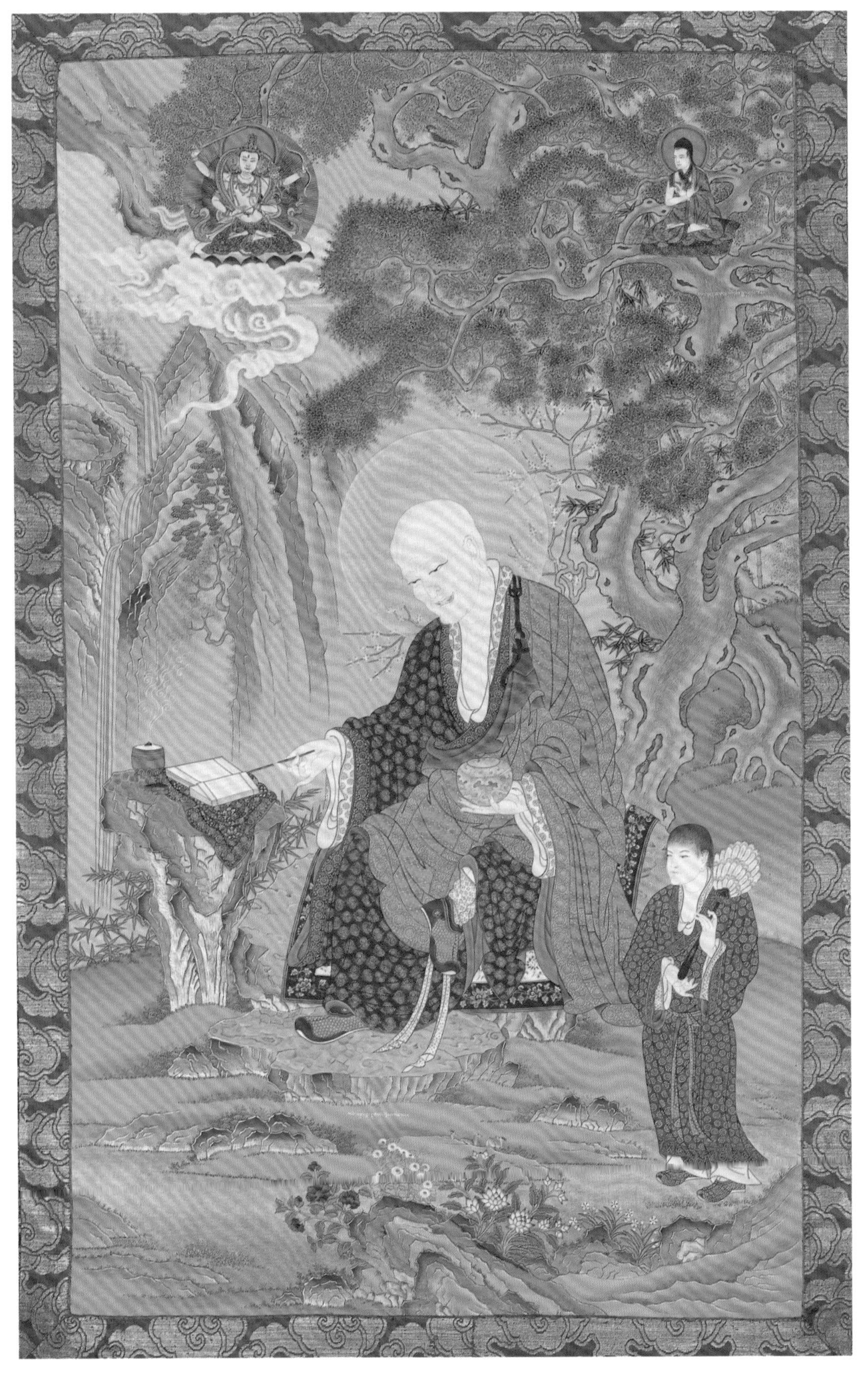

乾隆五十四年十一月初五日
欽命噶爾丹錫哷圖薩瑪迪巴克什認看供奉
利益畫像戒博迦尊者番稱秘葉忒衛清
稱索密哷阿克敦雅納阿蒙古稱唄固克
察阿輝拖爾根

183

半托迦尊者

Arhat Panthaka

半托迦尊者手托經書，結跏趺坐於岩石上。祥雲間有着印度僧裝的尊者攜眷屬前往上方三十三天傳播佛法，那裏有天神送給尊者的禮物——被稱作“花蕊”的美麗岩宮。上界有大孔雀佛母和薩迦五祖之第二祖索南孜摩。白綾題記錯貼。黃條記有“右七”。

此圖以尊者居地為背景，使畫面充滿遙遠深邃之感，為此組畫中僅有。

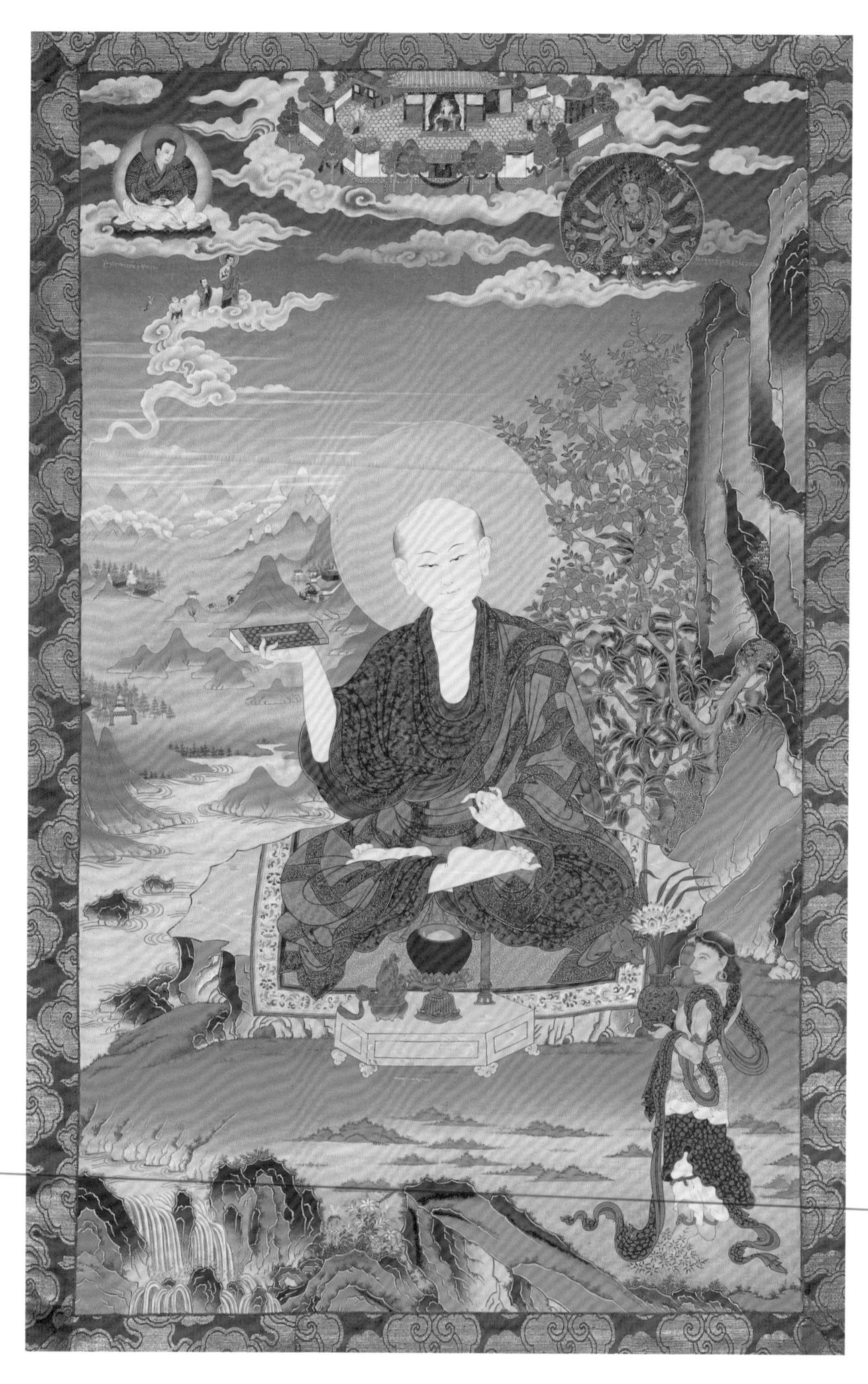

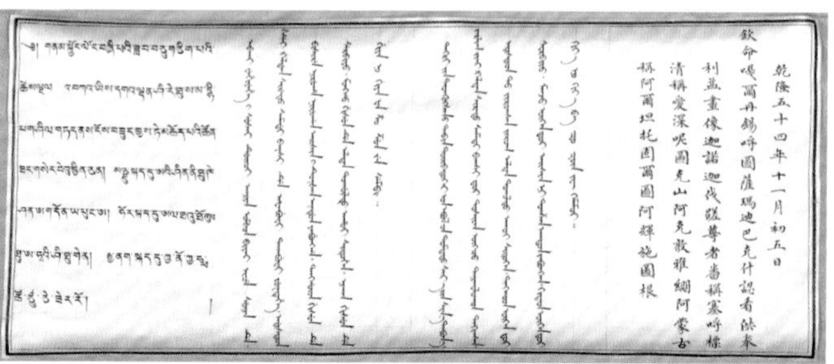

乾隆五十四年十一月初五日
欽命噶爾丹錫哷圖薩瑪迪巴克什認看供奉
利益畫像迦諾迦伐蹉尊者番稱塞哷標
清稱愛深哄圖克山阿克散雅繃阿蒙古
稱阿爾坦托固爾圖阿輝施圖根

184

那迦犀尊者

Arhat Nagasena

那迦犀尊者，原為北印度色瑪一王子，長大後放棄王位繼承權出家為僧，獲阿羅漢果位，釋迦牟尼稱讚他為斷絕塵緣弟子中最好的一位。

那迦犀尊者左手持禪杖，右手持插有鮮花的寶瓶，半跏趺坐於樹下。兩隻小猴摘下鮮桃獻與尊者，氣氛生動活潑。樹梢間化現綠度母，山石間有薩迦五祖之第三祖扎巴堅贊坐於蓮花座上。白綾題記：“乾隆五十四年十一月初五日　欽命嘎爾丹錫呼圖薩瑪迪巴克什認看供奉利益畫像那迦犀尊者……”。黃條記有：“左六”。

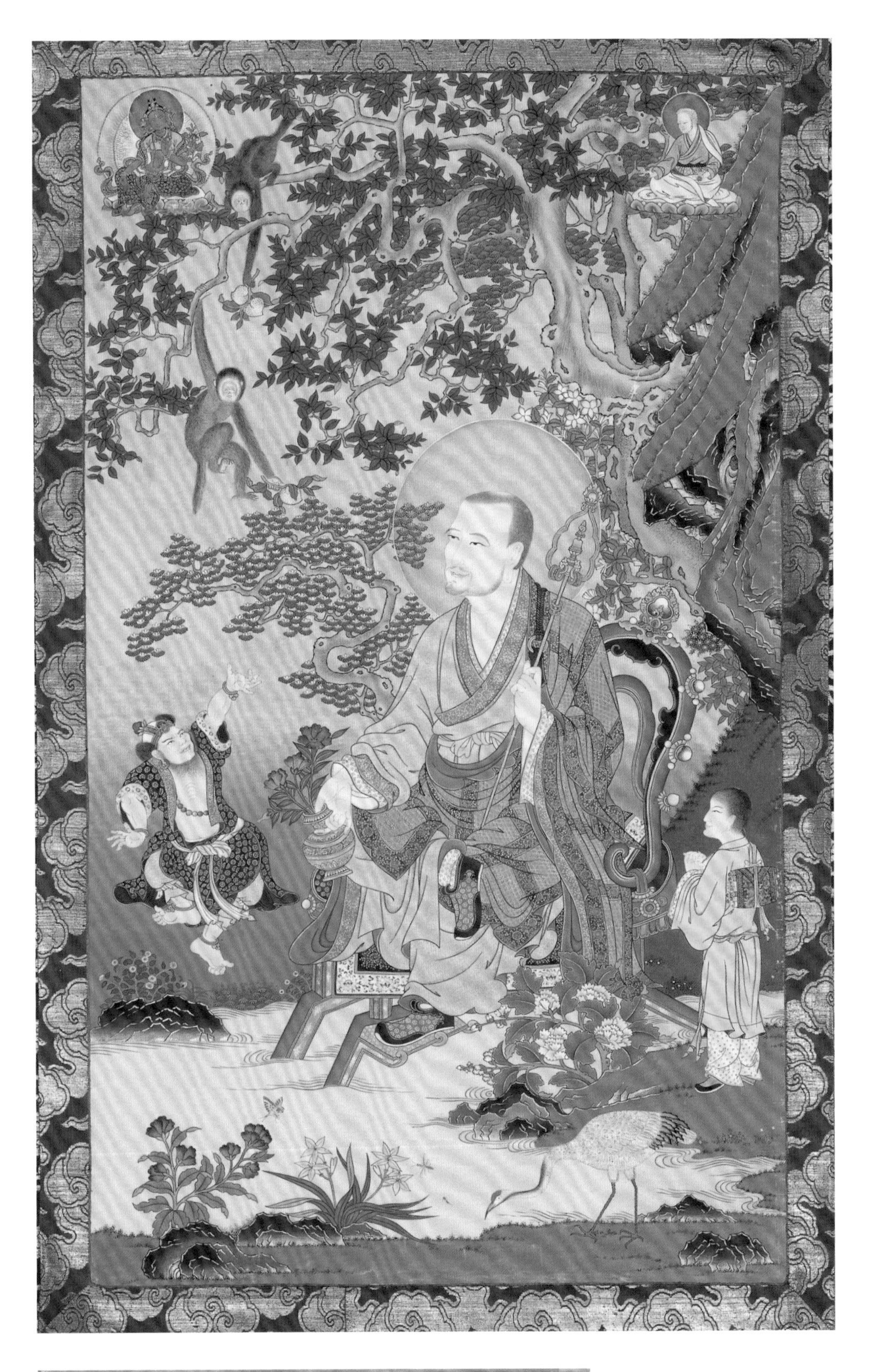

185

戒博迦尊者

Arhat Gopaka

戒博迦尊者出生於古印度洛瑪巾，因出生後全身瘡疤，常用布纏，因此得名，意為“隱者”。長大後聽釋迦牟尼講法，心生敬意，出家為僧，後獲阿羅漢果位。

戒博迦尊者雙手捧經書端於胸前，半跏趺坐於石上，侍者持禪杖立於其後，腳下伏臥一隻猛虎。松間為薩迦五祖之第四祖薩迦班智達，上界為其修行本尊。白綾題記錯貼。黃條記有“右八”。

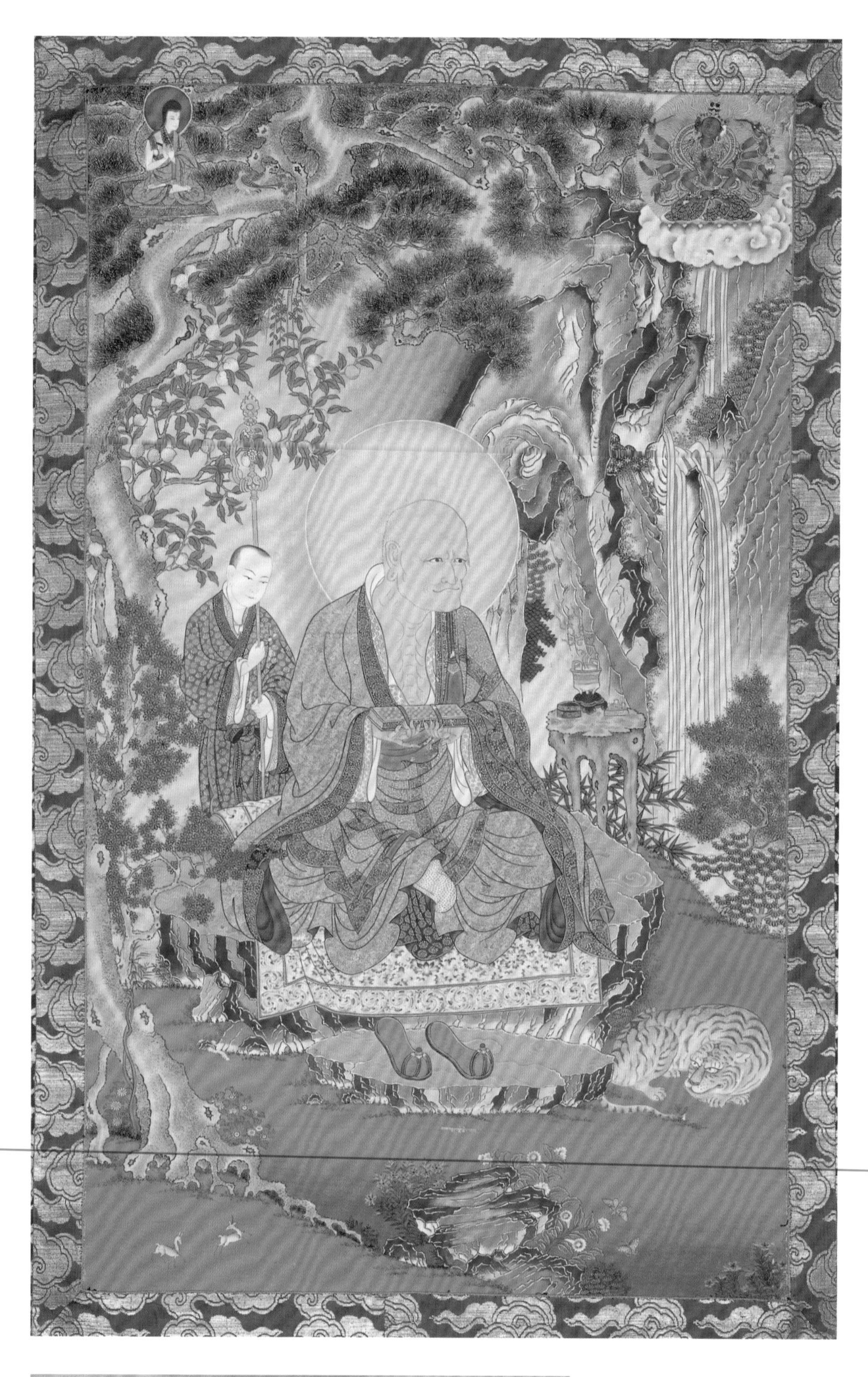

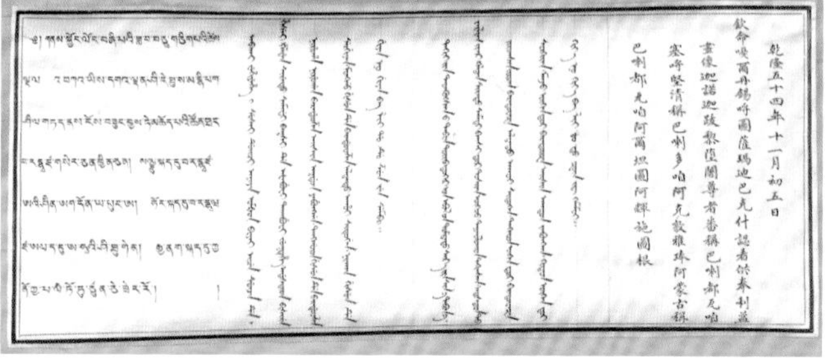

乾隆五十四年十一月初五日
欽命噶爾丹錫哷圖薩瑪迪巴克什認看供奉利益
畫像迦諾迦跋黎墮闍尊者番稱巴喇鄂克喃
塞哷堅清梵稱巴喇多哈阿克敦雅珠阿蒙古稱
巴喇鄂克哈阿爾坦圖阿鼎施圖根

186

阿秘特尊者

Arhat Abheda

阿秘特尊者，出生於印度王舍城一富有的婆羅門家庭，生來十分漂亮，因此得名，意為“無比的”，釋迦牟尼稱讚他是弟子中慈悲心最大的。

阿秘特尊者雙手持菩提佛塔，據説是尊者到須彌山北面的羅刹居地去時，為幫助他禳除羅刹魔力，由釋迦牟尼贈與他的。山石供桌上擺有經書、香爐和寶瓶等供物，前面有西藏的祥瑞動物嬉戲追逐，身後為湍急的河水自天邊而落。上界有金剛手菩薩化現山間，大乘法王居於古松枝間。白綾題記：“乾隆五十四年十一月初五日　欽命嘎爾丹錫哷圖薩瑪迪巴克什認看供奉利益畫像阿秘特尊者……”。黃條記有“左八”。

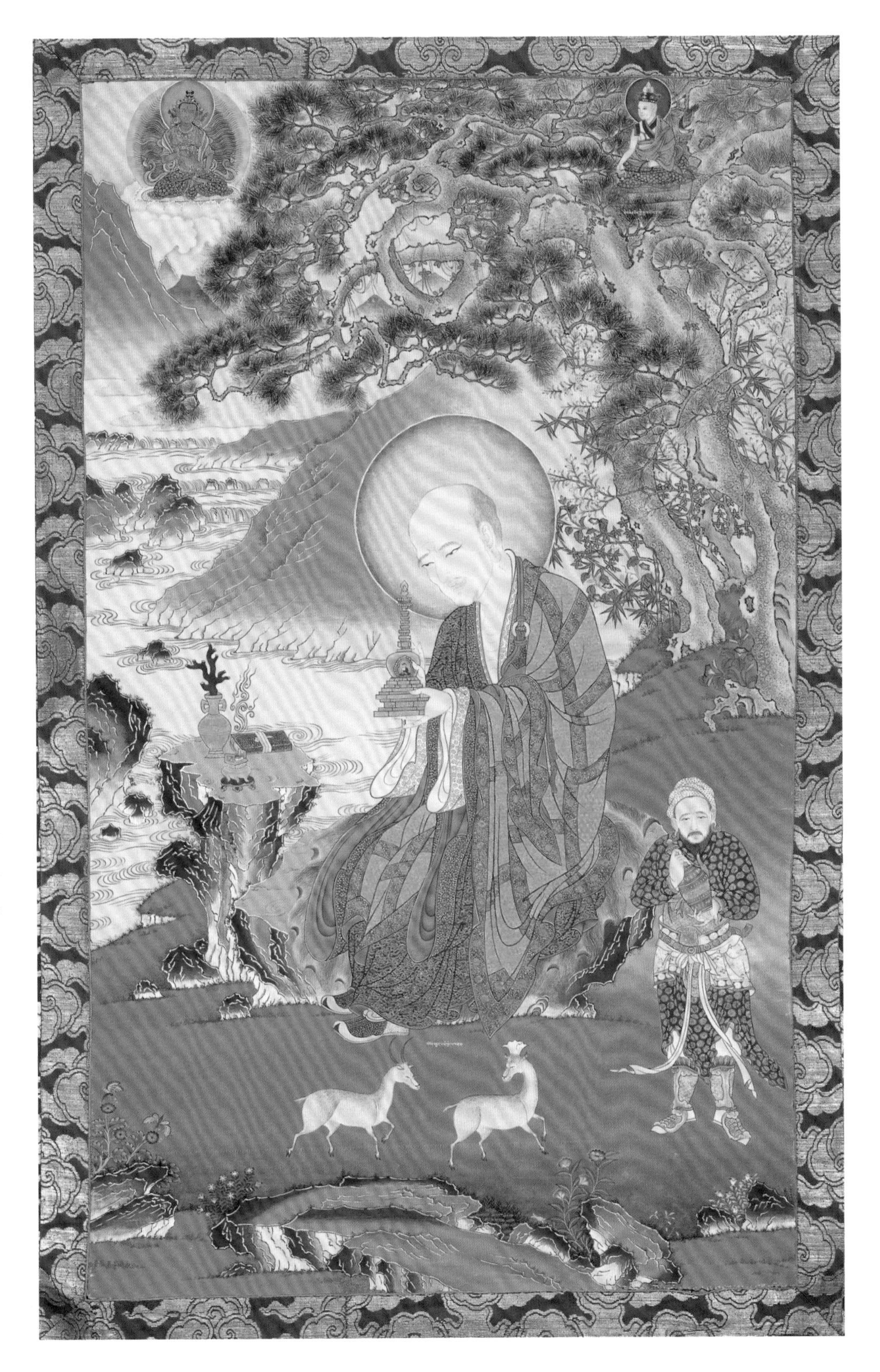

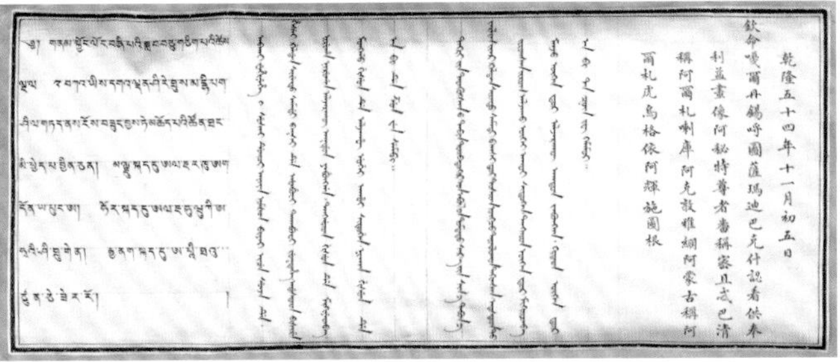

乾隆五十四年十一月初五日
欽命嘎爾丹錫哷圖薩瑪迪巴克什認看供奉
利益畫像阿秘特尊者番稱察且忒巴清
稱阿爾札喇庫阿克散雅斓阿蒙古稱阿
爾札虎烏格依阿輝施圖根

187

達摩多羅尊者

Dharmatala

達摩多羅尊者右手持禪杖，左手持拂子，身背經篋，頭罩華蓋，奔走途中，身旁猛虎相隨。前方可見無量光佛坐於塔中，另有粉色祥雲前托佛塔，延綿而下至世間，這種畫法來自漢地明代羅漢畫像。上界有光芒四射的白度母化現。白綾題記錯貼。黃條記有“左九”。

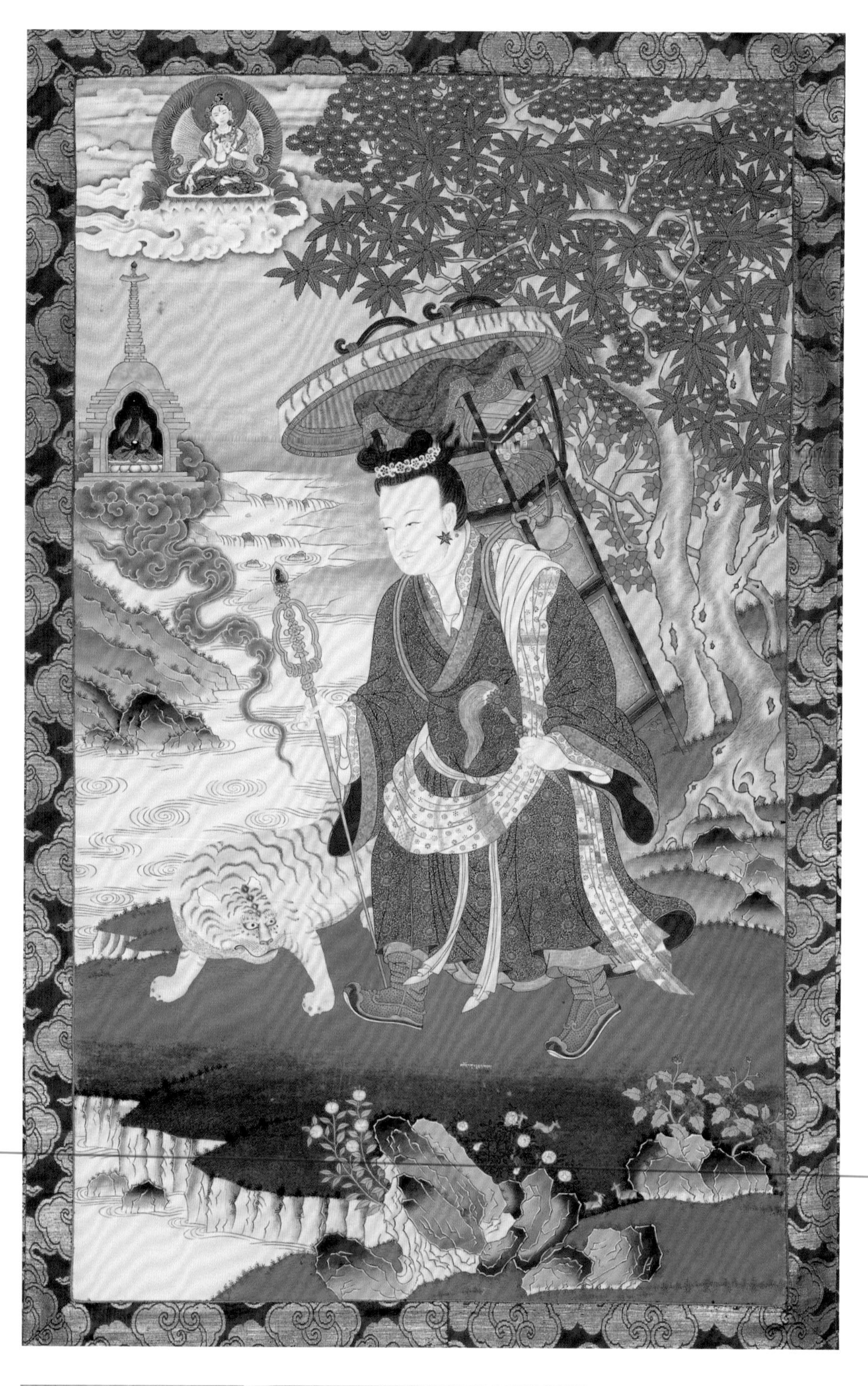

乾隆五十四年十一月初五日
欽命嘎爾丹錫哷圖薩瑪迪巴克什認看供奉
利益畫像布袋和尚番稱和山格蘇嚨清
稱圖充讓三音華山蒙古稱烏爾遜圖薩
啟古爾遜和山

188

布袋和尚

Hvashang

布袋和尚，大腹便便，喜笑顏開，左手持唸珠，右手持桃，半迦趺坐於毯上。因其四周常圍着樂舞嬉戲的孩童，遂有“送子和尚”之名。上界為薩迦五祖之第五祖八思巴，及其所修本尊。白綾題記錯貼。黃條記有“右九”。

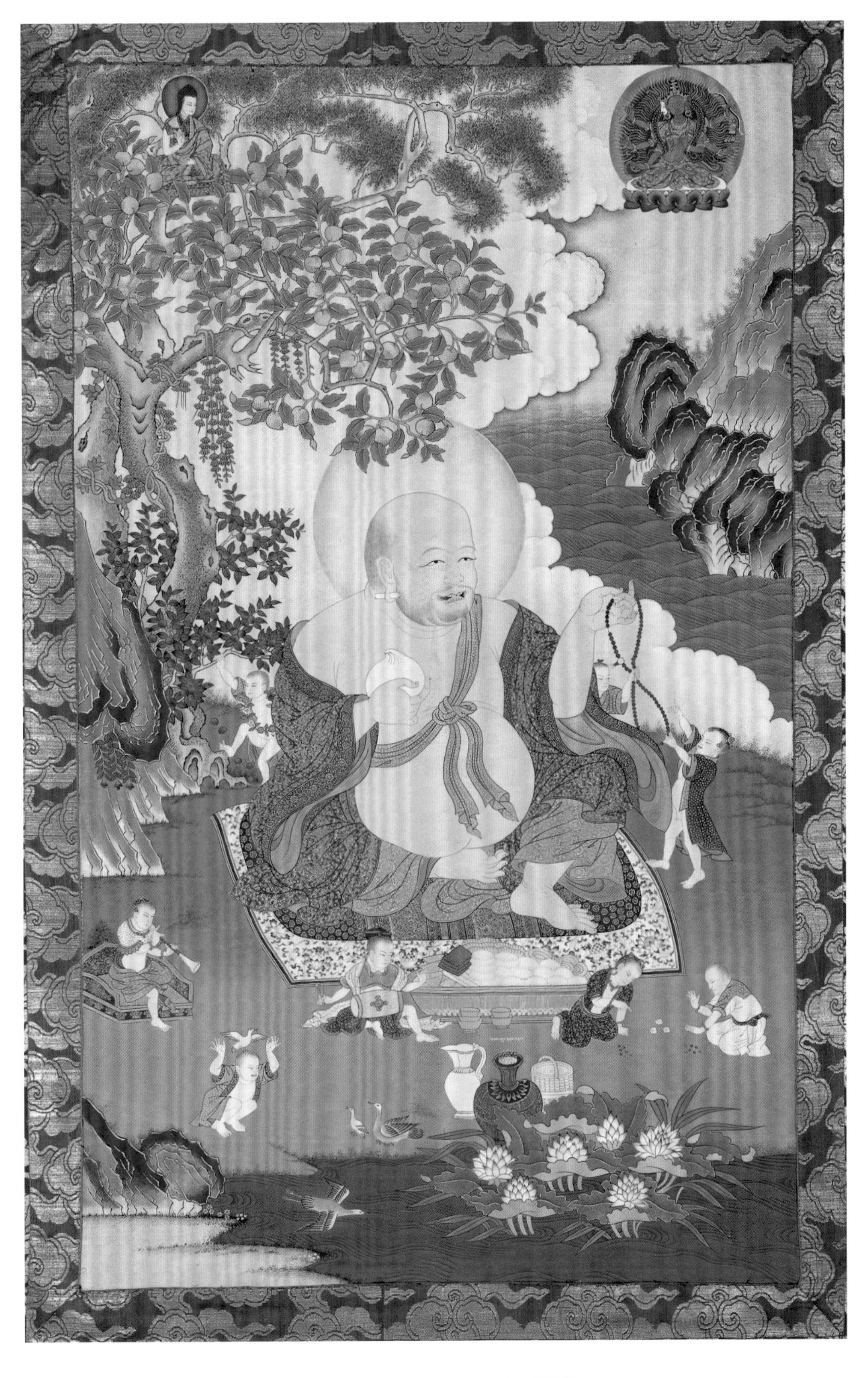

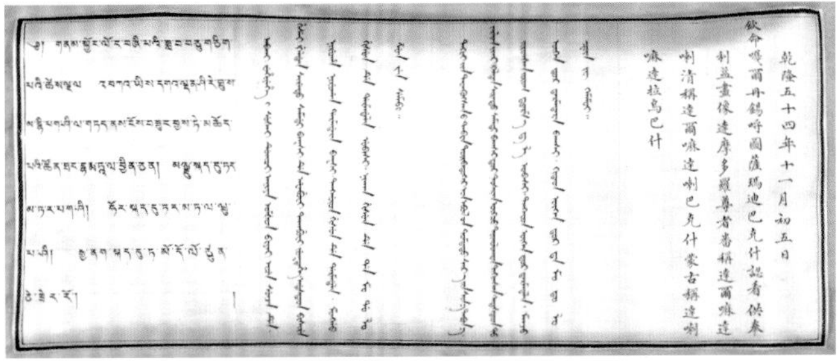

乾隆五十四年十一月初五日
欽命嘎爾丹錫哷圖薩瑪迪巴克什認看供奉
利益畫像達摩多羅尊者番稱達爾嘛達
喇清稱達爾嘛達喇巴克什蒙古稱達喇
嘛達拉烏巴什

189

多聞天王

Vaishravana

守護北方的多聞天王，即毗沙門天王，為四大天王中最著名的一位。

多聞天王黃色身，頭戴寶冠，身着鎧甲，右手持勝幢，表示滿足人們一切願望；左手持鼬鼠，吐出珍寶。腳踏一方綠洲，威武雄健。下界為手捧珠寶供奉於多聞天王腳下的夜叉。上界是坐於蓮花座上的佛母。白綾題記：“乾隆五十四年十一月初五日　欽命嘎爾丹錫哷圖薩瑪迪巴克什認看供奉利益畫像多聞天王……”。

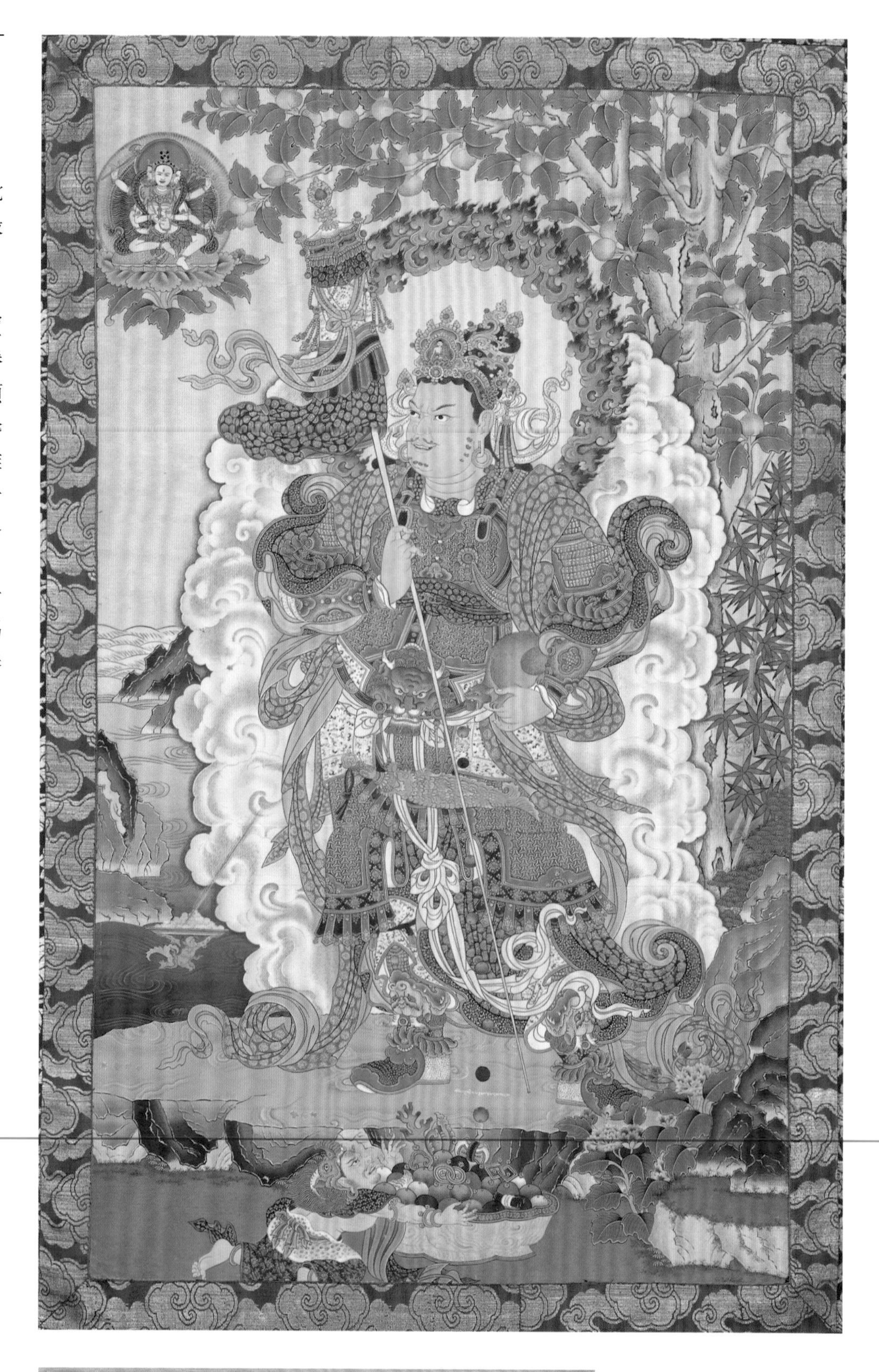

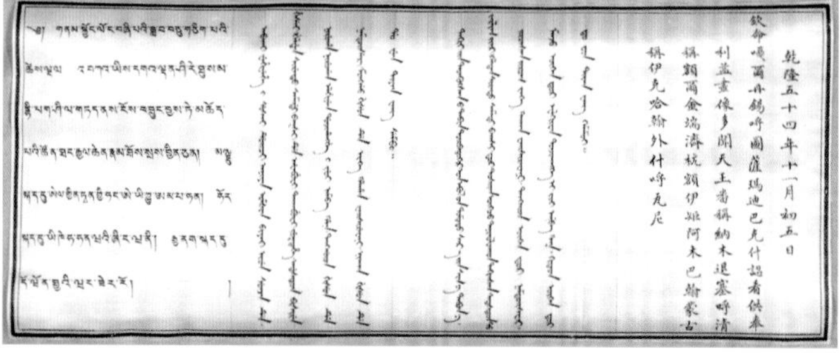

乾隆五十四年十一月初五日
欽命嘎爾丹錫哷圖薩瑪迪巴克什認看供奉
利益畫像多聞天王當稱納木退塞呼清
稱額爾會端濟梳額伊班阿木巴翰蒙古
稱伊克哈翰外什哷克尼

190

廣目天王

Virupaksha

守護西方的廣目天王是大鵬鳥的化身，具有“看毒”之法力，是眾龍的鎮主。

廣目天王紅色身，頭戴寶冠，身披鎧甲，右手托寶塔，護佑眾生；左手挽蛇，威懾眾龍，腳下即為龍王在水中叩拜。上界有大白傘蓋佛母坐在蓮花座上。白綾題記：“乾隆五十四年十一月初五日　欽命嘎爾丹錫哷圖薩瑪迪巴克什認看供奉利益畫像廣目天王……”。

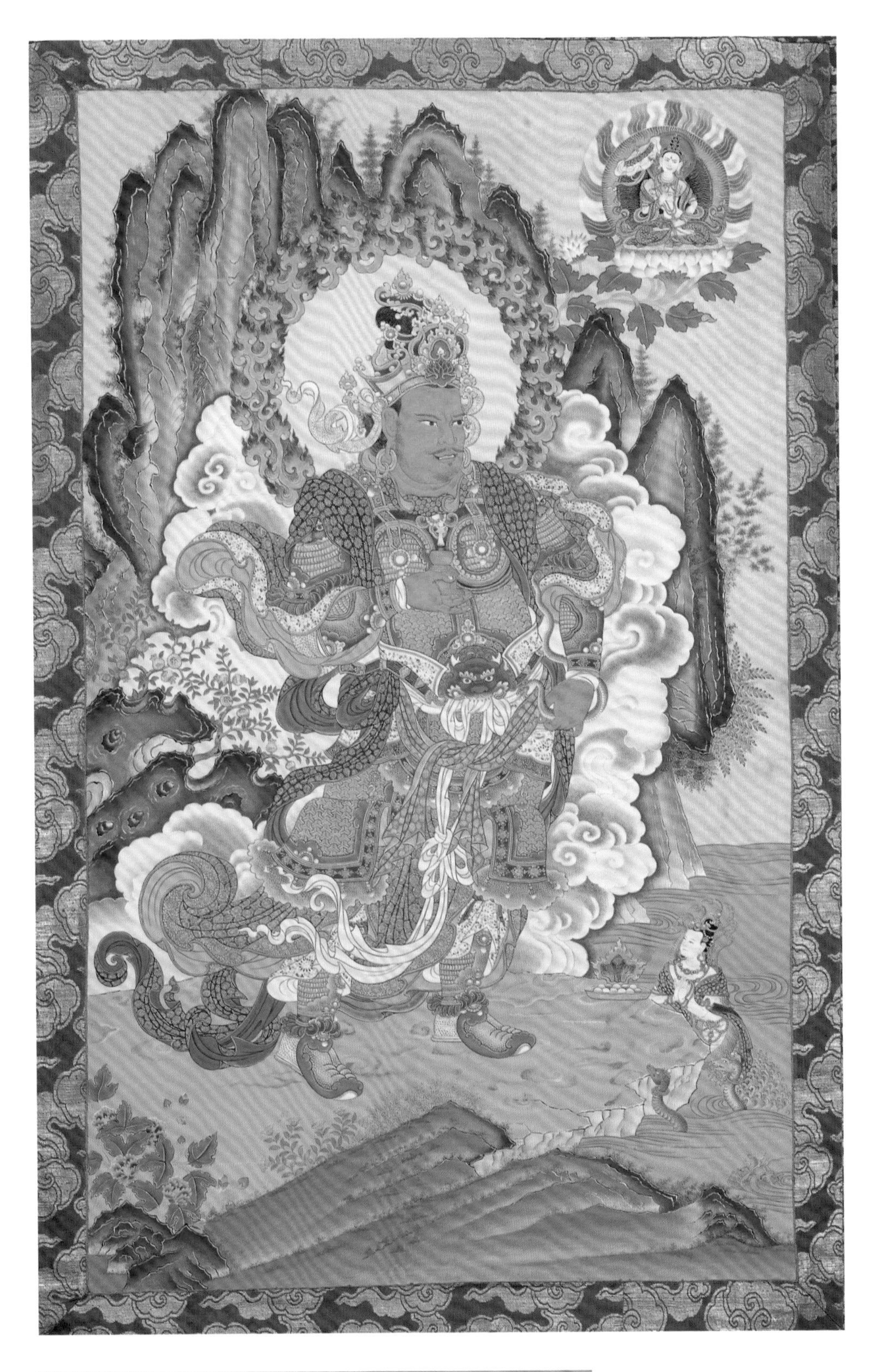

191

增長天王

Virudhaka

守護南方的增長天王具有“觸毒”的法力，護佑的南方為閻王所居之地。

增長天王綠色身，頭戴寶冠，身披鎧甲，雙手持利劍，保護走上善道的眾生不再墮入閻王之手。白綾題記：“乾隆五十四年十一月初五日　欽命嘎爾丹錫哷圖薩瑪迪巴克什認看供奉利益畫像增長天王……”。

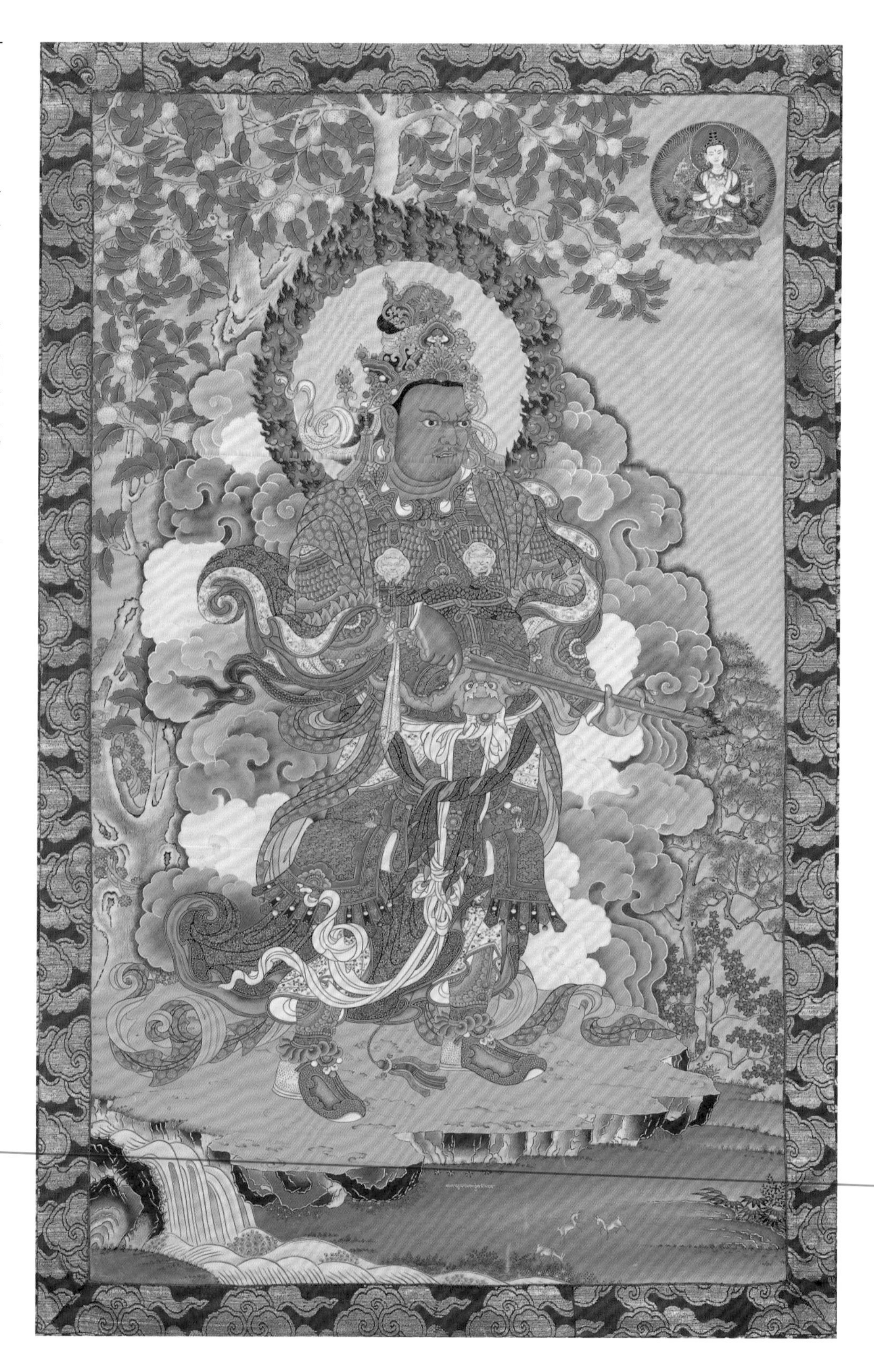

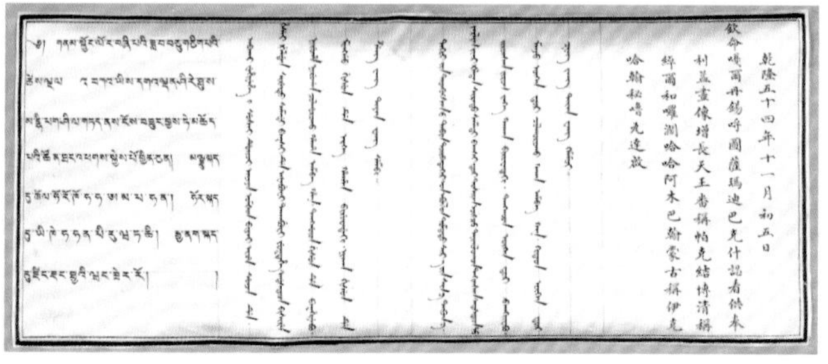

乾隆五十四年十一月初五日
欽命嘎爾丹錫哷圖薩瑪迪巴克什認看供奉
利益畫像增長天王番稱帕克結博清稱
綽爾和囉淵哈哈阿木巴蒙古稱伊克
哈爾秘嚕克達啟

192

持國天王

Dhrtarashtra

守護東方的持國天王具有“聽毒”之法力，當聲音傳入他耳中時，聲源便會受到傷害，為避免眾生受傷害，天王用頭盔把耳朵遮嚴。

持國天王白色身，頭戴着一頂插有孔雀羽毛及紅纓的頭盔，嚴遮雙耳。雙手持琵琶，彈奏美妙的音樂。上界是光芒四射的金剛薩埵坐在蓮花寶座上。白綾題記：“乾隆五十四年十一月初五日　欽命嘎爾丹錫哷圖薩瑪迪巴克什認看供奉利益畫像持國天王……”。

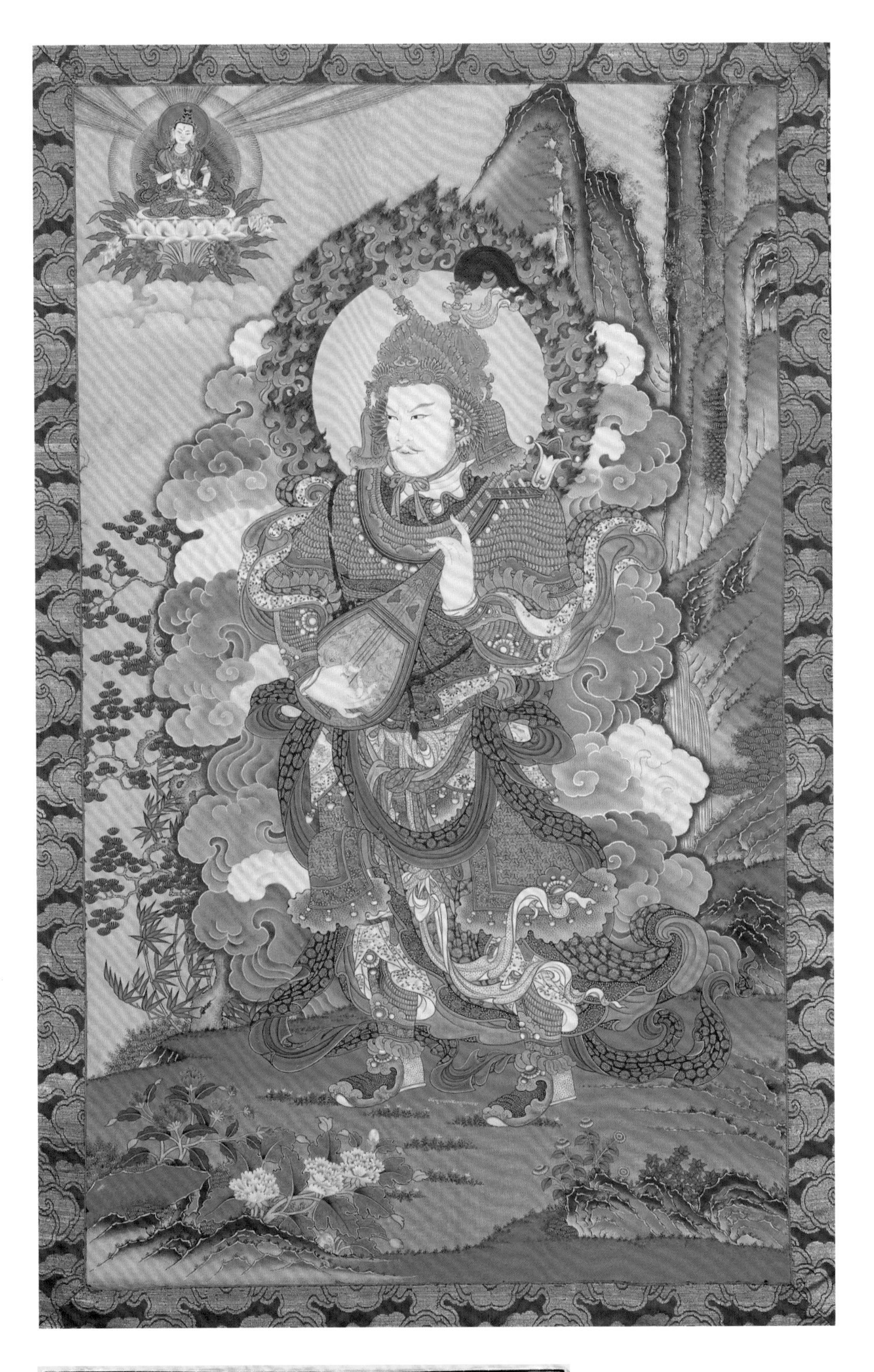

乾隆五十四年十一月初五日
欽命嘎爾丹錫哷圖薩瑪迪巴克什認看供奉
利益畫像持國天王番稱裕爾謙哷蘇嚨
漢稱古倫博喀哷麻闊喇阿木巴翰蒙古
稱伊克哈翰迪哩迪斯迪哩

羅漢與天王

成堂
16—17世紀　北京
布本設色
縱86厘米　橫54厘米
清宮舊藏

Arhats and Lokapalas
16th–17th Century　Beijing
Distemper on Cloth
H.86cm　L.54cm
Qing Court collection

羅漢與天王組畫十幅一堂。藍綢邊裝裱，後背無白綾題記，裝潢樸質。畫面用山石、樹木、花草自然分隔，十八羅漢各具神采，用色豐富巧妙，是一堂藝術水平卓越的羅漢組畫。（詳見圖193-202）

193

迦諾迦跋黎墮闍與因竭陀尊者

Arhat Kanakabharadhvaja and Angaja

迦諾迦跋黎墮闍尊者作禪定印，結跏趺坐於芭蕉葉上，飄然渡海。他的居地為西方牛貨洲的六大國之一哈日札，此國中央有山名杜瓦，五百賢人居山中一寶窟中，日日祈頌。海中龍口吐出祥雲，祥雲繚繞的宮殿即是"具光之地"的寶窟。下方因竭陀尊者手持香爐和拂子，是聽尊者說法後走上解脫之路的夜叉送給尊者的禮物，尊者身後是其居地岡底斯山，那是位於藏西的眾河流的源頭。

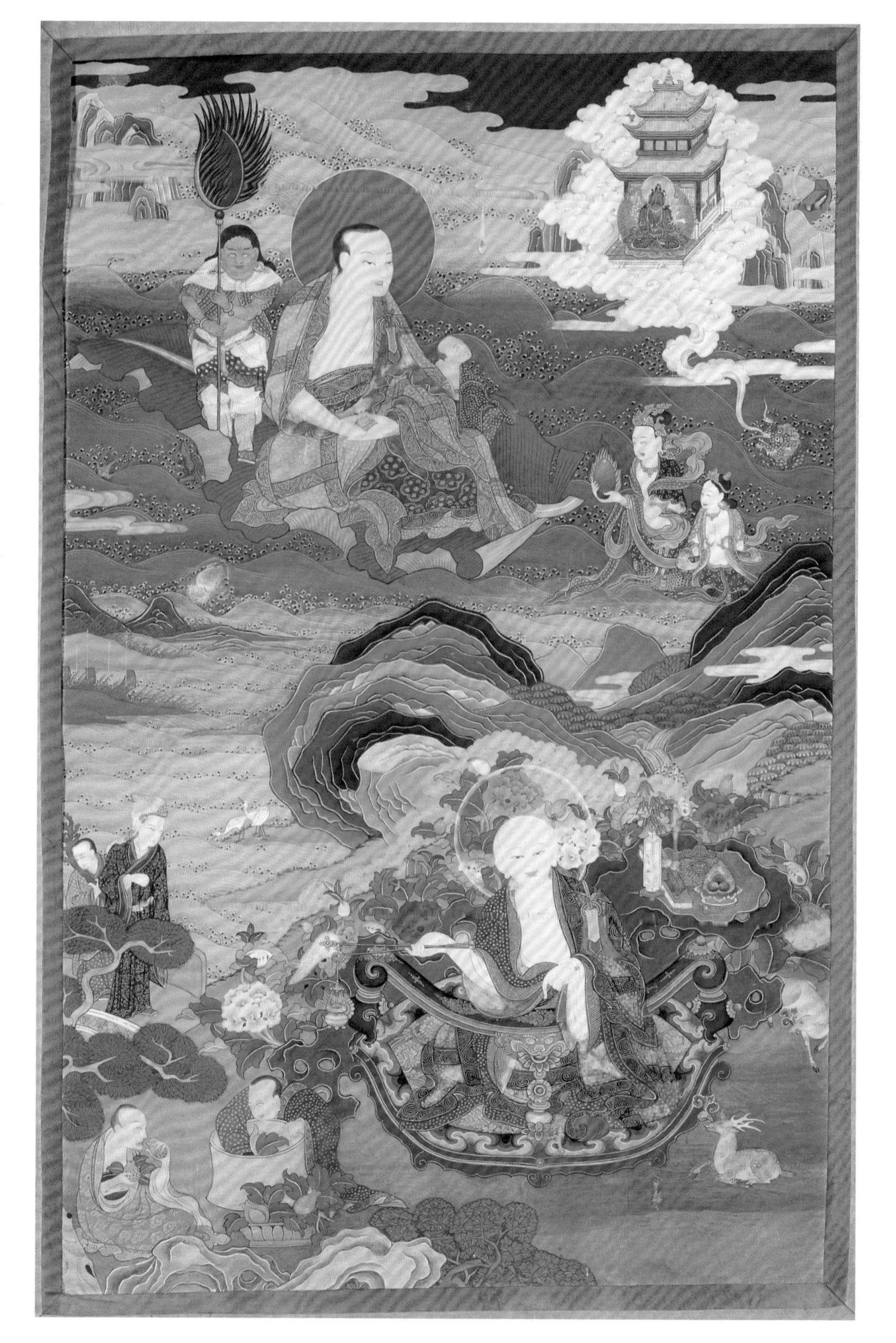

194

迦里迦與伐那婆斯尊者

Arhat Kalika and Vajriputra

迦里迦尊者手持金臂釧，垂足坐於椅上，身後是象徵富豪之家的華麗之屋，四周侍者及弟子正在聽其說法。遠方祥雲繚繞林間，隱約可見佛塔寺廟，空中連續圖案化的雲朵，為藏式唐卡常見。下方伐那婆斯尊者右手結期克印，左手持拂子，仰望化現的觀世音菩薩，四周眷屬或飼餵白兔，或打盹小憩，一派安寧祥和的世俗生活景象。

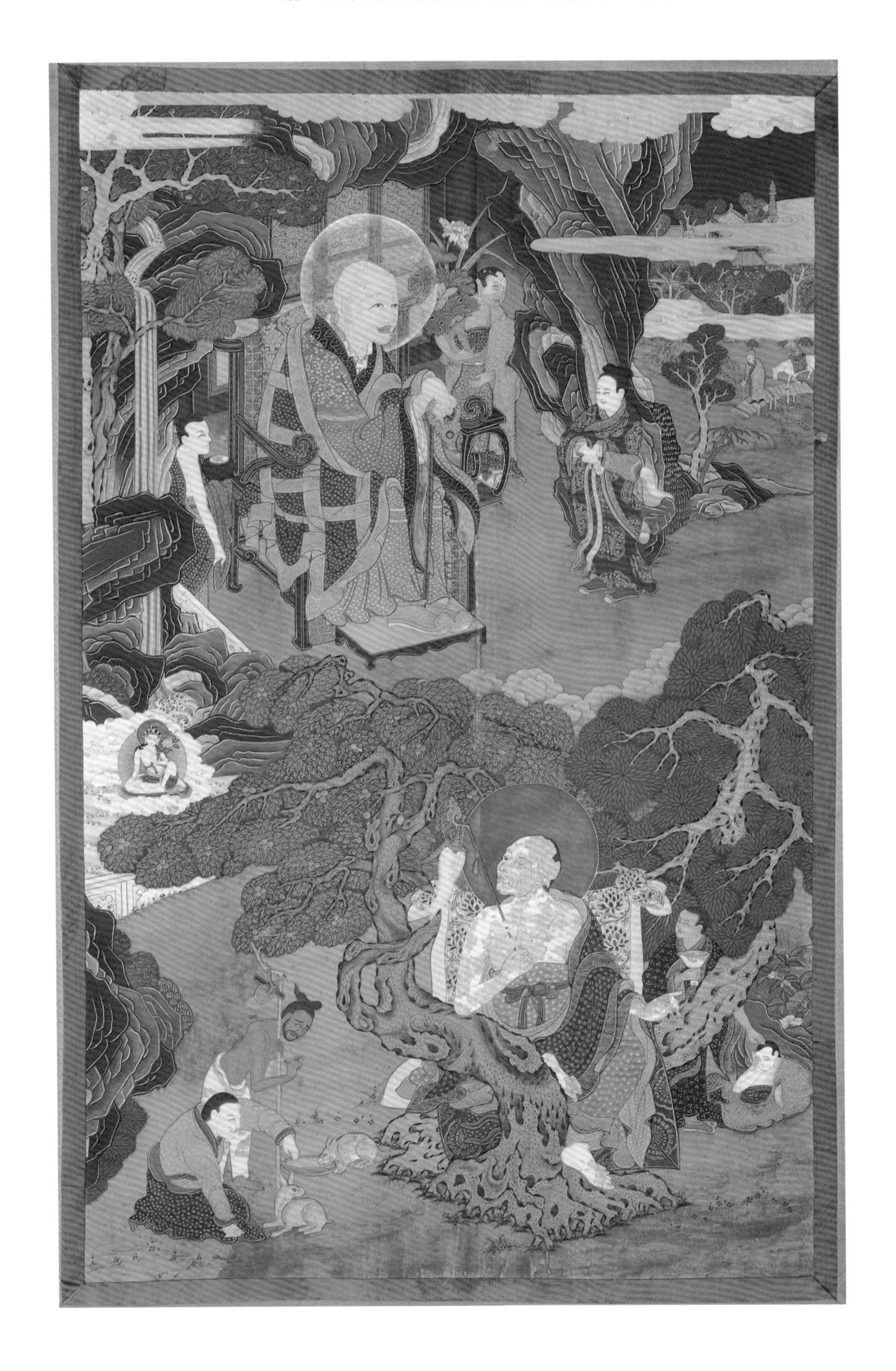

195

跋陀羅與伐那婆斯尊者

Arhat Bhadra and Vanavasin

跋陀羅尊者右手結説法印，左手結禪定印。身後為其居住地雅穆拏河，一對象徵吉祥的白象在水中嬉戲，遠方是坐落在叢林山丘中的村莊，右上方顯現金剛手菩薩。面前有皈依佛法的婆羅門弟子奉獻各種財寶作為供品。下方為被稱作“叢林居士”的伐那婆斯尊者，右手執扇，左手撫摸臥虎，坐在七葉山岩窟中刻苦靜修佛法，弟子及侍者都驚恐地望着他。

此唐卡人物刻劃生動，畫面仿佛在訴説着久遠的傳説。

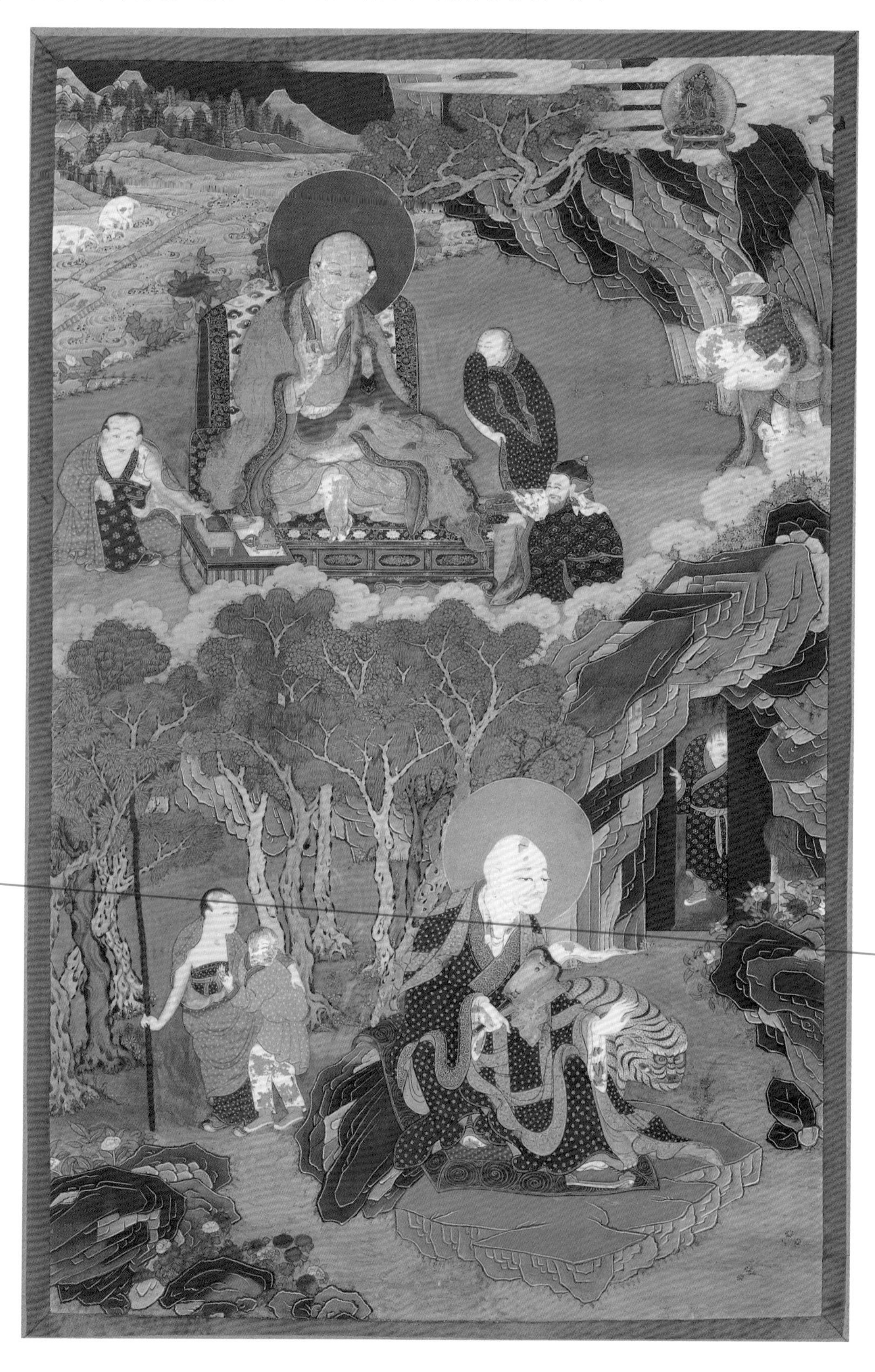

196

阿氏多與迦諾迦伐蹉尊者

Arhat Ajita and Kanakavatsa

阿氏多尊者，頭戴風帽，雙手結禪定印，在山中洞室裏閉目靜修。弟子及侍者正忙於烹茶誦經。這裏可能是尊者的居地"仙人山"，尊者在此修得五種神通。下方是手持唸珠的迦諾迦伐蹉尊者，側扭身體，微張笑口，注視着龍女，龍女獻上珍寶。據説尊者曾到龍國化緣説法，令眾龍皈依佛法，龍王獻給尊者珍珠寶石，並鑲成串珠作為標誌，以滿足各種願望。

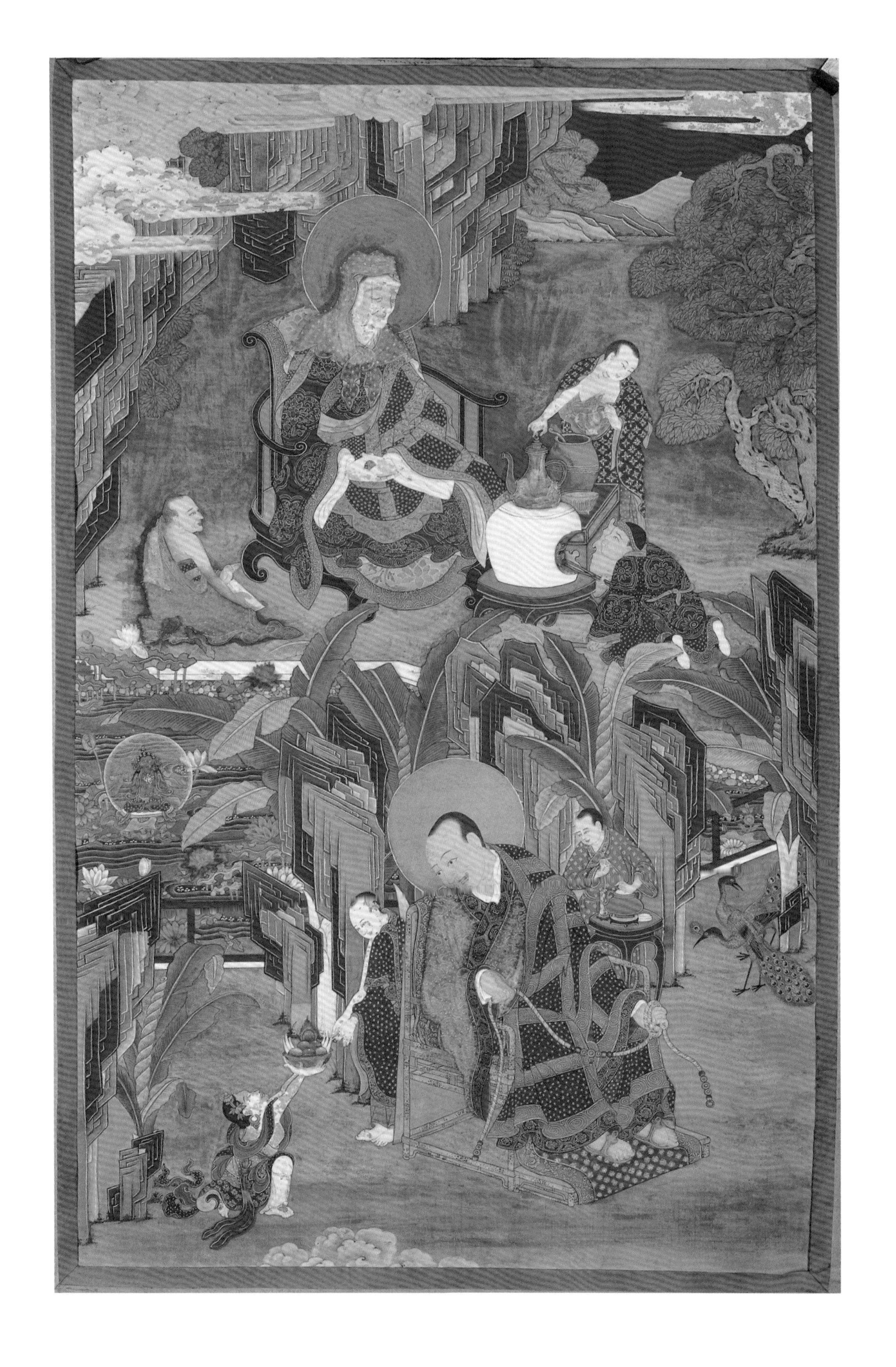

197

羅睺羅與巴古拉尊者

Arhat Rahula and Bakula

羅睺羅尊者是釋迦佛之子，十六羅漢之一。天神及其眷屬聽尊者講法後，從輪回中得到解脱，於是獻上法輪。背景是城牆環繞的宮殿，據説是護光佛在世期間，一座萬戶城市沉入水中，釋迦牟尼在世期間重現，卻由魔王統治，尊者為其説法，使眾人心生信仰，將這座寶石所建的宮殿送給尊者。下方巴古拉尊者手撫口含五色珠寶之鼬鼠，凡觸摸或看見鼬鼠者可獲得五慾（色、香、味、觸、聲）的快樂。尊者右側有夜叉獻寶。上界化現金剛手菩薩。

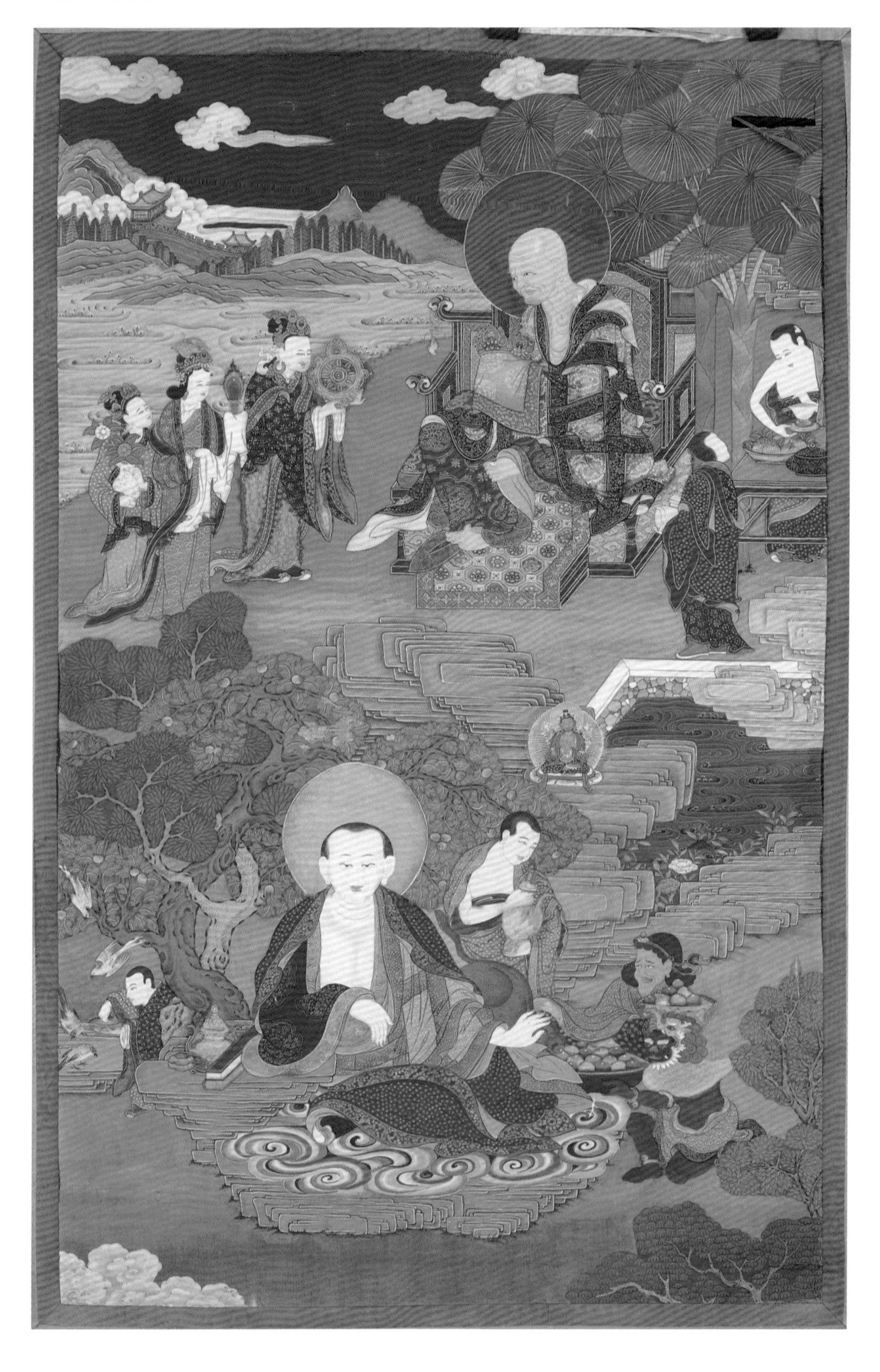

賓度羅跋羅墮與注荼半托迦尊者

Arhat Pindola Bharadhvaja and Chudapanthaka

賓度羅跋羅墮尊者左手持經，右手托缽，仰視空中，飛天將水注入缽中。身後是他的居住地東方勝身洲，勝身洲山中有一岩窟，因一菩薩在其中祈禱而具有奇妙法力，任何人在洞中靜修都能完全入定，因而得名“生靜洞”。下方結禪定印者為注荼半托迦尊者，他因愚鈍聞名，但堅持不懈苦修獲得果位為人稱誦。尊者右邊所立之人可能是傳說中的醫生耆婆，曾邀請佛及弟子前去進午餐，卻不肯請注荼半托迦。其身後有一人正掩口嘲笑尊者之癡，表情刻劃生動之極。

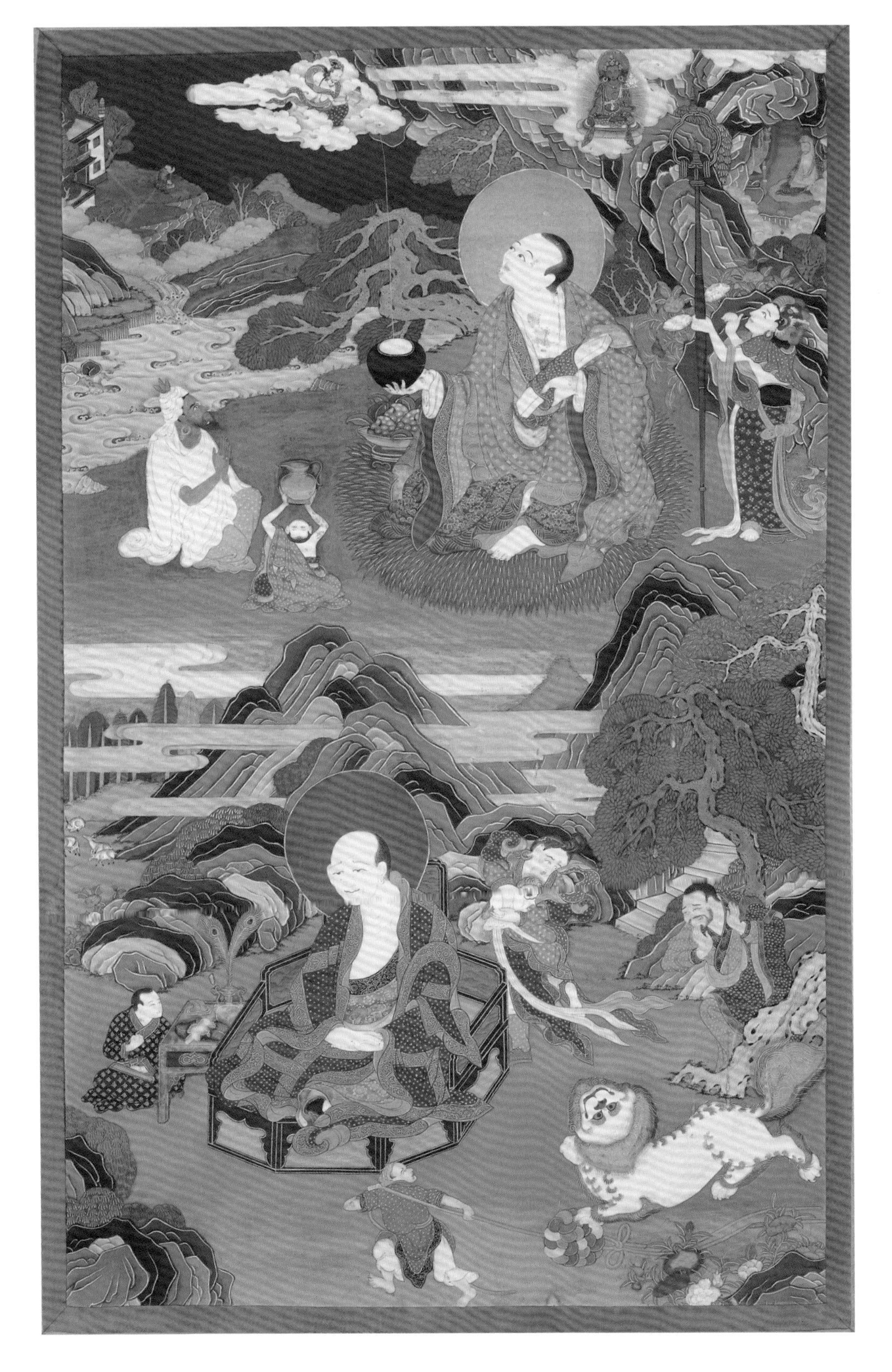

199

那迦犀與半托迦尊者

Arhat Nagasena and Panthaka

那迦犀尊者為居住在四天王天裏的護法、龍王傳法，所有神、龍都心生信仰，並為尊者奉獻禪杖。下方半托迦尊者手持經卷，結跏趺坐於岩石上，觀看弟子說法辯經。其居所在持雙山，此山為日月出升之地，又稱持軛山。上界化現綠度母，羣山幽遠，山中隱現寺廟，廟前嵌滿五彩寶石的池中，碧水漣漣。色彩豐富的畫面令人產生無限遐想。

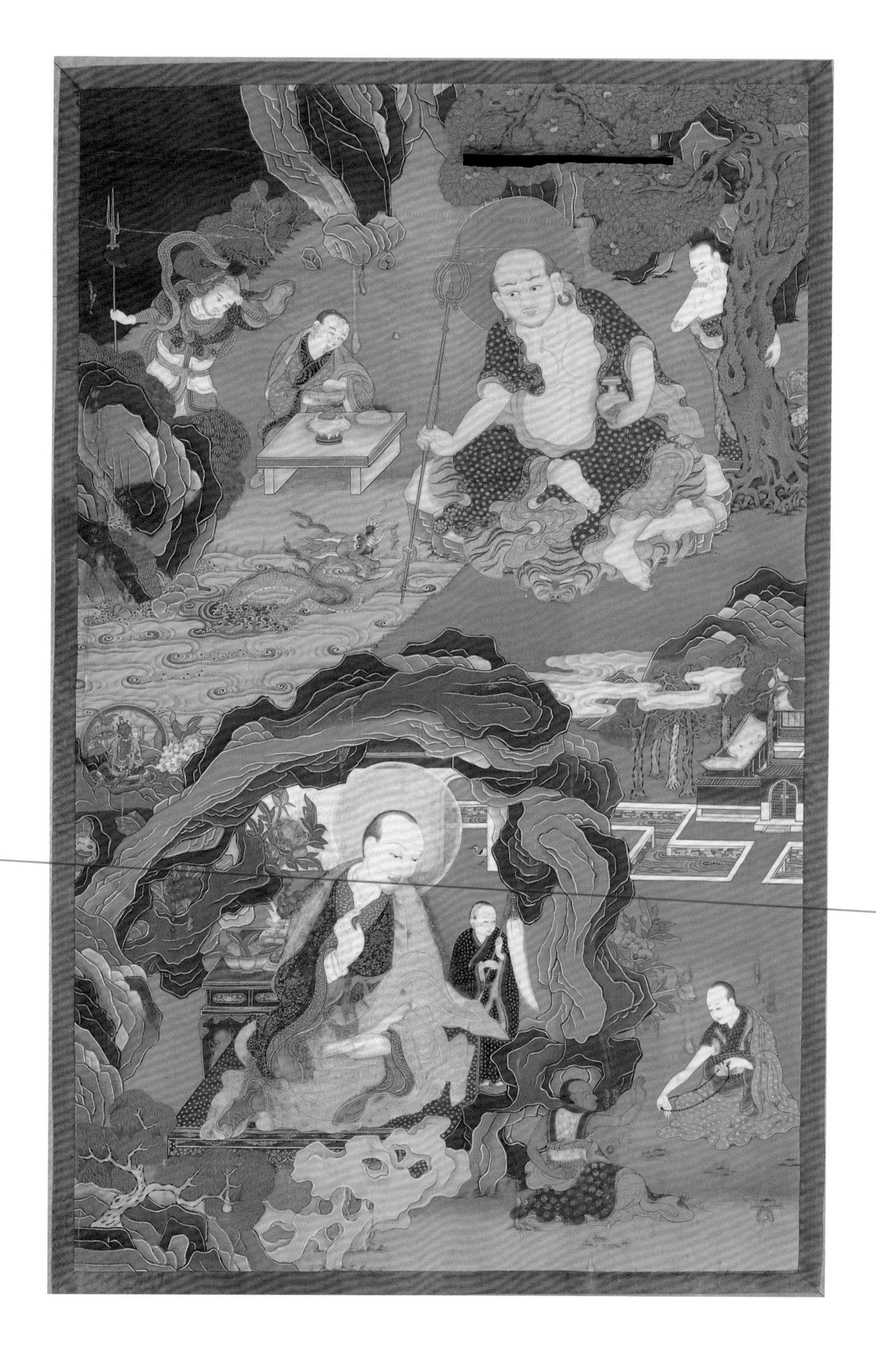

200

戒博迦與阿秘特尊者

Arhat Gopaka and Abheda

戒博迦尊者雙手捧經書，坐在瀛台上與眾弟子品茶論經。上界顯現菩薩，四周是竹林。下方是十六尊者中最好辨認的阿秘特尊者，他手托菩提寶塔於胸前，注視着面前獻桃的猴子，側旁年長的弟子在為新皈依佛門的弟子剃度，其中膚色深棕者是印度僧人，在這組唐卡的其他幾幅畫中也常出現膚色一深一淺兩僧人。

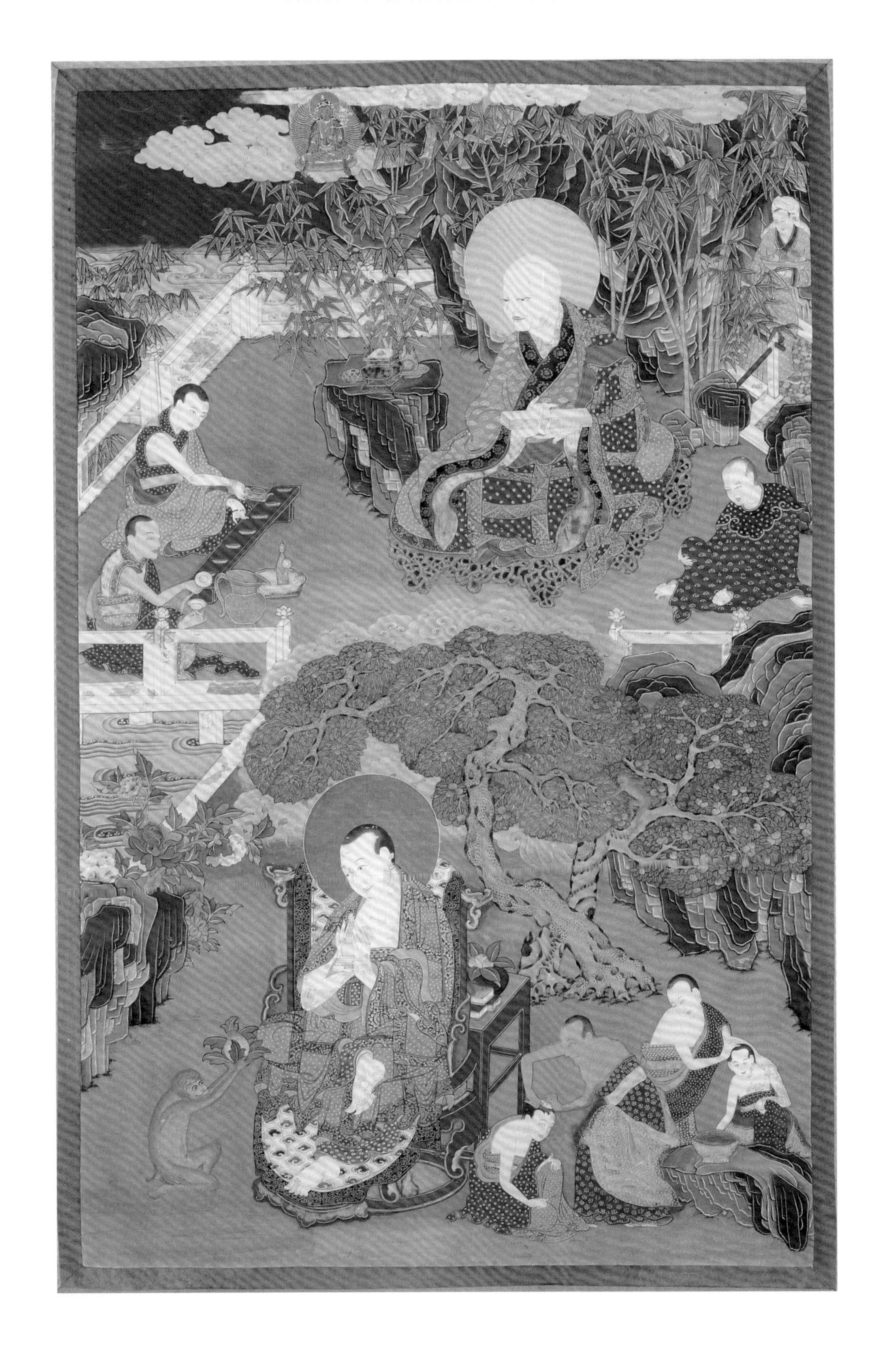

201

達摩多羅尊者與天王

Dharmatala and Lokapalas

達摩多羅尊者身負印度式樣的經篋，手持藏草瓶和拂子，席地而坐，側旁一人為尊者引路，樹下猛虎回望，前方顯現無量光佛。下方持劍的南方增長天王和持琵琶的東方持國天王是漢地武士裝束。侍者手執長矛或吹笛獻舞。

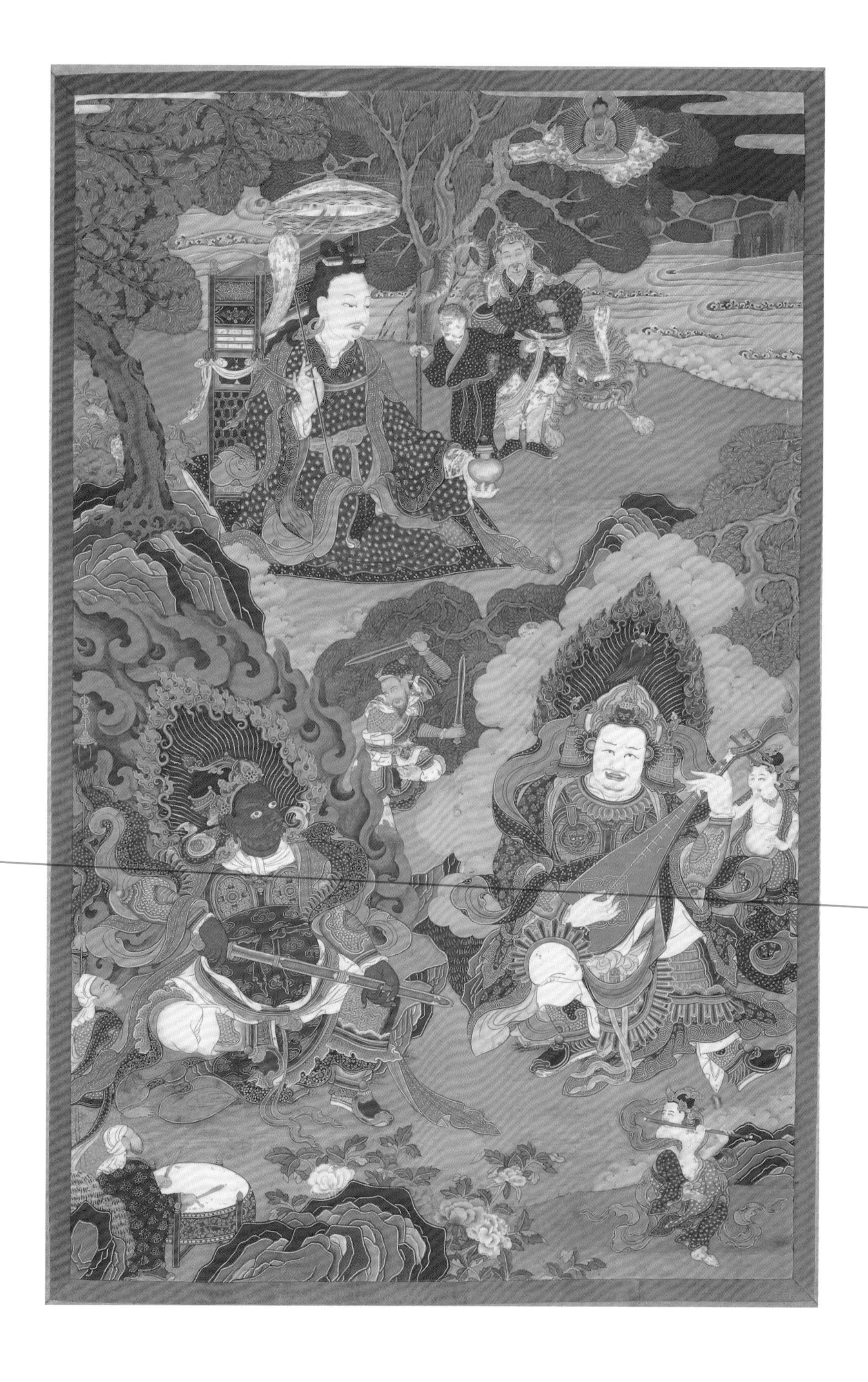

202

布袋和尚與天王

Hvashang and Lokapalas

布袋和尚面帶微笑，身披寬大華麗的黃、紅袈裟，右手持唸珠，左手持桃子，大腹便便，半跏趺坐，被一羣歡快舞蹈的孩童圍着。上界有祖師宗喀巴。下方為托塔的西方廣目天王和持幢的北方多聞天王，侍者手執長矛，鼬鼠吐珠，龍女獻寶。

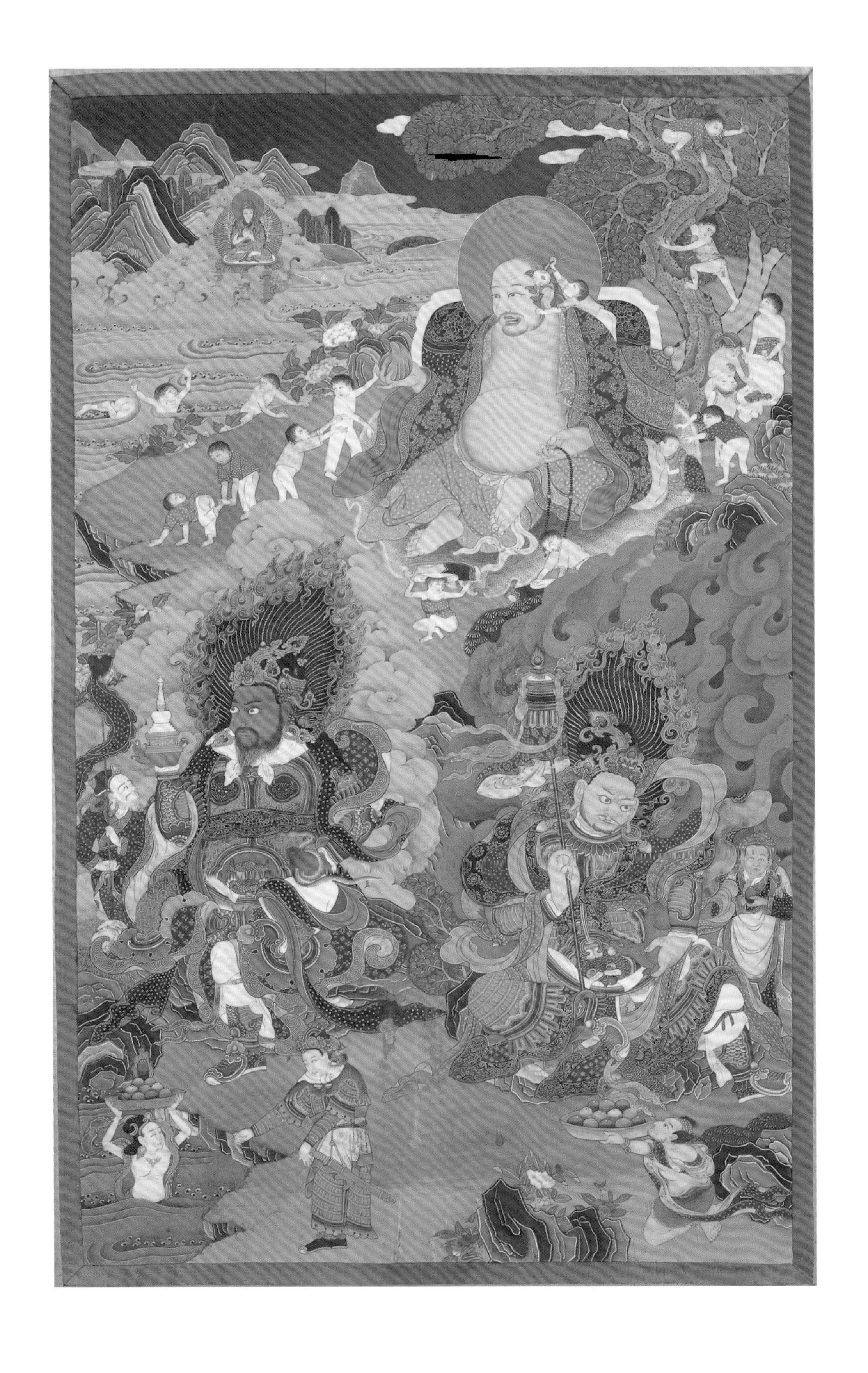

善巴拉菩薩王

成堂
18世紀　西藏
布本設色
縱63厘米　橫42厘米
清宮舊藏

King of Shambhala
18th Century　Tibet
Distemper on Cloth
H.63cm　L.42cm
Qing Court collection

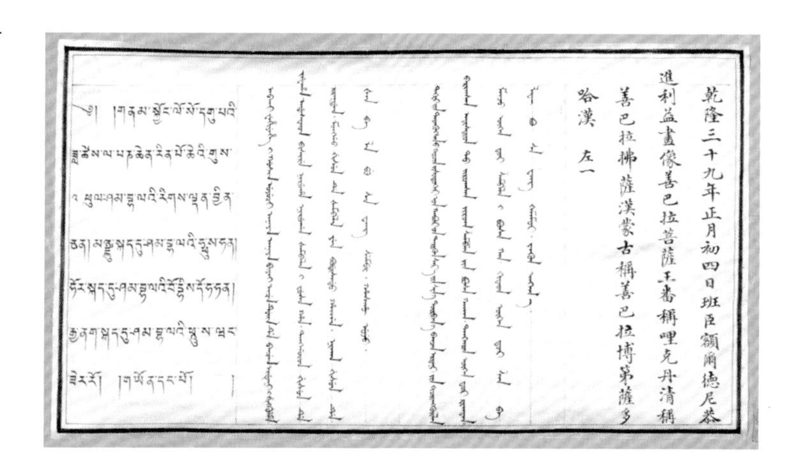

乾隆三十九年正月初四日班臣額爾德尼恭
進利益畫像善巴拉菩薩王番稱哩克丹清稱
善巴拉拂薩漢蒙古稱善巴拉博第薩多
哈漢　左一

善巴拉又稱香巴拉或香格里拉，意為“持安樂”，是時輪教法的發源地。善巴拉國位於雪山中央的西端，是修行的聖地，聳立於中央的迦羅波王宮殿富麗堂皇。

其繪畫技藝精湛，色彩層次豐富，畫面飽滿。織金緞裝裱。背面均有白綾，墨書漢、滿、蒙、藏四文題記：“乾隆三十九年正月初四日班臣額爾德尼恭進利益畫像善巴拉菩薩王　番稱哩克丹　清稱善巴拉拂薩漢　蒙古稱善巴拉博第薩多哈漢”。並書位置如左一、左二等。

此套唐卡已不全，現存十三幅。（詳見圖203-215）

203

善巴拉菩薩王（之一）

King of Shambhala

善巴拉菩薩王頭戴王冠，穿龍袍，手持金剛鉞，左舒式坐於象輿上。下界是迦羅波王宮。上界是薩曼達希班智達和地藏菩薩，表示此善巴拉王是地藏菩薩的化身。藏文題榜題為“第二法王地藏菩薩的化身天自在”。排列“左一”。

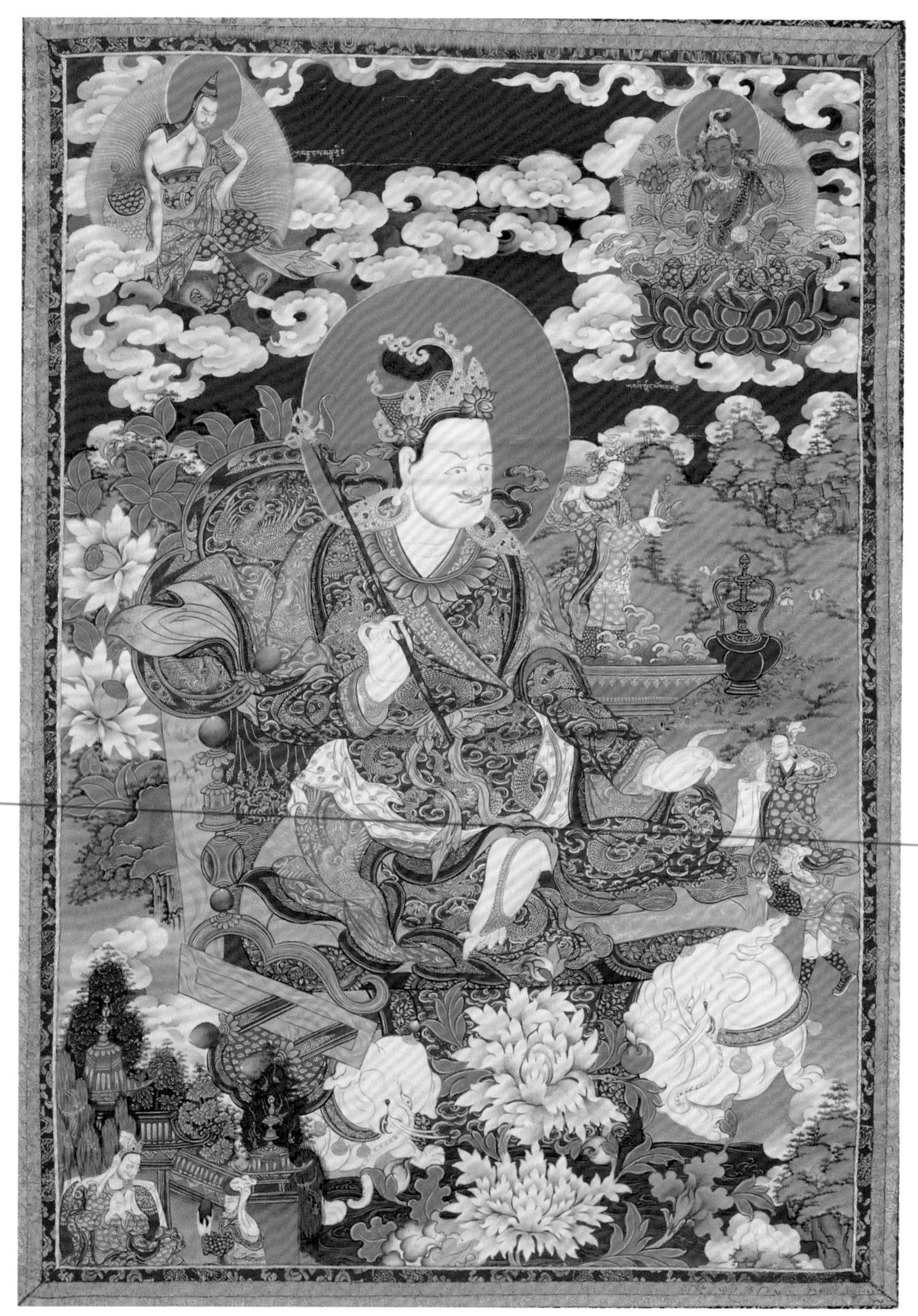

204

善巴拉菩薩王（之二）

King of Shambhala

善巴拉菩薩王頭戴王冠帽，面色白如海螺，右手持幡幢，上有除諸障菩薩標識的月輪，左舒式坐於獅子座上。供桌上供獻摩尼寶和象徵五知五覺的供品，側旁有獻寶者匆匆前來。上界是熱．益希森格和除諸障菩薩，表示此善巴拉王是除諸障菩薩的化身。藏文榜題為“頂禮第四法王除諸障菩薩的化身月施”。排列“左二”。

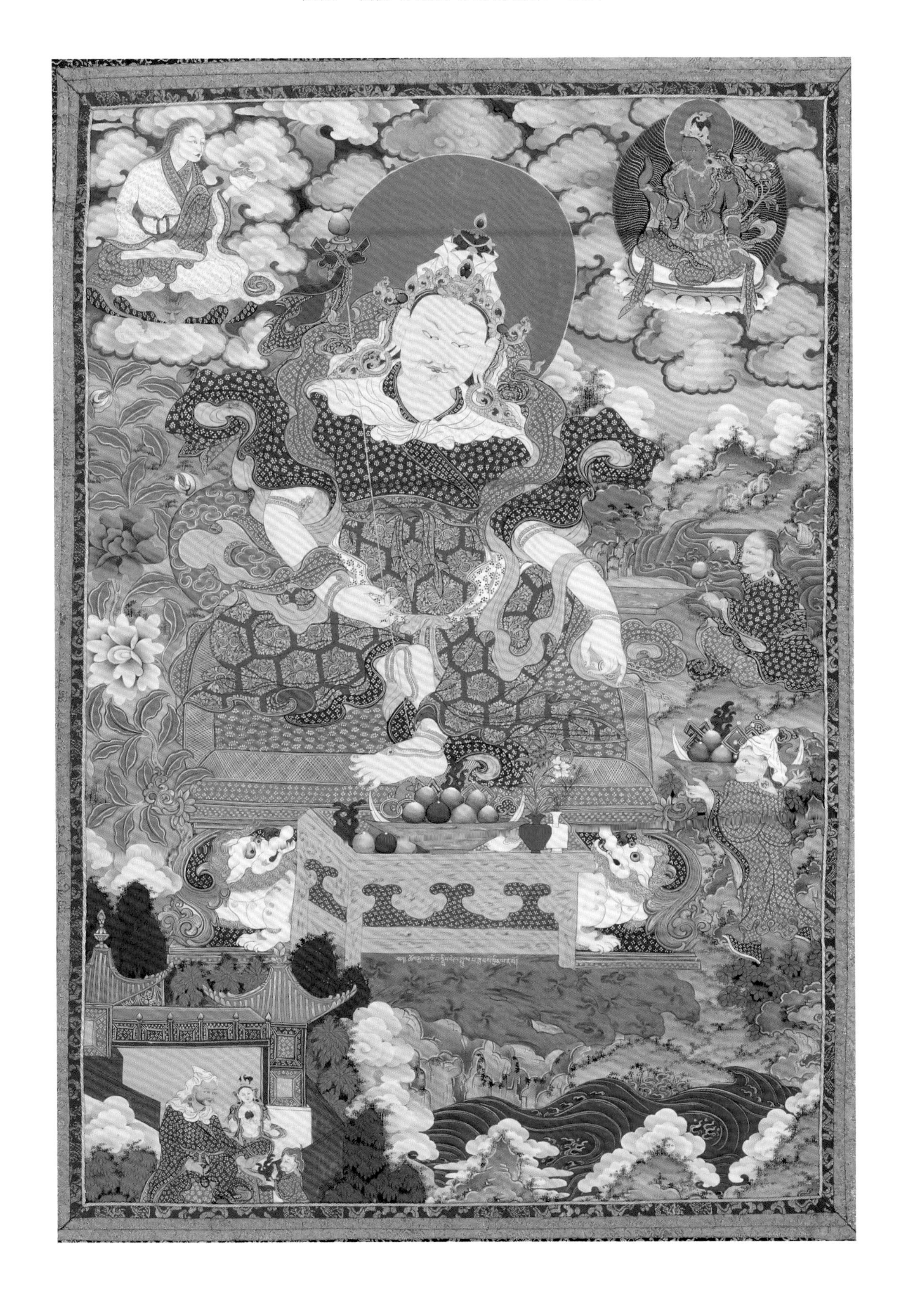

205

善巴拉菩薩王（之三）

King of Shambhala

善巴拉菩薩王頭戴王冠，雙眉顰蹙，身披氅袍，右手持金剛火燄劍，左手持盾牌，左舒式坐於須彌寶座上。水池中盛開朵朵蓮花。上界是德色·喜饒森格和虛空藏菩薩，表示此善巴拉王為虛空藏菩薩的化身。藏文榜題為“頂禮第七法王虛空藏菩薩化身天具自在”。排列“右四”。

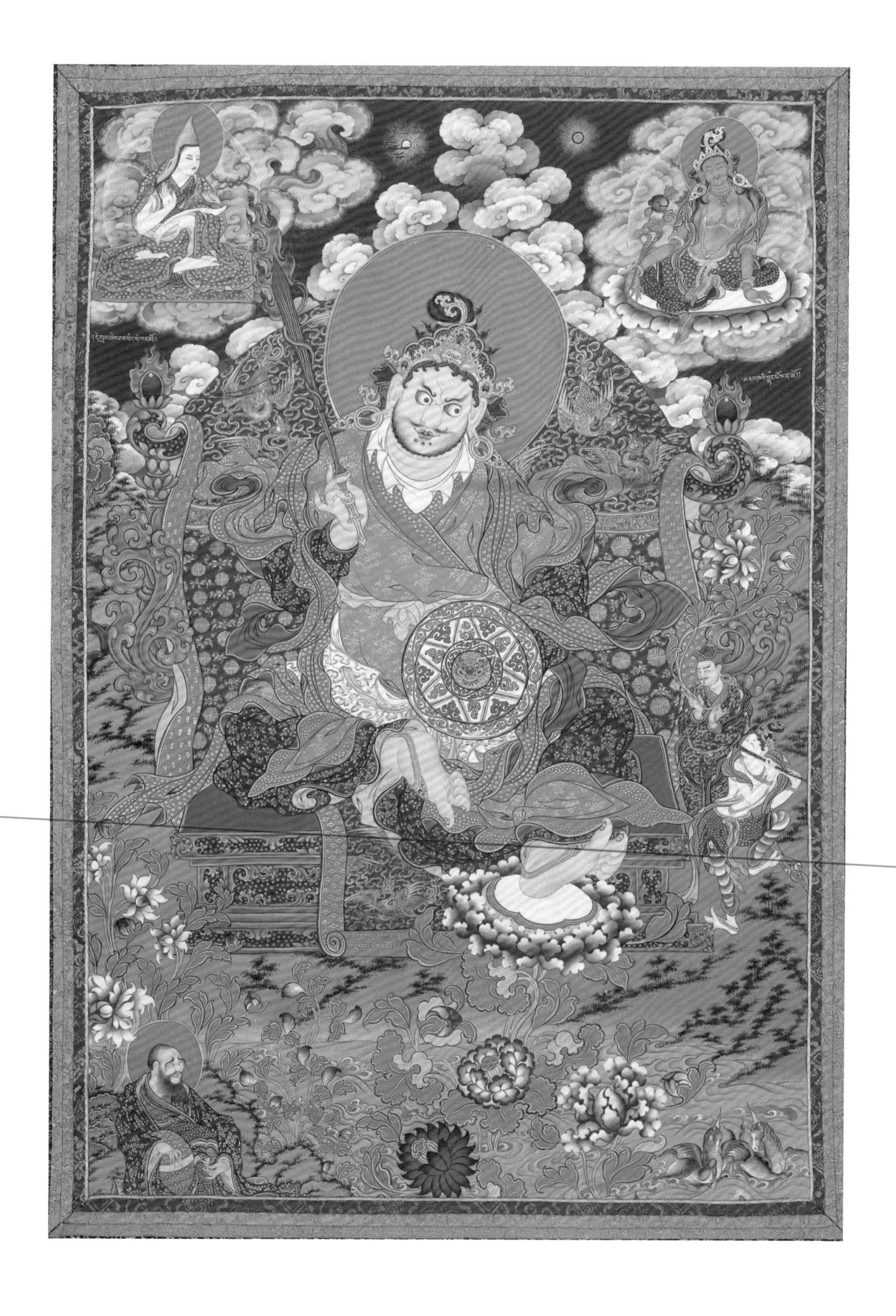

206

善巴拉菩薩王（之四）

King of Shambhala

善巴拉菩薩王頭戴王冠，面色白如海螺，身披氅袍，右手持三叉戟，左手持唸珠，左舒式坐於寶座上。左側有獻寶的侍女，下界為迦羅波王宮。上界是蓮花明王和薩瑟班欽洛珠堅贊，表示此善巴拉王是蓮花明王的化身。藏文榜題為“頂禮傲慢遍入天障”。排列“左七”。

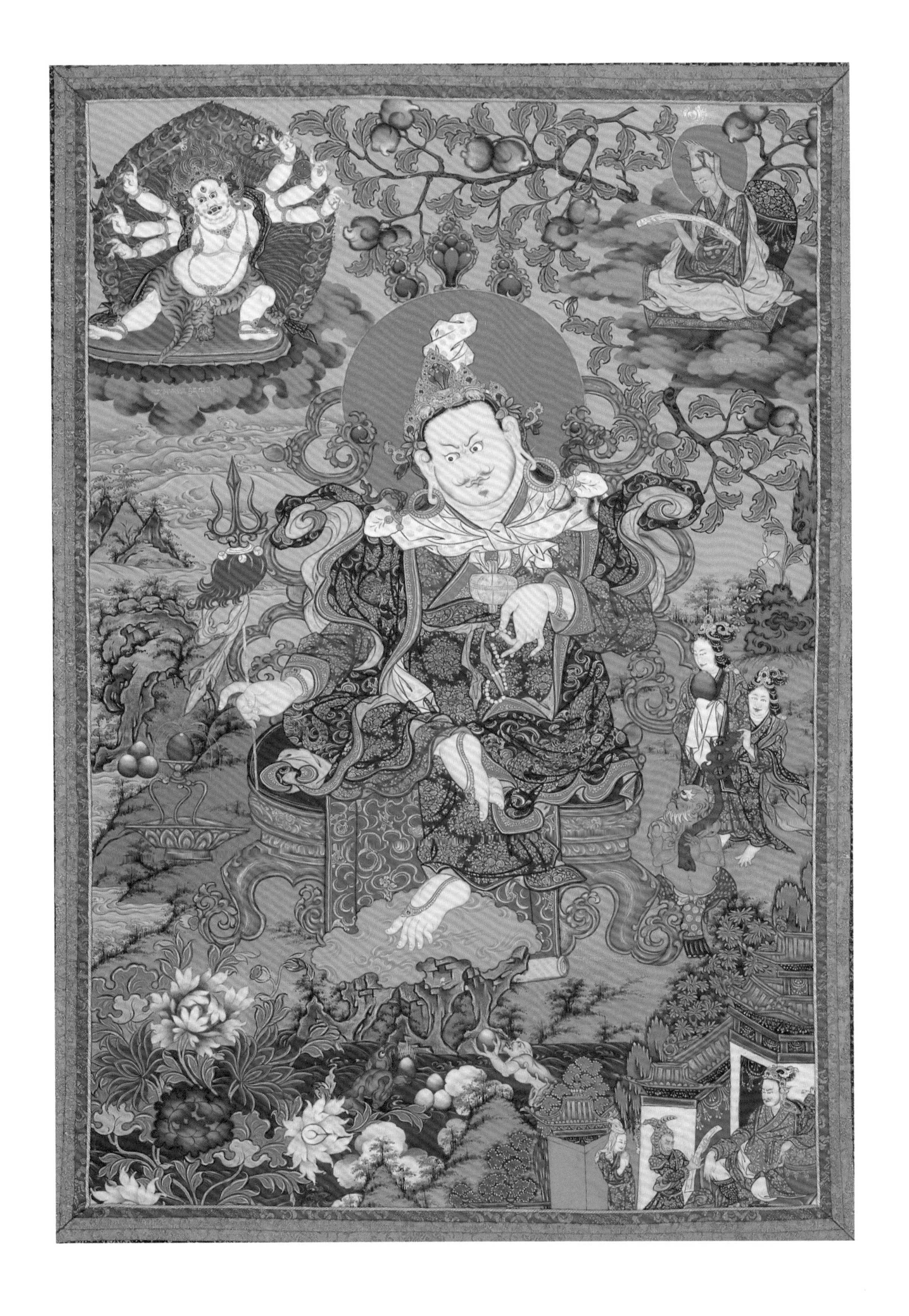

207

善巴拉菩薩王（之五）

King of Shambhala

善巴拉菩薩王頭戴王冠，面色雪白，雙眼圓睜，右手持金剛鉞，左手托噶布拉碗，穿龍袍，左舒式坐於寶座上。身側有獻寶者，水池中蓮花盛開。上界是聖宣奴洛珠和虛空藏菩薩，表示此善巴拉王為虛空藏菩薩的化身。排列“右八”。

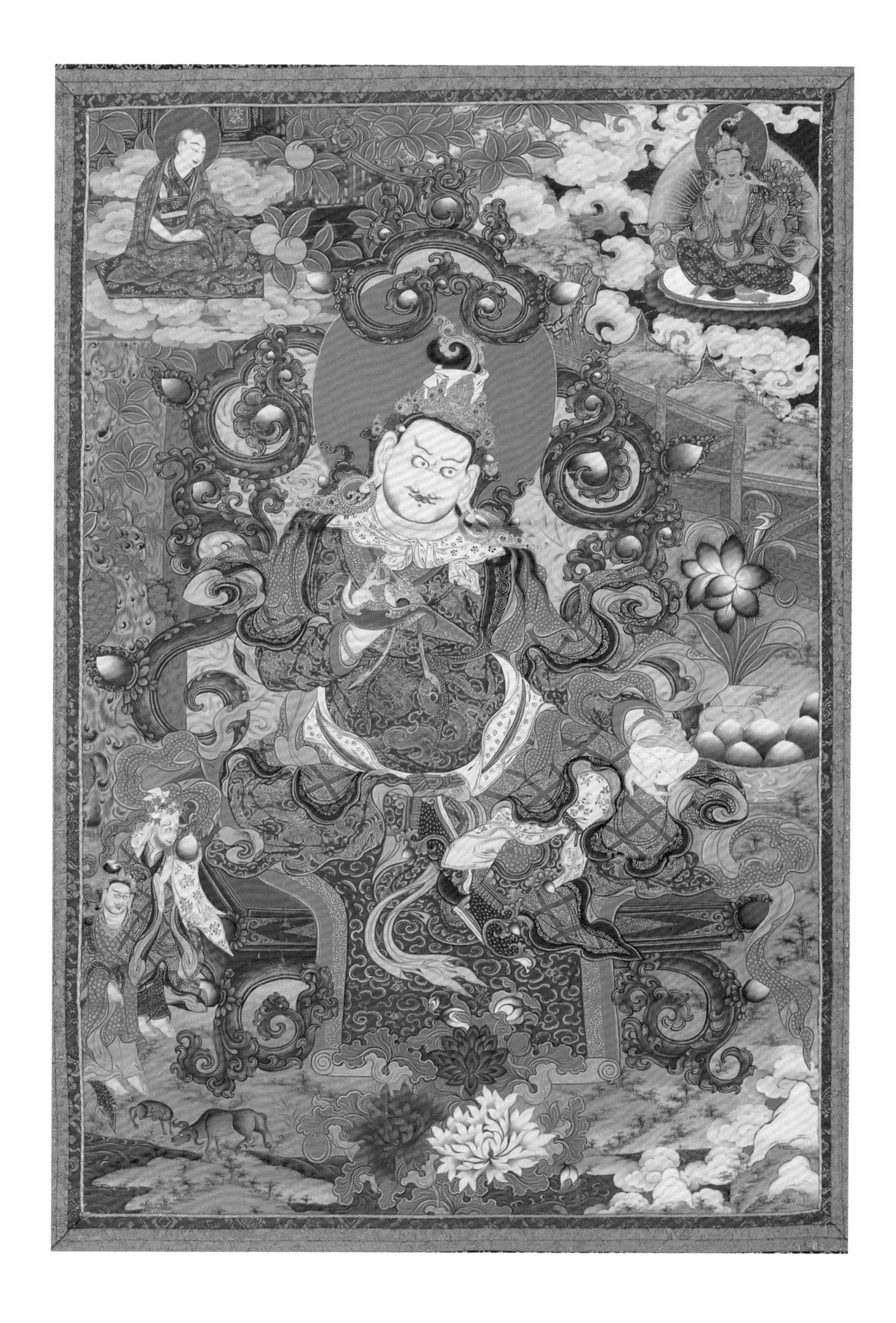

善巴拉菩薩王（之六）

King of Shambhala

善巴拉菩薩王頭戴王冠，面色白如海螺，右手持金剛杵，左手持金剛鈴，身穿盔甲，外罩龍袍，左舒式坐於雙獅座上，寶座左側是獻寶者，前方供奉象徵五知五覺的供品，池中有摩尼寶和蓮花湧出，下界是善巴拉王及其迦羅波王宮。上界是索南嘉措和金剛手，表示此善巴拉王為金剛手的化身。藏文榜題為“頂禮金剛手化身尊勝佛母”。排列“右九”。

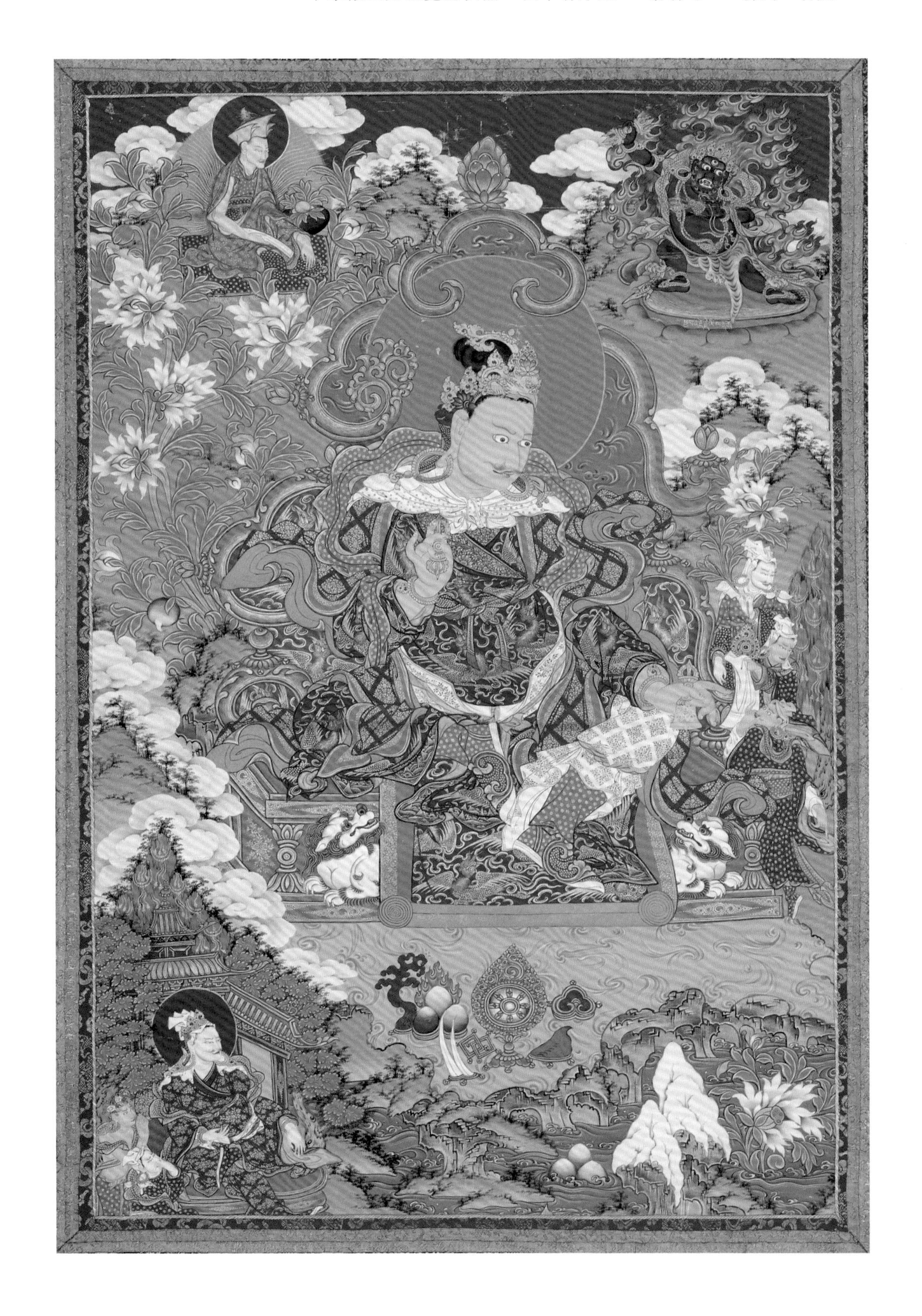

善巴拉菩薩王（之七）

King of Shambhala

善巴拉菩薩王頭戴王冠，面色潔白如雪，手持蓮花，蓮花上立象徵除諸障的月輪。側旁有獻寶者，池中蓮花盛開。下界是善巴拉王所居迦羅波王宮。上界五色雲朵中湧出至尊拉卻森格和除諸障菩薩，表示此善巴拉王為除諸障菩薩的化身。藏文榜題為"頂禮除諸障化身月光"。排列"右十一"。

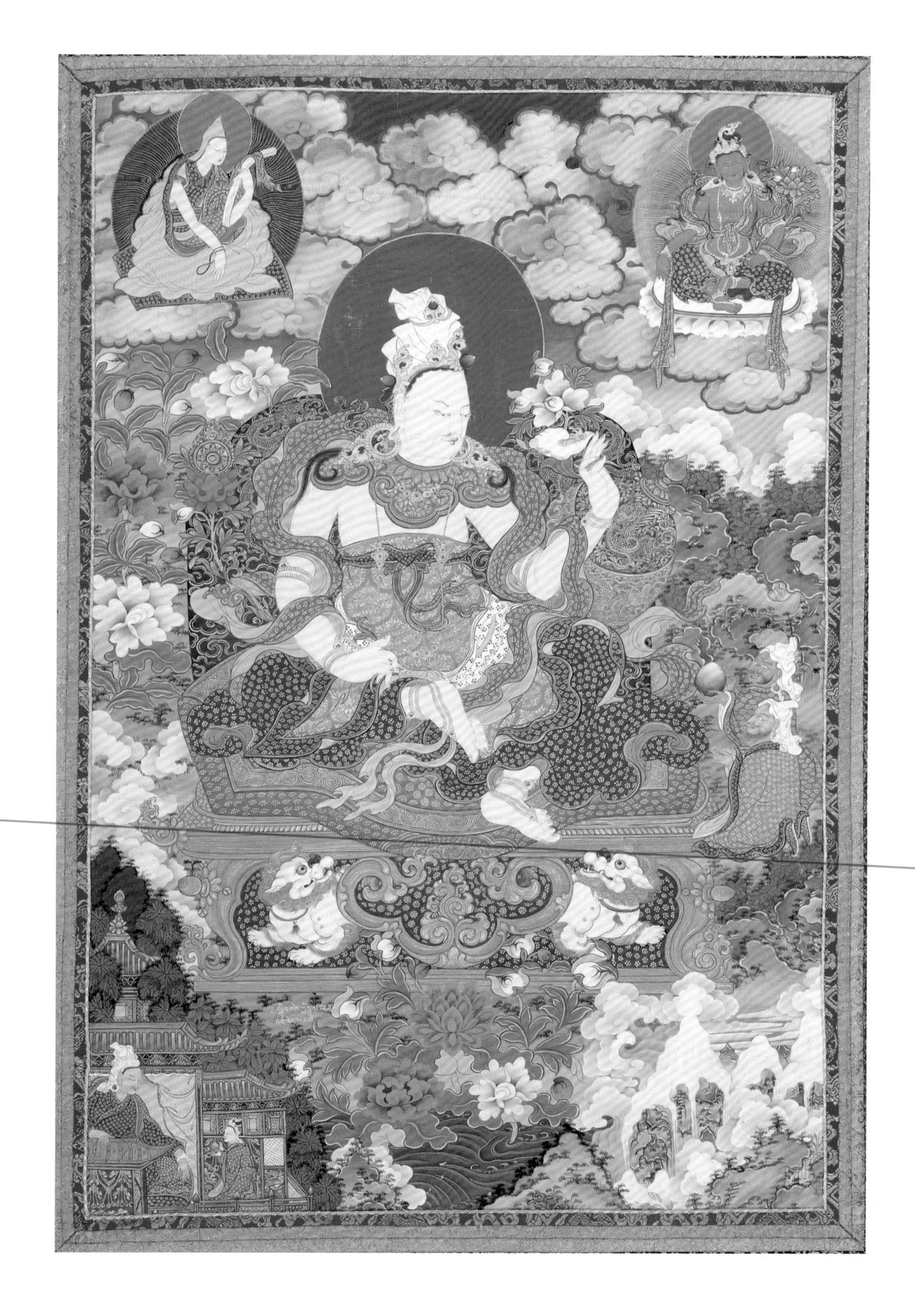

善巴拉菩薩王(之八)

King of Shambhala

善巴拉菩薩王頭戴王冠，左手持蓮花，蓮花上立日標識，表明他是虛空藏菩薩的化身，身穿繪有鳳凰的皂袍，左舒式坐於獅子座上。側旁是獻寶者，座前供有摩尼寶和鮮花，龍王從水中出現，持珊瑚獻寶。下界是善巴拉王的迦羅波王宮。上界是喜饒嘉措和虛空藏菩薩。藏文榜題為"頂禮虛空藏菩薩化身土護"。排列"右十二"。

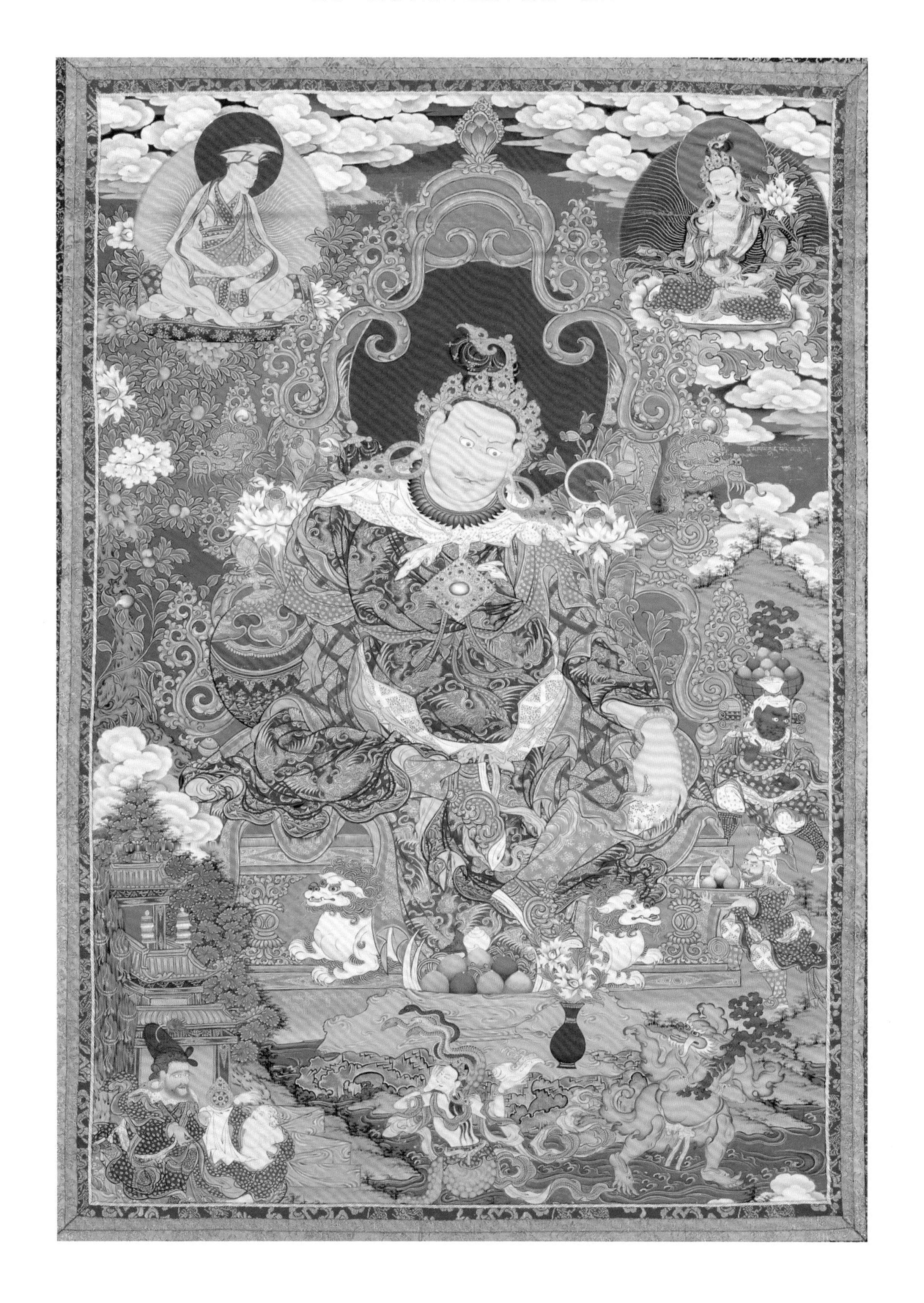

211

善巴拉菩薩王（之九）

King of Shambhala

善巴拉菩薩王頭戴王冠，身着犀皮甲，右手持金剛火燄劍，左手持盾，舒式坐於象頭王身上，象頭王手持吐寶鼠。側旁有獻寶者，座前供寶瓶和摩尼寶。上界是金剛除明王和章第班欽南卡貝桑，表示此善巴拉王是金剛除明王的化身。下界是世自在化身白梵天。藏文榜題為"頂禮魔障之敵的化身功德護"。排列"左十二"。

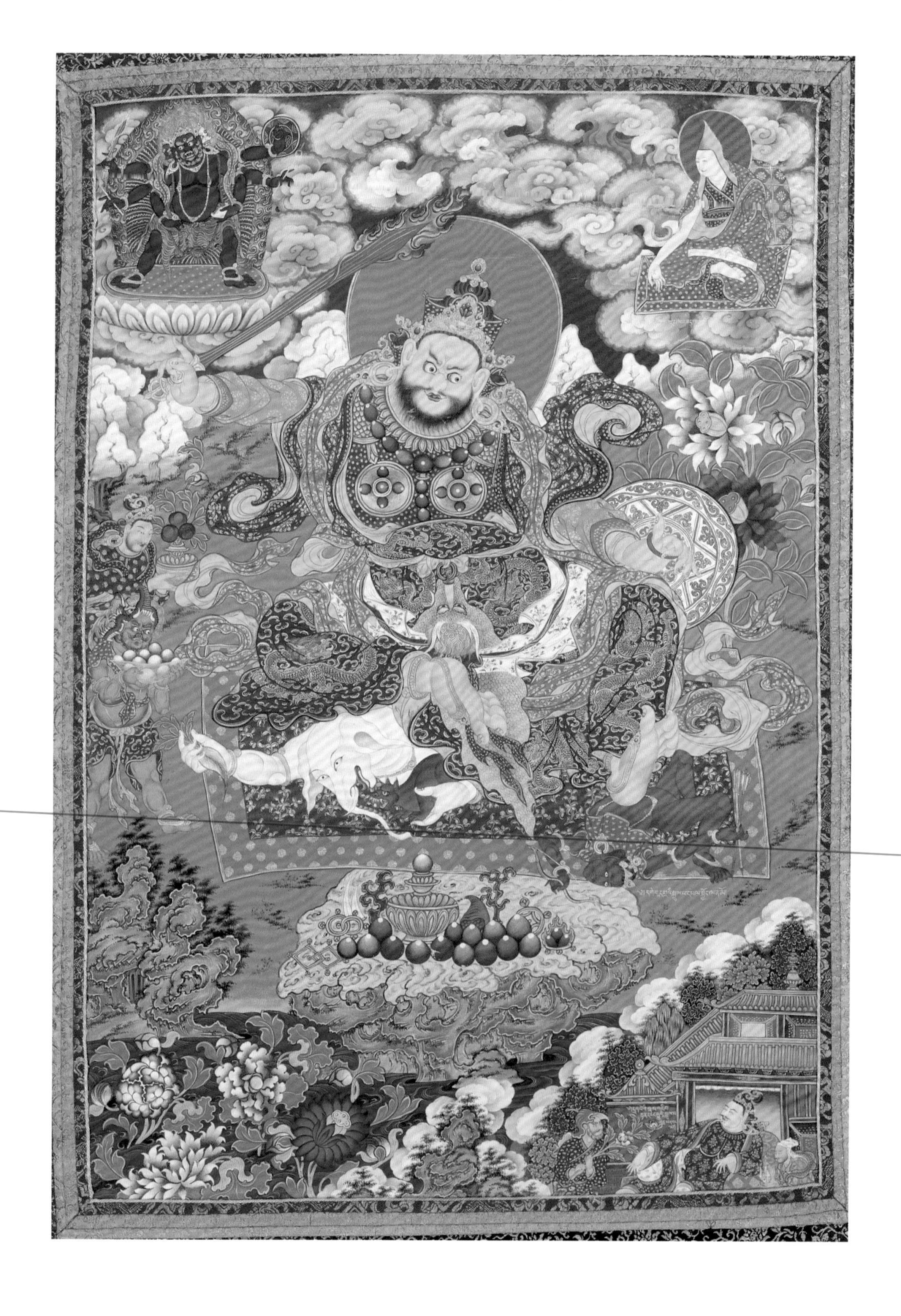

善巴拉菩薩王（之十）

King of Shambhala

善巴拉菩薩王頭戴王冠，右手持箭，左手持弓，舒式坐於寶座上。周圍為獻寶者，池中蓮花盛開。下方善巴拉王正於迦羅波王宮中聽侍女彈琴。上界為能愚和甘珠巴．金色嘉措，表示此善巴拉王是能愚的化身。藏文榜題為"能愚化身阿那律"。排列"左十四"。

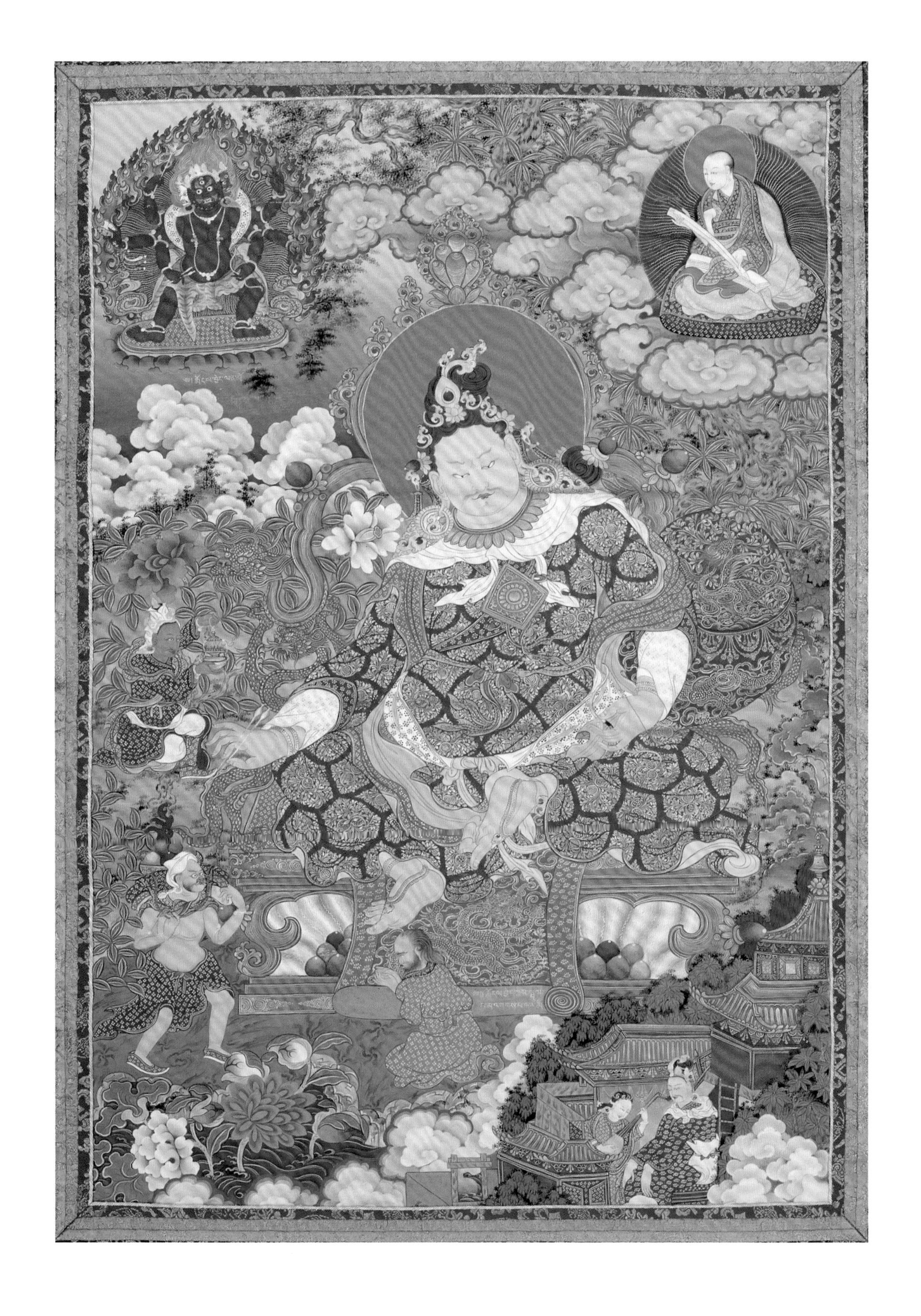

213

善巴拉菩薩王（之十一）

King of Shambhala

善巴拉菩薩王頭戴王冠，面如白雪，身穿皂袍，右手持蓮花，上立火燄劍，左手持盾。側旁有獻寶者。下界是富麗堂皇的迦羅波王宮，王宮周圍的水池中蓮花盛開。上界是藍杖護法和軌範師三味耶金剛，表示此善巴拉王是藍杖護法的化身。藏文榜題為"藍杖護法化身大自在天"。排列"左十五"。

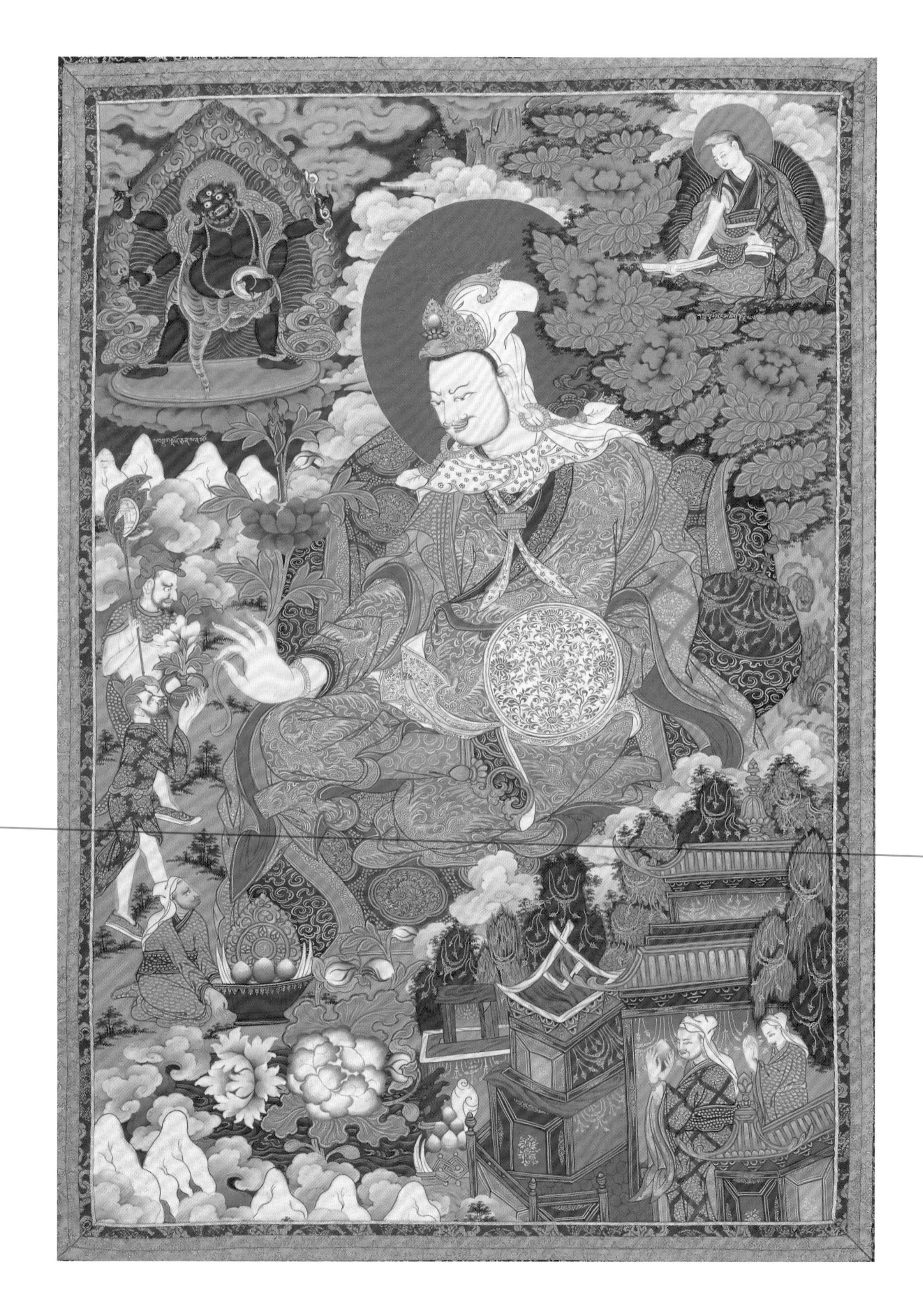

214

善巴拉菩薩王（之十二）

King of Shambhala

善巴拉菩薩王頭戴王冠，身穿雲龍皂袍，右手持金剛鉞，左手托噶布拉碗，身後為太陽背光。水池中蓮花盛開。上界是善知識者索南扎巴和金剛手，表示此善巴拉王是金剛手的化身。排列“右十六”。

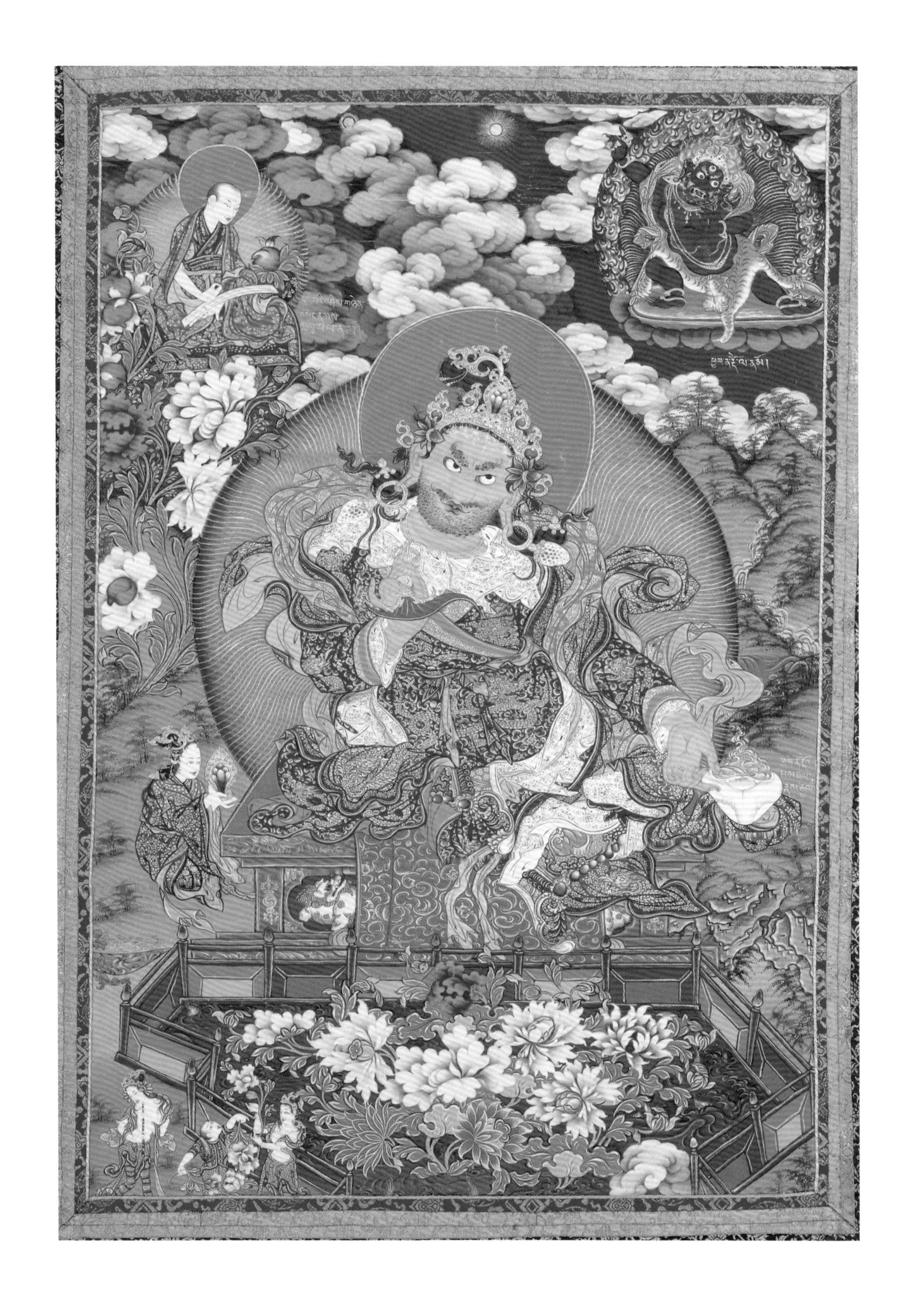

善巴拉菩薩王（之十三）

King of Shambhala

善巴拉菩薩王白面獅鼻，雙目忿怒。頭戴王盔，身披鎧甲，右手持三叉戟，左手持盾，於戰車上與敵人交戰，身後是熊熊燃燒的火燄，敵人丟盔棄甲，狼狽逃竄。此善巴拉王是獅子語文殊的化身。上界為雪域怙主洛桑益希、獅子語文殊，圍繞文殊周圍的是水天、自在天、風天、夜叉、梵天、地祇、帝釋天、火天、閻魔、羅剎等戰神。下方是第二元帥勇武、帝釋怙主、蠻王傑巴洛珠、元帥哈努、臣相月之子。藏文榜題為“獅子語文殊的化身武輪”。排列“左十六”。

此唐卡場面宏大，人物眾多，激戰場景刻劃生動。

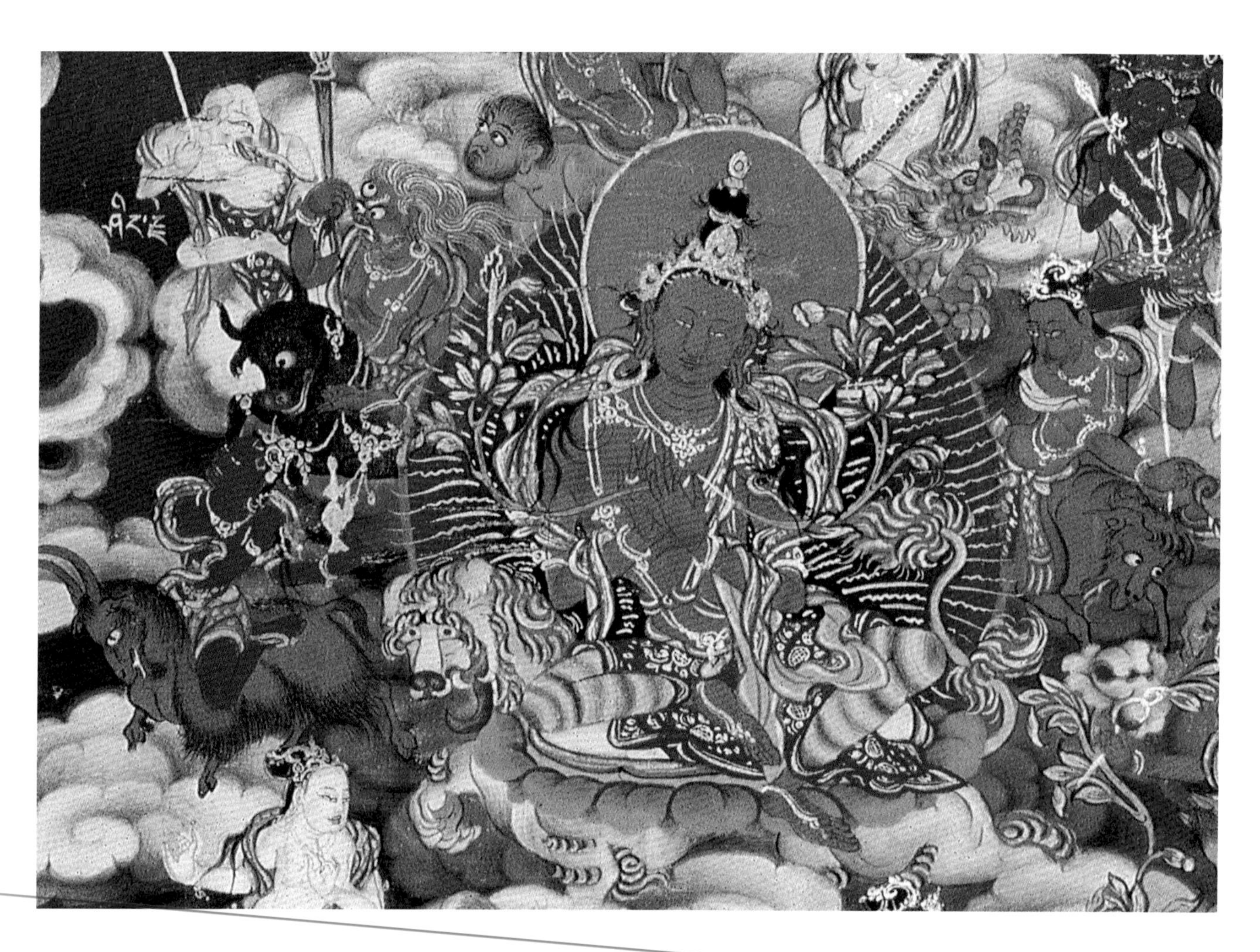

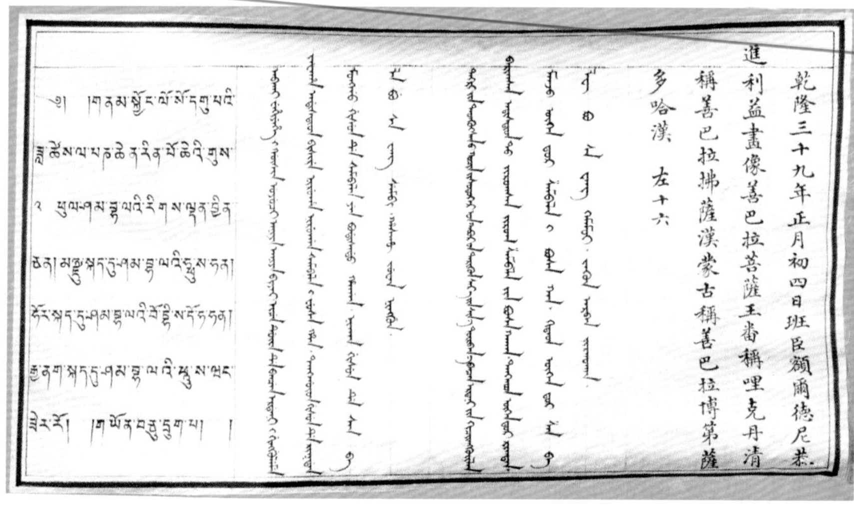

乾隆三十九年正月初四日班臣額爾德尼恭
進
利益畫像善巴拉菩薩王番稱哩克丹清
稱善巴拉拂薩漢蒙古稱善巴拉博第薩
多哈漢　左十六

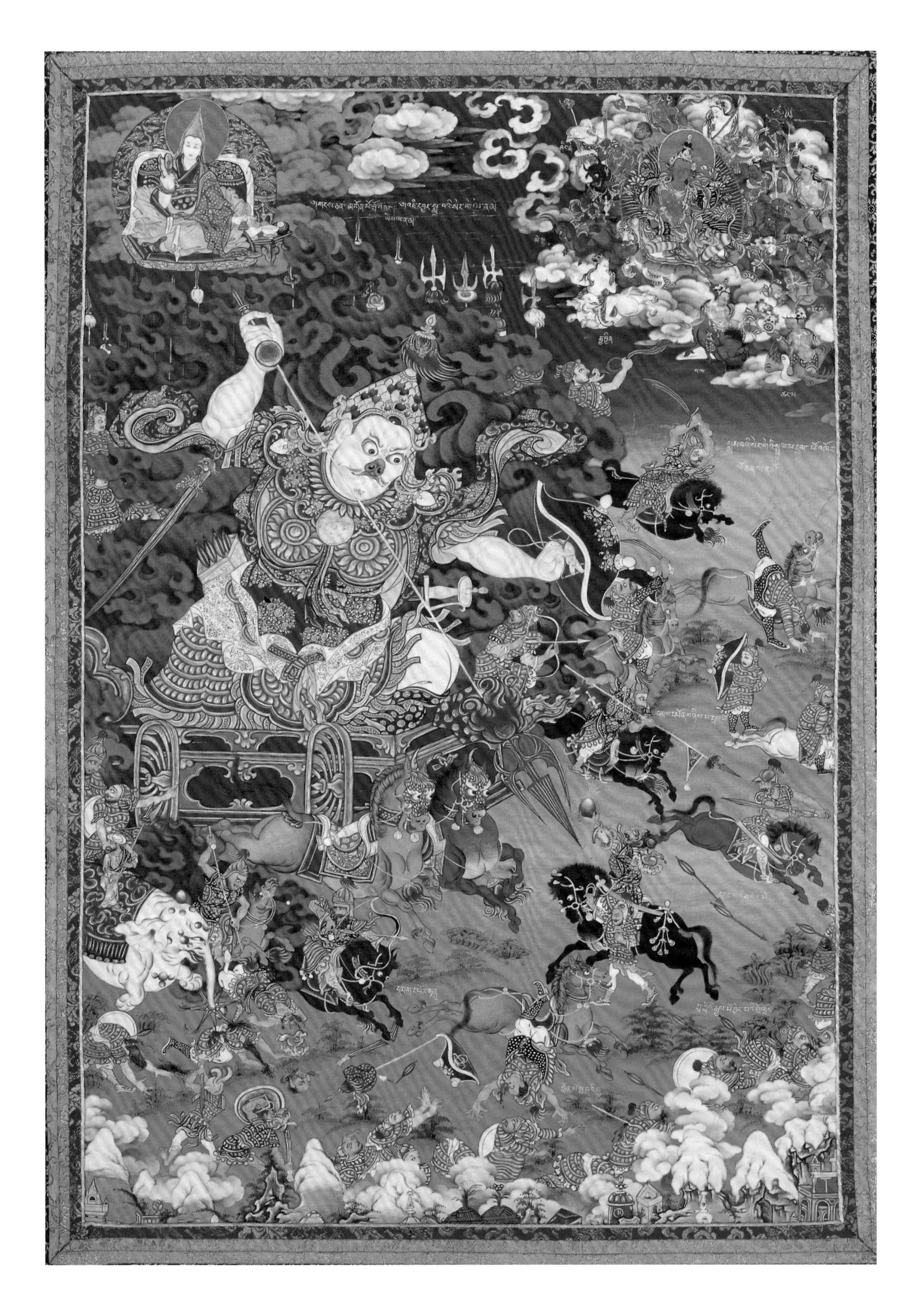

216

大威德壇城
18世紀　北京
布本設色　縱53厘米　橫51厘米
清宮舊藏

Mandala of Mahavajrabhairava
18th Century　Beijing
Distemper on Cloth　H.53cm　L.51cm
Qing Court collection

壇城又稱壇場，梵文音譯為"曼荼羅"，是佛教名詞，有"諸法聚集"之意。

壇城中心是大威德，屬無上瑜伽品父續部主尊，藍色身，九面、三十四臂、十六腿，擁抱明妃。周匝是其八種變化身，分住東、南、西、北、東北、東南、西南、西北八個方位。以對角綫把壇城分成紅、綠、黃、白四部分，西方紅色表示懷愛，南方綠色表示成就，東方白色表示息炎，北方黃色表示增益。曼荼羅圈的最外層為八大寒林，裏層是火燄、蓮花蔓枝、金剛、蓮瓣圈。四門上方雲中飄着八位供養天女，宮牆的外面有二十四個寶瓶，瓶裏裝飾八寶樹和傘蓋。上界是大持金剛和文殊菩薩，下界是六臂勇保護法和閻王。

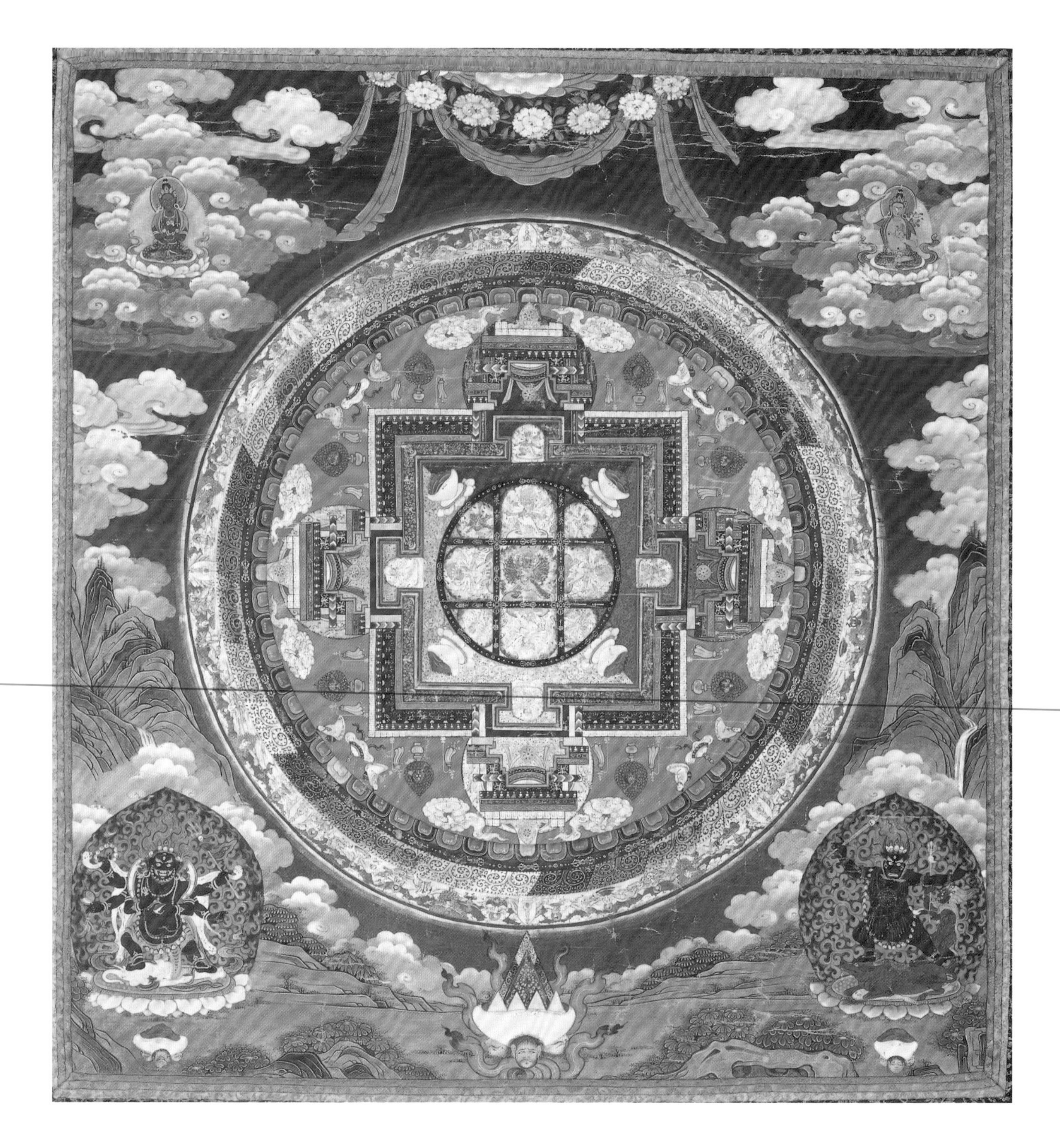

217

上樂王佛壇城

18世紀　西藏
布本設色
縱93厘米　橫63厘米
清宮舊藏

Mandala of Shamvara Buddha
18th Century　Tibet
Distemper on Cloth
H.93cm　L.63cm
Qing Court collection

壇城中心為上樂金剛，屬無上瑜伽品母續部主尊，藍色身，四面十二臂，擁抱明妃無我佛母。蓮瓣上是他的四位變化身和四個噶布拉碗。蓮瓣外有三圈二十四位變化身。以金剛作為蓮花的邊緣。宮牆內八個方位，有八位變化身。曼荼羅圈由八大寒林、火燄、蓮花蔓枝、金剛和蓮瓣圈組成。四門上方雲中飛翔着八位供養天女。宮牆外有二十四寶瓶，裝有寶樹和傘蓋。壇城上方有六十位尊神，壇城下方有諸位護法（藏文名見附錄）。下有白綾，墨書漢、滿、蒙、藏四文題記：“乾隆四十五年八月十八日　熱河紫浮唸經班禪額爾德尼恭進畫像上樂王佛壇城一軸”。

此唐卡的空間，以聚集諸神形式表現，以達到俱足圓滿。洋錦大花片金裝裱。

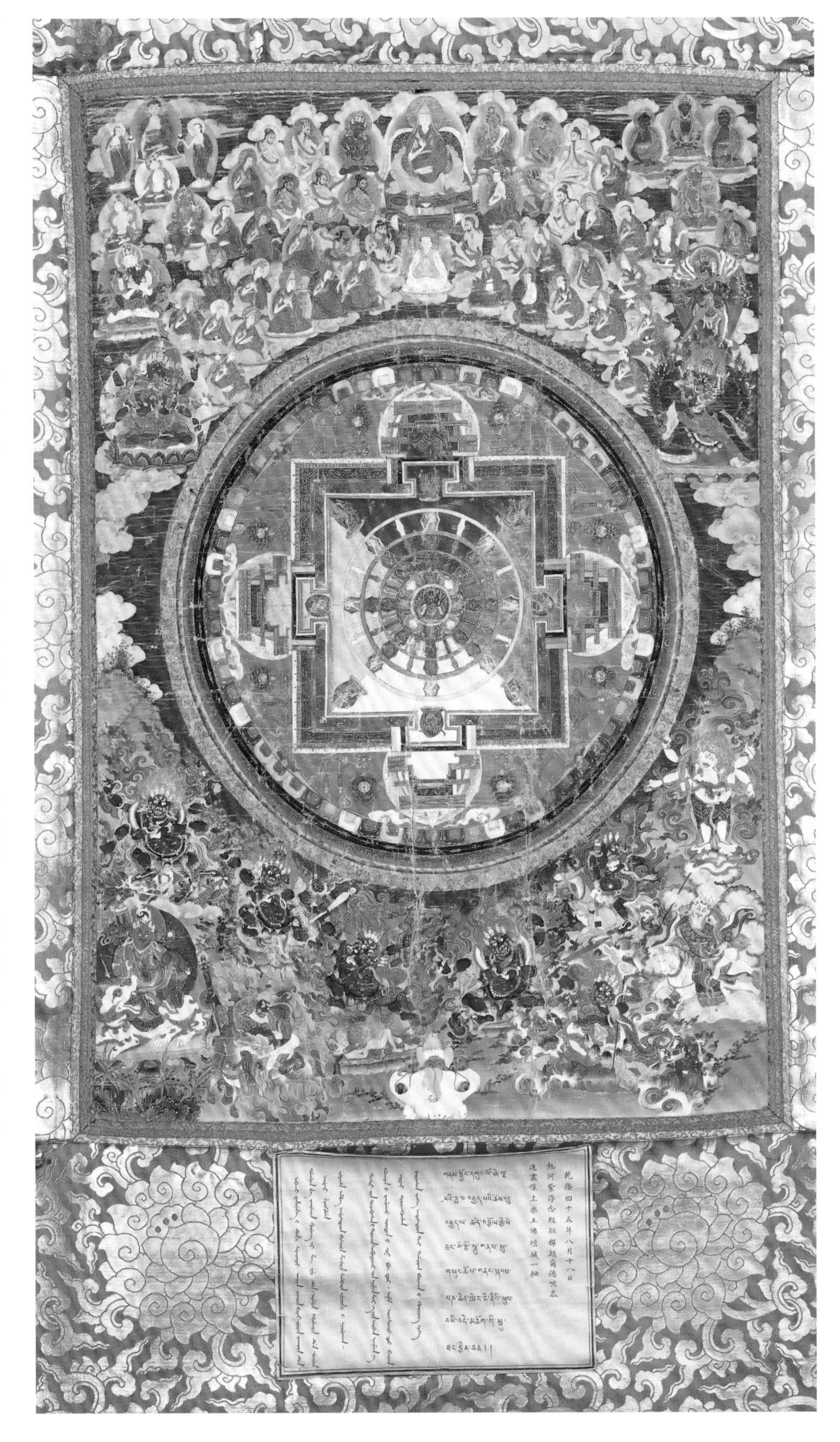

218

無量壽佛壇城
18世紀　北京
布本設色　縱72厘米　橫71厘米
清宮舊藏

Mandala of Amitayus Buddha
18th Century　Beijing
Distemper on Cloth　H.72cm　L.71cm
Qing Court collection

壇城中央為八瓣蓮花形，中心為無量壽佛，雙手托無量寶瓶，八瓣蓮花上呈現八位無量壽佛。曼荼羅圈的最外層為蓮花蔓枝圈，裏層為金剛圈和蓮瓣圈。四門上方雲中為八位供養天女，宮牆的外面用八寶樹和傘蓋裝飾。上界是釋迦牟尼和二菩薩，下界是不動金剛。

此唐卡上繪五彩流雲，下繪青綠山石，屬典型的清宮唐卡風格。織金緞裝裱。

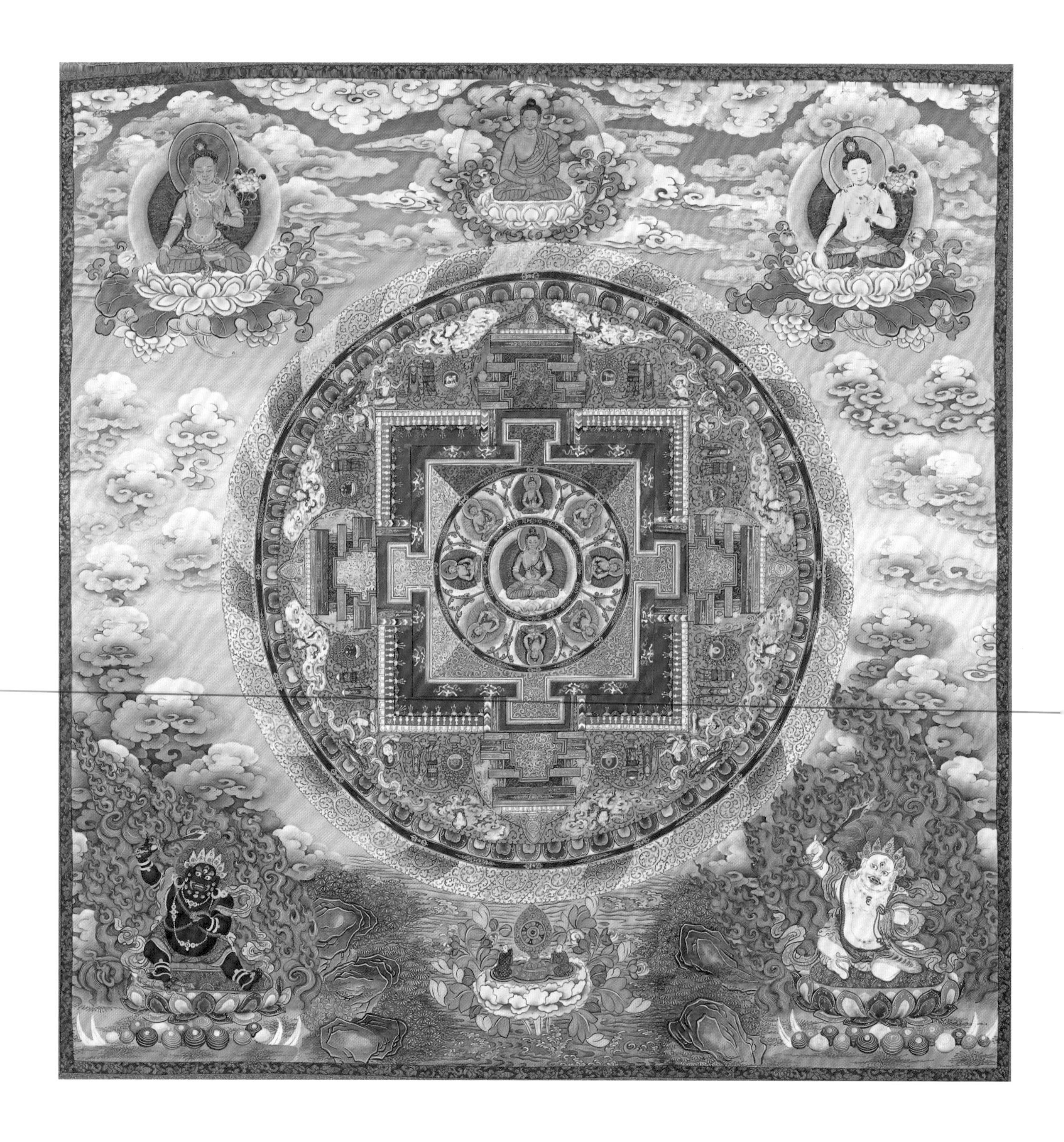

219

釋迦牟尼佛壇城
18世紀　北京
布本設色　縱84厘米　橫110厘米
清宮舊藏

Mandala of Shakyamuni Buddha
18th Century　Beijing
Distemper on Cloth　H.84cm　L.110cm
Qing Court collection

壇城中央為一朵八瓣蓮花，中心為釋迦牟尼，身着菩薩裝，結禪定印。曼荼羅圈由蓮花蔓葉、金剛和蓮瓣圈組成。四門上方的雲中有八位供養天女，宮牆的外面由寶瓶裏的八寶樹、傘蓋作裝飾。曼荼羅的周圍是八大菩薩，即釋迦牟尼隨侍菩薩文殊、金剛手、觀世音、地藏、除諸障、虛空藏、彌勒、普賢。

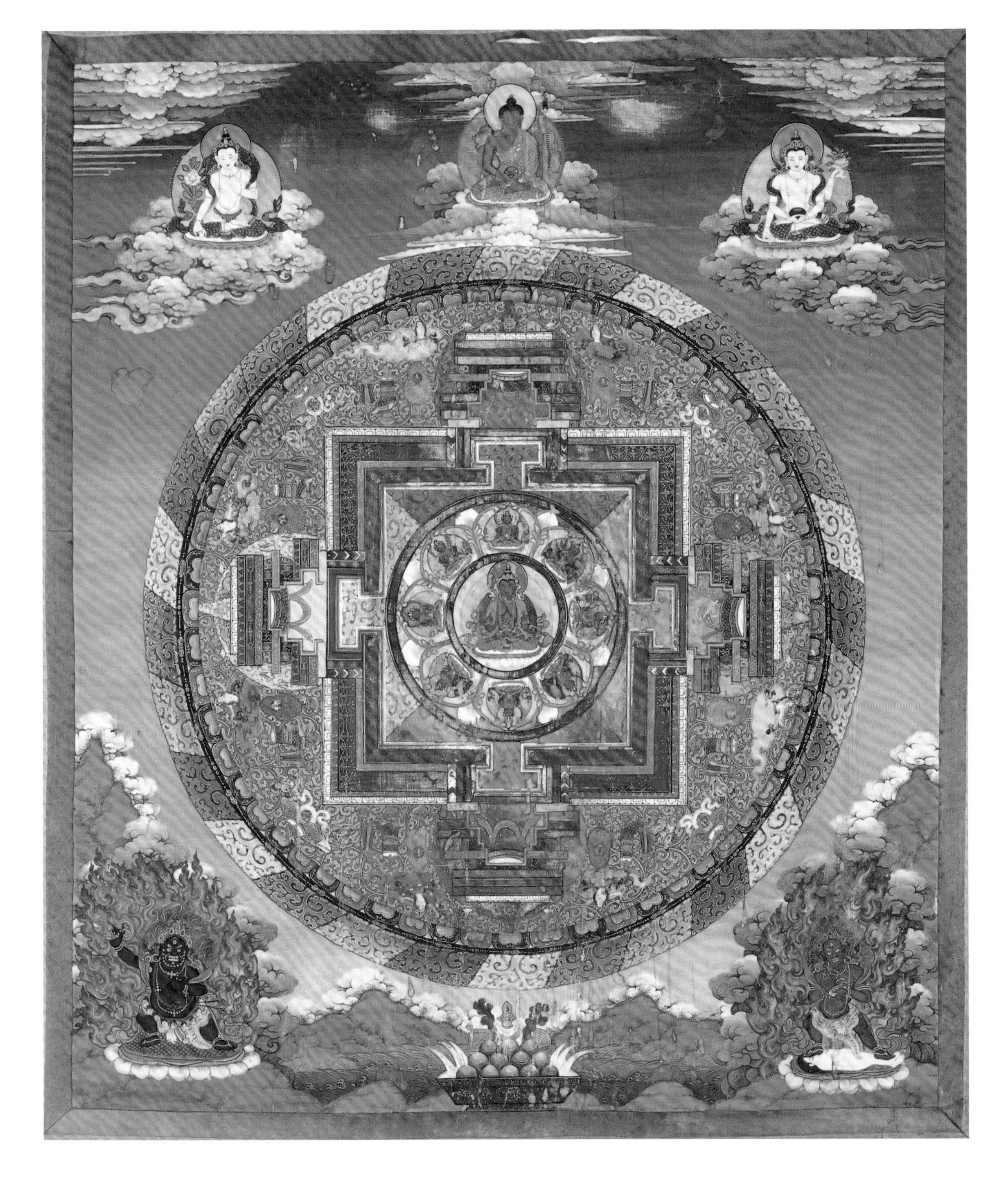

220

尊勝佛母壇城
18世紀　北京
布本設色　縱66厘米　橫56厘米
清宮舊藏

Mandala of Ushinishavijaya
18th Century　Beijing
Distemper on Cloth　H.66cm　L.56cm
Qing Court collection

壇城中央為一朵八瓣蓮花，中心的尊勝佛母屬長壽三尊之一，八瓣蓮花上為八位佛。曼荼羅圈由蓮花蔓枝、金剛和蓮瓣圈組成。四門上方的雲中，飄着八位供養天女，宮牆的外面由二十四種寶瓶裝飾，寶瓶裏裝飾八寶樹、傘和蓋。

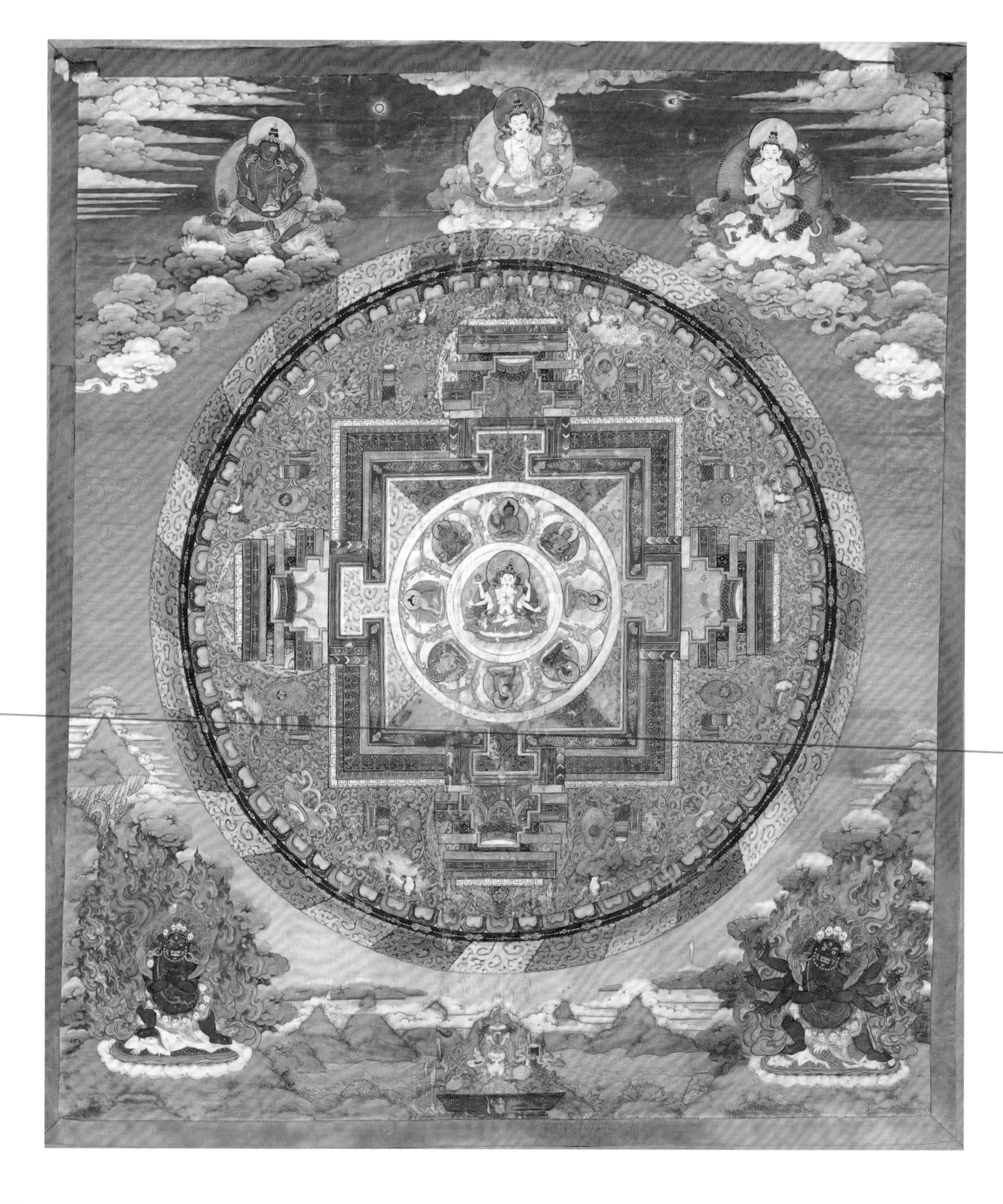

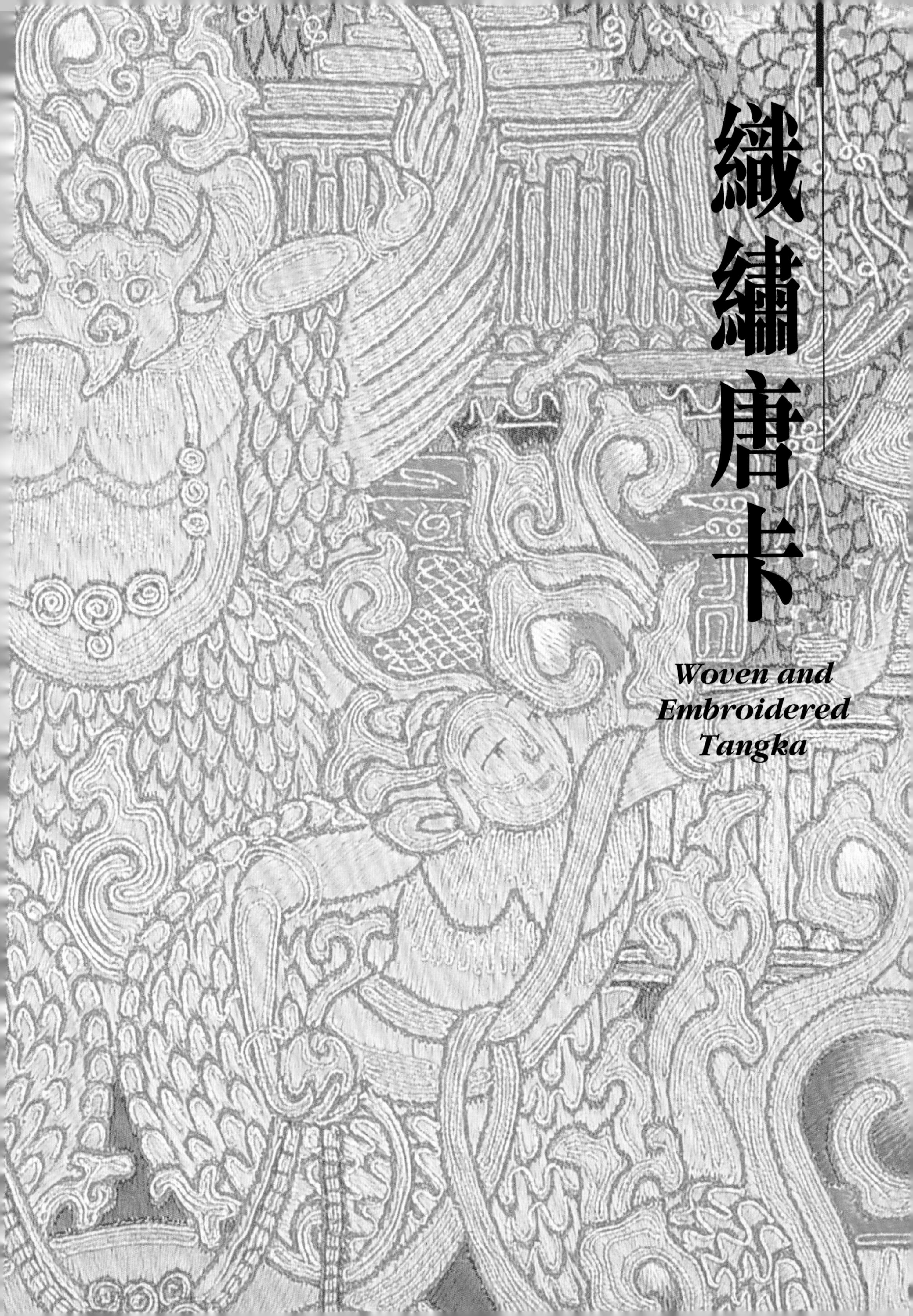

織繡唐卡

Woven and Embroidered Tangka

221

繡像陽體秘密佛

18世紀　內地
絹本刺繡
縱93厘米　橫68.5厘米
清宮舊藏

Secret Buddha of Father Tantra in Embroidery
18th Century
Interior of China
Embroidery on Satin
H.93cm　L.68.5cm
Qing Court collection

陽體秘密佛藍色雙身，三面六臂。主臂雙手擁抱明妃可觸金剛母，並分持金剛杵和金剛鈴，象徵方法與智慧雙成；右側手持法輪、拈白蓮；左側手持摩尼寶珠、握劍，結跏趺坐於蓮座上。上界為大持金剛、龍樹、黃教祖師、瑪爾巴譯師、薩迦派祖師；下界為大黑天、白身婆羅門。背面有白綾，墨書漢、滿、蒙、藏四文題記：“乾隆四十三年十二月十五日　欽命章嘉胡土克圖認看供奉利益繡像陽體秘密佛……中”。

此唐卡採用平金、平繡、平套、散套、釘綫等針法繡成。

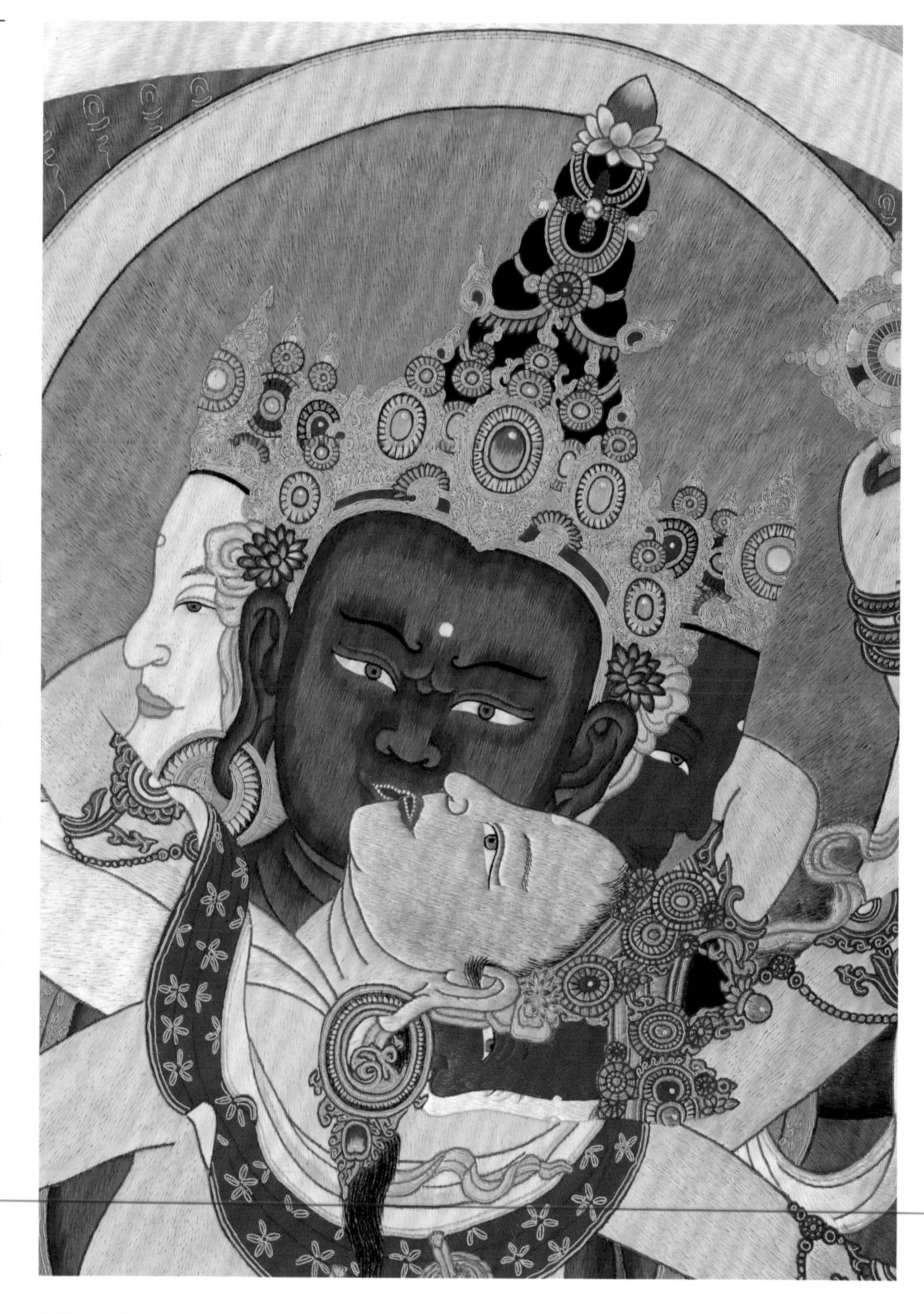

乾隆四十三年十二月十五日
欽命章嘉胡土克圖認看供奉利益繡像陽體
秘密佛番稱帕呼覺忒桑堆清稱阿伊當
勒赫索密斯渾伊三佛齊布蒙古稱額奇
克尹温都遜尼豁恭豁哩揚貴
中

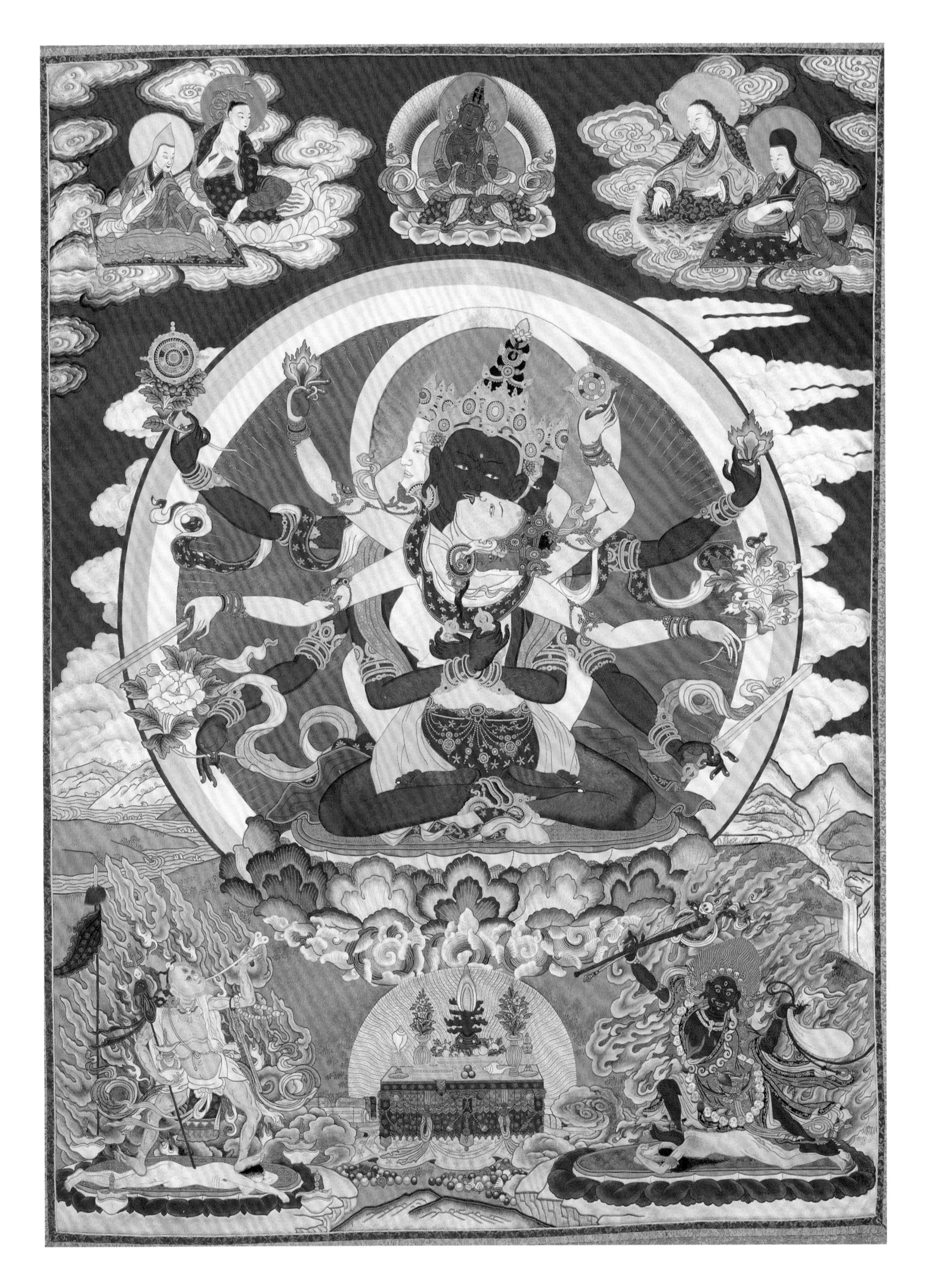

222

繡像陰體上樂王佛

18世紀　內地
絹本刺繡
縱93厘米　橫68.5厘米
清宮舊藏

Shamvara of Mother Tantra in Embroidery
18th Century
Interior of China
Embroidery on Satin
H.93cm　L.68.5cm
Qing Court collection

陰體上樂王佛即上樂金剛，藍色雙身，四面十二臂。頭戴骷髏冠，表示無常和勇武。背披白象皮，腰圍虎皮裙，象徵無畏和勇猛。項掛五十個人頭骨串成的唸珠，代表佛教全部經典。十二雙手臂象徵十二真理，各手分持不同的法器。主臂擁抱明妃金剛亥母，展右立，腳踏一男一女，表示降服了忿怒和色慾。上界為印度大成就者、黃教祖師，下界為六臂大黑天。藏傳佛教噶舉派多修此本尊。背面有白綾，墨書漢、滿、蒙、藏四文題記：“乾隆四十三年十二月十五日　欽命章嘉胡土克圖認看供奉利益繡像陰體上樂王佛……左”。

此唐卡採用平金、釘綫、平繡、套針等針法繡成。

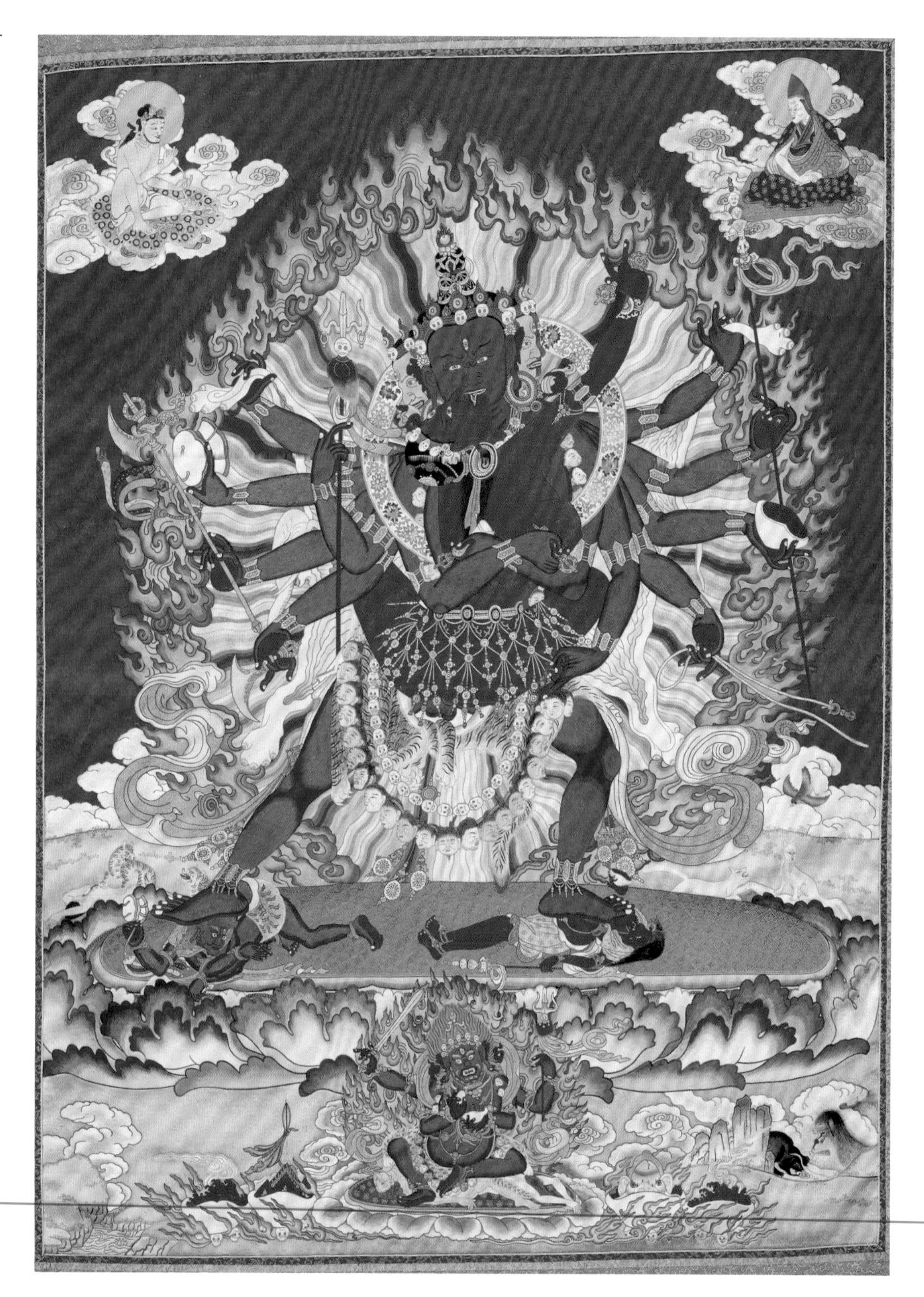

乾隆四十三年十二月十五日
欽命章嘉胡土克圖認看供奉利益繡像陰
體上樂王佛番稱嘛呤覺忒第穆綽克清
稱額伊富勒赫窩什渾塞樸崞額拂齊帝
蒙古稱額克尹溫都遜唖嘎喇薩穆巴喇　左

223

繡像陽體威羅瓦金剛

18世紀　內地
絹本刺繡
縱94厘米　橫68.5厘米
清宮舊藏

Vajrabhairava of Father Tantra in Embroidery
18th Century
Interior of China
Embroidery on Satin
H.94cm　L.68.5cm
Qing Court collection

威羅瓦即大威德怖畏金剛，藍色雙身，九面三十四臂十六足。主面為牛頭，最上笑面為文殊菩薩像，表明是文殊菩薩的威猛相。主臂擁抱白色明妃羅浪雜娃，手持法器，表示智慧、勇猛、堅固、威力無比。展左立，右八足踏走獸，象徵八成就；左八足踏飛禽，象徵八自在清淨，在八獸和八禽之下還有天王、明妃。上界為兩位印度大成就者，下界為閻羅王。背面有白綾，墨書漢、滿、蒙、藏四文題記：“乾隆四十三年十二月十五日欽命章嘉胡土克圖認看供奉利益繡像陽體威羅瓦金剛……右”。

此唐卡繡綫設色退暈與間暈相結合，採用平繡、釘綫、平金、散套針、斜纏針等針法，細部略着筆點染。

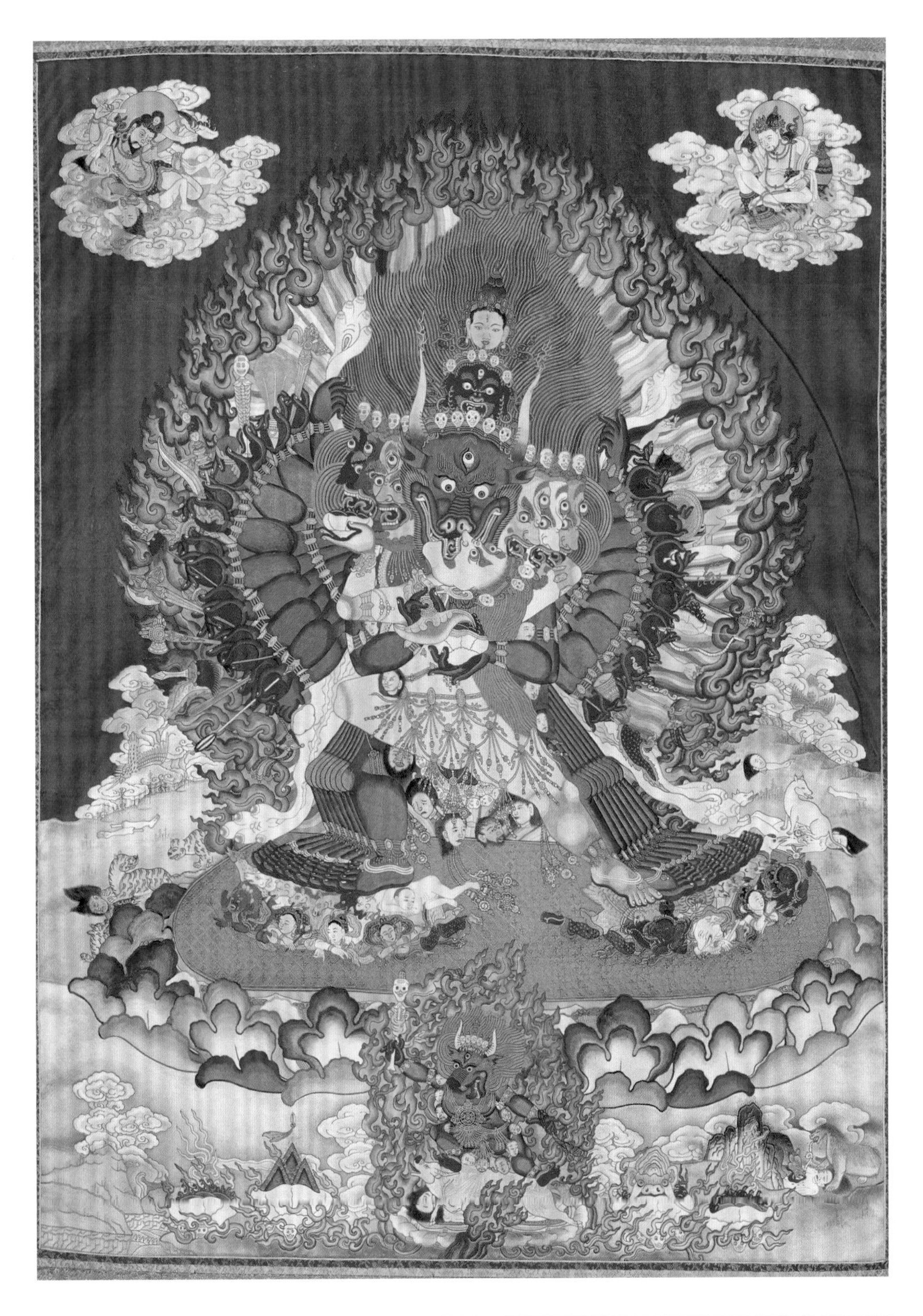

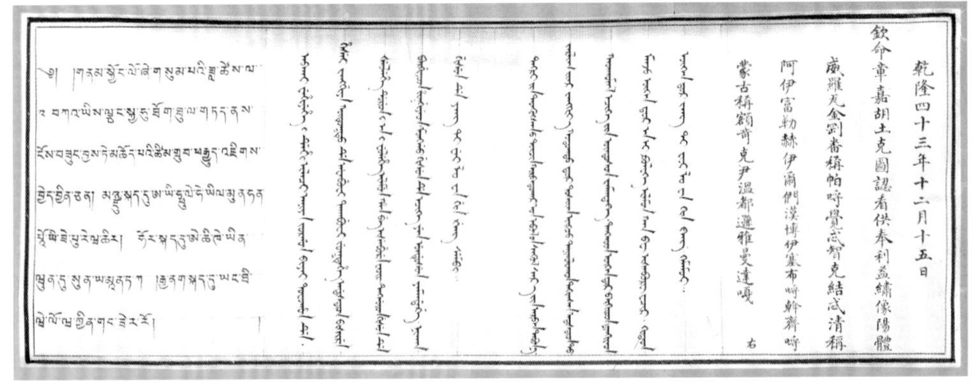

乾隆四十三年十二月十五日
欽命章嘉胡土克圖認看供奉利益繡像陽體
威羅瓦金剛番稱帕哷覺忒智克結忒清稱
阿伊富勒赫伊爾們漢博伊塞布哷斡齋哷
蒙古稱額哷克尹溫都遜雅曼達嘎
右

224

繡像陽體秘密佛

18世紀　內地
絹本刺繡
縱45厘米　橫34厘米
清宮舊藏

Secret Buddha of Father Tantra in Embroidery

18th Century
Interior of China
Embroidery on Satin
H.45cm　L.34cm
Qing Court collection

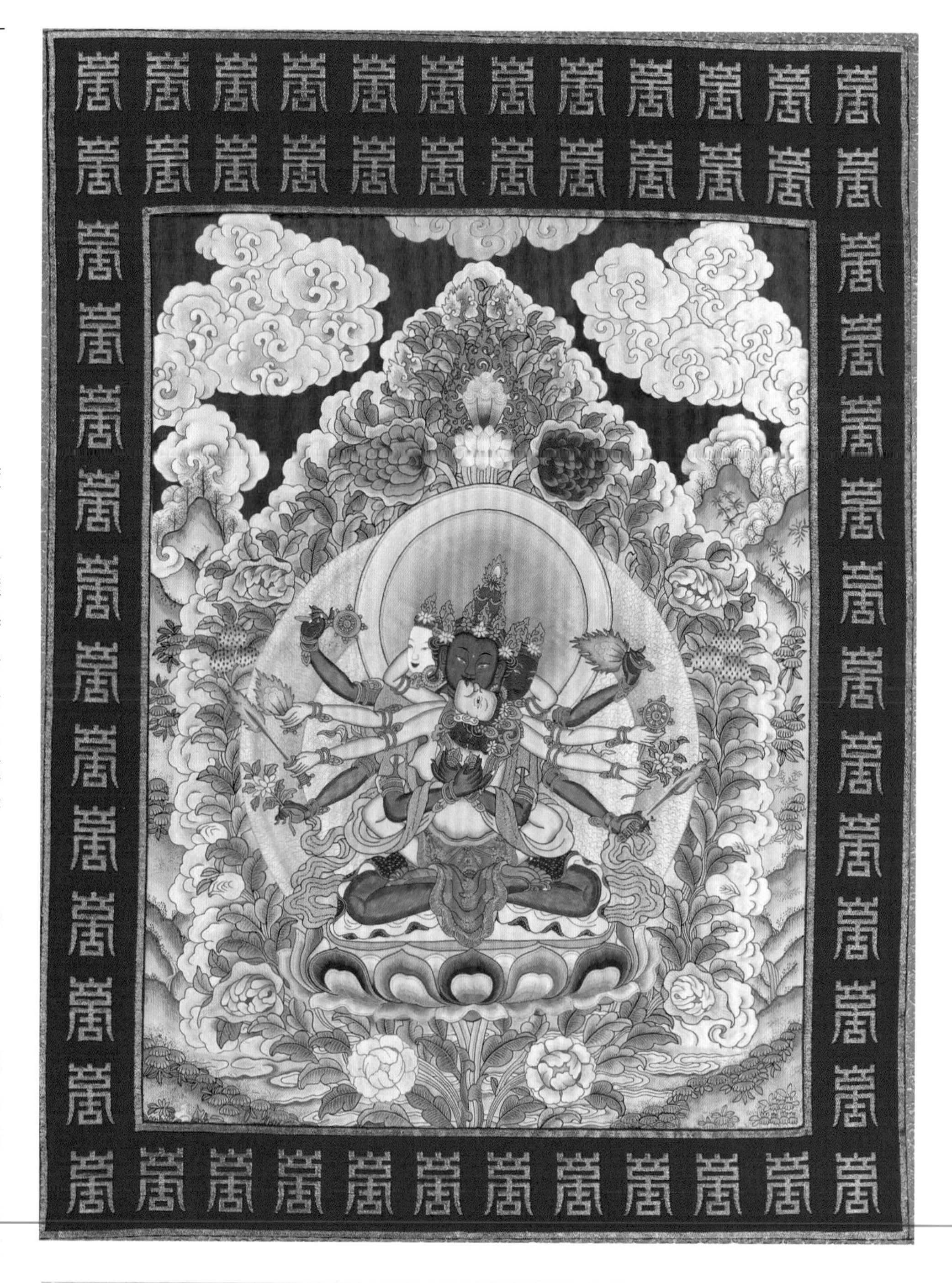

陽體秘密佛即密集金剛，藍色雙身，三面六臂。藍、白、紅三面表示降服、息災、敬愛之意。主臂雙手擁抱明妃可觸金剛母，並分持金剛杵和金剛鈴，象徵方法與智慧雙成；右側手持法輪、握白蓮；左側手持摩尼寶珠、握劍，結跏趺坐於蓮座之上。背面有白綾，墨書漢、滿、蒙、藏四文題記：“乾隆四十三年九月初一日　欽命章嘉胡土克圖認看供奉利益繡像陽體秘密佛……中”。

此唐卡為不露地滿繡，繡綫設色退暈與間暈相結合，採用平繡、釘綫、平金、斜纏針、套針等針法，其中尤以平金表現的衣服紋樣及葉脈最為細膩。佛像外飾紅色金壽字織金緞，邊緣鑲綴綠色纏枝蓮織金緞。

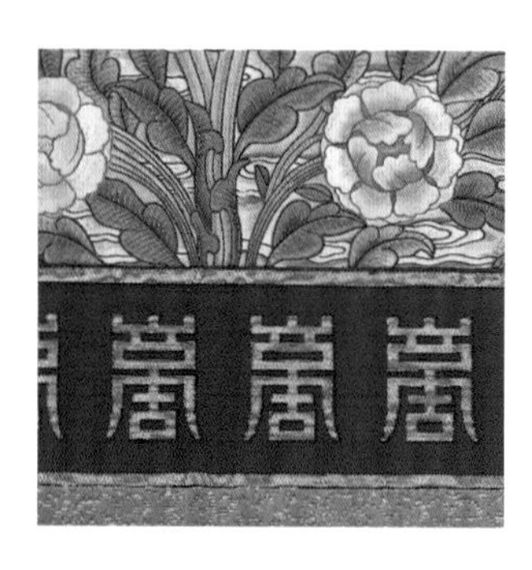

乾隆四十三年九月初一日
欽命章嘉胡土克圖認看供奉利益繡像陽體秘密
佛番稱帕呼讚忒桑堆清稱阿依富勒赫索森
斯渾依三拂森希蒙古稱額奇克尹溫都遜尼
谿察谿哩揚歸
中

225

繡像釋迦牟尼佛成道像

18世紀　內地
絹本刺繡
縱47厘米　橫34.5厘米
清宮舊藏

Shakyamuni Buddha in Embroidery
18th Century
Interior of China
Embroidery on Satin
H.47cm　L.34.5cm
Qing Court collection

釋迦牟尼面相莊嚴祥和，身着紅底繡花袈裟，左手結禪定印，右手結觸地印，結跏趺坐於蓮座上。四角為四位脅侍菩薩，左上方為金剛手菩薩，右上方為地藏菩薩；左下為文殊菩薩，右下為觀音菩薩。背面有白綾，墨書漢、滿、蒙、藏四文題記：“乾隆四十二年四月初二日　欽命阿旺班珠爾胡土克圖認看供奉利益繡像釋迦牟尼佛……中”。

此唐卡為滿繡，繡綫設色退暈，採用釘綫、平金、平繡、散套針等針法，衣服及佛桌圍紋樣均以單金綫圈釘表現，佛的袈裟褶邊張馳有度，極富質感。像外飾以紅色壽字織金緞，邊緣鑲綴綠色纏枝蓮織金緞。

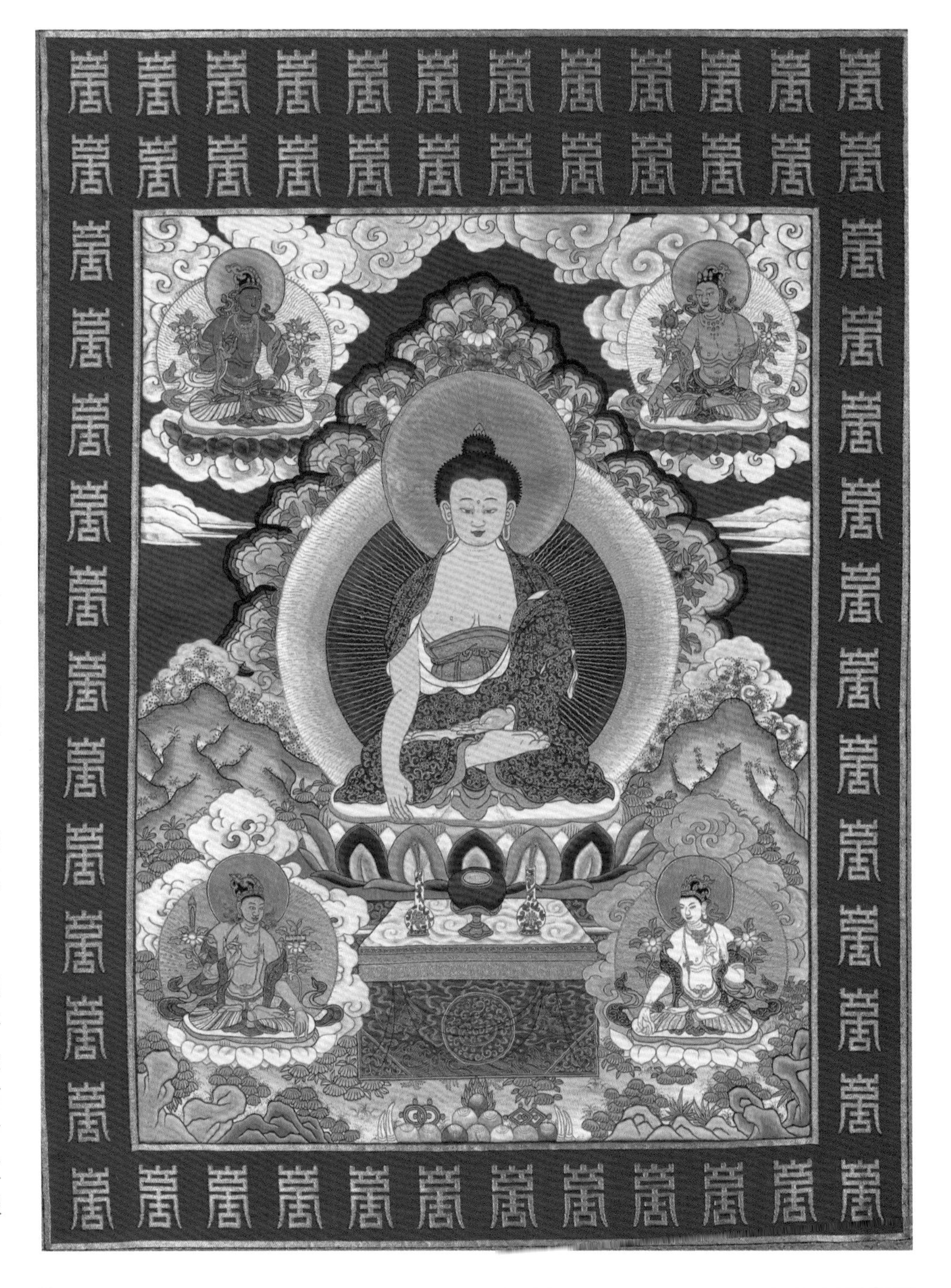

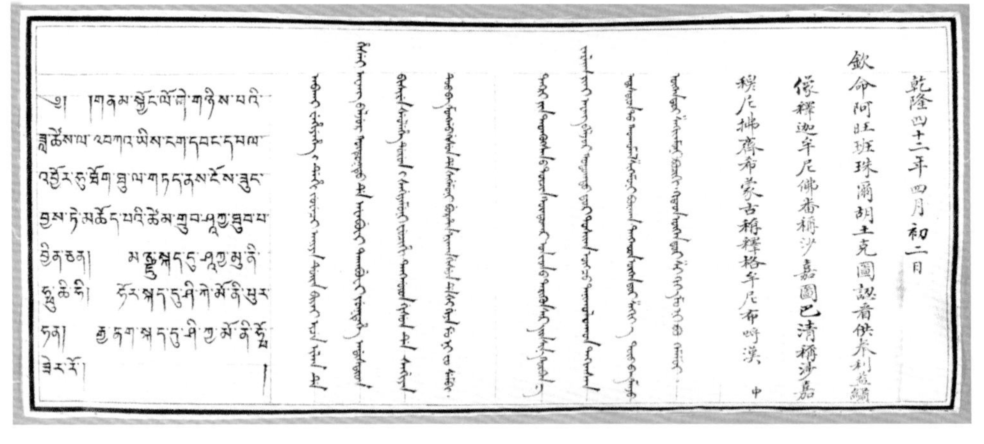

乾隆四十二年四月初二日
欽命阿旺班珠爾胡土克圖認看供奉利益繡
像釋迦牟尼佛番稱沙嘉圖巴清稱沙嘉
穆尼拂齋布蒙古稱釋格牟尼布呀漢　中

226

繡像彌勒佛聖界圖

18世紀　內地
絹本刺繡　縱60厘米　橫34厘米
清宮舊藏

Maitreya Buddha in Embroidery
18th Century　Interior of China
Embroidery on Satin　H.60cm　L.34cm
Qing Court collection

上方彌勒身着菩薩裝，左手捧淨瓶，右手結說法印，結跏趺坐於蓮座上，表現他在兜率天宮說法情景。其左側為阿底峽，右為宗喀巴。下方彌勒頭戴天冠，身有帔帛，下束裙，腳踩摩尼寶珠，表明佛滅度後，彌勒從兜率天宮下生，來到人間，正在給僧俗大眾摸頂賜福。背面有白綾，墨書漢、滿、蒙、藏四文題記：“乾隆四十一年八月二十日　欽命阿旺班珠爾胡土克圖認看供奉繡像彌勒佛……”。

此唐卡繡綫設色豐富，運用不同粗細的拈金綫，施以平金、平繡、網繡、纏針、平散套針、施毛針、釘綫等針法。另外，此件還運用繡綫加編結的手法，令人耳目一新。此唐卡代表了清乾隆時期刺繡工藝的最高水平。

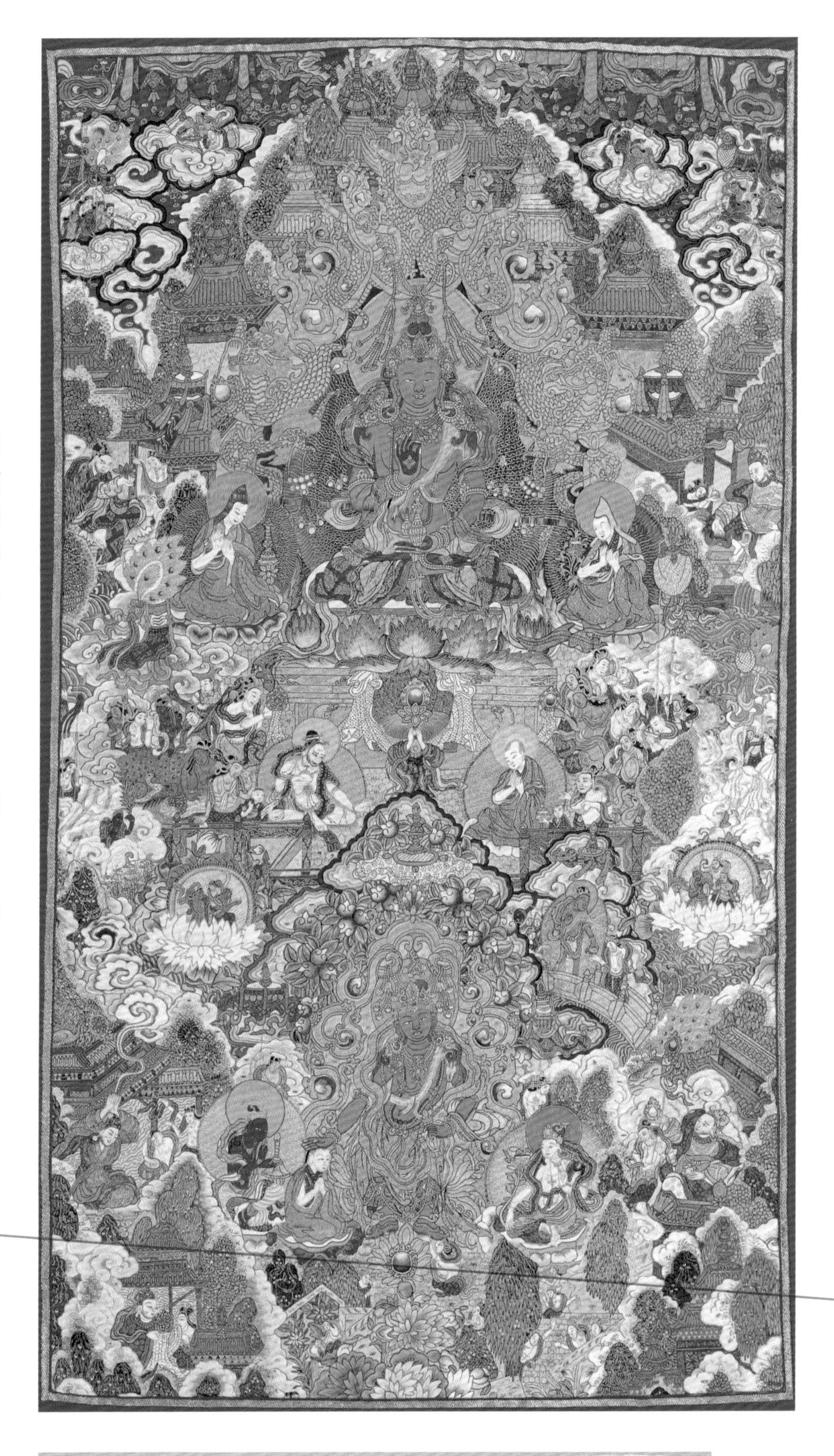

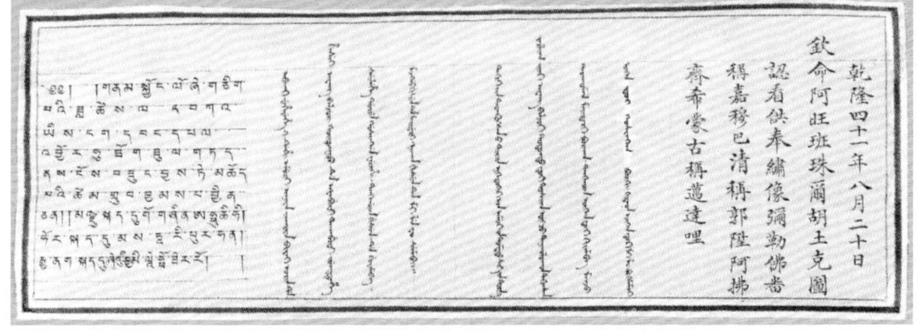

乾隆四十一年八月二十日
欽命阿旺班珠爾胡土克圖
認看供奉繡像彌勒佛番
稱嘉穆巴清稱郭陞阿拂
壽希蒙古稱邁達哩

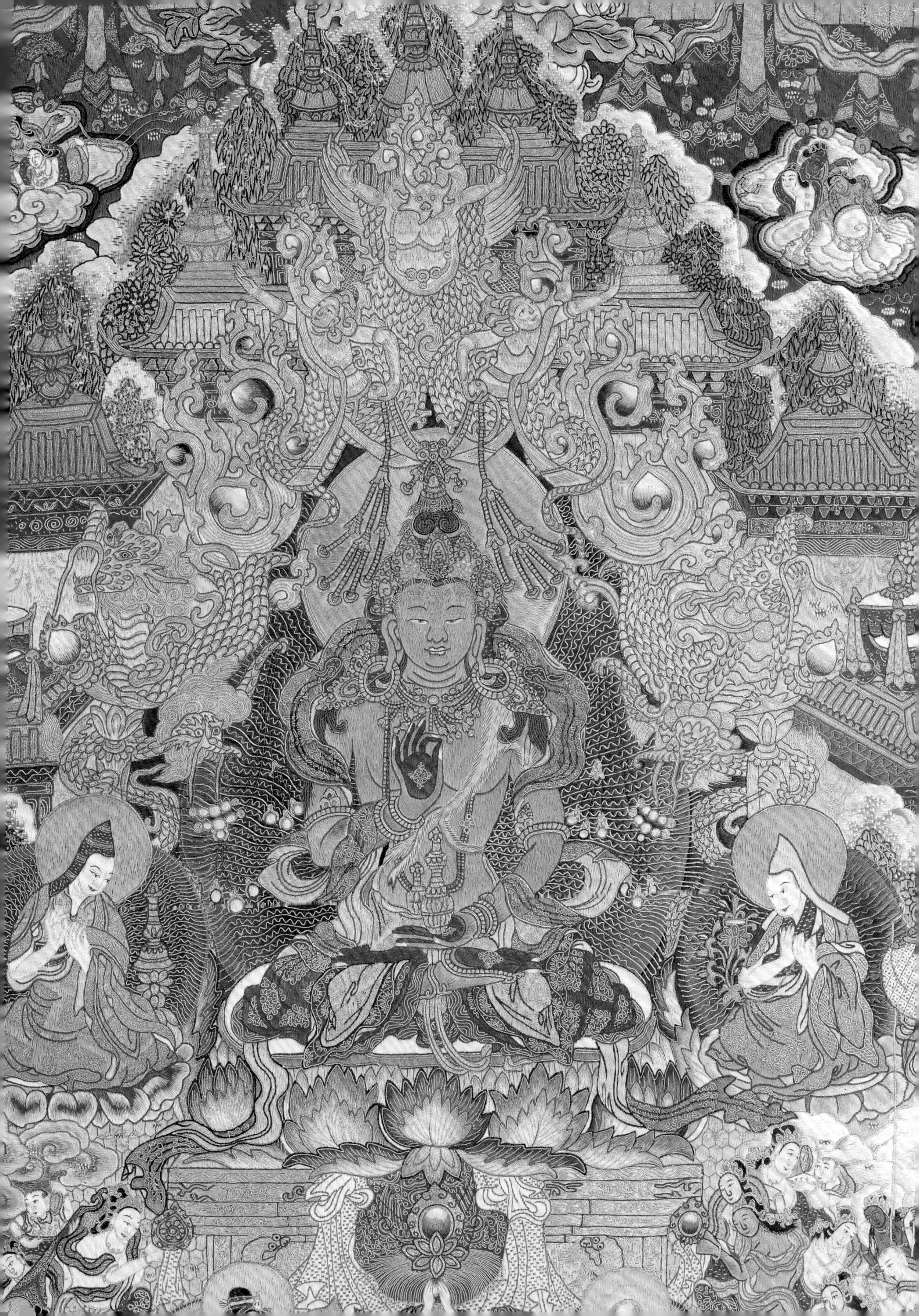

227

繡像阿彌陀佛極樂世界

18世紀　內地
絹本刺繡
縱32.7厘米　橫22.1厘米
清宮舊藏

Amitabha Buddha's Pure Land of Bliss in Embroidery
18th Century
Interior of China
Embroidery on Satin
H.32.7cm　L.22.1cm
Qing Court collection

阿彌陀佛是佛教所說的西方極樂世界的教主，稱唸其名號，死後即可往生極樂世界，所以也稱“接引佛”、“無量壽佛”。此幅唐卡畫面除運用大量的金色外，還以紅色為主要搭配顏色，形成強烈的色彩對比。畫面正中阿彌陀佛全跏趺坐於蓮台之上，雙手捧缽。主尊上方安置宗喀巴及其兩大弟子、護法神和菩薩。最上方深藍色天空裏，彩雲繚繞，佛、菩薩、歌伎樂隊駕於雲端，飛天飄舞。主尊左右兩側分別是大勢至菩薩和觀音菩薩。阿彌陀佛前方則是寶池蓮花，池中蓮花上跪着轉生天國的信徒；林中各種奇鳥飛翔。畫面下方為吉祥天母、六臂勇保護法、財寶大黑天和閻王。

此唐卡繡綫設色退暈，採用平繡、散套針、釘綫、纏針以及平金與穿金綫相結合的刺繡技法。圖上紋樣雖然細小繁複，卻都繡製得精細清晰。像後貼有白綾，用漢、滿、蒙、藏四體文字書寫的題記：“利益繡像阿彌陀佛極樂世界……”。

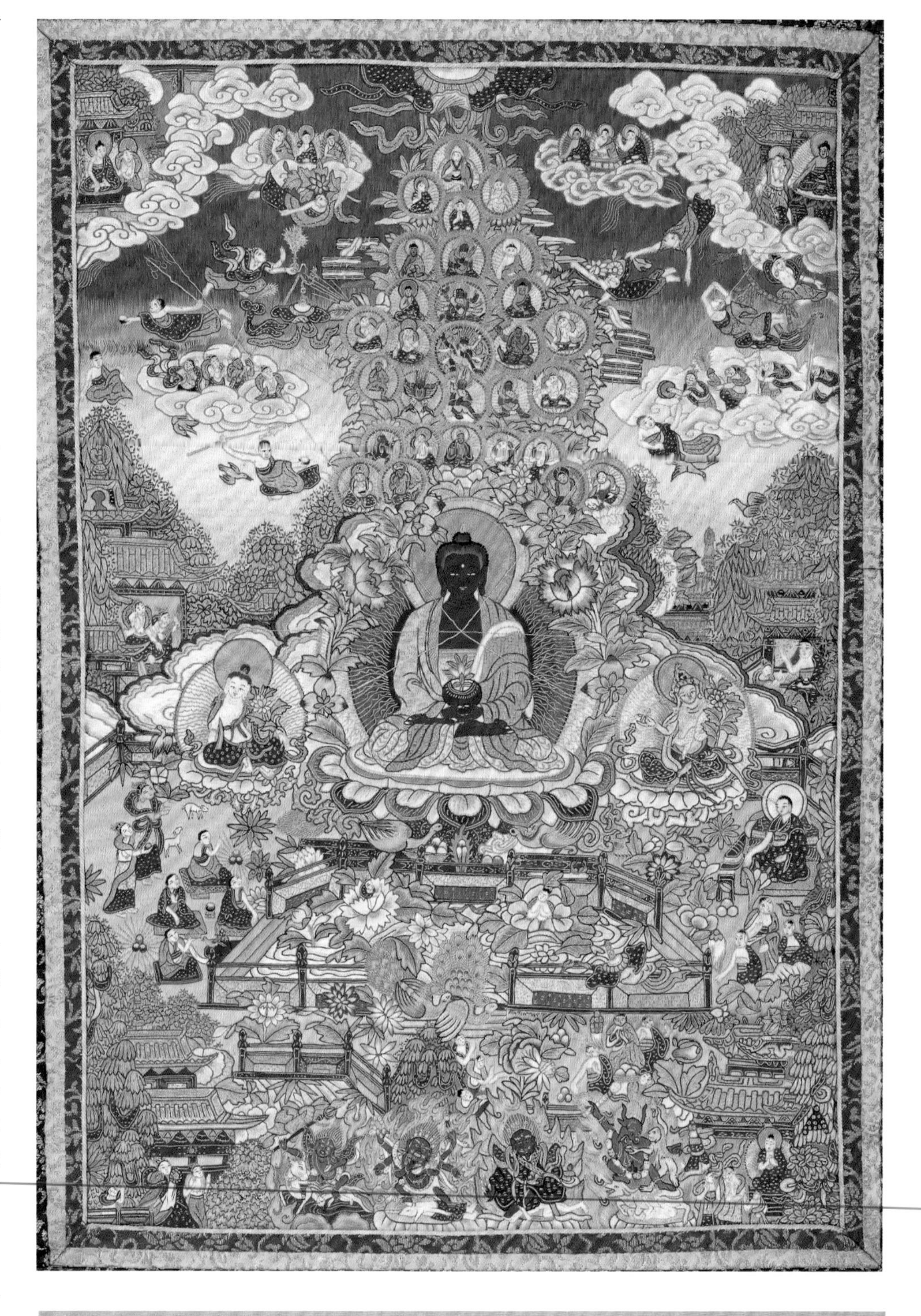

利益繡像阿彌陀佛極樂世界
番稱額巴克墨忒吉勝果忒清
稱墨渾阿庫額爾登額拂齊希
伊塞樸真尼額爾呵巴蒙古稱
察克拉什烏格依格呼爾圖布
呼漢努遜嘎斡第額倫

228

繡像觀世音菩薩

18世紀　內地
絹本繡像
縱47厘米　橫34.5厘米
清宮舊藏

Avalokiteshvara in Embroidery
18th Century
Interior of China
Embroidery on Satin
H.47cm　L.34.5cm
Qing Court collection

觀世音菩薩，紅色身，面相年輕純真。頭戴五佛寶冠，身掛珠寶項鏈，右手施與願印，左手持蓮花，結跏趺坐。四角四位菩薩像，均為輪王坐姿。背面有白綾，墨書漢、滿、蒙、藏四文題記："乾隆四十三年九月初一日　欽命章嘉胡土克圖認看供奉利益繡像觀世音菩薩……左二"。

此唐卡繡綫設色退暈與間暈相結合，採用平繡、平金、平套、散套、釘綫等針法，細部作着筆點染。像外飾紅色金壽字織金緞。

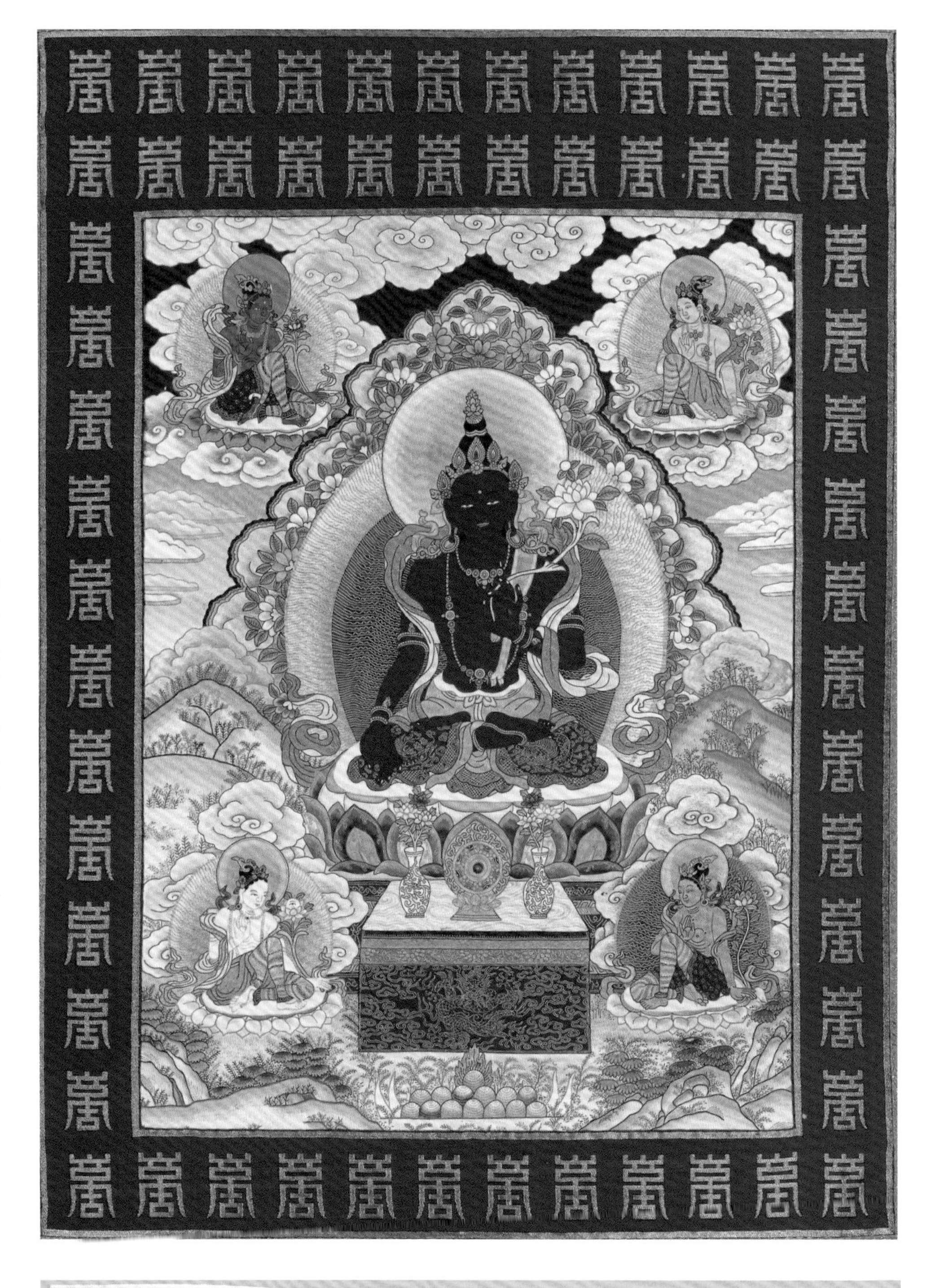

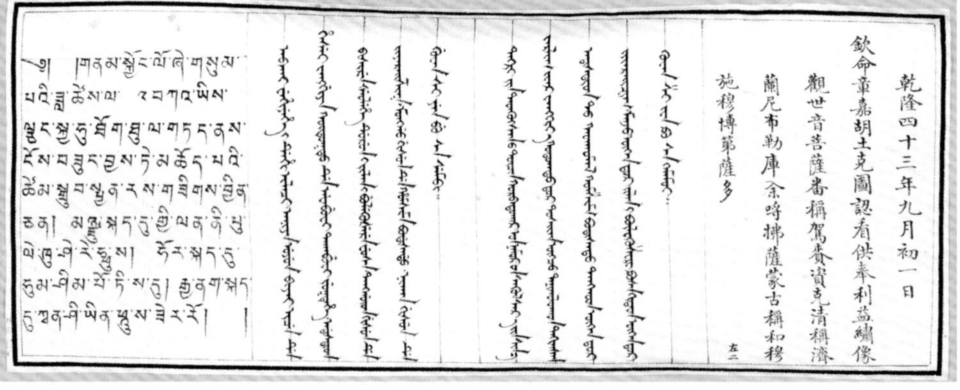

乾隆四十三年九月初一日
欽命章嘉胡土克圖認看供奉利益繡像
觀世音菩薩番稱駕賚資克清稱濟
蘭尼布勒庫余時拂薩蒙古稱和穆
施穆博第薩多
左二

229

繡像十一面觀世音菩薩

18世紀　內地
絹本刺繡
縱76厘米　橫51厘米
清宮舊藏

Eleven-headed Avalokiteslıvara in Embroidery
18th Century
Interior of China
Embroidery on Satin
H.76cm　L.51cm
Qing Court collection

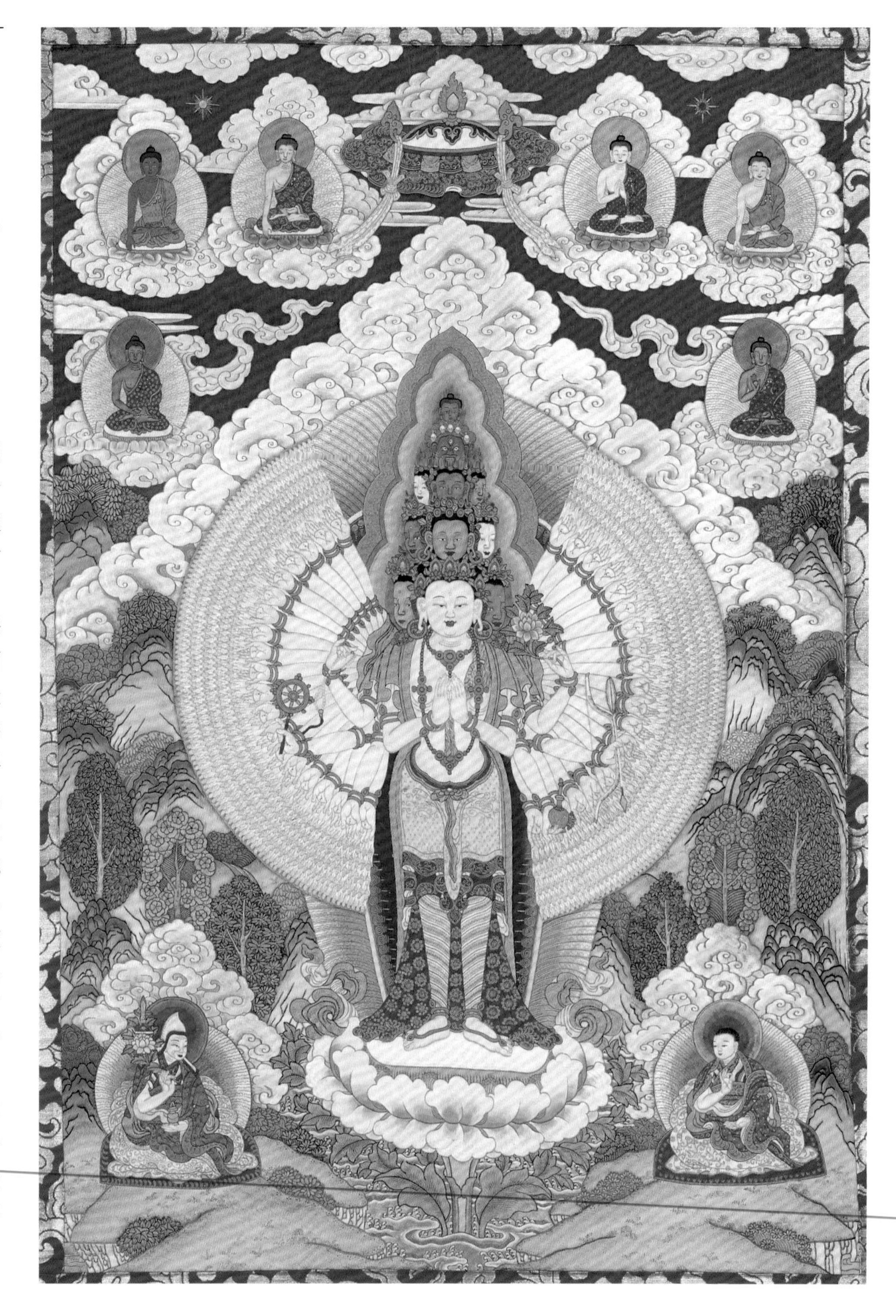

十一面觀世音菩薩，十一個顏面象徵菩薩修完“十地”，最後功行圓滿，到達第十一地（佛地）。向前方的三面作菩薩善面慈悲相，代表寶部；左側三面作瞋怒相，代表金剛部；右側三面寂靜安詳，代表蓮花部；最上一面為阿彌陀佛，代表佛部。其胸前八臂，當中雙手合十，身後是千手千眼，呈扇形排列，千手表示護持眾生，千眼表示觀照世間，都是大悲的表現。上方左起為阿閦佛、釋迦牟尼佛、毗盧遮那佛、寶生佛；第二行為阿彌陀佛、不空成就佛。下方為黃教祖師和仲敦巴。背面有白綾，墨書漢、滿、蒙、藏四文題記：“乾隆四十三年四月二十四日　欽命章嘉胡土克圖認看供奉利益繡像十一面觀世音菩薩……”。

此唐卡繡綫設色退暈，採用平繡、平金、套針、釘綫、纏針等針法，細部着筆點染。

乾隆四十三年四月二十四日
欽命章嘉胡土克圖認看供奉利益繡像十
一面觀世音菩薩番稱嘉賚咨克卓
濟克沙爾清稱專額穆德楞額積喇
噶布勒庫喻呼拂薩蒙古稱阿呼
班呢根呢郭呼圖和穆苑穆博第
薩多

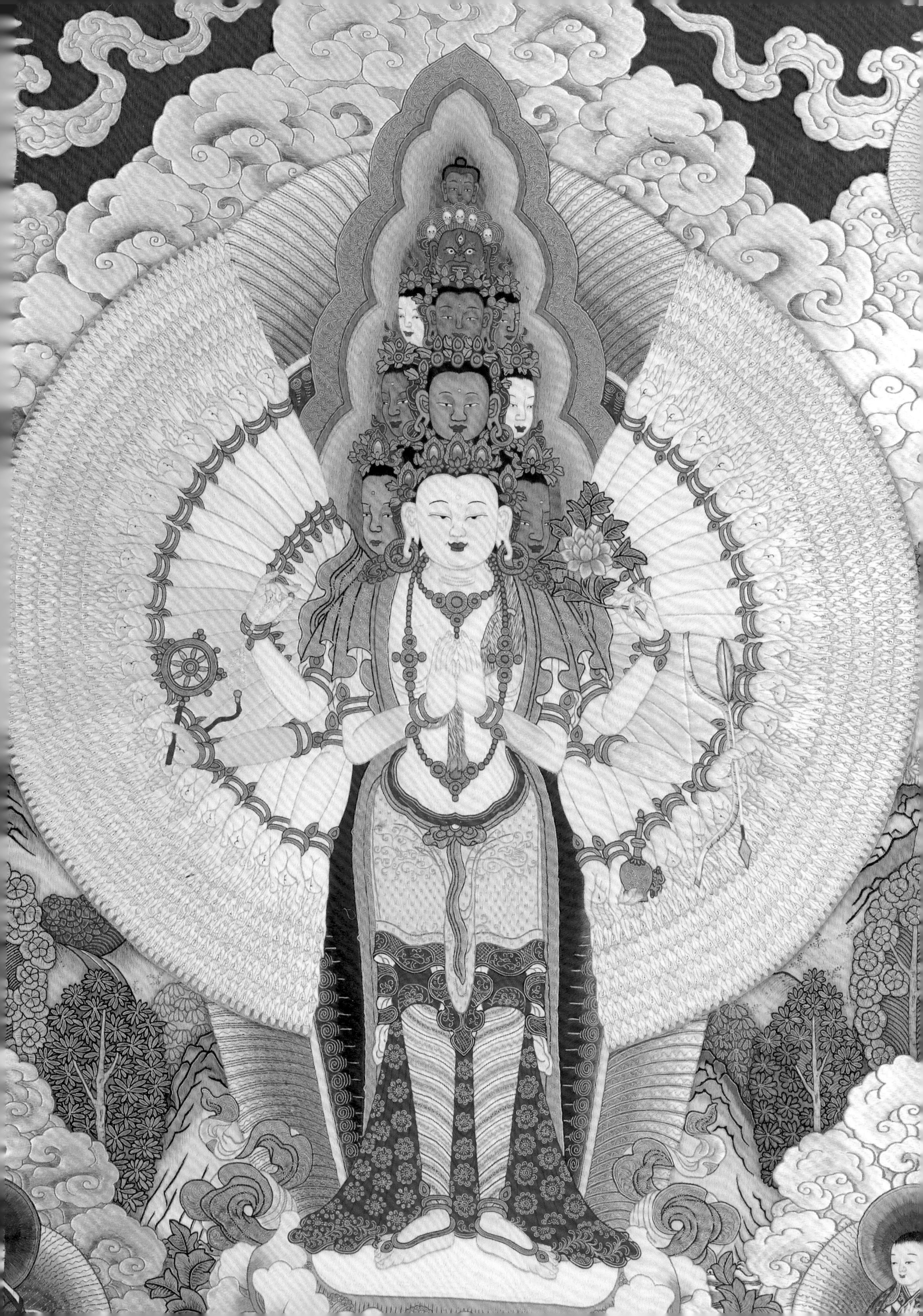

230

繡像吉祥天母

18世紀　內地
絹本繡像
縱69厘米　橫50厘米
清宮舊藏

Shri Devi in Embroidery

18th Century
Interior of China
Embroidery on Satin
H.69cm　L.50cm
Qing Court collection

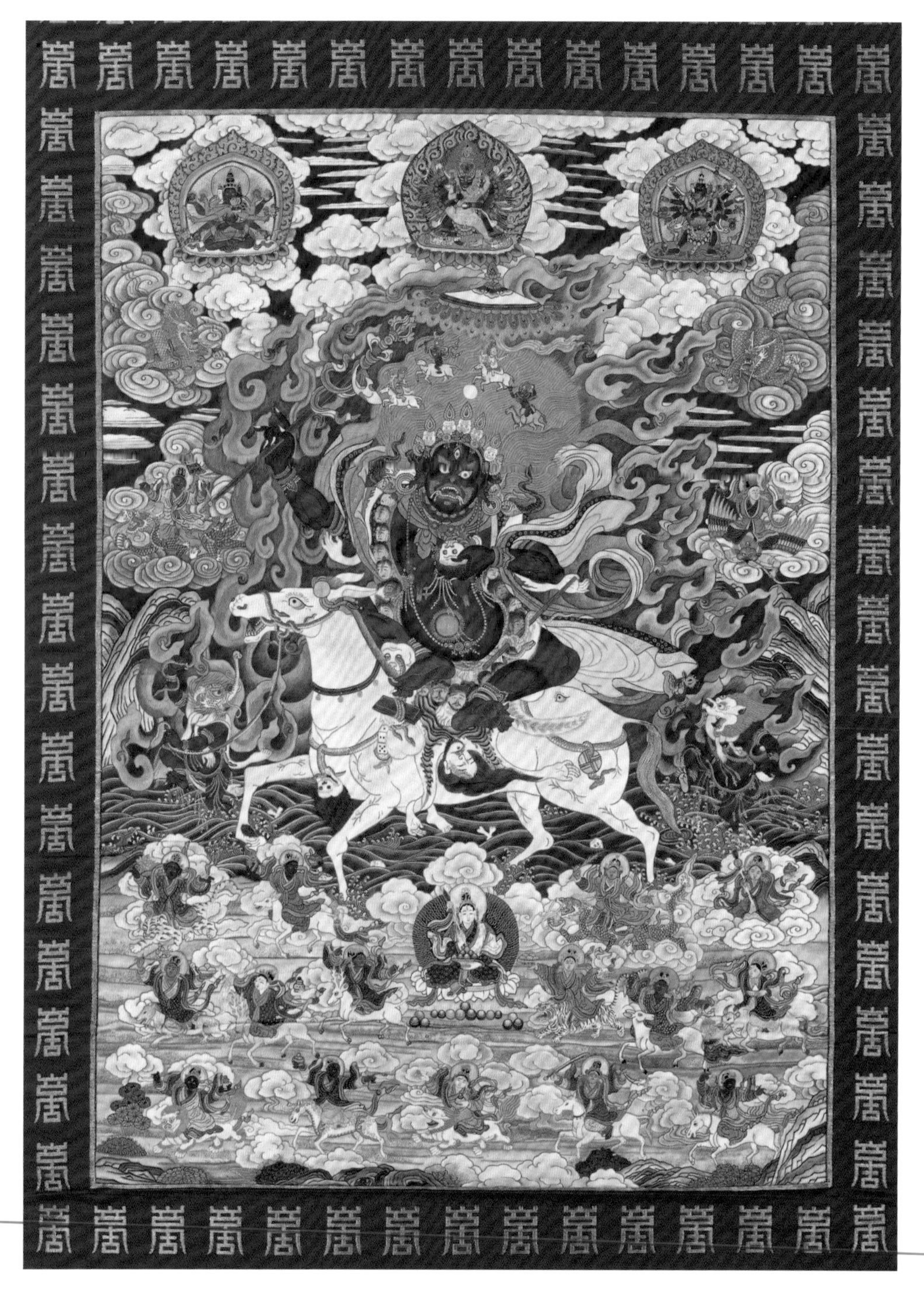

吉祥天母又稱吉祥天女，是藏傳佛教萬神殿中居於首位的女護法神。

吉祥天母藍色身，呈威猛相。頭戴骷髏冠，三目圓睜，呲口獠牙。身佩骷髏大瓔珞，左手捧裝滿童血的噶布拉碗，右手揮舞着金剛杵，腰間別有拘鬼牌，騎三隻眼的黃騾子，正跋涉於骷髏漂浮的血海之中，象徵她闖過了天、地、海三界。上界左起為密集金剛、大威德金剛、上樂金剛。下方均為吉祥天母的屬下諸神。背面有白綾，墨書漢、滿、蒙、藏四文題記："乾隆四十五年十二月二十日　欽命章嘉胡土克圖認看供奉利益繡像吉祥天母……"。

此唐卡全部採用退暈法加以表現，針法採用平繡、釘綫、平金、斜纏針等，小草着筆點染。像外飾紅色金壽字織金緞。

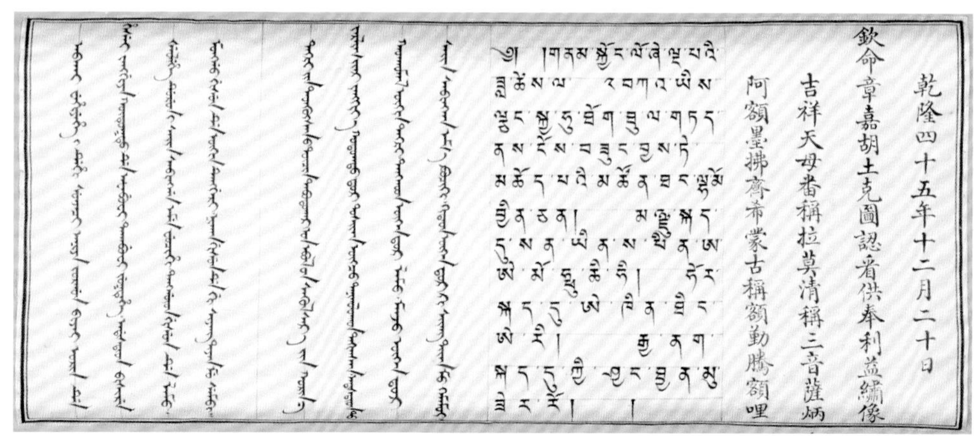

231

繡像獄帝主
18世紀　內地
絹本繡像
縱47厘米　橫34.5厘米
清宮舊藏

Yamaraja in Embroidery
18th Century
Interior of China
Embroidery on Satin
H.47cm　L.34.5cm
Qing Court collection

獄帝主，亦稱閻魔羅主、降閻魔尊、閻王，為主管地獄之王。

閻王藍色身，牛頭獸相。頭戴五骷髏冠，血口大張，右手揮舞骷髏杖，左手持繩索；跨立於牛上，牛蹄下踩屍體。除左上角為大黑天外，其餘三尊均為不同身色的閻王：右上方是居於西方的紅色閻王，左下方為居於東方的白色閻王，右下角則為居於南方的黃色閻王。背面有白綾，墨書漢、滿、蒙、藏四文題記："乾隆四十三年九月初一日　欽命章嘉胡土克圖認看供奉利益繡像獄帝主……右二"。

此唐卡繡綫設色退暈，採用平金、釘綫、平繡、散套針、斜纏針、打籽等針法，小草着筆點染。像外有紅色金壽字織金緞。

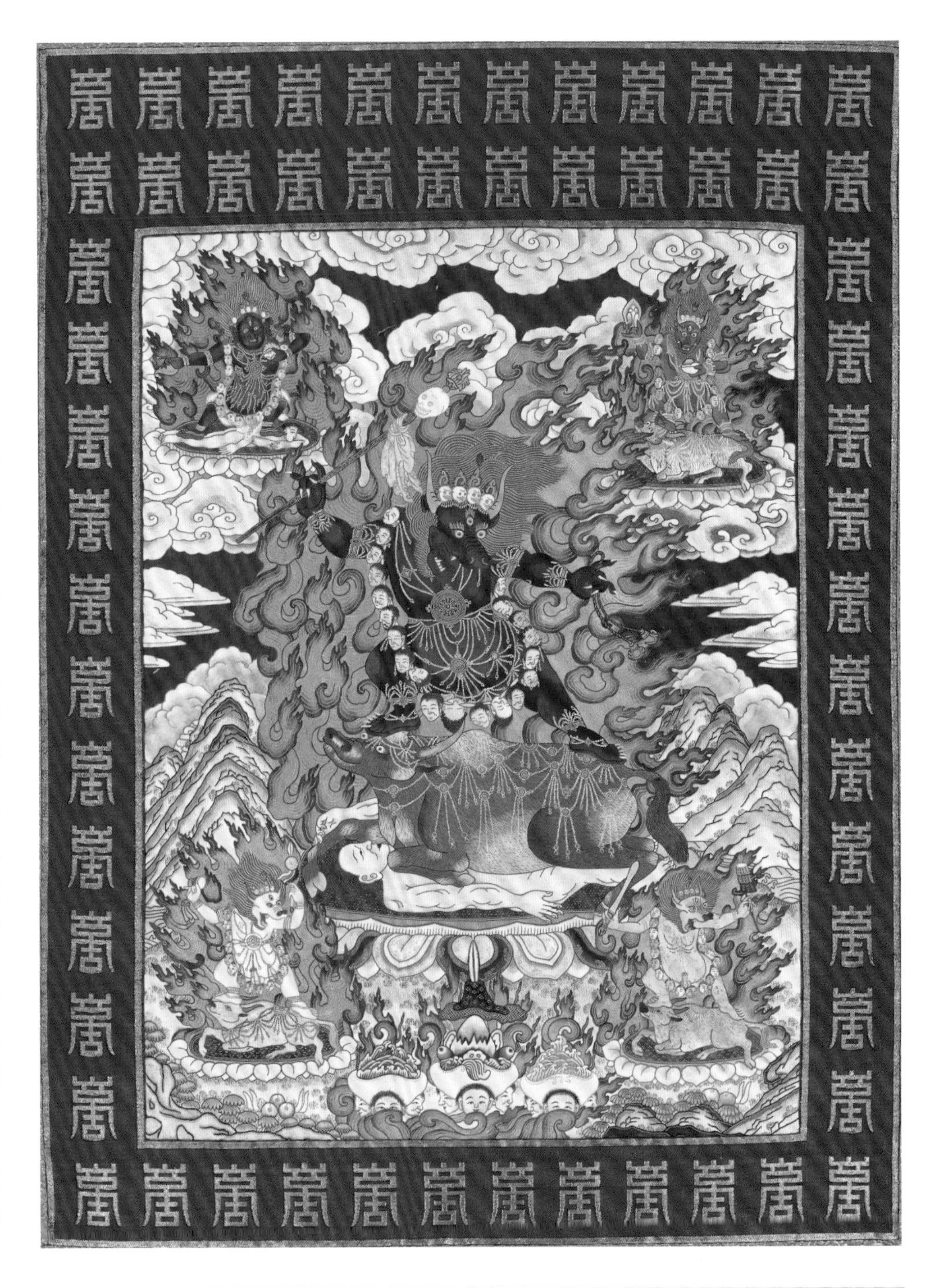

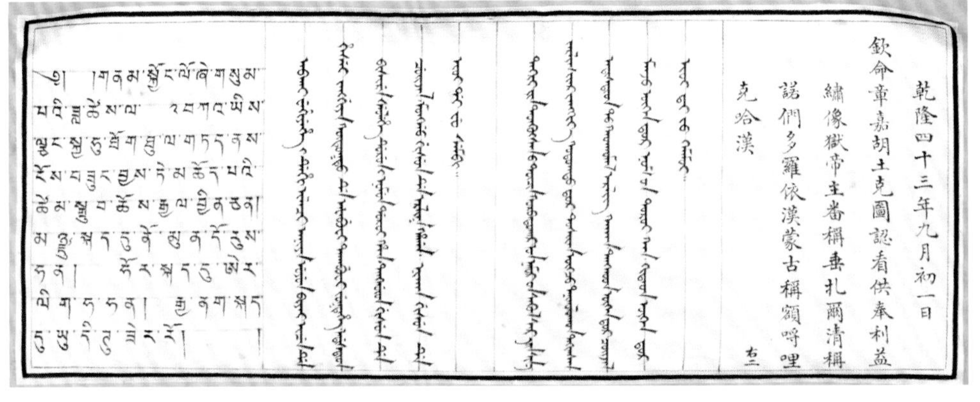

乾隆四十三年九月初一日
欽命章嘉胡土克圖認看供奉利益
繡像獄帝主番稱垂扎爾清稱
諾們多羅依漢蒙古稱額呼哩
克哈漢
右二

232

緙絲陰體上樂王佛

18世紀　內地
絹本緙絲
縱93.5厘米　橫68厘米
清宮舊藏

Shamvara of Mother Tantra in Kesi Weaving
18th Century
Interior of China
Kesi on Satin
H.93.5cm　L.68cm
Qing Court collection

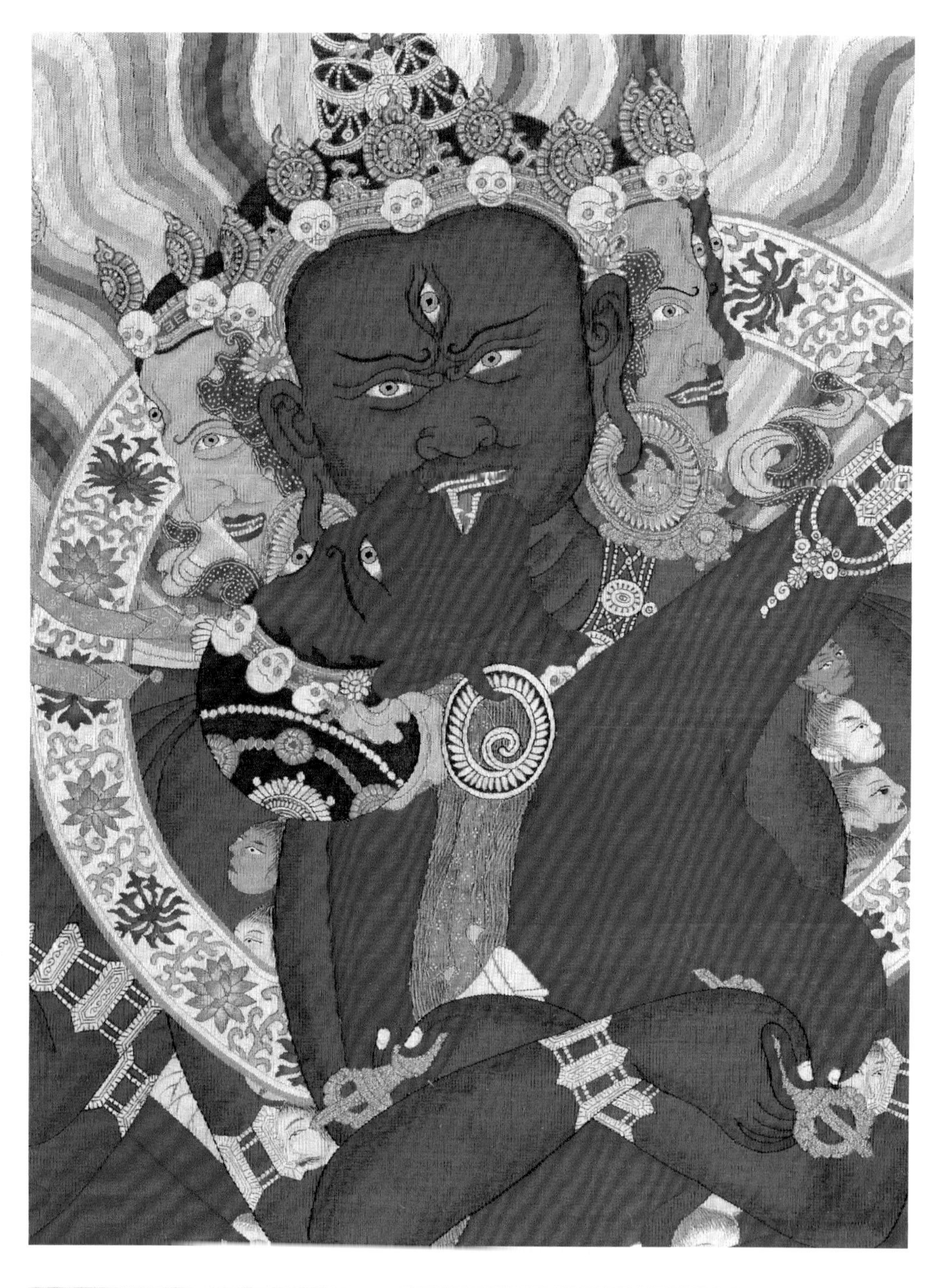

陰體上樂王佛即上樂金剛，藍色雙身，四面十二臂。頭戴骷髏冠，背披白象皮，腰圍虎皮裙，項掛五十個人頭骨串成的唸珠，代表佛教全部經典。主臂擁抱明妃金剛亥母，十手各持法器。明妃紅色身，表示愛慕之情。上方為一位印度大成就者和黃教祖師，下方為六臂大黑天。背面有白綾，墨書漢、滿、蒙、藏四文題記："乾隆四十六年十一月初五日欽命章嘉胡土克圖認看供奉利益緙絲陰體上樂王佛……"。

此唐卡緙綫設色退暈與間暈相結合，採用平緙、構緙、長短戧、木梳戧、鳳尾戧、包心戧等多種緙絲技法，局部着筆點染。

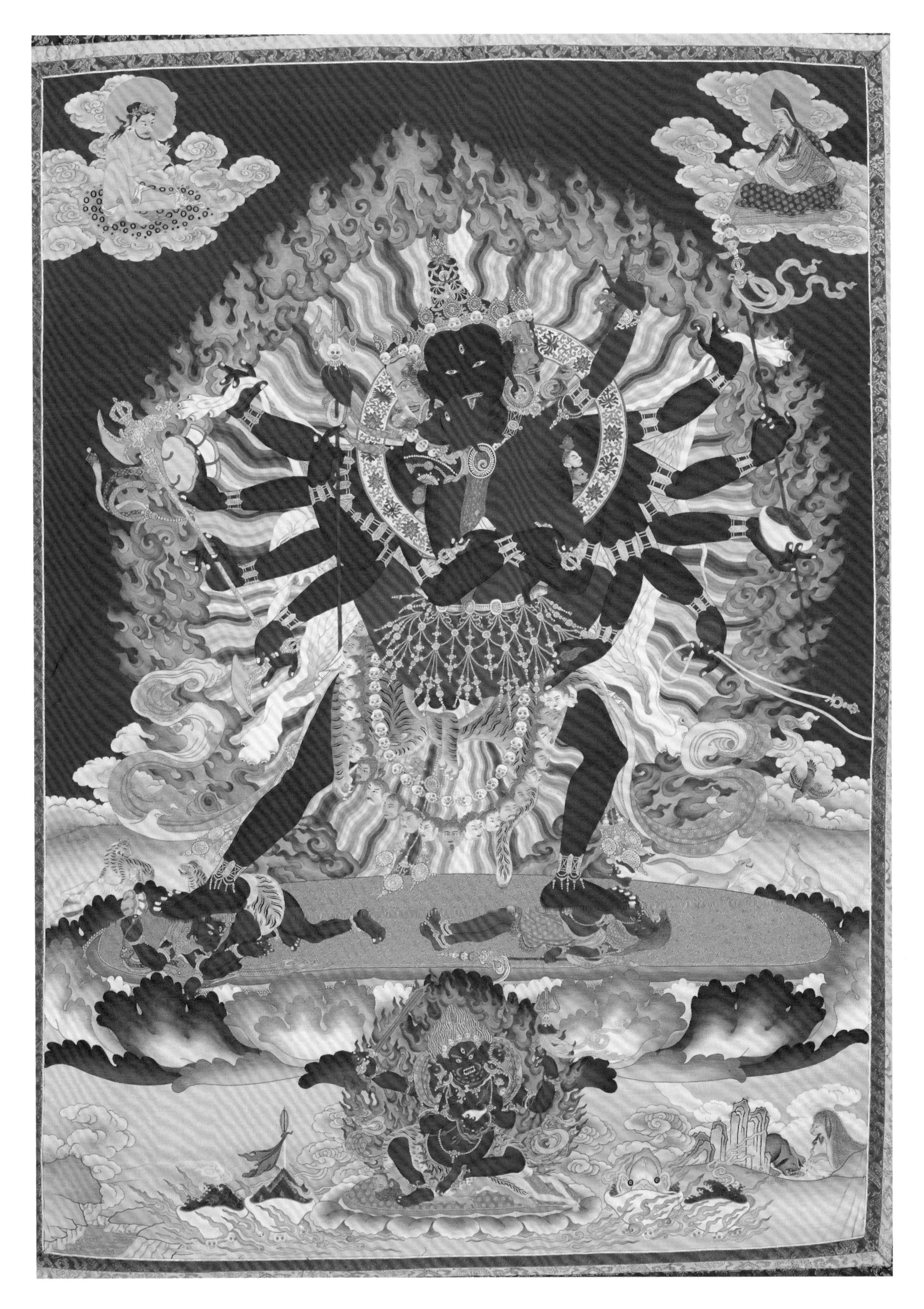

233

緙絲陽體秘密佛

18世紀　內地
絹本緙絲
縱94厘米　橫67厘米
清宮舊藏

Secret Buddha of Father Tantra in Kesi Weaving

18th Century
Interior of China
Kesi on Satin
H.94cm　L.67cm
Qing Court collection

陽體秘密佛藍色身，三面六臂。頭戴五葉寶冠，主臂雙手擁抱明妃可觸金剛母，並分別持金剛杵和金剛鈴，象徵方法與智慧雙成；右側手持法輪、白蓮，左側手持摩尼寶珠、握劍，結跏趺坐於蓮座上。明妃白色身，也是三面六臂。上界左起為瑪爾巴譯師、薩迦派祖師、大持金剛、龍樹和黃教祖師。下方白色裸者為婆羅門大黑天。背面有白綾，墨書漢、滿、蒙、藏四文題記：“乾隆四十六年十一月初五日欽命章嘉胡土克圖認看供奉利益緙絲陽體秘密佛……”。

此緙織佛像緯綫設色退暈，採用平緙、構緙、長短戧等技法。

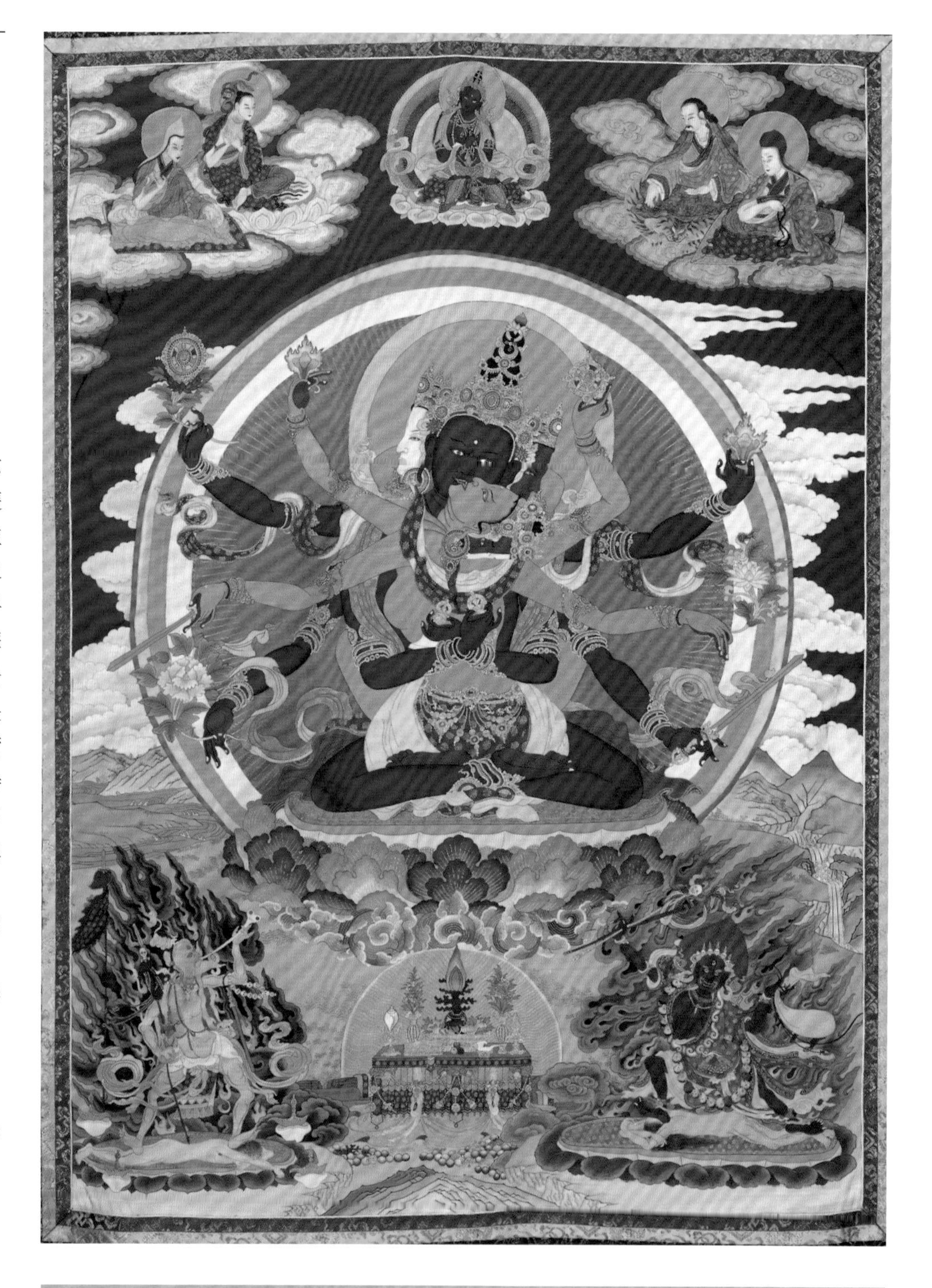

乾隆四十六年十一月初五日
欽命章嘉胡土克圖認看供奉利益緙絲陽體秘
密佛番稱帕呼覺忒桑堆清稱阿伊富勒赫
索察斯渾伊三佛齊布蒙古稱額奇科尹溫
都遜尼果察和哩揚歸

234

緙絲陽體威羅瓦金剛

18世紀　內地
絹本緙絲
縱94厘米　橫68厘米
清宮舊藏

Vajrabhairava of Father Tantra in Kesi Weaving

18th Century
Interior of China
Kesi on Satin
H.94cm　L.68cm
Qing Court collection

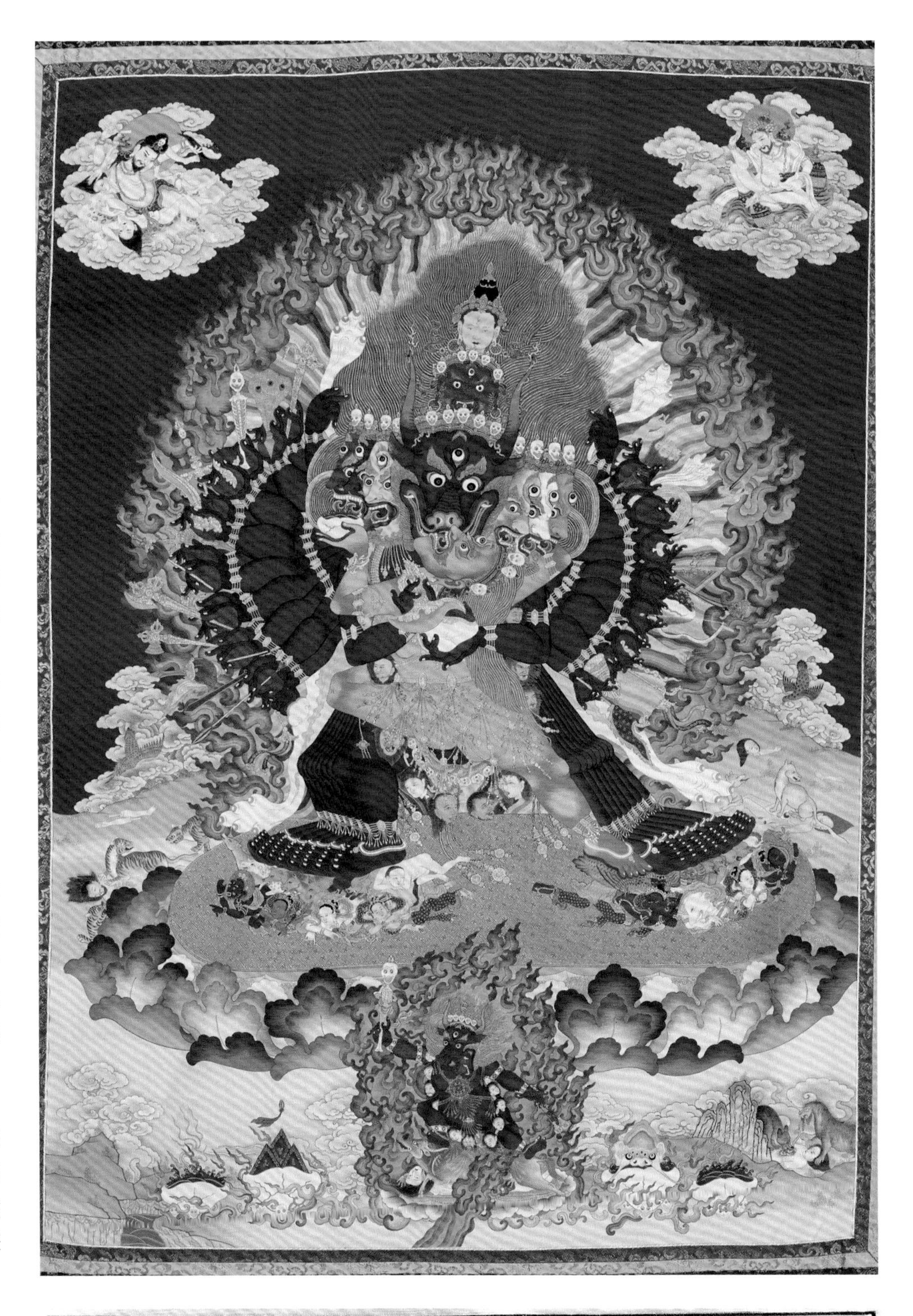

陽體威羅瓦金剛藍色雙身，九面三十四臂十六足，前方為牛面獸相。頭頂為文殊菩薩，表明是文殊菩薩的猛相化身。主臂擁抱明妃羅浪雜娃；三十四手中的法器分別表示智慧、勇猛、堅固等意。展左立，右邊八足踏走獸，象徵八成就；左邊八足踏飛禽，象徵八自在清淨。再下有天王明妃等諸天神。上方為兩位印度大成就者，下方為閻羅王。背面有白綾，墨書漢、滿、蒙、藏四文題記："乾隆四十六年十一月初五日　欽命章嘉胡土克圖認看供奉利益緙絲陽體威羅瓦金剛……"。

此唐卡緯綫設色退暈與間暈相結合，採用平緙、長短戧、構緙、木梳戧、包心戧等多種緙絲技法，局部着筆點染。

乾隆四十六年十一月初五日
欽命章嘉胡土克圖認看供奉利益緙絲陽
體威羅瓦金剛番稱帕嗒覺武智克結
武清稱阿伊窩勒赫伊爾們漢博伊塞布
嗒斡齊嗒蒙古稱額奇科尹溫都遜雅曼達嘎

235

緙絲三世佛

18世紀　內地
絹本緙絲
縱169厘米　橫101厘米
清宮舊藏

The Past, Present and Future Buddhas in Kesi Weaving

18th Century　Interior of China
Kesi on Satin
H.169cm　L.101cm
Qing Court collection

三世佛有以過去、現在、未來區分的“豎三世佛”，又有以東方淨琉璃世界、中間娑婆世界、西方極樂世界來區分的“橫三世佛”。此幅為“豎三世佛”。

豎三世佛均身着深紅色通肩式袈裟，結跏趺坐於須彌蓮花座中。左起是過去世界的燃燈佛，雙手結說法印，據說釋迦牟尼成佛是由他授記的；中間是現在世界的釋迦牟尼佛，右手結期克印；右側為未來世界的彌勒佛，施無畏印。釋迦佛前方為兩位弟子，年長者為阿難，年輕者為迦葉。最下方立者為四大天王。畫幅上方為乾隆辛巳年（1761）御筆《佛說八大人覺經》。

此唐卡緙綫設色退暈與間暈相結合，採用平緙、構緙、長短戧、木梳戧等多種緙絲技法，局部着筆點染。

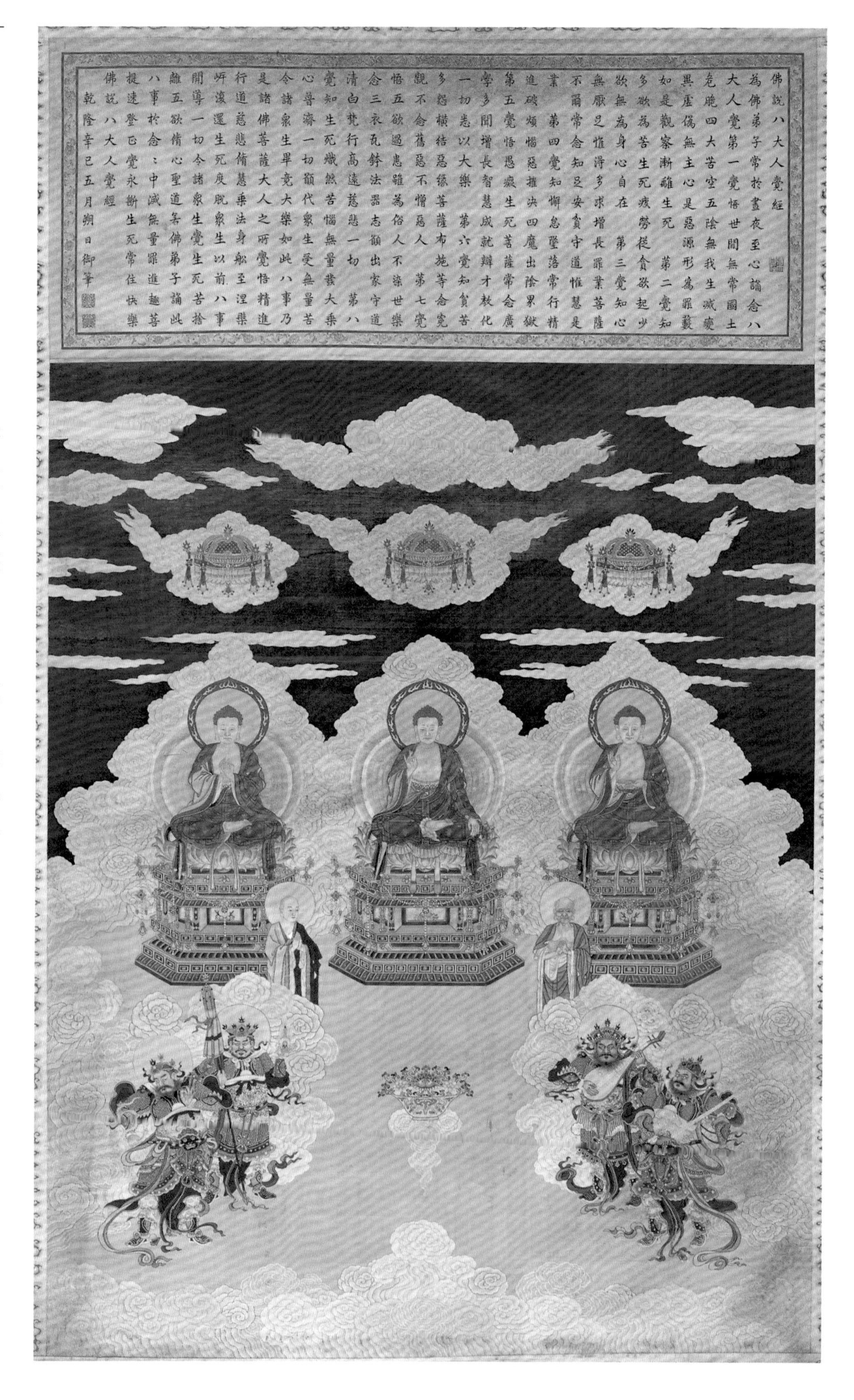

236

緙絲四臂觀音菩薩

18世紀　內地
絹本緙絲　縱230.5厘米　橫82.5厘米
清宮舊藏

Four-armed Avalokiteshvara in Kesi Weaving

18th Century　Interior of China
Kesi on Satin　H.230.5cm　L.82.5cm
Qing Court collection

觀世音菩薩頭戴寶冠，身披天衣，胸前雙手合十，另兩手持珠、拈花，結跏趺坐於蓮花座中，下托勾蓮花。畫面較為簡潔，上方梵文為"寶蓮花"，並鈐有"乾隆鑑賞"、"宣統御覽之寶"、"太上皇帝之寶"、"秘殿珠林"等印；下方藏文祝詞是"晝吉祥，夜吉祥，晝夜恒吉祥，依靠三寶得吉祥"。

此唐卡運用平緙、構緙、緙金等手法製成。裝飾藍色纏織蓮織錦邊。

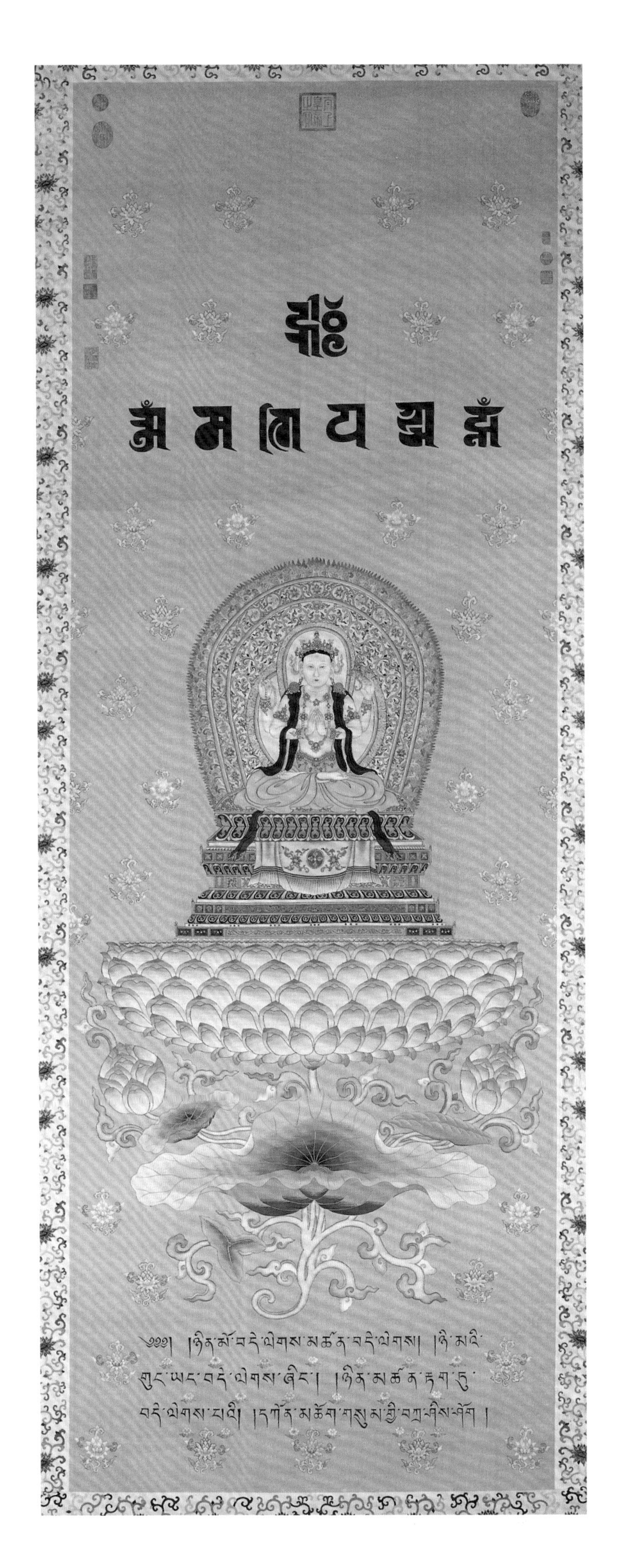

237

堆像尊勝佛母

18世紀　內地
絹本堆繡
縱61厘米　橫45厘米
清宮舊藏

Ushinishavijaya in Tapestry
18th Century
Interior of China
Tapestry on Satin
H.61cm　L.45cm
Qing Court collection

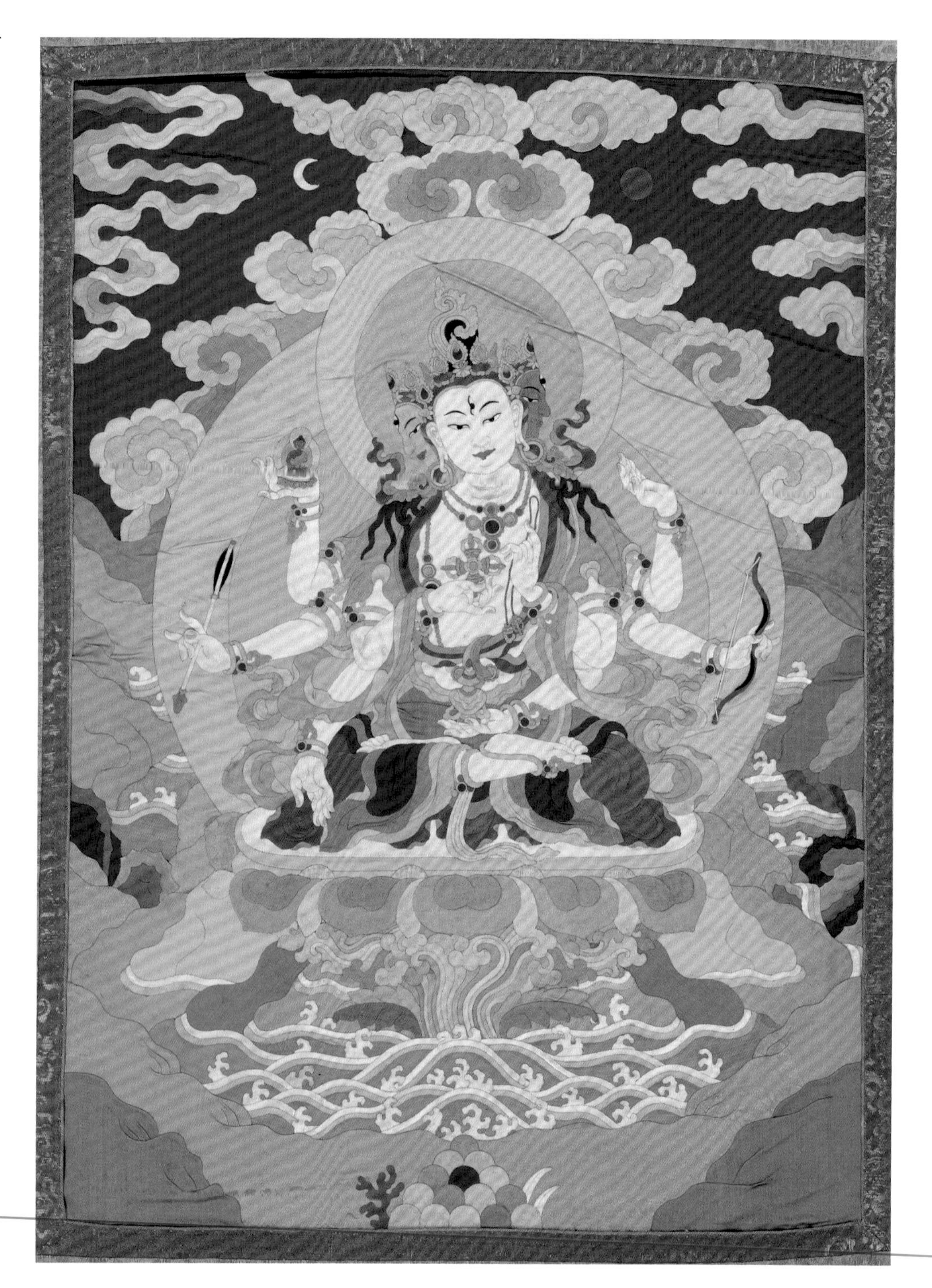

尊勝佛母與無量壽佛、白度母並稱為藏傳佛教長壽三尊，被認為是福壽吉祥的象徵。

尊勝佛母白色身，三面八臂。頭戴寶冠，捲髮披於肩頭，身披各色天衣。胸前右手托十字交杵，左手持金剛索。其餘右側手托化佛、持箭、施與願印；左側手施無畏印、持弓、托寶瓶，結跏趺坐於蓮座之上，蓮座則飄浮於滾滾波濤中。上方是藍色天境，祥雲漂浮，日月輝映。背面有白綾，墨書漢、滿、蒙、藏四文題記："乾隆二十六年二月初三日　欽命章嘉胡土克圖認看各色緞堆像尊勝佛母一軸……右"。

此唐卡使用各色及暗花的緞、綾、紗、綢等絲織物，在藍色緞地上堆釘佛像，但在佛冠等處加入刺繡和釘綫等手法，使造型凸起。

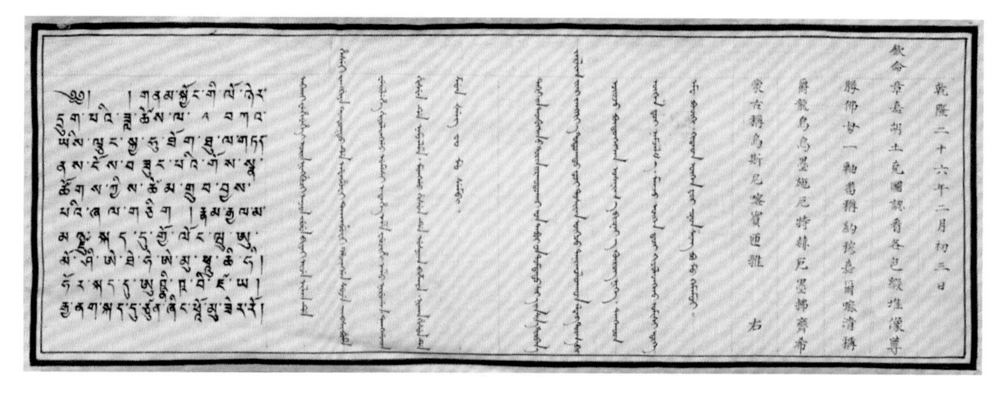

乾隆二十六年二月初三日
欽命章嘉胡土克圖認看各色緞堆像尊
勝佛母一軸番稱納擦嘉爾密清稱
爵龍烏烏墨施尼特赫尼墨拂齊布
蒙古稱烏斯尼客賓匝雅　右

238

織錦三十五佛
18世紀　內地
絹本織錦　縱134厘米　橫73厘米
清宮舊藏

The Thirty-five Buddhas of Confession in Brocade
18th Century　Interior of China
Brocade on Satin　H.134cm　L.73cm
Qing Court collection

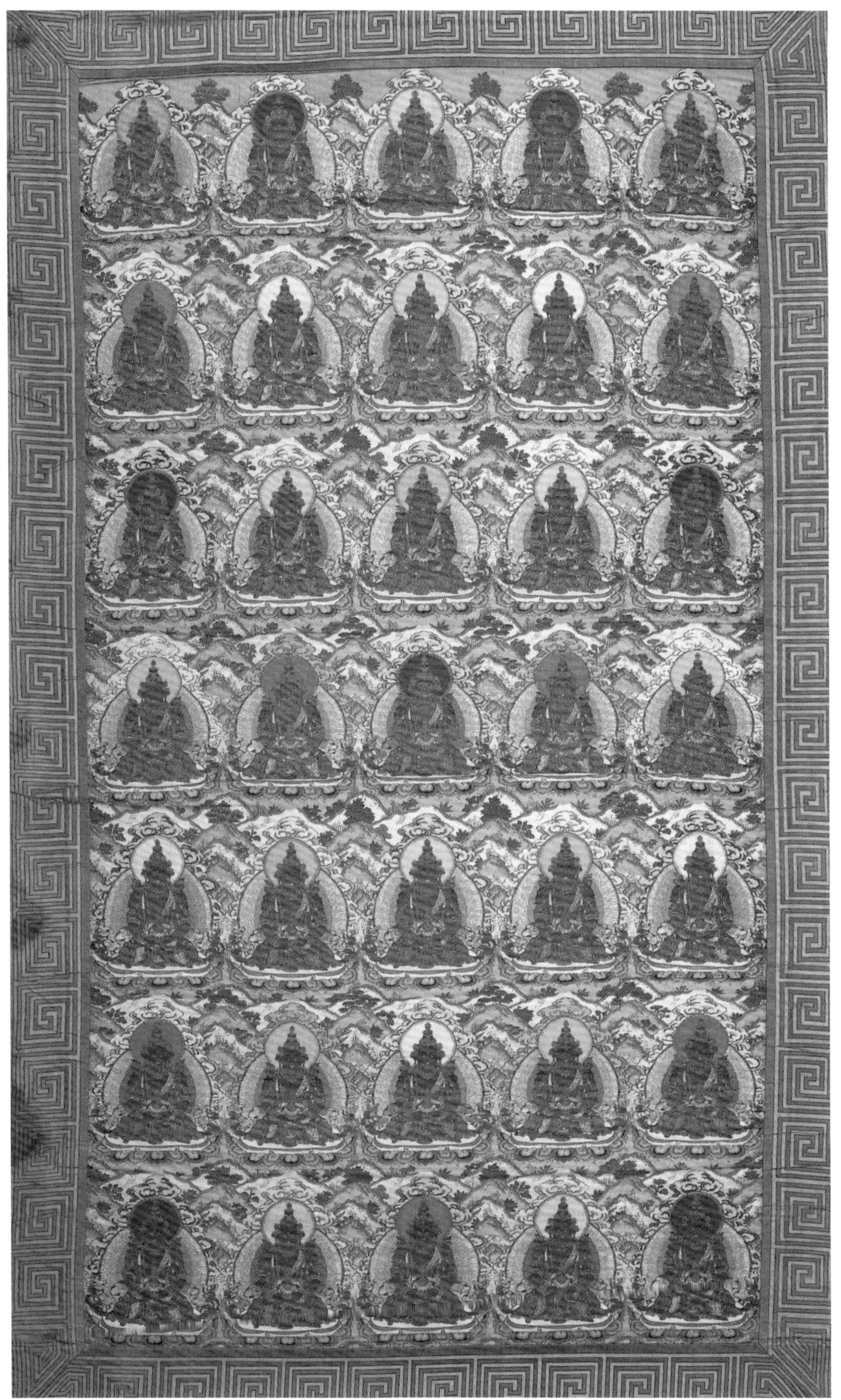

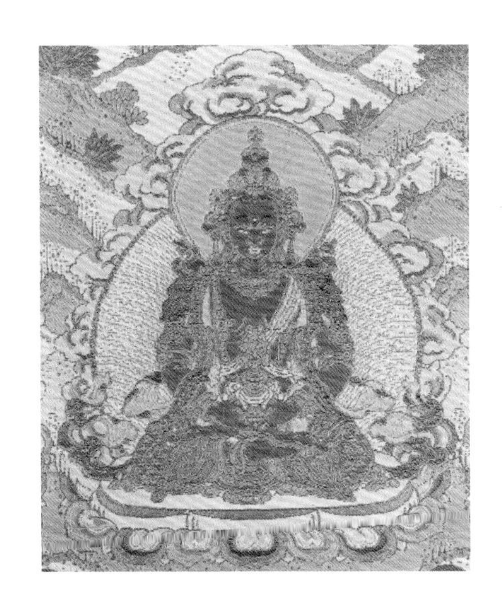

無量壽佛三十五尊，橫列五尊，縱向七尊。皆頭戴五葉寶冠，頂束高髻，身着菩薩裝，上身袒露，佩戴耳環、項圈、大瓔珞、手釧和手鐲、腳鐲等寶飾。雙手結禪定印捧寶瓶，結跏趺坐於蓮座之上。

此唐卡彩緯設色豐富，提花清晰，並用金綫勾勒，工藝極其繁複，是珍貴的織錦唐卡。

239

織錦金綫無量壽佛

18世紀　內地
絹本織錦
縱100厘米　橫58厘米
清宮舊藏

Amitayus Buddha in Brocade with Golden Threads on Satin

18th Century
Interior of China
Brocade on Satin
H.100cm　L.58cm
Qing Court collection

無量壽佛頭戴五葉寶冠，頂束高髻，佩大耳璫、項圈、瓔珞、臂釧和手鐲、腳鐲等寶飾。身着紅底茶色天衣，雙手結禪定印，手中捧寶瓶，結跏趺坐於須彌座上。

此唐卡是在本色地上加織金彩，即紋樣在三枚經斜紋地上顯五枚斜紋花，衣紋等褶痕處多以金綫織就，使衣服有飄動之感。

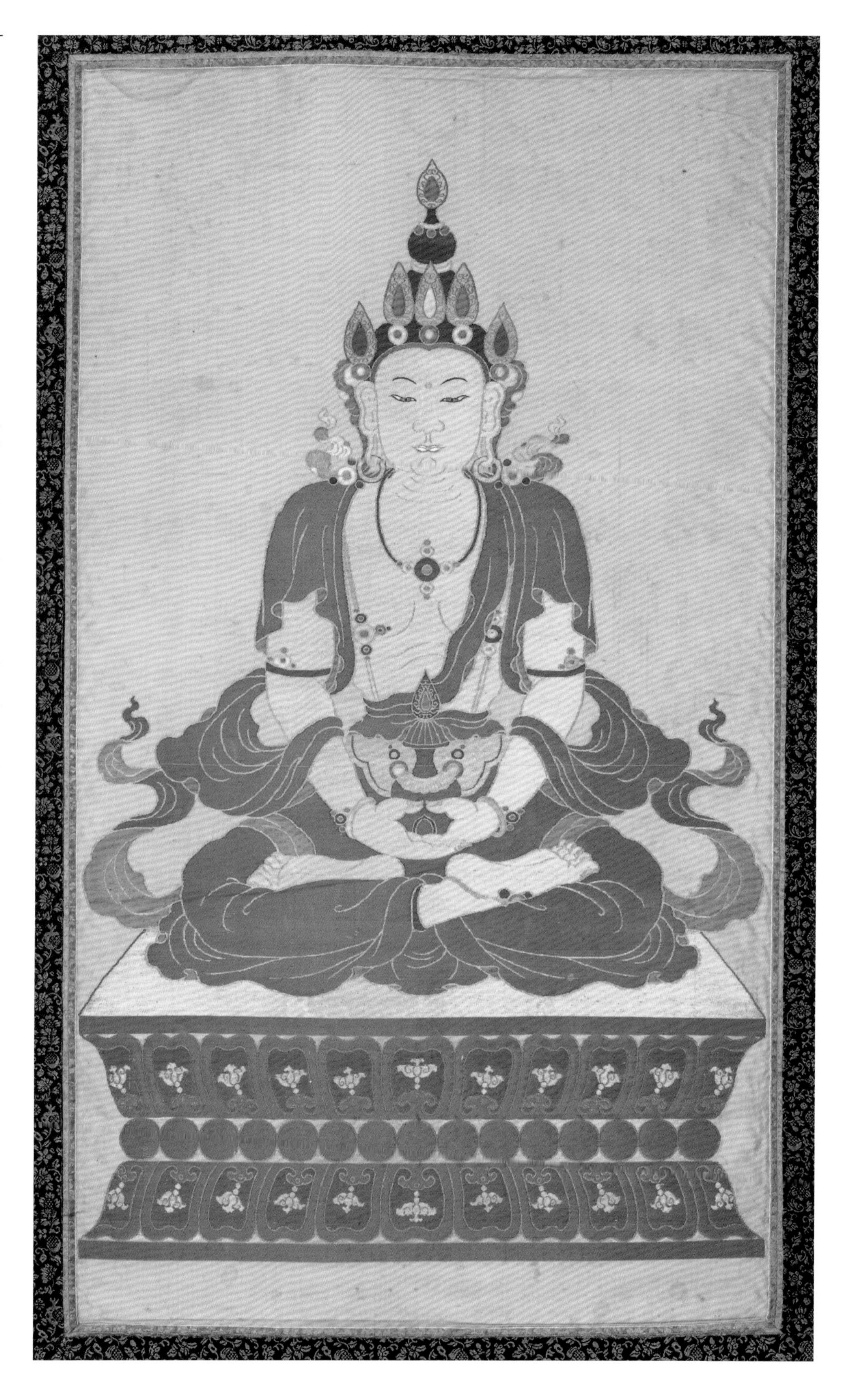

寶相樓壁畫唐卡

Tangka Painted for Baoxianglou

般若經品
乾隆三十年（1765） 宮廷
布本彩繪
清宮舊藏

Prajnaparamita Sutra Class
The 30th year of Qianlong Reign (1765)
Royal Court
Distemper on Cloth
Qing Court collection

寶相樓是紫禁城內多座六品佛樓之一。所謂六品是六部經典的分類，一室般若部是顯教部，其餘五室是密教四部，即事部（功行根本品）、行部（德行根本品）、瑜伽部（瑜伽根本品）、無上瑜伽部。這裏無上瑜伽部分為無上瑜伽陽體根本品、無上瑜伽陰體根本品。

寶相樓樓下六室供奉六部護法神畫像，每室東、北、南三壁供奉三幅通壁大唐卡，每幅繪三位護法神，一室九神，一位主神八位伴神，共計五十四位護法神。

240

般若經品主尊
縱140厘米 橫267厘米

Main Deity of Prajnaparamita Sutra Class
H.140cm L.267cm

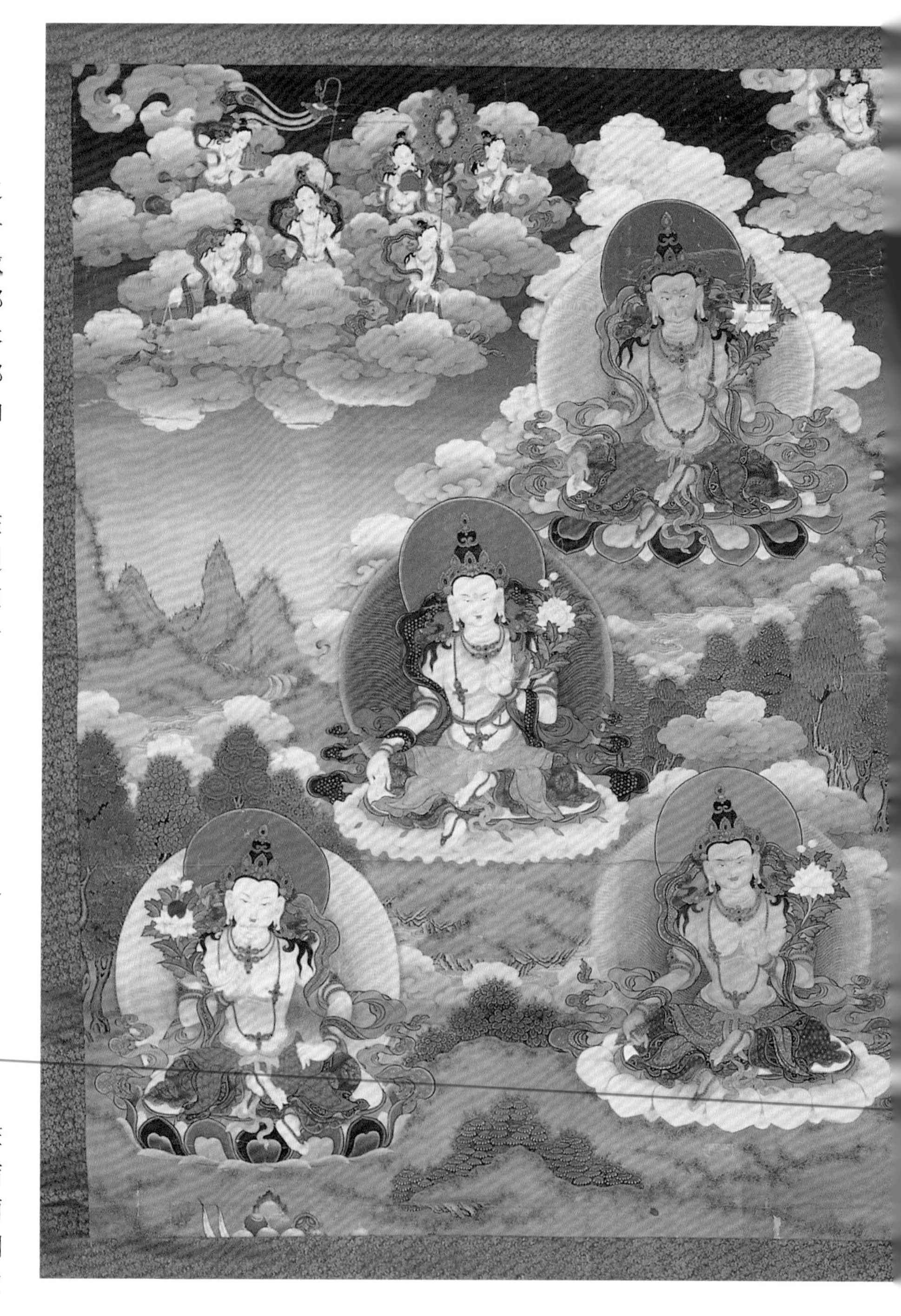

寶相樓二樓一室供奉般若經品主尊畫像。釋迦牟尼佛右手結觸地印，左手結禪定印，結跏趺坐於蓮花獅子座上。兩側是八大菩薩，即文殊、觀世音、金剛手、普賢、地藏、彌勒、除諸障、虛空藏菩薩。

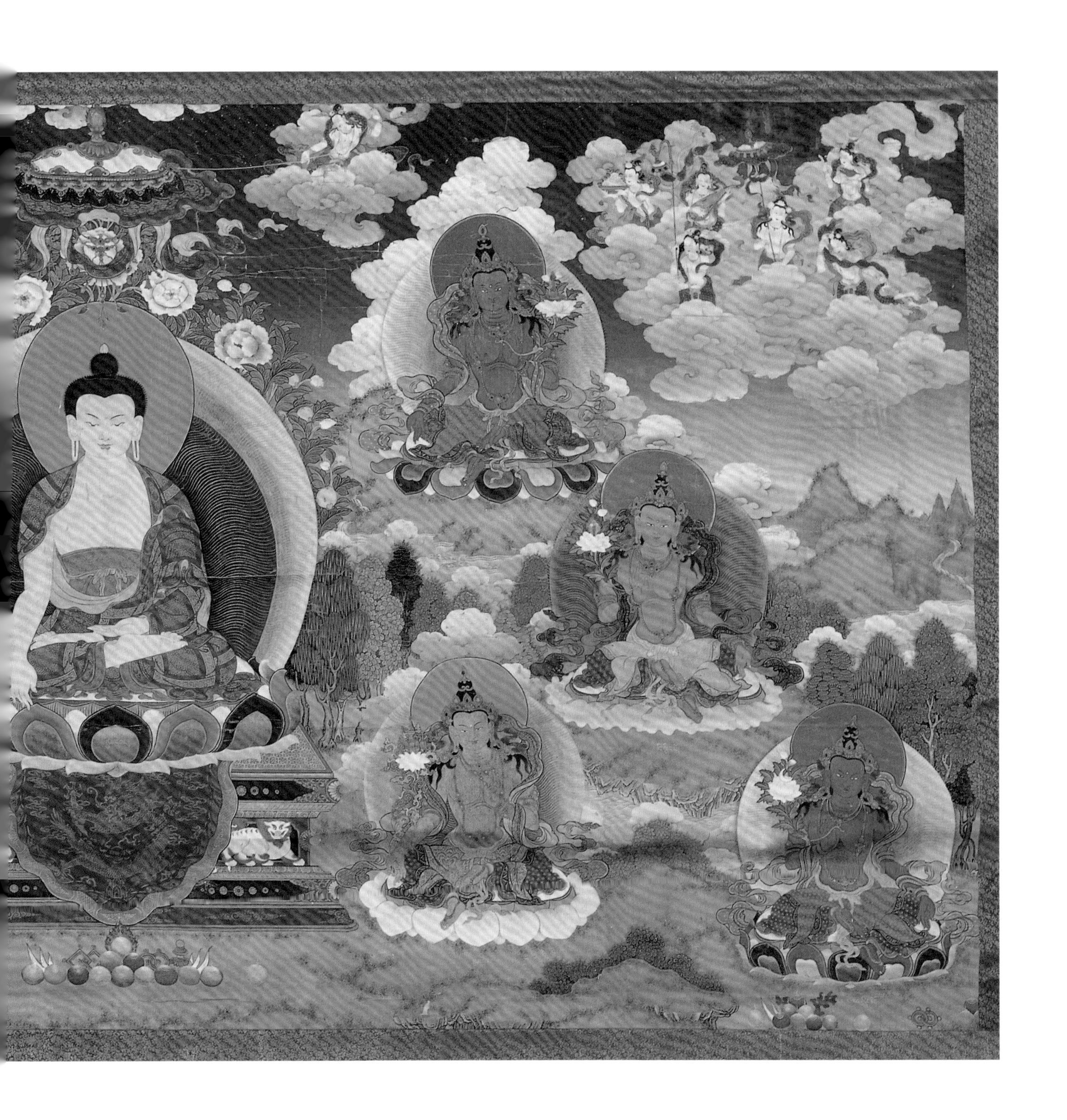

241

般若經品護法神（之一）

縱215厘米　橫317厘米

The First Protective God of Prajnaparamita Sutra Class

H.215cm　L.317cm

寶相樓一樓一室東壁供奉般若經品護法主神白勇保及梵王、帝釋。

白勇保護法為般若經品護法主神，亦稱大黑護法如意寶、大寶如意護法。白色身，一頭六臂，呈忿怒相。其右側是梵王，黃色身，菩薩裝束，雙手捧法輪。左側是帝釋，白色身，菩薩裝束，雙手捧白海螺。此二神原是印度教大神，進入藏傳佛教神殿後僅是一般世間護法神。

242

般若經品護法神（之二）

縱217厘米　橫353厘米

The Second Protective God of Prajnaparamita Sutra Class

H.217cm　L.353cm

北壁供奉般若經品三位護法神，即廣目天王、持國天王、難陀龍王。

西方廣目天王居中，頭戴寶冠，身束鎧甲，一手托塔，一手挽蛇。東方持國天王身着甲，手揮琵琶，二天王各居一方洲土。難陀龍王着菩薩裝，手捧摩尼寶珠，從海中湧出。

243

般若經品護法神（之三）

縱217厘米　橫353厘米

The Third Protective God of Prajnaparamita Sutra Class

H.217cm　L.353cm

南壁供奉般若經品三位護法神，即多聞天王、增長天王、龍王。

北方多聞天王即財寶天王，居中，手持寶幢和鼬鼠。南方增長天王手持劍，優波難陀龍王從海中湧現。優波難陀龍王與難陀龍王是兄弟，形象一樣，頭頂七蛇，人身龍尾。據藏文名又可譯為歡喜龍王和近喜龍王。

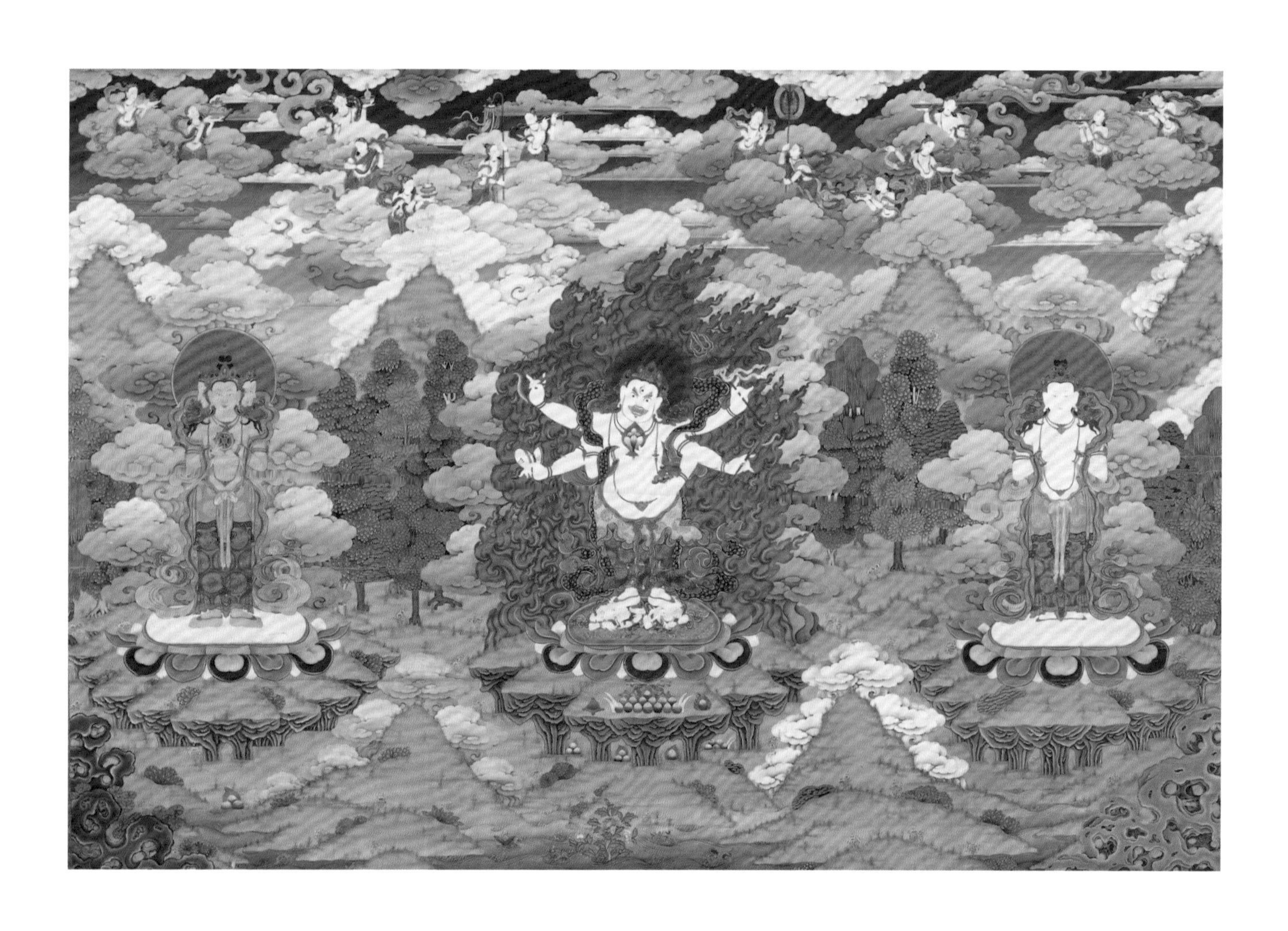

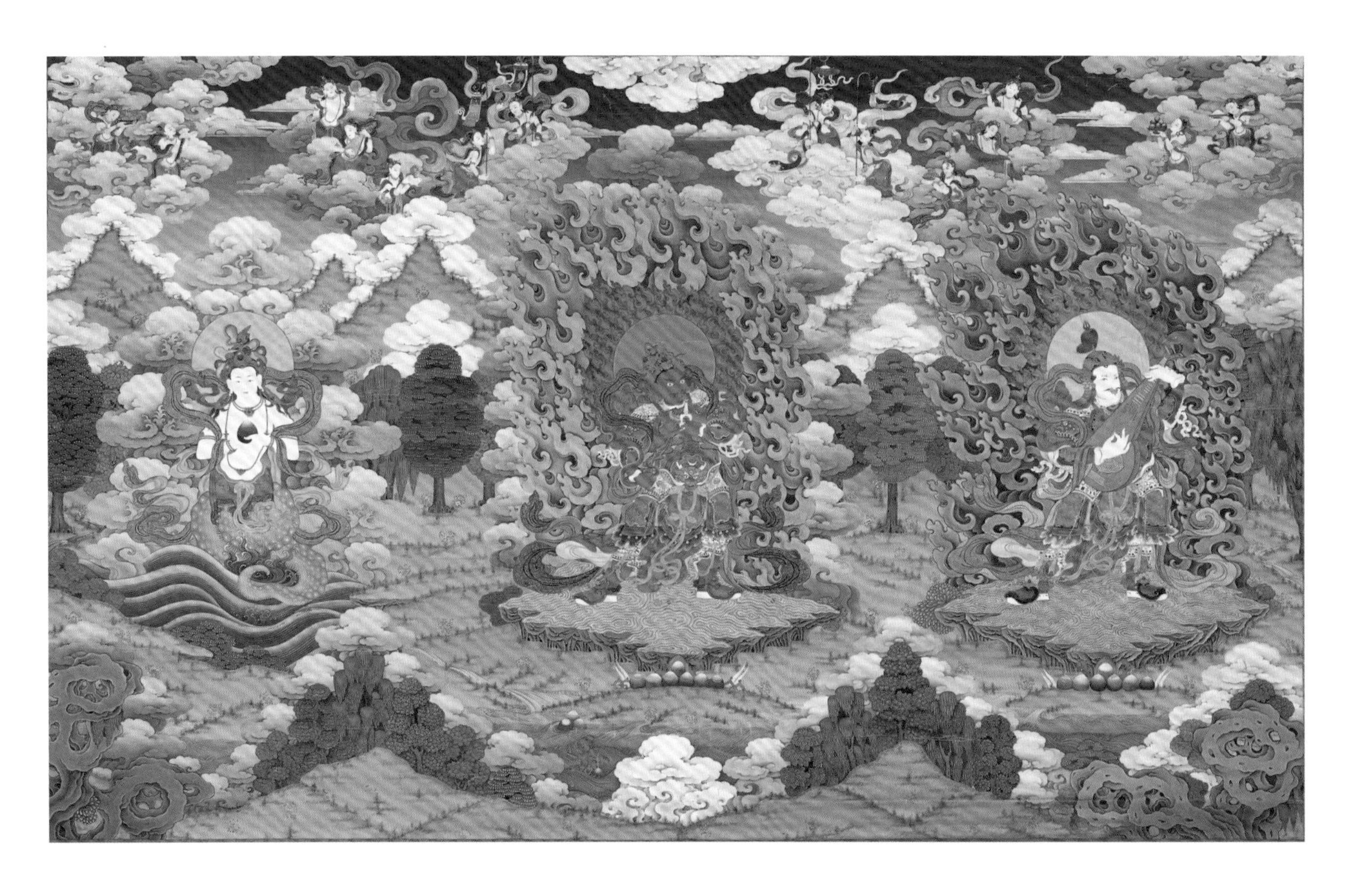

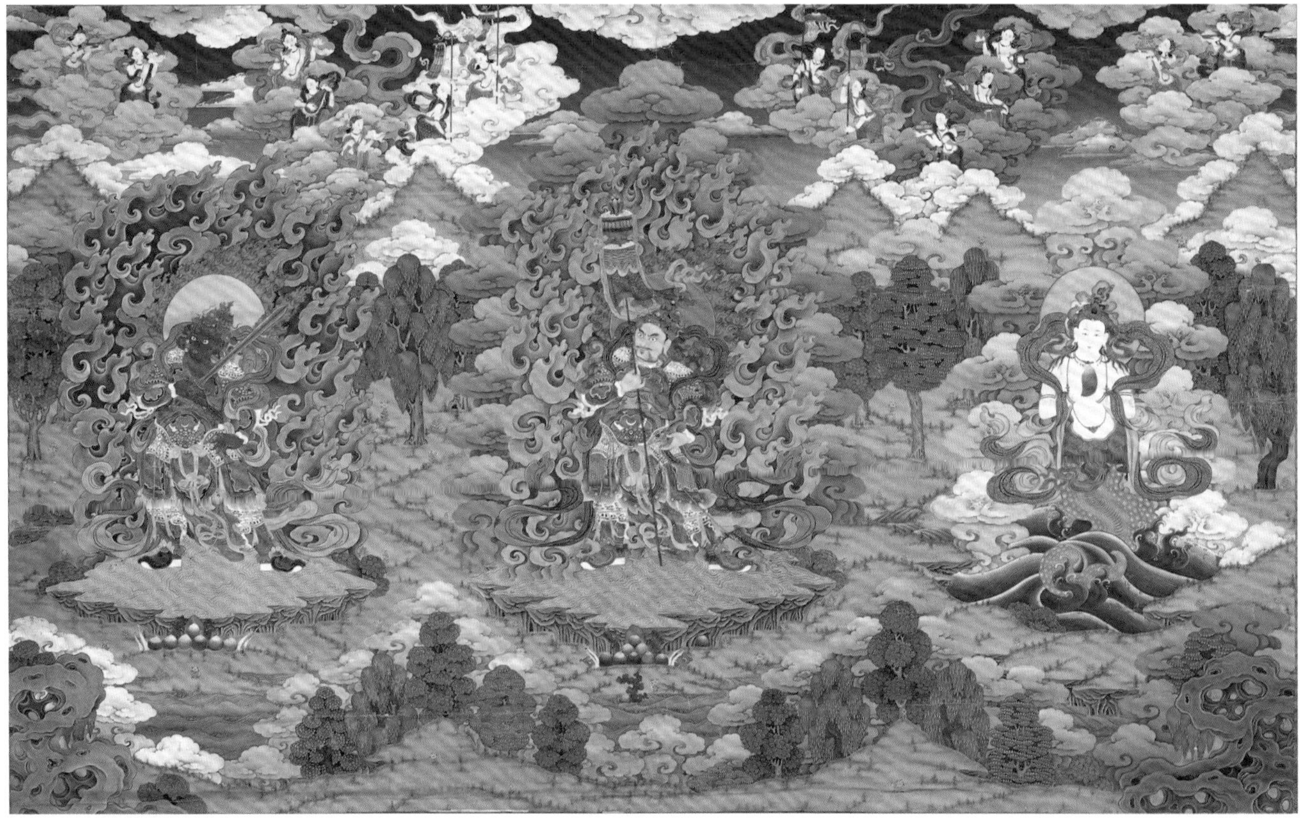

無上陽體根本品

乾隆三十年（1765）　宮廷
布本彩繪
清宮舊藏

The Fundamental Class of Supreme Father Tantra
The 30th year of Qianlong Reign (1765)
Royal Court
Distemper on Cloth
Qing Court collection

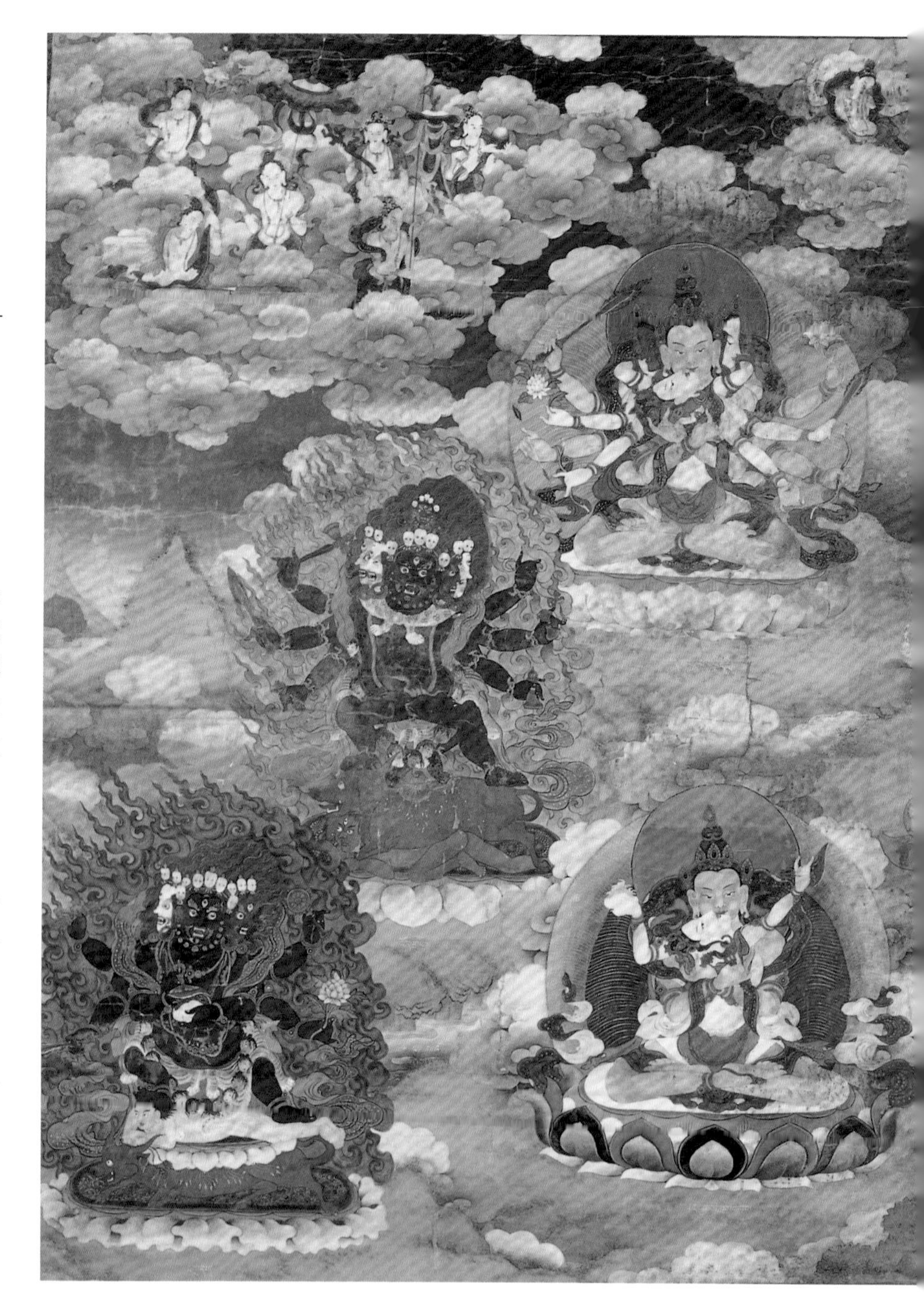

244

無上陽體根本品主尊

縱140厘米　橫267厘米

Main Deity of the Fundamental Class of Supreme Father Tantra
H.140cm　L.267cm

寶相樓二樓二室供奉無上陽體根本品主尊，即無上瑜伽部父續。藏傳佛教經典中顯教部分稱為經，密教部分稱為續。按宗喀巴的解釋，父續是密教無上瑜伽部中以顯示幻身為主的教法。

正中是密集不動金剛佛，深藍色身，三面六臂，全跏趺坐，擁抱佛母，佛母淺藍色身，亦三面六臂，持法器與主尊相同。左右為密集文殊金剛佛、宏光文殊金剛佛、秘密文殊室利佛、威羅瓦金剛佛、六面威羅瓦金剛佛、紅威羅瓦金剛佛、黑敵金剛佛、大輪手持金剛佛。

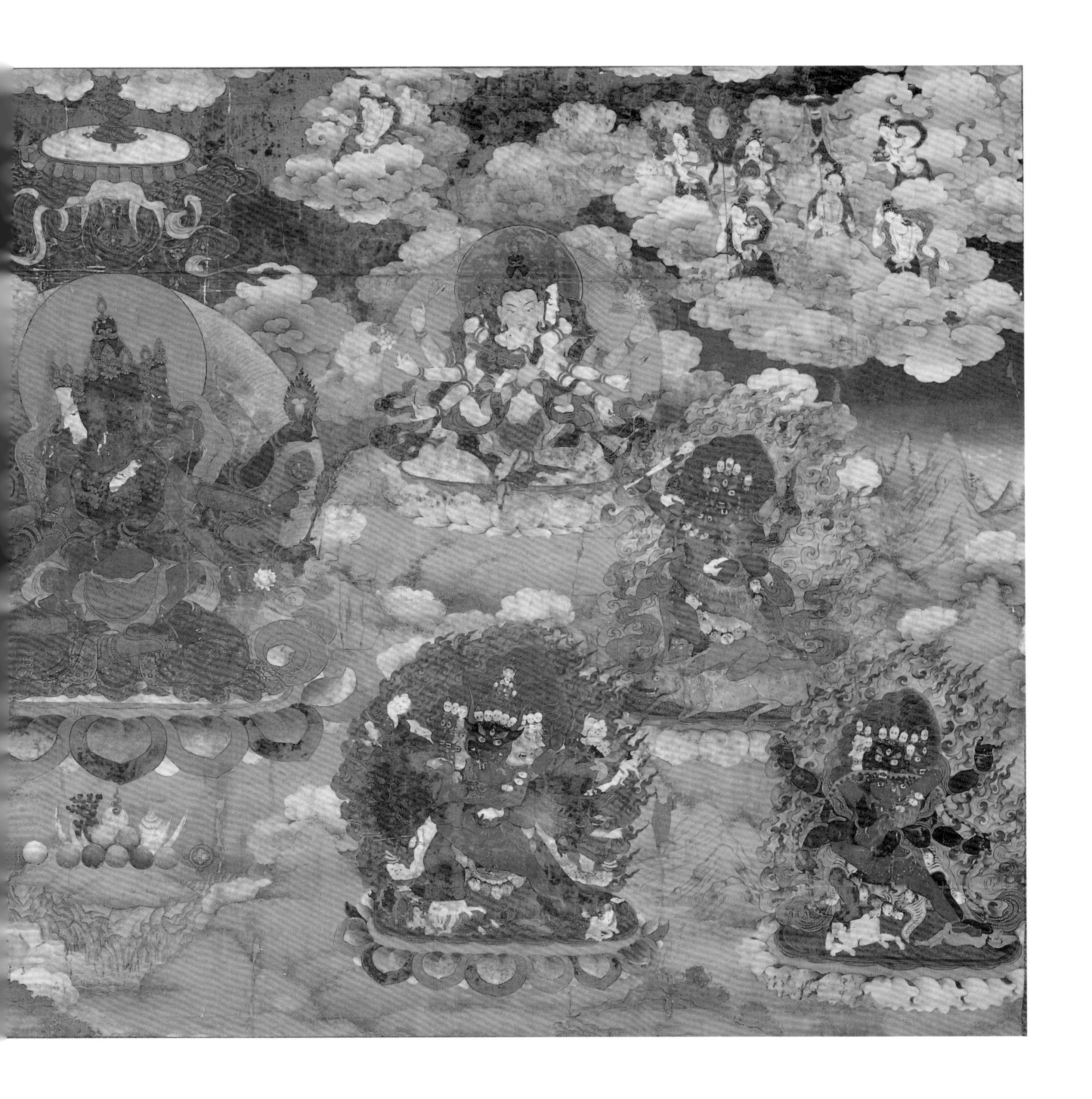

245

無上陽體根本品護法神（之一）

縱215厘米　橫317厘米

The First Protective God of the Fundamental Class of Supreme Father Tantra

H.215cm　L.317cm

寶相樓一樓二室東壁供奉六臂勇保護法等三護法，六臂勇保護法是本部護法主神，也是藏傳佛教的最高護法神，是大黑護法的主要形象，亦稱"持疾智慧六手大黑護法"，右手持頭骨釧，顱鼓、鉞刀，左手持三叉戟、繩索、顱碗。腳踏象頭神。他的八位從神是四大護衛、四大閻王。

正中是六臂勇保護法，主神右邊是護國護法，藍黑色身，面相兇忿，騎黑熊。左邊是尊親護法，紅色身，着短裙，展左立，踏白色屍體。

246

無上陽體根本品護法神（之二）

縱217厘米　橫353厘米

The Second Protective God of the Fundamental Class of Supreme Father Tantra

H.217cm　L.353cm

北壁供奉六臂勇保護法的三位從神，即宜帝、柔善法帝、權德法帝護法。

宜帝護法藍色身，右手舉長腰顱鼓，左手作期克手印，舞立姿，踏人形，下承蓮花台。柔善法帝護法白色身，牛頭獸相，展左立於白牛背上，權德法帝護法紅色身，牛頭人身，展左立於紅牛背上。後二位是閻王，二者皆牛頭人身，站立於相同顏色的水牛身上，代表着閻王內修、外修、密修三種身形。紅色閻王是密修身，居西方；白色居於東方。

247

無上陽體根本品護法神（之三）

縱217厘米　橫353厘米

The Third Protective God of the Fundamental Class of Supreme Father Tantra

H.217cm　L.353cm

南壁供奉六臂勇保護法的三位從神，即大黑雄威、增盛法帝、雄威法帝護法。

大黑雄威護法藍黑色身，騎黑馬。增盛法帝護法黃色身，牛頭獸相，展左立黃牛背上。雄威法帝護法藍黑色身，牛頭獸相，展左立藍牛背上。後二位是閻王，藍色閻王是外修身，居北方。黃色居於南方。紅、黃、藍、白四位閻王，是內修閻王的四種身形。

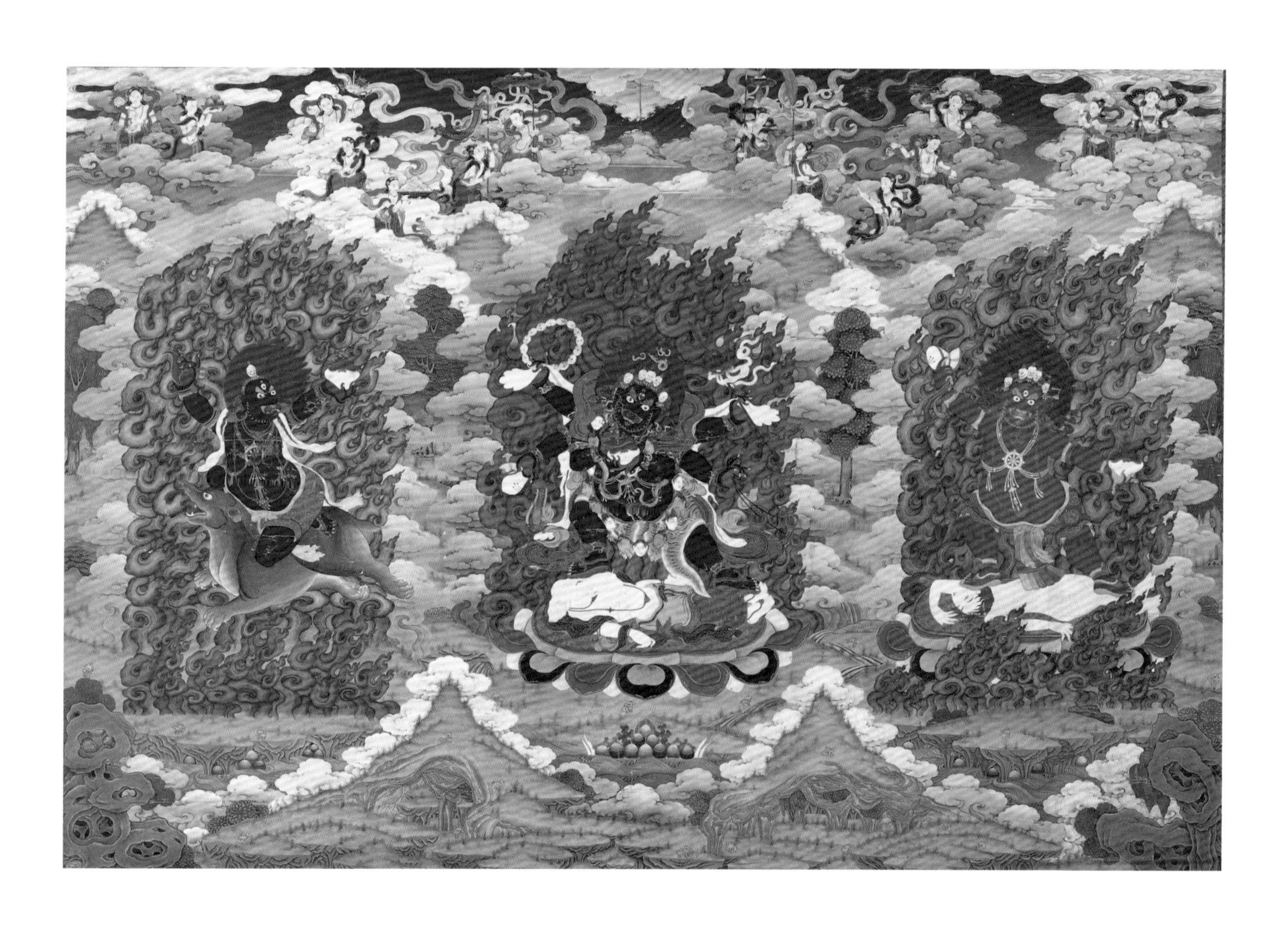

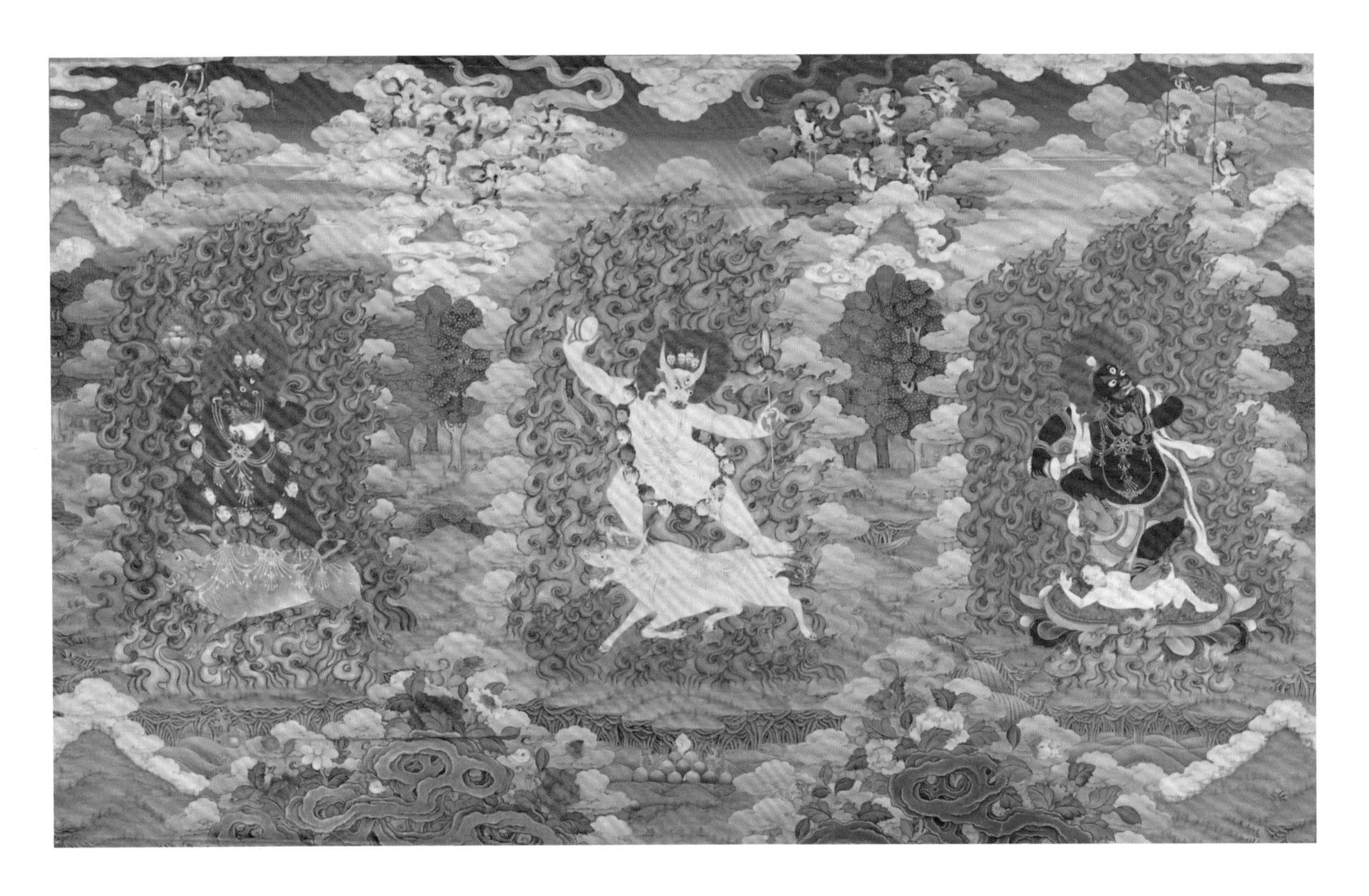

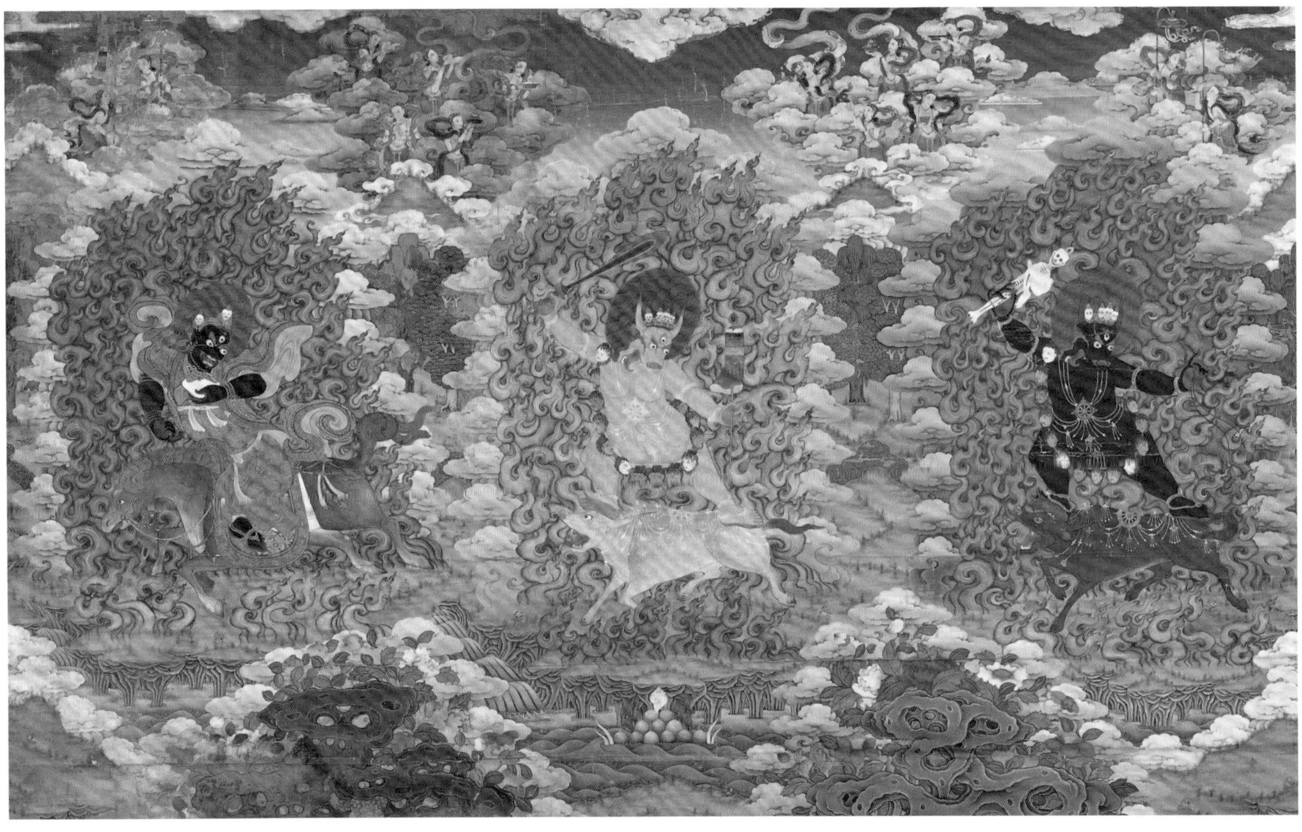

無上陰體根本品
乾隆三十年（1765） 宮廷
布本彩繪
清宮舊藏

The Fundamental Class of Supreme Mother Tantra
The 30th year of Qianlong Reign (1765)
Royal Court
Distemper on Cloth
Qing Court collection

248

無上陰體根本品主尊
縱140厘米 橫267厘米

Main Deity of the Fundamental Class of Supreme Mother Tantra
H.140cm L.267cm

寶相樓二樓三室供奉無上陰體根本品主尊，即無上瑜伽部母續，按宗喀巴的解釋是無上瑜伽部中以顯現光明為主的教法，以上樂金剛、喜金剛、時輪金剛為主神。

正中是上樂王佛，左右是白上樂王佛、持噶布拉喜金剛、持兵器喜金剛、大幻金剛佛、佛陀噶布拉佛、時輪王佛、瑜伽虛空佛、佛海觀世音佛。

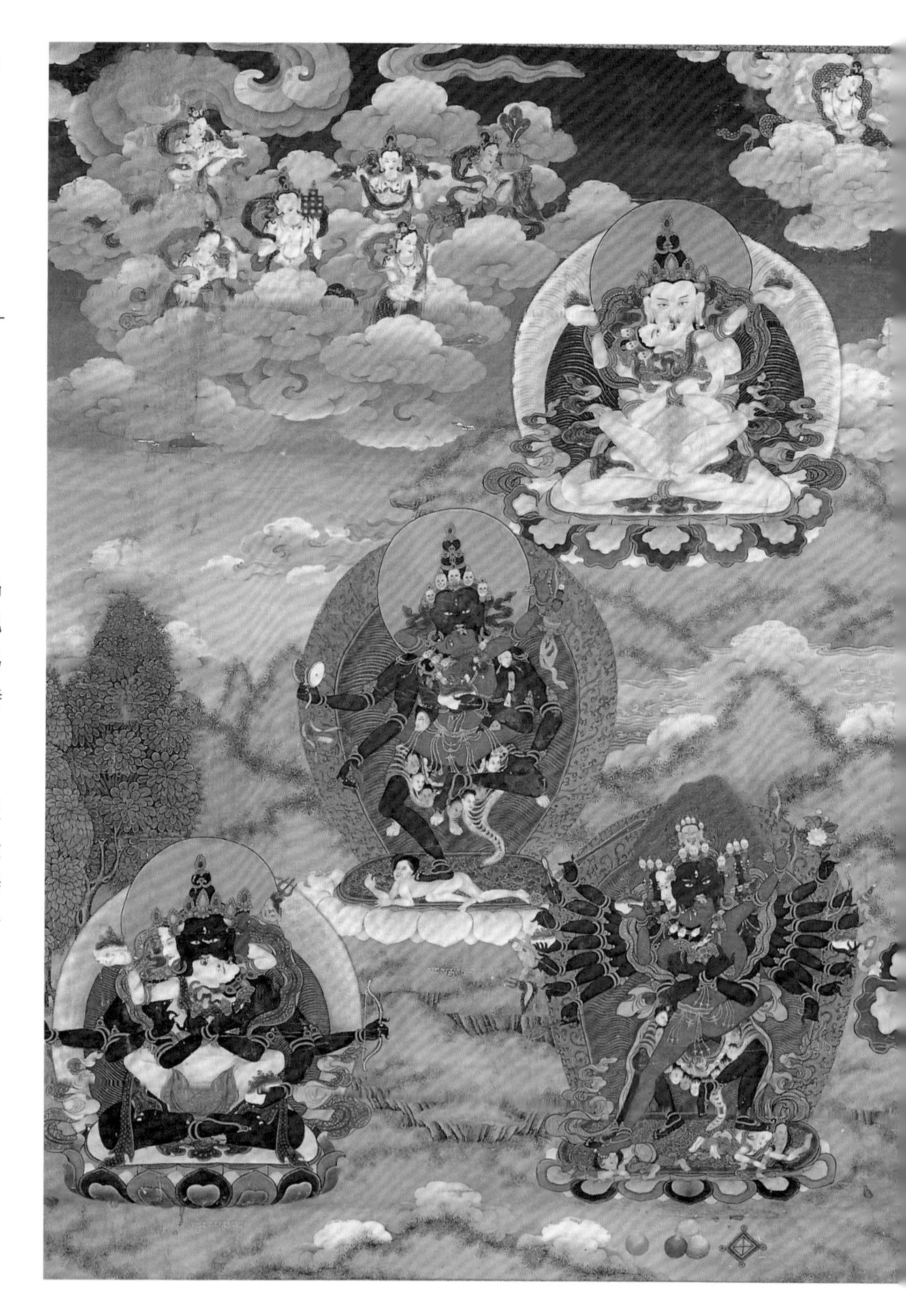

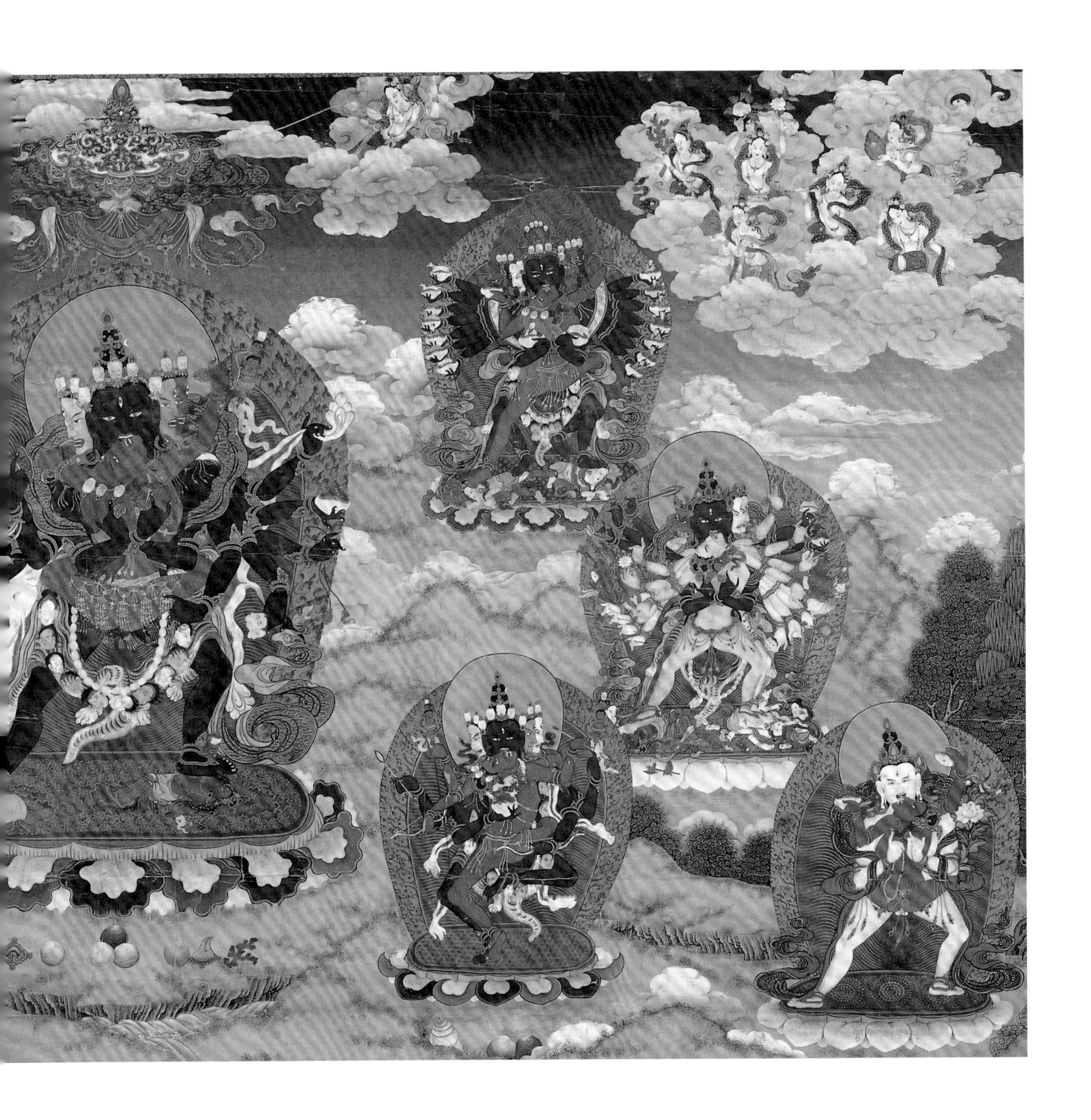

249

無上陰體根本品護法神（之一）

縱215厘米　橫317厘米

The First Protective God of the Fundamental Class of Supreme Mother Tantra

H.215cm　L.317cm

寶相樓一樓三室東壁供奉無上陰體根本品護法主神宮室勇保護法，其常用名稱為寶帳怙主，是大黑護法的一種主要身形。

正中是無上陰體根本品護法主神宮室勇保護法，藍黑色身，右手握鉞刀，左手托盛血顱碗，兩肘間夾魔杖。一側是四面勇保護法，藍黑色身，四面四臂。另一側是藍色身鄔魔天女專必尼，右手舉鉞刀，左手托盛血顱碗，舞立姿於蓮花台上。

250

無上陰體根本品護法神（之二）

縱217厘米　橫353厘米

The Second Protective God of the Fundamental Class of Supreme Mother Tantra

H.217cm　L.353cm

北壁供奉宮室勇保護法三位從神，即四臂勇保、鄔摩天女簪楂禮和鄔摩天女僧嘎禮。

左側四臂勇保護法藍色身，一頭四臂，手持劍、三叉戟、旱和血碗，舞立姿於蓮花台上。右側綠色身鄔摩天女簪楂禮和中間黃色身鄔摩天女僧嘎禮，均裸身形，手持鉞刀、血碗，舞立姿於蓮花台上。

251

無上陰體根本品護法神（之三）

縱217厘米　橫353厘米

The Third Protective God of the Fundamental Class of Supreme Mother Tantra

H.217cm　L.353cm

南壁供奉宮室勇保護法三位從神，即婆羅門勇保、尸陀林主、鄔摩天女喇克義西。

正中是婆羅門勇保護法，老年相，皓首長髯，面生三目，右手持腿骨號、鉞刀；左手托顱碗，胸前斜掛金色寶瓶，腳踏白色屍體立於蓮台上。尸陀林主，亦稱墳主護法，形象為一對舞蹈的白色骷髏，是天葬場的護法神。紅色身鄔摩天女喇克義西，手持血碗，舞立姿於蓮花台上。

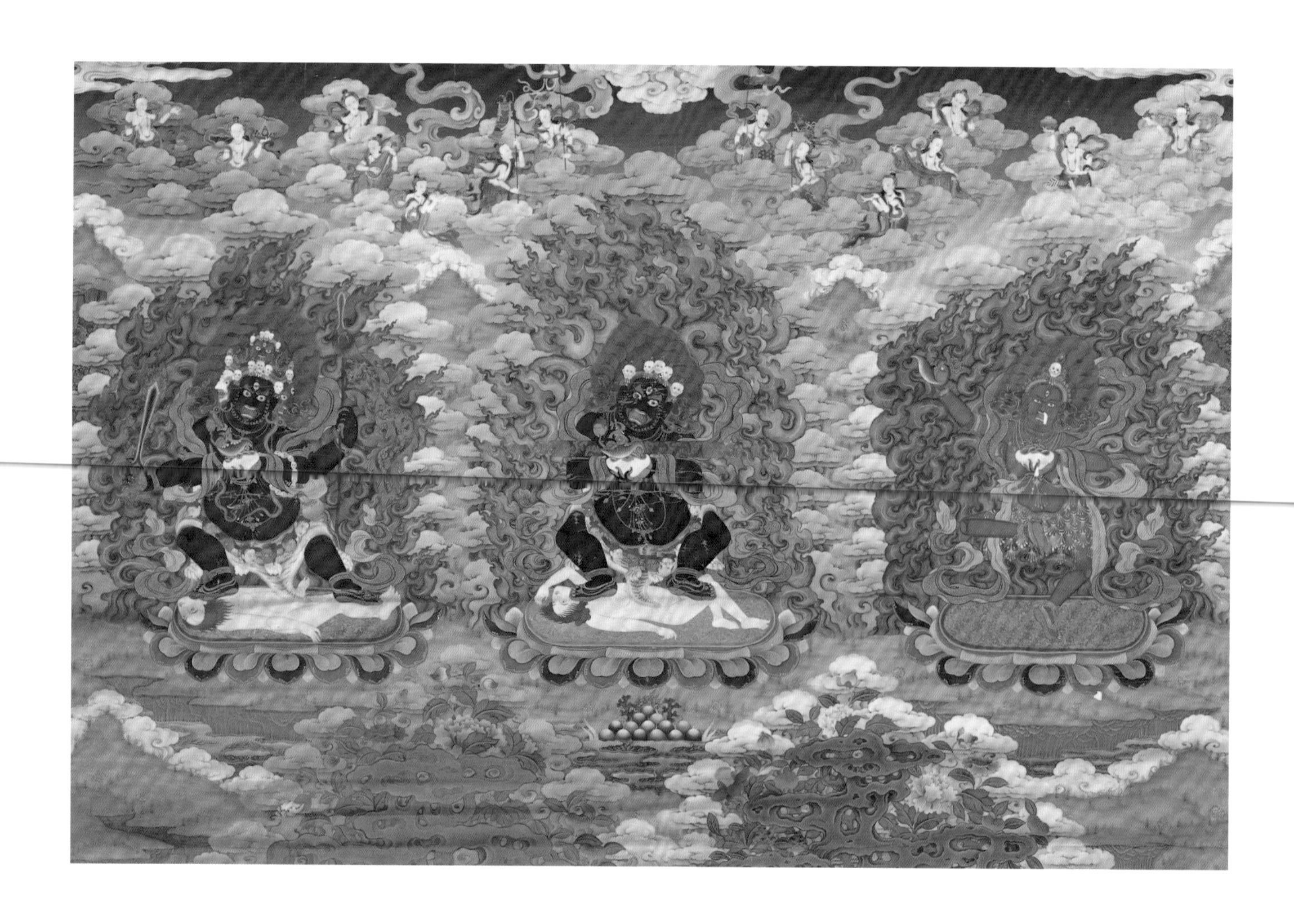

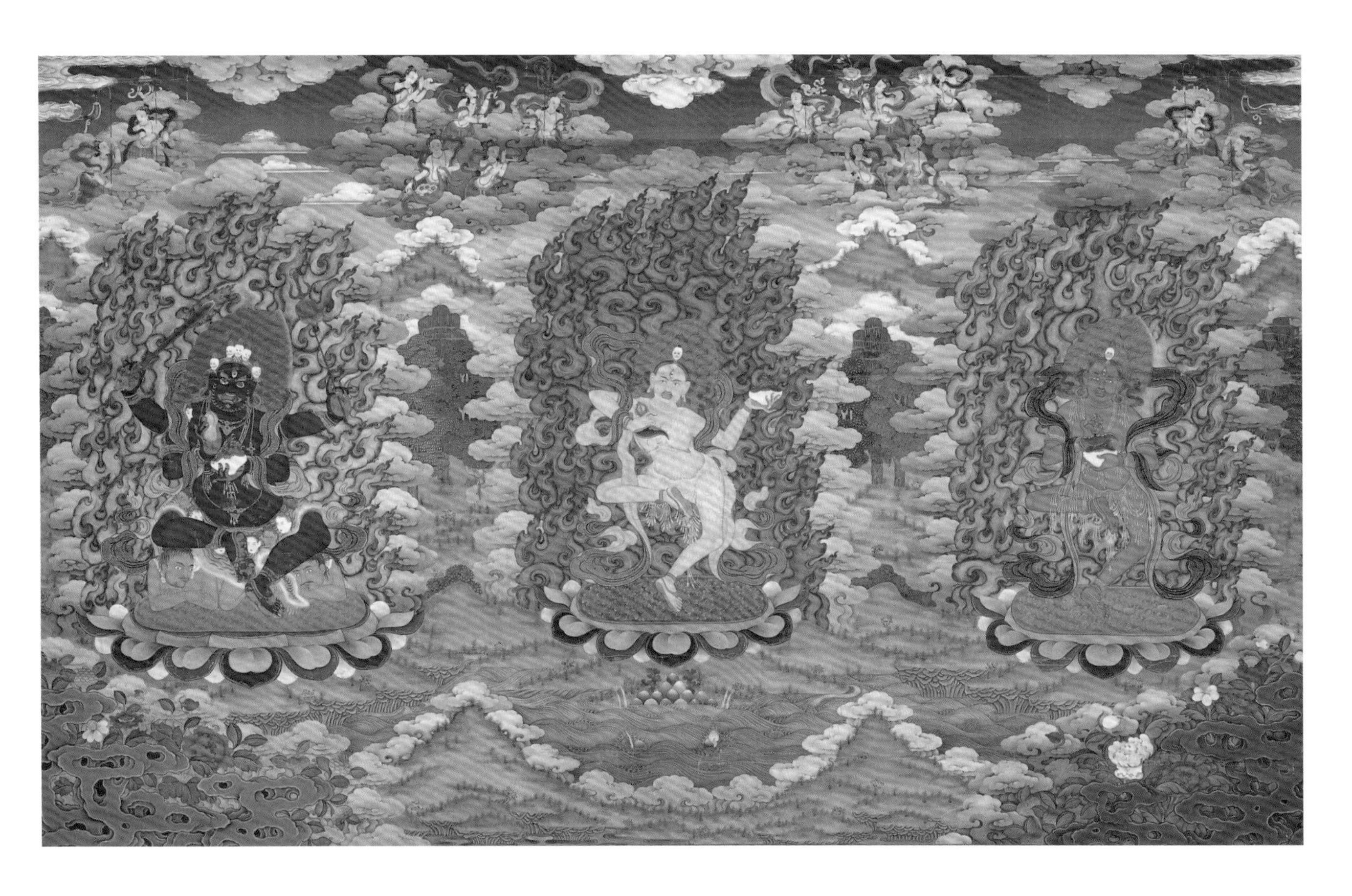

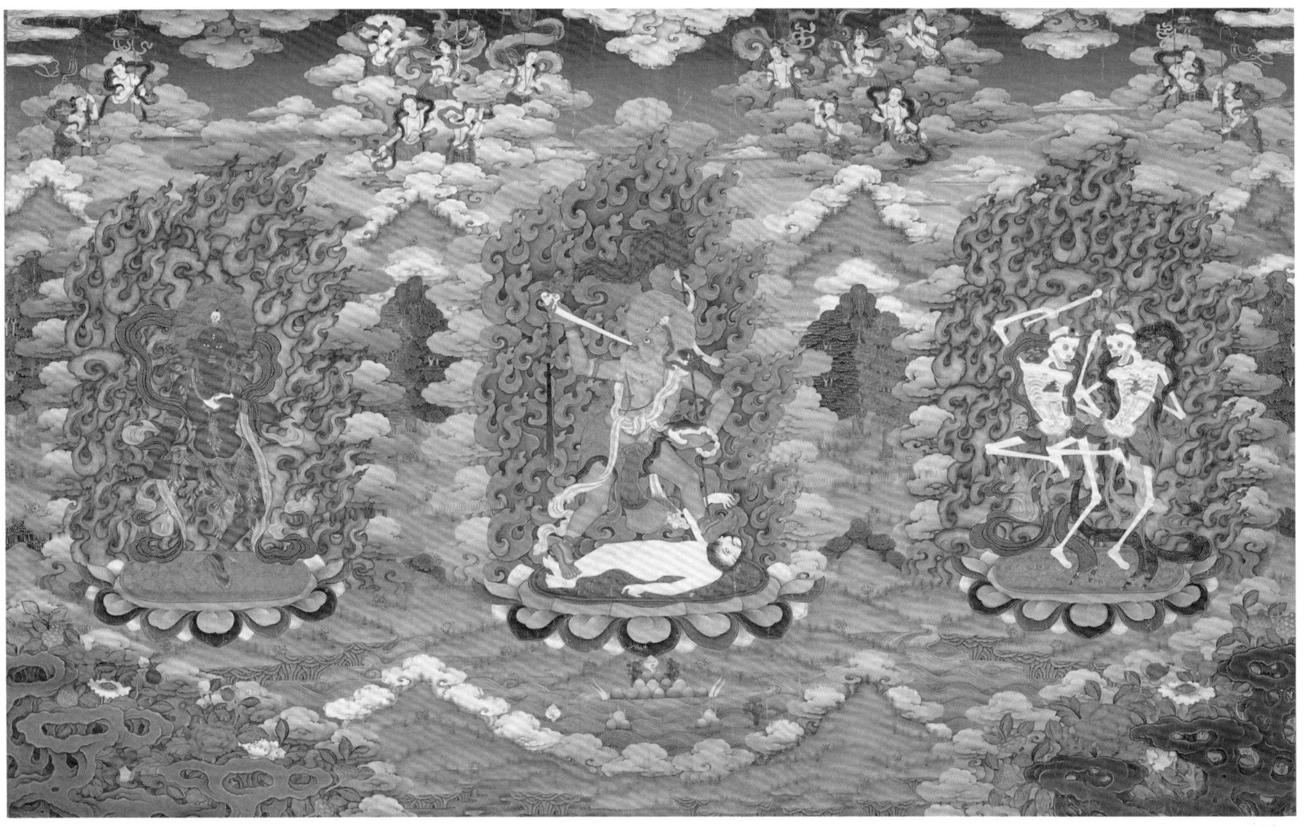

瑜伽根本品

乾隆三十年（1765）　宮廷
布本彩繪
清宮舊藏

The Fundamental Class of Yoga Tantra

The 30th year of Qianlong Reign (1765)
Royal Court
Distemper on Cloth
Qing Court collection

252

瑜伽根本品主尊

縱140厘米　橫267厘米

Main Deity of the Fundamental Class of Yoga Tantra

H.140cm　L.267cm

寶相樓二樓四室供奉瑜伽根本品主尊普慧毗盧佛以及八佛。

正中是普慧毗盧佛，白色身，四面二臂，手結禪定印捧法輪，全跏趺坐。其餘八佛是金剛界佛、度生佛、成就佛、能勝三界佛、最上功德佛、密德文殊室利佛、法界妙音自在佛、九頂佛。

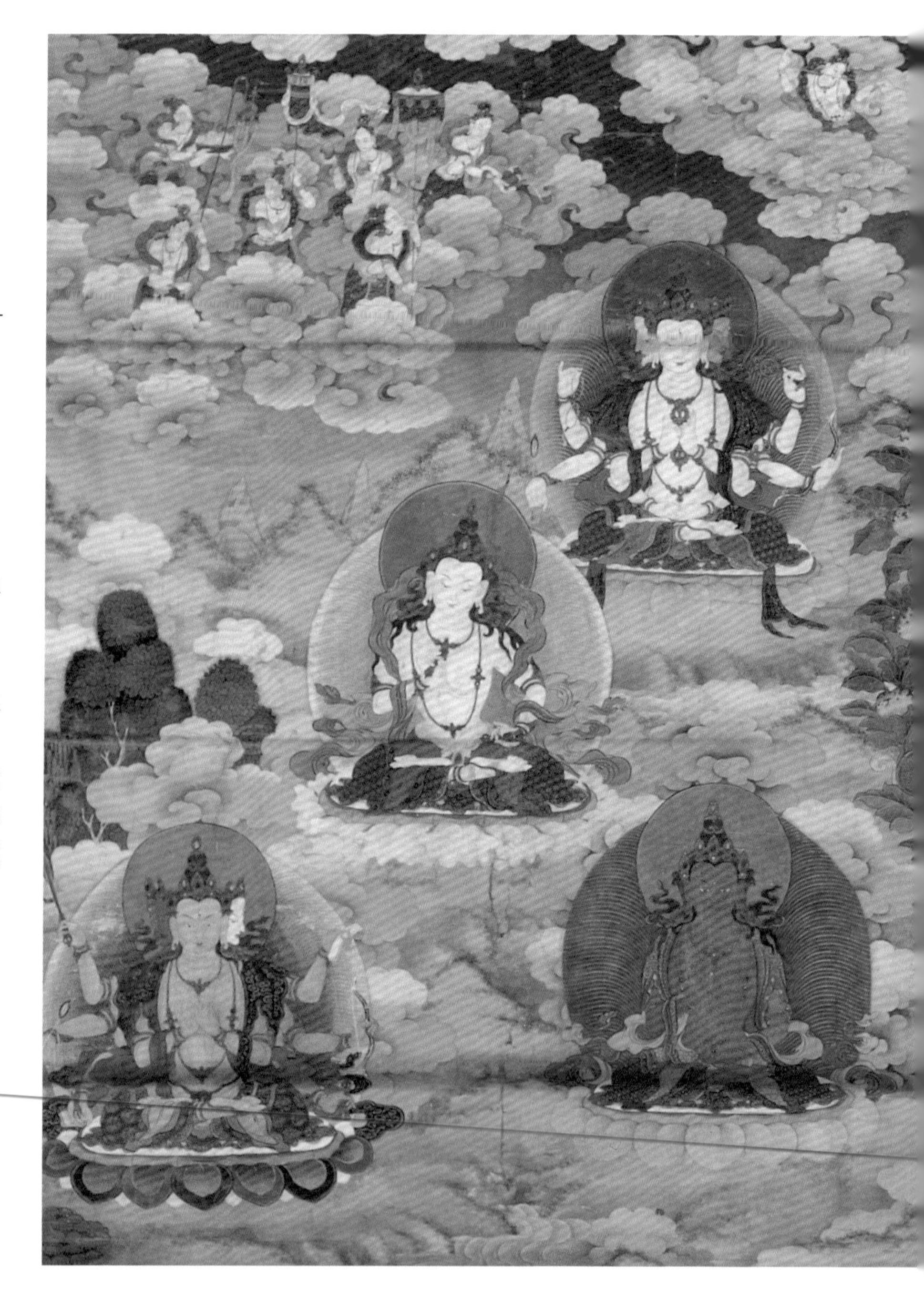

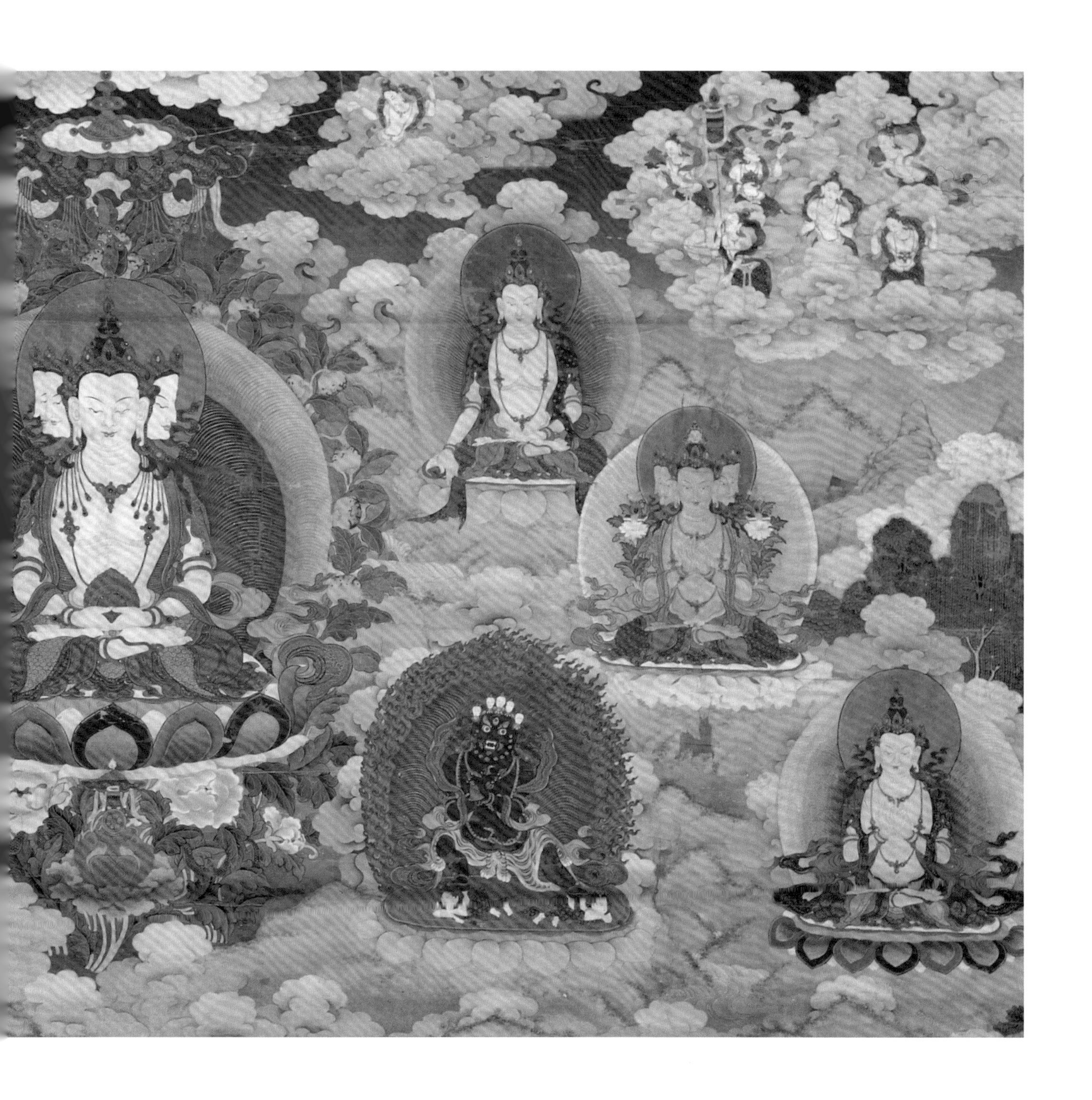

253

瑜伽根本品護法神（之一）
縱215厘米　橫317厘米

The First Protective God of the Fundamental Class of Yoga Tantra
H.215cm　L.317cm

寶相樓一樓四室東壁供奉瑜伽根本品護法主神吉祥天母。吉祥天母在藏傳佛教的女護法神中居首位，其八位伴神是四業力天母護法、四季天母護法，尤為格魯派所崇奉，是該派的主要保護神。

正中吉祥天母藍色身，呈忿怒相，騎着騾子奔走在血海中。她的左邊是柔善天母護法，為主息業的女神，手持瓶和珍寶碗，騎黃色騾子；右邊是增盛天母護法，為主增業女神，手持金碗和鼓，騎白色騾子。

254

瑜伽根本品護法神（之二）
縱217厘米　橫353厘米

The Second Protective God of the Fundamental Class of Yoga Tantra
H.217cm　L.353cm

北壁供奉瑜伽根本品三位女護法神，即權德天母、值春天母、值秋天母護法。

右側權德天母護法，主自在業，紅色身，面相忿怒，手持鉞和金剛索，騎紅色騾子。中間值春天母護法，藍黑色身，身披人皮，手舉鉞刀和血碗，騎青騾子。左側值秋天母護法，黃色身，手舉鋤和血碗，坐梅花鹿背上。

255

瑜伽根本品護法神（之三）
縱217厘米　橫353厘米

The Third Protective God of the Fundamental Class of Yoga Tantra
H.217cm　L.353cm

南壁供奉瑜伽根本品三位女護法神，即雄威天母、值夏天母、值冬天母護法。

左側雄威天母護法，主誅業，藍色身，面容暴怒，身披人皮，騎青騾子。正中值夏天母護法，紅色身，手舉鉞刀，騎紅色牛。右側值冬天母護法，藍黑色身，騎灰色駱駝。

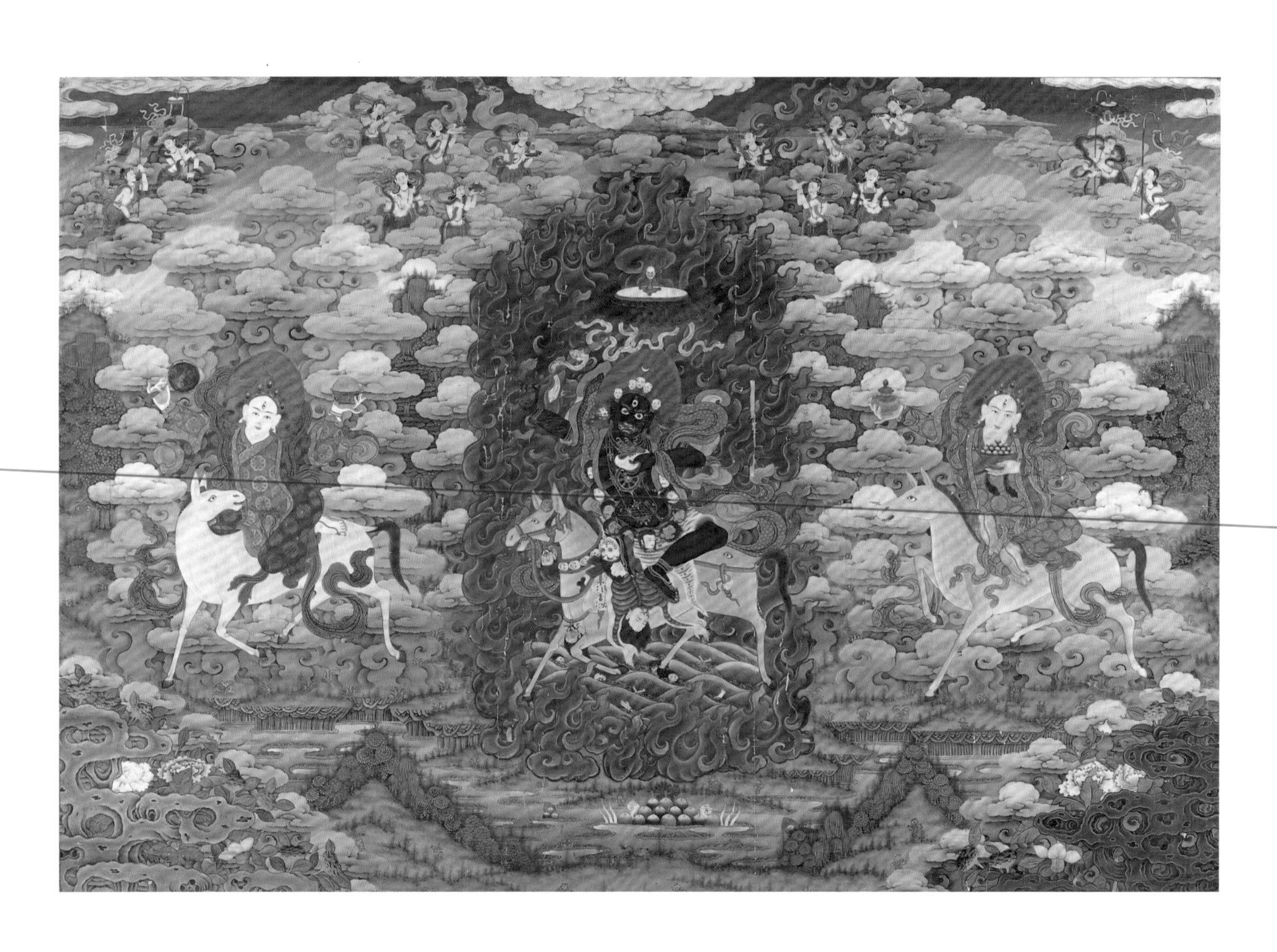

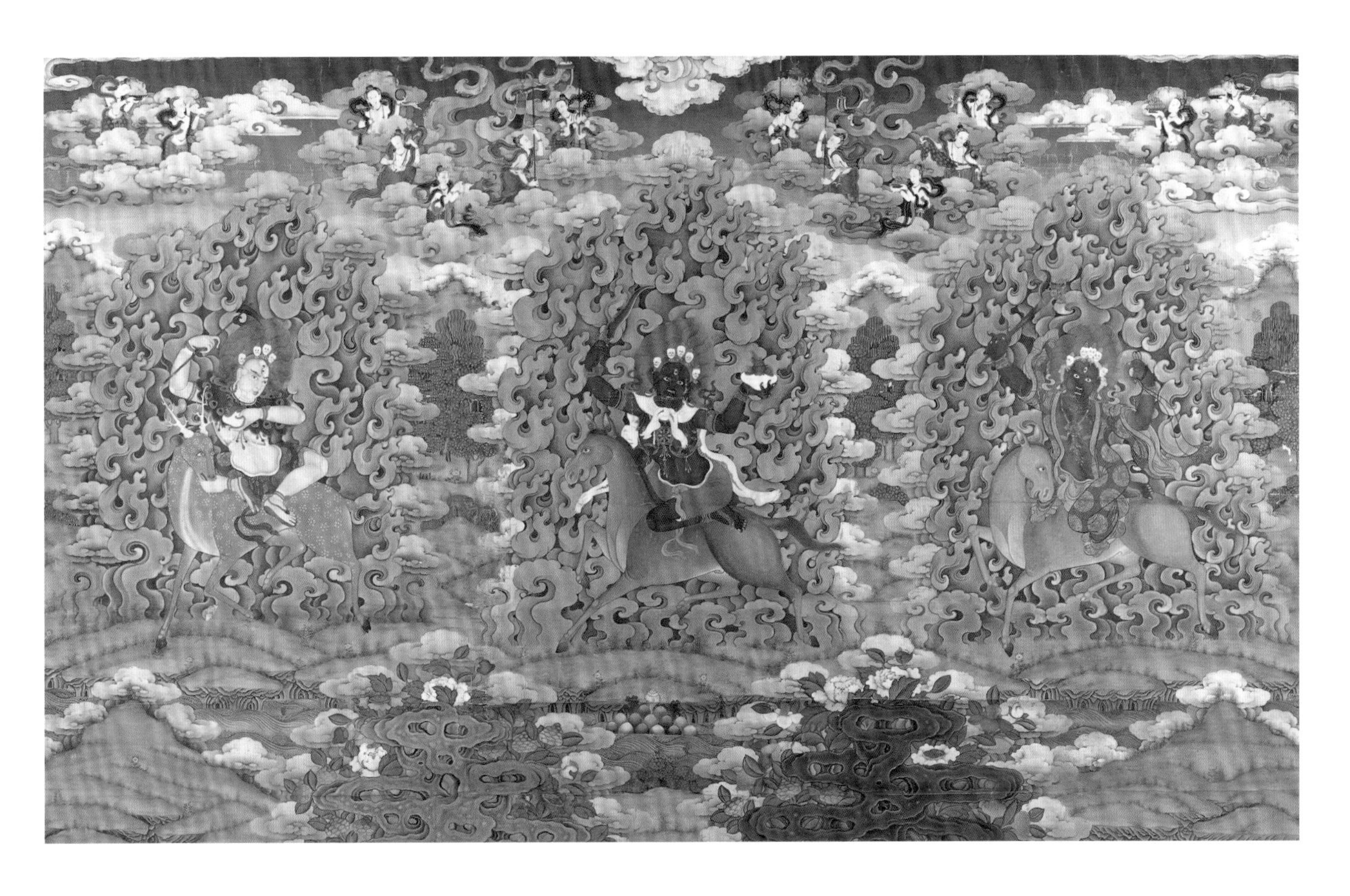

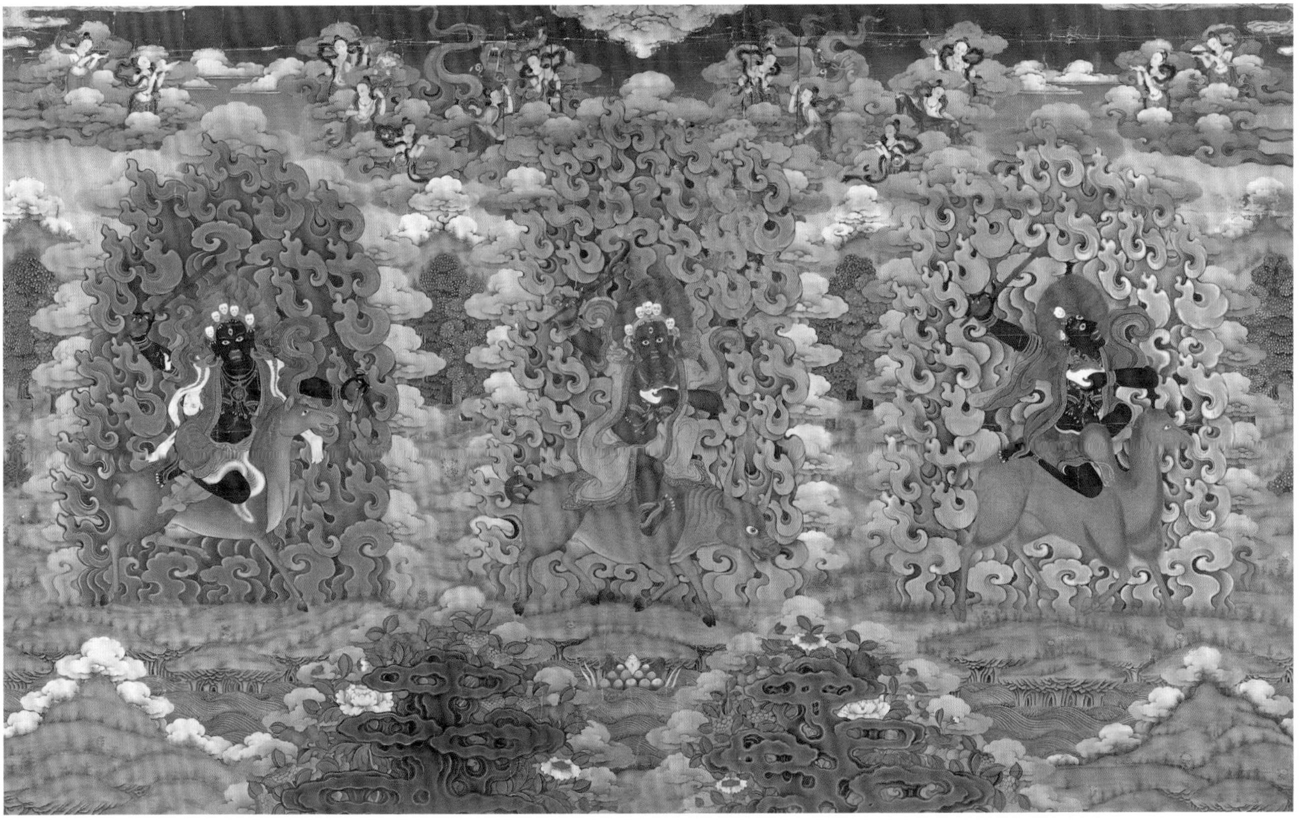

德行根本品
乾隆三十年（1765） 宮廷
布本彩繪
清宮舊藏

The Fundamental Class of Moral Conduct
The 30th year of Qianlong Reign (1765)
Royal Court
Distemper on Cloth
Qing Court collection

256

德行根本品主尊
縱140厘米 橫267厘米

Main Deity of the Fundamental Class of Moral Conduct
H.140cm L.267cm

寶相樓二樓五室供奉德行根本品主尊宏光顯耀菩提佛以及八位從神。

正中為宏光顯耀菩提佛，黃色身，禪定手印，結跏趺坐。左右八神為四位忿怒金剛和四位佛母。即伏魔手持金剛佛、善行手持金剛佛、黑摧碎金剛佛、白馬頭金剛佛、佛眼佛母、嘛嘛基佛母、白衣佛母、青救度佛母。

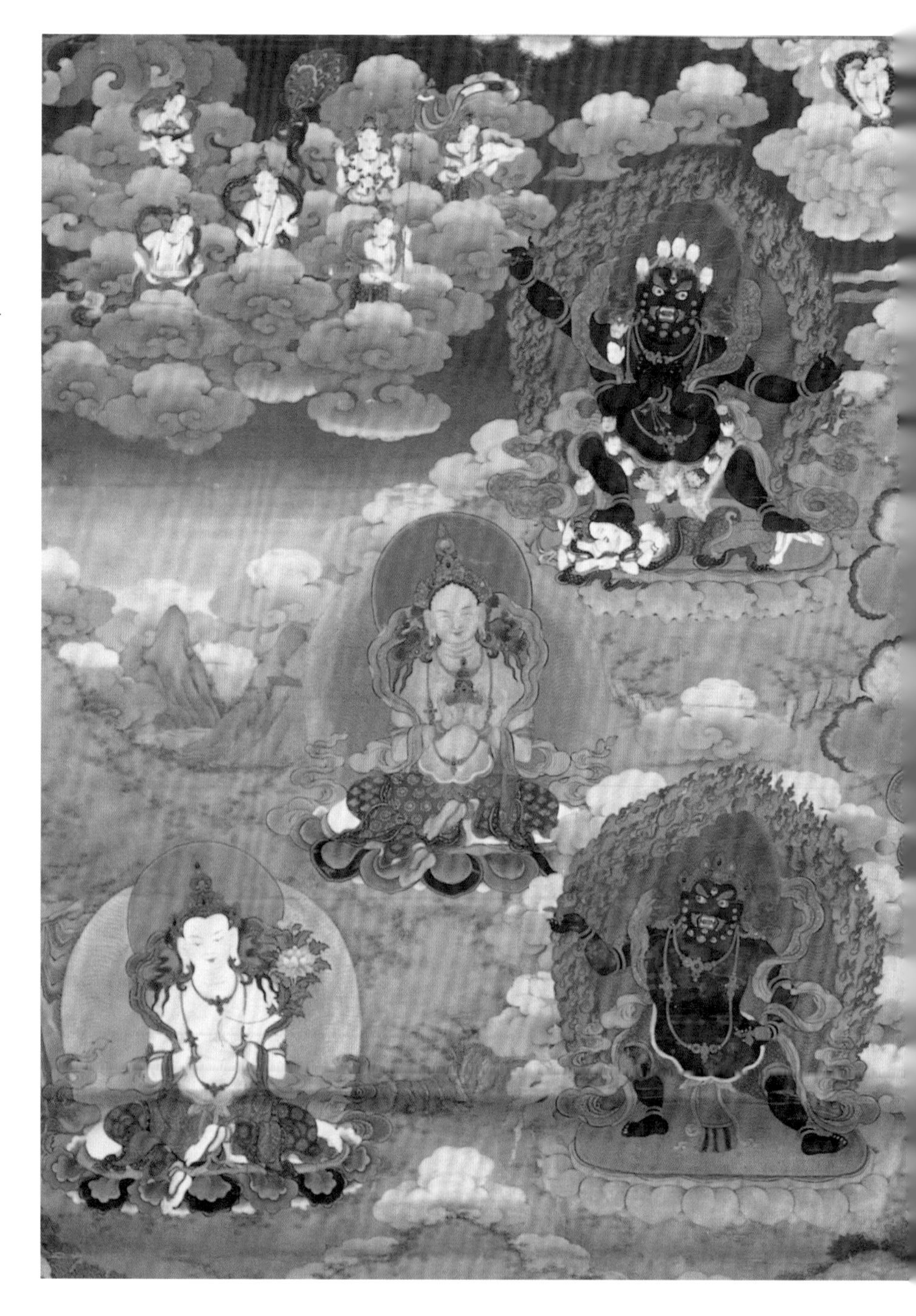

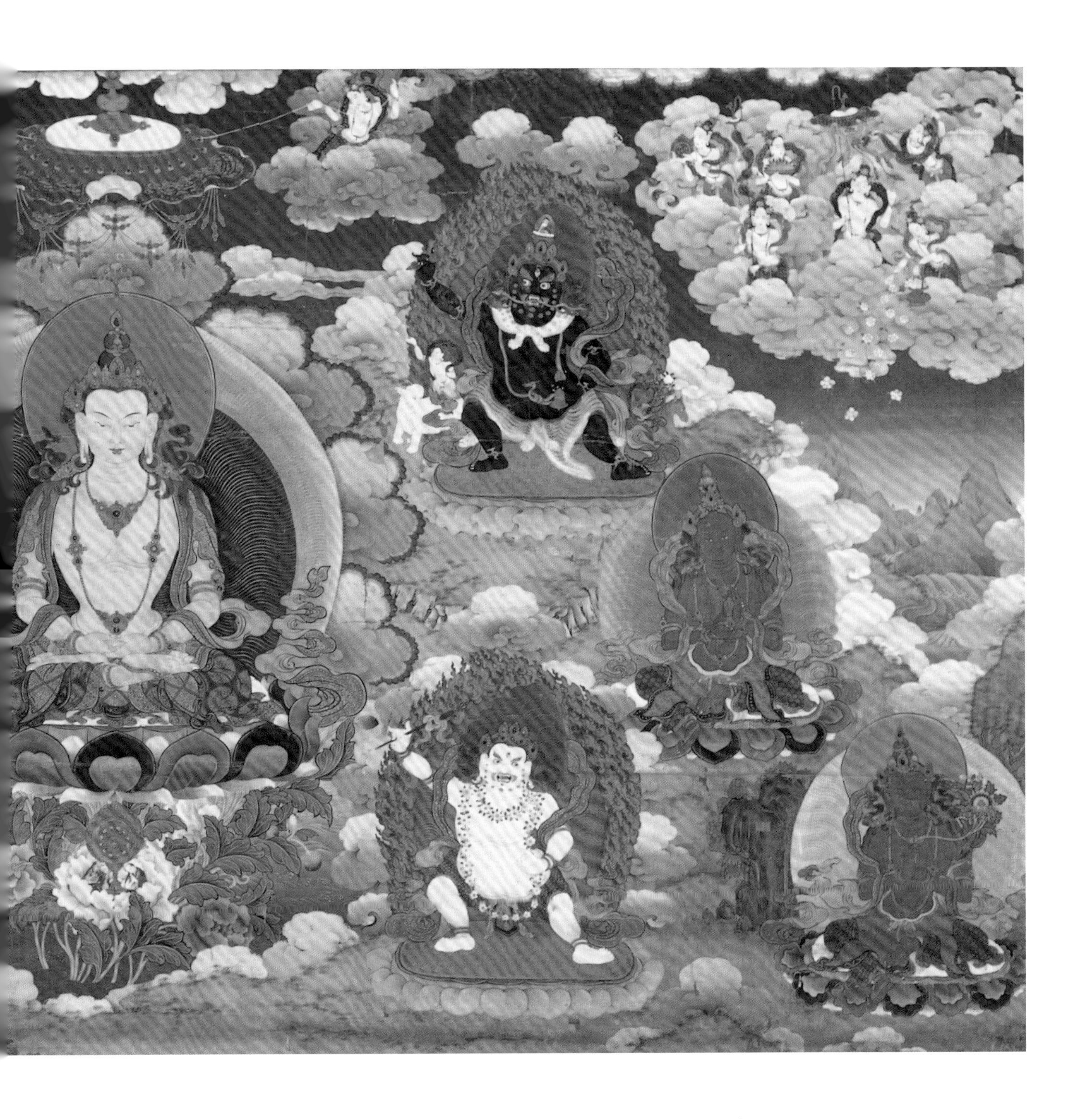

257

德行根本品護法神（之一）

縱215厘米　橫317厘米

The First Protective God of the Fundamental Class of Moral Conduct

H.215cm　L.317cm

寶相樓一樓五室東壁供奉德行根本品護法主神紅勇保護法，亦稱姊妹護法、皮鎧甲護法、大紅司命主。他的八位從神是三位大黑護法及五位財神。

正中是本部護法主神紅勇保護法，紅色身，頭戴骷髏盔，身着鎧甲，外罩紅袍，右手舉劍，左手握人心遞向嘴邊，左臂彎夾長矛弓箭。左右兩從神是持棒勇保護法、騎虎勇保護法兩位大黑護法。

258

德行根本品護法神（之二）

縱217厘米　橫353厘米

The Second Protective God of the Fundamental Class of Moral Conduct

H.217cm　L.353cm

北壁供奉紅勇保護法的三位從神，即騎獅大黑雄威、白財寶天王、黃布祿護法。

右側騎獅大黑雄威護法藍黑色身，頭戴骷髏冠，身穿袍服，手持三叉戟和人心，站立綠鬃白獅背上。正中白財寶天王白色身，頭戴菩薩冠，手持金剛鈎和寶瓶，坐紅鬃白獅背。左側黃布祿護法黃色身，面容微怒，右手握石榴，左手握吐寶獸，右舒式坐蓮花座，腳踏白海螺。

259

德行根本品護法神（之三）

縱217厘米　橫353厘米

The Third Protective God of the Fundamental Class of Moral Conduct

H.217cm　L.353cm

南壁供奉紅勇保護法的三位從神，即妙舞財寶天王、白布祿、黑布祿護法。

妙舞財寶天王黃色身，三面十六臂，各手均持法器，展左立蓮花台上。白布祿護法白色身，手持三叉戟和吐寶獸，右舒坐於青龍背上。黑布祿護法黑色身，面相兇忿，手持聚寶盆和吐寶獸，展左立蓮花台上，腳踏黃色財神。

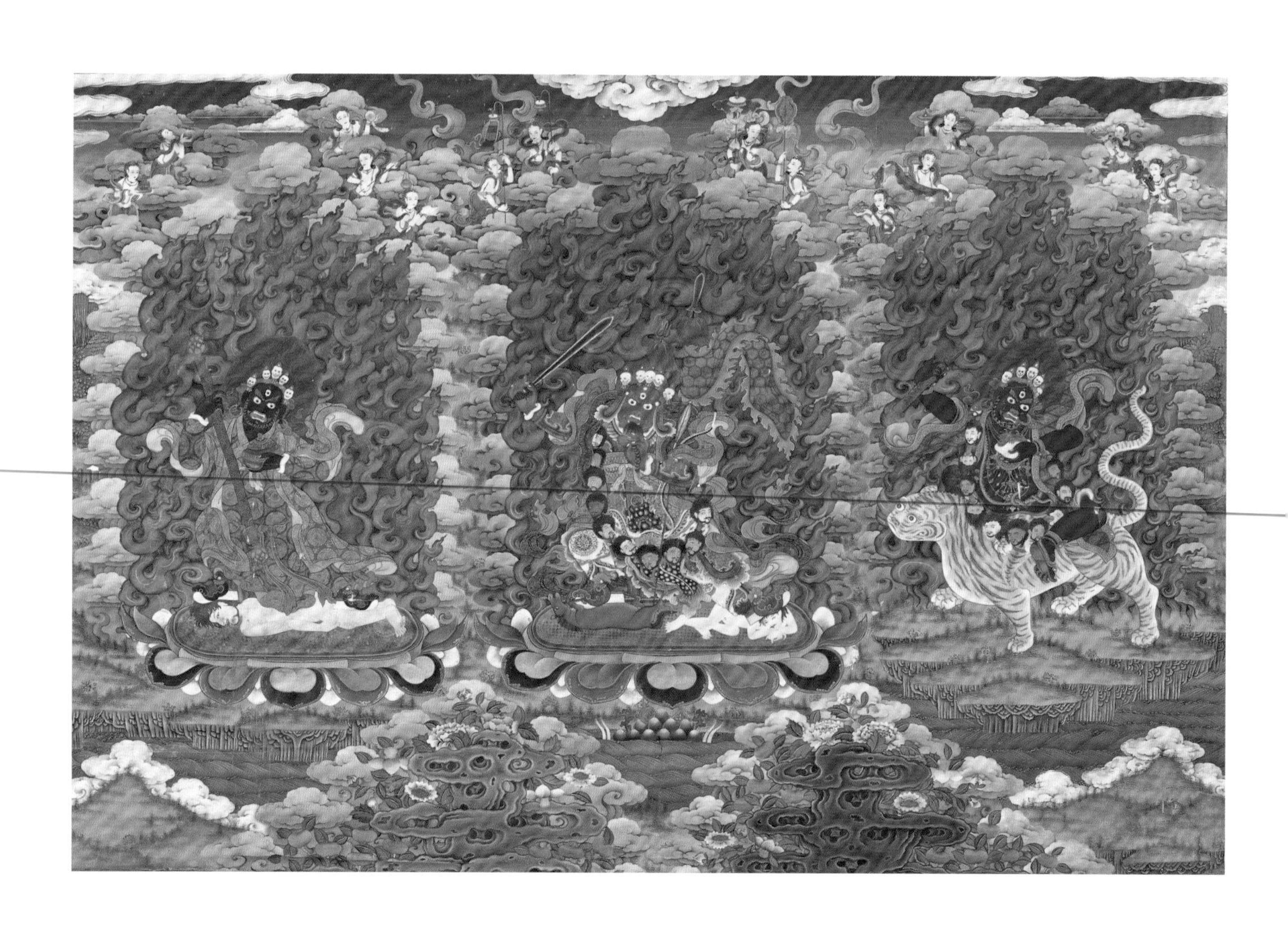

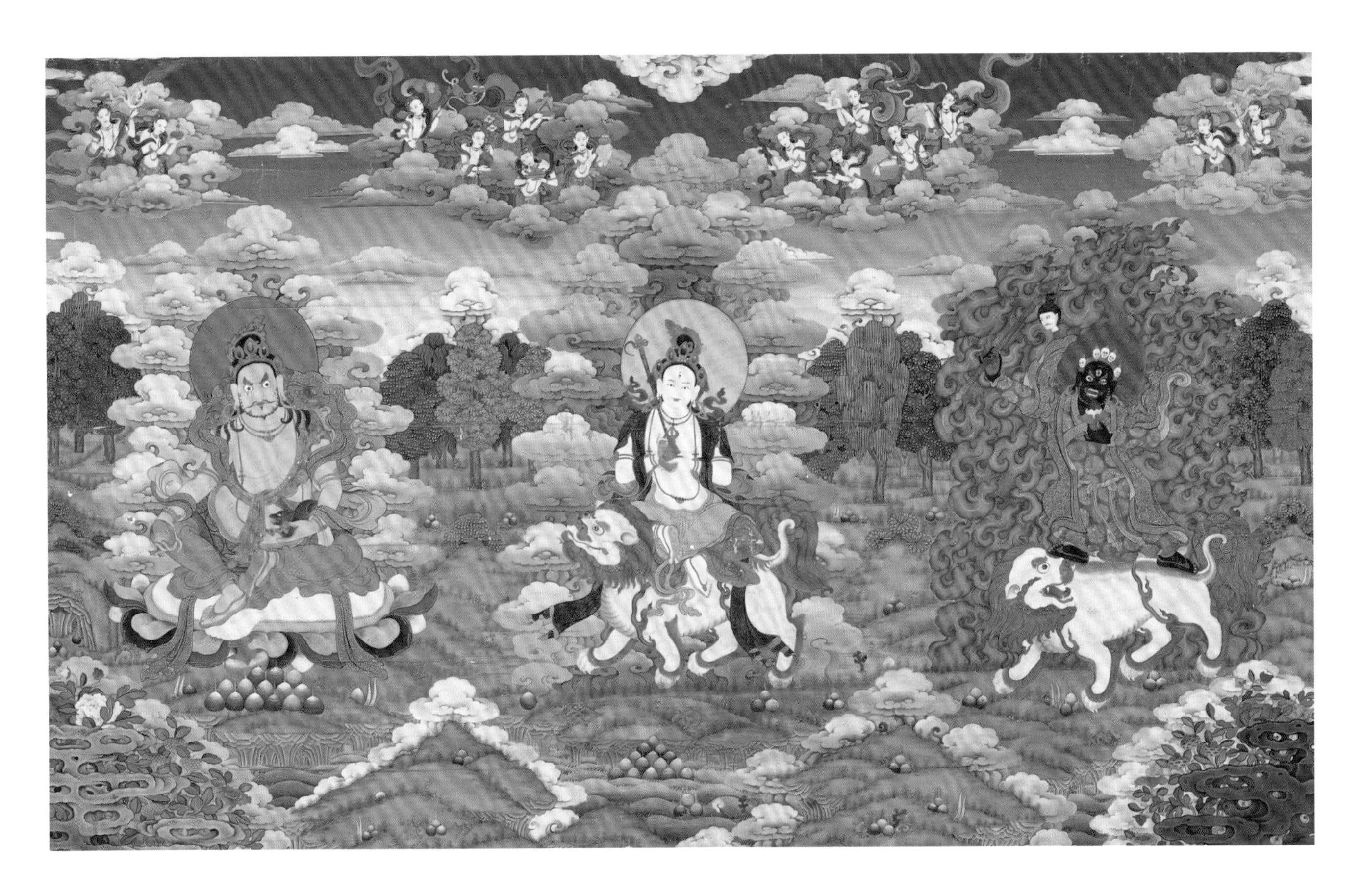

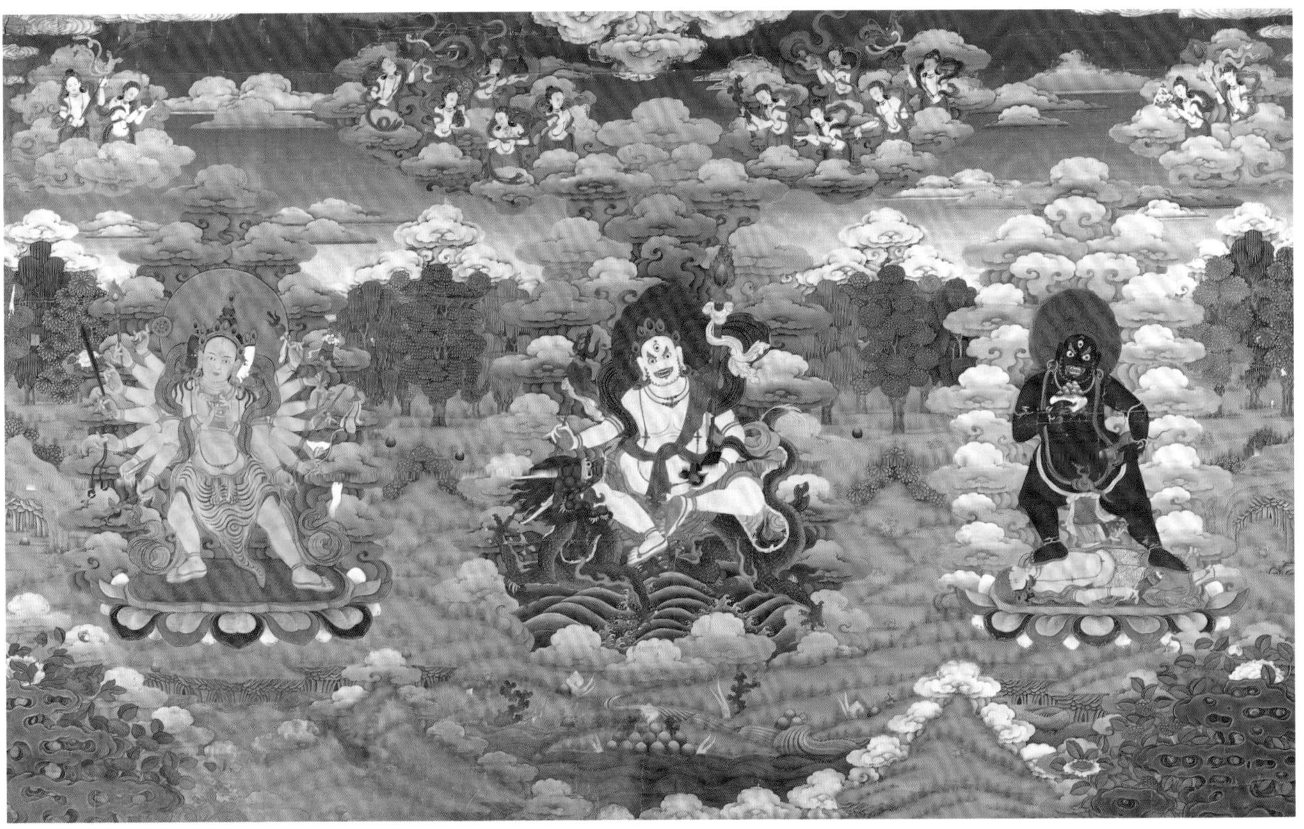

功行根本品
乾隆三十年（1765）　宮廷
布本彩繪
清宮舊藏

The Fundamental Class of Meritorious Conduct
The 30th year of Qianlong Reign (1765)
Royal Court
Distemper on Cloth
Qing Court collection

260

功行根本品主尊
縱140厘米　橫267厘米

Main Deity of the Fundamental Class of Meritorious Conduct
H.140cm　L.267cm

寶相樓二樓六室供奉功行根本品主尊無量壽佛及八位從神。

正中為無量壽佛，紅色身，結禪定印，手托寶瓶，全跏趺坐。左右八神為：十一面觀世音、四臂觀世音、尊勝佛母、白傘蓋佛母、白救度佛母、綠救度佛母、積光佛母、隨求佛母。

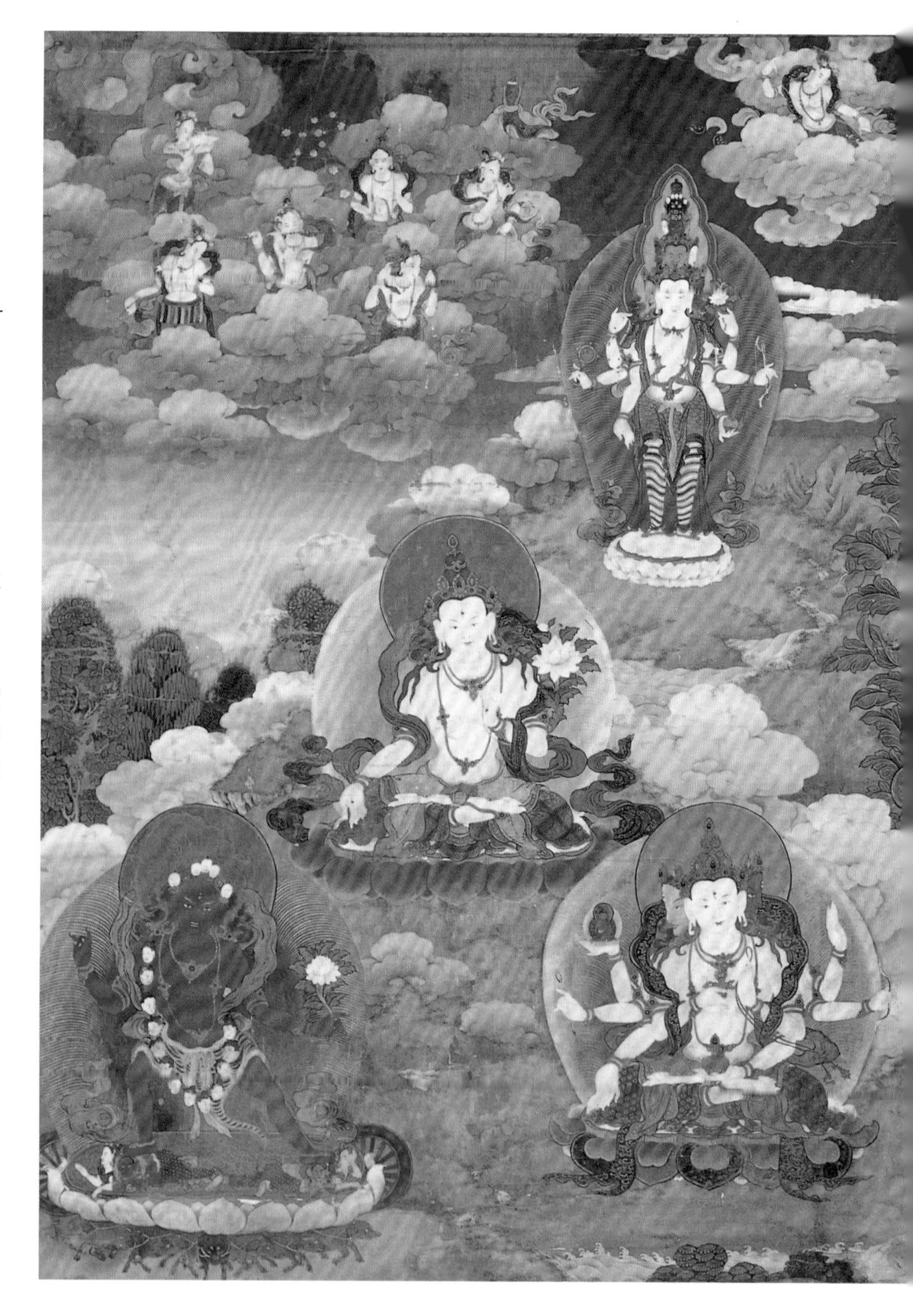

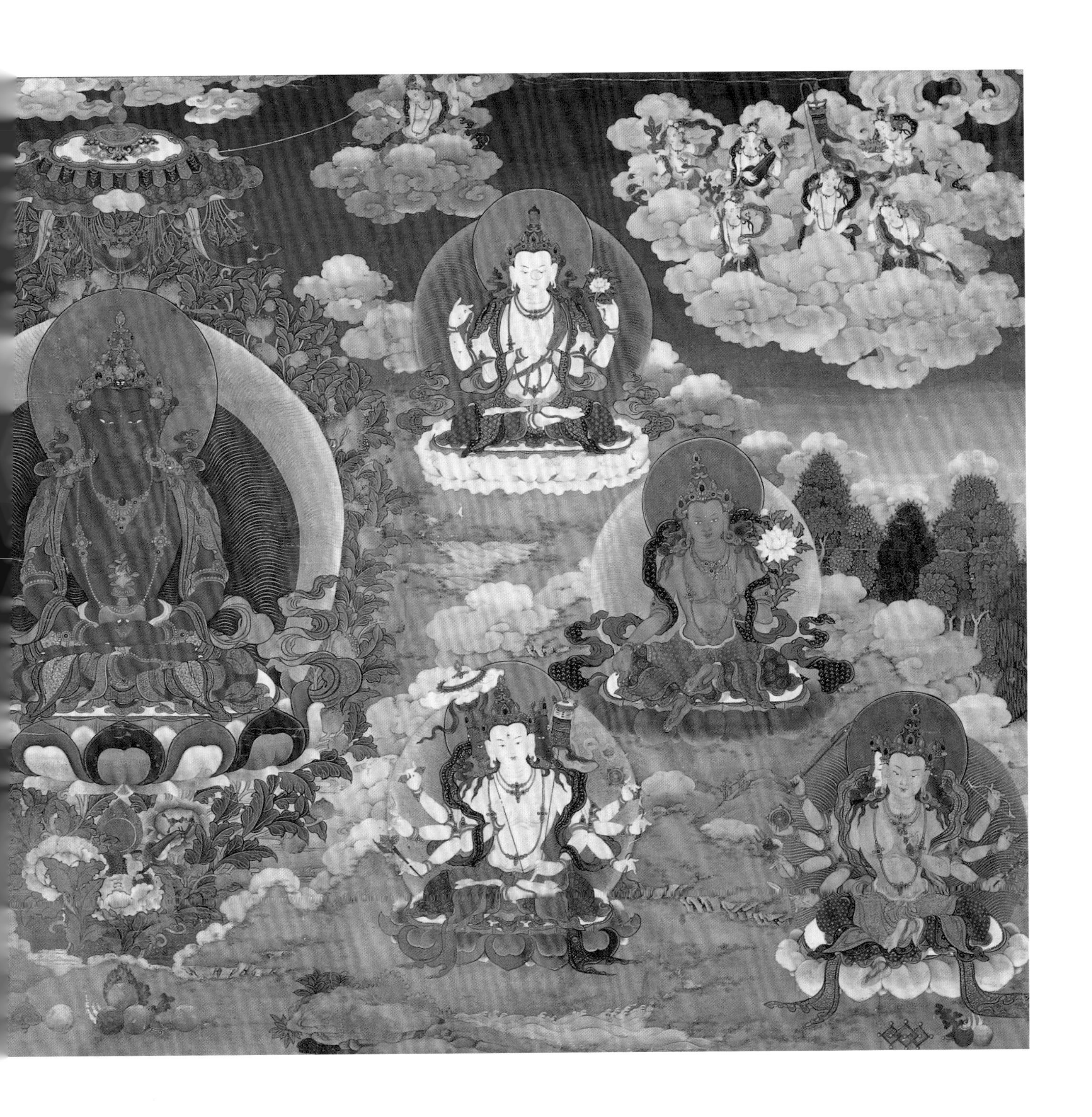

261

功行根本品護法神（之一）
縱215厘米　橫317厘米

The First Protective God of the Fundamental Class of Meritorious Conduct
H.215cm　L.317cm

寶相樓一樓六室東壁供奉功行根本品護法主神騎獅黃財寶天王，他的八位從神是八馬王，皆為騎馬武將形象。

正中騎獅黃財寶天王黃色身，頭戴菩薩冠，身束鎧甲，手持幢與吐寶獸，坐白獅背上。天王兩邊的從神一側是馬王布祿護法，手持摩尼寶和吐寶獸，騎黃馬。另一側是馬王善滿護法手托金瓶，握吐寶獸，騎黃馬。

262

功行根本品護法神（之二）
縱217厘米　橫353厘米

The Second Protective God of the Fundamental Class of Meritorious Conduct
H.217cm　L.353cm

北壁供奉騎獅黃財寶天王的三位從神，即馬王妙寶、馬王真識、馬王五樂護法。

馬王妙寶護法在前，身束鎧甲，手持綠色寶珠，握吐寶獸，騎白馬回望。馬王真識護法黃色身，一手執彎刀，一手握吐寶獸，騎黃馬前行。馬王五樂護法黃色身，一手托宮殿，一手握吐寶獸，騎黃馬。財寶天王護法馬過之處，地湧珍寶。

263

功行根本品護法神（之三）
縱217厘米　橫353厘米

The Third Protective God of the Fundamental Class of Meritorious Conduct
H.217cm　L.353cm

南壁供奉騎獅黃財寶天王的三位從神，即宮毗羅、馬王靜住、馬畢資軍荼利護法。

左側宮毗羅護法藍色身，頭戴龍首盔，一手揮動寶劍，一手握吐寶獸，騎藍馬前行。正中馬王靜住護法藍色身，盔甲嚴身，手持長矛，握吐寶獸，騎藍馬奔走。右側馬畢資軍荼利護法白色身，右手舉劍，左手握吐寶獸，騎白馬背向而立，只有左臂所挾盾牌面向外，造型頗有新意。

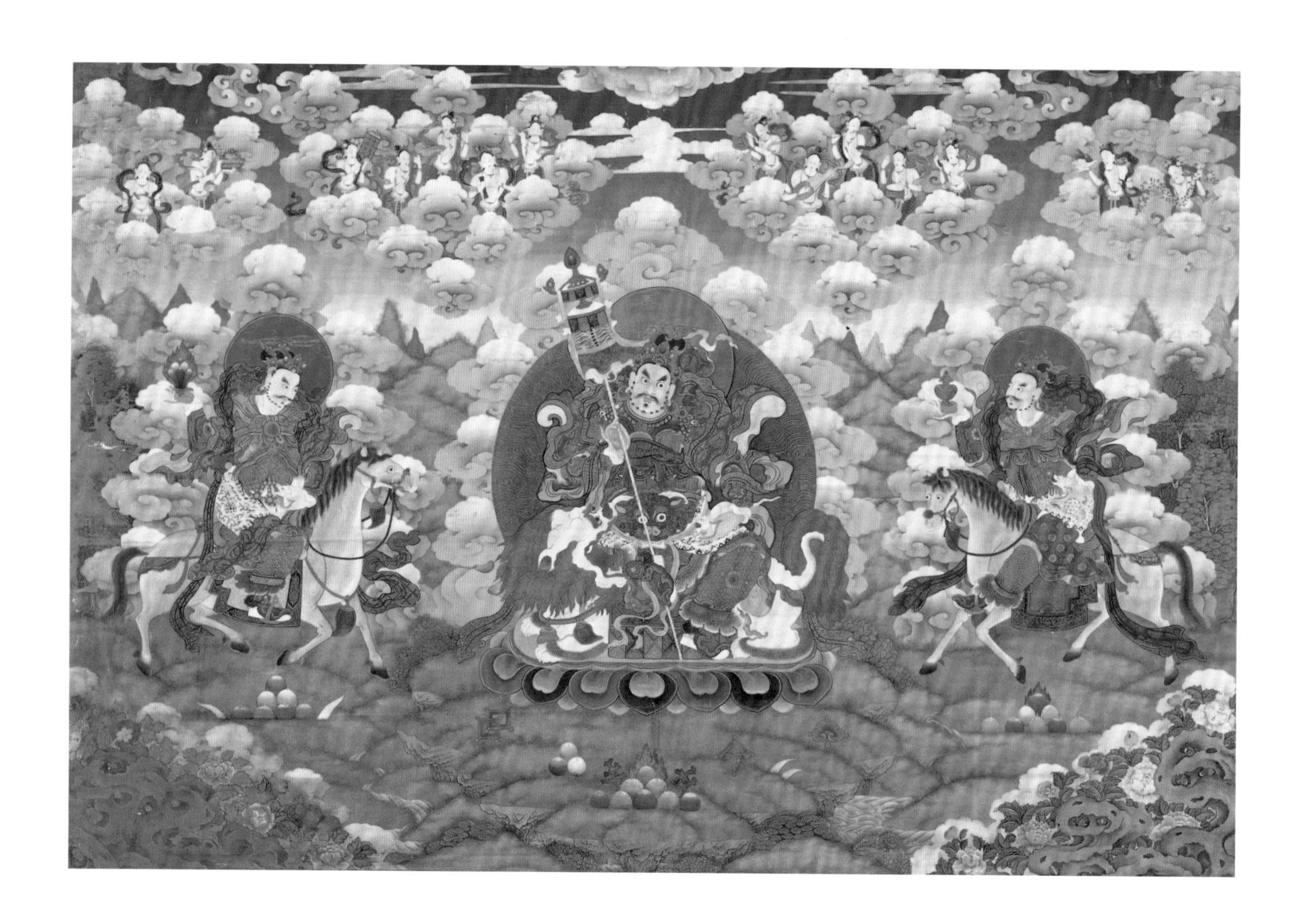

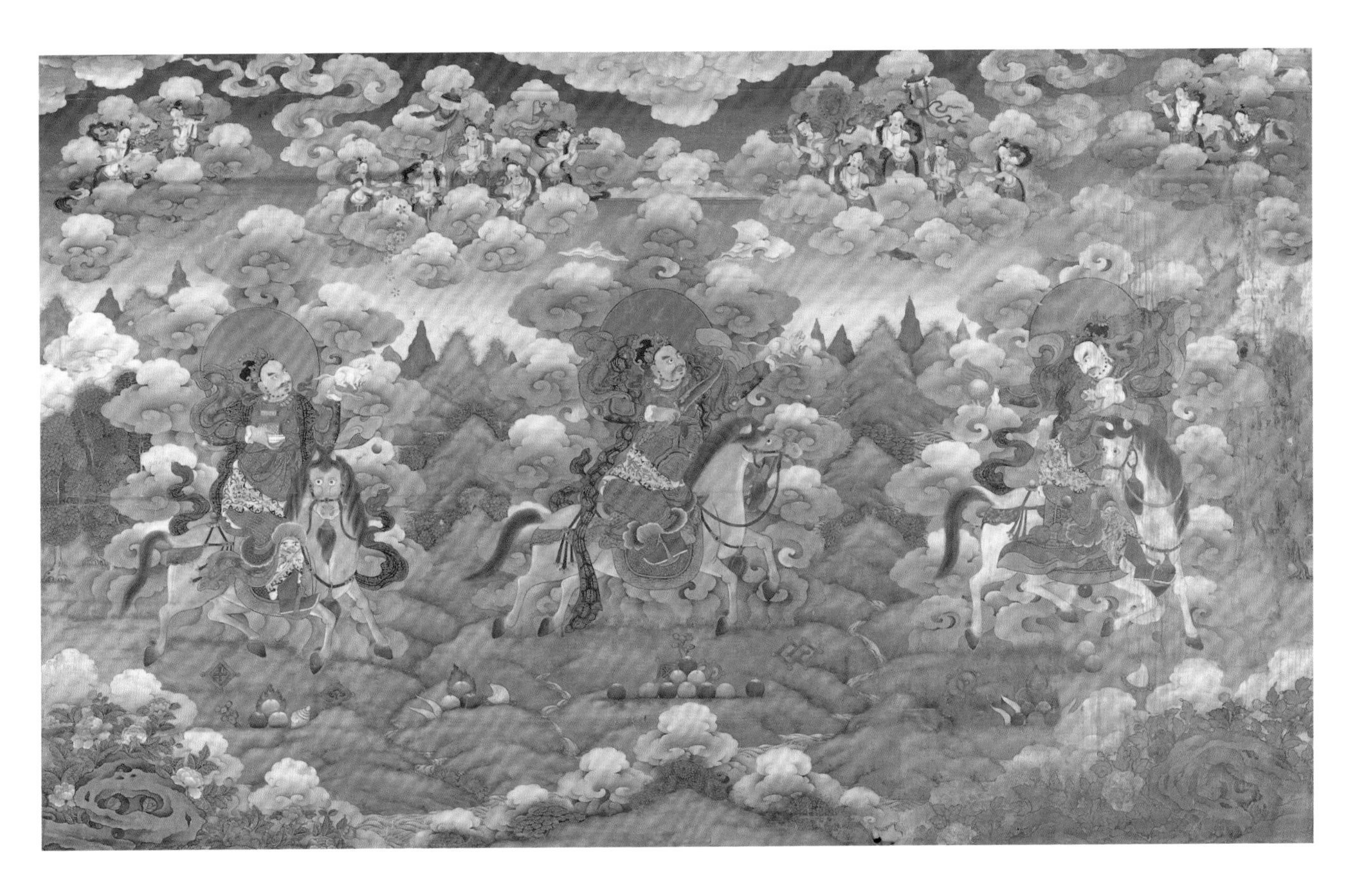

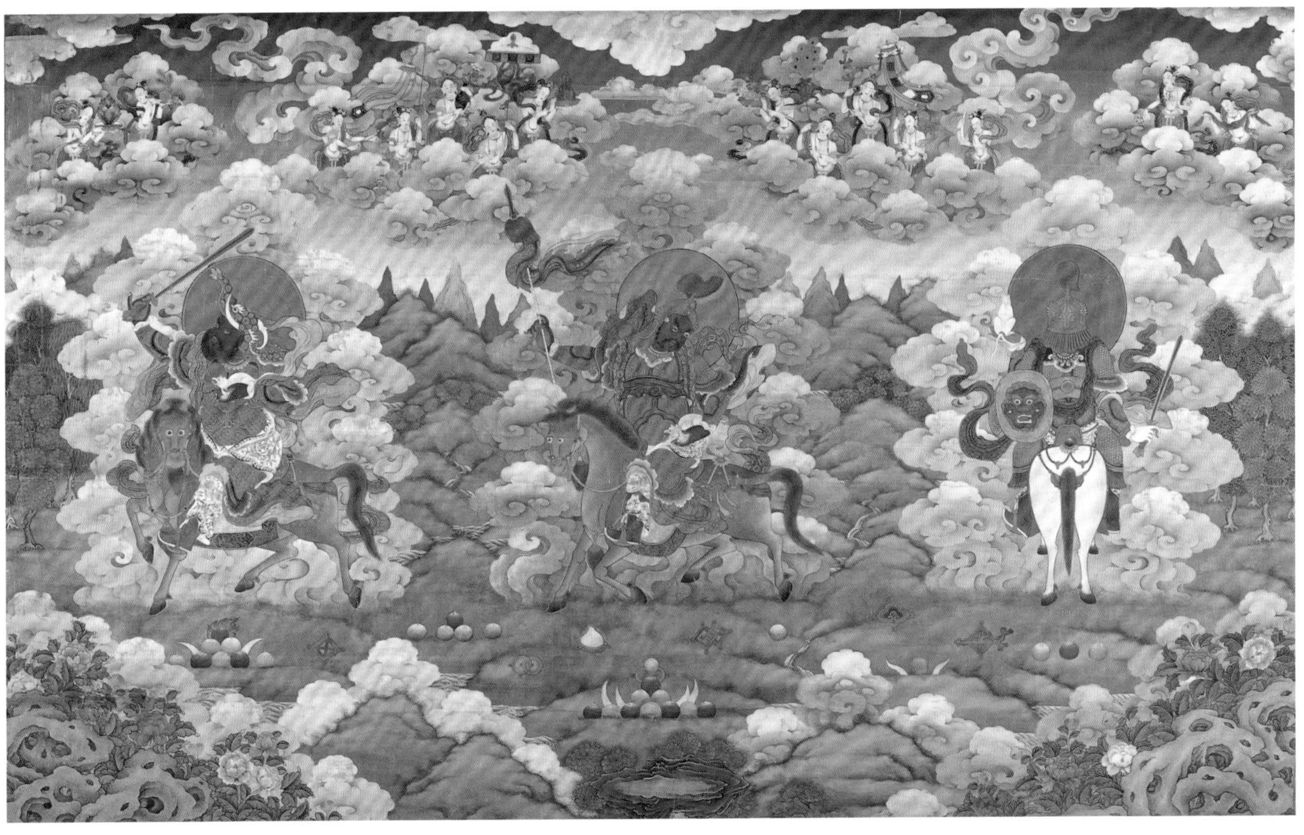

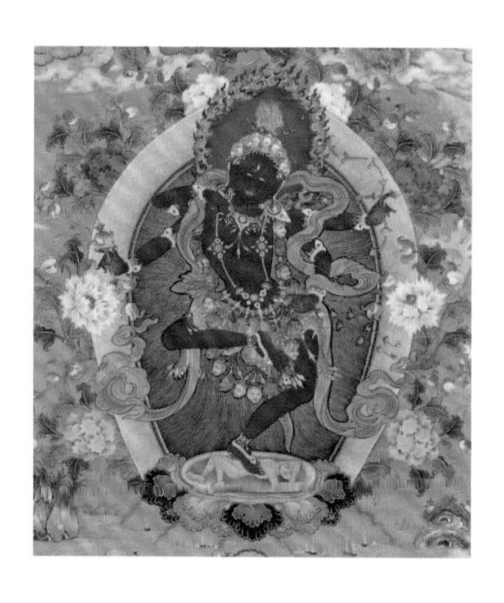

附錄

圖1、諸佛菩薩聖像

八十一尊聖像藏文榜題：

第一排西藏佛教祖，左起依次為：1班欽（薩班）、2根敦主巴（一世達賴）、3降央卻吉、4賈曹傑、5宗喀巴、6克主傑（一世班禪）、7降欽卻傑（大慈法王）、8根敦嘉措（二世達賴）、9喇嘛仁波且。

第二排無上瑜伽部本尊佛：10大輪金剛、11時輪金剛、12大威德金剛、13密集金剛、14金剛持、15密集文殊金剛、16上樂金剛、17喜金剛、18秘密成就馬頭金剛。

第三排般若部佛：19拘那含佛、20救一切佛、21遍觀佛、22燃燈佛、23釋迦牟尼佛、24彌勒佛、25頂髻王佛、26拘留孫佛、27迦葉佛。

第四排無量壽佛：28西南智慧無量壽佛、29東北遍觀無量壽佛、30西方無量壽佛、31東方金剛無量壽佛、32中央無量壽佛、33南方寶無量壽佛、34北方業無量壽佛、35東南功德無量壽佛、36西北不動無量壽佛。

第五排諸佛：37無量光佛、38法稱佛、39妙金色佛、40善名稱佛、41藥師佛、42妙聲佛、43無憂佛、44神通佛、45阿閦佛。

第六排菩薩：46彌勒菩薩、47除諸障菩薩、48觀音菩薩、49文殊菩薩、50白文殊菩薩、51金剛手菩薩、52地藏菩薩、53虛空藏菩薩、54普賢菩薩。

第七排佛母：55准提佛母、56綠度母、57大秘密佛母、58大孔雀佛母、59大隨求佛母、60大千摧碎佛母、61大孔雀佛母、62白度母、63增祿佛母。

第八排出世護法神：64多聞天王、65吉祥天母、66白勇

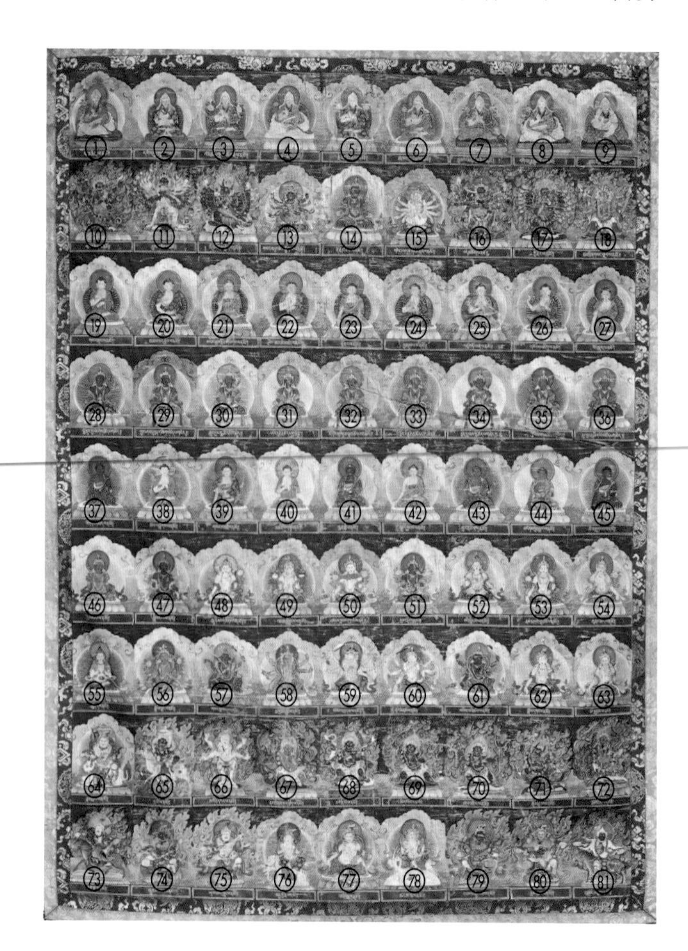

保護法、67馬頭金剛、68六臂大黑天、69不動明王、70四面大黑天、71法王、72姊妹護法。

第九排世間護法神：73戰神、74廣目天王、75持國天王、76帝釋天、77布祿金剛、78梵天、79增長天王、80多聞天王、81聖熱滿達。

圖2、大持金剛

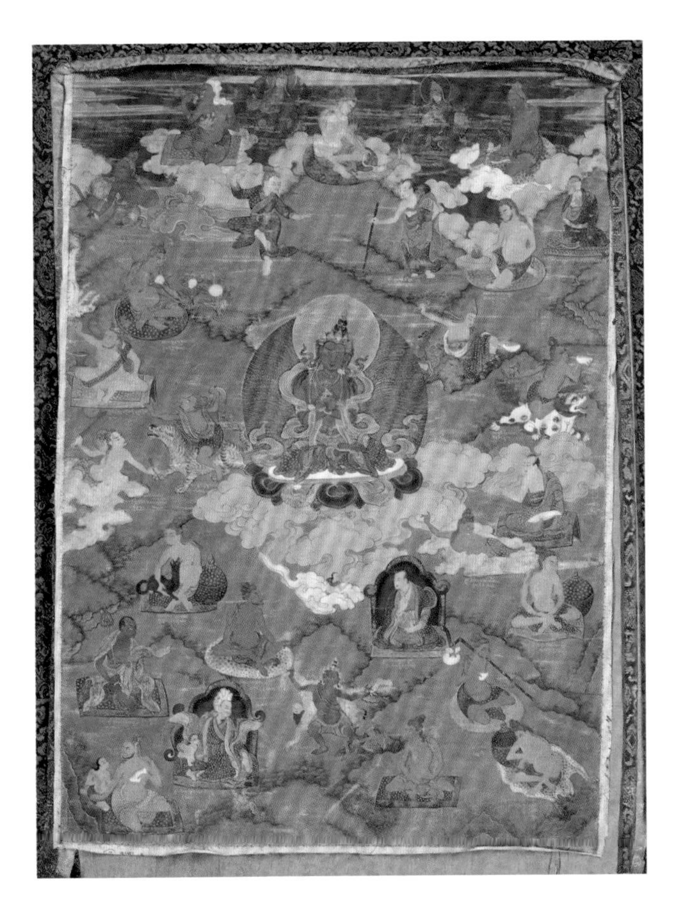

二十九位尊者，左上起依次為：1俗裝食果的蓮花金剛、2親見苦修彌勒的無著、3食魚大成就者魯伊巴、4（王族）大師燃燈、5寒林鞋匠噶瑪日巴、6空行經綸作家布素古巴、7婆羅門鐵匠薩爾哈、8背負沙彌尼飛行的青普巴、9板藍專家尼拉巴居士、10蓮花化生的聖天、11與蓮共處的海生金剛、12阻斷河水，定日的費盧波、13封堵羅剎之口的哲巴噶拉、14騎獅屠夫森帝巴、15負劍行空的那藍達、16騎虎翻越雪山的董必黑茹迦、17大持金剛、18漁夫密那熱比丘、19偕明妃的賤種姑古日巴、20頗有見解的黑金剛、21除暗天空之神王族振須堅、22空行密宗大師達薩日巴、23出離輪回的……種噶如巴、24比丘裝的佛智、25依附的那若巴、26偕夫人的王族因陀羅菩提、27偕婦人的金剛鈴尊者、28持瓶清垢的僧格巴、29離分別的婆羅門阿難陀、30瑜伽裝的婆羅門月賢。

圖3、印度大成就者龍樹

二十七位尊者，左上起依序為：1微賤行者婆羅門丹陀羅，2精通經藏密意的金洲，3偕……明妃的多則巴，4……加持的瑜伽行者貢噶瑟，5解脱皈依的辯論大師哲果密，6比丘……，7闡釋龍樹大師密意的月稱，8寒林裸行仙士邁智堅，9……微賤行者王族甘朵巴，10偕明妃的微賤行者王族噶那日，11忠實上師教導的黑行者，12親見佛身的榨油者低洛巴，13龍樹，救八難度母……，14精通氣脈的扎日巴，15婆羅門居士琶倉巴，16空行……賢尊者，17漁夫出身的裸行者堅帕理，18樵夫釋迦協涅，19空行五百妓院的達日噶，20鐵匠姊妹夏瓦日巴，21親見本尊空行的窟耶勘，22寒林……聲明大師……，23……，

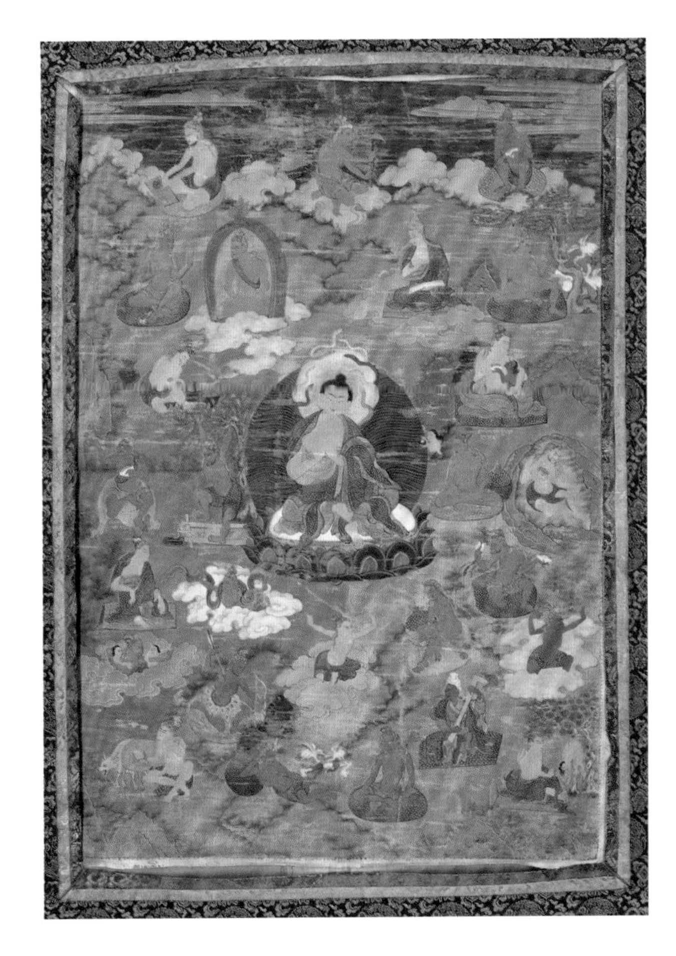

24牧牛者那迦菩提，25（莊嚴六飾）的寒林修行者瑪黑那，26……昆達瑪，27寒林……食肉者帕薩亞理。

圖4、薩拉哈

二十七位印度大成就者，左上起依序為：1五百大成就者頂毗巴，2舌戰羣雄則達日，3親見度母、授記大成就者蔽日，4聲明、因明和教理大成就者噶瑪拉，5偕明妃的菜油大成就者賤種毗琶巴，6空行日光人成就者自在王，7醫生世家比丘斯哈拉，8獲亥母迦持大成就者，9陀羅，乘象空行大成就者迦羅朗葛，10偕明妃的紡織家賤種紡造大成就者，11親見，樂、蛇飾莊嚴的沽布迦，12吉祥山苦修大成就者丹達巴，13琵琶洲空行大成就者毗那索，14親見本尊大成就者薩羅哈巴，15持律密宗大成就者王族賢底巴，16海上苦修大成就者瑟者巴，17冶煉神足大成就者當巴噶，18治療失聲大成就者王族薩噶拉，19獲紅閻羅迦持者喀拉理貝，20獲喜金剛加持者林普巴，21親見苦修本尊大成就者薩巴日巴，22偕明妃的婆羅門珠達洛格，

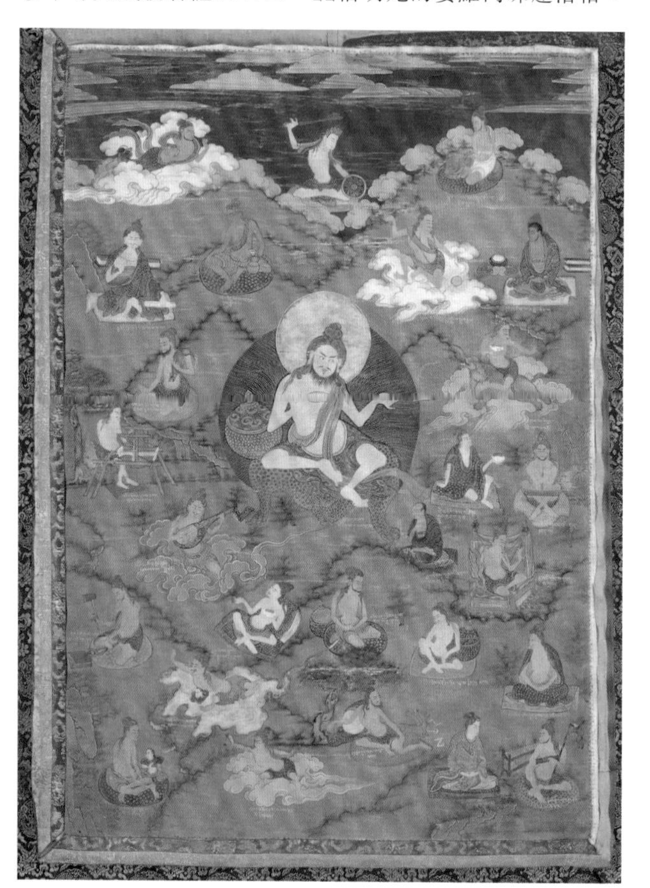

23偕明妃空行的婆羅門噶瑪噶，24道行卓異的空行大成就者達摩吉底，25鄔仗那寒林苦修者跋羅布斯，26親見……本尊寒林大成就者琶亞那，27伏虎王寒林大成就者花尊者。

圖33、乾隆皇帝佛裝像

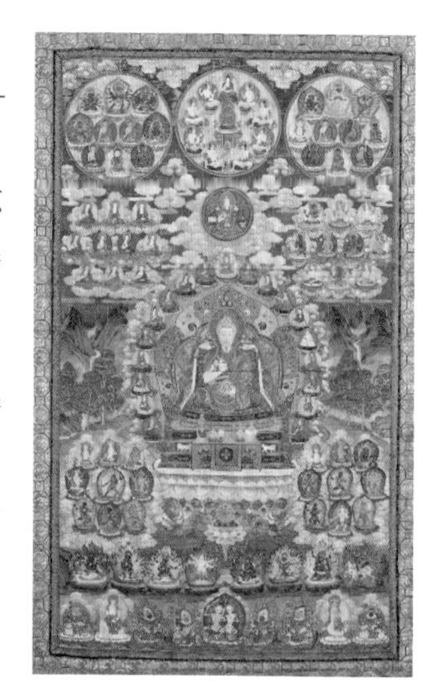

下部繪諸位護法，左起為：六臂勇保護法、大黑天、不動金剛、白勇保護法、四臂勇保護法、紅勇保護法、閻魔尊、吉祥天母；再下左起為：黃財寶護法、帝釋天、廣目天王、持國天王、尸陀林主、增長天王、多聞天王、大梵天、紅財寶護法。

圖38、威羅瓦金剛

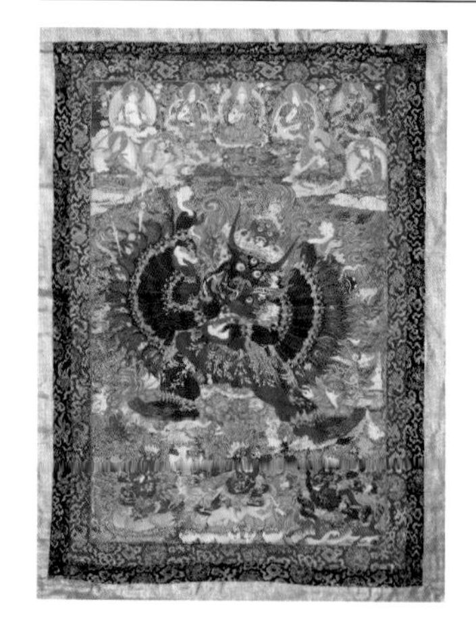

上方有諸傳承上師，左起為智慧空行母、七世達賴格桑嘉措、上師宗喀巴、六世班禪洛桑貝丹益西、阿瑪拉；下行為遍知克主傑、拉理達、熱譯師及根本上師阿旺強巴；下方左起為紅威羅瓦、勇保護法、外修閻魔尊。

圖39、威羅瓦金剛

威羅瓦金剛作為父續本尊之神格意義略為：明瞭修行成佛之道，徹悟十六空性，自性與空樂無別，成就殊勝與共同兩種悉地，諸障滅盡，般大涅槃。

其造像中象徵意義：九頭表九部契經；主首為牛面，代表降伏閻王；上生雙角表佛法之真俗二諦；最上一面慈和，

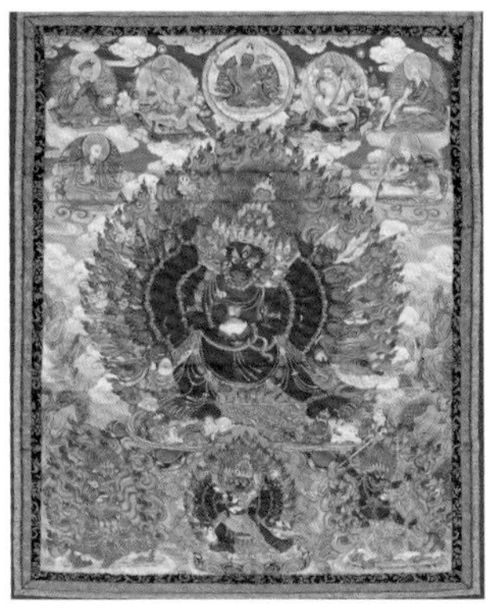

為文殊本相，餘首猛相，表鎮伏諸魔；赤髮上豎表般若涅槃果位。三十四臂，手中各持法器，亦均有宗教象徵意義，如左右第一對手高揚握象皮，喻無明已除；第二對臂右持鉞刀，左捧盛血顱器，示無上法喜等等；而三十四臂加上身、口、意三者，則共同表示三十七道品，即八正道、四精進等三十七種成佛之道。十六足，象徵十六空勝，右八腿屈，足下踏男人形、水牛、黃牛、鹿、蛇、狗、綿羊和狐狸，總示八成就；左八腿伸展，足下踏鷲、梟、鴉、鸚鵡、鷹、鴨、雞和雁，表示八自在清淨。在八獸與八禽之下還有梵天帝釋等諸天神祇，分別象徵善靜、發展、威勢、鎮伏等"四業成就"及四妙樂。

圖41、上樂王佛

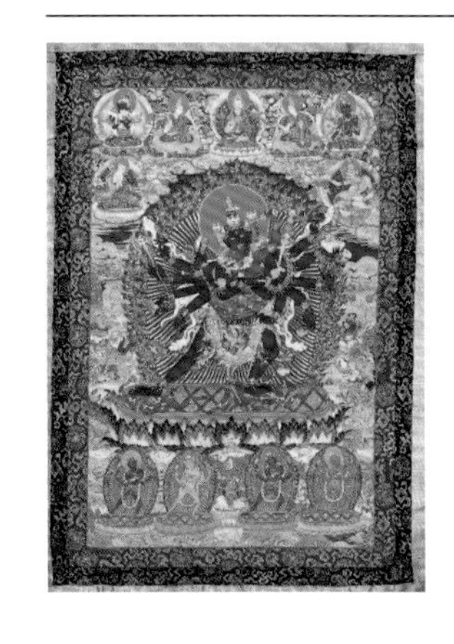

上方為上師宗喀巴，左繪金剛持、洛桑格桑嘉措和龍樹，右繪洛桑貝丹益西、金剛手及喇嘛魯伊巴。下方並列紅身勘哲羅黑、黃身素堅瑪、黑色空行母及綠色拉瑪，而以坐乘白象的拉仲巴居中。

圖45、秘密佛

天界中晝密集金剛續法在印度與西藏的諸傳承師及大成就者等，為數頗眾：大持金剛居左上（1），示法源流；其下三尊為：藍身金剛手菩薩（4）、因陀羅菩提（5）、白色龍種瑜伽母（10）；主尊頂上着黃教僧裝的三尊是：居中的宗喀巴上師（2）及從其左右的六世班禪（7）和七世

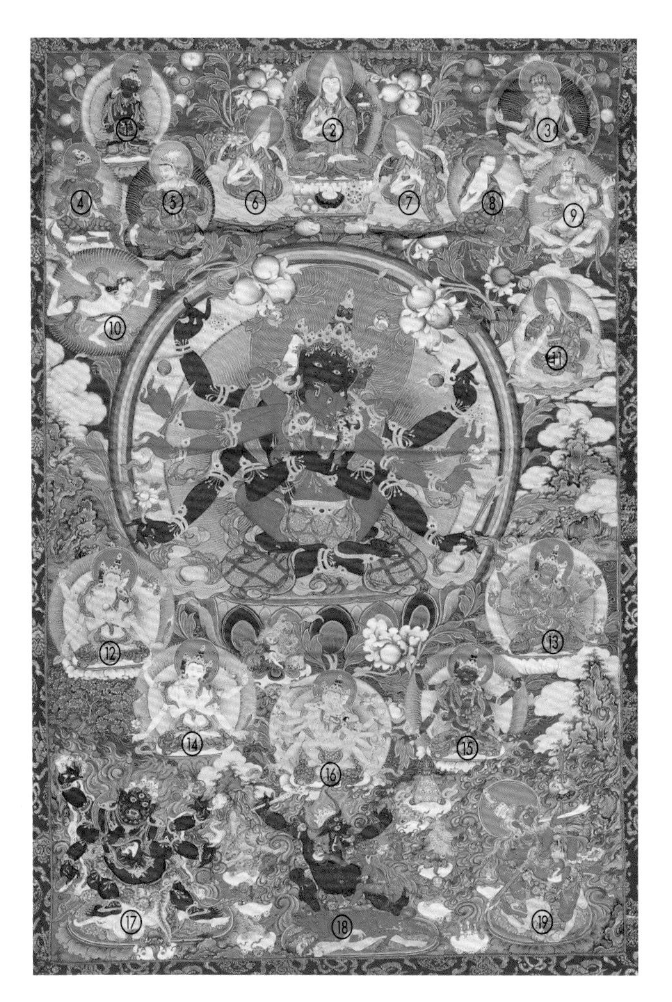

達賴喇嘛（6）；右上角所繪四尊分別為大成就者毗蘇迦理（3）、龍樹（8）、大成就者薩拉哈（9）及五世班禪羅桑益西（11）。蓮台下所繪五尊正中是文殊金剛（16）左右四尊（12）（13）（14）（15）如白身之密集金剛薩埵、紅身之密集世自在等，皆本尊之異相，最下方自左而右繪六臂勇保護法（17）、外修閻魔尊（18）與婆羅門尊者（19）。

圖56、釋迦牟尼佛源流（之一）

上方為五世達賴喇嘛（5），再上的三尊以宗喀巴大師居左（1），馬鳴大師居中（2），薩迦派法王八思巴在右（3）；左上方所繪三尊分別為書寫譯經的雪譯師多傑堅贊（4），袒露右肩的洛珠桑波大師（7）和王者裝束的法王格微旺波（8）；右上方繪夏魯大譯師卻炯桑波（6）、王子達微旺波（9）及戴紅帽的尼瑪貝大師（10）；佛陀

座前左右侍立舍利弗（13）與目犍連（14）兩大聲聞弟子；舍利弗身後為四面之梵天及其眷屬（11），目連尊者身後為帝釋天及眷屬（12）；下方所畫六尊自左而右為影堅王（15）、仙道王（16）、父淨飯王（17）、母摩耶夫人（18）、給孤獨（19）和波斯匿王（20）。

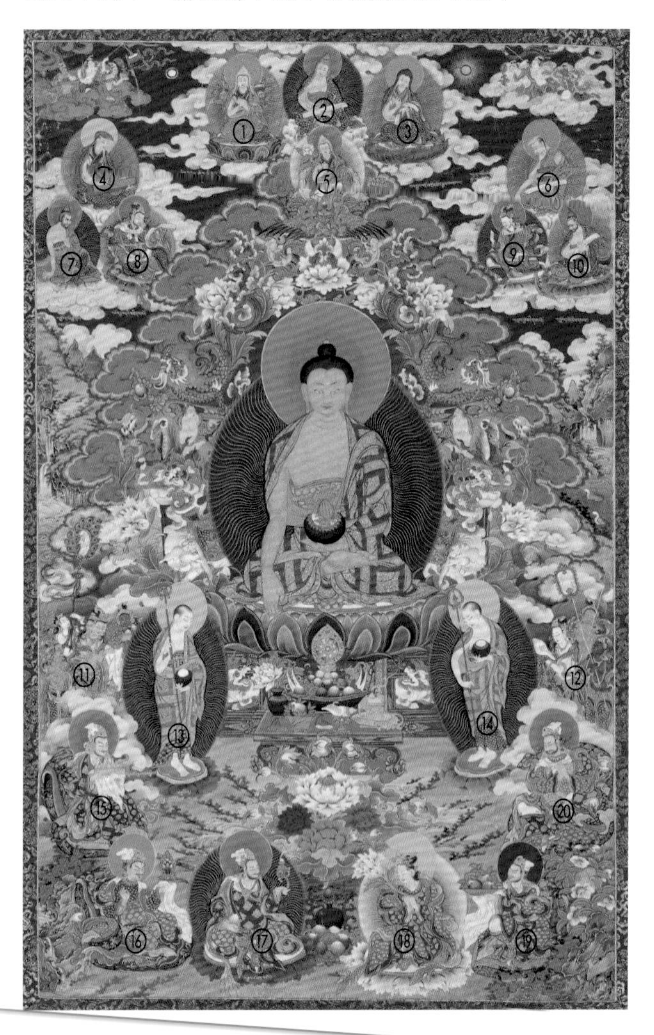

圖137、二十一救度母

綠度母周匝繪二十一度母，依據像下藏文題記，左右上角紅白度母分別是至尊奮迅度母（1）、至尊寂靜度母（2）；第二行從左到右依次為至尊金顏度母（3）、至尊如來頂髻度母（4）、至尊吽音叱詫度母（5）、（6）字跡不清；第三行紅色至尊摧破魔軍度母（7）、黑色至尊破敵度母（8）；第四行至尊伏魔度母（9）、至尊三寶嚴印度母（10）；第五行是至尊救飢度母（11）、至尊解厄

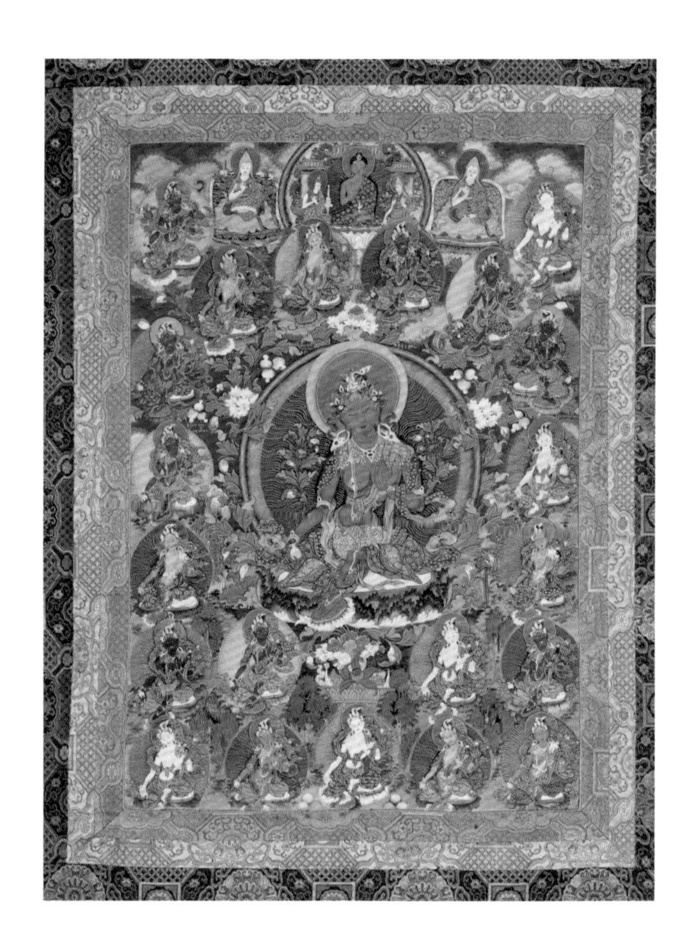

度母（12）；第六行是顰眉度母（13）、至尊明心吽音度母（14）、至尊大寂靜度母（15）、至尊烈燄度母（16）；最下一行是至尊諸天集會母（17）、至尊日月廣圓母（18）、至尊具三真實母（19）、至尊都里巴帝母（20）、至尊震撼三界度母（21）。

圖150、吉祥天母

下界侍從伴神有多傑亞姆斯卡、多傑扎姆傑、雪域金剛護法、藍色妙眼女、吉祥長壽仙女、冠詠仙女、金剛功德女、金剛獨眼女、不動妙意、當噶卓桑姆、璁玉金剛、金剛歌、金剛聞名女、金剛障頂、金剛普賢、金剛護岩、金剛藥女。

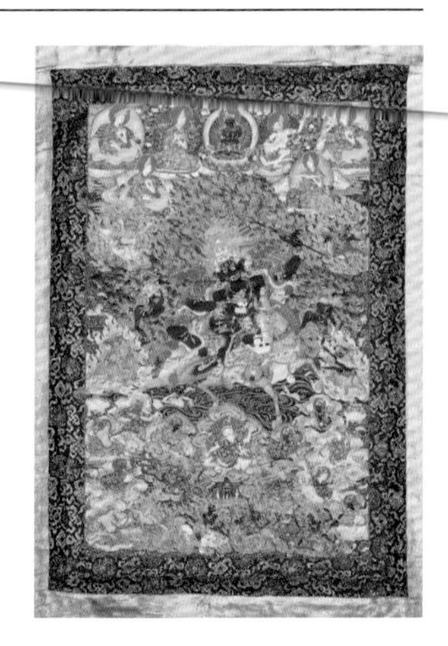

圖153、慶嘎喇

藏文榜題標明上界為祖師宗喀巴、阿底峽、阿彌陀佛、仲敦巴、格桑嘉措、根敦主巴、貝丹益西。下界是慶嘎喇的伴神、日尊楚姆、達日魯益冉姆、秘密智慧、羅頂巴、果頂巴、謝波巴、恰擦達雅、赤烏日瓦、魯贊多傑帕瓦、昌那巴、那哇雅波、貢度傑波、則雅魯贊、東門魯贊、尼茹熱瓦、拉瓦策吉傑吉。

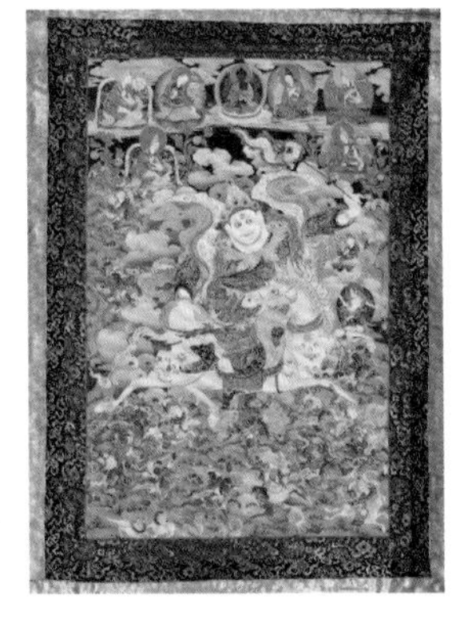

圖215、善巴拉菩薩王

1頂禮雪域怙主洛桑益希、2頂禮獅子語文殊、3水天、4自在天、5風天、6夜叉、7梵天、8地祇、9帝釋天、10火天、11閻魔、12羅刹、13頂禮獅子語文殊的化身勇武輪、14第二元帥勇武、15帝釋怙主、16鑾王傑巴洛珠、17元帥哈努、18臣相月之子。

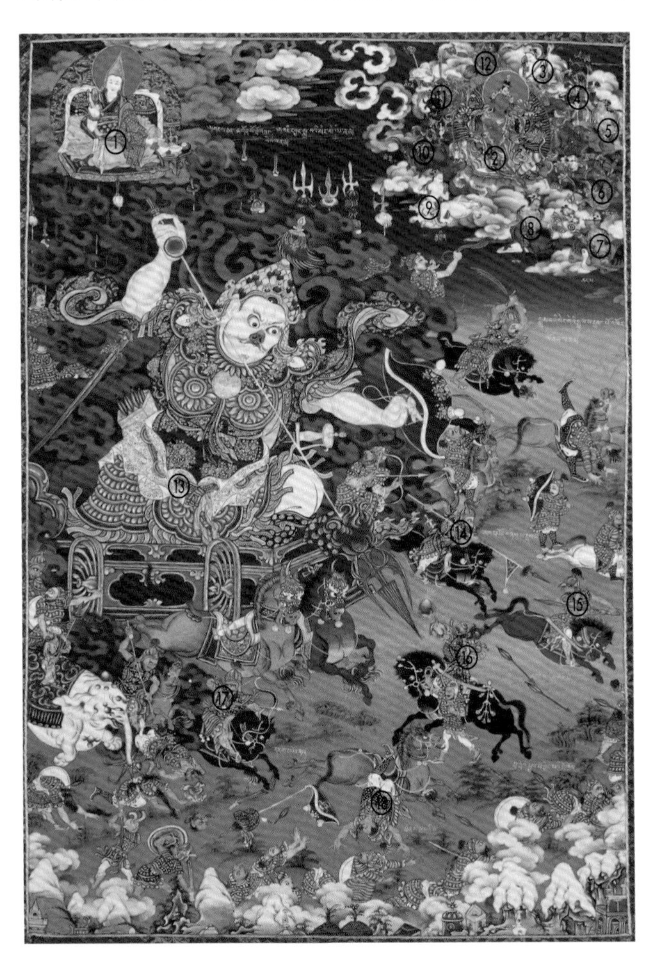

圖217、上樂王佛壇城

壇城上方共有六十位尊神，有羅桑頓珠、格桑嘉措、羅桑益希、將明嘉措、索南則木、布頓、桑結益希、索南僧格、法王卻界、五世達賴、儒白得、黑行者、薩拉哈、那諾巴、飛奴波、帝羅巴、則那丹那等，壇城的下方有六臂勇保護法、白勇保護法、財寶天王、姊妹護法、獄帝主等。

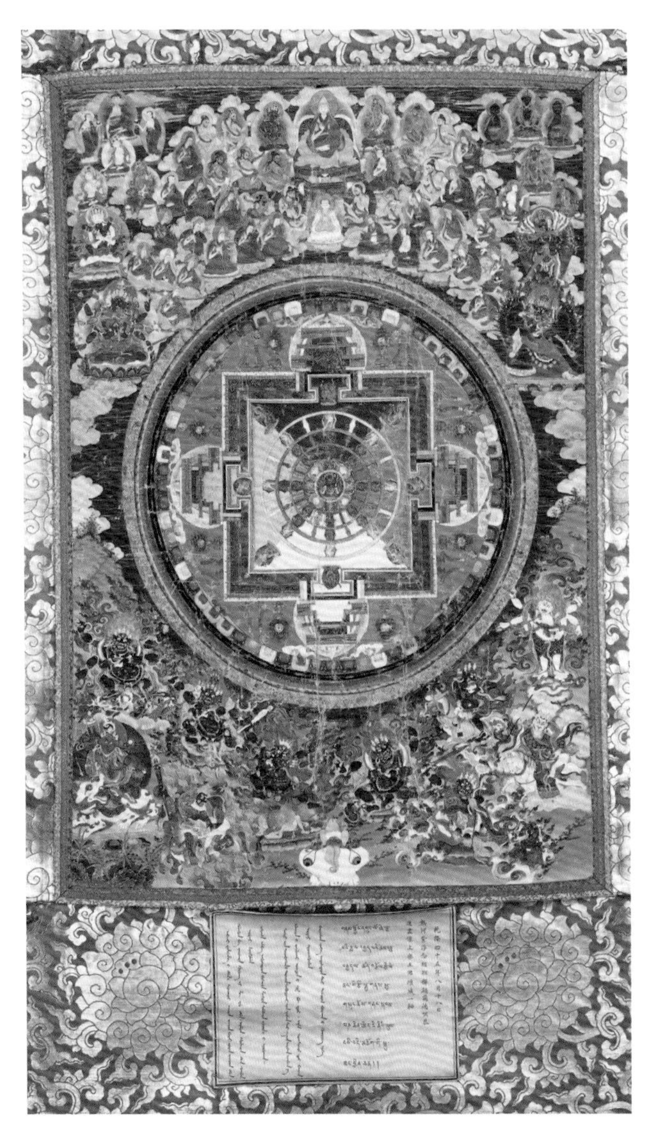